Studien zum Wirtschaftsstrafrecht

herausgegeben von
Klaus Tiedemann / Bernd Schünemann

Band 14

Henrike Stein

Die Regelungen von Täterschaft und Teilnahme im europäischen Strafrecht am Beispiel Deutschlands, Frankreichs, Spaniens, Österreichs und Englands

Zugleich eine Untersuchung zur strafrechtlichen Verantwortung des Unternehmensleiters für deliktisches Verhalten seiner Untergebenen

Centaurus Verlag & Media UG 2002

Henrike Stein, geb. 1971, Dr. iur, studierte Rechtswissenschaft in Regensburg, Liège (Belgien) und Freiburg im Breisgau, 1999 Promotion an der Universität Freiburg. Sie ist als Richterin am Amtsgericht Krefeld tätig.

Die Deutsche Bibliothek – CIP-Einheitsaufnahme

Bibliographische Information der Deutschen Bibliothek
Die Deutsche Bibliothek verzeichnet diese Publikation in der
Deutschen Nationalbibliographie; detaillierte bibliographische Daten
sind im Internet über http://dnb.ddb.de abrufbar.

ISBN 978-3-8255-0327-7 ISBN 978-3-86226-375-2 (eBook)
DOI 10.1007/978-3-86226-375-2

ISSN 0938-9512

Satz: Vorlage der Autorin
Umschlaggestaltung: DTP-Studio, Antje Walter, Hinterzarten

Meiner Familie

Vorwort

Die Arbeit lag im Wintersemester 1999/2000 der Rechtswissenschaftlichen Fakultät der Albert-Ludwigs-Universität zu Freiburg im Breisgau als Dissertation vor. Rechtsprechung und Literatur befinden sich auf diesem Stand.

Meinem Doktorvater, Professor Dr. Dr. h.c. mult. Klaus Tiedemann, danke ich herzlich für die Anregung und stets hilfsbereite Betreuung der Arbeit. Professor Dr. Rene Bloy danke ich herzlich für die zügige Anfertigung des Zweitgutachtens.

Düsseldorf, im Dezember 2001

VERZEICHNIS DES INHALTS

VERZEICHNIS DER ABKÜRZUNGEN

— A —

a.A. .... anderer Ansicht

ABGB .... Allgemeines Bürgerliches Gesetzbuch

ABl. .... Amtsblatt

Abs. .... Absatz

A.C. .... Appeal Cases, Urteile des Court of Appeal in den Law Reports, (s. **L.R.**), (zit. nach Jahr und Seite)

ADPCP .... Anuario de Derecho penal y Ciencias penales, (zit. nach Jahr und Seite)

a.E. .... am Ende

a.F. .... alte Fassung

AG .... Aktiengesellschaft

AKH .... Allgemeines Krankenhaus

All E.R. .... All England Law Reports, (zit. nach Jahr, Band und Seite)

Anm. .... Anmerkung

AO .... Abgabenordnung

Ar .... Repertorio de jurisprudencia Aranzadi, Entscheidungssammlung, (zit. nach Nummer der Entscheidung)

Art. .... Artikel

AußenkontrVO ..... Außenkontrollverordnung

AWG .... Außenwirtschaftsgesetz

— B —

Barn. K.B. .... Barnadiston's King's Bench Reports, (1732 - 1760), (94 E.R.), (zit. nach Jahr, Band und Seite)

bawü. .... baden-württembergisch

bay. .... bayerisch

BayObLG .... Bayerisches Oberstes Landesgericht

BayObLGSt .... Entscheidungen des Bayerischen Obersten Landesgerichtes in Strafsachen, Neue Folge, (zit. nach Jahr und Seite)

B. crim. .... Bulletin des arrêts de la Cour de cassation, Chambre criminelle, (zit. nach

Nummer der Entscheidung, (n°))

Bd. .... Band

BGBl. (I, II, III) .... Bundesgesetzblatt (Teil I, II, III)

BGH .... Bundesgerichtshof

BGHSt .... Entscheidungen des Bundesgerichtshofes in Strafsachen, (zit. nach Band und Seite)

BGHZ .... Entscheidungen des Bundesgerichtshofes in Zivilsachen, (zit. nach Band und Seite)

BMJ .... Bundesminister der Justiz

B.O.E. .... Boltín Oficial del Estado

BörsG .... Börsengesetz

B.P.N.R. .... Bosanquet & Puller's New Reports, English Common Pleas, (1804 - 1807), (127 E.R.), (zit. nach Jahr, Band und Seite)

BR-Drucks. .... Bundesratsdrucksache

brem. .... bremisch

B. & S. .... Best & Smith's Queen's Bench Reports, (1861-1865), (121 - 122 E.R.), (zit. nach Jahr, Band und Seite)

Bspr. .... Besprechung

BVerfG. .... Entscheidungen des Bundesverfassungsgerichts (zit. nach Band und Seite)

— C —

c. .... Chapter

C.A. .... Cour d'Appel/Court of Appeal

Cal.L.Rev. .... California Law Review, (zit. nach Jahr und Seite)

Car. & Kir. .... Carrington & Kirwan's English Nisi Prius Reports, (174, 175 E.R.), (zit. nach Jahr, Band und Seite)

Car. & M. .... Carrington & Marshman's English Nisi Prius Reports, (1840 - 1842), (174 E.R.), (zit. nach Band und Seite)

Car. & P. .... Carrington's & Payne's English Nisi Prius Reports, (1823 - 1841), (173 E.R.), (zit. nach Band und Seite)

C. cons. .... Code de la consommation

C. const. .... Conseil constitutionnel

C.C.R. .... Crown Cases in den Law Reports, (s. **L.R.**), (zit. nach Jahr und Seite)

Chr.dr.cr. .... Chronique de droit criminel, Teil der Gazette du Palais, (s. **G.P.**)

chron. .... chronique, Teil des Recueil Dalloz, (s. **D.**)

C. just. mil. .... Code de justice militaire

C.-M. A.C. .... Courts-Martial Appeal Court

Col. L.R. .... Columbia Law Review, (zit. nach Jahr und Seite)

Cox C.C. .... Cox's Crown Cases, (zit. nach Jahr, Band und Seite)

C.P. .... Código Penal

C.P. a.F. .... Code pénal/ bzw. Código Penal alter Fassung

CPC .... Cuadernos de Política Criminal, (zit. nach Jahr und Seite)

C.P.P. .... Code de procédure pénale

Crim. .... Entscheidungen der Cour de cassation, Chambre criminelle, (zit. nach Datum der Entscheidung und Fundstelle)

Cr.App.R. .... Criminal Appeal Reports, (zit. nach Jahr, Band und Seite)

Cr.App.R. (S.) .... Criminal Appeal Reports (Sentencing), (zit. nach Jahr, Band und Seite)

Crim.L.R. .... Criminal Law Review, (zit. nach Jahr und Seite)

C. rural .... Code rural

C. santé publique . Code de la santé publique

C. séc. soc. .... Code de la sécurité sociale

C. travail .... Code du travail

— D —

D. .... Recueil Dalloz Sirey; ehemals Jounal des audiences de la Cour de cassation/Recueil des principaux arrêts rendus par cette Cour; ab 1822 hrsg. von M. Dalloz; seit 1830 Recueil périodique, (**D.P.**), seit 1833 Recueil périodique et critique; von 1924 bis 1940 erscheint parallel der Recueil hebdomadaire, (D.H., nicht zitiert); von 1941 bis 1944 (einschließlich) der Recueil analytique, (**D.A.**) sowie parallel der Recueil critique, (D.C., nicht zit.); seit 1945 wieder einheitlich Recueil Dalloz (analytique et critique), seit 1965 Recueil Dalloz Sirey, (jeweils zit. nach Jahr, ggfs. Teil und Seite; sofern kein besonderer Teil angegeben wird, wird aus der Rubrik << Jurisprudence >> zitiert

D.A. .... Recueil Dalloz analytique, (s. **D.**)

dAktG .... Aktiengesetz (deutsches)

D.C. .... District Court/ Divisional Court

ders. .... derselbe

dGenG .... Gesetz betreffend die Erwerbs- und Wirtschaftsgenossenschaften (deutsches)

dGmbHG .... Gesetz betreffend die Gesellschaften mit beschränkter Haftung (deutsches)

dHGB .... Handelsgesetzbuch (deutsches)

dies. .... dieselbe

DJ .... Deutsche Justiz, (zit. nach Jahr und Seite)

DJT .... Deutscher Juristentag

D.P. .... Recueil Dalloz périodique, (s. **D.**)

DPCirc. .... Derecho penal de la circulación, (zit. nach Jahr und Seite)

Dr. pén. .... Droit pénal, Zeitschrift, (zit. nach Jahr und Seite)

dr. soc. .... Droit social, Zeitschrift, (zit. nach Jahr und Seite)

dStGB .... Strafgesetzbuch (deutsches)

dUWG .... Gesetz gegen den unlauteren Wettbewerb (deutsches)

— E —

EAGV .... Vertrag zur Gründung der Europäischen Atomgemeinschaft

East. .... East's King's Bench Reports, (102 - 104 E.R.), (zit. nach Jahr, Band und Seite)

EBRV .... Ergänzende Bemerkungen zur Regierungsvorlage, in: Beilagen zu den stenographischen Protokollen des Nationalrates, XIII. Gesetzgebungsperiode, Nr. 30, (zit. 1971, Seite)

EG .... Europäische Gemeinschaft

EGKS .... Europäische Gemeinschaft für Kohle und Stahl

EGMR .... Europäischer Gerichtshof für Menschenrechte

EGV .... Vertrag zur Gründung der Europäischen Gemeinschaft

Eliz. .... Queen Elizabeth

EMRK .... Europäische Menschenrechtskonvention

E.R. .... English Reports, (zit. nach Band und Seite)

EuGH .... Gerichtshof der Europäischen Gemeinschaften

EuGH Slg. .... Sammlung der Rechtsprechung des Europäischen Gerichtshofes, (zit. nach Jahr und Seite)

EUV .... Vertrag zur Gründung der Europäischen Union

EvBl .... Evidenzblatt der Rechtsmittelentscheidungen, (zit. nach Jahr und Nummer)

—F—

f. .... folgende

FinStrG .... Finanzstrafgesetz

ff. fortfolgende

Fost. .... Foster's Crown Law or Crown Cases, (1743 - 1761), (168 E.R.), (zit. nach Jahr und Seite)

—G—

GA .... Goltdammer's Archiv für Strafrecht, (zit. nach Jahr und Seite)

ggfs. .... gegebenenfalls

GmbH .... Gesellschaft mit beschränkter Haftung

G.P. .... Gazette du Palais, (zit. nach Jahr, Semester, Teil und Seite; sofern kein besonderer Teil angegeben ist, wird aus der Rubrik << Jurisprudence >> zit.)

GWB .... Gesetz gegen Wettbewerbsbeschränkungen

GewO .... Gewerbeordnung

—H—

Hb. .... Halbband

hess. .... hessisch

H.L. .... House of Lords

h.M. .... herrschende Meinung

Hrsg. .... Herausgeber

—I—

inf.rap. .... Informations rapides, Teil des Recueil Dalloz, (s. **D.**), seit 1987 ersetzt durch die **somm.** (s. dort)

i.S.d. .... im Sinne des

i.V.m. .... in Verbindung mit

—J—

JA .... Juristische Arbeitsblätter für Ausbildung und Examen, (zit. nach Jahr und Seite)

JBl .... Juristische Blätter, (zit. nach Jahr und Seite)

J.C.P. .... Jurisclasseur périodique (Semaine juridique); ohne weitere Angabe: Ausgabe G (<< générale >>), (zit. nach Jahr, Teil und Nummer)

jew. .... jeweils

J.P. .... Justice of the Peace Reports, (zit. nach Jahr, Band und Seite)

JR .... Juristische Rundschau, (zit. nach Jahr und Seite)

J. Societés .... Journal des Societés, (zit. nach Jahr und Seite)

JURA .... Juristische Ausbildung, (zit. nach Jahr und Seite)

JUS .... JUS extra (zit. bis 1989: Jahr, Heft, Seite; seither: Jahr, Teil (6 = Strafrecht), Seite

JuS .... Juristische Schulung, (zit. nach Jahr und Seite)

JW .... Juristische Wochenschrift, (zit. nach Jahr und Seite)

JZ .... Juristenzeitung, (zit. nach Jahr und Seite)

— K —

KartellG .... Kartellgesetz

K.B. .... Urteile der King's Bench in den Law Reports, (s. L.R.), (zit. nach Jahr und Seite)

K.B.D. .... King's Bench Division

Kel. C.C. .... Sir John Kelyng's English Crown Cases, (84 E.R.), (zit. nach Jahr und Seite)

KG .... Kammergericht

KH .... Plenarbeschlüsse und Entscheidungen des k.k. Obersten Gerichts- als Kassationshofes, veröffentlicht von Nowak, fortgesetzt von der Generalprokuratur, (zit. nach Nummer der Entscheidung)

krit. .... kritisch

— L —

Lew. C.C .... Lewin's English Crown Cases, (1822- 1838), (168 E.R.), (zit. nach Jahr, Band und Seite)

LG .... Landgericht

L.J.K.B. .... Law Journal, King's Bench Division, (zit. nach Jahr, Band und Seite)

Lloyd's Rep. .... Lloyd's list Reports, (zit. nach Jahr, Band und Seite)

LM .... Nachschlagewerk des Bundesgerichtshofes, herausgegeben von Lindenmaier/Möhring, (zit. nach Nr. und Paragraph)

LPresseG .... Landespressegesetz

L.R. .... Law Reports, (jeweils zit. nach Jahr und Seite):
A.C. = Appeal Court;
C.C.R. = Crown Cases Reserved;
K.B. = King's Bench Division;
Q.B. = Queen's Bench Division

LSK .... Österreichische Juristen-Zeitung-Leitsatzkartei in Strafsachen, (zit. nach Jahr und Nummer)

L.T.N.S. .... Law Times Report, New Series, (zit. nach Jahr, Band und Seite)

L.T.O.S. .... Law Times Report, Old Series, (1843 - 1858), (zit. nach Jahr, Band und Seite)

—M—

MDR .... Monatsschrift für deutsches Recht, (zit. nach Jahr und Seite)

Mood. C.C. .... Moody's C.C., (168, 169 E.R.), (zit. nach Jahr, Band und Seite)

M & W .... Meeson & Welsby's Exchequer Reports, (1836 - 1847), (150 E.R.), (zit. nach Jahr, Band und Seite)

m.w.N. .... mit weiteren Nachweisen

—N—

n° .... numéro

N.C.P. .... Nouveau Code pénal (1994)

nieders. .... niedersächsisch

n.F. .... neuer Fassung

NJW .... Neue Juristische Wochenschrift, (zit. nach Jahr und Seite)

nordrhein-westf. ... nordrhein-westfälisch

Nr. .... Nummer

NStZ .... Neue Zeitschrift für Strafrecht, (zit. nach Jahr und Seite)

núm. .... número

—O—

ÖBL .... Österreichische Blätter für gewerblichen Rechtsschutz und Urheberrecht, (zit. nach Jahr und Seite)

öGenG .... Gesetz betreffend die Erwerbs- und Wirtschaftsgenossenschaften (österreichisches)

öGmbHG .... Gesetz betreffend die Gesellschaften mit beschränkter Haftung (österreichisches)

ÖJZ .... Österreichische Juristen-Zeitung, (zit. nach Jahr und Seite)

öStGB .... Strafgesetzbuch (österreichisches)

öStPO .... Strafprozeßordnung (österreichische)

öUWG .... Gesetz gegen den unlauteren Wettbewerb (österreichisches)

OGH .... Oberster Gerichtshof

OLG .... Oberlandesgericht

OLGHH .... Oberlandesgericht Hamburg

OWiG .... Gesetz über Ordnungswidrigkeiten

—P—

PJ .... Poder Judicial, (zit. nach Nummer, (n°), Jahr und Seite)

Plowd. .... Plowden's English King's Bench Commentaries and/or Reports, (E.R. 75), (zit. nach Jahr, Band und Seite)

PreußgewO .... Preußische Gewerbeordnung

—Q—

Q.B.......................... Urteile der Queen's Bench in den Law Reports, (s. **L.R.**), (zit. nach Jahr und Seite)

Q.B.D. .... Queen's Bench Division

—R—

RDCirc .... Revista Derecho de la Circulación, (zit. nach Jahr und Seite)

Rdnr. .... Randnummer

RG .... Reichsgericht

RGBl. .... Reichsgesetzblatt

RGSt .... Entscheidungen des Reichsgerichts in Strafsachen, (zit. nach Band und Seite)

R.I.D.P. .... Revue international de droit pénal, (zit. nach Jahr und Seite)

R. & R. C.C. .... Russel & Ryan Crown Cases, (168 E.R.), (zit. nach Jahr und Seite)

R.S.C. .... Revue de science criminelle et de droit pénal comparé, (zit. nach Jahr und Seite)

R.T.R. .... Road Traffic Reports, (zit. nach Jahr und Seite)

RZ .... Österreichische Richterzeitung, (zit. nach Jahr und Seite/Nummer)

—S—

S. .... Seite

s. .... siehe

saarl. .... saarländisch

S.A.L.R. .... South African Law Reports, (zit. nach Jahr und Seite)

schleswig-holstein. .schleswig-holsteinisch

SchlHA .... Schleswig-Holsteinische Anzeigen, (zit. nach Jahr und Seite)

Sekt. .... Sektion

Sem. Jur. .... La Semaine juridique, (zit. nach Jahr und Seite)

Sirey .... Recueil Sirey, (zit. nach Jahr, ggfs. Teil und Seite)

somm. .... Sommaires commentés, Teil des Recueil Dalloz, (s. **D.**), seit 1987 an die Stelle der **inf.rap.** (s. dort) getreten, sowie Teil der Gazette du Palais (s. G.P.)

SSt .... Entscheidungen des österreichischen Obersten Gerichtshofes in Strafsachen und Disziplinarangelegenheiten, (zit. nach Band und Nummer)

StÄG .... Strafrechtsänderungsgesetz

S.T.S. .... Sentencia del Tribunal Supremo

StV .... Strafverteidiger, (zit. nach Jahr und Seite)

SZ .... Entscheidungen des österreichischen Obersten Gerichtshofes in Zivil (und Jusitzverwaltungs-) sachen

— T —

T.L.R. .... Times Law Report, (zit. nach Jahr, Band und Seite)

Trib. .... Tribunal

Trib. corr. .... Tribunal correctionel

T.S. .... Tribunal Supremo

— U —

u.a.m. .... und andere(s) mehr

— V —

vgl. .... vergleiche

V.L.R. .... Victorian Law Reports, (zit. nach Jahr und Seite)

VOR .... Zeitschrift für Verkehrs- und Ordnungswidrigkeitenrecht, (zit. nach Jahr und Seite)

vor/vorbem .... Vorbemerkung

VRS .... Verkehrsrechtssammlung, (zit. nach Jahr und Seite)

— W —

2. WiKG .... Zweites Gesetz zur Bekämpfung der Wirtschaftskriminalität

WiStG .... Wirtschaftsstrafgesetz 1954

wistra .... Zeitschrift für Wirtschaft, Steuer und Strafrecht, (zit. nach Jahr und Seite)

WStG .... Wehrstrafgesetz

WuW/E .... Wirtschaft und Wettbewerb, Entscheidungssammlung zum Kartellrecht, (zit. nach Nummer der Entscheidung)

— Z —

zit. .... zitiert

ZschR .... Zeitschrift für Schweizerisches Recht, (zit. nach Jahr und Seite)

ZStW .... Zeitschrift für die gesamte Strafrechtswissenschaft, (zit. nach Jahr, Band, (Jahrgang) und Seite)

ZVR .... Zeitschrift für Verkehrsrecht, (zit. nach Jahr und Seite)

Weitere Angaben ergeben sich aus dem VERZEICHNIS DER LITERATUR.

EINLEITUNG

I. Die Harmonisierungstendenzen in den europäischen Strafrechtsordnungen

Das Recht der Europäischen Union ist in weiten Bereichen gekennzeichnet von dem Streben nach Harmonisierung, die das wirtschaftliche und politische Zusammenwachsen der einzelnen Nationalstaaten unterstützen soll. Von dieser Harmonisierung ist das Strafrecht, da es in besonderer Weise Ausdruck nationaler Souveränität ist, bisher weitgehend unberührt geblieben[1]. Jedoch ist auch auf dem Gebiet des Strafrechts zumindest in Teilgebieten eine stärkere Angleichung wünschenswert. Mit dem Zusammenwachsen der Wirtschaft durch den internationalen Handel mit Gütern, Kapital und Dienstleistungen ergibt sich besonders für das Wirtschaftsstrafrecht eine immer stärker international geprägte Kriminalität, die durch die nationalen Strafrechtsordnungen nicht wirksam bekämpft werden kann[2]. Das Bedürfnis nach Angleichung folgt ferner aus der stark fortschreitenden Entwicklung der Informationsgesellschaft, die Straftaten Grenzen überschreiten läßt und in der Welt des Internet ohne nationale Grenzen wirkt[3]. Diese Grenzüberschreitung gilt aber auch für andere Bereiche, wie zum Beispiel für Umweltdelikte, deren Wirkungen oftmals außerhalb der Landesgrenzen auftreten[4], oder die internationale Drogenkriminalität.

---

[1] *Dannecker* JURA 1998, 79, 80; *Sieber* in: Delmas-Marty (Hrsg.) Corpus Juris der strafrechtlichen Regelungen zum Schutz der finanziellen Interessen der Europäischen Union (1998), S. 2; *Tiedemann* in: Festschrift für Nishihara S. 496; *Weigend* ZStW 105 (1993), 774, 775.

[2] *Dannecker* JURA 1998, 79, 80; *Sieber* in: Delmas-Marty (Hrsg.) Corpus Juris der strafrechtlichen Regelungen zum Schutz der finanziellen Interessen der Europäischen Union (1998), S. 2.

[3] *Cornils* in: Einzelverantwortung und Mitverantwortung im Strafrecht, S. 319, 320; *Sieber* JZ 1997, 369, 370, 374.

[4] *Dannecker* JZ 1996, 869, 878; *Tiedemann* Die Europäisierung des Strafrechts in: Kreuzer, Karl/Scheuing, Dieter H./Sieber, Ulrich (Hrsg.) Die Europäisierung der mitgliedstaatlichen Rechtsordnungen in der Europäischen Union, S. 133, 137, 146.

Schließlich ist ein grenzüberschreitender Schutz supranationaler Rechtsgüter der Europäischen Gemeinschaft nötig.

1. Die Harmonisierung der „Besonderen Teile" der nationalen Strafrechtsordnungen

Um dieser Grenzüberschreitung der Kriminalität zu begegnen, sind in den letzten Jahren zumindest in Teilbereichen des Strafrechts Harmonisierungen sichtbar geworden.

a) Ansatzpunkt für diese Harmonisierung ist zunächst die menschen- und verfassungsrechtliche Überformung des Strafrechts durch die Tätigkeit nationaler Verfassungsgerichte und des Europäischen Gerichtshofes für Menschenrechte. Durch die Straßburger Instanzen werden insbesondere im Strafprozeßrecht Mindeststandards festgelegt[5]. Daneben haben die Verfassungsgerichtshöfe vor allem in Deutschland, Frankreich und Spanien eine weitgehend einheitliche Rechtsprechung zu den von den Verfassungen geforderten Grundgarantien, insbesondere des Strafprozeßrechts, entwickelt[6].

b) Stärker wird die Harmonisierung vorangetrieben durch den Gerichtshof der Europäischen Gemeinschaften in Luxemburg, der für die von der EG-Kommission verhängten Verwaltungssanktionen im Kartell- und Montanrecht, im Agrar- und Fischereibereich, auf dem Verkehrssektor und vielen anderen Gebieten einen fast kompletten Allgemeinen Teil entwickelt hat[7]. Diese eigene Sanktionskompetenz der Europäischen Union für Verletzung ihrer Verwaltungsvorschriften bringt durch die Rechtsprechung des EuGH zumindest eine Festlegung von allgemeingültigen Prinzipien mit sich. Diese werden von den nationalen Gerichten zum Teil freiwillig anerkannt: So hat zum Beispiel die französische Cour de Cassation entschieden, daß die Schuldvermutung des französischen Zollstrafrechts für falsche Herkunftsangaben nicht gelten soll, soweit Gemeinschaftsrecht eingreift[8].

---

5 *Weigend* ZStW 105 (1993), 774, 779.

6 Vgl. dazu *Tiedemann* Die Europäisierung des Strafrechts in: Kreuzer, Karl/Scheuing, Dieter H./ Sieber, Ulrich (Hrsg.) Die Europäisierung der mitgliedstaatlichen Rechtsordnungen in der Europäischen Union, S. 133, 140f.; *ders.* GA 1998, 107.

7 Vgl. dazu *Tiedemann* NJW 1990, 2226, 2229f.; *ders.* NJW 1993, 23, 27ff.; *ders.* in: Festschrift für Lenckner S. 411, 413; *Vogel* JZ 1995, 331, 332.

8 Crim. D. 1984.I.217; dazu *Tiedemann* in: Festschrift für Jescheck, 2.Hb., S. 1411, 1434.

Die gemeinschaftsrechtlichen Sanktionsgrundsätze finden allerdings im nationalen Straf- und Ordnungswidrigkeitenrecht nicht zwingend unmittelbar Anwendung. Der EuGH hat vielmehr im Fall *Hansen*[9] entschieden, „daß Verstöße gegen das Gemeinschaftsrecht nach ähnlichen sachlichen und verfahrensrechtlichen Regeln geahndet werden (müssen) wie nach Art und Schwere gleichartige Verstöße gegen nationales Recht, wobei die Sanktion jedenfalls wirksam, verhältnismäßig und abschreckend sein muß“. Daher war im konkreten Fall eine verschuldensunabhängige Bußgeldandrohung durch den dänischen Gesetzgeber nicht gemeinschaftsrechtswidrig, da das dänische Strafrecht eine verschuldensunabhängige und damit objektive Strafhaftung generell kennt[10]. Allerdings können die vom EuGH entwickelten Grundsätze Vorbildfunktion haben für diejenigen Rechtsordnungen, die nicht, wie zum Beispiel Deutschland, über ein kodifiziertes Ordnungswidrigkeitenrecht mit eigenen Regeln des Allgemeinen Teils verfügen. Verstärkt wird diese Vorbildfunktion dadurch, daß die nationalen Stellen, sofern sie supranationale Verwaltungssanktionen im Agrar- und Fischereibereich verhängten, die allgemeinen Grundsätze des EuGH unmittelbar beachten mußten[11]. Durch eine Verordnung des Rates aus dem Jahre 1995[12] wurde für die Anwendung dieser quasi-strafrechtlichen (punitiven) Verwaltungssanktionen EG-rechtlicher Natur ein punktueller Allgemeiner Teil geschaffen, den die nationalen Behörden zu beachten haben[13]. Diese Verordnung gilt nicht nur für den eben erwähnten Agrar- und Fischereibereich, sondern sieht auch die Einführung ähnlicher Vorschriften zur Bekämpfung von Unregelmäßigkeiten in anderen Bereichen vor[14].

c) Zu erwähnen ist ferner die seit dem Urteil des EuGH im sogenannten griechischen *Maisskandal*[15] aus dem in Art. 5 EGV festgelegten Gebot der Gemeinschaftstreue abgeleitete Verpflichtung der Mitgliedstaaten, die Gemeinschaftsinteressen „wirksam“ und strafrechtlich zumindest genauso wie die entsprechenden nationalen Interessen zu schützen. Die Strafverfolgung der Verletzung von Ge-

9 EuGH Slg. 1990, 2911, 2935.

10 *Tiedemann* NJW 1993, 23, 27.

11 *Tiedemann* NJW 1993, 23, 27.

12 Verordnung 2988/95 des Rates über den Schutz der finanziellen Interessen der Gemeinschaften vom 18. Dezember 1995 (ABl. EG Nr. L 312/1 vom 23.12.1995); vgl. dazu *Heitzer* S. 121ff.

13 *Tiedemann* Festschrift für Lenckner S. 411, 413.

14 ABl. EG Nr. I 312/1, 2 vom 23.12.1995; vgl. dazu *Heitzer* S. 122f. mit weiteren Nachweisen.

15 EuGH Slg. 1989, 2965ff. mit Anm. *Tiedemann* EuZW 1990, 100f.; vgl. dazu *Vogel* JZ 1995, 331, 335.

meinschaftsinteressen muß dabei ebenso sorgfältig und nachdrücklich wie die der Verletzung von nationalen Interessen betrieben werden. Diese Verpflichtung, die finanziellen Interessen der Gemeinschaft mindestens genauso effektiv zu schützen wie die nationalen Finanzinteressen, wurde durch den Maastrichter Vertrag 1993 in Art. 209a EGV (Art. 280 Abs. 2 EGV n.F.) aufgenommen[16].

d) In Richtung einer Harmonisierung wirkt außerdem die aus dem Gebot der Gemeinschaftstreue abgeleitete Verpflichtung zu einer gemeinschaftsrechtskonformen Auslegung des nationalen Rechts[17]. Der EuGH leitet diese Verpflichtung aus dem Anwendungsvorrang des Gemeinschaftsrechts ab[18].

e) Weiterer Einfluß des Gemeinschaftsrechts auf das nationale Strafrecht entsteht dort, wo das Gemeinschaftsrecht auf nationale Strafnormen verweist und damit deren Anwendungsbereich erweitert[19]. Dies gilt zum Beispiel für die nationalen Straftatbestände der Eidesdelikte. Diese erklärt Art. 27 des Protokolls über die Satzung des EuGH (entspricht Art. 28 Abs. 4 der Satzung des EGKS-Gerichtshofs) auch für das Verfahren vor dem EuGH für anwendbar. Darüber hinaus erweitert Art. 194 Abs. 2 EAGV den Schutz des Staats- und Berufsgeheimnisses auf Geheimnisse der Europäischen Atomgemeinschaft[20]. Da durch diese Verweisungen die jeweils verschiedenen nationalen Straftatbestände anwendbar bleiben, führen diese Regelungen des Gemeinschaftsrechts nur insoweit zu einer Harmonisierung, als bestimmte Verhaltensweisen gemeinschaftsweit unter Strafe gestellt werden; die nationalen Straftatbestände bleiben bestehen.

f) Aus der sogenannten „ersten Säule" der Europäischen Union ergibt sich nur eine eingeschränkte Kompetenz der Union, auf die nationalen Strafrechtssysteme einzuwirken[21]. Die ganz herrschende Meinung erkennt allerdings eine Anweisungskompetenz gegenüber den Mitgliedstaaten an, Straftatbestände einzuführen[22]. Der Gemeinschaftsgesetzgeber darf aber nur den Inhalt der Verbote festlegen und den

---

16 Vgl. dazu *Dannecker* JURA 1998, 79, 81; *Tiedemann* in: Festschrift für Nishihara S. 496, 497.

17 Für die h.M.: *Dannecker* JZ 1996, 869, 871f.; *ders.* JURA 1998, 79, 84; *Tiedemann* NJW 1993, 23, 25.

18 EuGH Slg. 1963, 1 (van Gend und Loos); EuGH Slg. 1984, 1909 (von Colson und Kamann); EuGH Slg. 1990 I, 4159 (Marleasing).

19 Vgl. dazu *Tiedemann* NJW 1993, 23, 25; *Dannecker* JURA 1998, 79, 85.

20 Weitere Beispiele bei *Tiedemann* NJW 1993, 23, 25.

21 Vgl. zu dieser Kompetenz *Dannecker* JURA 1998, 79, 81f.

22 Für die h.M.: *Dannecker* JZ 1996, 869, 873 mit weiteren Nachweisen; *ders.* JURA 1998, 79, 81; *Gröblingshof* S. 104ff. mit weiteren Nachweisen.

Täterkreis bestimmen, nicht dagegen die Art der Sanktion vorschreiben. So verlangten zum Beispiel die Insider-Richtlinie[23] vom 13.11.1989 und die Geldwäsche-Richtlinie[24] vom 10.06.1991 die Schaffung von Sanktionen gegen in der Richtlinie beschriebenes Verhalten; die Wahl der Sanktion wurde dagegen den Mitgliedstaaten überlassen[25]. Trotz dieser Freiheit des nationalen Gesetzgebers bezüglich der Wahl der Sanktion ist aber praktisch für den gesamten Bereich des Wirtschaftsrechts die Kompetenz der Gemeinschaft zur Formulierung von Gebots- und Verbotstatbeständen anerkannt, sofern dies erforderlich scheint, um die Gleichheit der Wirtschaftsbedingungen, des Wettbewerbs sowie des Arbeits- und Umweltschutzes sicherzustellen[26].

g) Eine weitergehende Harmonisierung ergibt sich aus der sogenannten „dritten Säule“ des europäischen Vertragssystems, aus dem EUV und insbesondere seinen K-Artikeln, die eine justitielle Zusammenarbeit zum Schutz gemeinsamer Interessen, wozu auch die Zusammenarbeit in Strafsachen zählt, bestimmen. Auf der Grundlage des Art. K. 1 Nr. 5[27] wurde am 26.07.1995 in Cannes eine Konvention zum Schutz der finanziellen Interessen der Gemeinschaft[28] unterzeichnet. Die Konvention verlangt, daß jeder Mitgliedstaat Betrugshandlungen mit angemessenen strafrechtlichen Sanktionen belegt. Darüber hinaus regelt sie wichtige Fragen des allgemeinen Strafrechts (Regelung von Täterschaft und Teilnahme nach dem Differenzierungsmodell, Strafbarkeit von Betriebsleitern und Entscheidungsträgern, Garantenstellung dieses Personenkreises). Dieses Abkommen ist für die Mitgliedstaaten verbindlich, allerdings auf die Umsetzung durch die insoweit freien nationalen Gesetzgeber angewiesen[29]. Ähnliche Abkommen könnten sich für den Bereich der Bekämpfung der Drogenkriminalität (Art. K 1. Nr. 4) sowie für die internationale polizeiliche Zusammenarbeit bei der Strafverfolgung in bestimmten Gebieten, die Art. K. 1. Nr. 9 aufzählt, ergeben.

---

23 Richtlinie 89/592/EG vom 13.11.1989, ABl. EG Nr. L 334/30 vom 18.11.1989.

24 Richtlinie 91/308/EG vom 10.06.1991, ABl. EG Nr. L 166/77 vom 18.06.1991.

25 Vgl. *Dannecker* JZ 1996, 869, 870, 873; *Tiedemann* NJW 1993, 23, 26; *Weigend* ZStW 105 (1993), 774, 782.

26 *Tiedemann* in: Festschrift für Miyazawa S. 673, 678.

27 Art. K. 1 Nr. 5 EUV bezeichnet die Bekämpfung von Betrügereien im internationalen Maßstab als Angelegenheit von gemeinsamen Interesse der Mitgliedstaaten.

28 ABl. EG Nr. C 316/48 vom 27.11.1995.

29 Zu diesem Abkommen *Tiedemann* Die Europäisierung des Strafrechts in: Kreuzer, Karl/ Scheuing, Dieter H./Sieber, Ulrich (Hrsg.) Die Europäisierung der mitgliedstaatlichen Rechtsordnungen in der Europäischen Union, S. 133, 144f.; *ders.* in: Festschrift für Nishihara S. 496, 497.

h) Der letzte und vielleicht wirksamste Schritt in Richtung einer zumindest teilweisen Harmonisierung des Strafrechts ist die im Vertrag von Amsterdam[30] festgelegte Neufassung des Art. 209 a EGV (Art. 280 EGV n.F.). Nach dessen Abs. 4 „beschließt der Rat die erforderlichen Maßnahmen zur Verhütung und Bekämpfung von Betrügereien, die sich gegen die finanziellen Interessen der Gemeinschaft richten". Abs. 4 Satz 2 bestimmt, daß „die Anwendung des Strafrechts der Mitgliedstaaten und ihre Strafrechtspflege von diesen Maßnahmen [...] unberührt" bleiben. Aus der Formulierung in Abs. 4 Satz 2 wird insbesondere in der englischen Literatur geschlossen, daß Abs. 4 keine Kompetenz des Rates zur Strafnormsetzung begründe[31]. Dies ist unserer Ansicht nach nicht richtig[32]. Zunächst spricht ein systematisches Argument dafür, daß Art. 280 Abs. 4 EGV n.F. eine Ermächtigung des Rates der Europäischen Union zur strafrechtlichen Normsetzung zum Schutz ihrer Finanzinteressen enthält: Art. 280 Abs. 2 EGV n.F. spricht, wie Abs. 4, von „Maßnahmen". Wenn damit im Rahmen des Abs. 2 unstreitig auch die strafrechtliche Normsetzung gemeint ist, so leuchtet nicht ein, wieso die gleiche Formulierung zwei Absätze weiter unten etwas anderes bedeuten sollte. Ferner spricht für eine Auslegung zugunsten einer strafrechtlichen Normsetzungskompetenz des Rates die ausdrückliche Erwähnung, daß das nationale Strafrecht hiervon „unberührt" bleibe: Denn im Normalfall sind die Regelungen des nationalen Rechts wegen des Vorrangs des Gemeinschaftsrechts neben diesem unanwendbar. Die ausdrückliche Erwähnung der Anwendbarkeit des nationalen Rechts macht deutlich, daß ein Gemeinschaftsstrafrecht existiert oder existieren wird, das die Anwendung des nationalen Rechts aber gerade nicht hindern soll. Auch der Wortlaut des Art. 280 Abs. 4 n.F. verbietet eine Normsetzungskompetenz des Rates nicht: Es ergibt sich daraus lediglich, daß die strafrechtlichen Normen der Gemeinschaft nur komplementär und subsidiär zu eventuell bestehendem Nationalstrafrecht eingreifen sollen. Wenn zum Beispiel die Nationalstaaten grundsätzlich darauf verzichten, die Leichtfertigkeit beim Subventionsbetrug zu Lasten der Gemeinschaft zu ahnden, so kann der Rat, sofern er die Ahndung auch der Leichtfertigkeit für erforderlich hält, eine entsprechende Norm erlassen, die die nationalen Strafrechte in dieser Hinsicht ergänzt (komplettiert). Eine solche Regelung

---

[30] ABl. EG Nr. C 340/181 vom 10.11.1997; in Kraft seit 1. Mai 1999.

[31] *White* AGON 1997, N° 16, S. 3ff. mit weiteren Nachweisen; vgl. auch *Weigend*, StV 2001, Beilage. 63, 67.

[32] Die folgende Argumentation schließt sich *Tiedemann* AGON 1997, N° 17, S. 12f.; AGON 1999, N° 23, S. 7f. sowie dessen Ausführungen bei der Versammlung der europäischen Betrugsbekämpfungsbehörde UCLAF/DG XX am 06.02.1998 an. Vgl. auch *ders.* GA 1998, 107, 108, Fußnote 7; sowie in: Festschrift für Lenckner S. 411, 415.

würde dagegen in den Staaten, die die Leichtfertigkeit oder sogar weitergehend auch die einfache Fahrlässigkeit auf diesem Gebiet bereits unter Strafe stellen, keine Anwendung finden. Insoweit sind die Regelungen der Gemeinschaft subsidiär. Schließlich spricht der Zweck des Art. 280 Abs. 4 EGV n.F. für eine Normsetzungskompetenz des Rates: Wie - außer durch strafrechtliche Normsetzung - kann der Rat den Schutz der finanziellen Interessen der Gemeinschaft wirksam ausgestalten, wenn er auf eine Umsetzung der Schutzmaßnahmen durch die nationalen Behörden angewiesen ist?

Für die hier vertretene Ansicht spricht ferner, daß die Kommission den Entwurf eines Art. 280 a EGV vorgelegt hat, der die bestehenden Auslegungszweifel beseitigen soll: Danach ist der Rat ausdrücklich befugt, „Vorschriften zur Festlegung der Tatbestandsmerkmale von Betrug und jeder anderen rechtswidrigen Handlung, die gegen die finanziellen Interessen der Gemeinschaft gerichtet ist, sowie der Strafen für alle Straftatbestände“ zu erlassen[33]. Dieser Vorschlag wurde jedoch vom Europäischen Rat in Nizza nicht berücksichtigt. Die Kommission hat daher im Dezember 2001 ein Grünbuch[34] angenommen, um die Debatte über ihren Vorschlag neu anzuregen.

Schließlich hat die Kommission im Mai 2001 einen Vorschlag für eine Richtlinie vorgelegt, die es ermöglicht, aufgrund von Art. 280 EGV bestimmte in den Instrumenten des dritten Pfeilers enthaltene Bestimmungen anzunehmen[35]. Eine Stellungnahme des Europäischen Rates ist für Juni 2002 erwartet.

2. *Die Harmonisierung der „Allgemeinen Teile“ der nationalen Strafrechtsordnungen bzw. die Schaffung eines supranationalen „Allgemeinen Teils“*

Diese Tendenzen zur Harmonisierung stellen sicher kein einheitliches europäisches Strafgesetzbuch[36] in Aussicht, jedoch beweisen sie, daß eine sektorielle Angleichung der nationalen Strafrechtsordnungen in bestimmten Bereichen nötig und nützlich ist[37]. Diese Angleichung von Regelungen, die die Besonderen Teile der Strafgesetz-

---

[33] Drucksache KOM (2000) 608 vom 29.09.2000.

[34] KOM (2001) 715 (insbesondere zur Schaffung einer europäischen Staatsanwaltschaft).

[35] KOM (2001) 272. Von Interesse im Rahmen dieser Arbeit ist insbesondere Art. 8 dieser Richtlinie, der eine strafrechtliche Verantwortung der Unternehmensleiter vorsieht.

[36] Zu dieser Diskussion vgl. *Dannecker* JZ 1996, 869, 879; *ders.* JURA 1998, 79, 87; *Weigend* ZStW 105 (1993), 774, 783ff., 790ff.

[37] *Dannecker* JZ 1996, 869, 879; *Schünemann* JZ 1997, 369, 374f.; *Sieber* in: Delmas-Marty (Hrsg.) Corpus Juris der strafrechtlichen Regelungen zum Schutz der finanziellen Interessen der Europäi-

bücher betreffen, muß aber in der Hinsicht fortgeführt werden, daß auch die Allgemeinen Teile zumindest für diese Regelungen angeglichen werden, da sonst keine einheitliche Anwendung gewährleistet ist[38]. Verschiedene Regelungen über Irrtümer, Täterschaft und Teilnahme oder Rechtfertigungsgründe könnten die sonst fast erreichte Harmonisierung in der Praxis wieder aus den Angeln heben. Daher ist es erforderlich, auch die Allgemeinen Teile bereichsspezifisch mit zu regeln[39]. Ein erster Schritt in diese Richtung ist das 1997 im Auftrag des Europäischen Parlaments von der EG-Kommission, in überarbeiteter Fassung im Jahre 2000, vorgelegte, - bisher unverbindliche - und auf Art. 100 a EGV a.F. gestützte *Corpus Juris*[40] für einen einheitlichen europäischen Strafrechtsraum beim Schutz der finanziellen Interessen der EU. Es soll nicht nur für die Abgabenhinterziehung und den Betrug gelten, sondern - ebenso wie Art. 280 Abs. 4 EGV n.F. - auch für Submissionsbetrug, Korruption und Amtsmißbrauch, Hehlerei und Geldwäsche, Unterschlagung und Geheimnisverrat, soweit EG-Belange betroffen sind. Das *Corpus Juris* enthält für diesen Sektor Vorschläge zur Behandlung von Schuld und Irrtum, zur Regelung von Täterschaft und Teilnahme einschließlich der Strafbarkeit von Unternehmensinhabern und -leitern. Außerdem schreibt es das Gesetzlichkeitsprinzip, das Schuldprinzip und das Prinzip der Verhältnismäßigkeit fest.

II. Bestandsaufnahme durch Rechtsvergleichung

Auf dem Weg zu der angesprochenen Vereinheitlichung der Regelungen auch der Allgemeinen Teile der nationalen Rechtsordnungen kommt der Rechtsvergleichung

---

schen Union (1998), S. 3; *Tiedemann* in: Festschrift für Geerds S. 95, 110; *ders.* Die Europäisierung des Strafrechts in: Kreuzer, Karl/Scheuing, Dieter H./Sieber, Ulrich (Hrsg.) Die Europäisierung der mitgliedstaatlichen Rechtsordnungen in der Europäischen Union, S. 133, 137; *Vogel* JZ 1995, 331, 335f.

[38] *Cornils* in: Einzelverantwortung und Mitverantwortung im Strafrecht, S. 319, 327.

[39] *Tiedemann* in: Festschrift für Geerds S. 95, 110; *ders.* Die Europäisierung des Strafrechts in: Kreuzer, Karl/Scheuing, Dieter H./Sieber, Ulrich (Hrsg.) Die Europäisierung der mitgliedstaatlichen Rechtsordnungen in der Europäischen Union, S. 133, 146; *Vogel* JZ 1995, 331, 335f.

[40] *Delmas-Marty* (Hrsg.) Corpus Juris introducing penal provisions for the purpose of the financial interests of the European Union (1997); französischer Text auch bei *Tiedemann* Die Europäisierung des Strafrechts in: Kreuzer, Karl/Scheuing, Dieter H./Sieber, Ulrich (Hrsg.) Die Europäisierung der mitgliedstaatlichen Rechtsordnungen in der Europäischen Union, S. 133, 149ff.; vgl. dazu auch die Einführung von *Sieber* in: Delmas-Marty (Hrsg.) Corpus Juris der strafrechtlichen Regelungen zum Schutz der finanziellen Interessen der Europäischen Union (1998), S. 2. Einzelheiten der Regelungen des *Corpus Juris* bei *Otto*, JURA 2000, 98 sowie bei Weigend, StV 2001, Beilage, 63, 65.

eine entscheidende Rolle zu[41]: In einer detaillierten Bestandsaufnahme muß untersucht werden, inwieweit bereits Übereinstimmungen vorliegen, so daß eine „europäische“ Regelung unproblematisch akzeptiert werden kann, und wo entscheidende Unterschiede bestehen, so daß Kompromisse eingegangen oder aber unter Umständen unterschiedliche Regelungen in den jeweiligen nationalen allgemeinen Regelungen und den die supranationalen Regelungen der Europäischen Union betreffenden allgemeinen Regelungen hingenommen werden müssen. Auf der Grundlage einer solchen Untersuchung der einzelnen Rechtsordnungen kann dann ein gemeinsamer Allgemeiner Teil entwickelt werden.

III. Die Regelungen von Täterschaft und Teilnahme

Ziel dieser Untersuchung ist es, die Regelungen von Täterschaft und Teilnahme in den Ländern Deutschland, Frankreich, Spanien, England und Österreich als einige repräsentative Rechtsordnungen der Europäischen Union zu untersuchen. Diesem Teilaspekt des Allgemeinen Teils kommt insofern besondere Bedeutung zu, als in der heutigen sozialen Wirklichkeit selten eine Person allein eine Straftat begeht. Das gesellschaftliche Leben wird kollektiviert (so die treffende Formulierung von *Tiedemann*[42]); daraus folgt auch eine kollektivierte Zusammenarbeit bei der Begehung von Straftaten. Zunächst ergibt sich eine horizontale Verantwortungsverteilung bei der Beteiligung mehrerer von einander mehr oder weniger unabhängiger Personen an einer Straftat. Zu beachten ist aber auch die zunehmende Beeinflussung des menschlichen Verhaltens durch die Einbindung in hierarchische Organisationen wie Behörden, Betriebe und Unternehmen oder in kriminelle Organisationen. Daraus ergibt sich eine vertikale Verantwortungsverteilung[43]. Für den horizontalen Bereich gilt es zu untersuchen, ob die verschiedenen Beteiligten strafrechtlich gleich oder aber entsprechend dem Gewicht ihrer Tatbeiträge zur Verantwortung zu ziehen sind. Im vertikalen Bereich stellt sich die Frage, wie es sich auf die Strafbarkeit des unmittelbar Handelnden auswirkt, daß er nur eine Weisung ausgeführt hat oder an der Entscheidung, die von ihm übergeordneten Personen getroffen wurde, nicht beteiligt

---

[41] *Tiedemann* ZStW 110 (1998), 497, 498: „im Wege einer wertenden Rechtsvergleichung können vorsichtig die Antworten der nationalen Strafgesetzgeber auf die zu entscheidenden Sachfragen herangezogen und zusammengefaßt werden...“.

[42] *Tiedemann* in: Festschrift für Nishihara S. 496, 498f.

[43] Diese Aufteilung ist übernommen von *Tiedemann* in: Festschrift für Nishihara S.496, 498ff.; *ders.* R.S.C. 1997, 259, 259.

war und infolge der Organisationsverteilung und Arbeitsteilung die tatsächlichen und rechtlichen Konsequenzen seines Handelns nur unzureichend überblickt hat. Zu untersuchen ist dann insbesondere die Strafbarkeit der die Entscheidung treffenden und über ein Mehr an Information verfügenden, aber nicht unmittelbar beteiligten Personen.

1. Die horizontale Verantwortungsverteilung

In dieser Untersuchung soll zunächst die horizontale Verantwortungsverteilung in den Allgemeinen Teilen der Strafgesetzbücher untersucht werden. Dabei geht es vor allem um folgende Fragestellungen: Wie reagieren die strafrechtlichen Zurechnungs- oder Verantwortungsregelungen auf die erwähnte horizontale Verteilung der Tatbeiträge auf verschiedene Personen? Wird zwischen Tätern und Teilnehmern unterschieden? Welches sind die Abgrenzungskriterien? Ist die Zurechnung fremder Tatbeiträge im Wege der Mittäterschaft möglich und gegebenenfalls, welchen Anforderungen unterliegt diese? Unter welchen Voraussetzungen ist mittelbare Täterschaft anerkannt? Welche Formen der Teilnahme gibt es? Liegt den Beteiligungsformen ein verschiedenes Unwerturteil zugrunde, und folgen daraus unterschiedliche Strafrahmen? Ist die Teilnahme abhängig von der Rechtsnatur der Haupttat? Gilt ein Akzessorietätsgrundsatz? Welche Anforderungen werden an die Teilnahme gestellt? Wie werden Exzesse einer der beteiligten Personen behandelt? Ist die Beteiligung am Fahrlässigkeitsdelikt, am Versuch und am Sonderdelikt möglich? Welcher Strafe unterliegen die Beteiligten?

Wenn diese und andere Fragen betreffend die allgemeinen Regelungen von Täterschaft und Teilnahme beantwortet worden sind, soll anschließend der vertikale Bereich, den die Allgemeinen Teile oft nur unzureichend oder gar nicht regeln, untersucht werden.

2. Die vertikale Verantwortungsverteilung

Die Situation, daß ein unmittelbar Handelnder - oft ohne ausreichenden Gesamtüberblick - eine strafbare Handlung vornimmt, ergibt sich besonders für den Bereich des Wirtschaftsstrafrechts und für die aus einem Unternehmen heraus begangenen Straftaten. In industriellen Unternehmen arbeitet eine Vielzahl von Personen unter einer gemeinsamen Leitung zur Erreichung eines bestimmten Zwecks zusammen. Ohne ein solches arbeitsteiliges Zusammenwirken unterschiedlicher Fachleute ist ein Unternehmen in der heutigen Wirtschaftswelt nicht mehr denkbar. Es besteht in jedem Unternehmen ein mehr oder weniger detaillierter Organisationsplan, der jedem Mitarbeiter des Unternehmens die Wahrnehmung bestimmter Aufgaben zuweist. Ein modernes Unternehmen ist gekennzeichnet durch Dezentralisierung der Organisation sowie durch Umwandlung der Macht- und Entscheidungsfunktionen der oberen Instanzen in eine Vermittlungsfunktion. Dadurch droht, wie *Schünemann*[44] es nennt, die „Organisierung der Verantwortlichkeit" in die „organisierte Unverantwortlichkeit" umzuschlagen. Mangels ausdrücklicher Regelungen besteht oft die Gefahr, daß der Ausspruch „die Kleinen hängt man, die Großen läßt man laufen"[45] sich bewahrheitet, da nur der unmittelbar Handelnde bestraft werden kann, während sich die Entscheidungsträger hinter den Organisationsstrukturen des Unternehmens verstecken können.

In dieser Untersuchung wird zunächst die strafrechtliche Verantwortung derjenigen Entscheidungsträger untersucht, die an oberster Stelle innerhalb der unternehmerischen Organisationseinheit stehen und die deliktisches Verhalten ihrer Untergebenen nicht verhindern. Diese Personen werden im folgenden unter den Begriff des *Unternehmensleiters* zusammengefaßt. In diesem Sinne ist Unternehmensleiter der Inhaber des Unternehmens, sofern er dessen Leitung selbst in der Hand hat und die wesentlichen unternehmerischen Entscheidungen selbst trifft. Unter diesen Begriff fällt aber auch der angestellte Geschäftsführer sowie der Leiter eines (Teil-)Betriebes oder einer Betriebseinheit innerhalb eines größeren Unternehmens[46].

Anknüpfungspunkt für eine strafrechtliche Verantwortung des Unternehmensleiters können einerseits gesetzliche Spezialregelungen sein, die dessen Verantwortung ausdrücklich vorsehen. In Frage kommt aber auch eine Verantwortung über eine allgemeine Zurechnungsnorm oder durch die Konstruktion des unechten Unterlassungsdeliktes, sofern dies anerkannt ist.

Sofern die strafrechtliche Verantwortung des Unternehmensleiters bejaht wird, stellt sich die weitere Frage, ob damit der Realität des Wirtschaftslebens hinreichend Rechnung getragen werden kann. Da größere Unternehmen ohne arbeitsteilige Organisationsform regelmäßig nicht auskommen, ist die Unternehmensspitze gezwungen, die Organisation von Teilbereichen an leitende Angestellte zu delegieren. Zu

---

[44] *Schünemann* wistra 1982, 41, 43.

[45] *Bottke* wistra 1991, 81.

[46] Vgl. im übrigen zu der begrifflichen Unterscheidung zwischen Betrieb und Unternehmen Sch/Sch/*Lenckner* § 14 Rdnr. 28f.

untersuchen ist, ob und in welchem Umfang mit einer Delegation von Verantwortung aus arbeitsorganisatorischen Gründen auch die strafrechtliche Verantwortung verlagert wird. Wäre das der Fall, könnte die strafrechtliche Verantwortung an die Organisationsstruktur des Unternehmens anknüpfen. Sie läge grundsätzlich beim Unternehmensleiter, wanderte aber durch die Delegation hinunter bis hin zu den untersten Leitungsebenen. Jeder Entscheidungsträger wäre für den von ihm betreuten Bereich auch strafrechtlich verantwortlich.

Untersucht wird dabei nur die Frage der persönlichen strafrechtlichen Verantwortlichkeit. Dagegen bleibt die Frage, ob die verantwortlichen Personen für die gegen einen Untergebenen verhängte Geldstrafe haften, ausgespart. Wird im folgenden von strafrechtlicher Verantwortung gesprochen, ist - sofern nichts Gegenteiliges ausdrücklich klargestellt wird - davon auszugehen, daß es sich um eine persönliche Strafbarkeit handelt, nicht um bloße Haftung oder Verantwortung für die Zahlung der gegen einen anderen verhängten Geldstrafe. Besteht eine solche strafrechtliche Verantwortung, so soll untersucht werden, ob es sich um eine Verantwortung zwar für fremdes Verhalten, aber zumindest eigenes Verschulden handelt oder ob sogar eine vom Verschulden des Unternehmensleiters unabhängige Strafbarkeit, also eine Verantwortung für fremdes Verschulden, möglich ist.

Ausgespart wird die Frage der Strafbarkeit des Unternehmens selbst, wie sie seit ihrer Einführung in Frankreich, Finnland, Norwegen und den Niederlanden zunehmend vorgesehen wird[47] und die im Zweiten Zusatzprotokoll zu dem EG-Übereinkommen von 1995[48] als Alternative zur strafähnlichen Bußgeldverantwortlichkeit des deutschen Modells empfohlen wird[49], da dies den Rahmen dieser Untersuchung sprengen würde.

Aus demselben Grund kann auch nicht auf die Verantwortungsverteilung innerhalb entscheidungsbefugter Gremien eingegangen werden. Unsere Untersuchung befaßt sich vielmehr nur mit der grundlegenden Frage, ob überhaupt mit den vorhandenen Mitteln des Strafrechts eine Verantwortung der Entscheidungsträger innerhalb eines Unternehmens begründet werden kann.

---

[47] *Tiedemann* ZStW 110 (1998), 497, 511; vgl. die Übersicht bei *Eidam* Straftäter Unternehmen S. 30ff. sowie bei *de Doelder/Tiedemann.*

[48] Übereinkommen über den Schutz der finanziellen Interessen der Europäischen Gemeinschaft (ABl. EG. Nr. C 316/48 vom 27.11.1995).

[49] Art. 3 Abs. 2 der Ausarbeitung des zweiten Protokolls zum Übereinkommen über den Schutz der finanziellen Interessen der Europäischen Gemeinschaften, ABl. EG. Nr. C 221/11, 12.

IV. Methode der Untersuchung

Um die relativ komplexen Regelungen in den zu vergleichenden nationalen Rechtsordnungen zu vergleichen, ist zunächst eine detaillierte Bestandsaufnahme der Regelungen betreffend Täterschaft und Teilnahme nötig. Daher werden der zusammenfassenden Vergleichsbetrachtung Länderberichte vorangestellt, in denen die Rechtslage des jeweils untersuchten Landes dargestellt wird. Die Regelung von Täterschaft und Teilnahme wird dabei besonders genau untersucht, da die zweite Aufgabenstellung dieser Untersuchung, die strafrechtliche Verantwortung des Unternehmensleiters, im wesentlichen darauf basiert.

Für das deutsche Recht wird auf eine Darstellung der Regelungen von Täterschaft und Teilnahme verzichtet, da dieser Komplex in der Literatur bereits hinreichend behandelt wurde und für den deutschen Leser daher als bekannt vorausgesetzt wird. Es wird insoweit auf die gängigen Kommentierungen und Monographien verwiesen[50]. Zudem werden die übrigen Rechtsordnungen an den entscheidenden Stellen direkt mit dem deutschen Recht verglichen[51], so daß dort bereits eine Darstellung erfolgt, die einen gesonderten Länderbericht über die Regelungen von Täterschaft und Teilnahme im deutschen Recht überflüssig macht.

Bei der Erstellung von Länderberichten über ausländisches Recht ergibt sich das Problem, daß technische Rechtsbegriffe nicht einfach übersetzt werden können, da damit, sofern für die Übersetzung ein Begriff verwendet wird, der auch im Deutschen ein rechtlicher Fachausdruck ist, auch die im deutschen Recht damit verbundene juristische Wertung übernommen würde. Bei der Rechtsvergleichung besteht die Gefahr, daß das Bild durch zu eilige Übersetzung verfälscht wird. Um das Verständnis für den (deutschen) Leser zu erleichtern, werden die strafrechtlichen Fachbegriffe dennoch übersetzt und durch Anführungszeichen gekennzeichnet. Die Übersetzung ist dann lediglich Verständnishilfe und darf nicht als rechtliche Einordnung des ausländischen Fachbegriffes verstanden werden. Sofern Verwechslungsgefahr mit Begriffen des deutschen Rechts besteht oder die Übersetzung nicht eindeutig ist, wird der Originalausdruck in Klammern hinzugefügt. Lediglich bei den in der Teilnahmelehre als Standard verwendeten Begriffen wie „Täter“, „Teilnehmer“, „mittelbarer Täter“, „Anstifter“ und „Gehilfe“ wird diese Technik nicht durchgängig verfolgt, da dies den Textfluß für den Leser zu sehr unterbrechen würde. Bei diesen

---

[50] Insbesondere die Kommentierung in LK-*Roxin* § 25ff., oder die Monographien von *Bloy, Roxin,* und *Herzberg* (Täterschaft).

[51] Zu dieser Vergleichstechnik s. unten S. 14.

Begriffen wird der Originalausdruck jeweils nur bei der ersten Verwendung in Klammern hinzugesetzt. Ansonsten ist für diese Standardbegriffe davon auszugehen, daß es sich bei ihrer Verwendung um das damit im jeweils untersuchten Land beschriebene Phänomen handelt. Wird zum Beispiel im Länderbericht zu Spanien von „Anstiftung" gesprochen, so darf trotz identischer Wortwahl nicht davon ausgegangen werden, daß die Anstiftung im spanischen Strafrecht denselben Anforderungen unterliegt wie die Anstiftung im deutschen Strafrecht.

Die Situation in den einzelnen Ländern wird zunächst nur für sich allein untersucht, ohne bereits mit anderen Ländern verglichen zu werden, da Grundlage für einen objektiven Vergleich ein genaues Verständnis der verglichenen Positionen ist. Allerdings lassen sich die einzelnen Länderberichte nicht einfach nebeneinanderstellen und vergleichen. Beschränkte man sich bei der Darstellung in den Länderberichten auf eine schlichte Darstellung der Art, wie sie ein Autor des jeweiligen Landes auch vornehmen würde, indem man sich zum Beispiel an einem Lehrbuch orientierte, hätte man - aufgrund der unterschiedlichen Lösungsansätze wegen der verschiedenen Einordnung bestimmter Problematiken in den einzelnen Rechtsordnungen - verschieden strukturierte, unabhängig nebeneinanderstehende Einzelberichte, die keine Grundlage für einen Vergleich bieten könnten. Daher ist es erforderlich, den Länderberichten ein gemeinsames Raster zugrunde zu legen. Dazu muß jeder Bericht in seine Bestandteile zerlegt und dann in dieses Raster eingesetzt werden. Durch diese Methode gewinnt man parallel aufgebaute Berichte, anhand derer Unterschiede und Gemeinsamkeiten sofort deutlich werden. Lediglich vereinzelt kann es zur übersichtlicheren Darstellung erforderlich sein, von diesem grundsätzlichen Raster abzuweichen und gewisse Fragestellungen in einem Länderbericht an anderer Stelle zu behandeln als in den übrigen Länderberichten. Für den Gesamtvergleich ist es allerdings nicht erforderlich, daß den Länderberichten ein absolut identisches Gliederungsraster zugrunde liegt. Es ist ausreichend, wenn die oberen Gliederungsebenen einander entsprechen. In den unterschiedlich ausgestalteten unteren Gliederungsebenen können dann die Unterschiede in den verschiedenen nationalen Strafrechtsordnungen sichtbar werden.

Als gemeinsames Raster für diese Untersuchung lag es nahe, die deutsche Behandlung von Täterschaft und Teilnahme zugrunde zu legen, da diese dem (deutschen) Leser bereits bekannt ist. Die Länderberichte werden bei ihrer Darstellung mit den deutschen Ansätzen zur Lösung der entsprechenden Probleme verglichen und so eingeordnet in eine Struktur, die dem deutschen Leser sofort verständlich ist. Ebenso hätte aber ein anderes Raster gewählt werden können, beispielsweise eher am französischen oder spanischen System orientiert. Man hätte auch ein von allen

Systemen unabhängiges System wählen können, indem man nur auf die abstrakten Funktionen der Regelungen innerhalb der einzelnen Rechtsordnungen abgestellt hätte. Dabei wäre allerdings das Risiko groß gewesen, doch noch vom eigenen Systemdenken beeinflußt zu werden und so unbewußt das Bild zu verfälschen. Sicherer erscheint daher, die fremden Rechtsordnungen mit dem dem (deutschen) Leser am besten bekannten System zu vergleichen und daran orientiert eine Darstellung vorzunehmen. Insoweit handelt es sich um einen Vergleich aus deutscher Sicht, der aber dennoch den Anspruch der Objektivität wahren will.

Bei dieser Vorgehensweise lassen sich Wiederholungen bezüglich des deutschen Rechts nicht vermeiden, da jeder Länderbericht an den einschlägigen Stellen direkt mit dem deutschen Recht verglichen wird. Um die aufwendige Suche nach den entsprechenden Textstellen für den Leser zu vermeiden, werden diese Wiederholungen aber hingenommen, und es wird auf Querverweise weitgehend verzichtet.

Sind alle Rechtsordnungen auf diese Weise in Länderberichten dargestellt, können diese auch untereinander verglichen werden. In einer vergleichenden Schlußbetrachtung werden dann Gemeinsamkeiten und Unterschiede aufgezeigt. Auf dieser Grundlage wird sodann eine konsensfähige Modellregelung vorgestellt, die sich aus der Synthese des bereits Vorhandenen ergibt und daher eher als allgemeingültige Regelung akzeptiert werden dürfte als eine nur an einem System orientierte oder vollständig neue Regelung.

ERSTES KAPITEL

LÄNDERBERICHT DEUTSCHLAND

Die strafrechtliche Verantwortung des Unternehmens-für deliktisches Verhalten seiner Untergebenen[52]

I. Die strafrechtliche Verantwortung wegen positiven Tuns

Eine strafrechtliche Verantwortung des Unternehmensinhabers wegen positiven Tuns kommt nur für die Fälle in Betracht, in denen dieser auf die von seinen Untergebenen begangene strafbare Handlung einwirkt, indem er z.B. eine entsprechende Anweisung oder einen Rat gibt. Dann liegt nach den allgemeinen Regeln über Täterschaft und Teilnahme meist Anstiftung oder psychische Beihilfe vor. Ist der Untergebene nicht strafbar, da er nicht tatbestandsmäßig (z.B. mangels Sonderpflichtstellung), nicht vorsätzlich oder nicht rechtswidrig handelt, so kommt eine Strafbarkeit des Betriebsinhabers als mittelbarer Täter in Betracht. Zwischen Anstiftung und mittelbarer Täterschaft abgegrenzt werden muß in den Fällen, in denen der Arbeitnehmer nicht schuldhaft handelt. Diese Fallvarianten weisen aber keine Besonderheiten gegenüber anderen Konstellationen mit Beteiligten außerhalb eines Unternehmens auf und sollen daher hier nicht gesondert untersucht werden. Zu erwähnen ist noch der Fall, daß der Untergebene tatbestandsmäßig, rechtswidrig und schuldhaft handelt. Nach allgemeiner Ansicht sollte bisher nur Anstiftung des weisungsgebenden Unternehmensinhabers in Frage kommen, da eine Täterschaft hinter dem Täter nur in vom Recht losgelösten Machtapparaten zugelassen wurde[53]. Im Vordringen ist nun aber eine Ansicht, die auch in anderen Organisationsstrukturen, wie zum Beispiel im Unternehmen, Täterschaft hinter einem voll verantwortlichen Täter zuläßt[54]. Insbesondere hat der BGH in einem neueren Urteil formuliert, daß Täter-

---

[52] An dieser Stelle sei nochmals darauf hingewiesen, daß auf einer Darstellung der Regelungen von Täterschaft und Teilnahme im allgemeinen für das deutsche Recht verzichtet wird (s. oben S. 13).

[53] Statt Vieler: *Roxin* S. 242 ff. und S. 653ff.; LK-Roxin § 25 Rdnr. 131 m.w.Nachw.

[54] *Ransiek* S. 46 ff., der, selbst wenn der Angewiesene dolus eventualis bezüglich des Verletzungserfolges haben sollte, von mittelbarer Täterschaft der Hintermänner ausgeht, obwohl die Angewiesenen selbst verantwortlich sind, da die Beiträge des einzelnen durch die Geschäftsführung koordiniert und bestimmt werden und erst dadurch strafrechtliche Relevanz erhalten, so daß unter dem Gesichtspunkt der Organisationsherrschaft die Täterschaft der Entscheidenden hinter der Täterschaft des Angewiesenen bejaht werden kann (S. 55).

schaft hinter dem Täter auch in „staatlichen, unternehmerischen oder geschäftsähnlichen Organisationsstrukturen und Befehlshierarchien“[55] in Frage kommt. Täterschaftskriterium ist dabei „die Ausnutzung der unbedingten Bereitschaft des unmittelbar Handelnden, den Tatbestand zu erfüllen“[56]. Mit Ausnahme dieses Streitstandes, dessen weitere Entwicklung abzuwarten bleibt, lassen sich aber die Fälle, in denen der Unternehmensinhaber selbst die Anweisung zum entsprechenden Verhalten des Arbeitnehmers gibt, unproblematisch nach den allgemeinen Regeln lösen. Problematischer ist die Konstellation, daß der Unternehmensinhaber oder die Unternehmensleitung Straftaten trotz Kenntnis zuläßt oder aus Unkenntnis nicht verhindert. Es stellt sich die Frage, ob die Unternehmensleitung aus unechtem Unterlassen verantwortlich ist oder ob für eine Verantwortung Spezialregelungen vorhanden sind. Dies soll im folgenden genauer untersucht werden.

---

[55] BGHSt 40, 218ff. mit Anmerkung *Roxin* JZ 1995, 49; sowie *Sonnen* JA 1995, 98; zustimmend zu der Entscheidung *Busch* S. 542: „auch ein Unternehmen stellt einen „organisierten Machtapparat“ dar“; *Schroeder* S. 152, 158; *ders.* JR 1995, 177, 179; *Tröndle* § 25 Rdnr. 3; und Schönke/Schröder/*Cramer* § 25 Rdnr. 25. *Gropp* JuS 1996, 13, 16, 18 stimmt der Möglichkeit des Täters hinter dem Täter auch in anderen als „Unrechtsapparaten“ (unter Verweis auf *Schild* S. 22f.) zu, bezweifelt aber die Tatherrschaft der Verteidigungsratmitglieder im konkreten Fall. Kritisch zu der Entscheidung *Roxin* JZ 1995, 49, 51, der die Begründung der Figur des Täters hinter dem Täter durch die Organisationsherrschaft als entscheidendes Kriterium begrüßt, allerdings dieselbe in Unternehmen nicht bejahen will, da es an der von ihm seit jeher verlangten Austauschbarkeit des Vordermannes fehle (vgl. *ders.* S. 242ff. und GA 1963, 193ff.).

[56] BGHSt 40, 218, 236.

II. Die strafrechtliche Verantwortung wegen Unterlassens

1. Gesetzliche Spezialregelungen

a) Spezialregelungen in der Geschichte

Bis zum Inkrafttreten des Ordnungswidrigkeitengesetzes im Jahre 1968 enthielt das Nebenstrafrecht eine Fülle von Spezialregelungen, die eine strafrechtliche Verantwortung des Betriebsleiters neben seinem Personal vorsahen[57].

Die wichtigste dieser Vorschriften war **§ 151 Abs. 1 GewO**, nach dessen Satz 2 der Gewerbetreibende bei der Verletzung einer polizeilichen Vorschrift durch ein von ihm beauftragtes Leitungs- oder Aufsichtsorgan strafrechtlich verantwortlich war, wenn die Zuwiderhandlung mit seiner Kenntnis begangen oder durch Fahrlässigkeit seinerseits ermöglicht worden war: „Sind bei der Ausübung des Gewerbes polizeiliche Vorschriften von Personen übertreten worden, welche der Gewerbetreibende zur Leitung des Betriebes oder eines Teiles desselben oder zur Beaufsichtigung bestellt hatte, so trifft die Strafe diesen letzteren. Der Gewerbetreibende ist neben denselben strafbar, wenn die Übertretung mit seinem Vorwissen begangen worden ist oder wenn er bei der nach den Verhältnissen möglichen eigenen Beaufsichtigung des Betriebs, oder bei der Auswahl oder Beaufsichtigung der Betriebsleiter oder Aufsichtspersonen es an der erforderlichen Sorgfalt hat fehlen lassen"[58]. § 151 GewO ging zurück auf **§ 188 PreußGewO** vom 17.01.1845, der die strafrechtliche Verantwortung des Gewerbetreibenden für die Übertretung polizeilicher Vorschriften durch seine Stellvertreter vorsah: „Sind polizeiliche Vorschriften von dem Stellvertreter übertreten worden, so ist die Strafe zunächst gegen den Stellvertreter festzusetzen, ist die Übertretung mit Vorwissen des Vertretenen begangen worden, so verfallen beide der gesetzlichen Strafe."[59] Diese Regelung wurde mit geringfügigen Änderungen in die Gewerbeordnung für den Norddeutschen Bund vom 21.6.1869 übernommen[60]. Erst durch die Neuschaffung der Gewerbeordnung für das Deutsche Reich vom 26.07.1900 wurde der Tatbestand im Sinne einer echten

---

[57] Vgl. *Schünemann* Unternehmenskriminalität S. 62.
[58] RGBL 1891 S. 261, 288.
[59] Vgl. Gesetzessammlung für die Königlichen Preußischen Staaten 1845 S. 77f.
[60] Vgl. BGBl. des Norddeutschen Bundes 1869 S. 281.

Aufsichtspflichtverletzung gestaltet, da dann auch die fahrlässige Mitverursachung der Zuwiderhandlung erfaßt wurde und es nicht mehr auf die Kenntnis des Gewerbetreibenden von der konkreten Tat ankam[61]. Im Gegensatz zum heutigen § 130 OWiG, der die damals geltenden Tatbestände der Aufsichtspflichtverletzung einheitlich regelte[62], wurde der Kausalzusammenhang zwischen dem Verschulden des Aufsichtspflichtigen und der polizeirechtlichen Übertretung nicht angesprochen. Zu bemerken ist zu § 151 GewO, daß den Betriebsinhaber nicht eine Verantwortung für fremdes Verschulden, sondern für eigenes ursächliches Verschulden traf[63]. Die polizeilichen Vorschriften, deren Überschreitung die Strafbarkeit auslöste, waren nicht auf die gewerbepolizeilichen Vorschriften beschränkt[64]. Die Aufsichtspflicht des Betriebsinhabers traf nur den beauftragten Betriebsleiter oder die Aufsichtsperson, nicht aber andere Betriebsangehörige.

§ 151 GewO entsprechend wurde in der Folgezeit der Tatbestand der Aufsichtspflichtverletzung auch in das **Preußische Wassergesetz** vom 07.04.1913 aufgenommen (**§ 376Abs. 3**)[65].

Nach dem zweiten Weltkrieg wurden insbesondere auf dem Gebiet des Wirtschaftsstrafrechts in den jeweiligen Einzelgesetzen Tatbestände betrieblicher Aufsichtspflichtverletzung geschaffen[66].

Hier sind gesondert zu erwähnen die Ordnungswidrigkeit des **§ 23 WiStG** vom 29.07.1949, der eine Geldbuße gegen den Inhaber oder Leiter des Betriebes bei Zuwiderhandlungen gegen die Bestimmungen des WiStG in seinem Betrieb vorsah, sofern dieser nicht nachweisen konnte, daß er die im Verkehr erforderliche Sorgfalt angewandt hatte, um die Zuwiderhandlung zu verhüten[67]. Mit der Neufassung durch **§ 5 WiStG** vom 09.07.1954 entfiel diese Beweislastumkehr: „Wird in einem Betrieb eine durch dieses Gesetz mit Strafe oder mit Geldbuße bedrohte Handlung began-

[61] Vgl. *Thiemann* S. 5.

[62] S. dazu unten S. 26.

[63] *Hsü* S. 13.

[64] Die Rechtsprechung des RG und des BGH dehnte die polizeilichen Vorschriften auf solche außerhalb der GewO aus (RGSt 50, 14f.: Verletzung von Preisvorschriften; 72, 26, 28f.: Vorschriften der Gesundheitspolizei, hier des Milchgesetzes, m.w.Nachw.); *Hsü* S. 14; *Schünemann* Unternehmenskriminalität S. 71.

[65] Vgl. *Thiemann* S. 6.

[66] Nachweise bei *Thiemann* S. 6, Fußnote 1.

[67] Vgl. *Hsü* S. 14; die Vorschrift lautete: „Wird eine Zuwiderhandlung gegen die Bestimmungen dieses Gesetzes in einem Betrieb begangen, so kann wegen Verletzung der Aufsichtspflicht eine Geldbuße gegen die Inhaber oder Leiter (...) festgesetzt werden, wenn der Inhaber oder Leiter oder der zur gesetzlichen Vertretung Berechtigte nicht nachweist, daß er die im Verkehr erforderliche Sorgfalt angewandt hat, um die Zuwiderhandlung zu verhüten."; BGBl. I (1949) S. 190

gen, so kann gegen den Inhaber oder Leiter (...) eine Geldbuße bis zu fünfzigtausend Deutsche Mark festgesetzt werden, wenn der Inhaber oder Leiter oder der zur gesetzlichen Vertretung Berechtigte vorsätzlich oder fahrlässig seine Aufsichtspflicht verletzt hat und der Verstoß hierauf beruht"[68]. Jetzt wurden explizit die vorsätzliche und fahrlässige Verletzung der Aufsichtspflicht genannt, sowie das erforderliche Kausalverhältnis zu den Verstößen des Untergebenen erwähnt. Da der Verstoß des Untergebenen als objektive Strafbarkeitsbedingung angesehen wurde[69], mußte nur dessen äußerer Tatbestand erfüllt sein; das Verschulden des Betriebsinhabers brauchte sich hierauf nicht zu erstrecken. Der Verstoß mußte von einem Betriebsangehörigen in Ausübung seiner betrieblichen Funktionen begangen werden; eine nur bei Gelegenheit des Aufenthaltes und der Tätigkeit im Betrieb begangene Handlung fiel nicht unter die Vorschrift[70]. Im Gegensatz zu § 151 GewO war hier die Aufsichtspflicht nicht nur auf Personen beschränkt, die „zur Leitung des Betriebes oder eines Teiles desselben oder zur Beaufsichtigung bestellt" waren, sondern erfaßte die Beaufsichtigung aller Betriebsangehörigen.

Während § 5 WiStG als echtes Unterlassungsdelikt der Verletzung der Aufsichtspflicht ausgestaltet war, wurde in § 151 GewO eine Garantenstellung des Betriebsinhabers geschaffen, so daß dieser im Wege des unechten Unterlassungsdeliktes als Täter der Zuwiderhandlung gegen die polizeirechtliche Vorschrift anzusehen war[71]. Die Einstufung der Aufsichtspflichtverletzung als Ordnungswidrigkeit wurde in § 130 OWiG beibehalten.

Im Gegensatz zur heutigen Vorschrift der Aufsichtspflichtverletzung bezogen sich die Spezialvorschriften immer nur auf enumerativ aufgeführte Zuwiderhandlungen, so daß Lücken entstanden, wo die Zuwiderhandlung nicht im Tatbestand der Aufsichtspflichtverletzung erfaßt war. Oder aber es fehlte im entsprechenden Spezialgesetz ein Tatbestand der Aufsichtspflichtverletzung insgesamt. Dadurch kam es in gleichgelagerten Fällen zu unterschiedlichen Lösungen[72]. Diese Ungleichbehandlung sollte durch die Schaffung eines allgemeinen Tatbestandes der Aufsichtspflichtverletzung beseitigt werden. Das Ordnungswidrigkeitengesetz von 1968 schuf daher erstmals in § 33 OWiG unter Aufhebung der Sondergesetze einen allgemeinen Tatbestand der Aufsichtspflichtverletzung in Betrieben und Unternehmen, der in der seit

---

68 BGBl. I (1954) S. 175.

69 Für die damals h.M.: *Gerner* und *Winckhler* Wirtschaftsstrafgesetz 1954 S. 60; BGHSt 9, 319, 322.

70 Für die damals h.M.: *Gerner* und *Winckhler* Wirtschaftsstrafgesetz 1954 S. 57f., 59; *Ebisch* Wirtschaftsstrafrecht 1954 S. 1161f.

71 Zur damals h.M.: *Hsü* S. 15.

72 *Thiemann* S. 7.

dem 01.01.1971 geltenden Neufassung des Ordnungswidrigkeitengesetzes als § 130 OWiG weiterbesteht[73].

b) Spezialregelungen nach geltendem Recht

Nachdem das Ordnungswidrigkeitengesetz vom 24.05.68 die Spezialvorschriften über die Unterlassungsverantwortung des Betriebsleiters in § 151 GewO und anderen zahlreichen Spezialvorschriften des Nebenstrafrechts aufgehoben hat, existieren heute mit § 357 dStGB, § 41 WStG, § 4 Abs. 2 dUWG sowie den presserechtlichen Vorschriften über die „verantwortlichen Personen"[74] nur noch ganz wenige Vorschriften, in denen die strafrechtliche Verantwortlichkeit des Unternehmensinhabers für ein Verhalten seiner Untergebenen oder Angestellten expressis verbis geregelt ist[75].

aa) Nach § 357 dStGB ist der behördliche Vorgesetzte immer dann strafrechtlich verantwortlich, wenn er die mit Strafe bedrohte Handlung seines Untergebenen nicht hindert. Er wird dann aus demselben Tatbestand bestraft, sofern es sich bei der mit Strafe bedrohten Handlung um eine Straftat handelt und sofern dem Vorgesetzten Vorsatz nachgewiesen werden kann.

bb) Demgegenüber handelt es sich bei § 41 WStG um ein selbständiges Delikt. Es wird nicht vorausgesetzt, daß der Untergebene eine Straftat begeht. Es reicht, daß die Aufsichtspflicht vorsätzlich oder leichtfertig verletzt wird und es dadurch wenigstens fahrlässig im Rahmen eines militärischen Bezuges[76] zu einer „schwerwiegenden Folge" im Sinne des § 2 Nr. 3 WStG kommt[77]. Wird eine Straftat des Untergebenen nur geduldet, ohne daß es zu einer „schwerwiegenden Folge" kommt, so ist der Vorgesetzte nicht strafbar, denn anders als im Strafgesetzbuch ist im Wehrstrafgesetz in § 33 eine Bestrafung wegen Verleitung zu einem Verbrechen oder Vergehen nur bei „Bestimmung" des Untergebenen vorgesehen, die bloße Nichthinderung reicht nicht[78].

---

73 S. dazu unten S. 26.

74 Vgl. etwa § 20 des baden-württembergischen, bremischen, niedersächsischen, saarländischen und schleswig-holsteinischen Landespressegesetzes sowie die entsprechenden Vorschriften in den übrigen Landespressegesetzen.

75 Vgl. *Schünemann* wistra 1982, 41, 43.

76 Für die h.M.: BGHSt 28, 48, 51.

77 Für die h.M.: *Schünemann* Unternehmenskriminalität S. 63.

78 Für die h.M.: *Schünemann* Unternehmenskriminalität m.w.Nachw.

cc) Im Presserecht dienen die Vorschriften über die Bestellung und Verantwortung einer „verantwortlichen Person“ dazu, den verantwortlichen Redakteur wegen einer im Druckwerk begangenen Straftat strafbar zu machen, wenn er „vorsätzlich oder fahrlässig seine Pflicht verletzt hat, Druckwerk von strafbarem Inhalt freizuhalten“ (vgl. § 20 Abs. 2 Nr. 1 bawüLPresseG)[79] auch wenn nach den allgemeinen Regeln keine Täterschaft oder Teilnahme anzunehmen wäre[80]. Der Grundgedanke dieser Vorschrift geht zurück auf § 35 des Gesetzes über die Errichtung von Rundfunkanstalten des Bundes vom 29.11.1960, der eine Aufsichtspflicht des Intendanten oder seines Vertreters dahingehend statuiert, daß er für Straftaten verantwortlich ist, die ein anderer wegen des Inhaltes oder der Gestaltung einer Sendung begeht[81]. Auch diese Vorschriften statuieren die Aufsichtspflichtverletzung nicht als Ordnungswidrigkeit, sondern als Straftat in der Form des echten Unterlassungsdeliktes [82].

dd) Als letzte nebenstrafrechtliche Spezialnorm, die die strafrechtliche Verantwortlichkeit des Betriebsleiters oder -inhabers vorschreibt, ist schließlich § 4 Abs. 2 dUWG zu erwähnen. Der Tatbestand der irreführenden Werbung lautet in Absatz 2: „Werden die in Absatz 1 bezeichneten unrichtigen Angaben in einem geschäftlichen Betriebe von einem Angestellten oder Beauftragten gemacht, so ist der Inhaber oder Leiter des Betriebes neben dem Angestellten oder Beauftragten strafbar, wenn die Handlung mit seinem Wissen geschah.“
Diese Vorschrift war bei Schaffung des Gesetzes gegen den unlauteren Wettbewerb als echte Strafbarkeitsausdehnungsvorschrift gedacht, um „ die strafrechtliche Haftung des Prinzipals in all den Fällen zu treffen, in denen er sich, wie das häufig sei, herauszureden suche“[83]. Die Beteiligung des Prinzipals an strafbaren Handlungen seiner Untergebenen sollte durch sein Wissen von den unwahren Werbeangaben fingiert werden, um die Schwierigkeiten des Verschuldensnachweises beim Prinzipal zu vermeiden[84]. Darüber hinaus beabsichtigte der Gesetzgeber, eine Beaufsichtigungspflicht wie die in § 151 GewO von 1892 zu statuieren, da dieser - nach einer engen Auslegung - auf gewerbepolizeiliche Übertretungen der Untergebenen be-

---

[79] Ähnlich die übrigen Landespressegesetze, vgl. § 11 bay. LPresseG, §§ 11, 21 hess. LPresseG, § 21 nordrhein-westf. LPresseG, § 19 der Landespressegesetze von Berlin, Hamburg und Rheinland-Pfalz sowie § 20 des brem., nieders. saarländ. und schleswig-holstein. LPresseG.

[80] Für die h.M.: *Schünemann* Unternehmenskriminalität S. 64.

[81] BGBl. I (1960) S. 862, 868; vgl. *Hsü* S. 62; *Schünemann* Unternehmenskriminalität S. 64.

[82] Für die h.M.: *Hsü* S. 62.

[83] So der Kommissionsbericht in den Verhandlungen des Reichstages, Bd. 225, Nr. 1390, S. 8440; vgl. *Göhler* in: Festschrift für Dreher, S. 612, 615 und *Hsü* S. 67, Fußnote 83.

[84] Amtliche Begründung zu §§ 3,4; Verhandlungen des Reichstages, Bd. 252, Nr. 1109, S. 13.

schränkt war[85]. Wie durch § 151 GewO sollte der Betriebsinhaber zum Garanten für straffreie Werbung gemacht werden[86]. Im Gegensatz zu § 151 GewO ist die Aufsichtspflichtverletzung bei § 4 Abs. 2 dUWG jedoch nur bei vorsätzlicher Verletzung strafbar. Allerdings war § 4 Abs. 2 dUWG nicht immer unbestritten: Das Bundesjustizministerium hat schon früher die Streichung des Absatzes 2 verlangt: Dieser sei mit dem Schuldgrundsatz nicht zu vereinbaren, da die Beteiligung des Prinzipals fingiert und seine Schuld vermutet werde[87]. Nach *Göhler,* von dem auch die Begründung des Bundesjustizministeriums für den Streichungsvorschlag stammt, enthält Absatz 2 sogar einen zweiten Verstoß gegen den Schuldgrundsatz, da dieser ein Verschulden des Prinzipals unabhängig davon festsetze, ob er überhaupt in der Lage gewesen wäre, den Verstoß zu verhindern[88]. Außerdem begründet *Göhler* den Streichungsvorschlag damit, daß § 4 Abs. 2 dUWG überflüssig sei: Bereits aus der Garantenstellung des Betriebsinhabers als solcher ergebe sich eine strafrechtliche Verantwortlichkeit als Täter der irreführenden Werbung[89]. Ferner finde sich im Falle der Aufsichtspflichtverletzung eine Sanktionsmöglichkeit in § 130 OWiG; dort sei die Aufsichtspflicht des Betriebsinhabers bereits verallgemeinert und ihre Verletzung als Ordnungswidrigkeit eingestuft[90]. Gegen den Streichungsvorschlag wurde von der Sachverständigenkommission zur Bekämpfung der Wirtschaftskriminalität vom Jahre 1975 vorgebracht, daß die Einführung des § 13 dStGB den Fortbestand des § 4 Abs. 2 dUWG nicht ausschließe. Gerade weil § 13 dStGB keine Aussage über die Begründung der Garantenstellung enthalte und weil die Rechtsprechung dazu für den in Rede stehenden Bereich keine zuverlässigen Anhaltspunkte gebe, sei § 4 Abs. 2 dUWG als statthafte gesetzliche Bestimmung einer Garantenpflicht notwendig[91]. § 130 OWiG könne nicht als Argument für eine Streichung des § 4 Abs. 2 dUWG herangezogen werden, da sich der Unrechtsgehalt der Täterschaft oder Teilnahme an einer Straftat nach § 4 Abs. 2 dUWG erheblich von dem Unrechtsgehalt der Verletzung der allgemeinen Aufsichtspflicht gemäß § 130 OWiG unterscheide[92]. In der Literatur wird der Streichungsvorschlag kritisiert, da die Vorschrift des § 4 Abs. 2 dUWG als spezielle Vorschrift zur Garantenstellung des Betriebsinhabers oder -lei-

---

[85] *Hsü* S. 67.

[86] H.M.: *Schünemann* Unternehmenskriminalität S. 66 m.w.Nachw.; *Lampe* Tagungsberichte Bd. IX, Anlage 6, S. 53; *Göhler* in: Festschrift für Dreher S. 612, 614.

[87] Vgl. BR-Drucks. 11/73, S. 390.

[88] *Göhler* in: Festschrift für Dreher S. 612, 614f.

[89] *Göhler* in: Festschrift für Dreher S. 612, 615.

[90] *Göhler* in: Festschrift für Dreher S. 612, 621.

[91] Tagungsberichte Bd. IX, S. 109f.; vgl. *Göhler* in: Festschrift für Dreher, S. 615f.

[92] Tagungsberichte Bd. IX, S. 109f.

ters neben der allgemeinen Bestimmung des § 130 OWiG eigenständige Bedeutung habe[93]. Mit der heutigen Dogmatik der Unterlassungsdelikte, in deren Rahmen § 4 Abs. 2 dUWG ausgelegt werden muß, sei dieser außerdem auch mit dem Schuldgrundsatz vereinbar (sofern man darin die Statuierung einer Garantenpflicht sieht), da das Verschulden des Betriebsinhabers an die Verletzung der Garantenpflicht anknüpfe[94].

Die Kontroverse[95] kann jedoch im Rahmen dieser Untersuchung zunächst einmal dahin stehen, da doch Einigkeit darüber herrscht, daß § 4 Abs. 2 dUWG jedenfalls im Kern eine vom Gesetzgeber geschaffene Garantenstellung des Betriebsinhabers darstellt[96]. Umstritten ist lediglich, ob diese nun neben einer allgemeinen Garantenstellung des Betriebsinhabers bzw. neben § 130 OWiG noch eine Existenzberechtigung hat und ob sich aus der Vorschrift eine Garantenstellung des Betriebsleiters im allgemeinen ableiten läßt oder ob sie dieser Annahme gerade entgegenstehe[97].

c) Die Verantwortung wegen Aufsichtspflichtverletzung gemäß § 130 OWiG

Dem Tatbestand der Aufsichtspflichtverletzung gemäß § 130 OWiG[98] kommt gerade bei den Wirtschaftsstraftaten große praktische Bedeutung zu[99], so daß seine Inhalte und Voraussetzungen hier kurz dargestellt werden sollen. Bei § 130 OWiG geht es funktional betrachtet um die Sicherung von Zurechnung, die im modernen Wirtschaftsverkehr nicht unproblematisch ist, zumal zusätzlich Beweisschwierigkeiten auftreten, wer im einzelnen innerhalb eines großen Unternehmens verantwortlich ist[100]. Zahlreiche strafrechtliche und bußgeldrechtlich gesicherte Pflichten (Gebote,

---

93 *Hsü* S. 70.

94 *Hsü* S. 72ff.

95 Zum Ganzen: *Hsü* S. 66ff.

96 Für die h.M.: *Göhler* in: Festschrift für Dreher S.612, 614; *Schünemann* Unternehmenskriminalität S. 66.

97 Vgl. *Schünemann* Unternehmenskriminalität S. 66f.; s. dazu unten S. 31ff.

98 Zur älteren Literatur zum OWiG vergleiche insbesondere die Literaturberichte von *Tiedemann* ZStW 83 (1971), 792 sowie ZStW 91 (1979), 139. Die folgende Untersuchung zitiert der Aktualität halber nur in den letzten Jahren neu aufgelegte Werke, die ihrerseits auf die von Tiedemann besprochenen grundlegenden Werke verweisen.

99 *Hsü* S. 36; *Rogall* ZStW 98 (1986) 573, 575. Insbesondere für die Verhängung einer Verbandsgeldbuße gemäß § 30 OWiG wird § 130 OWiG oft als Anknüpfungstat herangezogen (*Tiedemann* Wirtschaftsstrafrecht I S. 204f.; *ders.* in: Immenga/Westmäcker Vor § 38 Rdnr. 53).

100 Für die h.M.: *Maschke* S. 18.

Verbote) richten sich nämlich nur an den Inhaber des Betriebes[101] als Normadressaten. Bei der Vielzahl und Unterschiedlichkeit dieser Pflichten ist der Betriebsinhaber häufig nicht in der Lage, diese persönlich zu erfüllen; er ist daher weitgehend darauf angewiesen, die Einhaltung dieser Pflichten auf andere Personen zu übertragen. Die Personen, die dann für den Betriebsinhaber tätig werden, treffen diese (betriebsbezogenen) Pflichten persönlich nicht oder nur anstelle des Betriebsinhabers (§ 9 Abs. 2 OWiG, § 14 Abs. 2 dStGB[102]). § 130 OWiG begründet daher eine Art Garantenpflicht für den Inhaber des Betriebes, die sich allerdings in der Vornahme der notwendigen Aufsichtsmaßnahmen zur Verhinderung von Pflichtverletzungen innerhalb des Betriebes erschöpft[103]. Zweck der Vorschrift ist es, in einem Betrieb der Begehung von rechtswidrigen Handlungen insoweit vorzubeugen, als es sich um die Verletzung betriebsbezogener Vorschriften handelt und der Inhaber nicht selbst Täter ist[104]. Geschütztes Rechtsgut ist zum einen die Ordnung im Betrieb in Gestalt eines staatlichen Ordnungsinteresses: „das Interesse der Allgemeinheit an der Schaffung und Aufrechterhaltung einer innerbetrieblichen Organisationsform, mit der den von einem Unternehmen als der Zusammenfassung von Personen und Produktionsmitteln ausgehenden Gefahren begegnet wird"[105]. Zum anderen wird durch den Schutz dieser Ordnung aber auch der Schutz der von den „betriebsbezogenen" Vorschriften erfaßten Rechtsgüter angestrebt[106]. § 130 OWiG ist ein Auffangtatbestand, so daß eine Ordnungswidrigkeit nur vorliegt, wenn das Verhalten des Aufsichtspflichtigen nicht bereits als Beteiligung an einer Zuwiderhandlung i.S.d. § 14 OWiG (oder der §§ 25ff. dStGB) oder als vorsätzliche, meistens jedoch fahrlässige Nebentäterschaft durch Mitverursachung der im Betrieb begangenen Zuwiderhandlung angesehen werden kann[107].

---

[101] § 130 OwiG erfaßt die Aufsichspflichverletzung in betrieben und Unternehmen. Sofern in der folgenden Darstellung des § 130 OwiG von Betrieb und Betriebsinhaber gesprochen wird, ist davon auszugehen, daß diese Begriffe Synonyme für den Begriff des Unternehmens sind.

[102] S. dazu unten S. 60.

[103] H.M.: *Göhler* § 130 Rdnr. 3; Erbs/Kohlhaas/*Senge* § 130 Rdnr. 1; *Rebmann/Roth/Herrmann* § 130 Rdnr. 2 m.w.Nachw.; *Schmid* in: Müller-Gugenberger § 25 Rdnr. 83; *Tiedemann* Wirtschaftsstrafrecht I S. 204; *ders.* in: Immenga/Westmäcker Vor § 38 Rdnr. 53.

[104] H.M.: *Göhler* § 130 Rdnr. 3; *Rebmann/Roth/Herrmann* § 130 Rdnr. 2.

[105] H.M.: BGH NJW 1994, 1801, 1803; Erbs/Kohlhaas/*Senge* § 130 Rdnr. 1.

[106] H.M.: *Maschke* S. 26; *Rebmann/Roth/Herrmann* § 130 Rdnr. 2; *Rogall* ZStW 98 (1986) 573, 587; *Tiedemann* Wirtschaftsstrafrecht I S. 204; *Thiemann* S. 71.

[107] H.M.: Erbs/Kohlhaas/*Senge* § 130 Rdnr. 2; *Göhler* § 130 Rdnr. 25; *Herzberg* Verantwortung für Arbeitsschutz S. 103; *Maschke* S. 22f.; *Rebmann/Roth/Herrmann* § 130 Rdnr. 28 m.w.Nachw.; *Schmid* in: Müller-Gugenberger § 25 Rdnr. 83; *Tiedemann* Wirtschaftsstrafrecht I S. 204; *ders.* in: Immenga/Westmäcker Vor § 38 Rdnr. 53.

Aufgegliedert läßt sich § 130 OWiG wie folgt darstellen[108]:
Die bußgeldliche Verantwortung des Betriebs- oder Unternehmensinhabers tritt ein, wenn

1. im Betrieb oder Unternehmen eine Zuwiderhandlung gegen Pflichten begangen worden ist, die den Inhaber des Betriebes als solchen treffen und deren Verletzung mit Strafe oder Geldbuße bedroht ist,
2. der Inhaber vorsätzlich oder fahrlässig die ihm obliegende Aufsichtspflicht verletzt hat und
3. die Zuwiderhandlung bei gehöriger Aufsicht verhindert oder wesentlich erschwert worden wäre.

Als Täter der Aufsichtspflichtverletzung kommen laut Absatz 1 der Betriebs- und Unternehmensinhaber in Betracht, jedoch gilt auch hier § 9 OWiG, so daß auch der dort genannte Personenkreis aufsichtspflichtig ist[109].
Die Zuwiderhandlung gegen „den Inhaber als solchen treffende Pflichten“ ist objektive Bedingung der Strafbarkeit[110], auf die sich Vorsatz und Fahrlässigkeit des Betriebsinhabers bzw. der über § 9 OWiG verantwortlichen Personen nicht erstrecken müssen. Dadurch wird die Verantwortung gegenüber der des unechten Unterlassungsdeliktes erheblich ausgeweitet, da der Inhaber die konkrete Zuwiderhandlung noch nicht einmal hätte voraussehen können müssen[111]. Der Unternehmensinhaber kann so insbesondere dann bestraft werden, wenn er fahrlässig seine Aufsichtspflicht verletzt und so eine Zuwiderhandlung ermöglicht, die nur vorsätzlich begangen werden kann. In dieser Situation ist er mangels Vorsatzes weder wegen positiven Tuns noch wegen unechten Unterlassens aus der verletzten Vorschrift strafbar[112]. Die Zuwiderhandlung braucht keine Straftat oder Ordnungswidrigkeit zu sein, vorausge-

---

[108] So *Rebmann/Roth/Herrmann* § 130 Rdnr. 3.

[109] Die alte Fassung des § 130 OWiG, die enumerativ in Absatz 2 den Personenkreis aufzählte, der dem Inhaber gleichzustehen habe und den Täterkreis durch diese Aufzählung auf die obere Leitungsebene sowie auf Betriebs- und Zweigstellenleiter beschränkte, ist durch das 31. StÄG - 2. UKG vom 27.06.1994 (BGBl. I (1994) 1440) aufgehoben worden, wodurch der Täterkreis nach dem Willen des Gesetzgebers erweitert wurde.

[110] H.M.: Erbs/Kohlhaas/*Senge* § 130 Rdnr. 9 m.w.Nachw.; *Göhler* § 130 Rdnr. 9; *Herzberg* Verantwortung für Arbeitsschutz S. 103; *Rebmann/Roth/Herrmann* § 130 Rdnr. 5a; *Tiedemann* in: Immenga/Westmäcker Vor § 38 Rdnr. 54. Wegen dieser Strafbarkeitserweiterung wird § 130 OWiG vielfach als für nicht mit dem Schuldgrundsatz vereinbar gehalten, da insbesondere die Höhe der Geldbuße vom Charakter der Zuwiderhandlung abhängt (Absatz III) (*Thiemann* S. 115ff., 120).

[111] H.M.: Erbs/Kohlhaas/*Senge* § 130 Rdnr. 19; *Göhler* § 130 Rdnr. 16a; *Schünemann* Unternehmenskriminalität S. 118.

[112] H.M.: *Hsü* S. 47; *Ransiek* S. 99; *Schünemann* Unternehmenskriminalität S. 117.

setzt ist nur, daß jene Handlung mit Strafe oder mit Geldbuße belegt ist[113]. Außerdem braucht die Zuwiderhandlung für denjenigen, der sie begeht, nicht strafbar oder mit Geldbuße ahndbar zu sein. Oft ist nämlich die handelnde Person nicht Normadressat des verletzten Ge- oder Verbots. Es genügt, daß die Zuwiderhandlung rechtswidrig ist; der Handelnde muß nicht selbst vorwerfbar handeln[114], er muß nur den Tatbestand erfüllen. Allerdings reicht es nicht, wenn nur der äußere Tatbestand der Zuwiderhandlung erfüllt ist[115]: Ist die Zuwiderhandlung nur vorsätzlich begehbar, so muß der Handelnde mindestens natürlichen Vorsatz haben[116].

Die Zuwiderhandlung muß gegen eine betriebsbezogene Pflicht begangen worden sein. Darunter fallen zunächst alle Sonderpflichten, die den Betriebsinhaber als Normadressaten ansprechen[117], allerdings können darunter auch Pflichten aus Allgemeindelikten fallen, sofern sie mit der Führung des Betriebes in Zusammenhang stehen[118]. Ferner ist es nicht nötig, daß der Zuwiderhandelnde Betriebsangehöriger ist oder daß die Zuwiderhandlung auf dem Betriebsgelände vorgenommen wird[119]. In Betracht kommen auch Pflichtverletzungen von freien Mitarbeitern oder Personen, die nur vorübergehend in dem Betrieb angestellt sind und denen nur ein beschränkter Auftrag erteilt wurde, oder von Personen, die ohne Auftrag tätig sind. Es kommt nur darauf an, daß der Täter in Wahrnehmung der Pflichten des Betriebsinhabers gehandelt hat[120].

Das Ausmaß der Aufsichtspflicht hängt von den Umständen des Einzelfalles ab, insbesondere von der Größe und Organisation des Betriebs, von der Vielfalt, der Art und der Bedeutung der zu beachtenden Vorschriften, von der praktischen Durch-

---

[113] Für die h.M.: *Göhler* § 130 Rdnr. 21; *Rebmann/Roth/Herrmann* § 130 Rdnr. 10.

[114] H.M.: Erbs/Kohlhaas/*Senge* § 130 Rdnr. 20 m.w.Nachw.; *Göhler* § 130 Rdnr. 21; *Maschke* S. 60; *Rebmann/Roth/Herrmann* § 130 Rdnr. 10, 11.

[115] So aber *Rebmann/Roth/Herrmann* § 130 Rdnr. 10,11.

[116] H.M.: Erbs/Kohlhaas/*Senge* § 130 Rdnr. 20 m.w.Nachw.; *Göhler* § 130 Rdnr. 21 m.w.Nachw.; *Ransiek* S. 101.

[117] H.M.: Erbs/Kohlhaas/*Senge* § 130 Rdnr. 21; *Göhler* § 130 Rdnr. 18; *Rebmann/Roth/Herrmann* § 130 Rdnr. 6.

[118] H.M.: Erbs/ Kohlhaas/*Senge* § 130 Rdnr. 21; *Göhler* § 130 Rdnr. 18; *Maschke* S. 63; etwas enger *Rebmann/Roth/Herrmann* § 130 Rdnr. 7 („ausnahmsweise"); a.A. *Ransiek* S.103ff. und *Rogall* ZStW 98 (1986) 573, 605 sowie *Schünemann* Unternehmenskriminalität S. 113, 121.

[119] Für die h.M.: *Schmid* in: Müller-Gugenberger § 25 Rdnr. 87.

[120] H.M.: Erbs/Kohlhaas/*Senge* § 130 Rdnr. 23 m.w.Nachw.; *Göhler* § 130 Rdnr. 19; *Maschke* S. 63f.; *Rebmann/Roth/Herrmann* § 130 Rdnr. 8; a.A. scheinbar *Rogall* ZStW 98 (1986) 574, 606, der die Verantwortung ausschließt, da eine Überwachung nicht möglich ist. Die Möglichkeit der Überwachung setzen jedoch auch die anderen Autoren immer voraus.

führbarkeit der Überwachung u.a.m.[121]. Die Aufsichtspflicht beginnt bereits bei der Auswahl der Arbeitnehmer und erfordert sodann laufende Anleitung und Kontrolle des Personals[122]. Außerdem bezieht sie sich auf den sachlichen Zustand der Betriebsmittel[123]. Gesteigerte Aufsichtspflichten treffen den Inhaber, wenn sich ihm Anhaltspunkte dafür bieten, daß es in seinem Betrieb zu Unregelmäßigkeiten gekommen ist oder kommen könnte, etwa, weil das Personal oder die von ihm eingesetzten Aufsichtspersonen unerfahren, überlastet oder unzuverlässig sind, oder aber neue Vorschriften beachtet werden müssen, die das Personal oder die Aufsichtspersonen nicht kennen[124].

Der Inhaber darf die Aufsichtspflicht auf andere übertragen, jedoch behält er, wie sich aus Absatz 1 Satz 2 ergibt, die Oberaufsicht. Ihm obliegt eine Organisationspflicht, nach der die Aufsichtsmaßnahmen durch die Aufsichtspersonen so organisiert sein müssen, daß die erforderliche Aufsicht immer gewährleistet bleibt[125].

Die Aufsichtsmaßnahme muß möglich und zumutbar sein[126].

Der innere Tatbestand der Aufsichtspflichtverletzung erfordert Vorsatz oder Fahrlässigkeit bezüglich der Aufsichtspflichtverletzung, nicht aber bezüglich der Zuwiderhandlung, die ja nur objektive Strafbarkeitsbedingung ist, worin die entscheidende Haftungserweiterung gegenüber der Haftung nach den Grundsätzen des unechten Unterlassungsdeliktes liegt[127].

Nach der Neufassung des Absatzes 1 Satz 1 durch das 31.StÄG - 2.UKG vom 27.06.1994[128] ist abweichend von der bisherigen Rechtslage zwischen der Aufsichtspflichtverletzung und der Verletzung betriebsbezogener Pflichten ein Ursachenzusammenhang nicht mehr nur dann zu bejahen, wenn mit an Sicherheit grenzender

---

[121] H.M.: Erbs/Kohlhaas/*Senge* § 130 Rdnr. 12; *Göhler* § 130 Rdnr. 10; *Ransiek* S. 108; vgl. die Aufzählung bei *Rebmann/Roth/Herrmann* § 130 Rdnr. 14; *Schmid* in: Müller-Gugenberger § 25 Rdnr. 87.

[122] Für die h.M.: BGH WuW/E BGH 1799f.; *Schmid* in: Müller-Gugenberger § 25 Rdnr. 92ff.; *Tiedemann* Jura 1982, 371, 379 m.w.Nachw.; *ders.* in: Immenga/Westmäcker Vor § 38 Rdnr. 54 m.w.Nachw.

[123] Für die h.M.: Erbs/Kohlhaas/*Senge* § 130 Rdnr. 13ff.; *Rebmann/Roth/Herrmann* § 130 Rdnr. 15ff.; *Schmid* in: Müller-Gugenberger § 25 Rdnr. 95.

[124] Für die h.M.: Erbs/Kohlhaas/*Senge* § 130 Rdnr. 18; *Schmid* in: Müller-Gugenberger § 25 Rdnr. 90; *Tiedemann* in: Immenga/Westmäcker Vor § 38 Rdnr. 54.

[125] H.M.: Erbs/Kohlhaas/*Senge* § 130 Rdnr. 17; *Rebmann/Roth/Herrmann* § 130 Rdnr. 18f.; *Tiedemann* in: Immenga/Westmäcker Vor § 38 Rdnr. 54.

[126] H.M.: *Göhler* § 130 Rdnr. 12 m.w.Nachw.; Erbs/Kohlhaas/*Senge* § 130 Rdnr. 12; *Rebmann/Roth/Herrmann* § 130 Rdnr. 21; *Schmid* in: Müller-Gugenberger § 25 Rdnr. 89.

[127] S. oben S. 45; h.M.: Erbs/Kohlhaas/*Senge* § 130 Rdnr. 19; *Göhler* § 130 Rdnr. 16a; *Herzberg* Verantwortung für Arbeitsschutz S. 103; *Rebmann/Roth/Herrmann* § 130 Rdnr. 20a.

[128] BGBl. I 1440 (1994), 1444.

Wahrscheinlichkeit feststeht, daß der betriebliche Pflichtverstoß durch gebotene Aufsicht hätte verhindert werden können; ausreichend ist nunmehr auch die Feststellung, daß der betriebsbezogene Pflichtverstoß durch gehörige Aufsicht zumindest wesentlich erschwert worden wäre[129]. Trotz des nunmehr erleichterten Kausalerfordernisses und der damit verbundenen Haftungserweiterung ist aber eine Verknüpfung zwischen Aufsichtspflichtverletzung und Zuwiderhandlung im Sinne eines Schutzzweckzusammenhanges zu fordern: Es ist zu Untersuchen, ob dem Inhaber gerade auf dem Gebiet mangelnde Aufsichtsmaßnahmen vorzuwerfen sind, auf dem es zu einer Zuwiderhandlung gekommen ist[130].

2. *Die strafrechtliche Verantwortung aus einem unechten Unterlassungsdelikt gemäß § 13 dStGB*

Nach § 13 dStGB ist derjenige, „der es unterläßt, einen Erfolg abzuwenden, der zum Tatbestand eines Strafgesetzes gehört" nur dann strafrechtlich wegen Unterlassens verantwortlich, „wenn er rechtlich dafür einzustehen hat, daß der Erfolg nicht eintritt". Das bedeutet, daß der Betriebsinhaber für Straftaten seiner Untergebenen nur dann selbst strafrechtlich verantwortlich ist, wenn ihn eine Garantenstellung trifft. Zunächst wird also untersucht, ob und woher sich eine solche Garantenstellung des Betriebsinhabers ableiten läßt. Anschließend muß dann geklärt werden, ob der nichthindernde garantenpflichtige Unternehmensinhaber oder -leiter als Täter oder Teilnehmer an dem vom Untergebenen begangenen Delikt zu bestrafen ist.

a) Garantenstellung des Unternehmensinhabers oder -leiters

Ob den Unternehmensinhaber oder -leiter eine Garantenpflicht zur Verhinderung von Straftaten Untergebener trifft und woraus eine solche abzuleiten ist, ist in Rechtsprechung und Lehre umstritten. Das überrascht insofern nicht, als sich die Garantenstellung des Unternehmensinhabers nicht ohne Probleme in die klassische Garantentrias von Gesetz, Vertrag, und vorangegangenem Tun[131] oder in ihre Materiali-

---

[129] H.M.: Erbs/Kohlhaas/*Senge* § 130 Rdnr. 25; *Göhler* § 130 Rdnr. 22; *Rebmann/Roth/Herrmann* § 130 Rdnr. 21; *Schmid* in: Müller-Gugenberger § 25 Rdnr. 104.

[130] H.M.: *Göhler* § 130 Rdnr. 22; *Rebmann/Roth/Herrmann* § 130 Rdnr. 21; *Rogall* ZStW 98 (1986) 573, 612.

[131] Statt vieler: Sch/Sch/*Stree* § 13 Rdnr. 8.

sierung durch die Kategorien der natürlichen Verbundenheit[132] (bzw. der konkreten Lebensbeziehung) und der Übernahme[133] einordnen läßt[134]. Auch die von *Armin Kaufmann* begründete Funktionenlehre[135], wonach sich die Garantenstellungen in Beschützer - (Obhutspflicht zum Schutz des Rechtsgutes vor Gefahren aus der Allgemeinheit) und Überwachungsgarantenstellungen (Sicherungspflicht einer Gefahrenquelle zum Schutz der Allgemeinheit) einteilen lassen, vermag eine Garantenstellung des Betriebsinhabers nicht eindeutig zu erfassen[136].

aa) Die Rechtsprechung des Reichsgerichts

In der Rechtsprechung des Reichsgerichts wurde die strafrechtliche Geschäftsherrenhaftung zunächst auf dem Gebiet des Gewerberechts im Zusammenhang mit § 151 GewO praktiziert[137]. In diesen Fällen ging es darum, daß der Gewerbetreibende seine (grundsätzlich bestehende) Verantwortlichkeit zur Verhütung der Übertretung polizeilicher Vorschriften wegen der zwischenzeitlich erfolgten Lockerung des § 151 GewO durch die Gesetzesänderung vom 01.04.1892 durch Übertragung der Leitung oder der Aufsicht auf einzelne Personen ganz oder teilweise übertragen könne. § 151 GewO stellte also gegenüber den allgemeinen Vorschriften eine Einschränkung der strafrechtlichen Verantwortlichkeit des Betriebsinhabers und -leiters dar. Allerdings entschied das Reichsgericht, daß den Unternehmer nach § 151 GewO stets die Pflicht zur Oberaufsicht treffe[138]. In derselben Entscheidung[139] wurde der Anwendungsbereich des § 151 GewO auf die Übertretung von polizeilichen Vorschriften außerhalb der GewO ausgedehnt[140]. Eine andere Entscheidung des Reichsgerichts im 19. Band betraf die Garantenpflicht des Betriebsinhabers außerhalb der Gewerbeordnung: Es handelte sich um einen Bauunternehmer, der wegen fahrlässiger Tötung strafbar sein sollte, obwohl der Todesfall sich bei der Ausschachtung der Baugrube ereignete, für die der Bauunternehmer einen selbständigen Unternehmer beauftragt hatte. Das Reichsgericht ging ohne weitere Diskussion von einer Garan-

---

132 Statt vieler: Sch/Sch/*Stree* § 13 Rdnr. 10, 17.
133 Statt vieler Sch/Sch/*Stree* § 13 Rdnr. 26.
134 Für die h.M.: *Schünemann* wistra 1982, 40, 43 m.w.Nachw.
135 *Armin Kaufmann* S. 283.
136 Für die h.M.: *Schünemann* wistra 1982, 40, 43.
137 RGSt 24, 293, 295f.; 50, 8, 14f.
138 RGSt 50, 8, 10f.
139 RGSt 50, 8, 14f.
140 Vgl. zu den Entscheidungen *Schünemann* Unternehmenskriminalität S. 71 sowie *Hsü* S. 18ff.; BGHSt 8, 140, 142 m.w.Nachw.

tenstellung des Bauunternehmers als Betriebsinhaber[141] aus und erweiterte diese insofern, als er nicht nur über seine Untergebenen zu wachen habe, sondern seine Aufsichtspflicht vielmehr auch selbständigen, von ihm beauftragten Unternehmern gegenüber bestehe. Der Unternehmer sei diesen gegenüber zwar nicht zur ständigen Kontrolle verpflichtet, wohl aber habe er bei der Auswahl des selbständigen Unternehmers die erforderliche Sorgfalt anzuwenden sowie diesen mit pflichtgemäßer Aufmerksamkeit zu beobachten, sofern „im Hinblicke auf die Beschaffenheit der betreffenden Arbeiten während der Ausführung nach den konkreten Umständen Veranlassung zur Kontrolle besteht“[142].

An diesen Entscheidungen des Reichsgerichts fällt auf, daß von einer Garantenstellung des Betriebsinhabers ohne weitere Diskussion oder Begründung nicht nur im Rahmen des § 151 GewO ausgegangen sondern auch für das Kernstrafrecht eine Garantenstellung bejaht wird[143].

Eine Begründung findet sich erst im sogenannten Fahrradfall im 58. Band[144]: Das Reichsgericht hielt § 151 GewO nicht für anwendbar, da ein Verstoß gegen §§ 1 und 7 AußenkontrVO vorlag, die keine polizeiliche Vorschrift i.S.d. § 151 darstellten[145]. Daher versuchte es, eine allgemeine Garantenstellung des Betriebsinhabers außerhalb der GewO zu entwickeln. Das Reichsgericht verwies hierzu auf die allgemeinen Regeln des unechten Unterlassungsdelikts[146] und begründete die Erfolgsabwendungspflicht des Betriebsinhabers schlicht mit der „Stellung im Betrieb“[147]. § 151 sei nur eine gesetzliche Festlegung der sich schon aus allgemeinen Grundsätzen ergebenden strafrechtlichen Verantwortlichkeit[148]. Eine allgemeine Rechtspflicht des Betriebsinhabers und -leiters zur Verhinderung von Straftaten seiner Untergebenen war nach der Auffassung des Reichsgerichts auf den Gesichtspunkt zu stützen, daß der Inhaber oder Leiter durch eigene Handlungen Verhältnisse geschaffen hat, die in ihrer Fortentwicklung den rechtsverletzenden Erfolg hervorrufen können. Als solche Handlungen kommen insbesondere die Heranziehung anderer Personen zur Tätigkeit im Betrieb und die Übertragung der dem Gewerbetreibenden obliegenden Aufsichts-

[141] Das Reichsgericht verwendet den Begriff des Betriebsinhabers und den des Unternehmensinhabers in diesen Entscheidungen synonym. Überwiegend wird jedoch in Anlehnung an die Begriffsverwendung der oben besprochenen Spezialgesetze vom Betriebsinhaber gesprochen.

[142] RGSt 19, 204, 206.

[143] Vgl. auch RGSt 57, 148, 151; 75, 296ff. (Vorwurf der fahrlässigen Tötung).

[144] RGSt 58, 130ff.

[145] RGSt 58, 130, 135.

[146] RGSt 58, 130, 132 (wobei die hierzu vom RG angegebenen Grundsätze aber aus völlig anders gelagerten Fällen abgeleitet sind); vgl. *Schünemann* Unternehmenskriminalität S. 72, Fußnote 35 und *Hsü* S. 20f.

[147] RGSt 58, 130, 132.

[148] RGSt 58, 130, 135.

pflicht in Betracht. Demnach trifft den Auftraggeber zwar eine Pflicht zur Verhinderung strafbarer Handlungen seiner Beauftragten, allerdings keine „allgemeine unter allen Umständen vorliegende Verpflichtung zur unausgesetzten Beaufsichtigung der Beauftragten und ihrer Arbeiten". Er muß diese sorgfältig auszusuchen und zu überwachen.[149]. Ähnlich wurde die Garantenstellung im sogenannten Pferdedärmefall[150] begründet: Hier traf den Inhaber eines Speditionsgeschäftes die Pflicht, unrichtige Deklarationen durch seinen Deklarationsbevollmächtigten zu verhindern, da er durch die Beauftragung des desselben Verhältnisse geschaffen habe, die in ihrer Fortentwicklung den rechtsverletzenden Erfolg herbeiführten. Diese Pflicht führt das RG ausdrücklich auf den Ingerenzgedanken zurück[151]. Zu diesem Zeitpunkt wurde für die Begründung einer Garantenstellung aus Ingerenz noch nicht die Pflichtwidrigkeit des Vorverhaltens verlangt, wie dies heute nach herrschender Meinung der Fall ist[152]. Es bedurfte daher damals keiner Garantenstellung des Betriebsinhabers als solcher[153].

Zusammenfassend kann festgestellt werden, daß das Reichsgericht eine Garantenstellung des Betriebsinhabers und der von ihm beauftragten Leitungs- und Aufsichtsorgane zur Abwendung von Straftaten, die das Betriebspersonal in Ausübung der betrieblichen Verrichtung begeht, durchweg bejaht hat, sei es ohne Begründung, sei es unter Berufung auf den in § 151 GewO festgelegten allgemeinen Rechtsgrundsatz, oder schließlich unter Anwendung der Grundsätze des unechten Unterlassungsdeliktes wie des Ingerenzgedankens[154]. Zu betonen ist, daß das Reichsgericht mehrfach ausführte, daß die Haftung des Betriebsinhabers eine Haftung für eigenes Verschulden sei und somit dem Prinzip der Eigenverantwortlichkeit nicht entgegenstehe[155].

bb) Die Rechtsprechung des Bundesgerichtshofes

Der Bundesgerichtshof hat in seiner Rechtsprechung die Annahme einer allgemeinen Garantenstellung weder prinzipiell geteilt und praktiziert noch grundsätzlich in

---

[149] RGSt 58, 130, 132, 133, 135.

[150] RGSt 46, 337ff.

[151] RGSt 46, 337, 343.

[152] Statt Vieler LK-*Jescheck* § 13 Rdnr. 33.

[153] So auch *Schünemann* Unternehmenskriminalität S. 71, der den Pferdedärme- und den Fahrradfall daher nicht als Begründung für eine allgemeine Garantenstellung des Betriebsinhabers ansieht; anders *Thiemann* S. 12, Fußnote 1.

[154] Vgl. zur Rechtsprechung: *Bottke* wistra 1991, 81, 85; *Schünemann* Unternehmenskriminalität S. 73; *ders.* wistra 1982, 40, 43.

[155] RGSt 50, 8, 10, 14; 58, 132, 135.

Frage gestellt[156]. Wohl hat der BGH die Rechtsprechung des Reichsgerichts zu § 151 fortgeführt und dessen Anwendungsbereich weiter ausgedehnt[157], allerdings findet sich eine der mit der Auffassung der Reichsgerichts vergleichbare Anerkennung der allgemeinen Garantenpflicht des Betriebsinhabers in der Rechtsprechung des BGH nach Aufhebung des § 151 GewO durch den damaligen § 33 OWiG nicht mehr[158].

Im Kartellordnungswidrigkeitenrecht hat der BGH im Jahre 1987 entschieden, daß ein Vorstandsmitglied einer Aktiengesellschaft für die Aufsicht über die Zweigniederlassungen der AG verantwortlich ist[159]. Der Leiter einer Zweigniederlassung hatte sich an ordnungswidrigen Submissionsabsprachen beteiligt. Gegen das Vorstandsmitglied der AG wurde vom Kammergericht wegen der Verletzung der Aufsichtspflicht über die Angestellten der Zweigniederlassung eine Geldstrafe verhängt. Die Rechtmäßigkeit dieser Entscheidung hat der BGH nicht angezweifelt, wenn das Verfahren im Ergebnis auch eingestellt werden mußte, da der Bußgeldbescheid nicht Gegenstand des Verfahrens vor dem Kammergericht hätte sein dürfen[160].

Über diese Anknüpfungspunkte im Nebenstrafrecht hinaus hat der BGH eine allgemeine strafrechtliche Erfolgsabwendungspflicht des Unternehmensleiters angenommen. Die Erfolgsabwendungspflicht ist anerkannt worden für sächliche Gefahren, die aus der Beschaffenheit des Betriebes während der Ausübung des Betriebes vorhersehbar entstehen. Sie wird begründet mit einer an das Zivilrecht angelehnten Verkehrssicherungspflicht und steht unter dem Gesichtspunkt der Eröffnung eines Verkehrs dem Ingerenzgedanken nahe[161]. Hier haben vor allem drei Lebensgebiete die Gerichte immer wieder beschäftigt: die Ausführung eines Baus, die Durchführung einer gefährlichen Veranstaltung und der Betrieb eines Kraftfahrzeuges.

α) Bezüglich der Durchführung eines Baus hatte sich die oberlandesgerichtliche Rechtsprechung zunächst der Linie des Reichsgerichts angeschlossen und dem selbständigen Unternehmer, der die Bauverantwortung eigenverantwortlich übernommen hatte, grundsätzlich auch allein die strafrechtliche Verantwortlichkeit zuerkannt[162]. Dabei wurde die Übertragbarkeit der Kontrollpflichten einschließlich der mitwan-

---

156 *Bottke* wistra 1991, 80, 85 m.w.Nachw.

157 Vgl. BGH VRS 20 284, 286 m.w.Nachw., sowie die Fälle bei *Hsü* S. 25f., 27 (BGHSt 8, 140, 141; 9, 67, 69; BGH VRS 20, 284, 286).

158 Vgl. *Hsü* S. 25; vgl. dazu auch OLG Celle NJW 1969, 759, 760.

159 BGH WuW/E BGH 2394.

160 BGH WuW/E BGH 2394, 2397f.

161 Vgl. *Hsü* S. 36.

162 Vgl. BayObLGSt 1953, 233, 233; 1958, 227, 228.

dernden Garantenstellung ebenfalls anerkannt[163]. Der BGH kehrte dann aber in seinem Grundsatzurteil vom 21.04.1964 zu der extensiven Auffassung des Reichsgerichts[164] zurück, wonach der vom Bauherrn bestellte Oberbauleiter neben dem selbständigen Bauunternehmer verantwortlich sei, wenn der beauftragte Bauunternehmer sich entweder „den Aufgaben nicht gewachsen zeige"[165], oder aber wenn der Oberbauleiter vom Bauherrn in einer besonderen, den üblichen Rahmen überschreitenden Weise mit einer kumulativen Überwachung der Bauführung zwecks Schutzes der Allgemeinheit beauftragt worden sei[166]. In dieser Entscheidung hatte der BGH vor der Frage, inwieweit die strafrechtliche Verantwortlichkeit zu übertragen sei, festgestellt, daß sich die allgemeine Garantenpflicht des Bauherrn aus seiner Verkehrssicherungspflicht ergebe, die wiederum darauf beruhe, daß dieser mit der Veranstaltung des Baus eine Gefahrenlage herbeiführe.

β) Bezüglich des Lebensbereiches der gefährlichen Veranstaltung hat der BGH zunächst die Sicherungspflicht eines *Sportvereinsvorsitzenden* festgestellt[167]: Diesen traf die Pflicht, einen neben einer Bundesstraße liegenden Sportplatz so abzusichern, daß jugendliche Spieler, die einen auf die Straße gerollten Ball zurückholen wollten, nicht verletzt würden. Nach Ansicht des BGH genügte es nicht, daß der Vorsitzende zwei Aufseher bestellt hatte. Diese Pflicht des Vorsitzenden entspringt wohl dem Gedanken der Verkehrssicherungspflicht, auch wenn dies in der Entscheidung nicht explizit erwähnt wird. Eine dieser Absicherungspflicht entsprechende Warnpflicht hat der BGH den Unternehmern eines *Skiliftbetriebes* auferlegt[168]: Zunächst stellte der BGH entsprechend der im Zivilrecht schon immer anerkannten Verkehrssicherungspflicht fest, daß derjenige, der für andere in Gebäuden oder auf Grundstücken einen Verkehr eröffnet, zuläßt oder andauern läßt, im Rahmen des Zumutbaren für die Sicherheit des Verkehrs einzustehen hat, sofern er den sich daraus ergebenden Gefahren zu begegnen imstande ist. Die Aktiengesellschaft traf danach im vorliegenden Fall die Verkehrssicherungspflicht, die Teilnehmer des Skiverkehrs vor nicht ohne weiteres erkennbaren Gefahren, die sich aus der Beschaffenheit der Anlage ergaben, zu warnen, also Warnposten aufzustellen oder per Lautsprecher vor bestehenden Gefahren zu warnen[169]. Aus dieser Verkehrssicherungspflicht, die die Akti-

---

[163] Vgl. OLG Celle VRS 29, 23, 24f.; OLG Hamm NJW 1959, 1551, 1551.
[164] RGSt 19, 204, 206 (s.o.).
[165] BGHSt 19, 286, 289.
[166] BGHSt 19, 286, 291.
[167] BGH VRS 18, 48, 50, 51.
[168] BGH NJW 1971, 1093, 1095; BGH NJW 1973, 1379, 1380.
[169] BGH NJW 1971,1093, 1094, 1095; BGH NJW 1973, 1379, 1380.

engesellschaft traf, wurde vom BGH kurzerhand die Garantenstellung der Betreiber des Skiliftes abgeleitet, und die korrespondierende strafrechtliche Verantwortlichkeit ohne weitere Begründung dem technischen Leiter der Aktiengesellschaft auferlegt.

Zwar befassen sich diese beiden Entscheidungen nicht mit der strafrechtlichen Verantwortlichkeit des Betriebsleiters für strafbare Handlungen seiner Untergebenen, sondern bestimmen die Verantwortung des Leitungsorgans für Rechtspflichtverletzungen, die eigentlich das (als juristische Person organisierte) Unternehmen betreffen, jedoch scheint es keine Entscheidungen zu geben, die Garantiepflichten der Vorgesetzten für strafbare Handlungen ihrer Untergebenen, die sich aus einer Verkehrssicherungspflicht für die hier beschriebenen Lebensbereiche herleiten, bestimmen[170].

Bezüglich der Verantwortung des Vorgesetzten für deliktisches Verhalten seiner Untergebenen hat der BGH allerdings in einer Entscheidung aus dem Jahre 1953 entschieden, daß einen Dienstvorgesetzten die Pflicht trifft, Diebstähle der ihm unterstehenden Angestellten zu Lasten des Arbeitgebers zu verhindern[171]. Diese Pflicht ergebe sich aus dem Vertrauen, das der Arbeitgeber seinem Vorgesetzten entgegenbringe und das zu einer Vermögensbetreuungspflicht zum Schutz des Arbeitgebers führe. Wegen dieser Garantenstellung sei eine Beteiligung des Vorgesetzten durch Unterlassen am Diebstahl des Untergebenen möglich.

χ) Für den letzten in Frage stehenden Lebensbereich, der die Verkehrssicherungspflicht des Halters eines Kraftfahrzeuges regelt, gibt es zahlreiche Entscheidungen. Hier hat der BGH schon frühzeitig § 151 GewO auf die Übertretung von Straßenverkehrsvorschriften angewendet, und damit die Verantwortung des Gewerbetreibenden als Fahrzeughalter für Verkehrsverstöße seiner Untergebenen ermöglicht[172]. Die zu diesem Lebensbereich ergangenen zahlreichen Entscheidungen[173] können insoweit zusammengefaßt werden, daß der BGH zwar einerseits die Rechtsprechung des Reichsgerichts, das grundsätzlich eine allgemeine Garantenstellung des Betriebsinhabers bejaht hatte, nicht fortgeführt hat, wohl aber eine Garantenstellung in bestimmten Lebensbereichen wegen der Verkehrssicherungspflicht angenommen hat,

170 *Schünemann* Unternehmenskriminalität S. 75; wohl aber für den militärischen Bereich: vgl. BGHSt 20, 315, 321ff.

171 BGHSt 5, 187, 190; anders die Entscheidung OLG Karlsruhe GA 1971, 281, 283, die mit ausführlicher Begründung eine Garantenstellung des Vorgesetzten zur Verhinderung von Straftaten der Untergebenen zu Lasten der Auftraggeber ablehnt.

172 BGHSt 8, 139ff; 9, 67ff.; kritisch zur Anwendung des § 151 a.F. GewO *Wiesener* S. 155.

173 Vgl. die Nachweise bei LK-Jescheck § 13 Rdnr. 40 sowie bei Sch/Sch/*Stree* § 13 Rdnr. 43.

und andererseits auch die Rechtsprechung des Reichsgerichts niemals in Frage gestellt hat[174]. In jedem Fall ist aber festzustellen, daß diese Nichtbeachtung der Rechtsprechung des Reichsgerichts durch den BGH wohl darauf beruht, daß die in Frage kommenden Fälle, in denen über eine allgemeine Garantenstellung zu entscheiden gewesen wäre, über § 130 OWiG gelöst werden konnten, so daß gar kein Anlaß bestand, über eine allgemeine Garantenstellung des Betriebsinhabers zur Verhinderung von Straftaten seiner Untergebenen zu entscheiden[175].

cc) Die Ansichten in der Literatur

In der Literatur finden sich vielfältige Ansichten[176] darüber, ob eine allgemeine Garantenstellung des Betriebsinhabers zur Verhinderung von Straftaten seiner Untergebenen besteht, und wie diese zu begründen sei. Diese alle im einzelnen darzustellen, würde hier zu weit führen, zumal sich die einzelnen Autoren oft nur geringfügig voneinander unterscheiden. Deshalb wird zusammengefaßt dargestellt, was die jeweiligen Autoren für eine solche Garantenstellung anführen, und was dem von anderen entgegengehalten wird.

α) Die befürwortenden Ansichten

αα) Generelle Garantenstellung des Betriebsinhabers[177]

Viele Autoren erörtern die allgemeine Garantenpflicht des Unternehmensinhabers oder -leiters im Zusammenhang mit spezialgesetzlichen Regelungen wie § 130 OWiG[178], § 357 dStGB[179] oder § 4 Abs. 2 dUWG: Aus diesen Regelungen ergebe sich die partielle gesetzliche Anerkennung einer Garantenstellung des Unternehmensinhabers oder -leiters, die sich entweder aus der Funktion des Unternehmensin-

174 *Schünemann* Unternehmenskriminalität S. 77.

175 *Hsü* S. 36.

176 Vgl. die zusammenfassende Darstellung bei *Poseck* S. 112ff.

177 Ähnlich der Begriffsverwendung des Reichsgerichts und des BGH wird auch in der Literatur nicht einheitlich von Unternehmen oder Betrieb gesprochen. Auch hier wird überwiegend der Begriff des Betriebsinhabers oder -leiters verwendet. Da die Ansichten zum Teil in der indirekten Rede wiedergegeben werden, konnte die Begriffsverwendung nicht vereinheitlicht werden. Wie bei § 130 OwiG ist aber davon auszugehen, daß die Begriffe Betrieb und Unternehmen für den in Frage stehenden Bereich synonym verwendet werden, da die Unterscheidungsmerkmale zwischen beiden Begriffen hier keine Rolle spielen (vg. Dazu Sch/Sch/*Lenckner § 14 Rdnr 28 f.).*

178 *Göhler in: Festschrift für Dreher S. 612, 621.*

179 *Lampe* Tagungsberichte Bd. IX; Anlage 6, S. 55; gegen diese Indizwirkung LK-*Jescheck* § 13 Rdnr. 45.

habers in seinem Betrieb oder aus seinem Weisungsrecht[180] ergebe. Diese partielle Regelung weise verallgemeinerungsfähig auf eine generell begründbare Garantenstellung des Vorgesetzten im Hinblick auf die Verhinderung von Straftaten Untergebener hin[181]. Entsprechend forderte *Tiedemann* in seinem Gutachten zum 49. DJT[182], den Tatbestand der Aufsichtspflichtverletzung von einer Ordnungswidrigkeit zur Straftat herauf zu stufen, und ferner die Garantenstellung in den Nebengesetzen klarzustellen. Gegen diesen letzten Vorschlag wird allerdings vorgebracht, daß eine solche Verankerung in Spezialgesetzen nur als argumentum e contrario dazu dienen werde, daß außerhalb dieser Regelungen eine Garantenstellung gerade nicht bestehe[183], und daß diese Verankerung gerade wegen der allgemein bestehenden Garantenpflicht keiner weiteren Regelung bedürfe[184]. Als weitere Begründung einer Garantenstellung des Unternehmensinhabers oder -leiters wird dessen Leitungsbefugnis im Betrieb angeführt, wodurch sich ihm die Möglichkeit bietet, den kollektiven Willen institutionell in seiner Position als Leitungsorgan zusammengefaßt zu bestimmen und zu beeinflussen: Der Unternehmensinhaber habe die Kompetenz und Weisungsbefugnis über seine Untergebenen, daraus folge seine Verantwortung: „Verantwortung rechtfertigt Kompetenz, Kompetenz rechtfertigt Verantwortung"[185]. Ähnlich ist die Argumentation derer, die die Garantenstellung auf das arbeitsvertraglich begründete Autoritätsverhältnis, das arbeitsrechtliche Direktionsrecht[186] und das Vertrauen der Allgemeinheit[187] stützen. In dieselbe Richtung zielt das Argument, daß die Autoritätsstellung des Betriebsinhabers vergleichbar sei mit der der anderen anerkannten Autoritätsstellungen (Erziehungsberechtigte, Lehrer, militärische Vorgesetzte) und daß daher der Unternehmensinhaber ebenfalls durch Unterlassen haften könne[188]. So geht *Tiedemann* davon aus, daß das Arbeitsverhältnis mit seinen besonderen Fürsorgepflichten und Weisungsrechten geeignet ist, jedenfalls für die Begehung betriebsbezogener Straftaten, bei denen der Angestellte seine betriebliche Stellung zur Begehung der Straftat mißbraucht, eine Überwachungsgarantenstellung

---

180 *Lampe* Tagungsberichte Bd. IX, Anlage 6, S. 54.

181 *Tiedemann* Tagungsberichte Bd. X, Anlage 1, S. 207.

182 *Tiedemann* Gutachten C zum 49. DJT, S. C 56f. Weitergehend verlangt er (in Kartellrechtsverstöße S. 189), die Garantenstellung in den Allgemeinen Teil des dStGB einzustellen.

183 So LK-*Jescheck* § 13 Rdnr. 45.

184 *Göhler* in: Festschrift für Dreher S. 612, 615, 617, 621.

185 *Noll* Sitzungsbericht M zum 49. DJT, S. M 28.

186 *Rogall* ZStW 98 (1986) 573, 617f.; *Herzberg* Unterlassung S. 321, der die Deliktverhütungspflicht auf die rechtliche Befehlsgewalt stützt, ohne allerdings die Weisungsbefugnis des Betriebsinhabers explizit zu nennen.

187 *Thiemann* S. 17.

188 *Landscheidt* S. 113; *Maschke* S. 17.

zu begründen[189]. Außerdem begründet er eine allgemeine Garantenstellung des Betriebsinhabers damit, daß die §§ 14 dStGB und 9 OWiG vorschreiben, daß der Vertretene neben dem Vertreter weiter verantwortlich sei. Diese strafrechtliche Verantwortung des Vertretenen ergebe sich aus einer Garantenstellung[190]. Auch *Lampe* argumentiert mit der Stellung im Betrieb: Da der Betriebsinhaber Weisungsbefugnisse über seine Angestellten und Beauftragten ausübe, habe er im geschäftlichen Betrieb die mit der Weisungsbefugnis verbundenen Funktionen zu übernehmen, also z.B. für die inhaltliche Richtigkeit der Werbeangaben einzustehen[191]. An die hierarchische Struktur in modernen Wirtschaftsunternehmen knüpfen *Schünemann* und *Busch* an: Die Garantenpflicht des weisungsberechtigten Höhergestellten zur Deliktsverhütung entstehe durch die Herrschaft über den (wesentlichen) Grund des Erfolges[192]: Zunächst umfaßt diese Herrschaft die allgemein anerkannte Garantenstellung wegen der Herrschaft über gefährliche Betriebsprodukte[193], sodann aber auch die Herrschaft über Angestellte, die „partiell unmündig" sind. Diese Garantenstellung stützt sich auf drei Säulen: rechtliche Befehlsgewalt (das Direktionsrecht des Arbeitgebers), Herrschaftswissen (der überlegene Informationsfundus des Vorgesetzten bei dezentralisierter Arbeitsaufteilung) und faktische Durchsetzbarkeit der Herrschaft (der eingefleischte Gehorsam der Untergebenen)[194]. Grund der Verantwortung ist die kriminalpolitische Notwendigkeit, der „partiellen Unmündigkeit" der Untergebenen ein Gewicht gegenüber zu stellen. Autoritäts- und Aufsichtspersonen sollen stets ihre rechtliche Befehlsgewalt einsetzen müssen, um Straftaten zu verhindern[195]. Das Argument *Lampes*, daß der Geschäftsherr wegen des Nutzens, den er aus der Tätigkeit des Arbeitnehmers ziehe, auch für von diesem ausgehenden Gefahren oder schädliche Handlungen verantwortlich sei[196], wird fortgeführt von *Bottke*: „Wer in einer freiheitlich verfaßten Gesellschaft seinen Lebenskreis so organisiert, daß er erhöht machtstiftend (auch) zu seiner individuellen Wohlfahrt (als systemintern erstrebten positiven Effekt) drittlastige Gefahrenquellen (als systemextern eintretende negative Effekte) schafft und hierfür die Bereitschaft der Gesellschaft,

---

[189] *Tiedemann* NJW 1986, 1842, 1845; *Tiedemann/Vogel* JuS 1988, 295, 299; *ders.* in: Immenga/Westmäcker Vor § 38 Rdnr. 53 m.w.Nachw.; Scholz/*Tiedemann* GmbHG § 82 Rdnr. 30. In Kartellrechtsverstöße (S. 189) fordert *Tiedemann* sogar eine Klarstellung im Allgemeinen Teil des dStGB.

[190] *Tiedemann* NJW 1986, 1842, 1845.

[191] Tagungsberichte Bd. IX, Anlage 6, S. 54f.

[192] *Busch* S. 540ff.; *Schünemann* Unterlassungsdelikte S. 229ff., 236.

[193] *Schünemann* Unternehmenskriminalität S. 95ff.

[194] *Busch* S. 554ff. („Organisationsherrschaft"); *Schünemann* Unternehmenskriminalität S. 104.

[195] *Landscheidt* S. 115.

[196] Tagungsberichte Bd. IX, Anlage 6, S. 54f.

seine Organisation zu akzeptieren, in Anspruch nimmt, hat neben dem Nutzen fairerweise (nach dem Grundsatz, wer die Vorteile aus seinem Verhalten ziehe, müsse zugleich dessen Kosten tragen) auch den berechtigten, ordnungspolitisch begründbaren Sicherheitserwartungen der Gesellschaft Rechnung zu tragen"[197]. Der Betriebsinhaber habe nicht nur die Macht zur Risikovorsorge, er habe vielmehr auch schon vorstrafrechtlich im Sinne einer allgemeinen Risikosicherungspflicht und in Konkretisierung des neminem-laede-Gebotes dafür zu sorgen, daß sich Gefahren, die sich aus seiner von ihm bewirkten Lebenskreisorganisation ergeben, nicht zu Lasten der Rechtsgüter Dritter realisieren.

ββ) Garantenstellung aus der Überwachung einer Gefahrenquelle

Weitestgehende Einigkeit besteht darüber, daß sich eine Garantenstellung des Betriebsinhabers aus der Überwachung von Gefahrenquellen ergibt: Sofern im Betrieb mit gefährlichen Stoffen gearbeitet wird, trifft den Betriebsinhaber unstreitig die Pflicht zum Schutz vor Mißbrauch durch seine Untergebenen, insofern handelt es sich um die nach der Funktionenlehre begründete Überwachungsgarantenpflicht[198]. Diese Garantenstellung wird von *Ransiek* nicht nur auf die Herrschaft über gefährliche Sachen beschränkt, sondern übertragen auf die Herrschaft über eine Organisation als Gefahrenquelle[199]. *Ransiek* begründet infolge dessen keine Garantenpflicht zur Verhinderung von Straftaten Untergebener begründet, sondern stell allein darauf ab, ob der Unternehmensinhaber oder Leiter den entsprechenden Erfolg als aus der Gefahrenquelle resultierend zu verhindern hat[200]. *Göhler* definiert die strafrechtliche Garantenstellung durch eine soziale Verantwortung für einen bestimmten Gefahrenbereich mit der nicht jedermann zustehenden Handlungs- und Verhinderungsmöglichkeit. Die Verantwortung ergebe sich dann nicht notwendig aus Rechtsregeln, sondern könne aus der Rollenverteilung im menschlichen Zusammensein abgeleitet werden[201].

---

[197] S. 26.

[198] H.M.: *Bottke* S. 27 m.w.Nachw.; *Busch* S. 524, 537; LK-*Jescheck* § 13 Rdnr. 45; *Jescheck/Weigend* § 59 IV 4b); *Jakobs* 29/34; *Maschke* S. 16; *Maurach/Gössel/Zipf* § 46 Rdnr. 67; *Ransiek* S. 35; *Rogall* ZStW 98 (1986), 573, 614; *Rudolphi* in: Festschrift für Lackner S. 863, 874; *Tiedemann/Vogel* JuS 1988, 295, 299; *Tiedemann* JuS 1989, 689, 696f.; *Thiemann* S. 16. *Noll* stellt weitergehend auf die Gefährlichkeit des gesamten Betriebes ab, der mindestens genauso gefährlich wie ein Automobil sei (Sitzungsbericht M zum 49. DJT, S. M 29).

[199] S. 35.

[200] S. 36f.

[201] in: Festschrift für Dreher S. 612, 619.

γγ) Unternehmensbezogenheit der Pflichtverletzung

Gemeinsam ist allen diesen Ansichten, die eine Garantenstellung des Betriebsinhabers bejahen, daß die Verhinderungspflicht sich nur auf Straftaten bezieht, die unternehmens- bzw. betriebsbezogen sind[202]. Die Unterscheidung nach Taten, die die Unternehmensleitung hätte verhindern können und müssen bestimmt sich dabei danach, ob der Täter im eigenen Interesse oder im Interesse des Unternehmens gehandelt hat[203]. Es kommt nicht auf die Ausnutzung der Verbandsmacht seitens des Täters an[204], sondern vielmehr darauf, daß der Täter durch die Verbandsmacht beeinflußt wird[205]. Nach anderer Ansicht wird die Betriebsbezogenheit danach bestimmt, ob der Täter eine Pflicht verletzt, die nicht jedermann, sondern nur den Betriebsinhaber als solchen trifft. Dies sind Pflichten, die mit dem Wirkungskreis des Betriebes, dessen typischen Gefahren und den Aufgaben des Betriebsinhabers in Zusammenhang stehen. Dabei ist nicht notwendig Voraussetzung, daß es sich bei der verletzten Norm um ein Sonderdelikt handelt; die Adressateneigenschaft des Betriebsinhabers kann sich auch aus dem Zusammenhang ergeben[206]. Bei neutralen Pflichten ist die Betriebsbezogenheit danach zu beurteilen, ob diese Pflichten im inneren Zusammenhang mit den Aufgaben und Zwecken des Betriebes stehen oder durch Betriebsvorgänge aktualisiert werden[207]. Nach anderer Ansicht ist die Betriebsbezogenheit nur zu bejahen, wenn der Betriebsangehörige seine betriebliche Stellung und den Betrieb zu einer Straftat mißbraucht[208]. Wieder andere ziehen § 831 BGB als Maßstab heran: Demnach ist der Geschäftsherr nur für solche unerlaubten Handlungen verantwortlich, die der Untergebene in Ausführung seiner Verrichtung begeht und die nach ihrer Art und ihrem Zweck mit dieser in unmittelbarem, inneren Zusammenhang stehen[209]. Der Geschäftsherr soll demnach nur dafür Überwachungsgarant sein, daß sein Personal nicht „typischen beruflichen Versuchungen“[210] erliegt. Anders formuliert: Der Betriebsinhaber ist nur verantwortlich in den Grenzen der

[202] H.M.: *Göhler* in: Festschrift für Dreher S. 612, 621; *Landscheidt* S. 115; *Maschke* S. 19; *Schünemann* Unternehmenskriminalität S. 105; Sch/Sch/*Stree* § 13 Rdnr. 52; *Thiemann* S. 19f.

[203] *Schünemann* Unternehmenskriminalität S. 106.

[204] So aber *Schmitt* Strafrechtliche Maßnahmen gegen Verbände S. 135f.

[205] *Schünemann* Unternehmenskriminalität S. 106.

[206] *Thiemann* S. 20.

[207] *Thiemann* S. 21.

[208] Sch/Sch/*Stree* § 13 Rdnr. 52.

[209] *Landscheidt*, S. 116.

[210] Formulierung von *Fikentscher*, Schuldrecht, § 107 I, 2.

rechtlichen Befehlsgewalt für die Verletzung von Pflichten, die in „spezifischer Weise auf den Betrieb oder das Unternehmen bezogen sind“[211].

δδ) Zusammenfassung

Die oben dargestellten Meinungen lassen sich wie folgt zusammenfassen: Der Betriebsinhaber ist strafrechtlich verantwortlich für deliktische Handlungen seiner Untergebenen, da dieses Verhältnis in den entscheidenden Merkmalen (Subordination, Weisungsgebundenheit, wirtschaftliche/soziale Abhängigkeit, partielle Verantwortung des Untergebenen) den anerkannten Autoritätsverhältnissen (von Erziehungsberechtigten, Lehrern etc.) strukturell ähnlich ist und da der Betriebsinhaber, der den Nutzen aus seinem Betrieb zieht, auch für daraus entstehende Gefahren verantwortlich sein soll. Eingeschränkt wird diese Verantwortung durch das Erfordernis der Betriebsbezogenheit der deliktischen Handlung des Untergebenen. Außerdem trifft den Betriebsinhaber oder -leiter eine Unterlassungsverantwortung aus Überwachung einer Gefahrenquelle.

β) Die eine Garantenstellung verneinenden Ansichten

Gegen diese für eine Garantenstellung vorgebrachten Argumente wird in der Literatur zunächst vorgebracht, daß aus der Existenz der Garantenstellung in § 130 OWiG, § 357 dStGB und § 4 Abs. 2 dUWG gerade nicht auf eine allgemeine Garantenstellung des Betriebsinhabers geschlossen werden dürfe, da diese Regelungen sonst ja überflüssig seien[212]. Insbesondere § 130 OWiG stünde einer solchen Annahme entgegen, da dort die Aufsichtspflichtverletzung als Ordnungswidrigkeit geregelt sei, und insofern die Annahme einer allgemeinen Garantenstellung dieser Herabstufung widersprechen würde[213]. Außerdem widerspräche das Prinzip der Eigenverantwortlichkeit einer Garantenstellung des Betriebsinhabers: Weder die auf die Ausführung der Arbeiten bezogene Weisungsbefugnis des Geschäftsherrn noch sein überlegener Informationsfundus vermögen die Eigenverantwortlichkeit des Untergebenen zu beseitigen[214]. Vielmehr stelle es einen Verstoß gegen die Achtung des Arbeitnehmers dar, wenn ihm die Fähigkeit zu eigenverantwortlichem Handeln aberkannt werde, sobald er in die Betriebshierarchie eintrete[215].

---

211 *Busch* S. 543.
212 LK-*Jescheck* § 13 Rdnr. 45; SK-*Rudolphi* § 13 Rdnr. 35.
213 SK-*Rudolphi* § 13 Rdnr. 35.
214 *Heine* S. 117f.; SK-*Rudolphi* § 13 Rdnr. 35.
215 *Neudecker* S. 85.

Da der Untergebene seinen Organisationskreis grundsätzlich selbst verwalte und in diesem selbständig über Tun und Unterlassen entscheide, kann man auch mit der von *Jakobs* vorgenommenen Unterscheidung der Garantenstellungen in Pflichten kraft Organisationsherrschaft (wo die Garantenstellung des Betriebsinhabers einzuordnen wäre) und Pflichten kraft institutioneller Zuständigkeit[216] nicht zu einer allgemeinen Garantenstellung des Betriebsinhabers kommen. Dazu sei es erforderlich, daß der Organisationskreis des Betriebsinhabers durch irgendwelche zusätzlichen Handlungen desselben mit dem des Untergebenen verbunden werde[217]. Auch das Vertrauen der Allgemeinheit, deren Sicherheitsbedürfnisse und der Wunsch nach verstärkter Bekämpfung der Wirtschaftskriminalität griffen als Begründung nicht durch, da dies eher kriminalpolitische Argumente de lege ferenda seien als de lege lata zwingend[218]. Die Herrschaft über die Untergebenen und infolgedessen die Möglichkeit, die deliktische Handlung zu verhindern, könne für sich alleine noch keine Pflicht begründen, von dieser Möglichkeit auch Gebrauch zu machen. Es bedürfe vielmehr weiterer Argumente, warum aus der Möglichkeit und dem Recht, den Erfolg abzuwenden, die Pflicht folge, diesen zu verhindern[219].

Auch die eine allgemeine Garantenstellung des Betriebsinhabers ablehnenden Ansichten lassen aber eine Garantenstellung des Betriebsinhabers zu, sofern sie sich aus dem anerkannten Kriterium der freiwilligen Übernahme oder der Überwachungsgarantenstellung für einen Gefahrenbereich[220] ergibt.

b) Kausalität zwischen Pflichtverletzung und Erfolg

Geht man mit der heute wohl überwiegenden Ansicht der Literatur davon aus, daß eine Garantenpflicht des Unternehmensinhabers oder -leiters zur Verhinderung betriebsbezogener Straftaten seiner Untergebenen besteht, so ist weiter zu untersuchen, welche Anforderungen an die Kausalität seines Unterlassens zu stellen sind. Die Kausalität zwischen Pflichtverletzung und eingetretenem Erfolg wird bei den meisten Autoren, die die Garantenstellung des Unternehmensinhabers oder -leiters untersuchen, nicht angesprochen, so daß davon auszugehen ist, daß diese die Kausalität bei der Aufsichtspflichtverletzung des Unternehmensinhabers oder Leiters genau

[216] *Jakobs* 29/28.
[217] *Jakobs* 29/36.
[218] *Bottke* S. 16.
[219] *Bottke* S. 16; *Hsü* S. 254; AK-*Seelmann* § 13 Rdnr. 46.
[220] *Heine* S. 120; LK-*Jescheck* § 13 Rdnr. 45; *Maurach/Gössel/Zipf* § 46 Rdnr. 67, 70; Sch/Sch/*Stree* § 13 Rdnr. 52.

wie bei anderen unechten Unterlassungsdelikten behandeln wollen: Kausal ist die Unterlassung dann, wenn der eingetretene Erfolg bei Hinzudenken der erforderlichen Handlung mit an Sicherheit grenzender Wahrscheinlichkeit ausgeblieben wäre[221]. Hiergegen wendet *Schünemann* ein, daß eine lückenlose Anleitung und Kontrolle im betrieblichen Bereich niemals möglich ist, so daß niemals mit an Sicherheit grenzender Wahrscheinlichkeit festgestellt werden könnte, daß die konkrete Rechtsgutsverletzung selbst bei ordnungsgemäßer Erfüllung der Kontrollpflichten ebenfalls vorgekommen wäre[222]. Um die Garantiehaftung des Geschäftsherrn in der Praxis „nicht völlig leerlaufen zu lassen“, schlägt er daher eine Ersetzung des Kausalzusammenhanges durch eine Risikoerhöhung vor: „Wird der Erfolg durch weisungsgebundenes Handeln für einen Betrieb oder mit einem gefährlichen Gegenstand des Betriebsvermögens durchgeführt, so findet § 13 I dStGB auf den Weisungsberechtigten auch dann Anwendung, wenn die Tat bei ordnungsgemäßer Kontrolle wesentlich erschwert worden wäre[223]. Dieser Gedanke der Risikoerhöhung ist nunmehr in § 130 OWiG gesetzlich verankert worden[224].

c) Vorsatz- oder Fahrlässigkeitsstrafbarkeit

Können eine Garantenstellung und die Kausalität des Unterlassens des Unternehmensinhabers oder -leiters bejaht werden, so wird die Strafe des Unternehmensinhabers meist aus einem Fahrlässigkeitsdelikt erfolgen. Vorwerfbar ist ihm in der Regel das sorgfaltspflichtwidrige Unterlassen der Deliktsverhinderung, selten wird man ihm Vorsatz bezüglich des Unterlassens der Deliktsverhinderung nachweisen können, der nach überwiegender Ansicht mindestens Kenntnis der tatbestandsmäßigen Situation sowie das Bewußtsein der eigenen Handlungsfähigkeit voraussetzt[225]. Nach strengerer Ansicht wird darüber hinaus ein Unterlassungsentschluß gefordert, der aber noch schwieriger nachzuweisen sein wird[226]. Die meisten Fallkonstellationen werden so gelagert sein, daß der Unternehmensinhaber oder -leiter nicht über die Vorgänge in seinem Unternehmen informiert ist und es so zur Deliktsverwirklichung

---

221 H.M.: *Jescheck/Weigend* § 59 III 4 m.w.Nachw.; Sch/Sch/*Stree* § 13 Rdnr. 61 m.w.Nachw.

222 wistra 1982, 41, 45.

223 wistra 1982, 41, 45; *ders.* Unternehmenskriminalität S. 206ff.; die Risikoerhöhungslehre wurde von der Sachverständigenkommission zur Bekämpfung der Wirtschaftskriminalität auf ihrer 14. Arbeitstagung übernommen (Tagungsberichte Bd. XIV, S. 36, 39) und durch das 2. WiKG für § 130 OWiG eingeführt; vgl. BR-Drucks. 219/82, S.7.

224 S. dazu oben S. 26ff.

225 BGHSt 19, 295, 299; OLG Köln NJW 1973, 861, 862; *Bockelmann/Volk* S. 144; Sch/Sch/*Cramer* § 15 Rdnr. 94; *Jakobs* 29/84; *Maurach/Gössel/Zipf* § 46 Rdnr. 113; *Wessels* AT Rdnr. 732.

226 *Hardwig* ZStW 74 (1962) 27, 43.

kommt. Weiß der Unternehmensinhaber oder -leiter allerdings von der Situation und nimmt die Deliktsverwirklichung in Kauf (sogenannter Eventualvorsatz[227]), so steht einer Bestrafung auch aus vorsätzlichem Unterlassungsdelikt nichts im Wege, sofern diese Vorsatzform für das entsprechende Delikt ausreichend ist.

Im folgenden soll kurz untersucht werden, ob die in Frage stehenden Straftatbestände - insbesondere solche aus dem Wirtschaftsstrafrecht und dem Umweltstrafrecht - geeignet sind, das Unterlassen der Deliktsverhinderung durch den Unternehmensinhaber strafrechtlich zu erfassen.

Da das traditionelle (Individual-) Vermögensstrafrecht, das Computerstrafrecht und das Wettbewerbsstrafrecht des dUWG (mit Ausnahme des § 6 Abs. 2 dUWG) nur vorsätzliches Handeln sanktionieren[228], hängt eine Strafbarkeit des Unternehmensinhabers in diesen Fällen davon ab, ob für die Deliktsverwirklichung der Eventualvorsatz ausreicht. Dies ist für viele der Betrugs- und Untreuedelikte im dStGB nach herrschender Meinung der Fall (Kapitalanlagebetrug, § 264a[229]; Kreditbetrug, § 265b[230]; Untreue, § 266[231]; Vorenthalten von Arbeitsentgeld, § 266a[232]). Verlangt ein Tatbestand dagegen bestimmte Absichten (wie zum Beispiel §§ 263, 263a und 265 dStGB oder § 4 dUWG[233]), so wird eine Strafbarkeit des Unternehmensinhabers meist ausscheiden.

In Frage kommen ferner aus dem Bereich des wirtschaftlichen (Neben-)strafrechts die Delikte der Steuerhinterziehung (§ 370 AO) sowie der Subventionsbetrug (§ 264 dStGB) und einige Delikte aus dem Bilanzstrafrecht (§ 331 Nr. 3 dHGB). Hier wird die Leichtfertigkeit (also die grobe Fahrlässigkeit) bestraft[234], so daß kein Vorsatz des Unternehmensinhabers erforderlich ist. Die Konkursstraftaten (Bankrott, § 283 dStGB; Verletzung der Buchführungspflicht, § 383b dStGB sowie insbesondere die Konkursverschleppung, § 401 dAktG; § 84 dGmbHG und § 148 dGenG)

---

227 Im Gegensatz zum direkten Vorsatz, der das sichere Wissen der Tatbestandsverwirklichung erfordert, genügt es für den Eventualvorsatz, daß der Täter die Tatbestandsverwirklichung für möglich hält und billigt (für die h.M.: LK-*Schroeder* § 16 Rdnr. 86ff. a.E. mit ausführlicher Darstellung des Streitstandes und w.Nachw.).

228 *Vogel* in: HWiStR, Art. Fahrlässigkeit S. 1.

229 Für die h.M.: LK-*Tiedemann* § 264a Rdnr. 65ff.

230 Für die h.M.: LK-*Tiedemann* § 265b Rdnr. 97ff.

231 Für die h.M.: LK-*Schünemann* § 266 Rdnr. 150.

232 Für die h.M.: LK-*Gribbohm* § 266a Rdnr. 81, 84.

233 Vgl. dazu Erbs/Kohlhaas/*Fuhrmann* U 43 § 4 UWG Anm. 60.

234 **§ 378 AO**, vgl. dazu Erbs/Kohlhaas/*Senge* A 24 § 378 AO Anm. 6.; **§ 264 Abs. 3 dStGB**, vgl. dazu LK-*Tiedemann* § 264 Rdnr. 119ff., 122; **§ 331 Nr. 3 HGB**, vgl. dazu GK-HGB/*Marsch-Barner* § 331.

und die Umweltstraftaten (§§ 324 bis 330 dStGB) lassen einfache Fahrlässigkeit genügen[235]. Die Konkursdelikte der Gläubiger- und der Schuldnerbegünstigung (§§ 283 c und d dStGB) sind demgegenüber nicht fahrlässig begehbar. Während für die Schuldnerbegünstigung gemäß § 283 d dStGB nach herrschender Meinung dolus eventualis ausreicht[236], ist für die Gläubigerbegünstigung nach § 283 c dStGB sicheres Wissen der Zahlungsunfähigkeit sowie absichtliche oder wissentliche Begünstigung des Gläubigers erforderlich[237], so daß hier eine Strafbarkeit des Unternehmensinhabers aus Unterlassen mangels Vorsatzes meist ausscheiden wird. Im Kartellordnungswidrigkeitenrecht (§§ 38 und 39 GWB) sowie im Außenwirtschaftsstrafrecht (§§ 33 und 34 Abs. 7 AWG)[238] genügt Fahrlässigkeit für eine Strafbarkeit. Als Straftaten, die aus einem Unternehmen heraus begangen werden können, kommen außerdem in Frage die Bestimmungen zum Kapitalmarktschutz im Börsengesetz. Eine Strafbarkeit des Unternehmensinhabers aus § 88 BörsG wegen Unterlassens der Deliktsverhinderung wird meist ausscheiden, da dort die Absicht erforderlich ist, durch täuschendes Verhalten auf den Börsen- und Marktpreis einzuwirken[239].

---

[235] **§ 283 Abs. 4 und Abs. 5 dStGB**, vgl. dazu LK-*Tiedemann* § 283Rdnr. 204ff.; **§ 283b Abs. 2 dStGB**, vgl. dazu LK-*Tiedemann* Rdnr. 9ff.; **§ 401 Abs. 2 AktG**, vgl. dazu Erbs/Kohlhaas/*Fuhrmann* A 116 § 401 Anm. 5; **§ 84 Abs. 2 GmbHG**, vgl. dazu Erbs/Kohlhaas/*Schaal* G 131 § 84 Anm. 24ff. sowie Scholz/*Tiedemann* GmbHG § 84 Rdnr. 97ff.; **§ 148 Abs. 2 GenG.**; **§ 324 Abs. 3 dStGB**,vgl. dazu LK-*Steindorf* § 324 Rdnr. 122ff.; **§ 325 Abs. 3 dStGB**, vgl. dazu LK-*Steindorf* § 325 Rdnr. 76; **§ 325a Abs. 3 dStGB**, vgl. dazu LK-*Steindorf* § 325a Rdnr. 35; **§ 326 Abs. 4 dStGB**, vgl. dazu LK-*Steindorf* § 326 Rdnr. 142f.; **§ 327 Abs. 3 dStGB**, vgl. dazu LK-Steindorf § 327 Rdnr. 31; **§ 328 Abs. 5 dStGB**, vgl. dazu LK-*Steindorf* § 328 Rdnr. 69; **§ 329 Abs. 4 dStGB**, vgl. dazu LK-*Steindorf* § 329 Rdnr. 56; vgl. dazu insgesamt *Vogel* in: HWiStR, Art. Fahrlässigkeit S. 1.

[236] Für die h.M.: Für die h.M.: LK-*Tiedemann* § 283 d Rdnr. 16.

[237] Für die h.M.: LK-*Tiedemann* § c Rdnr. 30f.

[238] **§ 38 GWB** verlangt in seinem Abs. 1 Nr. 1 bis 12 teilweise vorsätzliches (Nr. 1, 3, 7, 8, 9, 10, 11, 12) Handeln, läßt aber teilweise auch Fahrlässigkeit (Nr. 2, 4, 5, 6) ausreichen. Als Vorsatzform ist nach herrschender Meinung der Eventualvorsatz ausreichend, sofern nicht das Gesetz ausdrücklich eine Absicht verlangt (vgl. dazu Erbs/Kohlhaas/*Fuhrmann* W 59 § 38 GWB Anm. 6 sowie *Tiedemann* in: Immenga/Westmäcker § 38 Rdnr. 22ff., 31ff., 39, 50, 63ff., 91ff., 104ff., 114,-118, 136, 168f.). **§ 39 GWB** läßt durchgängig fahrlässiges Handeln genügen (vgl. dazu Erbs/Kohlhaas/*Fuhrmann* W 59 § 39 GWB Anm. 3) **§ 33 Abs. 1 bis 4, Abs. 5 Nr. 2 AWG** verlangen ebenfalls nur fahrlässiges Handeln (vgl. dazu Erbs/Kohlhaas/*Fuhrmann* A 217 § 33 AWG Anm. 33ff.). Für **§ 33 Abs. 5 Nr. 1, 3 und 4 AWG** ist vorsätzliches Handeln erforderlich , jedoch genügt auch hier nach herrschender Meinung Eventualvorsatz (vgl. dazu Erbs/Kohlhaas/*Fuhrmann* A 217 § 33 Anm. 33ff.). Für **§ 34 Abs. 1, 2 und 4 AWG** genügt Fahrlässigkeit (vgl. dazu Erbs/Kohlhaas/Fuhrmann A 217 § 34 AWG Anm. 26f.), während **§ 34 Abs. 3 AWG** vorsätzliches Handeln verlangt. Auch hier genügt nach herrschender Meinung Eventualvorsatz, sofern nicht besondere Absichten gefordert werden (vgl. dazu Erbs/Kohlhaas/*Furmann* A 217 § 34 AWG Rdnr. 26f.).

[239] Für die h.M.: Erbs/Kohlhaas/*Fuhrmann* B 155 § 88 BörsG Anm. 20f.

Demgegenüber ist für eine Strafbarkeit wegen Verleitung zur Börsenspekulation (§ 89 BörsG) Eventualvorsatz ausreichend[240].

In der Praxis ist daher eine Strafbarkeit des Unternehmensinhabers in den meisten Fällen sichergestellt. Entweder genügt als Vorsatzform der Eventualvorsatz, oder es ist auch die fahrlässige Deliktsbegehung strafbar[241].

d) Täter- oder Teilnehmerverantwortung

Sind die oben erläuterten Voraussetzungen für eine Strafbarkeit des Unternehmensinhabers oder -leiters erfüllt, so bleibt zu klären, welche Rolle der Vernetzung und gegenseitigen Abhängigkeit der einzelnen Verhaltensweisen im modernen Unternehmen zukommt. Es stellt sich die Frage, ob die Pflichtverletzung zu einer Täter- oder Teilnehmerstrafbarkeit führt. Trotz Arbeits- und Verantwortungsteilung, Zusammenarbeit mehrerer sowie verschiedener hierarchisch geordneter Leitungs- und Verantwortungsebenen ist die Erfüllung strafrechtlicher Tatbestände Einzelpersonen zuzurechnen. Innerhalb eines Unternehmens kommen für eine Strafbarkeit der einzelnen Beteiligten sowohl Täterschaft als auch Teilnahme - jeweils durch Tun oder Unterlassen - in Betracht. Hier interessiert jedoch zunächst nur die Einordnung als Täter oder Teilnehmer desjenigen Unternehmensinhabers oder -leiters, der die Deliktsbegehung nicht verhindert; nicht mehr diskutiert werden die oben beschriebenen Fälle, in denen die Unternehmensleitung durch Entscheidungen oder Anweisungen auf die Untergebenen einwirkt und so den Erfolg durch positives Tun herbeiführt[242]. Die Frage, ob Täterschaft oder Teilnahme des Unternehmensinhabers oder -leiters vorliegt, stellt sich allerdings nur für die (wohl seltenen) Fälle, daß der Unternehmensinhaber oder -leiter vorsätzlich die vorsätzliche Tat eines Untergebenen zuläßt. Handelt nämlich der Unternehmensinhaber oder -leiter fahrlässig, so kommt Teilnahme nicht in Frage, da die §§ 26 und 27 dStGB ausdrücklich „vorsätzliche" Teilnahme verlangen. Der Unternehmensinhaber wird als Täter aus dem Fahrlässigkeitsdelikt bestraft. Aus dem gleichen Grund scheitert eine Teilnahmestrafbarkeit des Unternehmensinhabers oder -leiters, wenn der Untergebene nur fahrlässig handelt: Es kommt keine Teilnahme mehr in Frage, da Teilnahme nur an vorsätzlicher Haupttat möglich ist (vgl. §§ 26, 27 dStGB). Bei Fahrlässigkeitstaten gilt in

240 Für die h.M.: Erbs/Kohlhaas/*Fuhrmann* B 155 § 89 BörsG Anm. 11f.

241 Vgl. zum ganzen *Tiedemann* in: HWiStR, Art. Einführung in das Wirtschafts- und Steuerstrafrecht, S. 11; ders. JuS 1989, 689, 697; *Vogel* in: HWiStR, Art. Fahrlässigkeit S. 1.

242 S. oben S. 18f.

Deutschland das Einheitstätersystem[243]. Dann sind Unternehmensinhaber oder -leiter und Untergebener Nebentäter der Fahrlässigkeitstat, da die Voraussetzungen der vorsätzlichen Mittäterschaft nicht vorliegen und fahrlässige Mittäterschaft nicht anerkannt wird[244]. Hat der Unternehmensinhaber Vorsatz, während der Untergebene fahrlässig handelt, so wird ersterer als Täter aus dem Vorsatzdelikt (durch Unterlassen) bestraft, der Untergebene wegen Fahrlässigkeit. Umstritten ist lediglich die Situation, daß beide vorsätzlich handeln. Dann kommt nämlich sowohl Täterschaft als auch Teilnahme des Unternehmensinhabers oder -leiters in Frage[245].

aa) Die Lösung der Rechtsprechung

Die Frage der Täter- oder Teilnehmerverantwortung des Unterlassenden gegenüber dem Handelnden hat das Reichsgericht hat entsprechend der Abgrenzung von Täterschaft und Teilnahme bei den Begehungsdelikten nach der sogenannten subjektiven Theorie danach entschieden, ob der Unterlassende Täter- oder Teilnehmerwillen hatte[246]. Im Verhältnis zu einem vorsätzlichen Begehungstäter wurde meist Beihilfe des Unterlassenden angenommen wurde[247]. Daran knüpft die Rechtsprechung des BGH an, der zum Teil ebenso wie das Reichsgericht nur auf die innere Einstellung des Täters abstellt[248] oder aber das für den Begehungsbereich zur Ermittlung des Täterwillens entwickelte Kriterium der Tatherrschaft[249] auf die Unterlassungsdelikte überträgt. Danach soll auch im Bereich des Unterlassens die „innere subjektive Einstellung des Täters" zum Gesamtgeschehen, die ermittelt wird durch Kriterien wie „Willensrichtung , Tatherrschaft oder Interesse am Taterfolg unter Berücksichtigung der eigenen Tatbestandsverwirklichung", für die Beteiligungsform entscheidend sein[250].

---

243 H.M.: Sch/Sch/*Cramer* Vorbem § 25 Rdnr. 112f.; *Jescheck/Weigend* § 61 VI; *Lackner* § 25 Rdnr. 13; LK-*Roxin* § 25 Rdnr. 217.

244 H.M.: Sch/Sch/*Cramer* Vorbem § 25 Rdnr. 115; *Herzberg* Täterschaft 5 III 3; *Lackner* § 25 Rdnr. 13; LK-*Roxin* § 25 Rdnr. 221, 222; a.A. *Brammsen* JURA 1991, 533,537; *Otto* JURA 1990, 47, 49.

245 Ausführlich zum Meinungsstand: *Sowoda* JURA 1986 S. 399ff.

246 Vgl. die Nachweise bei LK-*Roxin* § 25 Rdnr. 14ff.

247 RGSt 53, 292, 293; 58, 244, 247; 64, 273,275; 66, 71, 75; 73, 53, 54.

248 BGHSt 13, 162, 166; BGH StV 1986, 59, 60.

249 Vgl. die Nachweise bei LK-*Roxin* § 25 Rdnr. 16ff.

250 BGH LM Nr. 10 vor § 47; ebenso BGHSt 2, 150, 156; BGH MDR 1960, 939, 940, weitere Nachweise zur Rechtsprechung des BGH bei *Roxin* S. 90ff.

bb) Die Ansichten in der Literatur

α) Beihilfe des unterlassenden Unternehmensinhabers oder -leiters

In der Literatur wird demgegenüber verbreitet die Ansicht vertreten, daß man bei den Unterlassungsdelikten zur Abgrenzung nicht auf die subjektive Einstellung des Täters abstellen könne. Neben den schon für die Begehungsdelikte vorgebrachten Argumenten[251] gegen die subjektive Teilnahmetheorie mit Tatherrschaftskriterien wird bezüglich der Unterlassungsdelikte dagegen vorgebracht, daß der Unterlassende per definitionem gerade untätig bleibt, so daß es für einen Täter- oder Teilnehmerwillen im objektiven Bereich keinerlei Anhaltspunkte geben kann. Aus demselben Grund werden auch die Ansichten in der Literatur kritisiert, die das Kriterium der Tatherrschaft als objektives Kriterium auch bei den Unterlassungsdelikten als entscheidendes Merkmal ansehen[252]. Ein Unterlassender hat, da er untätig bleibt, keine Tatherrschaft[253]. Die von der Rechtsprechung zur Begründung der Tatherrschaft herangezogene Möglichkeit, den Erfolg abzuwenden[254], sei eine Voraussetzung jeder Unterlassung, so daß danach Unterlassen und Tatherrschaft identisch sein müßten[255]. Dies sei aber gerade nicht der Fall. Tatherrschaft setze eine Gestaltung des Geschehensablaufes voraus, an der es bei völligem Nichtstun notwendig fehle[256]. Da daher die für die Begehungsdelikte entwickelten Abgrenzungskriterien für die Unterlassungsdelikte nicht anwendbar sein sollen, soll der Unterlassende neben dem vorsätzlich Handelnden grundsätzlich nur als Gehilfe verantwortlich sein[257]. Das garantiepflichtwidrige Unterlassen hänge in seiner Strafbarkeit doppelt vom Unrecht des Haupttäters ab: zunächst von dessen Vorsatz und außerdem vom Unrechtsgehalt seiner Tat[258]. Erst wenn der Handelnde den Geschehensablauf nicht mehr beherrscht, soll Raum sein für eine Täterverantwortung des Unterlassenden, da dann der Aktive

---

[251] Vgl. die Argumente bei LK-*Roxin* § 25 Rdnr. 30ff.

[252] *Maurach/Gössel/Zipf* § 47 Rdnr. 111; *dies.* § 50 Rdnr. 72; *Arzt* JA 80, 559.

[253] Sch/Sch/*Cramer* Vorbem § 25ff. Rdnr. 103; LK-*Roxin* § 25 Rdnr. 204f.; AK-*Seelmann* § 13 Rdnr. 93; a.A. *Ransiek* S. 52, der darauf abstellt, daß der unterlassende Vorgesetzte wegen seiner Weisungsbefugnis die Tatherrschaft innehat.

[254] Vgl. BGHSt 11, 272; 37, 293.

[255] Sch/Sch/*Cramer* Vorbem § 25 Rdnr. 103; LK-*Roxin* § 25 Rdnr. 204f.; AK-*Seelmann* § 13 Rdnr. 93.

[256] LK-*Roxin* § 25 Rdnr. 205.

[257] LK-*Jescheck* § 13 Rdnr. 57 m.w.Nachw.; *Lackner* § 27 Rdnr. 5; *Ranft* ZStW 94 (1982) 815, 829ff., 845.

[258] *Ranft* ZStW 94 (1986) 815, 845.

dem untätig Bleibenden die Tatherrschaft nicht mehr verstelle[259]. Eine Täterschaft des Unterlassenden käme nur in Betracht, wenn diesen eine besondere Erfolgsabwendungspflicht trifft, da zwischen ihm und dem Inhaber des verletzten Rechtsgutes ein besonderes Schutzverhältnis bestehe[260].

β) Differenzierung nach Art der Garantenstellung

Da letztere - stets Gehilfenverantwortung des Unterlassenden annehmende - Ansicht dogmatisch (wodurch soll die Privilegierung des Unterlassens gegenüber dem Handeln gerechtfertigt sein?) und kriminalpolitisch (oft ist der Erfolg dem Unterlassenden mehr als recht, während der Handelnde die Sachlage nur teilweise überschaut) nicht zu überzeugen vermag, wird weiter der Vorschlag gemacht, nach der Art der Garantenstellungen zu differenzieren: Der Obhutsgarant, der einen anderen gewähren läßt, soll stets Täter sein, da insoweit kein Unterschied bestehe, ob die Gefahr, deren Verwirklichung der Obhutsgarant verhindern soll, von einem vorsätzlich Handelnden oder einer Naturgewalt ausgehe, wo unstreitig Unterlassungstäterschaft angenommen werde[261]. Anders sei die Rechtspflicht des Überwachungsgaranten gelagert: Diese beschränke sich eben darauf, Gefahren, die von dem zu Überwachenden ausgehen, zu verhindern; wegen dieser Andersartigkeit sei nur Beihilfe anzunehmen[262]. Der Vergleich mit den Naturgewalten überzeugt indes nicht, da auch der Überwachungsgarant als Täter verantwortlich ist, wenn er Gefahren, die von einer Sache ausgehen, nicht verhindert. Außerdem führt diese Ansicht zu keiner Lösung, wenn der Garant - wie das häufig der Fall ist - zugleich Obhuts- und Sicherungsgarant ist[263].

γ) Pflichtdeliktslehre

Schließlich werden die Unterlassungsdelikte als Pflichtdelikte eingeordnet, bei denen allein die Nichterfüllung der außerstrafrechtlichen Sonderpflicht die Täterschaft

[259] *Gallas* Beiträge S. 187ff.; LK-*Jescheck* § 25 Rdnr. 57; *Jescheck/Weigend* § 64 III 5.
[260] *Thiemann* S. 26.
[261] Sch/Sch/*Cramer* Vorbem § 25ff. Rdnr. 104 m.w.Nachw.
[262] Sch/Sch/*Cramer* Vorbem § 25ff. Rdnr. 106, 108.
[263] AK-*Seelmann* § 13 Rdnr. 92.

begründet, so daß der Unterlassende neben dem vorsätzlich Handelnden stets als Täter verantwortlich ist[264].

δ) Strafzumessungserwägungen

Aus Strafzumessungserwägungen nimmt schließlich *Schünemann* Täterschaft des Unterlassenden (obwohl eigentlich aus den allgemeinen Grundsätzen der Unterlassungszurechnung folge, daß die personale Herrschaft über Strafmündige nur den Charakter der Beihilfe haben könne[265]) an, da sonst die Strafe aus § 27 Abs. 2 dStGB obligatorisch und aus § 13 Abs. 2 d StGB zusätzlich fakultativ gemindert werden könnte. Diese doppelte Strafmilderung würde allerdings die Präventionseffizienz entscheidend vermindern[266].

ε) Zusammenfassung

Zusammenfassend läßt sich feststellen: Die Abgrenzung zwischen Täterschaft und Teilnahme ist beim vorsätzlichen Unterlassen der Deliktshinderung eines vorsätzlich handelnden anderen Täters nach wie vor sehr umstritten: Die Entscheidung, ob der garantenpflichtwidrig die Deliktsbegehung eines anderen Nicht-Verhindernde als Täter oder Teilnehmer zu bestrafen ist, wird entweder nach den Kriterien vorgenommen, die auch für die Begehungsdelikte gelten, oder es wird nach der Art der Garantenstellung differenziert; ferner wird entweder stets Teilnahme (so die wohl überwiegende Ansicht in der Literatur) oder stets Täterschaft angenommen. Ergänzend muß noch festgestellt werden, daß auch die Ansichten, die von einer Täterschaft des Unterlassenden ausgehen, wenn dem Unterlassenden eine besondere Täterqualität oder geforderte Absicht fehlt oder wenn es sich bei dem begangenen Delikt um ein eigenhändiges Delikt handelt, von Teilnahme ausgehen[267].

---

264 LK-*Roxin* § 25 Rdnr. 206; *Roxin* S.459ff., wobei er darauf hinweist, daß diese Einteilung nicht gilt, wenn das Delikt bereits als Begehungsdelikt ein Sonderpflichtdelikt ist, S. 461f.; SK-*Rudolphi* Vor § 13 Rdnr. 37.

265 Unterlassungsdelikte S. 377.

266 Unterlassungsdelikte S. 213.

267 Sch/Sch/*Cramer* Vorbem § 25 Rdnr. 105; LK-*Roxin* § 25 Rdnr. 209; SK-*Rudolphi* Vor § 13 Rdnr. 41; AK-*Seelmann* § 13 Rdnr. 96.

cc) Neben-, Mit- oder mittelbare Täterschaft des unterlassenden Unternehmensinhabers oder -leiters

Geht man von einer möglichen Täterschaft des Unterlassenden aus, so muß noch geklärt werden, ob dieser Neben- oder Mittäter des Handelnden ist, oder ob eine Bestrafung wegen mittelbarer Täterschaft erfolgen soll.

Sofern die Voraussetzungen den Mittäterschaft gegeben sind, also insbesondere ein gemeinsamer Tatplan und arbeitsteilige Tatausführung vorliegen, kann auch zwischen einem Unterlassenden und einem Handelnden Mittäterschaft bestehen, sofern das Unterlassen seiner Wertung nach den Grundsätzen der Täterschaft genügt[268]. Allerdings wird es in der Praxis in großen Wirtschaftsunternehmen selten vorkommen, daß zwischen Vorgesetzten und Untergebenen ein gemeinsamer Tatentschluß gefaßt wird dahingehend, daß der Untergebene handeln und der Vorgesetzte die Aufsichtsmaßnahmen bzw. die Verhinderung der Straftat unterlassen wird[269].

Die Möglichkeit der mittelbaren Täterschaft des Unterlassenden wird allgemein abgelehnt[270], da mittelbare Täterschaft stets voraussetze, daß der Hintermann sich eines Tatmittlers bediene, den er durch aktives Tun eingeschaltet hat, sei es, daß er das Geschehen kraft seiner Willensherrschaft steuert, sei es, daß er als Intraneus den Extraneus nur anstößt[271]. Dieser Anstoß fehle beim Unterlassen aber regelmäßig. Wolle man auf dieses Erfordernis verzichten, so würde in der Tat jedes Unterlassen der Deliktsverhinderung eine mittelbare Täterschaft darstellen. Das Unterlassen sei aber stets dadurch gekennzeichnet, daß der Unterlassende in ein Geschehen nicht eingreift. Es dürfe keinen Unterschied machen, ob der abzuwendende Erfolg kraft Naturgewalten eintritt oder durch die Handlung eines (schuldlosen) Dritten, den der Unterlassende zu beaufsichtigen hat. In beiden Fällen sei das Unterlassen gleich

---

268 Das ist nach *Roxin* nur bei Pflichtdelikten möglich, wenn nämlich beide Täter die gleiche (Begehungs-) Sonderpflicht trifft und ein Täter sie durch positives Tun (er reicht dem Gefangenen den Schlüssel zur Zellentür), der andere durch Unterlassen (er sieht tatenlos zu) verletzt. Bei den Nicht-Pflichtdelikten könne von arbeitsteiliger *Herrschaft* keine Rede sein, da der Unterlassende auf das Tun des Handelnden angewiesen sei (LK-*Roxin* § 25 Rdnr. 164; *Roxin* S. 470f.). *Bottke* stellt demgegenüber darauf ab, daß der Unterlassende im Vergleich zu dem Handelnden sehr wohl gleichgeordnete Gestaltungsherrschaft haben kann (*Bottke* S. 36, 39).

269 *Ransiek* S. 50.

270 Für die h.M.: LK-*Jescheck* § 13 Rdnr. 59 m.w.Nachw.

271 Darunter könnten die Fälle gefaßt werden, in denen die Unternehmensleitung die Entscheidungen trifft, die dann von den Untergebenen nur ausgeführt werden. Dann hinge nach den allgemeinen Regeln die Bestrafung der Hintermänner als Anstifter oder Täter davon ab, ob die Arbeitnehmer entsprechend ihres Vorsatzes und ihrer Schuld als Werkzeuge oder volldeliktisch handelnde Täter angesehen werden müssen bzw. ob wegen der Organisationsherrschaft der die Entscheidungen treffenden Organe eine Täterschaft hinter dem Täter angenommen werden könnte (s. oben S. 18).

mittel- und unmittelbar[272]. Demgegenüber vertritt *Bottke* die Ansicht, daß der Unterlassende nicht als unmittelbarer Täter in Frage käme, da er nicht „selbst eigenkörperliche Risikoquelle" sei. Vielmehr habe der Unterlassende, der die „besondere Nähe zu einer Risikoquelle akzeptiert", „relevant übernommene Gestaltungsherrschaft". Diese setzt voraus, daß sich „Informationen über tatgeschehensrelevante Umstände oder alters-, reife-, geistesmängel-, zwangs-, oder hierarchiebedingte Statusdiskrepanzen asymmetrisch zwischen Hintermann und Vordermann erhöht zugunsten des Hintermannes verteilen und von diesem ausgenutzt werden"[273]. Eine mittelbare Täterschaft des Unterlassenden scheidet demnach aus, wenn das Werkzeug dolos ist, da dann keine überlegene Gestaltungsherrschaft mehr vorliegt, und die Eigenverantwortlichkeit des Handelnden der Bestrafung des Hintermannes entgegensteht und die Pflichtverletzung des Hintermannes allein noch kein Täterstrafgrund ist[274].

III. Die Auswirkungen der Delegation von Verantwortung auf die Strafbarkeit des Unternehmensinhabers oder -leiters

Um zu verhindern, daß strafrechtlich immer die unteren handelnden Glieder des Unternehmens belangt werden, während die weisungsgebenden, das System durchschauenden, Unternehmensinhaber oder -leiter unbelangt bleiben, wird die oben dargestellte Unterlassungsverantwortung des Betriebsinhabers begründet. Nun soll untersucht werden, ob der Unternehmensinhaber, der besonders in großen Unternehmen nicht in der Lage ist, seiner Aufsichtspflicht persönlich nachzukommen, die strafrechtliche Verantwortung auf von ihm beauftragte Aufsichtspersonen delegieren kann.

1. Zulässigkeit der Delegation

Das Reichsgericht hatte zunächst bezüglich der Verantwortung aus § 151 GewO festgestellt, daß es sich hierbei um eine persönliche Pflicht des Gewerbetreibenden

[272] LK-*Jescheck* § 13 Rdnr. 59; *Roxin* S. 471f.; LK-*Roxin* § 25 Rdnr. 216.
[273] S. 35, 44.
[274] S. 45f, 48, 51, 52, 53.

handelte, die er nicht auf andere übertragen könne[275]. Diese strenge Auffassung wurde in einer weiteren Entscheidung dahingehend gelockert, daß der Gewerbetreibende seine Verantwortung zwar nicht dauernd, aber doch bei Vorliegen besonderer Vertrauensverhältnisse anderen Personen zeitweilig und vorübergehend überlassen könne[276]. Die Neufassung des § 151 GewO vom 01.04.1892 wurde schließlich dahingehend ausgelegt, daß der Gewerbetreibende seine strafrechtliche Verantwortung durch Übertragung der Leitung oder Aufsicht auf andere Personen ganz oder teilweise übertragen könne[277].

Gleichzeitig wurde aber festgelegt, daß der Unternehmer unter allen Umständen die Pflicht zur Oberaufsicht behalte, und die von ihm bestellten Aufsichtspersonen sorgfältig auswählen und überwachen müsse[278]. Bezüglich der strafrechtlichen Verantwortung des Unternehmers außerhalb der Gewerbeordnung stellte das Reichsgericht im 19. Band fest, daß der Unternehmer sogar trotz eines von ihm beauftragten selbständigen Unternehmers von der Verantwortung nicht gänzlich frei werde, sondern daß er vielmehr bei der Auswahl desselben die erforderliche Sorgfalt anzuwenden habe, sowie diesen zu kontrollieren habe, wenn „im Hinblicke auf die Beschaffenheit der betreffenden Arbeiten während deren Ausführung nach den konkreten Umständen Veranlassung zur Kontrolle und Nachprüfung besteht"[279].Damit hat das Reichsgericht die Delegierbarkeit der Garantiepflichten im Rahmen der Betriebshierarchie grundsätzlich anerkannt[280]. Die Rechtsprechung des BGH bewegt sich im wesentlichen in diesen Bahnen: Bezüglich der Übertragbarkeit der Pflichten aus § 151 GewO stellte er fest, daß der Betriebsleiter zwar seine Pflichten übertragen könne, daß ihn jedoch grundsätzlich weiterhin eine Überwachungspflicht träfe, deren Umfang sich nach der Qualifikation der Aufsichtsperson richte[281]. Auch außerhalb des § 151 GewO erkennt der BGH die Übertragbarkeit der Kontrollpflichten einschließlich der „mitwandernden" Garantenstellungen an[282], jedoch soll entsprechend der Auffassung des Reichsgerichts beim Delegator eine Garantenstellung verbleiben, wenn sich der Beauftragte der Aufgabe nicht gewachsen zeigt[283] oder wenn der Delegator seinerseits mit einer besonderen, den üblichen Rahmen überschreitenden

[275] RGSt 2, 321, 323; 4, 307, 310, 311.
[276] RGSt 6, 236, 238f.
[277] RGSt 24, 293, 295; 50, 8, 10.
[278] RGSt 50, 8, 10.
[279] RGSt 19, 204, 206.
[280] Vgl. RG JW 1932, 413ff. mit Anmerkung *Alsberg*; *Schünemann* Unternehmenskriminalität S. 73.
[281] BGH VRS 20, 284, 286 m.w.Nachw.; von der Übertragbarkeit der Pflichten aus § 151 GewO geht der BGH allgemein aus: BGHSt 8, 140, 140; 9, 67, 68.
[282] So OLG Celle VRS 29, 23, 24f.; OLG Hamm NJW 1959, 1551, 1551.
[283] BGHSt 19, 286, 289.

kumulativen Überwachung zwecks Schutzes der Allgemeinheit beauftragt worden sei[284].

In der Literatur wird ebenfalls grundsätzlich von einer Übertragbarkeit der Garantenstellungen ausgegangen[285]. Jedoch wird auch dort, um einer den tatsächlichen Verhältnissen nicht entsprechenden strafrechtlichen Belangung nur der auf der unteren Stufe Handelnden vorzubeugen, überwiegend angenommen, daß beim Delegierenden stets eine mehr oder weniger weite Auswahl- und Überwachungspflicht des Beauftragten bleibt: Der Delegator hat dafür zu sorgen, daß der Delegatar mit den nötigen Fähigkeiten und Kompetenzen ausgestattet ist und bleibt, den Aufgabenbereich selbständig zu führen. Einerseits ist also der Beauftragte selbst verantwortlich, der den Organisationskreis eigenständig leitet[286], andererseits verbleiben auf der mittleren Stufe Leitungs- und Kontrollpflichten sowie auf der obersten Stufe Organisationspflichten[287]. *Herzberg* formuliert treffend, daß es bei der Delegation von Verantwortung nicht um eine „Abwälzung bis zum Letzten hinunter" geht, sondern daß es sich in Wahrheit um eine „Ausdehnung von Pflichten und eine Erweiterung des Normadressatenkreises" handelt[288]. Dem Übertragenden verbleibt stets die Position des subsidiären Garanten: Trotz der Übernahme der Garantenstellung durch den Beauftragten, die bei ihm im Wege der „freiwilligen Übernahme" die Garantenstellung begründet[289], bleibt der Delegator selbst in der Verantwortung[290]: Er haftet für sorgfältige Auswahl und Kontrolle des von ihm mit der Garantenaufgabe Betrauten[291] und muß in Krisensituationen eingreifen[292]. In einem Unternehmen sind daher wegen der Unternehmensorganisation oft mehrere für einen eingetretenen Erfolg in unterschiedlicher Form verantwortlich: Die Handelnden auf der untersten Stufe nur für

---

284 BGHSt 19, 286, 291ff.

285 *Busch* S. 296; *Jakobs* 29/36; *Jescheck/Weigend* § 59 IV 3 c); *Ransiek* S. 41; *Rudolphi* in: Festschrift für Lackner S. 863, 874; *Schünemann* Unternehmenskriminalität S. 107.

286 *Jakobs* 29/36; *Schünemann* Unternehmenskriminalität S. 107.

287 *Busch* S. 454 („Organisationsverantwortung"); *Eidam* Unternehmen und Strafe S. 153; *Ransiek* S. 41; *Heine* S. 125; *Herzberg* Verantwortung für Arbeitsschutz S. 101; *Schünemann* Unternehmenskriminalität S. 107; *Jakobs* 29/36, der eine verbleibende Garantenstellung nur annimmt, wenn den Organisationskreis des Delegierenden irgendwelche Umstände mit dem an sich selbständigen Organisationskreis des Beauftragten verbinden. Genau diese Verbindung der Organisationskreise kann aber durch rechtswidrige Handlungen des Beauftragten, dessen offensichtliche Überforderung oder der Umgang mit besonders gefährlichen Sachen geschehen.

288 *Herzberg* Verantwortung für Arbeitsschutz S. 102.

289 H.M.: LK-*Jescheck* § 13 Rdnr. 28.

290 Für die h.M.: BGH NStZ 1990, 588, 591; *Eidam* Unternehmen und Strafe S. 164.

291 H.M.: *Busch* S. 327f., 548; *Herzberg* Verantwortung für Arbeitsschutz S. 101; LK-*Jescheck* § 13 Rdnr. 28; *Rudolphi* in: Festschrift für Lackner S. 863, 874f.

292 Für die h.M.: *Busch* S. 238, 548; *Herzberg* Verantwortung für Arbeitsschutz S. 101.

das Handlungsunrecht, die ihm Übergeordneten jeweils dann, wenn sie ein Auswahlverschulden trifft, oder wenn sie einer wegen besonderer Umstände erforderlichen erhöhten Überwachungspflicht nicht nachgekommen sind. So betrachtet es auch schon seit langem die Rechtsprechung: Jeder Mitarbeiter von der Geschäftsleitung bis zur Gruppenleitung muß seinen Verantwortungsbereich so organisieren, daß die Gefährdung deliktsrechtlich geschützter Rechtsgüter Dritter vermieden wird[293]. Die Verantwortung knüpft an den betreuten Geschäfts- und Verantwortungsbereich an; durch diesen Aufgaben- und Zuständigkeitsbereich wird die strafrechtliche Verantwortung gleichzeitig begrenzt[294]. Dadurch wird nach Ansicht der Rechtsprechung aber nicht die Generalverantwortung der Geschäftsleitung für die ordnungsmäßige Organisation der betrieblichen Abläufe, die sich aus dem dem deutschen Gesellschaftsrecht immanenten Prinzip der Gesamtverantwortung aller Mitglieder eines Geschäftsleitungskollegiums herleitet, beseitigt[295].

Zu beachten ist, daß es bei der Übertragung der Aufgaben des Unternehmensinhabers nicht auf die rechtliche Zuständigkeit des Handelnden ankommt, es entscheidet vielmehr, wie bei der Übernahme einer Garantenstellung im allgemeinen, die tatsächliche Wahrnehmung der Aufgabe[296]. Dadurch wird gegenüber dem eigentlich Garantenpflichtigen ein Vertrauenstatbestand gesetzt. Er darf darauf vertrauen, daß der Übernehmende seine Aufgaben sorgfältig erfüllen wird[297]. Auch tatsächliches Handeln kann also Anknüpfungspunkt für die strafrechtliche Zurechnung sein.

So mußte im Monza-Steel-Fall der eigentliche Entwicklungsleiter die unsorgfältige Überprüfung von Reifen, die zu späteren Unfällen führte, zurechnen lassen, da er tatsächlich seit längerer Zeit die Qualitätsprüfung übernommen hatte[298]. Ebenfalls an tatsächliches Handeln knüpfte die Strafbarkeit wegen fahrlässiger Tötung eines Mitarbeiters eines Statikbüros an, obwohl diesen eigentlich die Sorgfaltspflicht zur Erstellung eines sorgfältigen Gutachtens nicht direkt, sondern erst durch Übernahme der seinem Arbeitgeber obliegenden Aufgabe traf[299]. Ebenso wurde der Bedienstete einer Fachbehörde, der durch seine falsche Stellungnahme eine materiell fehlerhafte Genehmigung zur Umlagerung von Abfällen einer Sondermülldeponie auf eine

---

293 OLG Koblenz GA 1974, 87f.; RGSt DJ 1940, 707, 708.

294 Für die h.M.: BGH NStZ 1990, 588, 591; *Busch* S. 245ff.

295 BGHSt 37, 106, 124, 125.

296 Für die h.M.: *Busch* S. 548; *Eidam* Unternehmen und Strafe S. 167; LK-*Jescheck* § 13 Rdnr. 27; *Ransiek* S. 38.

297 *Busch* S. 549 m.w.Nachw.

298 LG München II in: Schmidt-Salzer Bd. IV.28, S. 333; vgl. dazu *Eidam* Unternehmen und Strafe S. 168.

299 BGH MDR 1978, 504, 505.

Hausmülldeponie herbeiführte, wegen seines tatsächlichen Einflusses auf das Geschehen der umweltgefährdenden Abfallbeseitigung gemäß § 326 Abs. 1 dStGB schuldig gesprochen, obwohl er eigentlich eine rein beratende Tätigkeit innehatte. Entscheidend für seine Strafbarkeit war nach Auffassung des Gerichts nicht die organisationsrechtliche Stellung des Angeklagten, sondern dessen tatsächliche Einflußnahme auf das Geschehen[300].

Zur Verdeutlichung können auch die Grundsätze des faktischen Geschäftsführers im GmbH-Recht herangezogen werden: Für die strafrechtliche Behandlung des faktischen Geschäftsführers einer GmbH gilt - enger als nach der zivilrechtlichen Betrachtungsweise - folgendes: Wer ohne rechtswirksame Bestellung mit dem Einverständnis der Gesellschafter faktisch die Geschäfte der GmbH führt und die Aufgaben des Geschäftsführers wahrnimmt, den treffen auch die Verpflichtungen, die das Gesetz dem Geschäftsführer auferlegt. Auf die strafrechtliche Verantwortung des faktischen Geschäftsführers ist es also ohne Einfluß, wenn seine Bestellung zivilrechtlich unwirksam ist. Erforderlich ist aber zumindest eine konkludente Bestellung, die nach Ansicht des BGH auch im stillschweigenden Einverständnis der Gesellschafter liegen kann. Nicht ausreichend ist dagegen die einseitige Usurpation durch einen der Gesellschafter[301].

Gleiches gilt für die Aktiengesellschaft: Grundsätzlich ist in einer solchen der Vorstand entscheidungsbefugt (§ 76 Abs. 1 dAktG); also liegt auch dort die strafrechtliche Verantwortung. Nimmt aber ein Aktionär, ohne förmlich dazu bestellt zu sein und im Handelsregister eingetragen zu sein, im Einverständnis oder zumindest mit Duldung des Aufsichtsrats die Stellung eines Vorstandsmitglieds tatsächlich ein, so soll nach der Rechtsprechung des BGH auch ihn die strafrechtliche Verantwor-

---

300 BGH NJW 1994, 670.

301 H.M.: BGHSt 3, 32, 37f.; 21, 101, 103f.; 31, 118, 121f.; dazu insgesamt Scholz/*Tiedemann* § 84 Rdnr. 27ff. m.w.Nachw.; *Montag* S. 28ff. Das Reichsgericht (RGSt 71, 112, 113 sowie 72, 187, 191) hat laut BGHSt 3, 32, 38 verlangt, daß der faktische Geschäftsführer „zu diesem Amte irgendwie bestellt worden war". Der BGH erörtert dieses Erfordernis dann aber nicht weiter, da er davon ausgeht, daß im Einverständnis der Gesellschafter ohnehin eine konkludente Bestellung liege (ebenso BGHSt 31, .118, 122 m.w.Nachw.). In der Literatur wird die Anwendung der Grundsätze des faktischen Geschäftsführers zunehmend kritisiert (vgl. dazu zusammenfassend *Montag* S. 50ff.). Einschränkend wird dort zumindest ein faktischer Bestellungsakt, der im Einverständnis *aller* Gesellschafter liegen müsse, gefordert. Das Einverständnis des Mehrheitsgesellschafters reiche nicht (Scholz/*Tiedemann* § 82 Rdnr. 42, § 84 Rdnr. 27f., 31f., 33 m.w.Nachw.). Außerdem soll der faktische Geschäftsführer nur dann haften, wenn ein anderer tätiger Geschäftsführer fehlt, so daß ansonsten Haftungslücken auftreten würden (entgegen BGHSt 31, 118, 121f. und entgegen der noch h.M.: Scholz/*Tiedemann* § 48 Rdnr. 31; vgl. dazu auch *Montag* S. 53).

tung treffen[302]. Wird die Entscheidungsstruktur der AG noch nicht einmal annähernd eingehalten, so besteht kein Grund, den entscheidenden Aktionär entsprechend dieser Regelungen von der Verantwortung freizusprechen[303]. Die Vorstandsmitglieder sind daneben verantwortlich, da ihnen rechtlich nach wie vor die Kompetenz zusteht und sie damit nicht aus der Verantwortung entlassen sind. Erst dann sollen sie nicht mehr verantwortlich sein, wenn ihnen faktisch von der Entscheidungskompetenz gar nichts mehr übrig bleibt[304].

Die soeben erläuterten Entscheidungen und Grundsätze beziehen sich zwar nicht direkt auf die Unterlassungsverantwortung nach Delegation oder Übernahme einer Garantenstellung, sondern betreffen allgemein Konstellationen, in denen bestimmte Personen durch Gesetz oder Vertrag in einer besonderen Pflichtenstellung stehen und daher strafrechtlich zur Verantwortung gezogen werden. Auch die Garantenstellung des Betriebsinhabers ist aber eine solche besondere Pflichtenstellung, die dieser entsprechend an Dritte übertragen kann, so daß auch für den hier untersuchten Bereich die tatsächliche Übernahme von Aufgaben des Betriebsinhabers dem Übernehmenden eine Garantenstellung zur Verhinderung deliktischen Verhaltens seiner Untergebenen auferlegt.

Grundsätzlich gilt also: Wer über den ihm zugewiesenen Verantwortungsbereich hinaus in tatsächlicher Hinsicht Entscheidungsverantwortung im Einverständnis mit dem Pflichtigen an sich zieht oder annimmt und dadurch einen Vertrauenstatbestand setzt, ist auch strafrechtlich für diesen Bereich verantwortlich. Er kann sich nicht mit dem Hinweis verteidigen, dies sei nicht sein Aufgabenbereich gewesen.

Eine wichtige Rolle spielt bei dieser Arbeitsaufteilung der Vertrauensgrundsatz: Einerseits darf der Delegierende darauf vertrauen, daß der Beauftragte, den er sorgfältig ausgesucht hat, seine Aufgabe ordentlich erfüllen wird; nur in außergewöhnlichen Situationen (Störfall, Krisenfall) muß der Delegator eingreifen und den Beauftragten überwachen oder unterstützen[305]. Andererseits darf der angewiesene Arbeiter darauf vertrauen, daß die Anweisung ihn nicht zu einem verbotenen Verhalten

[302] H.M.: BGHSt 21, 101, 104f. im Anschluß an BGHSt 3, 32, 37f.; *Ransiek* S. 64, 80.

[303] H.M.: BGHSt 21, 101, 105ff. im Anschluß an BGHSt 3, 32, 35; BGH NJW 1994, 670, 670; *Ransiek* S. 80.

[304] *Ransiek* S. 80, Fußnote 321, zumindest müssen die Vorstandsmitglieder sich zur Wehr setzen und auf ihre Kompetenzen hinweisen. Werden sie dann - wie in BGHSt 21, 101, 106 - abberufen, haben sie alles ihrerseits Erforderliche getan und sind nicht mehr verantwortlich. Solange sie aber noch die Stellung innehaben, die ihnen die Entscheidungsmacht rechtlich gibt, müssen sie davon auch Gebrauch machen.

[305] Für die h.M.: *Busch* S. 496; *Eidam* Unternehmen und Strafe S. 168.

zwingt[306]. Eine Anweisung, die zu einer Straftat zwingt, ist unwirksam und nichtig und muß vom Angestellten nicht befolgt werden[307]. Daher kann die Straftat oder Ordnungswidrigkeit, die der Angestellte in Ausführung einer solchen Anweisung begeht, nicht durch dieselbe gerechtfertigt sein[308]. In Frage kommt allenfalls eine Rechtfertigung aus § 34 dStGB oder aber eine Entschuldigung gemäß § 35 dStGB[309].

Für den Fall der Rechtfertigung kommt eine Strafbarkeit des Weisungsgebenden als mittelbarer Täter in Betracht; ist der handelnde Arbeitnehmer entschuldigt, kann der Weisungsgebende als Anstifter oder Mittäter bestraft werden[310].

Führt der Arbeitnehmer eine Anweisung aus, ohne deren Rechtswidrigkeit zu erkennen, so handelt er unvorsätzlich (oder nicht tatbestandsmäßig, da ihn die Sonderpflicht aus dem Sonderdelikt nicht trifft oder aber er, im Falle des Unterlassens, keine Garantenstellung innehat[311]) und ist damit für den vorsätzlich die Anweisung Gebenden Werkzeug, letzterer damit mittelbarer Täter[312].

2. *Die Stellvertreterhaftung (§§ 14 dStGB, 9 OWiG[313])*

Im folgenden sollen einige wesentliche Voraussetzungen des § 14 dStGB dargestellt werden; allerdings kann hier nur ein kurzer Überblick gegeben werden, da die Vorschrift im einzelnen sehr umstritten ist[314] und eine ausführliche Diskussion den Rahmen dieser Untersuchung sprengen würde. Da § 14 dStGB aber einen praktisch wichtigen Teil der strafrechtlichen Delegation von Verantwortung in Unternehmen regelt, soll auf eine kurze Darstellung nicht verzichtet werden.

---

306 Vgl. BGH NJW 1954, 1536, 1537.

307 Für die h.M.: *Tiedemann* in: HWiStR, Art. Handeln auf Weisung, S. 1f. m.w.Nachw.

308 Für die h.M.: *Tiedemann* in: HWiStR, Art. Handeln auf Weisung, S. f. m.w.Nachw.; *ders.* Scholz/*Tiedemann* § 84 Rdnr. 93 m.w.Nachw.; *ders.* in: Immenga/Westmäcker § 38 Rdnr. 20.

309 Näher dazu *Tiedemann* in: HWiStR, Art. Handeln auf Weisung, S. 2f. m.w.Nachw.

310 Für die h.M.: *Tiedemann* in: HWiStR, Art. Handeln auf Weisung, S. 1f. m.w.Nachw.

311 *Ransiek* S. 54f., der damit der Lederspray-Entscheidung des BGH (NHW 1990, 2560; 2562), in der von Täterschaft der Geschäftsführer unproblematisch ausgegangen wurde, da ihnen das Verhalten der Arbeitnehmer ohne weiteres zuzurechnen sei, zustimmt.

312 Hier sei nochmals auf die im Vordringen befindliche Ansicht, die die Möglichkeit der Täterschaft hinter dem Täter auch im Unternehmen wegen der Organisationsherrschaft der Unternehmensinhaber bejaht, hingewiesen (s. oben S. 18f).

313 Die folgende Darstellung bezieht sich nur auf § 14 dStGB, gleiches gilt aber für den wortlautgleichen § 9 OWiG.

314 Sch/Sch/*Lenckner* § 14 Rdnr. 2; LK-*Schünemann* § 14 Rdnr. 5ff.; *ders.* Unternehmenskriminalität S. 127; *ders.* wistra 1982, 41, 46.

Während die oben erläuterte Garantenhaftung der Unternehmensleitung sicherstellen soll, daß nicht die strafrechtliche Verantwortung immer weiter nach unten delegiert werden kann, soll die Organ- und Vertreterhaftung, wie sie in § 14 dStGB geregelt ist, verhindern, daß Strafbarkeitslücken dort entstehen, wo der eigentliche Normadressat seine Aufgaben und Pflichten nicht selbst wahrnimmt oder wahrnehmen kann und deshalb andere für ihn stellvertretend handeln. Diese Erscheinung ist vor allem in der Wirtschaft mit ihren modernen Organisationsformen und ihrer weitgehenden innerbetrieblichen Arbeitsteilung häufig ist. In diesen Fällen ist nämlich der Handelnde kein tauglicher Täter, da er die erforderliche Qualifikation nicht besitzt. Der von der Norm adressierte Vorgesetzte ist dagegen nicht strafbar, da er nicht gehandelt hat[315]. Diesen Lücken wurde schon früh durch die sogenannte „faktische Betrachtungsweise" begegnet, indem im Wege einer teleologischen Interpretation der Sonderdelikte auch derjenige die erforderlichen Qualifikationsmerkmale erfüllen sollte, der zwar nicht rechtlich die erforderliche Stellung innehatte oder die Eigenschaft aufwies, aber der doch faktisch genau die Position im Unternehmen bekleidete[316]. Zunächst kann also versucht werden, das Sonderdelikt direkt auf den Handelnden anzuwenden[317]. Wenn dies nicht möglich ist, kommt eine „Überwälzung" der Tätermerkmale durch § 14 dStGB in Betracht[318]. Für den in § 14 dStGB geregelten Personenkreis ist die Vertreterhaftung allerdings abschließend geregelt, insbesondere ist eine faktische Betrachtungsweise nur unter den Voraussetzungen des Absatzes 3 möglich[319].

Nach § 14 Abs. 1 dStGB ist ein Gesetz, nach dem besondere persönliche Eigenschaften, Verhältnisse oder Umstände die Strafbarkeit begründen, auf jemanden, der als vertretungsberechtigtes Organ einer juristischen Person oder als Mitglied eines solchen Organs (Nr. 1) oder als vertretungsberechtigter Gesellschafter einer Personenhandelsgesellschaft (Nr. 2) oder als gesetzlicher Vertreter eines anderen (Nr. 3) handelt, auch dann anzuwenden, wenn die strafbegründenden Merkmale zwar nicht bei ihm, aber bei dem Vertretenen vorliegen.

---

315 Vgl. dazu insgesamt *Herzberg* Verantwortung für Arbeitsschutz S. 76ff.

316 Aus der Rspr.: BGH 3, 33, 37ff.; 6, 314, 315f.; 21, 101, 103; 31, 118; 34, 221, 222; 34, 379, 384; Düsseldorf NJW 88, 3166, 3167; vgl. dazu *Blauth* S. 37; *Bruns* JZ 58, 461,462f.; *ders.* JZ 54, 12, 15; *Wiesener* S. 101ff.; *Fuhrmann* in: Festschrift für Tröndle S. 139, 140ff.; *Schmitt* JZ 68, 123; LK- *Schünemann* § 14 Rdnr. 23; krit. *Rimmelspacher* JZ 1967, 472, 474.

317 BGHSt 31, 118ff.

318 Für die h.M.: Sch/Sch/*Lenckner* § 14 Rdnr. 1, 4.

319 Für die h.M.: Sch/Sch/*Lenckner* § 14 Rdnr. 4; AK-*Marxen* § 14 Rdnr. 43; SK-*Samson* § 14 Rdnr. 7.

Nach § 14 Abs. 2 Nr. 1 und Nr. 2 dStGB wird dem Betriebsleiter oder dem Leiter eines Teilbereichs (Nr. 1), sowie allen Personen, die ausdrücklich beauftragt sind, in eigener Verantwortung Aufgaben wahrzunehmen, die dem Inhaber des Betriebes obliegen (Nr. 2), die Täterqualifikation des Betriebsinhabers als eigene zugerechnet.

§ 14 Abs. 3 dStGB bestimmt schließlich, daß die Zurechnung der Tätereigenschaften auch dann erfolgen kann, wenn die Rechtshandlung, die die Vertretungsbefugnis oder das Auftragsverhältnis begründen sollte, (zivilrechtlich) unwirksam ist.

Voraussetzung für § 14 dStGB ist zunächst, daß „besondere persönliche Merkmale" die Strafbarkeit des Täters beim Sonderdelikt begründen. Nach ganz herrschender Meinung hat der Begriff bei § 14 dStGB eine andere Bedeutung als bei § 28 dStGB[320]. Besondere persönliche Merkmals sind bei § 14 dStGB nur solche Merkmale, die den Täterkreis nach der sozialen Funktion und der daraus folgenden Verantwortung abstecken, und gerade nicht die „höchstpersönlichen" subjektiv-täterschaftlichen Merkmale des § 28 dStGB , weil gerade diese dem Täter wegen ihres personalen Bezugs nicht zur Last gelegt werden sollen, wenn sie bei ihm nicht vorliegen. Objektiv-täterschaftliche Merkmale, die höchstpersönlicher Natur sind, können ebenfalls nicht zugerechnet werden, da die durch sie gekennzeichneten Eigenschaften oder Beziehungen unlösbar an eine Person gebunden sind und deshalb keine Vertretung zulassen (z.B. die Beamteneigenschaft). Für § 14 dStGB bleiben danach diejenigen persönlichen Merkmale, die einen Täterkreis abstecken, der in einer bestimmten sozialen Rolle eine bestimmte Beziehung zu einem Rechtsgut hat, das geschützt werden soll. Die Unrechts- und Täterbestimmung muß vom Rechtsgut und nicht von der Person des Täters ausgehen, so daß eine Vertretung möglich ist[321].

§ 14 Abs. 1 dStGB erfaßt die „vertretungsberechtigten Organe juristischer Personen" sowie die „Mitglieder dieser Organe" (Nr. 1). Vertretungsberechtigte Organe sind dabei diejenigen, die zur Führung der Geschäfte nach außen und innen bestellt sind[322]. Nicht gemeint ist, daß im Einzelfall eine wirksame rechtsgeschäftliche Vertretung vorliegen muß, die bei der Begehung strafbarer Handlungen ohnehin nicht möglich ist; auch braucht die Straftat nicht in einer rechtsgeschäftlichen Handlung zu bestehen [323]. In mehrköpfigen Organen ist jedes Mitglied Normadressat unabhän-

[320] Sch/Sch/*Lenckner* § 14 Rdnr. 8 m.w.Nachw.; *Jescheck/Weigend* § 23 VIII 2 m.w.Nachw.; vgl. zu § 10 OWiG a.F. den Literaturbericht von *Tiedemann* in ZStW 83 (1971) S. 792, 804ff.

[321] H.M.: Sch/Sch/*Lenckner* § 14 Rdnr. 8; AK-*Marxen* § 14 Rdnr. 25; SK-*Samson* § 14 Rdnr. 10ff, zum Ganzen LK-*Schünemann* § 14 Rdnr. 31ff, 41f.

[322] Für die h.M.: *Herzberg* Verantwortung für Arbeitsschutz S. 79.

[323] H.M.: Sch/Sch/*Lenckner* § 14 Rdnr. 16, mit Beispielen in Rdnr. 17; AK-*Marxen* § 14 Rdnr. 38f.; LK-*Schünemann* § 14 Rdnr. 44; *Tiedemann* NJW 1986, 1842, 1845.

gig davon, wie die Zuständigkeit intern aufgeteilt ist[324]. Allerdings soll ein intern unzuständiges Mitglied wegen Unterlassung der Deliktsverhinderung durch ein anderes Mitglied nur verantwortlich sein, wenn es die Pflichtverletzung kannte (Vorsatz), oder wenn sich ihm die Pflichtverletzung aufdrängen mußte oder Anlaß bestand, sich um die Angelegenheiten des anderen zu kümmern (Fahrlässigkeit) und ihm die Verhinderung möglich und zumutbar war[325]. Neben diesen Personen erfaßt § 14 dStGB die „vertretungsberechtigten Gesellschafter einer Personenhandelsgesellschaft" (Nr. 2)[326] sowie alle sonstigen „gesetzlichen Vertreter" (Nr. 3)[327].

§ 14 Absatz 2 dStGB erfaßt diejenigen, die „beauftragt" sind, „den Betrieb ganz oder zum Teil zu leiten" Nr. 1), oder aber „in eigener Verantwortung Aufgaben wahrnehmen, die dem Inhaber des Betriebs obliegen" (Nr. 2).

Mit der „Leitung eines Betriebes" beauftragt ist derjenige, dem die Verantwortung für die Betriebsführung nach innen und außen übertragen worden ist. Entscheidend ist, ob der Beauftragte selbständig anstelle des Betriebsinhabers handeln kann[328]. Damit beauftragt, den Betrieb „zum Teil zu leiten", sind nicht nur die Leiter von räumlich und organisatorisch abgegrenzten Betriebsteilen (z.B. Zweig- und Nebenstellen), sondern auch von sachlich begrenzten Teilbereichen innerhalb des Gesamtbetriebes (technische und kaufmännische Abteilung, Einkauf und Verkauf etc.), sofern diese relativ selbständig sind[329]. Anders als in Nr. 2 genügt hier die konkludente Beauftragung, den Betrieb ganz oder zum Teil zu leiten. Aus der Übertragung der Funktion ergibt sich ohne weiteres, daß der Vertreter in die Pflichtenstellung einrückt. Allerdings muß es zu einer wirklichen Übernahme der Funktion kommen[330].

Sonstige Beauftragte werden zu Normadressaten, wenn sie „ausdrücklich mit der eigenverantwortlichen Wahrnehmung von Aufgaben beauftragt sind, die dem Betriebsinhaber obliegen". Hier ist im Gegensatz zu Absatz 2 Nr. 1 ein ausdrücklicher

---

324 H.M.: Sch/Sch/*Lenckner* § 14 Rdnr. 18 m.w.Nachw.

325 H.M.: Sch/Sch/*Lenckner* § 14 Rdnr. 19; AK-*Marxen* § 14 Rdnr. 46.

326 Vgl. zu diesem Merkmal: Sch/Sch/*Lenckner* § 14 Rdnr. 20ff; LK-*Schünemann* § 14 Rdnr. 45ff. *Herzberg* (Verantwortung für Arbeitsschutz S. 80) hält dieses Merkmal für überflüssig, da die persönlich haftenden Gesellschafter im Falle der Personenhandelsgesellschaften ohnehin meist direkt Adressat der Strafnorm seien.

327 Vgl. zu diesem Merkmal *Herzberg* Verantwortung für Arbeitsschutz S. 82.

328 H.M.: Sch/Sch/*Lenckner* § 14 Rdnr. 31; AK-*Marxen* § 14 Rdnr. 55; LK-*Schünemann* § 14 Rdnr. 56 m.w.Nachw.

329 H.M.: Sch/Sch/*Lenckner* § 14 Rdnr. 32; AK-*Marxen* § 14 Rdnr. 56; LK-*Schünemann* § 14 Rdnr. 57. *Herzberg* (Verantwortung für Arbeitsschutz S. 84) lehnt das Kriterium der „relativen selbständigen Teilbereiche" ab und stellt statt dessen auf das Kriterium der Vorgesetztenstellung ab (S. 86).

330 H.M.: Sch/Sch/*Lenckner* § 14 Rdnr. 30; AK-*Marxen* § 14 Rdnr. 52; LK-*Schünemann* § 14 Rdnr. 56.

Auftrag erforderlich, der den Aufgabenbereich sachlich absteckt. Auch hier ist aber zusätzlich die tatsächliche Übernahme des Aufgabenkreises erforderlich[331]. Die Übertragung muß sich ferner auf Aufgaben beziehen, die „dem Betriebsinhaber obliegen", es muß sich also um betriebliche Aufgaben handeln[332]. Der Auftrag muß darauf gerichtet sein, die übertragenen Aufgaben „in eigener Verantwortung" wahrzunehmen, der Beauftragte muß also selbständig handeln können[333]. Sowohl in Absatz 2 Nr. 1 als auch in Absatz 2 Nr. 2 ist es erforderlich, daß der Auftrag „durch den Inhaber des Betriebes oder einen sonst Befugten erteilt wurde"[334]. Ferner ist es für die wirksame Übertragung der Pflichtenstellung nach der Gesetzesbegründung erforderlich, daß sich die Aufgabenübertragung im Rahmen des sozial Adäquaten bewegt. Nicht sozial adäquat ist es zum Beispiel, wenn ein Lehrmädchen damit beauftragt wird, in eigener Verantwortung für die Einhaltung der Ladenöffnungszeiten zu sorgen[335]. Dieser Einschränkung wird jedoch zunehmend entgegnet, daß sie erstens dem Gesetzeswortlaut nicht zu entnehmen sei, außerdem zu unlösbaren Abgrenzungsschwierigkeiten führe, und ferner nicht nötig sei, da der Auftraggeber bei Beauftragung einer unerfahrenen Person ohnehin nicht von der Verantwortung frei werde und der Beauftragte sich entweder im Verbotsirrtum befinde oder ihm sonstige schuldausschließende Gründe zur Seite stünden[336].

Sowohl in § 14 Absatz 1 dStGB als auch in § 14 Absatz 2 dStGB ist es erforderlich, daß als Vertreter bzw. auf Grund dieses Auftrags gehandelt wird. Der Begriff des Handelns umfaßt dabei sowohl das Tun als auch das Unterlassen[337]. Erforderlich ist nach der Rechtsprechung, daß der Vertreter oder Beauftragte im Interesse des Vertretenen oder Auftraggebers handelt[338]. Demgegenüber wird in der Literatur verbreitet ein objektiv funktionaler Zusammenhang zwischen dem deliktischen Handeln und der Organ- und Vertreterhaftung gefordert[339].

---

331 Für die h.M.: Sch/Sch/*Lenckner* § 14 Rdnr. 33f.; AK-*Marxen* § 14 Rdnr. 59ff.

332 Für die h.M.: LK-*Schünemann* § 14 Rdnr. 59.

333 H.M.: *Herzberg* Verantwortung für Arbeitsschutz S. 90f.; Sch/Sch/*Lenckner* § 14 Rdnr. 35; AK-*Marxen* § 14 Rdnr. 62; LK-*Schünemann* § 14 Rdnr. 60;.

334 Vgl. dazu Sch/Sch/*Lenckner* § 14 Rdnr. 39; AK-*Marxen* § 14 Rdnr. 63.

335 (noch) h.M.: Sch/Sch/*Lenckner* § 14 Rdnr. 36 m.w.Nachw.

336 Sch/Sch/*Lenckner* § 14 Rdnr. 36f.; AK-*Marxen* § 14 Rdnr. 67ff.; LK-*Schünemann* § 14 Rdnr. 62.

337 Für die h.M.: *Herzberg* Verantwortung für Arbeitsschutz S. 91.

338 So die sogenannte „Interessentheorie" des BGH; vgl. die Nachweise bei LK-*Schünemann* § 14 Rdnr. 50 und bei *Grub* S. 123ff.; kritisch *Herzberg* (Verantwortung für Arbeitsschutz S. 93).

339 Sch/Sch/*Lenckner* § 14 Rdnr. 26, 40 und AK-*Marxen* § 14 Rdnr. 30ff; vgl. die Nachweise bei *Grub* S. 129ff.; ähnlich LK-*Schünemann* § 14 Rdnr. 31ff., 64, der die Verantwortung an der übernommenen Garantenstellung orientiert. *Herzberg* (Verantwortung für Arbeitsschutz S. 93) stellt darauf ab, ob der Vertreter innerhalb oder außerhalb seines Amtes gehandelt hat.

§ 14 Abs. 3 dStGB bestimmt schließlich, daß es auf die „Wirksamkeit der die Vertretungsbefugnis oder das Auftragsverhältnis begründenden Rechtshandlung nicht ankommt". Diese „faktische" Betrachtungsweise entspricht aber nicht der oben erwähnten von der Rechtsprechung entwickelten „faktischen Betrachtungsweise" bei der Auslegung der Tatbestandsmerkmale von Sonderdelikten. In § 14 dStGB wird nämlich mindestens ein (wenn auch unwirksamer) Akt der Bestellung, jedenfalls rudimentär in der Form des Einverständnisses vorausgesetzt; die bloße Übernahme einer Aufgabe oder einer Vertreterstellung reicht demnach nicht[340]. Aus der ausdrücklichen Regelung in § 14 Abs. 3 dStGB ergibt sich ferner, daß für die faktische Betrachtungsweise der Rechtsprechung bei § 14 dStGB kein Raum ist, da dessen Absatz 3 insoweit abschließend ist[341].

Die Haftung des Vertreters oder Beauftragten hat keine Auswirkungen auf die Haftung des Vertretenen, des Betriebsinhabers oder des Auftraggebers. Aus dem Wort „auch" in § 14 Abs. 1, 2 dStGB ergibt sich, daß diese daneben verantwortlich bleiben. Er ist also strafbar, wenn er selber durch positives Tun den Tatbestand verletzt oder aber wenn er die Pflichtverletzung des Beauftragten erkennt oder erkennen konnte und vorsätzlich oder fahrlässig geschehen läßt. Er kann sich seiner Garantenstellung nicht vollständig entledigen[342].

3. *Zusammenfassung*

Den Unternehmensinhaber trifft eine Garantenpflicht zur Verhinderung betriebsbezogener Straftaten seiner Untergebenen. Diese Verantwortung kann er grundsätzlich delegieren; jedoch verbleibt bei ihm eine Verantwortungsposition in der Hinsicht, daß er die Delegation so vornehmen muß, daß durch umfassende Organisation und sorgfältige Auswahl der Beauftragten Rechtsgüter Dritter keine Schäden erleiden. Er muß in Situationen, in denen Gefahren für Rechtsgüter Dritter drohen, da zum Beispiel unvorhergesehene Umstände eintreten oder der Delegatar überfordert ist, selber einschreiten. Durch die Delegation von Verantwortung entstehen im Unternehmen neue Verantwortungsbereiche. Jeder ist für aus dem von ihm betreuten Bereich her-

[340] H.M.: Sch/Sch/*Lenckner* § 14 Rdnr. 43; AK-*Marxen* § 14 Rdnr. 43, 66; LK-*Schünemann* § 14 Rdnr. 67ff.

[341] Für die h.M.: Sch/Sch/*Lenckner* § 14 Rdnr. 4, 43; AK-*Marxen* § 14 Rdnr. 42f.

[342] S. unten S. 54; H.M.: *Jescheck/Weigend* § 23 VIII 4; *Herzberg* Verantwortung für Arbeitsschutz S. 100f.; Sch/Sch/*Lenckner* § 14 Rdnr. 7; AK-*Marxen* § 14 Rdnr. 70; SK-Samson § 14 Rdnr. 13; LK-*Schünemann* § 14 Rdnr. 65.

aus begangene Straftaten verantwortlich. Neben der Verantwortung wegen rechtlich zugewiesener Entscheidungskompetenz kommt eine Verantwortung für denjenigen in Betracht, der tatsächlich mit Einverständnis des eigentlich Zuständigen dessen Aufgaben wahrnimmt und so in die Pflichtenstellung einrückt.

Als Auffangtatbestand sanktioniert § 130 OWiG die Aufsichtspflichtverletzung in Betrieben und Unternehmen.

Für die Sonderdelikte regeln § 14 dStGB und § 9 OWiG den Übergang von Sonderpflichten auf bestellte Organe, Personen in leitender Funktion und ausdrücklich Beauftragte. Die „Sonderdelikte sind dann keine Sonderdelikte mehr“[343], sondern es haftet derjenige, dem der Aufgabenbereich übertragen worden ist und der ihn wahrnimmt. Auch im Rahmen der §§ 14 dStGB, 9 OWiG kann allerdings die Verantwortung nicht gänzlich übertragen werden, so daß der Vertretene oder Beauftragende weiter haftet.

---

[343] *Ransiek* S. 98.

ZWEITES KAPITEL

LÄNDERBERICHT FRANKREICH

Erster Teil: Täterschaft und Teilnahme im allgemeinen

I. Einordnung der Problematik im französischen Deliktsaufbau

Während im deutschen Recht die Frage, ob jemand Täter oder Teilnehmer einer Tat ist, nach moderner Auffassung[344] eine Frage des Tatbestandes ist, untersucht das französische Strafrecht zunächst alle die „Straftat konstituierenden Elemente“: das sogenannte „materielle“ und „subjektive“ Element (*les éléments constitutifs de l'infraction*: *élément matériel, élément moral)*[345]. Erst wenn auf diese Weise das Vorliegen einer Straftat geklärt worden ist, wird untersucht, wer als „verantwortliche Person“ in Frage kommt bzw. wer aus bestimmten Gründen „nicht verantwortlich“ ist (*la responsabilité pénale: les personnes responsables, causes d'irresponsabilité)*. Dabei stellen Täterschaft und Teilnahme verschiedene Formen der Verantwortung dar[346].

II. Der Täter (l'Auteur): Die Abgrenzung zum Teilnehmer

Art. 121-4 Nouveau Code pénal[347] bestimmt, daß Täter derjenige ist, der eine strafbare Handlung begeht oder eine solche versucht, sofern sie „schweres Vergehen“ (*crime*) oder in den vom Gesetz bestimmten Fällen versuchsstrafbares „leichteres

---

[344] Die deutsche Rechtsprechung vertritt einen subjektiven Ansatz zur Unterscheidung zwischen Täterschaft und Teilnahme (vgl. dazu unten S. 76, Fußnote 375ff. sowie S. 78, Fußnote 384).

[345] Zur Geschichte der Elementenlehre vgl. *Robert* R.S.C. 1977, 269ff. mit weiteren Nachweisen; *Vogel* GA 1988, 127, 129.

[346] Vgl. statt vieler nur den Aufbau des Lehrbuches von *Stefani/Levasseur/Bouloc* S. 630.

[347] Im folgenden N.C.P.

Vergehen“ (*délit*) ist[348]. Das Gesetz definiert dabei nicht näher, welche Voraussetzungen der Täter erfüllen muß. In Literatur und Rechtsprechung besteht allerdings Einigkeit darüber, daß Täter zumindest derjenige ist, der nach objektiven Gesichtspunkten die „konstituierenden materiellen Elemente“ (*les éléments matériels constitutifs*) selbst erfüllt. Darüber hinaus werden von der Rechtsprechung aber aus überwiegend kriminalpolitischen Gründen auch andere Personen als Täter eingestuft.

1. Notwendigkeit der Abgrenzung

Nach Art. 121-6 N.C.P. wird der Teilnehmer „wie ein Täter“ (*comme auteur)* bestraft. Trotz dieser grundsätzlichen Gleichbehandlung von Täter und Teilnehmer ist eine Unterscheidung aus verschiedenen Gründen notwendig:

Früher war die Unterscheidung insbesondere wegen des „Grundsatzes der Übernahme der Strafe“ (*emprunt de pénalité*) wichtig: Der Teilnehmer wurde nur so bestraft „wie der Täter“ (*comme l'auteur)*, er entlieh ihm seine Strafe. Wenn die Haupttat wegen persönlicher Beziehung des Täters zum Opfer qualifiziert war, wie zum Beispiel der Fall der „Tötung eines Verwandten in aufsteigender Linie“ (*parricide*, Art. 299, 302 C.P. a.F.) , so wurde der Sohn, der nur Teilnehmer am Mord seines eigenen Vaters war, als „einfacher Mörder“ (*meurtre simple*, Art. 295 C.P. a.F.) bestraft. Stufte man ihn dagegen als Mittäter ein, so unterlag er der Strafe des *parricide*. Da seit dem N.C.P. der Teilnehmer aber bestraft wird „wie ein Täter“ (*comme auteur*), also als sei er selbst Täter gewesen, und nicht mehr „wie der Täter“ (*comme l'auteur*), ist dieser Grund weggefallen[349]. Auch die Straferhöhung wegen Vereinigung mehrerer Täter (Art. 382 C.P. a.F.[350]) gibt es im N.C.P. nicht mehr, vielmehr reicht es für die Straferhöhung nunmehr aus, daß mehrere Personen gehandelt haben, sei es als Täter oder als Teilnehmer (so zum Beispiel beim „Diebstahl“ (*vol)* gemäß Art. 311-4 N.C.P. oder bei den „Gewalttätigkeiten“, (*violences*) gemäß Art. 222-8 N.C.P., Art. 222-10 N.C.P., Art.222-12 N.C.P. und Art. 222-13 N.C.P. oder schließlich bei der „Vergewaltigung“ (*viol*) gemäß Art. 222-24 N.C.P.)[351].

---

348 Die Unterscheidung zwischen *crime* und *délit* richtet sich nach der „Schwere“ (*gravité)* der Straftat (*Stefani/Levasseur/Bouloc* S. 159 (n° 179).

349 Für die h.M.: *Salvage* in: J.-Cl. Art. 121-6 et 121-7 n° 80.

350 Seit dem Gesetz n° 81-82 vom 2. Februar 1981 reicht es auch beim Diebstahl für die Straferhöhung bei Beteiligung mehrerer aus, daß diese Täter oder Teilnehmer gewesen sind.

351 Vgl. zu diesen Beispielen *Conte/Maistre du Chambon* S. 91 (n° 187).

Obwohl die Unterscheidung zwischen Täter und Teilnehmer wegen des Verzichts auf den „Grundsatz der Übernahme der Strafe“ (*emprunt de pénalité*) heute weniger bedeutsam ist, bestehen dennoch weiterhin gute Gründe, die Unterscheidung aufrecht zu erhalten:

Zunächst ist die Teilnahme gemäß Art. 121-7 N.C.P. grundsätzlich nur im Bereich der „schweren und leichten Vergehen“ (*crimes et délits*) strafbar. Zwar bestimmt Art. R. 610-2 N.C.P., daß auch die Teilnahme an einer „Übertretung“ (*contravention*) strafbar sein soll, jedoch nicht für die Teilnahme in der Form der „Hilfe oder Unterstützung“ (*complicité par aide ou assistance)*, wie sie Art. 121-7 alinéa 1 N.C.P. beschreibt. Derjenige, der „durch Hilfe oder Unterstützung“ an einer „Übertretung“ teilnimmt, kann also nur als Mittäter bestraft werden, nicht als Teilnehmer, es sei denn, das Gesetz sieht ausdrücklich die Strafbarkeit der Teilnahme in der Form der „Hilfe oder Unterstützung“ zu einer „Übertretung“ vor (vgl. Art. R. 623-2 N.C.P., R. 624-1 N.C.P. und R. 625-1 N.C.P.).

Ferner ist die Unterscheidung von Bedeutung, wenn wegen fehlender Tätereigenschaft nur eine Bestrafung als Teilnehmer in Frage kommt[352].

Wichtigster Grund zur Unterscheidung zwischen Täter und Teilnehmer ist wohl immer noch die Notwendigkeit einer teilnahmefähigen Haupttat. Liegt diese nicht vor, so ist ein Teilnehmer nicht strafbar, so daß, soll er dennoch bestraft werden, er als Mittäter eingestuft werden muß[353].

2. *Abgrenzungskriterien*

Die Unterscheidung zwischen Täter und Teilnehmer wird im französischen Strafrecht von Rechtsprechung und Lehre grundsätzlich nach objektiven Gesichtspunkten vorgenommen. Überwiegend wird dabei formuliert, daß Täter derjenige ist, der in seiner Person alle Elemente der Straftat vereinigt, während derjenige, der nicht alle Elemente aufweist, sondern nur teilnimmt, als Teilnehmer bestraft wird[354]. Andere stellen auf die beim Tatverlauf gespielte Rolle ab, wonach der Täter eine dominie-

---

[352] Echte Sonderdelikte, s. dazu unten S. 105f.; h.M.: *Conte/Maistre du Chambon* S. 215 (n° 406); *Larguier* S. 79; *Stefani/Levasseur/Bouloc* S. 260 (n° 319).

[353] H.M.: *Conte/Maistre du Chambon* S. 212 (n° 406); *Fournier* R.S.C. 1995, 477, 496 (n° 22); *Levasseur/Chavanne/Montreuil* S. 91 (n° 187).

[354] H.M.: *Larguier* S. 79; *Légal* R.S.C. 1962, 749; *Merle/Vitu* S. 696 (n° 554); *Pradel* Dr. pén. gén. S. 488 (n° 430); *Salvage* in: J.-Cl. Art. 121-6 et 121-7 n° 84; *Stefani/Levasseur/Bouloc* S. 258 (n° 318); zur Rechtsprechung s. unten S. 72ff.

rende Rolle spielt, während der Teilnehmer sich auf sekundäre, untergeordnete Beiträge beschränkt[355]. Um dann aber die Rolle zu bestimmen, die der Täter gespielt hat, wird auch in dieser Ansicht darauf hingewiesen, daß der Täter die Tatbestandselemente verkörpert, während der Teilnehmer nur bei der Verwirklichung mithilft[356].

Diese streng objektive Unterscheidung wurde aber von der Rechtsprechung mehr und mehr zugunsten materieller Kriterien aufgeweicht, um zu interessengerechten Ergebnissen zu gelangen:

a) Einstufung von Teilnehmern als Mittäter (Complice als Coauteur):

aa) Zunächst wurden von der Rechtsprechung diejenigen Teilnehmer als Täter eingestuft, die dem Täter „bei der Tatvollendung helfen“, da der Gehilfe „notwendigerweise bei der Straftatverwirklichung als Mittäter kooperiere“[357]. Dadurch wurde erstens ermöglicht, auch den Gehilfen an einer „Übertretung“ (*contravention*) zu bestrafen. Bei gleichzeitigem und einverständlichem Handeln sollte statt Teilnahme auch Mittäterschaft möglich sein[358]. Zweitens konnte die Strafschärfung wegen der Beteiligung mehrerer (Täter) auch angewendet werden, wenn einer von zwei Beteiligten eigentlich nur Gehilfe war. Auch hier hat die Rechtsprechung wegen der Gleichzeitigkeit der Handlung und des gegenseitigen Einverständnisses Mittäterschaft für gerechtfertigt gehalten[359]. Drittens konnte so der Teilnehmer auch dann

---

[355] *Bertauld* 22° leçon S. 481; *Chauten* S. 11; *Cuche* S. 129 (n° 145); *Desguerrois* S. 161; *Garraud* Précis dr. crim. S. 519 (n° 250); *Thibierge* S. 8; *Ortolan* S. 611 (n° 1260).

[356] *Chauten* S. 11; R. *Garraud* Précis dr. crim. S. 519 (n° 250); *Ortolan* S. 611 (n° 1260).

[357] Crim. 24.08.1827 B. crim. n° 224 S. 730: „*....celui qui assiste l'auteur d'un délit dans les faits qui le consomment,...coopère nécessairement à la perpétration de ce délit; il s'en rend donc coauteur*“.

[358] Crim. 24.06.1922 Sirey 1923.I.41 mit Anm. *Roux* (Verstoß gegen das Verbot, öffentlich Fahnen aufzustellen oder zu tragen vom 16.02.1894, durch neun Rekruten, von denen einer eine Fahne mit der Aufschrift „Jeunesse Communiste“ trug); *Allix* S. 127; Crim. 17.12.1859 B. crim. n° 281 S. 451 (Verstoß gegen Art. 35 des Gesetzes vom 29. Ventôse an XI (= 21. 03), wonach der medizinische Beruf nicht ausgeübt werden durfte, ohne in entsprechenden Listen erfaßt und im Besitz eines Diplomes zu sein. Neben den behandelnden Personen wurde auch der Gesundheitsoffizier, der im Nebenzimmer ohne weitere Kontrolle Rezepte schrieb, wegen Mittäterschaft an diesem Delikt bestraft); vgl. die Nachweise bei *Salvage* in: J.-Cl. Art. 121-6 et121-7 n° 86.

[359] Crim. 09.04.1813 B. crim. n° 72, S. 181 (Diebstahl); Crim. 29.01.1829 B. crim. n° 22, S. 54 (Vergewaltigung); Crim. 30.06.1832 B. crim. n° 241, S. 344 (Diebstahl); Crim. 22.08.1835 B. crim. n° 326, S. 393 (Vergewaltigung) Crim. 25.01.1973 G.P. 1973.I.somm.94 mit Anm. *Doucet*; vgl. die Nachweise bei *Salvage* in: J.-Cl. Art. 121-6 et121-7 n° 86; **krit.** *Merle/Vitu* S. 698 (n° 556). Zu erwähnen ist hier Crim. 31.01.1835 B. crim. n° 45, S. 54, wo zwar zwei Personen an der Tat beteiligt waren, die auch gleichzeitig handelten, jedoch war die Cour nicht

bestraft werden, wenn er mangels teilnahmefähiger Haupttat als solcher eigentlich nicht strafbar wäre. Hier argumentiert die Rechtsprechung zum Beispiel, daß derjenige, der eine Ehefrau wissentlich und willentlich unterstütze, ihren Mann zu bestehlen, sowohl objektiv als auch subjektiv einen Diebstahl begehe und somit als Mittäter strafbar sei[360].

Allerdings hat die Rechtsprechung in einigen Entscheidungen auch Teilnehmer als Mittäter qualifiziert, ohne daß es dessen aus Strafbarkeitserwägungen bedurft hätte. Dies geschah vielmehr aus rein dogmatischen Gesichtspunkten, um klarzustellen, daß über die Tatbeteiligung nicht nur die objektive Tatbestandsverwirklichung, sondern vielmehr die Intensität der materiellen Beteiligung entscheiden soll[361]. Sofern gleichzeitig gehandelt und im gegenseitigen Einverständnis sich gegenseitig geholfen werde, so daß die Beteiligten sich gegenseitig repräsentierten und ihre Rollen austauschbar seien, könne Mittäterschaft angenommen werden, auch wenn nur einer von mehreren die eigentliche Tathandlung vornehme[362].

bb) Eine Heraufstufung des eigentlichen Teilnehmers zum Mittäter nahm die Rechtsprechung aber auch in den Fällen an, in denen die Tat nicht unterstützt, son-

---

sicher, ob der Wachestehende im Einverständnis mit dem den Diebstahl Ausführenden handelte, und hat daher nicht wegen Mittäterschaft verurteilt.

360 Crim. 19.04. 1945 Sirey 1945.I.82; Trib. Toulouse 08.03.1956 J.C.P. 1956.II.9465 mit Anm. Hugueney und R.S.C. 1957, 131; Trib. de grande instance Lyon 16.02.1972 J.C.P. 1972.IV.123 (Diebstahl unter Ehegatten).

361 Crim. 13. 06. 1902 B. crim. n° 220, S. 394 (Um größere Liefermengen vorzutäuschen, ließ ein Lebensmittellieferant von seinem Bediensteten eine manipulierte Waage bedienen. Täter wäre nach streng objektiver Auffassung eigentlich der vorsätzlich handelnde Bedienstete gewesen; der Lieferant, der nur die Waage geliefert hatte, Teilnehmer. Zwar unterlagen beide der gleichen Strafe, so daß es eigentlich auf die Täter- oder Teilnehmereinstufung nicht ankam. Dennoch stellte die Cour de Cassation fest, daß eigentlicher Täter der Lebensmittellieferant war, da der Angestellte nur laut dessen Plan für dessen Rechnung handelte.); *Allix* S. 160; vgl. die Nachweise bei *Salvage* in: J.-Cl. Art. 121-6 et121-7 n° 86.

362 Crim. 14.01.1921 Sirey 1922.I.235 (Während eines Streiks wandten sich drei Angestellte einer Eisenbahngesellschaft an einen Heizer, der weiterarbeiten wollte. Einer von ihnen drohte dann, daß sie so lange streiken würden, bis er abgesetzt werde. Dieser erfüllte damit den Tatbestand des Art. 414 C.P. a.F., da er einen Arbeitswilligen behinderte und somit den Arbeitsfrieden störte. Auch für die anderen wurde jedoch, obwohl es für das Strafmaß unerheblich war, ob sie Teilnehmer oder Täter wären, Mittäterschaft angenommen); vgl. dazu *Allix* S. 163; ähnlich Crim. 13.10.1965 J.C.P. 1966.II.14470 Anm. *Combaldieu* (Ein Hotelwirt, der in seinem Hotel regelmäßig Kuppelei duldete und Räume zur Verfügung stellte, wurde als Täter qualifiziert); Crim. 04.08.1927 B. crim. n° 210 (Während sein Gehilfe den Juwelierverkäufer ablenkte, griff der Täter ins geöffnete Schaufenster und versuchte, Schmuckstücke zu stehlen. Der Täter entkam; der eigentlich nur eine Gehilfenhandlung Leistende wurde als Mittäter qualifiziert).

dern nur veranlaßt wurde (Anstiftung, *complicité par provocation*). Der Anstifter wurde gemäß Art. 60 C.P. a.F., und wird es noch gemäß Art. 121-7 N.C.P., als Teilnehmer bestraft. Auch hier wurde, um Strafbarkeitslücken zu verhindern, wenn eine „Übertretung“ (*contravention*) veranlaßt wurde, was nach Art. 59 C.P. a.F. straflos blieb[363], Täterschaft angenommen[364], da eigentlicher Initiator gerade der Anstifter sei. Oder es wurde bei Straftaten, die im Ausland stattgefunden hatten, Täterschaft angenommen, da unter Geltung der damaligen Art. 5 und 7 Code d'instruction criminelle die französischen Gerichte nur zur Beurteilung von täterschaftlicher Begehung eines Franzosen im Ausland kompetent waren, nicht dagegen zur Beurteilung von Teilnahmehandlungen eines Franzosen an im Ausland begangenen Straftaten[365]. Schließlich fallen unter die Fälle, in denen die Rechtsprechung zur Verhinderung von Strafbarkeitslücken einen eigentlichen *complice* als Täter einstufte, die unten zitierten Urteile betreffend die mittelbare Täterschaft[366].

b) Einstufung von Mittätern als Teilnehmer (Coauteur als Complice)

Klassischer Fall der Konstellation, daß ein eigentlicher Mittäter als Gehilfe verurteilt wurde, war der Fall der Mittäterschaft bei der „Tötung eines Verwandten in aufsteigender Linie“ (*parricide,* Art. 299 und 302 C.P. a.F.) Es stellte sich das Problem, daß bei zwei Mittätern, die den Vater des einen töteten, der eine (der Sohn) der damals noch vorgeschriebenen Todesstrafe (Art. 299 und Art. 302 alinéa 1 C.P. a. F.) unterlag, während der andere als Mittäter wegen der Unabhängigkeit seiner

---

363 Diese Lücke wird durch Art. R. 610-2 N.C.P. geschlossen, der bestimmt, daß auch die Teilnahme an einer „Übertretung“ (*contravention*) strafbar ist, es sei denn, es handelt sich um Teilnahme in der Form der „Hilfe und Unterstützung“ (*par aide ou assistance*).

364 Trib. corr. Fougères 07.06.1955 D. 1955.552; Trib. corr. Dunkerque 09.03.1972 G.P. 1972.I.436 (= J.C.P. 1972.II.17215 mit Anm. *de Lestang*); Crim. 20.06.1952 B. crim. n° 160, S. 269; einige ähnliche Entscheidungen betrafen die Teilnahme an einem „Übertretungsvergehen“ (*délit-contraventionel*), bei denen lange umstritten war, ob sie den „schweren oder leichten Vergehen“ (*délits*) zuzuordnen seien und damit Teilnahme strafbar sei oder ob sie den „Übertretungen“ (*contraventions*) zuzuordnen seien, so daß keine Teilnahmestrafbarkeit bestünde. Um diese Unsicherheit zu überwinden, wurde von der Rechtsprechung Mittäterschaft angenommen: Crim. 27.12.1873 Sirey 1874.I.138 (= D.P. 1875.I.94).

365 Crim. 19.04.1888 B. crim. n° 151, S. 236; Lyon 27.12.1892 D.P. 1894.II.254 (= Sirey 1895.II.73). Heute ermöglichen die Art. 689, 690 C.P.P. die Beurteilung von Teilnahmehandlungen zu im Ausland begangenen Straftaten durch französische Gerichte.

366 Zur mittelbaren Täterschaft s. unten S. 79 (Zu beachten ist jedoch, daß Voraussetzung der mittelbaren Täterschaft im französischen Strafrecht ist, daß eine Strafbarkeit als Teilnehmer nicht möglich ist).

Strafe[367] nur wegen einfachen Totschlags (Art. 304 alinéa 3 C.P. a.F.) zu verurteilen gewesen wäre. Wäre er dagegen Teilnehmer, so würde er die Strafe des Sohnes übernehmen und somit auch den erschwerenden Umständen unterliegen. Die Mittäterschaft würde geringer bestraft werden als Teilnahme. Um dieses Ergebnis zu vermeiden, stufte die Rechtsprechung den Mittäter als Teilnehmer ein, da sich Mittäter notwendigerweise bei der Tatbestandsverwirklichung helfen würden und somit „gegenseitige Teilnehmer" seien (*théorie de la complicité correspective*)[368]. Das gleiche Problem stellte sich bei allen Tatbeständen, bei denen einer der Mittäter eine Qualifikation erfüllte, die die Natur der Straftat und deren Strafrahmen änderte. Eine Zurechnung des qualifizierenden Merkmals an den nicht-qualifizierten Mittäter war nur über die Einstufung als Teilnehmer möglich, was später insbesondere für die Amtsdelikte galt[369]. Entwickelt wurde die Theorie der „gegenseitigen Teilnahme" vor allem für die Fälle, in denen nach Beteiligung mehrerer zum Beispiel an einer Schlägerei nicht feststand, wer dem Opfer den Schlag versetzte, der zu einer qualifizierenden Folge führte (Art. 309 C.P. a.F.; Art. 222-7ff. N.C.P.) [370]. Durch die Einstufung aller Beteiligten als gegenseitige Gehilfen wurden einerseits die Beweisschwierigkeiten umgangen, andererseits wurde so in der Strafe berücksichtigt, daß durch die Teilnahme an einer Straftat mit Beteiligung mehrerer für das Opfer erhöhte Gefahr besteht, deren Verwirklichung dann alle zu verantworten haben[371].

Diese Einstufung von eigentlichen Mittätern als Teilnehmer, um ihnen dieselbe Strafe zukommen zu lassen, die den anderen Beteiligten zukommt, erübrigt sich heute, da ein Teilnehmer nach Art. 121-6 N.C.P. ohnehin so bestraft wird, als sei er selbst Täter gewesen[372]. Jeder wird nur noch nach den qualifizierenden Umständen bestraft, die er selbst aufweist, das System der „Übernahme der Strafe" (*emprunt de*

---

367 S. unten S. 113.

368 Crim. 09.06.1848 Sirey 1848.I.527 (= D.P. 1848.I.154); Crim. 15.06.1860 Sirey 1861.I.398; Crim. 10.01.1952 J.C.P. 1952.IV.38; vgl. die Nachweise bei *Salvage* in: J.-Cl. Art. 121-6 et 121-7 n° 87. Mit der Abschaffung der Todesstrafe durch das Gesetz vom 09.10.1981 hat der Fall der „Tötung eines Verwandten in aufsteigender Linie" (*parricide*) allerdings an Bedeutung verloren.

369 Vgl. Crim. 15.06.1860 B. crim. n° 135, S. 238 (= Sirey 1861.I.398).

370 Crim. 14.12.1955 B. crim. n° 566, S. 989; Crim. 22.05.1957 B. crim. n° 436, S. 782; Crim. 12.10.1961 B. crim. n° 399, S. 764 (= D. 1962.somm.86) mit Anm. *Légal* R.S.C. 1963, 103; Crim. 13.06.1972 B. crim. n° 103, S. 175 (= D. 1972.somm.202) mit Anm. *Larguier* R.S.C. 1973, 879; Crim. 25.02.1975 B. crim. n° 5, S. 176; Crim. 10.04.1975 B. crim. n° 90 S. 256; 19.05.1978 D. 1980.I.3 mit Anm. *Galia-Beauchesne;* vgl. die Nachweise bei *Salvage* in: J.-Cl. Art. 121-6 et121-7 n° 87.

371 So *Pradel* Dr. pén. gén. S. 490 (n° 433).

372 Zur Strafbarkeit der Mittäter s. unten S. 112.

pénalité) existiert nicht mehr, so daß die „Theorie der gegenseitigen Teilnahme" ihren Sinn verliert[373].

Zu erwähnen bezüglich der Aufweichung der streng objektiven Abgrenzung von Täterschaft und Teilnahme durch die Rechtsprechung bleibt noch, daß sie seit jeher vertreten hat, daß Rechtsmittel wegen fehlerhafter Einschätzung als Täter oder Teilnehmer dann keinen Erfolg haben, wenn diese Einstufung auf das Strafmaß keinen Einfluß hatte („Theorie der gerechtfertigten Strafe", *théorie de la peine justifiée)*[374].

Die Abgrenzung zwischen Täterschaft und Teilnahme ist damit im französischen Strafrecht grundsätzlich entgegengesetzt zu den im deutschen Strafrecht entwickelten Kriterien: Während in Frankreich in Rechtsprechung und Literatur von einer rein objektiven Abgrenzung ausgegangen wird, die von der Rechtsprechung mehr und mehr zugunsten eher materieller Kriterien verschoben wurde, ist die Rechtsprechung in Deutschland seit jeher von rein subjektiven Kriterien ausgegangen. Täter war, wer mit Täterwillen handelte[375]. Demgegenüber herrscht in der deutschen Literatur eine objektive Abgrenzung. Zwar wird nicht formal-objektiv verlangt, daß die Tathandlung selbst ausgeführt wird, sondern es wird auf das Kriterium der Tatherrschaft abgestellt[376]. Täter ist, wer das Tatgeschehen beherrscht, Teilnehmer derjenige, der ohne Beherrschung des Geschehens zur Tatausführung beiträgt. Dieser objektivwertenden Betrachtungsweise hat sich die deutsche Rechtsprechung mehr und mehr angenähert, ohne aber grundsätzlich auf die subjektive Abgrenzung zu verzichten: Zwar ist weiterhin entscheidend die subjektive Einstellung des Beteiligten zur Tat, jedoch wird diese anhand objektiver Kriterien, wie zum Beispiel dem Interesse am

---

373 H.M.: *Desportes/Le Gunehec* S. 438 (n° 564); *Larguier* S. 80; *Pradel* Nouveau C.P. S. 64 (n° 32); *Salvage* in: J.-Cl. Art. 121-6 et 121-7 n° 108; *Stefani/Levasseur/Bouloc* S. 259 (n° 318); S. 274 (n° 344). Seit dem N.C.P. ist bei Vorliegen eines sogenannten „gemischten Strafschärfungs- oder -milderungsgrundes" (*circonstance mixte*) die Übernahme der Strafbarkeit nicht unumstritten (s. unten S. 108f.). Ferner gilt dies nicht für die echten Sonderdelikte, wo nicht die Tätereigenschaft ein Grunddelikt qualifiziert, sondern überhaupt erst durch die Tätereigenschaft ein Delikt entsteht. An diesen ist Teilnahme auch des Extraneus möglich (s. unten S. 105).

374 Crim. 14.11.1940 D. 1941.53; Crim. 05.06.1947 J.C.P. 1947.II.3930 mit Anm. *Magnol*; Crim. 29.01.1965 D.1965.288 mit Anm. *Combaldieu*; Crim. 07.03.1972 B. crim. n° 84; vgl. die Nachweise bei *Salvage* in: J.-Cl. Art. 121-6 et 121-7 n° 88; näher dazu *Czepluch* S. 60ff.

375 So die ständige Rechtsprechung des RG: RGSt 2, 160, 163; 31, 80, 82; 39, 193, 196; 39, 298, 300; 66, 298, 305 vgl. die weiteren Nachweise bei LK-*Roxin* § 25 Rdnr. 14. Der BGH hat diese Auffassung übernommen: BGHSt 2, 169, 170; 4, 20, 21; 4, 41, 42; 6, 226, 228 (jeweils Abstellen auf den Täterwillen); BGHSt NJW 1951, 323, 323; MDR 1953, 400, 401 (jeweils Kriterium der Willensunterordnung); BGHSt 16, 12, 14.

376 *Herzberg* Täterschaft § 2 II; *Jakobs* 21/32ff.; *Jescheck/Weigend* § 61 V; mit zahlreichen weiteren Nachweisen: LK-*Roxin* § 25 Rdnr. 7, 10, 34; *Wessels* Rdnr. 518.

Taterfolg, dem Umfang der Tatbeteiligung oder der Tatherrschaft bestimmt[377]. Dort treffen sich die französische und die deutsche Abgrenzung, da die französische Rechtsprechung ihre objektive Theorie soweit aufgeweicht hat, daß sie nicht auf formale Vornahme der im Gesetz vorgeschriebenen Handlungen abstellt, sondern die materielle Intensität der Teilnahme entscheiden läßt[378], was mehr oder weniger dem Kriterium der Tatherrschaft - als Indiz für den Teilnahmewillen bei der deutschen Rechtsprechung und als objektiv-wertendes Kriterium bei der deutschen Literatur - entspricht. Somit sind in beiden Rechtsordnungen für die Abgrenzung objektiv-subjektiv-wertende Kriterien entscheidend, mit jeweiligem Schwerpunkt auf dem objektiven (so die Rechtsprechung in Frankreich und die Literatur in Deutschland) oder dem subjektiven (so die Rechtsprechung in Deutschland) Kriterium.

III. Der Mittäter (le Coauteur)

Zwar erwähnt der französische Code pénal den Mittäter nicht als gesonderte Täterform, jedoch ist diese allgemein anerkannt. Als Mittäter werden zunächst diejenigen eingestuft, die „gemeinsam die strafbare Handlung begehen“. Nach einer streng objektiven Betrachtung (überwiegend) in der neueren Literatur sind Mittäter nur diejenigen, die selber alle konstitutiven Elemente des Tatbestandes erfüllen (häufigstes Beispiel: bei der Wegnahme beim Diebstahl das gemeinsame Forttragen eines schweren Gegenstandes), so daß sie, auch wenn sie allein gehandelt hätten, strafbar wären[379]. Allerdings erkannten schon früh Teile der Literatur und die Rechtsprechung eine Aufweichung dieser strengen Unterscheidung an: Auch diejenigen, die zwar nicht alle konstitutiven Tatbestandsmerkmale erfüllt hatten, aber doch „im gleichzeitigen Zusammenwirken mit anderen sich gegenseitig unterstützend den gesamten Tatbestand erfüllten“[380], wurden als Mittäter angesehen. Denn dort konnte - wie im deutschen Recht bei § 25 Abs. 2 dStGB - eine Zurechnung der Tatbeiträge erfolgen, sofern gemeinsam aufgrund eines gemeinsamen Tatentschlusses gehandelt

---

[377] BGHSt MDR 1954, 529, 529f.; BGHSt 9, 370, 380; LM Nr. 10 vor § 47; 11, 68; JR 1955, 304, 305; 8, 390, 391; 8, 393, 396; MDR 1960, 939, 940; NJW 1966, 1763, 1763, vgl. die Nachweise bei *Tröndle* Vor § 25 Rdnr. 2.

[378] S. oben S. 73, Fußnote 361.

[379] So streng wohl *Conte/Maistre du Chambon* S. 213 (n° 403); *Levasseur/Chavanne/Montreuil* S. 91 (n°188); *Merle/Vitu* S. 697 (n° 554); *Pradel* Dr. pén. gén. S. 488 (n° 430).

[380] „*...ceux qui, par la simultanéité d'action et l'assistance réciproque, en constituent la perpétration même; il suit que les indivindus coupables de ces derniers actes sont bien moins des complices que des coauteurs*“, (Crim. 17.12.1859 D.P. 1860.1.196).

wurde[381]. Darunter fallen insbesondere die Fälle, in denen ein eigentlicher Teilnehmer (zum Beispiel derjenige, der nur „Schmiere" steht) als Mittäter bestraft wurde[382]. Ebenso wurde von der Rechtsprechung in den Fällen Mittäterschaft angenommen, in denen die Tat nur veranlaßt worden war, so daß zwar noch gegenseitiges Wissen vorlag, aber kein gleichzeitiges Handeln[383]. Diese Lösung stimmt mit der deutschen Rechtsprechung, die seit jeher davon ausgeht, daß auch geistige Mitwirkung im Vorbereitungsstadium genügt, sowie einem Großteil der Literatur überein. Dieses Ergebnis wurde früher von der deutschen Rechtsprechung dadurch erreicht, daß bei der Abgrenzung von Täterschaft und Teilnahme auf rein subjektive Kriterien abgestellt wurde[384]. Heute geht die Rechtsprechung davon zwar grundsätzlich immer noch aus, doch hat sie sich den objektiv-wertenden Kriterien der Literatur immer mehr angenähert, da Indiz für den Täterwillen zum Beispiel Tatherrschaft sei, die funktionell auch in rein geistigen Beiträgen liegen könne[385]. Festzuhalten ist, daß dem französischen Strafrecht der Begriff des Mittäters nicht fremd ist, wobei Mittäter wegen der strengen formal-objektiven Abgrenzung zunächst nur diejenigen sind, die die Tatbestandsmerkmale selbst und gemeinsam (gleichzeitig) mit anderen erfüllen. Erst durch Auflockerung dieses Kriteriums in der Rechtsprechung und in Teilen der Literatur wird eine Annäherung an die im deutschen Strafrecht mögliche Zurechnung der Tatbeiträge anderer ermöglicht. So können Beteiligte, die mangels eines objektiven Tatbeitrages eigentlich nur Teilnehmer sind, als Mittäter bestraft werden[386].

---

[381] Für die Rechtsprechung: Crim. 17.12.1859 D.P. 1860.I.196; Crim. 25.01.1973 G.P. 1973.I.94 (Der Wächter während des Diebstahls); Crim. 25.01.1962 B. crim. n° 68 (Die Frau, die die Tür verriegelte, während zwei Männer auf das Opfer einschlugen); s. dazu *Légal* R.S.C. 1962, 749; weitere Beispiele bei *Merle/Vitu* S. 698 (n° 556, Fußnote 6); für die Literatur: *Allix* S. 74, 96; *Garraud* Traité dr. pén. III, S. 3 (n°874), S. 8 (n° 875); *Légal* R.S.C. 1962, 749; *Levasseur* S. 283; *Roux* S. 357; *Vouin/Léauté* S. 47.

[382] Vgl. die Nachweise oben S. 72, Fußnote 359.

[383] Vgl. die Nachweise oben S. 74f., Fußnoten 364, 365.

[384] Zur Abgrenzung von Täterschaft und Teilnahme im deutschen Recht s. oben S. 76, Fußnote 375. Ausführliche Darstellung der Entwicklung bei LK-*Roxin* § 25 Rdnr. 3ff.

[385] RGSt 35, 13,17; 53, 138, 138; 67, 392, 392; 74, 21, 23; BGHSt 11, 268, 271; 16, 12, 14; 37, 289, 291, 293; weitere Nachweise zur Rechtsprechung bei LK-*Roxin* § 25 Rdnr. 179, 180; *Tröndle* § 25 Rdnr. 7; Sch/Sch/*Cramer* § 25 Rdnr. 66; *Jescheck/Weigend* § 63 I 1 a); *Wessels* Rdnr. 528; **a.A.** *Bloy* S. 196ff.; *Herzberg* Täterschaft § 5 II 2a; *ders.* JZ 1991, 856, 859ff.; LK-*Roxin* § 25 Rdnr. 181 mit weiteren Nachweisen; *Roxin* S. 292ff.; *Rudolphi* in: Festschrift für Bockelmann S. 369, 373, die einen Tatbeitrag im Ausführungsstadium fordern.

[386] S. oben S. 72ff.

IV. Der mittelbare Täter (l'Auteur Moral ou Intellectuel)

Im Allgemeinen Teil des N.C.P. findet sich keine Regelung zur mittelbaren Täterschaft. Allerdings stellen einige Regelungen im Besonderen Teil ausdrücklich denjenigen unter Strafe, der eine Straftat durch einen anderen begehen läßt (zum Beispiel Art. 211-1 N.C.P., „Völkermord", *génocide: „le fait de commettre ou de faire commettre"* oder Art. 433-18 N.C.P., „unrichtige Werbung", *usage irrégulier de qualité: „le fait de faire figurer ou de laisser figurer"*), indirekt handelt (zum Beispiel Art. 433-1 N.C.P., „Bestechung", *corruption active: „le fait de proposer directement ou indirectement"*) oder eine Straftat befiehlt (zum Beispiel Art. 432-4 N.C.P., „Mißbrauch öffentlicher Autorität zum Befehl eines Angriffs auf die individuelle Freiheit", *abus d'autorité publique ordonnant une atteinte à la liberté individuelle: „d'ordonner un acte"*). Einige Tatbestände erfassen den mittelbaren Täter zwar nicht ausdrücklich, jedoch lassen sie sich so auslegen, daß ihr Wortlaut den Hintermann miterfaßt, wie zum Beispiel die (mittelbare) Falschbeurkundung gemäß Art. 441-1 N.C.P., da jede Veränderung der Wahrheit unter diesen Artikel fällt[387]. Bei der Urkundenfälschung ist auch Art. 441-6 N.C.P. zu beachten, der ausdrücklich den Fall der mittelbaren Täterschaft erfaßt, daß der Täter sich „ungehörigerweise" (*indûment)* von einem ahnungslosen Angestellten der öffentlichen Verwaltung ein Dokument zur Feststellung eines Rechts, einer Identität oder einer Qualität mit Hilfe irgendeines „fraudulösen" Mittels ausstellen läßt.

Außer diesen gesetzlich geregelten Fällen der mittelbaren Täterschaft ist eine Bestrafung des Hintermannes im französischen Recht grundsätzlich nur als Anstifter (*complice par provocation*) gemäß Art. 121-7 alinéa 2 N.C.P. möglich.

Allerdings macht die Rechtsprechung auch hier Ausnahmen: Derjenige, der eigentlich nur als Anstifter (*complice par provocation*) zu bestrafen gewesen wäre, aber mangels teilnahmefähiger Haupttat der Strafbarkeit entrinnen würde, wird grundsätzlich dann als mittelbarer Täter (*auteur moral*) angesehen, wenn der handelnde Vordermann nur Instrument oder Werkzeug in den Händen des Hintermannes war.

Voraussetzung der mittelbaren Täterschaft ist zunächst, daß der Vordermann selbst nicht strafbar ist, da er einen Defekt aufweist, der die Haupttat entfallen läßt. Die Straffreiheit des Vordermannes muß also auf objektiven Gründen beruhen, die nicht nur seine Strafbarkeit, sondern auch die Haupttat an sich entfallen lassen, wie zum Beispiel Art.122-5 N.C.P. („Notwehr", *légitime défence*), Art. 122-7 N.C.P.

---

[387] Für die h.M.: Crim. 21.05.1963 B. crim. n° 180,Crim. 04.01.1966 B. crim. n° 2.

(„Notstand", *état de nécessité*) oder der Tatirrtum[388]. Nur dann liegt keine teilnahmefähige Haupttat mehr vor, und es ist Raum für die mittelbare Täterschaft.

Ist der Vordermann dagegen selbst strafbar, so ist er nicht mehr nur „Werkzeug" (*agent d'exécution*), er ist vielmehr selbst verantwortlich, so daß der Hintermann Teilnehmer (*complice*) i.S.d. Art. 121-7 N.C.P. an der Tat des Vordermannes ist[389].

Die mittelbare Täterschaft ist ferner dann ausgeschlossen, wenn der Vordermann nur aus subjektiven Gründen nicht verantwortlich ist, zum Beispiel wegen „Geistesstörung" (Art. 122-1 N.C.P., *trouble physique*), „unwiderstehlichen Zwangs" (Art. 122-2 N.C.P., *contrainte irrésistible*) oder eines „unvermeidbaren Rechtsirrtums" (Art. 122-3 N.C.P., *erreur de droit inévitable*).

In diesen Fällen bleibt die Haupttat an sich bestehen, eine Bestrafung des Hintermannes ist nur als Teilnehmer möglich.

Nach dem oben Gesagten sind zwei Fallgruppen der mittelbaren Täterschaft anerkannt:

1. Ähnlich der in Deutschland sogenannten Wissensherrschaft[390] fallen unter die mittelbare Täterschaft die Konstellationen der mittelbaren Falschbeurkundung durch falsche Angaben vor einem Beamten[391] oder durch Erschleichung der Unterschrift eines Ahnungslosen[392]. Entsprechend wurde auch beim Betrug ohne weiteres Täterschaft der Hintermänner angenommen, obwohl für die Täuschung Dritte eingeschaltet worden waren, die zum Beispiel die Angaben des Täters bestätigten[393] oder

---

[388] Vgl. zur Einordnung dieser die Haupttat entfallen lassenden Gründe *Stefani/Levasseur/Bouloc* S. 297 (n° 377ff.). Zum Tatirrtum vgl. *Stefani/Levasseur/Bouloc* S. 338 (n° 438ff.).

[389] Cour de Riom 15.01.1862 D.P. 1862.II.81 (Ein Vater nutzt sein Autoritätsverhältnis aus und veranlaßt seine beiden Söhne, zu seinem alleinigen Nutzen gegenüber Kunden eine Unterschlagung zu begehen); Crim. 24.11.1953 B. crim. n° 304, S. 533 (Ein Parteichef mit starkem persönlichem Einfluß veranlaßt Parteimitglieder zur Sachbeschädigung); Crim. 06.03.1969 B. crim. n° 111, S. 273 (Zwei Geschäftsleute veranlassen eine Bankangestellte, ungedeckte Schecks anzunehmen, und zwingen sie so zu eigenen Urkundenfälschungen, damit ihr Fehlverhalten bei der Bankdirektion nicht auffällt).

[390] Vgl. dazu LK-*Roxin* § 25 Rdnr. 72ff.

[391] S. die Nachweise oben Fußnote 387; weitere Nachweise *Salvage* in: J.-Cl. Art. 121-6 et 121-7 n° 73. Obwohl dort bereits der weite Wortlaut des Gesetzes die Bestrafung des Hintermannes ermöglicht, erwähnen die meisten Autoren diese Konstellation als Ausnahme der Rechtsprechung von der Regel, daß es mittelbare Täterschaft eigentlich nur in ausdrücklich geregelten Fällen gibt: *Conte/Maistre du Chambon* S. 214 (n° 404); *Pradel* Dr. pén. gén. S. 489 (n° 432).

[392] Crim. 21.05.1963 B. crim. n° 180.

[393] Crim. 28.03.1996 G.P. 1996.II.Chr.dr.cr.132 (Täuschung des Rechnungsprüfers, der daraufhin eine falsche Buchführung bestätigt).

falsche Schriftstücke vorlegten[394]. Der fehlende Vorsatz des unmittelbar Handelnden (Tatirrtum) läßt in diesen Fällen die Haupttat entfallen. Es ist keine Teilnahme des Hintermannes möglich[395]. Dies entspricht den Fällen, in denen in Deutschland der Vordermann wegen eines vom Hintermann gesteuerten Irrtums nicht strafbar ist, da entweder der Vorsatz, die Rechtswidrigkeit oder die Schuld entfällt[396].

2. Anerkannt ist ferner die Willensherrschaft[397]. Diese Fallgruppe erfaßt in Frankreich nicht nur die Konstellationen, die in Deutschland mittelbare Täterschaft kraft Nötigungsnotstandes[398] oder anderer die Verantwortlichkeit des Vordermannes ausschließender Notstandslagen[399] darstellen. Für die Willensherrschaft genügt im französischen Strafrecht vielmehr jede Einflußnahme auf den Willen des Vordermannes. Dann allerdings muß die Straftat des Vordermannes aus anderen (objektiven) Gründen entfallen. Denn ähnlich dem im deutschen Strafrecht für die Fälle der Nötigungsherrschaft geltenden Verantwortlichkeitsprinzip, aus dem folgt, daß eigene Verantwortlichkeit des Vordermannes die Täterverantwortlichkeit des Hintermannes ausschließt[400], ist es in Frankreich für die mittelbare Täterschaft erforderlich, daß der Vordermann nicht strafbar ist und keine Straftat vorliegt, an der teilgenommen werden könnte. Wegen seiner Irrtumsherrschaft wurde der Präsident einer Gesellschaft als Täter der Verletzung des Briefgeheimnisses verurteilt, der Arbeitnehmern die Anweisung gegeben hatte, unberechtigt Briefe zu öffnen[401]. Das Handeln eines Dritten steht in diesen Fällen der Verantwortlichkeit des Hintermannes (die sich daraus ergibt, daß er die strafbare Handlung begehen läßt[402]) nicht entgegen, solange der Dritte wie oben dargestellt nur „Werkzeug" (*agent d'exécution*) des Hintermannes

---

394 Crim. 30.11.1995 G.P. 1996.I.Chr.dr.cr.62; Crim. 21.02.1996 G.P. 1996.I.Chr.dr.cr.101.

395 Für die h.M.: *Stefani/Levasseur/Bouloc* S. 338 (n° 438ff.).

396 Für die h.M.: LK-*Roxin* § 25 Rdnr. 72ff.

397 Vgl. dazu LK-*Roxin* § 25 Rdnr. 61ff.

398 Vgl. dazu LK-*Roxin* § 25 Rdnr. 61, 62.

399 Vgl. dazu Sch/Sch/*Cramer* § 25 Rdnr. 10; LK-*Roxin* § 25 Rdnr. 65.

400 H.M.: *Bloy* S. 345ff.; *Herzberg* Täterschaft § 3 III 12; *Jescheck/Weigend* § 62 I 2; *Lackner* § 25 Rdnr. 2; LK-*Roxin* § 25 Rdnr. 61; *Roxin* S. 143ff.; *Wessels* Rdnr. 540.

401 Crim. 04.12.1974 G.P. 1975.I.somm.93 mit Besprechung *Larguier* R.S.C. 1976, 409; ähnlich Crim. 02.11.1945 D. 1946.8 (Anweisung des Arbeitgebers, den Stromzähler zu manipulieren) oder Crim. 29.11.1888 B. crim. n° 339 (Anweisung des Arbeitgebers, Steine eines Dritten wegzunehmen) oder Crim. 29.11.1888 B. crim. n° 339, S. 532 (Veranlassen einer Unterschlagung); Crim. 17.01.1931 B. crim. n° 15, S. 25 (Veranlassung des Verkaufs vergifteten Fleisches); krit. zu diesen Urteilen *Merle/Vitu* S. 698 (n° 565): „*contra legem*".

402 So *Desportes/Le Gunehec* S. 407 (n° 511 a.E.).

ist[403] und die Tat nur „durch die verlängerte Hand“ (*longa manu*)[404] des Hintermannes ausgeführt wird.

In allen diesen Konstellationen ist der Vordermann also selbst nicht strafbar, obwohl er unter Umständen bösgläubig ist und die Bedeutung seines Tuns erkennt[405].

Zusammenfassend läßt sich festhalten: Mittelbare Täterschaft wird von der französischen Rechtsprechung nur dann angenommen, wenn keine Bestrafung des Hintermannes als Teilnehmer möglich ist, da keine teilnahmefähige strafbare Handlung vorliegt. Ist der Vordermann strafbar oder nur subjektiv nicht verantwortlich, so muß der Hintermann grundsätzlich als Teilnehmer an der dann vorliegenden Haupttat bestraft werden. Ist in diesen Fällen eine Bestrafung des Hintermannes als Täter erwünscht, so wird das durch Qualifikation als Mittäter erreicht[406]. Dies geschieht dann allerdings mit ähnlichen Argumenten, mit denen in Deutschland die mittelbare Täterschaft von der Anstiftung abgegrenzt wird: Der Hintermann habe eine dominierende Rolle, die Tat sei sein Werk[407]. Von mittelbarer Täterschaft ist dann in Frankreich nicht mehr die Rede, da dem französischen Recht die Konstellation des Täters hinter dem Täter, wie sie auch in Deutschland nur in Ausnahmefällen anerkannt ist[408], fremd ist[409].

---

[403] H.M.: Crim. 18.05.1876 D.P. 1877.I.95 (Ausnutzen eines Geistesgestörten, um sich mehr Geld geben zu lassen); Crim. 28.05.1968 J.C.P. 1968.II.15615 (Abzahlungsverkauf ohne die erforderlichen Belege durch einen Angestellten); Crim. 24.10.1972 G.P. 1973.I.218 (Trickdiebstahl durch Täuschung des Gewahrsamsinhabers über den wahren Eigentümer).

[404] So *Roux* S. 337; **krit.**: *Merle/Vitu* S. 698 (n° 565).

[405] *Czepluch* S. 31, unter Verweis auf *Garraud* Traité dr. pén. III S. 157 (n° 967), schließt bereits bei Bösgläubigkeit des Vordermanns eine Bestrafung des Hintermannes als mittelbarer Täter aus, da der Vordermann zwar unverantwortlich, aber dennoch Täter sei (zum Beispiel der Wahnsinnige oder ein Kind, dem bei der Tatausführung geholfen wird oder das zur Tat veranlaßt wird). Dem widersprechen jedoch die oben in Fußnote 401 zitierten Entscheidungen. In Crim. 04.12.1974 G.P. 1974.I.somm.93 werden die angewiesenen Arbeitnehmer sehr wohl erkannt haben, daß das Öffnen der Briefe nicht gestattet war. Ebenso waren die Vordermänner bösgläubig in Crim. 2.11.1945 D. 1946.8 (das Manipulieren des Stromzählers, weshalb der Vordermann als Teilnehmer an der Tat des Hintermannes bestraft wurde) oder in Crim. 29.11. 1888 B. crim. n° 339 (das Stehlen der Steine auf Anweisung des Arbeitgebers).

[406] Crim. 09.11.1860 B. crim. n° 229 (Ein Ehemann veröffentlicht in einem Bericht falsche Anschuldigungen gegen den Bürgermeister. Dazu war er von seiner Frau veranlaßt worden. Wegen des starken Einflusses der Frau wurde diese nicht nur als Teilnehmerin, sondern als Mittäterin bestraft, da ihre Rolle dominierend, die Tat im Grunde ihr Werk war.).

[407] Crim. 09.11.1860 B. crim. n° 229.

[408] H.M.: Tatherrschaft kraft organisatorischer Machtapparate: BGHSt 35, 347, 353; 40, 218, 236ff. (in dieser Entscheidung erwägt der BGH die mittelbare Täterschaft „hinter dem Täter“ auch für

Damit nähert sich die Rechtslage in Frankreich der in Deutschland im Ergebnis an. Die Fälle, in denen in Deutschland mittelbare Täterschaft angenommen wird, da der Tatmittler nicht tatbestandsmäßig oder nicht rechtswidrig handelt, werden auch in Frankreich über die mittelbare Täterschaft gelöst: Wenn dem Vordermann objektive „Rechtfertigungsgründe" (*faits justicatifs*), wie Art. 122-5 N.C.P. („Notwehr", *légitime défence*) oder Art. 122-7 N.C.P. („Notstand", *état de nécessité*), zur Seite stehen, liegt keine „teilnahmefähige Haupttat" (*fait principal punissable*) vor, so daß eine Bestrafung des Hintermannes als Teilnehmer ausscheidet. Da der Vordermann nicht selbst verantwortlich ist, steht der Täterstrafbarkeit des Hintermannes nichts entgegen. Unterschiede ergeben sich in den Fällen, in denen das Werkzeug schuldlos handelt. Hier ist nach deutschem Recht mittelbare Täterschaft möglich, jedoch muß wegen der limitierten Akzessorietät zur Anstiftung gemäß § 26 dStGB abgegrenzt werden[410]. Diese Fälle entsprechen in Frankreich den Situationen, in denen dem Vordermann ein subjektiver Grund der „Nicht-Verantwortung" (*non-responsabilité*) zur Seite steht (Art. 122-1 N.C.P., „Geistesstörung", *trouble physique*; Art. 122-2 N.C.P., „unwiderstehlicher Zwang", *contrainte irrésistible*; Art. 122-3 N.C.P., „unvermeidbarer Rechtsirrtum", *erreur de droit inévitable*). Da diese Gründe der Nicht-Verantwortung nur für den Vordermann wirken, liegt für den Hintermann eine teilnahmefähige Haupttat vor, er kann (und muß grundsätzlich) also als Teilnehmer nach Art. 121-7 N.C.P. bestraft werden. Für eine Bestrafung als mittelbarer Täter ist dann kein Raum mehr; dies ist nach der Wertung des N.C.P. auch nicht erwünscht, da Art. 121-7 N.C.P. gerade die Fälle der „Drohung", des „Befehls", des „Autoritäts"- und „Machtmißbrauchs" (*menace, ordre, abus d'autorité ou de pouvoir*), die zum Ausschluß der subjektiven Verantwortlichkeit führen können, erfaßt und den so Handelnden eben nur als Anstifter, der die Tat veranlaßt hat (*complice par provocation*), und nicht als Täter bestrafen will. In diesen Fällen liegt in Frankreich also immer Teilnahme vor (es sei denn, die Rechtsprechung nimmt Mittäterschaft an[411]), während in Deutschland sowohl mittelbare Täterschaft als auch Anstiftung möglich sind. Im Strafmaß wirkt sich dies allerdings nicht aus, da der Teilnehmer gemäß Art. 121-7 N.C.P. ohnehin so bestraft wird, als sei er selbst Täter gewesen.

---

staatliche, unternehmerische oder geschäftsähnliche Organisationsstrukturen und Befehlshierarchien); *Tröndle* § 25 Rdnr. 3; LK-*Roxin* § 25 Rdnr. 128; *Roxin* S. 242ff.; *Roxin* JZ 1995, 49; a.A. *Jakobs* 21/103 (Annahme von Mittäterschaft oder Anstiftung); *Jescheck/Weigend* § 62 II 8 (Annahme von Mittäterschaft).

409 H.M.: *Czepluch* S. 32; *Hugueney* R.S.C. 1966, 211; *Silz* R.I.D.P. 1936, 140, 161f.

410 Sch/Sch/*Cramer* § 25 Rdnr. 30; *Jescheck/Weigend* § 62 II 4; LK-*Roxin* § 25 Rdnr. 119ff.; *Wessels* Rdnr. 538.

411 S. oben S. 72.

Die mittelbare Täterschaft des Täters hinter dem Täter, die auch in Deutschland nur in Ausnahmefällen anerkannt ist[412], ist in Frankreich nicht anerkannt; jedoch kann nach der französischen Rechtsprechung durch Annahme von Mittäterschaft eine Täterstrafbarkeit erreicht werden.

V. Die Teilnahme (la Complicité)

1. Allgemeines

a) Die gesetzliche Regelung

Art. 121-7 N.C.P. bestimmt, daß „Teilnehmer an einem schweren oder leichten Vergehen derjenige ist, der „wissentlich" (*sciemment*) deren Vorbereitung oder Ausführung durch Hilfe oder Unterstützung erleichtert hat" (*en a facilité la préparation ou la consommation par aide ou assistance*). Ebenso ist „Teilnehmer die Person, die eine Tat durch Geschenk, Versprechen, Drohung, Befehl oder Autoritäts- oder Machtmißbrauch hervorgerufen hat" (*a provoqué à une infraction par don, promesse, menace, ordre, abus d'autorité ou de pouvoir*) oder „die Anweisung gegeben hat, daß eine Tat begangen werde" (*a donné les instructions pour la commettre*).

b) Strafgrund der Teilnahme

Das französische Strafrecht geht bei der Strafbarkeit des Teilnehmers davon aus, daß dieser nicht wegen des von ihm allein verwirklichten Unrechts strafbar ist. Seine Strafbarkeit hängt vielmehr vom Unrecht der Haupttat ab[413]. Für seine Strafbarkeit ist es nötig, daß er an einer strafbaren Haupttat teilnimmt. Dieses vom Haupttäter verwirklichte Unrecht überträgt sich dann auf ihn für seine Strafbarkeit (System des *emprunt de criminalité)*[414]. Dem Teilnehmer wird zwar nicht fremdes Verhalten zugerechnet, aber doch das mit diesem Verhalten verbundene Unrecht, das dann ver-

---

[412] S. oben S. 82, Fußnote 408.
[413] Für die h.M.: *Conte/Maistre du Chambon* S. 215 (n° 406).
[414] Statt vieler: *Salvage* in: J.-Cl. Art. 121-6 et 121-7 n° 6 mit weiteren Nachweisen.

bunden mit dem eigenen Teilnahmeverhalten zur Teilnahmestrafbarkeit führt. Dies entspricht dem im deutschen Strafrecht herrschenden Grundsatz der (limitierten) Akzessorietät der Teilnahme[415], wobei hier für den Strafgrund der Teilnahme zum Teil stärker auf das Unrecht der Haupttat abgestellt wird[416], zum Teil mehr die selbständigen Unrechtselemente der Teilnahme betont werden[417].

Das Gesetz selbst macht allerdings in vielen Fällen eine Ausnahme, indem es eine eigentliche Teilnahmehandlung als selbständig strafbare Handlung einstuft, so daß aus der Teilnahmehandlung selbst bereits die Täterstrafbarkeit folgt, wie zum Beispiel Art. L. 647 C. santé publique: Anstiftung zur Abtreibung; Art. 414 C. just. mil.: Anstiftung zur Desertation; Art. 227-18 bis 227-21 N.C.P.: Anstiftung Minderjähriger zum Drogen- und Alkoholmißbrauch, zur Bettelei, zur Straftatbegehung und viele andere[418].

2. *Voraussetzungen der Teilnahme*

Teilnehmer im französischen Strafrecht ist derjenige, der unter den Voraussetzungen des Art. 121-7 N.C.P. zu einer Straftat beiträgt: „Teilnehmer sind alle diejenigen, die dem Täter oder den Mittätern nur bei der Vorbereitung oder Ausführung der Tat geholfen haben und die sich diesen nur inzident oder akzessorisch angeschlossen haben"[419].

Die Voraussctzungen einer strafbaren Teilnahme sollen im folgenden untersucht werden:

---

[415] H.M.: *Jescheck/Weigend* AT § 61 VII 1f.; LK-*Roxin* Vor § 26 Rdnr. 7; *Wessels* Rdnr. 551.

[416] H.M.: RGSt 5, 227, 228; 15, 315, 316; BGHSt 4, 355, 358; Sch/Sch/*Cramer* Vorbem § 25 Rdnr. 17; *Jescheck/Weigend* § 64 I 2; *Lackner* Vor § 25 Rdnr. 8; *Maurach/Gössel/Zipf* § 50 Rdnr. 57; SK-*Samson* Vor § 26 Rdnr. 10, 14.

[417] *Herzberg* GA 1971, 1 12; LK-*Roxin* Vor § 26 Rdnr. 7; *Wessels* Rdnr. 551.

[418] Vgl. die zahlreichen Beispiele bei *Salvage* in: J.-Cl. Art. 121-6 et 121-7 n° 13. Beispiele aus dem deutschen Recht: §§ 120 dStGB (Verleiten); §§ 125, 129, 129a dStGB (sich Beteiligen); § 145c dStGB (durch einen anderen); weitere Beispiele bei LK-*Roxin* § 27 Rdnr. 69.

[419] So die Formulierung von *Stefani/Levasseur/Bouloc* S. 258 (n° 317); vgl. auch *Desportes/Le Gunehec* S. 421 (n° 534).

a) Akzessorietät der Teilnahme

Erste Voraussetzung der strafbaren Teilnahme ist wegen der Abhängigkeit der Teilnahme von der Haupttat („Übernahme des Unrechts", *emprunt de criminalité*[420]), daß eine solche Haupttat vorliegt. Zu untersuchen bleibt, welche Anforderungen an diese zu stellen sind:

aa) Deliktsnatur der Haupttat

Gemäß Art. 121-7 N.C.P. ist Teilnahme nur an einem „schweren oder leichten Vergehen" (*crime* oder *délit*) möglich. Allerdings bestimmt Art. R. 610-2 N.C.P., daß auch die Teilnahme in den Formen des Art. 121-7 alinéa 2 N.C.P. (also nicht durch „Hilfe oder Unterstützung", *par aide ou assistance)* an einer „Übertretung" (*contravention*) strafbar ist. Die Teilnahme in der Form der „Hilfe oder Unterstützung" an einer „Übertretung" gemäß Art. 121-7 alinéa 1 N.C.P. ist nur strafbar, wenn es das Gesetz ausdrücklich vorsieht, wie zum Beispiel Art. R. 623-2 N.C.P., R. 624-1 N.C.P., R. 625-1 N.C.P. oder Art. R. 635-1 N.C.P. Die Teilnahme an einem „Übertretungsvergehen" (*délit-contraventionel*), das heißt an einer Straftat, die wegen ihres Strafmaßes und des Rechtsweges als „Vergehen" (*délit*) einzuordnen ist, die aber wie eine „Übertretung" (*contravention*) kein „subjektives Element" (*faute*) voraussetzt[421], ist strafbar, da die *„Übertretungsvergehen"* heute nach allgemeiner Ansicht den „Vergehen" gleichzusetzen sind[422],.

bb) Strafbarkeit der Haupttat (*Fait principal punissable*)

α) Die Haupttat muß ein strafbares Verhalten darstellen. Damit ist die Teilnahme unter verschiedenen Voraussetzungen nicht strafbar:

- Das Verhalten, das unterstützt wurde, steht gesetzlich nicht unter Strafe[423] (so ist zum Beispiel die Beihilfe zum Selbstmord oder zur Bettelei nicht strafbar[424]).

---

[420] Für die h.M.: *Conte/Maistre du Chambon* S. 216 (n° 409); *Salvage* in: J.-Cl. Art. 121-6 et 121-7 n° 18. Die „Übernahme des Unrechts" ist nicht zu verwechseln mit dem Grundsatz der „Übernahme der Strafe", der heute nicht mehr gilt (s. oben S. 70 und unten S. 106).

[421] Für die h.M.: *Czepluch* S. 54.

[422] *Allix* S. 129; *Salvage* in: J.-Cl. Art. 121-6 et 121-7 n° 40 mit Nachweisen zur Rechtsprechung.

[423] Für die h.M.: *Merle/Vitu* S. 684 (n° 542); *Salvage* in: J.-Cl. Art. 121-6 et 121-7 n° 21.

[424] Zu beachten ist aber, daß die Anstiftung zum Selbstmord gemäß Art. 223-13 N.C.P. sowie die Anstiftung eines Minderjährigen zur Bettelei gemäß Art. 227-20 N.C.P. als selbständige Delikte strafbar sind.

- Zwar liegt an sich strafbares Verhalten vor, jedoch wurde die Schwelle zum strafbaren Versuch nicht überschritten, da der Haupttäter nur Vorbereitungshandlungen vorgenommen hat oder zurückgetreten ist[425]. Der Rücktritt des Haupttäters kommt damit dem Gehilfen zugute[426]. Für die Strafbarkeit der Beteiligung muß also mindestens eine versuchte Tat vorliegen[427].
- Der Haupttäter ist wegen einer ihm zur Seite stehenden „Immunität" (*immunité*) nicht strafbar. So ist zum Beispiel gemäß Art. 311-12 N.C.P. der Diebstahl unter Ehegatten oder Verwandten gerader Linie nicht strafbar. Dadurch entfällt die Haupttat nach überwiegender Ansicht insgesamt, nicht nur die Strafbarkeit des Haupttäters[428].
- Bei der Haupttat handelt es sich um ein „Gewohnheitsdelikt" (*délit d'habitude*), das heißt um ein Delikt, bei dem strafbares Verhalten erst durch die Zusammenfassung mehrerer Handlungen entsteht, ohne daß die einzelnen Handlungen strafbar wären[429], und bei dem der Teilnehmer nur an der ersten dieser Handlungen teilnimmt[430]. Nimmt er dagegen an einer der folgenden dieser Handlungen teil, so ist er strafbar, da nun eine strafbare Haupttat vorliegt[431].
- Das Unrecht der Haupttat entfällt, da ein „Rechtfertigungsgrund" oder ein Grund der „Nicht-Verantwortlichkeit" (*fait justificatif* oder *cause de non-responsabilité*

---

425 Im französischen Strafrecht ist Voraussetzung der Versuchsstrafbarkeit an sich, daß der Täter nicht freiwillig zurückgetreten ist. Hat er das getan, entfällt die Strafbarkeit insgesamt, es liegt gar kein Delikt mehr vor (*Stefani/Levasseur/Bouloc* S. 203 (n° 239).

426 Anders im deutschen Recht, wo der Rücktritt nicht die Versuchsqualität des Verhaltens an sich aufhebt, sondern persönlicher Strafaufhebungsgrund ist (h.M.: LK[10]-*Vogler* § 24 Rdnr. 22 mit weiteren Nachweisen).

427 Die Teilnahme am Versuch ist nach h.M. strafbar (*Conte/Maistre du Chambon* S. 217 (n° 411); *Merle/Vitu* S. 685 (n° 542); *Salvage* in: J.-Cl. Art. 121-6 et 121-7 n° 23, 24 mit Nachweisen zur Rechtsprechung).

428 Crim. 06.02.1920 D.P. 1921.I.67; Crim. 08.06.1921 D.P. 1921.I.169; *Larguier* S. 79, 81; *Stefani/Levasseur/Bouloc* S. 261 (n° 320); *Pradel* Dr. pén. gén. S. 475 (n° 412); *Salvage* in: J.-Cl. Art. 121-6 et 121-7 n° 26; **a.A.** *Conte/Maistre du Chambon* S. 223 (n° 425), *Fournier* R.S.C. 1995, 475, 484 (n° 11), 495 (n° 21) und *Lazerges* S. 21, die davon ausgehen, daß eine „Immunität aus Gründen der Verwandtschaft" (*immunité familiale*) eben nur für den Täter gelte, der Strafbarkeit des Teilnehmers aber nicht entgegenstehe.

429 Vgl. *Stefani/Levasseur/Bouloc* S. 192 (n° 222).

430 H.M.: Crim. 10.11.1860 B. crim. n° 231; *Fournier* R.S.C. 1995 S. 475, 482 (n° 10); *Salvage* in: J.-Cl. Art. 121-6 et 121-7 n° 27.

431 H.M.: Crim. 29.01.1965 D. 1965.288 mit Anm. R. *Combaldieu; Pradel* Dr. pén. gén. S. 475 (n° 412); *Larguier* S. 72; *Salvage* in: J.-Cl. Art. 121-6 et 121-7 n° 27; **krit.** *Merle/Vitu* S. 686 (n° 544), der die Strafbarkeit des Teilnehmers in diesen Fällen davon abhängig machen will, ob er von den anderen Handlungen wußte.

objective) vorliegt[432]. Dazu zählen die „Notwehr" (*légitime défence*, Art. 122-5 N.C.P.), der Notstand (*état de nécessité*, Art. 122-7 N.C.P.) sowie das Handeln aufgrund gesetzlicher Vorschriften oder auf Befehl der „rechtmäßigen Autorität" (*autorité légitime*, Art. 122-4 N.C.P.)[433].

β) Außerdem ist die Teilnahme nicht strafbar, wenn die Haupttat zwar einmal strafbar war, dies aber nun nicht mehr ist,

- weil sie verjährt ist[434] oder
- weil eine Amnestie stattgefunden hat, die nicht an die Person des Täters anknüpft, sondern an die „Tatumstände" (*amnistie réelle)*[435].

γ) Auf die Strafbarkeit des Teilnehmers wirkt es sich dagegen nicht aus, wenn nur der Täter nicht strafbar ist,

- da er aus rechtlichen Gründen nicht strafbar ist wegen an seine Person anknüpfende Gründe der Nicht-Verantwortlichkeit (*non-responsabilité subjective),* wie zum Beispiel eine „persönliche Amnestie" (*amnistie personelle)*, „Geistesschwäche" (*trouble physique ou neurophysique*, Art. 122-1 N.C.P.), „unwiderstehlicher Zwang" (*contrainte irrésistible*, Art. 122-2 N.C.P.), „unvermeidbarer Rechtsirrtum" (*erreur de droit inévitable*, Art. 122-3 N.C.P.) oder „Strafunmündigkeit" (*minorité*, Art. 122-8 N.C.P.)[436] oder
- da er aus tatsächlichen Gründen nicht strafbar ist, da er zum Beispiel unbekannt, auf der Flucht oder noch nicht angeklagt ist[437].

Die Forderung nach einer „teilnahmefähigen Haupttat" (*fait principal punissable*) und nicht nach einem „strafbaren Täter" (*auteur punissable*) entspricht dem im deutschen Strafrecht geltenden Grundsatz der limitierten Akzessorietät: Die (vorsätzliche) Tat muß tatbestandsmäßig und rechtswidrig sein (vgl. den Wortlaut der §§ 26, 27 dStGB).

---

[432] Für die h.M.: Crim. 17.02.81 B. crim. n° 63; *Salvage* in: J.-Cl. Art. 121-6 et 121-7 n° 28.

[433] Vgl. dazu *Stefani/Levasseur/Bouloc* S. 299 (n° 381).

[434] H.M.: Crim. 26.06.1873 B. crim. n° 175; Crim. 29.12. 1882 B. crim. n° 294; Crim. 29.05.1884 D.P. 1885.I.381; *Salvage* in: J.-Cl. Art. 121-6 et 121-7 n° 30.

[435] Für die h.M.: *Desportes/Le Gunehec* S. 434 (n° 557); *Légal* R.S.C. 1954, 760.

[436] H.M.: Crim. 03.07.1886 D. 1886.473; Crim. 21.05.1990 D. 1992.153; Crim. 20.06.1994 B. crim. n° 246; *Conte/Maistre du Chambon* S. 217 (n° 412); *Desportes/Le Gunehec* S. 434 (n° 557); *Salvage* in: J.-Cl. Art. 121-6 et 121-7 n° 35 mit weiteren Nachweisen.

[437] H.M.: Crim. 19.08. 1819 B. crim. n° 97; Crim. 22.06.1827 B. crim. n° 151; Crim. 13. 09. 1827 B. crim. n° 238; Crim. 28.05.1990 B, crim. n° 214.; weitere Nachweise zur Rechtsprechung bei *Salvage* in: J.-Cl. Art. 121-6 et 121-7 n° 34; *Conte/Maistre du Chambon* S. 217 (n° 412).

b) Teilnahmehandlung

aa) Allgemeines zur Teilnahmehandlung

α) Kausalität der Teilnahme

Inwieweit die Teilnahmehandlung für den Erfolg der Haupttat kausal sein muß, wird in Rechtsprechung und Literatur nur sehr vage oder gar nicht diskutiert[438]. Aus dem Wortlaut des Art. 121-7 N.C.P., der davon spricht, daß die Handlung die Tat „erleichtert" (*facilité*) oder „hervorgerufen" (*provoqué*) haben muß, ergibt sich, daß grundsätzlich Kausalität erforderlich ist[439]. Unklar ist nur, welche Anforderungen an diese Kausalität zu stellen sind. In Anlehnung an die Formulierung des Art. 60 alinéa 2 C.P. a.F., der verlangte, daß die zur Verfügung gestellten Mittel „der Tat gedient haben" müssen (*aient servi à l'action),* verlangte ein Teil der Rechtsprechung als Nachweis der Kausalität mindestens Mitursächlichkeit[440]. Diese strenge Auffassung wurde allerdings von der französischen Rechtsprechung immer mehr aufgeweicht in dem Sinne, daß die Möglichkeit bestehen muß, daß die Teilnahmehandlung zum Erfolg beigetragen hat[441]. Da der N.C.P. sich nicht zur Kausalität der Beihilfe äußert, ist davon auszugehen, daß die Rechtsprechung, die zwar nicht auf die Kausalität verzichtet, jedoch an sie sehr geringe Anforderungen stellt[442], beibehalten wird. Einigkeit besteht in jedem Fall darüber, daß die Teilnahme durch „Hilfe oder Unterstützung" (*par aide ou assistance*) nicht kausal im strengen Sinne gewesen

---

[438] Vgl. *Czepluch* S. 114; vgl. aber *Salvage* R.S.C. 1981, 25ff.

[439] Für die h.M.: *Conte/Maistre du Chambon* S. 219 (n° 414).

[440] Crim. 13.01.1954 D. 1954.128 mit Anm. *Hugueney* R.S.C. 1954, 372; *Salvage* in: J.-Cl. Art. 121-6 et 121-7 n° 76.

[441] Crim. 17.05.1962 D. 1962.473 mit Anm. *Légal* R.S.C. 1962, 102; Crim. 13.03.1963 B.crim. n° 116; Crim. 22.01.1991 B. crim. n° 36; *Salvage* in: J.-Cl. Art. 121-6 et 121-7 n° 76, *ders.* R.S.C. 1981, 25, 37.

[442] Es werden sehr vage Formulierungen verwendet, wie zum Beispiel „die Ausführung erleichtert hat" (*a facilité l' exécution*) oder „Handlungen, die ihrer Natur nach die Tat hervorrufen" (*de nature à provoquer*) oder „ein positiver Akt, der für die Begehung der Tat determinierend ist" (*acte positiv ayant eu un charactère déterminant dans la commission du délit*), vgl. die Nachweise bei *Salvage* R.S.C. 1981, 25, 36.

sein muß. Die Hilfeleistung muß nicht notwendig gewesen sein, da bereits durch das Bereitstellen einer Hilfeleistung die Tat gefördert, der Täter ermutigt werde[443].

Ob die Teilnahmehandlung für den Erfolg der Haupttat kausal gewesen sein muß, ist auch in Deutschland sehr umstritten: Im Ergebnis ähnlich der französischen Rechtsprechung mit ihren geringen Anforderungen an die Kausalität geht die deutsche Rechtsprechung davon aus, daß die Gehilfenhandlung nicht kausal für den Erfolg im Sinne der *conditio sine qua non* Formel gewesen sein muß, sondern sie läßt ausreichen, daß die Handlung der Haupttat durch den Gehilfenbeitrag ermöglicht, verstärkt oder in ihrer Durchführung erleichtert, also irgendwie gefördert wird[444]. Demgegenüber hält die herrschende Meinung in der Literatur mit unterschiedlichen Anforderungen daran fest, daß die Hilfeleistung grundsätzlich kausal gewesen sein muß in der Hinsicht, daß sie die Tatbestandsverwirklichung ermöglicht, erleichtert, intensiviert oder abgesichert hat[445], da ansonsten nicht zwischen strafloser versuchter Beihilfe und strafbarer Beihilfe unterschieden werden kann. Dies entspricht den geringen Anforderungen der französischen Rechtsprechung an die Kausalität. Im Ergebnis werden sowohl die Rechtsprechung in Deutschland und Frankreich sowie die Literatur in Deutschland oft zu ähnlichen Ergebnissen gelangen, da ein Fördern der Handlung der Haupttat sich in den meisten Fällen auch irgendwie kausal auf die Tatbestandsverwirklichung auswirken wird[446].

β) Vor- oder Gleichzeitigkeit der Teilnahmehandlung

Gemäß Art. 121-7 N.C.P. muß der Teilnehmer mit seiner Handlung „die Vorbereitung oder die Vollendung der Tat erleichtert haben" (*en a facilité la préparation ou*

---

[443] Wohl h.M.: Crim. 17.05.1962 D. 1962.473; Crim. 13.03.1963 B. crim. n° 116; Crim. 03.11.1981 B. crim. n° 289 mit Anm. *Larguier* R.S.C. 1984, 489; Crim. 22.01.1991 B. crim. n° 36; *Conte/Maistre du Chambon* S. 219 (n° 414); *Desportes/Le Gunehec* S. 424 (n° 538); *Merle/Vitu* S. 692 (n° 551, Fußnote 6); *Stefani/Levasseur/Bouloc* S. 266 (n° 328).

[444] RGSt 58, 113, 115; 67, 191, 193; 71, 176, 178; 73, 52, 54; BGHSt 2, 130, 132; BGH VRS 8, 199, 201; BGH NStZ 1985, 318, 318; BGHZ 63, 124, 124. Auf den Nachweis der Kausalität verzichten außerdem diejenigen, die in der Beihilfe ein abstraktes oder abstrakt-konkretes Gefährdungsdelikt sehen (*Herzberg* GA 1971, 1ff., 7; *Vogler* in: Festschrift für Heinitz S. 295, 304ff.). Andere wiederum bejahen Beihilfe bereits dann, wenn der Täter das Risiko der Tatverwirklichung durch den Haupttäter erhöht (*Salamon* S. 155; *Schaffstein* in: Festschrift für Honig S. 169, 174ff.). Ausführlich zum Streitstand LK-*Roxin* § 27 Rdnr. 1ff.

[445] *Bloy* S. 289; Sch/Sch/*Cramer* § 27 Rdnr. 10; *Jakobs* 22/34; *Lackner* § 27 Rdnr. 2; *Maurach/Gössel/Zipf* § 52 Rdnr. 19; *Claß* in: Festschrift für Stock S. 115, 125; *Dreher* MDR 1972, 553, 556; *Jescheck/Weigend* § 64 III 2; SK-*Samson* § 27 Rdnr. 9; *Samson* in: Festschrift für Peters S. 130, 135; *Tröndle* § 27 Rdnr. 2.

[446] *Bockelmann/Volk* S. 197; *Jescheck/Weigend* § 64 III 2; *Samson* S. 55.

la consommation). Daher scheiden als taugliche Teilnahmehandlungen solche aus, die den Täter erst nach der Deliktsvollendung unterstützen[447]. Auch von diesem Grundsatz machen Rechtsprechung und Literatur allerdings eine Ausnahme für den Fall, daß eine Handlung zwar erst nach der Deliktsvollendung eingreift, aber vorher versprochen worden ist[448]. In der Praxis wird oft die Beteiligung schon vor der Vollendung vermutet, wenn sich aus dem späteren Verhalten Anhaltspunkte dafür ergeben[449]. Ferner erfassen einige Sonderdelikte die Unterstützungshandlungen nach der Vollendung, wie zum Beispiel die „Hehlerei" (*recel*, Art. 321-1 N.C.P.), die „Strafvereitelung durch Spurenbeseitigung" (*faire obstacle à la manifestation de la vérité*, Art. 434-4 N.C.P.), die „Bedrohung oder Einschüchterung des Opfers, damit es keine Klage erhebe beziehungsweise Anzeige erstatte" (*menace ou tout autre acte d'intimidation commis en vue de déterminer la victime à ne pas porter plainte ou à se rétracter*, Art. 434-5 N.C.P.), die „Geldwäsche" (*blanchiment*, Art. 324-1 N.C.P. eingefügt durch das Gesetz vom 13.05.1996[450]) oder die „Falschaussage" (*mensonger*, Art. 434-13 N.C.P. und Art. 434-14 N.C.P.)[451].

Im deutschen Recht ist Beihilfe ebenso wie in Frankreich bereits bei Vorbereitungshandlungen möglich[452]. Während in Frankreich grundsätzlich davon ausgegangen wird, daß nur bis zur Vollendung Beihilfehandlungen möglich sind, während spätere Hilfeleistungen nur erfaßt werden, sofern sie vorher versprochen wurden oder spezialgesetzlich erfaßt sind, geht das deutsche Verständnis von Hilfeleisten weiter: Nach Ansicht der Rechtsprechung[453] und der herrschenden Lehre[454] endet die rechtliche Möglichkeit der Beihilfe nicht mit dem vollen Eintritt der Rechtsgüterverletzung, sie soll vielmehr noch im Stadium bis zu ihrer materiellen Beendigung,

---

[447] H.M.: *Chavanne* in: Encycl. Dalloz Dr. pén. II „Complicité" n° 111; *Conte/Maistre du Chambon* S. 219 (n° 415); *Pradel* Dr. pén. gén. S. 481 (n° 420); *Salvage* in: J.-Cl. Art. 121-6 et 121-7 n° 53 mit Nachweisen zur Rechtsprechung.

[448] H.M.: Crim. 30.04.1963 B. crim. n° 157 (das Warten am Steuer eines Autos, um die Flucht zu ermöglichen); *Légal* R.S.C. 1964, 134; *Merle/Vitu* S. 694 (n° 551); *Pradel* Dr. pén. gén. S. 484 (n° 424).

[449] Crim. 23.07.1927 B. crim. n° 186; Crim. 17.05.1939 B. crim. n° 112; Crim. 04.12.1947 B. crim. 239; Crim. 04.11.1991 J.C.P. 1992.G.IV.579; *Conte/Maistre du Chambon* S. 219 (n° 415).

[450] Loi n° 93-392 rélative à la lutte contre le blanchiment.

[451] Weitere Beispiele bei *Salvage* in: J.-Cl. Art. 121-6 et 121-7 n° 56.

[452] H.M.: RGSt 8, 267, 268; 4, 95, 95ff.; 28, 287; 51, 136, 141; 58, 113, 114; BGH NJW 1985, 1035; BGHSt 2, 344, 346; 28, 346, 348; Sch/Sch/*Cramer* § 27 Rdnr. 13; *Lackner* § 27 Rdnr. 3; LK-*Roxin* § 27 Rdnr. 31; *Tröndle* § 27 Rdnr. 2.

[453] RGSt 23, 292, 293; 58, 13, 14f.; 71, 193, 194; BGHSt 3, 40, 43f.; 4, 132, 133; 6, 248, 251; BGH VRS 16, 267, 267; OLG Hamm JZ 1961, 94, 95 mit Anm. *Stratenwerth*.

[454] *Blei* § 80 I; *Hau* S. 119f.; Sch/Sch/*Cramer* § 27 Rdnr. 17; *Jescheck/Weigend* § 64 III 2; *Lackner* § 27 Rdnr. 3; *Otto* JuS 1982, 557, 565; *Tröndle* § 27 Rdnr. 4; *Wessels* Rdnr. 583.

also bis zur endgültigen Sicherung ihres Erfolges, gegeben sein. Dies wird allerdings in der neueren Literatur zunehmend abgelehnt, da die Figur der materiellen Beendigung jedenfalls dort, wo sie zu Strafbarkeitserweiterungen führe, nicht mit dem Grundsatz *nullum crimen sine lege* zu vereinbaren sei, zumal für den Eintritt der Beendigung keine sicheren Kriterien gegeben werden könnten[455]. Nach dieser Ansicht ist wie in Frankreich nach der Vollendung des Tatbestandes keine Teilnahme mehr möglich und es kann nur noch aus Sonderdelikten wie der Begünstigung (§ 257 dStGB), der Strafvereitelung (§ 258 dStGB) oder der Hehlerei (§ 259 dStGB) bestraft werden.

γ) Notwendigkeit positiven Tuns

Da dem französischen Strafrecht das Begehen durch Unterlassen (vgl. § 13 dStGB) fremd ist, kann nach herrschender Meinung auch die Teilnahmehandlung grundsätzlich nur in positivem Tun bestehen[456]. Allerdings wird in Ausnahmefällen auch Beihilfe durch Unterlassen anerkannt, da die Formulierung „Hilfe oder Unterstützung" (*aide et assistance*) des Art. 121-7 alinéa 1 N.C.P. in keiner Weise ausdrückt, daß dies nur durch positives Tun geschehen kann[457]. Das ist zunächst der Fall der psychischen Beihilfe: Wenn die bloße Anwesenheit der Person den Täter moralisch unterstützt, so daß der Anwesenheit im Hinblick auf die Tat eine gewichtige Rolle zukommt, so soll das Unterlassen der Verhinderung als Teilnahme genügen[458]. Außerdem kommt nach der Rechtsprechung eine Teilnahme durch Unterlassen dann in Frage, wenn der Teilnehmer eine Abwendungspflicht hat, die sich aus der mit seiner

---

[455] *Herzberg* Täterschaft § 5 III 2; *Jakobs* 22/40; *Maurach/Gössel/Zipf* § 39 Rdnr. 11, 40; *Rudolphi* in: Festschrift für Jescheck Bd. I, S. 559, 576; LK-*Roxin* § 27 Rdnr. 35.

[456] So wurde in folgenden Fällen der bloß anwesende Dritte nicht wegen Teilnahme verurteilt: Crim. 09.05.1885 B. crim. n° 141 (der im Wahlbüro Anwesende, als Wahlscheine verbotenerweise ausgetauscht wurden); Crim. 26.10.1912 B. crim. n° 516 = Sirey 1914.I.225 mit Anm. *Roux* (Anwesenheit bei Übergriffen Streikender auf Nicht-Streikende); Crim. 29.01.1936 G.P. 1936.I.386 (der Präsident eines Sportvereins, der verbotenes Wetten nicht unterbindet); weitere Nachweise bei *Salvage* in: J.-Cl. Art. 121-6 et 121-7 n° 47; *Desportes/Le Gunehec* S. 424 (n° 540); *Merle/Vitu* S. 693 (n° 551); *Pradel* Dr. pén. gén. S. 482 (n° 422).

[457] Für die h.M.: *Conte/Maistre du Chambon* S. 219 (n° 414).

[458] H.M.: Crim. 05.11.1941 Sirey 1942.I.89 (der Geliebte, der bei der Abtreibung durch seine Geliebte zusieht); Crim. 20. 01.1992 Dr. pénal 1992 (n° 194) (der in einer Schlägertruppe nur Mitlaufende, um die Gegner zahlenmäßig unterlegen sein zu lassen); *Chavanne* in: Encycl. Dalloz Dr. pén. II „Complicité" n° 76; *Desportes/Le Gunehec* S. 424 (n° 540); *Merle/Vitu* S. 693 (n°551); *Salvage* in: J.-Cl. Art. 121-1 et 121-7 n° 49 mit weiteren Nachweisen zur Rechtsprechung.

Stellung verbundenen Möglichkeit ergibt, die deliktische Handlung zu verhindern[459]. Schließlich ist die vorher versprochene Unterlassung der Deliktsverhinderung strafbare Teilnahme durch Unterlassen[460].

Voraussetzungen aller dieser Teilnahmeformen durch Unterlassen sind es, daß der Teilnehmer die Möglichkeit hat, die Straftat zu verhindern, daß er weiß, daß eine solche begangen werden wird, und daß er die Straftat selber will[461].

In Deutschland ist die Teilnahme durch Unterlassen wegen der grundsätzlich möglichen Bestrafung des Begehens durch Unterlassen gemäß § 13 dStGB sehr umstritten. Zunächst muß zwischen Anstiftung und Beihilfe durch Unterlassen unterschieden werden. Die Möglichkeit der Anstiftung durch Unterlassen wird von der überwiegenden Meinung ausgeschlossen, da durch bloßes Unterlassen in den meisten Fällen kein Tatentschluß motiviert, sondern höchstens ein schon vorhandener Tatentschluß bestärkt werden könne, was dann als Beihilfe strafbar wäre[462].

Anders liegt es bei der Beihilfe durch Unterlassen: Grundsätzlich wird in der deutschen Rechtsprechung und Literatur die Möglichkeit anerkannt, daß derjenige, der eine Garantenstellung innehat, auch als Teilnehmer bestraft wird, da auch durch Unterlassen die Haupttat gefördert werden könne. Umstritten ist lediglich, wie in diesen Fällen zur Unterlassungstäterschaft abgegrenzt werden kann[463]. Die Recht-

---

[459] H.M.: Crim. 09.10.1989 B. crim. n° 343 (Teilnahme eines Bankiers, der bei einem Bankrott nicht verhinderte, daß Gelder ausgesondert wurden); Crim. 28.05.1980 D. 1981.inf.rap.137 mit Anm. *Decocq* J.C.P. 1983.G.I.3124.Anm.7 (Strafbarkeit eines Hauptaktionärs und Direktionsmitgliedes einer AG, der nicht verhinderte, daß der Präsident Mittel der AG mißbrauchte); Crim. 10.04.1964 B. crim. n° 105 (Strafbarkeit des Direktors einer Zahnarztschule, der illegale Zahnarzttätigkeit nicht verhinderte); *Conte/Maistre du Chambon* S. 218 (n° 414); *Pradel* Dr. pén. gén. S. 482 (n° 422); *Salvage* in: J.-Cl. Art. 121-6 et 121-7 n° 50 mit weiteren Nachweisen zur Rechtsprechung.

[460] H.M.: Crim. 27.10.1971 B. crim. n° 284, mit Anm. *Légal* R.S.C. 1972, 375 und *Vitu* R.S.C. 1972, 385 (Strafbarkeit des Zöllners, der vorher versprach, „die Augen zu verschließen"); *Desportes/Le Gunehec* S. 425 (n° 541); *Pradel* Dr. pén. gén. S. 482 (n° 422); *Salvage* in: J.-Cl. Art. 121-6 et 121-7 n° 51 mit Nachweisen zur Rechtsprechung.

[461] Zu beachten bezüglich der Teilnahme durch Unterlassen ist, daß einige Delikte die Teilnahme durch Unterlassen ausdrücklich zulassen (zum Beispiel Art. 3 alinéa 2 des Gesetzes n° 76-599 vom 07.07.1976, wonach Teilnehmer der Luftverschmutzung der Schiffseigentümer ist, der nicht verhindert, daß der Kapitän gegen diese Regeln verstößt) bzw. daß einige Delikte aus der eigentlichen Teilnahme durch Unterlassen ein selbständiges Delikt machen (zum Beispiel Art. 223-6 alinéa 1 N.C.P.: Nichtverhinderung einer Straftat gegen die körperliche Integrität; Art. 434-1 N.C.P.: Nichtbekanntgabe einer geplanten Straftat).

[462] *Armin Kaufmann* S. 292; *Jescheck/Weigend* § 64 II 6; *Lackner* § 26 Rdnr. 3; Sch/Sch/*Cramer* § 25 Rdnr. 5; LK-*Roxin* § 26 Rdnr. 61ff.; *Roxin* S. 484; *Wessels* Rdnr. 568.

[463] S. dazu oben S.48ff.

sprechung unterscheidet hierbei nach rein subjektiven Kriterien[464]. Der überwiegende Teil der Lehre geht demgegenüber davon aus, daß der untätige Garant immer nur Nebenfigur des Geschehens und daher Gehilfe ist[465]. Andere unterscheiden nach Art der Garantenstellung: Der unterlassende Beschützergarant sei Täter, der unterlassende Überwachungsgarant sei Teilnehmer[466]. Schließlich wird davon ausgegangen, daß der unterlassende Garant stets Täter sei, da die Unterlassungsdelikte Pflichtdelikte seien, deren Verletzung allein die Täterstrafbarkeit begründe[467].

Damit ist in Deutschland die Beihilfe durch Unterlassen grundsätzlich anerkannt, lediglich die Abgrenzung zur Täterschaft ist umstritten. Dieses Problem stellt sich in Frankreich nicht, da dort keine Unterlassungstäterschaft existiert. Nur in Ausnahmefällen ist das Unterlassen als Beihilfe anerkannt. In den dort anerkannten Fällen unterliegt es aber ähnlichen Voraussetzungen wie das strafbare Unterlassen in Deutschland: Es muß eine Art Garantenstellung bestehen, aus der sich die Abwendungspflicht ergibt, und es muß dem Untätigen möglich und zumutbar sein, die Tat zu verhindern. Die bloße Anwesenheit am Tatort, die in Frankreich als strafbare Teilnahme durch Unterlassen erfaßt wird, da dies eine moralische Unterstützung des Täters sei, fällt in Deutschland unter die psychische Beihilfe oder wird bei Abwendungspflicht als Beihilfe durch Unterlassen bestraft[468]. Die vorher versprochene Unterlassung ist in Deutschland unproblematisch Beihilfe: Dies ist dann psychische Beihilfe durch positives Tun, da dazu jede Stärkung des Entschlusses des Täters ausreicht[469].

---

[464] BGHSt 2, 150; 13, 162, 166; NStZ 1985, 24, 24; StV 1986, 59, 60 mit Bespr. *Arzt* StV 1986, 337, 338 und *Ranft* JZ 1987, 908, 917; NJW 1992, 1246, 1247.

[465] *Gallas* JZ 1952, 371, 372; *ders.* JZ 1960, 686, 687; *Ranft* ZStW 94 (1982), 815, 845ff.; *Jescheck/Weigend* § 64 III 5 mit weiteren Nachweisen.

[466] Sch/Sch/*Cramer* Vorbem § 25 Rdnr. 102ff.; *Herzberg* Täterschaft § 6 I, II; *ders.* Unterlassung S. 257ff.

[467] LK-*Roxin* § 25 Rdnr. 206ff. und § 27 Rdnr. 43; *Roxin* S. 485.

[468] H.M.: BGH MDR 1967, 173; JZ 1983, 462, 463; NStZ 1993, 233; StV 1994, 175, 176; BGHSt StV 1982, 517, 518 mit **krit.** Bespr. *Rudolphi* StV 1982, 518, 520; Sch/Sch/*Cramer* § 27 Rdnr. 12; **krit.**: *Sieber* JZ 1983, 431, 437; *Ranft* JZ 1987, 859, 860f.; LK-*Roxin* § 27 Rdnr. 15, die deutlich machen, daß in der bloßen Anwesenheit lediglich Unterlassen liegen kann, das aber nur im Falle einer Abwendungspflicht strafbar ist.

[469] H.M.: *Jescheck/Weigend* § 64 III 2.; *Lackner* § 27 Rdnr. 4; Sch/Sch/*Cramer* § 27 Rdnr. 12; LK-*Roxin* § 27 Rdnr. 10, 13; *Tröndle* § 27 Rdnr. 7.

bb) Mittel der Teilnahmehandlung

Art. 121-7 N.C.P. umschreibt in seinen beiden Absätzen genau, welcher Art die Teilnahmehandlung sein muß. Strafbar ist sie nur in den dort aufgezählten Formen: „durch Hilfe oder Unterstützung" (*aide ou assistance*), durch Hervorrufen der Tat durch „Geschenk, Versprechen, Drohung, Befehl oder Autoritäts- oder Machtmißbrauch" (*provocation par don, promesse, menace, ordre, abus d'autorité ou de pouvoir*) oder durch „Anweisung" (*instructions*). Andere Formen der Teilnahme sind nicht strafbar[470], es sei denn, ein besonderer Straftatbestand stellt das Verhalten als selbständiges Delikt unter Strafe[471].

α) Die Anstiftung oder die Teilnahme „durch Hervorrufen der Tat" (*la Complicité par Provocation*)

Anstifter (*provocateur* oder *instigateur*) ist gemäß Art. 121-7 alinéa 2 N.C.P. derjenige, der eine Straftat durch die dort genannten Handlungen hervorruft. Die Anstiftung stellt keine eigenständige Teilnahmeform dar, wie das im Deutschen der Fall ist, sondern fällt unter die Teilnahme im allgemeinen (*complicité*). Bevor auf die einzelnen Anstiftungshandlungen eingegangen wird, sollen jedoch einige generelle Anforderungen an diese erläutert werden:

Die Anstiftung muß sich an eine bestimmte Person richten, also individuell (*individuelle*) sein[472]. Eine öffentliche, an einen unbestimmten Personenkreis gerichtete Anstiftung ist nicht strafbar[473], es sei denn, dies ist gesetzlich gesondert geregelt, wie zum Beispiel bei den Pressedelikten[474]. Außerdem muß die Anstifterhandlung „direkt" (*directe*) sein, das heißt, sie muß gezielt auf eine Straftat gerichtet sein und nicht nur zu Haß oder anderer feindlicher Gesinnung führen, aus der heraus dann selbständig der Straftatentschluß gefaßt wird[475]. Aus der Notwendigkeit der Kausa-

---

[470] H.M.: *Conte/Maistre du Chambon* S. 218 (n° 413); *Pradel* Dr. pén. gén. S. 485 (n° 426).

[471] Vgl. zum Beispiel Art. 431-14 N.C.P., Teilnahme an einer Schlägertruppe: „erleichtern" (*faciliter*), Art. 433-1 N.C.P., Bestechung: „die Begehung vorschlagen" (*proposer la commission*) oder Art. 432-9 N.C.P., Verletzung des Briefgeheimnisses: „befehlen, erleichtern" (*ordonner, faciliter*).

[472] H.M.: *Conte/Maistre du Chambon* S. 220 (n°417); *Pradel* Dr. pén. gén. S. 485 (n° 426); *Salvage* in: J.-Cl. Art. 121-6 et 121-7 n° 69.

[473] Wohl aber die Anstiftung mehrerer Personen; h.M.: Crim. 29.03.1971 B. crim. n° 112; *Conte/Maistre du Chambon* S. 220 (n° 417).

[474] Vgl. Art. 23 des Gesetzes vom 29.07.1881; *Guerder* in: J.-Cl.-ann. V „Presse", Fascicule 10.

[475] H.M.: *Conte/Maistre du Chambon* S. 220 (n°417); *Pradel* Dr. pén. gén. S. 485 (n° 426); *Salvage* in: J.-Cl. Art. 121-6 et 121-7 n° 70.

lität der Teilnahmehandlung folgt, daß die Anstiftung eines *omnimodo facturus* nicht strafbar ist[476]. Die Straftat, zu der angestiftet wird, muß hinreichend bestimmt sein, es darf nicht nur dazu aufgefordert werden, „eine Straftat" zu begehen[477]. Schließlich muß die Anstiftung „erfolgreich" sein *(suivi d'effet)*. Der Angestiftete muß die Straftat mindestens versuchen. Behält der bezahlte Mörder sein Geld, ohne aber zur Tötung des Opfers anzusetzen, so bleibt der Anstifter straflos, selbst wenn kurzzeitig beim Angestifteten Tatentschluß bestand[478]. Ist es nicht zu einer Haupttat gekommen, so ist der Anstifter straflos, es sei denn, das Gesetz macht aus der Anstiftung ein selbständiges Delikt, dessen Versuch dann strafbar sein würde[479]. Um unbillige Strafbarkeitslücken wegen Straflosigkeit der versuchten Anstiftung zu verhindern, wollte man ursprünglich in den N.C.P. eine Bestimmung aufnehmen, wonach auch derjenige Anstifter, der nicht erreicht, daß eine Straftat begangen wird, strafbar sein sollte[480]. Diese wollte das Parlament aber nicht aufnehmen, da man fürchtete, dies könnte zu ungerechtfertigten Anschuldigungen unschuldiger Personen führen, indem behauptet werden könnte, ein anderer hätte versucht anzustiften, ohne daß der Anschuldigende selber irgendwelche Konsequenzen fürchten müßte[481]. Damit ist versuchte Anstiftung im französischen Recht nicht strafbar.

Die „Anstiftung „durch Geschenk oder Versprechen" (*par don et promesse*) umfaßt alle die Fälle, bei denen für die Begehung der Tat die Mittel zur Verfügung gestellt werden[482], das finanzielle Risiko übernommen[483] oder eine Belohnung versprochen wird[484].

---

476 Für die h.M.: *Czepluch* S. 116.

477 Für die h.M.: *Conte/Maistre du Chambon* S. 220 (n° 417).

478 Crim. 25.10.1962, *affaire Lacour*, J.C.P. 1963.II.12985 mit Anm. *Vouin*, D. 1963.221 mit Anm. *Bouzat; Desportes/Le Gunehec* S. 432 (n° 553).

479 Vgl. Art. 227-18 N.C.P. (Anstiftung zum Drogenmißbrauch Minderjähriger), Art. 411-11 N.C.P. (Anstiftung zu Verrat oder Spionage); weitere Beispiele bei *Larguier* S. 77; *Lazerges* S. 24; *Pradel* Dr. pén. gén. S. 485 (n° 426); s. auch oben S. 85, Fußnote 418.

480 Projet de Code pénal de 1986 Art. 121-6: „ Derjenige, der: 1°) wissentlich durch einen anderen Straftaten begehen läßt; oder 2°) einen Dritten direkt zur Begehung eines Vergehens anstiftet, auch wenn unabhängig vom Willen des Anstifters die Anstiftung keinen Erfolg hat... (*La personne qui: 1°) sciemment fait commettre par un tiers les faits incriminés; 2°) provoque directement un tiers à un crime lors même qu'en raison de circonstances indépendantes de la volonté de l'instigateur, la provocation n'est pas suivie d'effet...).*

481 So *Desportes/Le Gunehec* S. 432 (n°553); *Lazerges* S. 18.

482 Für die h.M.: Crim 28.11.1856 D.P. 1857.I.28 (Überweisung des Wetteinsatzes); Crim. 19.02.1963 B. crim. n° 82.

483 Für die h.M.: Crim. 22.10.1825 B. crim. n° 214 (Übernahme des finanziellen Risikos bei Schleichhandel).

484 H.M.: Crim. 30.01 1962 B. crim. n° 70; Crim. 24.07.1985 G.P. 1986.I.somm.115 mit Anm. *Doucet; Conte/Maistre du Chambon* S. 220 (n° 417).

Die Fälle der Anstiftung durch „Drohung" (*menace*) sind eher selten, zumal sich oft Überschneidungen mit der Anstiftung durch „Autoritäts- oder Machtmißbrauch" (*abus d'autorité ou de pouvoir*) ergeben. Gemeint sind die Fälle, in denen jemand durch Druck gleich welcher Art zur Begehung einer Straftat gezwungen wird[485].

Schließlich kann durch „Befehl" (*ordre*) oder „Autoritäts- oder Machtmißbrauch" (*abus d'autorité ou de pouvoir*) zu einer Straftat angestiftet werden. Die Alternative des „Befehls" wurde eingefügt, um klarzustellen, daß es sich nicht immer um Mißbrauch eines Autoritätsverhältnisses handeln muß[486]. Das Macht- oder Autoritätsverhältnis kann rechtlicher oder rein faktischer Natur sein[487]. Anstifter kann nach dieser Alternative jeder sein, der in einem solchen Verhältnis zu einer Person steht, daß er irgendwie gelagerten Druck ausüben kann[488]. Wegen dieses Drucks kann sich der Angestiftete meist nicht auf den Rechtfertigungsgrund der „höheren Gewalt" (*force majeure*, Art. 122-1 N.C.P.) berufen[489]. Diese Fälle würden im deutschen Strafrecht wegen Nötigungsnotstandes, der den Genötigten rechtfertigt[490] oder entschuldigt[491], mittelbare Täterschaft sein[492]. Im französischen Strafrecht muß der Druck nach herrschender Meinung nicht so weit gehen, daß der Angestiftete nicht mehr verantwortlich ist. Ist das aber der Fall, so ist dies für die Rechtsprechung der Ansatzpunkt, mittelbare Täterschaft oder, sofern die Haupttat nicht entfällt, Mittäterschaft anzunehmen[493].

---

485 Für die h.M.: Crim. 25.02.1942 D.A. 1942.91 (Drohung des Geliebten, seine schwangere Freundin zu verlassen, wenn sie nicht abtreibe); Crim. 24.07.1958 B. crim. n° 573 (Erzwingung einer Falschaussage eines Angestellten durch Drohung des Arbeitgebers mit der Kündigung).

486 So *Salvage* in: J.-Cl. Art. 121-6 et 121-7 n° 67.

487 H.M.: C.A. Riom 15.01.1862 D.P. 1862.II.81, Trib. corr. Seine 05.12.1940 D.A. 1941.160 (Eltern gegenüber ihren Kindern); Crim. 24.12.1896 B. crim. n° 385, Crim. 10.11.1899 B. crim. n° 312, Crim. 08.07.1948 B. crim. n° 186 (=R.S.C. 1948, 768), Crim. 24.11.1953 J.C.P. 1954.G.IV.1 (Arbeitgeber gegenüber ihren Angestellten).

488 H.M.: Crim. 24.04.1922 B. crim. n° 159; Crim. 24.11.1953 B. crim. n° 304; Crim. 29.03.1971 B. crim. n° 112; Crim. 10.01.1973 B. crim. n° 14 mit Anm. *Larguier* R.S.C. 1974, 579; C.A. Montpellier 16.12.1964 D. 1965.459.

489 Crim. 28.02.1962 B. crim. n° 111.

490 LK-*Hirsch* § 34 Rdnr. 69a; *Jakobs* 13/14; *Küper* S. 47ff.; *Lackner* § 34 Rdnr. 2; SK-*Samson* § 34 Rdnr. 31; **differenzierend** *Günther* S. 335, 395; *Roxin* in: Festschrift für Oehler S. 181, 188f.

491 *Kelker* S. 155ff.; *Lange* NJW 1978, 784, 785; Sch/Sch/*Lenckner* § 34 Rdnr. 41b mit weiteren Nachweisen; LK-*Spendel* § 32 Rdnr. 212.

492 H.M.: RGSt 64, 30, 33; LK-*Hirsch* § 35 Rdnr. 26; *Jakobs* 13/14; 21/84; LK-*Roxin* § 25 Rdnr. 61.

493 Zur mittelbaren Täterschaft s. oben S. 79ff.; zur Mittäterschaft s. oben S. 72f. , 77ff.; vgl. auch *Czepluch* S. 119.

β) Die Teilnahme „durch Anweisung" (*la Complicité par Fourniture d'Instructions*)

Teilnahme ist weiterhin möglich durch Anweisungen zur Durchführung der Haupttat. Darunter fallen alle präzisen Hinweise, die dazu dienen, die Tat zu ermöglichen oder zu erleichtern[494]. Allgemeine Hinweise genügen nicht[495].

γ) Die Beihilfe oder die Teilnahme „durch Hilfe und Unterstützung" (*la Complicité par Aide ou Assistance*); physische und psychische Beihilfe

Diese von der Rechtsprechung ausgesprochen weit ausgelegte Teilnahmeform umfaßt alle Hilfs- und Beistandshandlungen, die sowohl während der Vorbereitung als auch während der Straftat selber die Ausführung der Tat irgendwie erleichtern[496]. Wie oben festgestellt, muß die Hilfshandlung nicht unbedingt nötig gewesen sein[497]. Rechtsprechung und Literatur gehen vielmehr davon aus, daß auch eine überflüssige Teilnahmehandlung den Täter zumindest moralisch unterstützt[498].

---

494 H.M.: Crim. 22.07.1943 J.C.P. 1944.II.2651 (Information über mögliche Orte der Abtreibung); Crim. 28.01. 1942 D. 1942.somm.5; Crim. 21.10.1953 J.C.P. 1953.IV.165 (Information über Abtreibungsmittel); Crim. 23.05.1973 B. crim. n° 116 (Informationen, die dazu dienen, ein Attentat auf Wachposten zu verüben); weitere Nachweise zur Rechtsprechung bei *Salvage* in: J.-Cl. Art. 121-6 et 121-7 n° 74.

495 H.M.: C.A. Rouen 12.02.1887 G.P. 1887.I.357; Crim. 01.03. 1945 D. 1945.265; *Merle/Vitu* S. 691 (n° 550); *Salvage* in: J.-Cl. Art. 121-6 et 121-7 n° 75 mit weiteren Nachweisen zur Rechtsprechung.

496 H.M.: Crim. 26.11.1943 D. 1945.somm.2 (das Fahren einer Frau zu einer Abtreibung); Crim. 05.06.1947 D. 1947.somm.37 (die Herstellung der Verbindung zwischen einer Frau und der die Abtreibung ausführenden Person); Crim 29.01.1965 D. 1965.288 mit Anm. *Combaldieu* (Übermittlung des Preises der Prostitution an den Zuhälter); mit zahlreichen weiteren Beispielen *Salvage* in: J.-Cl. Art. 121-6 et 121-7 n° 58.

497 S. oben S. 89.

498 Crim. 17.05.1962 D. 1962.473; Crim. 13.03.1963 B. crim. n° 116; Crim. 03.11.1981 B. crim. n° 289 mit Anm. *Larguier* R.S.C. 1984, 489; Crim. 22.01.1991 B. crim. n° 36; *Conte/Maistre du Chambon* S. 219, (n° 414); *Desportes/Le Gunehec* S. 424 (n° 538); *Merle/Vitu* S. 692 (n° 551, Fußnote 6); *Stefani/Levasseur/Bouloc* S. 266 (n° 328).

c) *„Teilnahmevorsatz"* (Intention Criminelle)

aa) Allgemeines

Art. 121-7 alinéa 1 N.C.P. formuliert, daß strafbar derjenige ist, der „wissentlich" (*sciemment*) die Straftat erleichtert bzw. der sie provoziert (alinéa 2). Damit wird einerseits Wissen bezüglich der Haupttat und andererseits der Vorsatz, diese zu fördern oder hervorzurufen, verlangt[499]. Dieser Vorsatz muß vor oder während der Teilnahmehandlung vorliegen[500]. Fahrlässige Beihilfe ist also grundsätzlich nicht strafbar[501].

bb) Verantwortung des Teilnehmers für Exzesse des Täters

Zu untersuchen bleibt, wie sich Abweichungen der Haupttat von der Vorstellung des Teilnehmers auf dessen Teilnahmestrafbarkeit auswirken:

- Der Täter begeht eine andere Straftat als diejenige, die der Teilnehmer unterstützen oder provozieren wollte. Der Teilnehmer ist zum Beispiel nicht strafbar, wenn er jemanden zu einem Diebstahl anstiftet und dieser einen Mord begeht oder wenn jemand zur Tötung einer bestimmten Person angestiftet wurde und dieser aus freien Stücken eine andere Person umbringt, da ihm der Vorsatz bezüglich dieser Tat fehlt[502]. Dies entspricht der Rechtslage in Deutschland sowohl für die Anstiftung als auch für die Beihilfe[503].
- Die Haupttat bleibt die gleiche, der Täter wählt nur eine andere Art der Ausführung. Da sich durch eine andere Ausführungsart meist die Natur der Straftat nicht ändert, ist diese Abweichung unerheblich[504]. Auch im deutschen Recht genügt es,

---

[499] H.M.: *Desportes/Le Gunehec* S. 428 (n° 546); *Merle/Vitu* S. 669f. (n° 558); *Pradel* Dr. pén. gén. S. 490 (n° 434); *Salvage* in: J.-Cl. Art. 121-6 et 121-7 n° 89 mit Nachweisen zur Rechtsprechung; *Stefani/Levasseur/Bouloc* S. 269 (n° 333).

[500] Für die h.M.: *Salvage* in: J.-Cl. Art. 121-6 et 121-7 n° 89 mit Nachweisen zur Rechtsprechung.

[501] Allerdings wird im französischen Strafrecht die Möglichkeit der fahrlässigen Teilnahme am Fahrlässigkeitsdelikt diskutiert, s. dazu unten S. 103.

[502] H.M.: Crim. 13.01.1955 D. 1955.291 mit Anm. *Chavanne*; C.A. Orléans 28.01.1896 Sirey 1897.II.180; *Desportes/Le Gunehec* S. 429 (n° 548); *Merle/Vitu* S. 700 (n° 558); *Pradel* Dr. pén. gén. S. 491 (n° 435).

[503] H.M.: Sch/Sch/*Cramer* § 26 Rdnr. 22; § 27 Rdnr. 22; *Tröndle* § 26 Rdnr. 16, § 27 Rdnr. 8f.; LK-*Roxin* § 26 Rdnr. 87, § 27 Rdnr. 51.

[504] Für die h.M.: *Merle/Vitu* S. 701 (n° 558).

daß der Teilnehmer die wesentlichen Umstände der Tat kennt. Abweichungen von Ort, Zeit und Modalität sind unerheblich[505].

- Die Haupttat weicht dadurch von der geplanten ab, daß der Täter ohne Wissen des Teilnehmers „qualifizierende Tatumstände" (*circonstances réelles)* erfüllt, die Tat aber ihrer Natur nach die gleiche bleibt. Wollte der Teilnehmer an einem Diebstahl teilnehmen und begeht der Täter ohne dessen Wissen einen nach Art. 311-4 N.C.P. qualifizierten Diebstahl (zum Beispiel mit mehreren Personen), so ist der Teilnehmer trotz seiner Unkenntnis und seines fehlenden Vorsatzes bezüglich der qualifizierenden Umstände nach der Qualifikation strafbar, da er die möglichen Qualifikationen und Begleitumstände hätte vorhersehen können und müssen[506]. Hier schränkt das deutsche Recht die Strafbarkeit des Teilnehmers ein. Der Teilnehmer ist nur soweit zu bestrafen, wie sein Vorsatz reicht. Wer zu einem Diebstahl hat anstiften wollen, ist nur wegen §§ 26, 242 dStGB strafbar, auch wenn der Täter schließlich einen Raub oder einen Diebstahl mit Waffen begeht[507]. Zu beachten ist aber auch hier die Möglichkeit des Eventualvorsatzes bezüglich des Exzesses des Täters. Dieser würde für die Teilnahmestrafbarkeit auch bezüglich des Exzesses ausreichen. Allerdings wird dieser Eventualvorsatz im deutschen Strafrecht nicht unterstellt, sondern muß nachgewiesen werden.
- Die Haupttat ist unbestimmt. Hat zum Beispiel der Anstifter nur aufgetragen, daß er gerächt werden wolle, und dem Haupttäter die Tatmodalitäten überlassen, so kann er sich später nicht darauf berufen, er habe diese Tatausführung nicht gewollt[508]. Demgegenüber wird in Deutschland für die Anstiftung verlangt, daß sie sich bereits auf eine bestimmte Tat bezieht[509].

---

[505] H.M.: RGSt 34, 327, 328; BGHSt 34, 63, 64, 66f.; Sch/Sch/*Cramer* § 27 Rdnr. 19ff.; LK-*Roxin* § 26 Rdnr. 86, § 27 Rdnr. 51; *Tröndle* § 26 Rdnr. 15, § 27 Rdnr. 3.

[506] H.M.: Crim. 03.12.1947 B. crim. n° 270; Crim. 26.01.1954 B. crim. n° 32; Crim. 19.06.1984 B. crim. n° 231: „...er muß alle Qualifikationen, derer die Tat zugänglich ist, alle Umstände, die die Tat begleiten könnten, voraussehen" (*il devait prévoir toutes les qualifications dont le fait était susceptible, toutes les circonstances dont il pouvait être accompagné); Desportes/Le Gunehec* S. 429 (n° 548); *Merle/Vitu* S. 701 (n° 558)*; Pradel* Dr. pén. gén. S. 491 (n°435).

[507] H.M.: RGSt 11, 118, 119; RGSt 67, 343, 344f.; BGHSt 2, 223, 225; LK-*Roxin* § 26 Rdnr. 89, § 27 Rdnr. 51; *Tröndle* § 26 Rdnr. 16, § 27 Rdnr. 9.

[508] Für die h.M.: Crim. 28.10.1965 J.C.P. 1966.II.14524; *Merle/Vitu* S. 701 (n° 558). Allerdings muß die Art der Straftat hinreichend bestimmt sein; s. oben S. 96, Fußnote 477.

[509] H.M.: RGSt 1, 110, 110; weitergehend BGHSt 34, 63, 64; Sch/Sch/*Cramer* § 26 Rdnr. 17, § 27 Rdnr. 19; LK-*Roxin* § 26 Rdnr. 52, § 27 Rdnr. 47; *Tröndle* § 27 Rdnr. 8.

3. *Teilnahme am Versuch und versuchte Teilnahme*

Zwar ist die Teilnahme am Versuch strafbar[510], jedoch ist die versuchte Teilnahme straflos[511]. Diese Straflosigkeit kann nur umgangen werden, wenn das Gesetz die Teilnahmehandlung als selbständiges Delikt unter Strafe stellt, so daß dann der Versuch dieses Delikts strafbar wäre[512]. Im deutschen Recht ist die versuchte Beihilfe seit der Streichung des § 49a Abs. 3 a.F. dStGB im Jahre 1953, der die versuchte Teilnahme an einem Verbrechen unter Strafe stellte, straflos[513]. Die versuchte Anstiftung ist allerdings nach § 30 Abs. 1 dStGB strafbar, sofern sie sich auf ein Verbrechen bezieht.

4. *Rücktritt von der Teilnahme*

Will der Teilnehmer, nachdem er seine Teilnahmehandlung schon erbracht hat, nicht mehr, daß es zur Deliktsvollendung kommt, so muß er alles versuchen, damit die Tat nicht zur Vollendung gelangt. Die bloße Aufgabe des Vollendungswillens reicht nicht, erforderlich ist es, die Folgen des eigenen Tatbeitrages durch positives Tun komplett zu beseitigen[514], was oft nur durch Verhinderung der Straftat wirklich erreicht werden kann, so daß im Grunde dies erforderlich ist[515]. Der Rücktritt von der Beteiligung richtet sich im deutschen Recht nach § 24 Abs. 2 dStGB: Nach dessen Satz 1 ist es erforderlich, daß der zurücktretende Beteiligte die Vollendung verhindert. Wenn es ohne sein Zutun nicht zur Vollendung kommt, so genügt es, daß er sich freiwillig und ernsthaft darum bemüht hat (§ 24 Abs. 2 Satz 2 dStGB). Kommt es dennoch zur Vollendung, so ist Voraussetzung, daß er sich ernsthaft und freiwillig um Verhinderung dieser bemüht hat und daß diese unabhängig von seinem früheren Tatbeitrag möglich war (§ 24 Abs. 2 Satz 2 dStGB). Das Rückgängigmachen des eigenen Tatbeitrages genügt also nur, wenn darin das Bemühen liegt, die Vollen-

---

[510] S. oben S. 87 , Fußnote 427.

[511] H.M.: Crim. 10.03.1977 B. crim. n° 91, D. 1977.inf.rap.237 mit Anm. *Puech*; *Larguier* R.S.C. 1979, 75; *Conte/Maistre du Chambon* S. 217 (n°411); *Desportes/Le Gunehec* S. 424 (n° 539); *Fournier* R.S.C. 1995, 475, 482 (n° 10); *Salvage* in: J.-Cl. Art. 121-6 et 121-7 n° 23.

[512] Vgl. die Beispiele oben S. 85, Fußnote 418.

[513] H.M.: Sch/Sch/*Cramer* § 27 Rdnr. 33; *Lackner* § 27 Rdnr. 9; *Tröndle* § 27 Rdnr. 10.

[514] Für die h.M.: *Légal* R.S.C. 1956, 99, 102.

[515] So *Desportes/Le Gunehec* S. 428 (n° 547); *Pradel* Dr. pén. gén. S. 492 (n° 437).

dung zu verhindern[516]. Der Rücktritt von der versuchten Anstiftung ist in § 31 Abs. 1 Nr. 1 dStGB geregelt: Hat der Täter noch keinen Tatentschluß gefaßt, genügt bloßes Nichtweiterhandeln; ist er bereits entschlossen, so daß Gefahr der Tatbegehung besteht, so muß diese abgewendet werden. Auch hier genügt allerdings das ernsthafte und freiwillige Bemühen um die Verhinderung der Tatbegehung, sofern die Tat unabhängig von der Anstiftung begangen wird (§ 31 Abs. 2 dStGB). Damit sind die Anforderungen an den zurücktretenden Gehilfen im deutschen Strafrecht strenger als in Frankreich: Zwar wird in beiden Rechtsordnungen nicht zwingend verlangt, daß die Vollendung verhindert wird, jedoch genügt in Frankreich das (zwar restlose) Beseitigen des eigenen Tatbeitrages, während dies in Deutschland nur unter der Voraussetzung genügt, daß es sich als ernsthaftes und freiwilliges Bemühen um die Verhinderung der Vollendung darstellt.

5. *Teilnahme an der Teilnahme*

Hilfeleistungen, die nicht dem Täter direkt, sondern einem anderen Teilnehmer erbracht werden (*complicité de complicité*), fallen unter die strafbare Teilnahme „durch Hilfe oder Unterstützung" (*par aide ou assistance*)[517]. Bestätigt wird diese Auffassung durch die Formulierung des Art. 121-7 alinéa 1 N.C.P., der nicht mehr verlangt, daß „dem Täter geholfen wird" (Art. 60 alinéa 3 C.P. a.F.: *aidé l'auteur*), sondern daß die „Vorbereitung oder Vollendung erleichtert wurde" (*a facilité la préparation ou la consommation)*[518]. Zu beachten ist, daß die Teilnahme an der Teilnahme nur strafbar ist, solange sie die Haupttat erleichtert. Ansonsten bleibt sie straffrei, da die Teilnahme eine selbständige strafbare Haupttat voraussetzt, die die Teilnahme an einer anderen Tat aber nicht darstellt[519].

In Deutschland ist die Teilnahme an der Beihilfe sowohl als Anstiftung zur Beihilfe[520] als auch als Beihilfe zur Beihilfe[521] möglich. Beide Varianten sind als Bei-

---

516 H.M.: BGH NJW 1984, 2169 mit Anm. *Kühl* JZ 1984, 292, 294 und *Küper* JR 1984, 265, 268; BGHSt 32, 133, 134; *Lackner* § 24 Rdnr. 26; *Tröndle* § 24 Rdnr. 16.

517 Einigkeit darüber besteht jedenfalls in der neueren Literatur: *Desportes/Le Gunehec* S. 424 (n° 538 a.E.); *Merle/Vitu* S. 695 (n° 552); *Pradel* Dr. pén. gén. S. 423 (n° 423). Bejahend wohl auch die neuere Rechtsprechung: Crim. 01.09.1987 B. crim. n° 308; Crim. 10.10.1988 G.P. 1989.I.189 mit Anm. *Doucet;* Crim. 30.05.1989 B. crim. n° 222 mit Anm. *Vitu* R.S.C. 1990, 325.

518 *Stefani/Levasseur/Bouloc* S. 268 (n°331).

519 Für die h.M.: *Fournier* R.S.C. 1995, 475, 482 (n° 10).

520 Vgl. RGSt 59, 396, 397; BGHSt 7, 234, 236; *Jakobs* 22/30.

521 Vgl. RGSt 23, 300, 306; 59, 396, 397; OLGHH JR 1953, 27.

hilfe zur Haupttat zu bestrafen, da diese jede Förderung der Haupttat umfaßt[522]. Die Beihilfe zur Anstiftung ist ebenfalls Beihilfe zur Haupttat, da kein Tatentschluß erregt wird, sondern mittelbar die Haupttat gefördert wird[523]. Die Anstiftung zur Anstiftung wird nach überwiegender Auffassung als (mittelbare) Anstiftung zur Haupttat bestraft, da § 26 dStGB nur verlangt, daß ein anderer zu „einer mit Strafe bedrohten Handlung" - worunter auch die Anstiftung fällt - bestimmt wird und dafür die Strafe der Tat, zu der angestiftet wurde (also die Strafe der Anstiftung zur Haupttat), androht[524].

Damit ist die Teilnahme an der Teilnahme in Deutschland in allen Varianten als Teilnahme an der Haupttat strafbar, während in Frankreich nur diejenige Teilnahme an der Teilnahme strafbar ist, die sich als „Hilfe oder Unterstützung" zur Haupttat auslegen läßt.

VI. Die Beteiligung am Fahrlässigkeitsdelikt

Unstreitig ist zunächst vorsätzliche Teilnahme am Fahrlässigkeitsdelikt möglich, da im französischen Strafrecht mangelnder Vorsatz des Täters zwar die Vorsatztat, nicht aber die Fahrlässigkeitstat entfallen läßt. Vorsätzliche Teilnahme an einer Fahrlässigkeitstat ist damit unproblematisch möglich[525] und wird daher in der Literatur auch nicht problematisiert.

Umstritten ist allerdings, ob trotz des Grundsatzes, daß nur vorsätzliche Teilnahme strafbar ist, die fahrlässige Teilnahme an der Fahrlässigkeitstat möglich ist. In der älteren Literatur wurde dies überwiegend bejaht[526], da zwar auch die fahrlässige Teilnahme an der Fahrlässigkeitstat eine „Willensübereinstimmung" (*accord de volonté)* zwischen Teilnehmer und Täter voraussetze, diese sich aber anders als bei den Vorsatzdelikten nicht auf den Erfolg der Haupttat richten müsse, sondern lediglich

---

522 H.M.: LK-*Roxin* § 27 Rdnr. 61; *Schwind* MDR 1969, 13, 14f.; *Tröndle* § 27 Rdnr. 10.

523 H.M.: *Jakobs* 22/30; *Lackner* § 26 Rdnr. 8; LK-*Roxin* § 26 Rdnr. 110; *Tröndle* § 27 Rdnr. 10.

524 BGHSt 6, 359, 361; 7, 234, 237; 14, 156, 157; *Lackner* § 26 Rdnr. 8; LK-*Roxin* § 26 Rdnr. 108; *Schwind* MDR 1969, 13; a.A.: *Janß* S. 173; *Sippel* S. 82.

525 H.M.: Crim. 22.01.1835 Sirey 1835.I.920; Crim. 09.03.1876 Sirey 1876.I.188; Crim. 03.07.1886 B. crim. n° 241; Crim. 17.05. 1906 B. crim. n° 211; 02.06.1916 Sirey 1818-1819.I.189; *Fillion* S. 83; *Garraud* Traité dr. pén. III S. 51 (n° 898); *Terral* S. 61.

526 *Chauten* S. 20f.; *Desguerrois* S. 154; *Thibierge* S. 84; R. *Garraud* Traité dr. pén. III S. 37f. (n° 894); *ders.* Précis dr. crim. S. 526 (n° 255); *Merle/Vitu* (6. Auflage) S. 674 (n°528); weitere Nachweise bei *Czepluch* S. 147, Fußnote 403.

auf die fahrlässige Handlung, die zur im Gesetz sanktionierten Folge führe. Diese Übereinstimmung gebe es zumindest bei der bewußten Fahrlässigkeit.

In der neueren Literatur wird die Möglichkeit der fahrlässigen Teilnahme an der Fahrlässigkeitstat abgelehnt, da sich die Fahrlässigkeit und die zur Teilnahme nötige Verständigung zwischen Täter und Teilnehmer nicht vereinbaren ließen[527]. Außerdem liege in der fahrlässigen Teilnahme meist bereits selbst das für fahrlässige Täterschaft erforderliche Verhalten, so daß es auf eine Strafbarkeit als Teilnehmer gar nicht ankomme[528]. Die Rechtsprechung geht seit jeher davon aus, daß zumindest zur bewußten Fahrlässigkeitstat Beihilfe möglich ist, da die Regelungen des Art. 59 und 60 C.P. a.F. generell und nicht auf Teilnahme an vorsätzlichen Delikten beschränkt seien[529]. Zu beachten ist, daß die spätere Rechtsprechung in Annäherung an die Literatur statt Teilnahme an der Fahrlässigkeitstat oft Mittäterschaft annahm, da die Teilnahme in diesen Fälle bereits alle Voraussetzungen der Fahrlässigkeit erfülle und, sofern gegenseitiges Wissen vorliege, auch die Voraussetzungen der Mittäterschaft erfüllt seien[530].

Damit nähert sich auch hier das französische Recht dem deutschen an: In Deutschland ist zunächst - wie in Frankreich grundsätzlich auch - unproblematisch anerkannt, daß es keine fahrlässige Beteiligung gibt, was sich bereits aus dem Wortlaut der §§ 26, 27 dStGB ergibt („vorsätzlich"). Der Streit, ob an der Fahrlässigkeitstat fahrlässige Teilnahme möglich sei, existiert daher in der deutschen Dogmatik nicht, zumal beim Fahrlässigkeitsdelikt von einem Einheitstätersystem ausgegangen wird[531], was der in Frankreich von Rechtsprechung und Lehre anerkannten Lösung der Bestrafung des fahrlässigen Teilnehmers als (Mit-)täter entspricht. Im deutschen Recht sind dies Fälle der Nebentäterschaft, da die Voraussetzungen der

---

[527] *Desportes/Le Gunehec* S. 429 (Rdnr. 549); *Larguier* S. 71; *Pradel* Dr. pén. gén. S. 474 (n° 411), S. 491 (n°436); **differenzierter**: *Merle/Vitu* S. 702 (Rdnr. 559) und *Salvage* in: J.-Cl. Art. 121-6 et 121-7 n° 97, die zwischen bewußter und unbewußter Fahrlässigkeit differenzieren und bei letzterer die Möglichkeit der Teilnahme bejahen.

[528] *Desportes/Le Gunehec* S. 429 (n° 549); *Larguier* S. 71; *Pradel* Dr. pén. gén. S. 474 (n° 411), S. 491 (n° 436); **differenzierter**: *Merle/Vitu* S. 702 (n° 559) und *Salvage* in: J.-Cl. Art. 121-6 et 121-7 n° 97.

[529] Crim. 17.11.1887 B. crim. n° 392; C.A. Chambéry 08.03.1956 J.C.P. 1956.II.9224 mit Anm. *Vouin* und Anm. *Légal* R.S.C. 1956, 531; *Pradel* Dr. pén. gén. S. 491 (n° 436); *Stefani/Levasseur/Bouloc* S. 270 (Rdnr. 334) mit Nachweisen; *Salvage* in: J.-Cl. Art. 121-6 et 121-7 Rdnr. 97.

[530] Crim. 12.04.1930 Sem. Jur. 1930,1082 mit Anm. *Garraud;* Crim. 24.10.1956 B. crim. n° 675 mit Anm. *Légal* R.S.C. 1957, 370; *Merle/Vitu* S. 702 (n° 559), Fußnote 2; *Pradel* Dr. pén. gén. S. 491 (n° 436); *Salvage* in: J.-Cl. Art. 121-6 et 121-7 n° 97.

[531] H.M.: Sch/Sch/*Cramer* Vorbem § 25 Rdnr. 112f.; *Jescheck/Weigend* § 61 VI; *Lackner* § 25 Rdnr. 13; LK-*Roxin* § 25 Rdnr. 217.

vorsätzlichen Mittäterschaft nicht erfüllt sind und fahrlässige Mittäterschaft allgemein abgelehnt wird[532], während im französischen Recht wegen der geringen Anforderungen an das gegenseitige Einverständnis von Mittäterschaft ausgegangen wird, sobald die verschiedenen Beteiligten voneinander wußten.

VII. Die Beteiligung am Sonderdelikt

Die Täterschaft des Extraneus am Sonderdelikt ist in Frankreich in jeder Form ausgeschlossen[533]. Möglich ist allerdings die Teilnahme des Extraneus an der Tat eines Intraneus. Einige Gesetze stellen ausdrücklich die Strafbarkeit des Extraneus als Teilnehmer fest[534]. Außerdem hat die Rechtsprechung entschieden, daß aus der Tatsache, daß die Haupttat nur von einem bestimmten Personenkreis begangen werden kann und daß diese persönliche Tätereigenschaft ein strafbegründendes Merkmal ist, nicht gefolgert werden darf, daß Dritte (Extranei) nicht daran teilnehmen können[535].

Mit der Neufassung des Art. 121-6 N.C.P., wonach der Teilnehmer so zu bestrafen ist, als sei er selbst Täter gewesen, stellte sich die Frage, ob dieser, sofern er die Sondereigenschaft nicht hat, straflos ausgehen müsse, da er als Täter gerade nicht strafbar sei[536]. Diese zu Strafbarkeitslücken führende Konsequenz hat der Gesetzgeber nach einhelliger Meinung aber gerade nicht gewollt. Auch wenn der Teilnehmer die erforderliche Sondereigenschaft nicht hat, ist er strafbar. In diesem Fall wird er bestraft, als sei er „tauglicher Täter" (*auteur punissable*) gewesen[537]. Die Tätereigenschaft wird fingiert. Dies entspricht der Regelung im deutschen Strafrecht, wo der Extraneus zwar nicht tauglicher Täter des Sonderdeliktes sein kann, aber dennoch

---

[532] Sch/Sch/*Cramer* Vorbem § 25 Rdnr. 115; *Herzberg* Täterschaft 5 III 3; *Lackner* § 25 Rdnr. 13; LK-*Roxin* § 25 Rdnr. 221, 222; a.A. *Brammsen* JURA 1991, 533, 537; *Otto* JURA 1990, 47, 49.

[533] S. oben S. 71, Fußnote 353.

[534] Gesetz n° 80-1041 vom 23.12.1980 (répression du viol et de certains attentats aux moeurs) regelt die Teilnahme einer Frau an einer Vergewaltigung; Gesetz n° 85-98 (relative au redressement et à la liquidation judiciaires des entreprises) vom 25. 01.1985 regelt in Art. 199 alinéa 1 die Teilnahme von Nicht-Kaufleuten an Bankrottdelikten.

[535] Crim. 13. Mars 1936, B. n° 33; Crim. 27.11.1856 Sirey 1857.I.79 (Eine Frau als Teilnehmerin an einer Vergewaltigung; seit dem Gesetz vom 23.12.1980 ausdrücklich geklärt); Crim. 05.01.1863 B. crim. n° 13; Crim. 25.03.1955 R.S.C. 1955, 520 mit Anm. *Hugueney*.

[536] *Fournier* R.S.C. 1995, 475, 494 (n° 20).

[537] *Conte/Maistre du Chambon* S. 223 (n° 424); *Desportes/Le Gunehec* S. 439 (n° 564 a.E.); *Larguier* S. 74, 79; *Pradel* Dr. pén. gén. S. 474 (n° 411).

als Teilnehmer in Frage kommt[538]. Dabei ist dann allerdings § 28 Abs. 1 dStGB zu beachten, wonach die Strafe des teilnehmenden Extraneus zu mindern ist. Die Neufassung des Art. 121-6 N.C.P. hat für das französische Strafrecht zur Folge, daß bei der Teilnahme an (unechten) Sonderdelikten, wo die besondere Tätereigenschaft nur „Straferschwerungsgrund" (*circonstance mixte)* ist, differenziert bestraft werden kann, je nachdem, ob der Täter oder Teilnehmer die entsprechende Eigenschaft aufweist oder nicht[539]. Bei diesen Delikten handelt es sich aus deutscher Sicht nicht um Sonderdelikte, sondern eigentlich um Qualifikationen eines Grundtatbestandes, die an die besondere Täterstellung anknüpfen, mit der Folge, daß § 28 Abs. 2 dStGB anwendbar ist (sofern nicht davon ausgegangen wird, daß es sich um ein strafbegründendes Merkmal handelt, so daß § 28 Abs. 1 dStGB gälte)[540].

VIII. Die Strafe der Beteiligten

1. Die Strafe der Teilnehmer

Mit dem N.C.P. wurde das System der „Übernahme der Strafe" (*emprunt de pénalité*), wonach der Teilnehmer so bestraft wurde „wie der Täter" (*comme l'auteur)*, abgeschafft. Dies geschah insbesondere wegen der nunmehr möglichen Strafbarkeit juristischer Personen (Art. 121-2 N.C.P.), so daß es bei Beteiligung einer juristischen und einer natürlichen Person nicht mehr möglich ist, Täter und Teilnehmer gleich zu bestrafen, da juristische Personen notwendig anderen Strafen unterliegen als natürliche Personen. Nun gilt vielmehr das Prinzip der „Assimilierung des Teilnehmers an den Täter" (*assimilation du complice à l'auteur*): Der Teilnehmer wird so bestraft „wie ein Täter" (*comme auteur)*.

---

538 H.M.: Beihilfe: RGSt 27, 157, 159; 50, 135, 141; BayObLGSt 1961, 105, 106; Anstiftung: RGSt 63, 313, 318; BGHSt 4, 355, 359; Sch/Sch/*Cramer* § 25 Rdnr. 45ff., § 26 Rdnr. 26; LK-*Roxin* § 26 Rdnr. 101, § 27 Rdnr. 52; *Tröndle* § 26 Rdnr. 12, § 27 Rdnr. 10.

539 So die überwiegende Ansicht in der Literatur: *Desportes/Le Gunehec* S. 439 (n° 564); *Larguier* S. 74, 81; *Pradel* Dr. pén. gén. S. 494 (n° 440); *Stefani/Levasseur/Bouloc* S.274 (n° 344 a.E.); *Salvage* in: J.-Cl. Art. 121-6 et 121-7 n° 108 (Darstellung zur alten Rechtslage Art. 121-6 et 121-7 Rdnr. 107); **a.A.** Crim. 02.02.1994 B. crim. n° 50, J.C.P. 1994.IV.1062; *Conte/Maistre du Chambon* S. 224 (n° 425); (zum Streitstand s. unten S. 108ff.).

540 S. unten S. 109ff.

Es stellt sich nun die Frage, wie besondere Umstände, die die Strafe erhöhen oder verringern, sich auf die Strafbarkeit der einzelnen Beteiligten auswirken. Es muß unterschieden werden zwischen Umständen, die nur an die Person des Täters anknüpfen und nur sein subjektiv verwirklichtes Unrecht betreffen („persönliche Strafschärfungs- oder -milderungsgründe", *circonstances personelles),* wie zum Beispiel die Tatsache, daß der Täter Wiederholungstäter oder minderjährig ist, und andererseits solchen, die an die Umstände der Straftat selbst anknüpfen und das objektive Unrecht betreffen („objektive Strafschärfungs- oder -milderungsgründe" *circonstances réelles),* wie zum Beispiel die Beteiligung mehrerer, das Tragen einer Waffe etc. Schließlich gibt es die Umstände, die an die Person des Täters anknüpfen und gleichzeitig die Straftat in der Hinsicht verändern, daß sich das objektive Unrecht ändert („gemischte Strafschärfungs- oder -milderungsgründe", *circonstances mixtes),* wie zum Beispiel der Fall der „Tötung eines Verwandten in aufsteigender Linie" (*parricide,* Art. 221-1 N.C.P.; 221-4 n° 2 N.C.P.).

a) Die „persönlichen Strafschärfungs- oder -milderungsgründe" (*circonstances personelles*) wirken sich nur auf die Strafbarkeit desjenigen aus, bei dem sie vorliegen. Unterliegt der Täter einem Erschwerungs- oder Erleichterungsgrund, so ist nur er danach schwerer oder leichter zu bestrafen[541]. Umgekehrt gilt dies nun aber wegen der Regelung des 121-6 auch für den Fall, daß der Teilnehmer den Erschwerungs- oder Erleichterungsgrund aufweist[542], was unter dem System der „Übernahme der Strafe" (*emprunt de pénalité*) nicht möglich war. Jeder wird nach seinem eigenen subjektiven Unrecht bestraft.

b) Die „objektiven Strafschärfungs- oder -milderungsgründe" (*circonstances réelles*) betreffen das objektive Unrecht der Haupttat und knüpfen nicht an die Person des Täters oder Teilnehmers an, so daß sie immer alle Beteiligten betreffen, unabhängig davon, ob der Teilnehmer davon gewußt hat oder nicht[543].

---

[541] H.M.: Crim. 03.07.1806 B. crim. n° 107; Crim. 03.07.1834 Sirey 1835.II.300; *Conte/Maistre du Chambon* S. 223 (n° 425); *Desportes/Le Gunehec* S. 436 (n° 560), 437 (n° 563); *Fournier* R.S.C. 1995, 475, 490 (n°17); *Pradel* Dr. pén. gén. S. 494 (n° 440); *Salvage* in: J.-Cl. Art. 121-6 et 121-7 n° 104 mit weiteren Nachweisen zur Rechtsprechung.

[542] Für die h.M.: *Desportes/Le Gunehec* S. 437 (n° 563); *Pradel* Nouveau C.P. S. 64 (n° 32).

[543] H.M.: Crim. 03.12.1947 B. crim. n° 270; Crim. 26.01.1954 B. crim. n° 32; Crim. 19.06.1984 B. crim. n° 231; *Conte/Maistre du Chambon* S. 225 (n° 425); *Desportes/Le Gunehec* S. 429 (n° 548); *Fournier* R.S.C. 1995, 475, 490 (n° 17); *Merle/Vitu* S. 701 (n° 558); *Pradel* Dr. pén. gén. S. 491 (n° 435), S. 480 (n° 440); *Salvage* in: J.-Cl. Art. 121-6 et 121-7 mit weiteren Nachweisen zur Rechtsprechung.

c) Umstritten ist die Behandlung der „gemischten Strafschärfungs- oder -milderungsgründe“ (*circonstances mixtes*). Früher wirkten sich diese, sobald sie beim Täter vorlagen, auch auf den Teilnehmer aus, da nicht nur eine Eigenschaft des Täters ohne Auswirkung auf das objektive Unrecht der Tat vorlag, sondern die „gemischten Strafschärfungs- oder -milderungsgründe“ auch die für die Tat vorgeschriebene Strafe betrafen, die der Teilnehmer übernahm[544]. Heute gilt der Grundsatz der „Übernahme der Strafe“ (*emprunt de pénalité*) nicht mehr. Jeder unterliegt grundsätzlich nur der Strafe, die er als Täter verdient hätte. Daher ist die Unterscheidung wichtig, ob man die „gemischten Strafschärfungs- oder -milderungsgründe“ eher den „persönlichen Strafschärfungs- oder -milderungsgründen“ zuordnet und sie sich infolgedessen nur bei dem auswirken, bei dem sie vorliegen (als subjektiver Unrechtsfaktor des Täters), oder ob man sie eher den „objektiven Strafschärfungs- oder -milderungsgründen“ zuordnet, so daß sie sich (als objektiver Unrechtsfaktor der Tat) bei allen Beteiligten auswirken, ob diese nun selber die Eigenschaft aufweisen oder nicht. Viel zitiertes Beispiel[545] ist hier der Fall der „Tötung eines Verwandten in aufsteigender Linie“ (*parricide*), wo je nach Auffassung der nicht-qualifizierte Teilnehmer auch der schweren Strafe des Art. 221-4 N.C.P. oder aber der Strafe des „Totschlags“ (*meurtre simple*) nach Art. 221-1 N.C.P. unterliegt. In der Literatur wird überwiegend davon ausgegangen, daß die Fälle wie die der „Tötung eines Verwandten in aufsteigender Linie“, bei denen ein Grunddelikt wegen einer besonderen Eigenschaft des Täters qualifiziert wird, so behandelt werden müssen, als handele es sich um einen „persönlichen Strafschärfungs- oder -milderungsgrund“. Zwar verwirkliche derjenige, der die Eigenschaft aufweist, verwerflicheres Unrecht als der Nicht-Qualifizierte, aber an der Natur der Straftat „Totschlag“ (*meurtre*) ändere sich dadurch nichts, so daß der Nicht-Qualifizierte so bestraft werden solle, als sei er selber Täter gewesen, also ohne die Qualifikation. Nach dieser Auffassung wirken sich die „gemischten Strafschärfungs- oder -milderungsgründe“ nur bei der Person aus, die die Eigenschaft aufweist, so daß entweder der Täter wegen „Tötung eines Verwandten in aufsteigender Linie“ bestraft wird und der Teilnehmer wegen „Tot-

---

[544] Damals h.M.: Crim. 15.06.1860 B. crim. n° 135; Crim. 13.04.1821 B. crim. n° 58; Crim. 22.01.1869 D.P. 1870.1.434; Crim. 16.06.1855 B. crim. 348; Crim. 04.02.1960 B. crim. n° 69; Crim. 27.12.1960 B. crim. n° 621; Crim. 12.05.1970 B. crim. n° 158; Crim. 04.09.1976 B. crim. n° 272; *Desportes/Le Gunehec* (2. Auflage) Nouveau dr. pén. I S. 423 (n° 560); *Fournier* R.S.C. 1995, 475, 490 (n°17); *Merle/Vitu* (6. Auflage) S. 661 (n° 516); *Pradel* Nouveau C.P. S. 64 (n° 32); *Salvage* in: J.-Cl. Art. 121-6 et 121-7 n° 106 mit Nachweisen zur Rechtsprechung.

[545] *Larguier* S. 81; *Merle/Vitu* (6. Auflage) S. 661 (n° 516); *Pradel* Dr. pén. gén. S. 494 (n° 440) *ders.* Nouveau C.P. S. 64 (n° 32); *Salvage* in: J.-Cl. Art. 121-6 et 121-7 n° 106 mit Nachweisen zur Rechtsprechung; *Stefani/Levasseur/Bouloc* S. 274 (n° 344 a.E.).

schlags" oder umgekehrt nur der Teilnehmer der höheren Strafe unterliegt, der Täter aber nicht[546]. Nach anderer Auffassung in der Literatur und nach einer bisher vereinzelt gebliebenen Entscheidung unmittelbar nach Inkrafttreten des N.C.P. stellen die „gemischten Strafschärfungs- oder -milderungsgründe" eher „objektive Strafschärfungs- oder -milderungsgründe" dar, die sich auf die Tat als solche beziehen und die Natur der Straftat (ihr objektives Unrecht) ändern, auch wenn diese Änderung ihren Ursprung in einer Eigenschaft des Täters hat. Da der Teilnehmer auch unter der Geltung des N.C.P. sein „Unrecht" dem des Täters entlehnt (*emprunt de criminalité)*, sollen solche Umstände auch die Teilnehmerstrafe erschweren[547]. Nach dieser Ansicht hat die Fassung des Art. 121-6 N.C.P. gegenüber der des Art. 59 C.P. a.F. nur die Folge, daß nun, wenn nur der Teilnehmer die Eigenschaft aufweist, er derentwegen schärfer bestraft werden kann, was früher nicht möglich war.

Auch im deutschen Strafrecht gilt der Grundgedanke, daß für Umstände, die Unrecht, Schuld oder Strafwürdigkeit mitbestimmen, die aber nur die Person des Beteiligten charakterisieren, nicht die allgemeinen Regeln gelten dürfen, sondern daß, sofern die Strafgerechtigkeit es erfordert, sie nur dem Beteiligten zugerechnet werden, bei dem sie vorliegen.

§ 28 dStGB regelt die Strafbarkeit der Beteiligten, falls besondere persönliche Merkmale die Strafe begründen (Abs. 1) oder schärfen, mildern oder ausschließen (Abs. 2). Unter besonderen persönlichen Merkmalen sind dabei gemäß § 14 Abs. 1 dStGB, auf den § 28 dStGB verweist, besondere persönliche Eigenschaften, Verhältnisse oder Umstände zu verstehen. Zu unterscheiden sind die persönlichen (täterbezogenen) Merkmale von den tatbezogenen Merkmalen. Letztere betreffen den sachlichen Unrechtsgehalt der Tat; sie beschreiben den tatbestandli-

---

[546] *Desportes/Le Gunehec* S. 438 (n° 564) (die deutlich machen, daß dies jedenfalls für die Delikte gilt, in denen der „gemischte Strafschärfungs- oder -milderungsgrund" (*circonstance mixte*) nur zu einer Qualifikation des Grundtatbestandes führt. Für echte Sonderdelikte, in denen für den nicht-qualifizierten Teilnehmer keine Strafbarkeit übrig bliebe, gälte dies selbstverständlich nicht.); *Larguier* S. 81; *Pradel* Dr. pén. gén. S. 494 (n° 440) *ders.* Nouveau C.P. S. 64 (n° 32); *Stefani/Levasseur/Bouloc* S. 274 (n° 344 a.E.).

[547] Crim. 02.02.1994 B. crim. n° 50, J.C.P. 1994.IV.1062; *Conte/Maistre du Chambon* S. 224 (n° 425); *Fournier* R.S.C. 1995, 475, 490 (n°17), die aber zum Beispiel den Straferhöhungsgrund der „Tötung eines Verwandten in aufsteigender Linie" (*parricide*) als „persönlichen Strafschärfungs- oder -milderungsgrund" (*circonstance personelle*) einstuft und so zumindest in diesem Fall zum selben Ergebnis gelangt wie die herrschende Auffassung. Es bleibt abzuwarten, ob sich die in der Literatur herrschende Auffassung auch in der Rechtsprechung durchsetzen wird.

chen Erfolg, die Tatmittel oder die Begehungsweise[548]. Diese werden von § 28 dStGB nicht erfaßt, sondern unterliegen der allgemeinen Regel, daß jeder Beteiligte nach tatbezogenen Strafschärfungsgründen nur dann härter bestraft werden kann, wenn sie von seinem Vorsatz erfaßt waren. Dies entspricht den „objektiven Strafschärfungs- oder -milderungsgründen" (*circonstances réelles*) in Frankreich, mit dem Unterschied, daß die Rechtsprechung dort dem Beteiligten auch ohne Vorsatz die erschwerenden Merkmale zur Last legt[549].

Während in Frankreich die „objektiven Strafschärfungs- oder -milderungsgründe" (*circonstances réelles*), die „persönlichen Strafschärfungs- oder -milderungsgründe" (*circonstances personelles*) und die „gemischten Strafschärfungs- oder –milderungsgründe" (*circonstances mixtes*) unterschieden werden, ist die Unterscheidung in Deutschland anders gelagert: Neben den tatbezogenen Umständen gibt es die Kategorie der täterbezogenen persönlichen Merkmale, die § 28 dStGB erfaßt. Dieser unterscheidet dann in seinen beiden Absätzen danach, ob es sich um strafbegründende oder strafschärfende Umstände handelt. Dort liegt dann das Problem, das sich in Frankreich bei der Frage stellt, ob die „gemischten Strafschärfungs- oder -milderungsgründe" eher den „persönlichen" zuzuordnen sind, so daß sie nur den Teilnehmer betreffen, bei dem sie vorliegen, oder den „objektiven", so daß sie jeden an der Tat Beteiligten betreffen. Ordnet man im deutschen Strafrecht ein persönliches Merkmal den strafbegründenden zu, so gilt es gemäß § 28 Abs. 1 dStGB für alle Beteiligten. Allerdings wird die Strafe des Beteiligten, der das Merkmal nicht aufweist, gemildert. Ordnet man ein Merkmal dagegen den strafschärfenden, -mildernden oder -ausschließenden Umständen zu, so gilt es gemäß § 28 Abs. 2 dStGB nur für den Beteiligten, der es aufweist.

---

548 H.M.: BGHSt 6, 260, 262; 8, 70, 72; 8, 205, 208; 17, 215, 217; 22, 375, 378; 23, 39, 40; 23, 103, 105; 24, 106, 108; Sch/Sch/*Cramer* § 28 Rdnr. 15; SK-*Samson* § 28 Rdnr. 16; *Jescheck/Weigend* § 61 VII 4; *Lackner* § 28 Rdnr. 4; *Tröndle* § 28 Rdnr. 3ff.; *Vogler* in: Festschrift für Lange S. 265, 268f.; *Wessels* Rdnr. 558; **a.A.** SK-*Samson* § 28 Rdnr. 19a und *Blauth* S. 63ff., 100; sowie *Geppert* ZStW 82 (1970), 40, 64f.; sowie *Grünwald* in: Gedächtnisschrift für Armin Kaufmann S. 555, 559ff., die auf die Rechtsgutsbezogenheit des Merkmales abstellen, und dieses dann nicht unter § 28 dStGB fassen. *Herzberg* ZStW 88 (1976), 68, 84 und Täterschaft § 12 II sowie JuS 1983, 737, 738f., 743, unterscheidet nach „wertneutralen" und „wertbezogenen" Merkmalen. *Schünemann* faßt in seiner „Einheitslösung" alle persönlichen Merkmale unter § 28 dStGB (ZSchR 1978, 131, 149ff., 158 sowie JURA 1980 354, 365ff und GA 1986, 336, 339). *Roxin* unterscheidet einerseits spezielle Schuldmerkmale und persönliche Strafaufhebungsgründe oder -ausschließungsgründe als Merkmale jenseits der Rechtswidrigkeit, und andererseits persönliche Unrechtsmerkmale als Ausdruck einer vortatbestandlichen Sonderpflicht (LK-*Roxin* § 28 Rdnr. 51ff.). Zum Streitstand vgl. LK-*Roxin* § 28 Rdnr. 20ff.

549 S. oben. S. 100, Fußnote 506.

Die „gemischten Strafschärfungs- oder -milderungsgründe“ in Frankreich stellen sich aus deutscher Sicht als vom Täter ausgehende tatbezogene Merkmale dar. In Frankreich fallen darunter zum Beispiel die Nachkommeneigenschaft beim Mord, die aus dem „Totschlag“ (*meurtre simple*, Art. 221-1 N.C.P.) eine „Tötung eines Verwandten in aufsteigender Linie“ (*parricide*, Art. 221-4 n° 2 N.C.P.) macht, oder die *préméditation* als „besonderer Tatvorsatz bei der Tötung“, die aus einem „Totschlag“ (*meurtre simple*) einen „Mord“ (*assassinat*, Art. 221-3 N.C.P.) macht. Während in Frankreich also umstritten ist, ob der „besondere Tatvorsatz bei der Tötung“ (*préméditation*) als „gemischter Strafschärfungs- oder -milderungsgrund“ wie ein „objektiver Strafschärfungs- oder -milderungsgrund“ für alle Beteiligten gelten soll oder ob er eher wie ein „persönlicher Strafschärfungs- oder -milderungsgrund“ nur für denjenigen gilt, der den entsprechenden Vorsatz hat, während die anderen aus dem Tatbestand des „Totschlags“ (*meurtre simple*) bestraft werden, ist in Deutschland, sofern klar ist, daß es sich um ein persönliches Merkmal i.S.d. § 28 dStGB handelt[550], umstritten, ob ein strafbegründendes Merkmal vorliegt, das (im Ergebnis wie ein „objektiver Strafschärfungs- oder -milderungsgrund“) für alle gilt, oder ob es sich um ein strafschärfendes Merkmal handelt, das (im Ergebnis wie ein „persönlicher Strafschärfungs- oder -milderungsgrund“) nur für die Beteiligten gilt, die es aufweisen.

aa) Folgt man der Meinung in Frankreich, die die „gemischten Strafschärfungs- oder -milderungsgründe“ den „objektiven Strafschärfungs- oder –milderungsgründen“ zuordnet, so kommt man, solange es sich um ein aus deutscher Sicht strafbegründendes Merkmal handelt, zum gleichen Ergebnis: Das Merkmal gilt grundsätzlich für alle Beteiligten, solange es vom Vorsatz umfaßt war (in Frankreich sogar ohne diese Einschränkung). In Deutschland muß nur die Strafe gemäß § 28 Abs. 1 dStGB gemildert werden. So würde in Frankreich der besondere Tatvorsatz der *préméditation*, der nur beim Täter vorliegt, auch für die Gehilfen die Strafbarkeit wegen Beihilfe zum „Mord“ (*assassinat*) gemäß Art. 221-3 N.C.P. begründen. In Deutschland geht zumindest die Rechtsprechung davon aus, daß es sich bei den persönlichen Mordmerkmalen in § 211 Abs. 2 1. und 3. Gruppe dStGB [551] um strafbegründende Merkmale handelt, so daß § 28 Abs. 1 dStGB anwendbar ist[552] mit

[550] Vgl. zu den verschiedenen Ansätzen LK-*Roxin* § 28 Rdnr. 20ff.

[551] Daß die erste und dritte Gruppe des § 211 dStGB täterbezogene Merkmale umfassen, ist heute ständige Rechtsprechung (vgl. statt vieler LK-*Roxin* § 28 Rdnr. 24ff. mit Nachweisen zur Rechtsprechung).

[552] BGHSt 1, 368, 370, 372; 2, 251, 255; 6, 329, 330; 22, 375, 377.

der Folge, daß alle Beteiligten nach § 211 dStGB zu bestrafen sind, auch wenn sie das Mordmerkmal nicht selbst aufweisen[553]. Die Ansicht, die die „gemischten Strafschärfungs- oder -milderungsgründe“ als „objektive Strafschärfungs- oder -milderungsgründe“ behandelt, kommt also für den Fall, daß es sich aus deutscher Sicht um strafbegründende Merkmale handelt, zum selben Ergebnis: Das Merkmal gilt für alle Beteiligten.

bb) Folgt man der Meinung in Frankreich, die die „gemischten Strafschärfungs- oder -milderungsgründe“ eher den „persönlichen Strafschärfungs- oder –milderungsgründen“ zuordnet, so kommt man, soweit es sich um ein aus deutscher Sicht strafverschärfendes, -milderndes oder -ausschließendes persönliches Merkmal handelt, entsprechend dem oben Gesagten zu dem Ergebnis, daß in beiden Rechtsordnungen jeder Beteiligte nur nach den Merkmalen bestraft wird, die er selbst aufweist. Wenn zum Beispiel gemäß § 221 dStGB ein Elternteil sein Kind in hilfloser Lage verläßt, so ist der Teilnehmer, der diese strafverschärfende Eigenschaft nicht aufweist, wegen § 28 Abs. 2 dStGB nur gemäß § 221 Abs. 1 dStGB (drei Monate bis fünf Jahre) zu bestrafen, während das Elternteil gemäß § 221 Abs. 2 dStGB einer höheren Strafe unterliegt (sechs Monate bis fünf Jahre). Ähnlich wird die Verwandteneigenschaft in Frankreich, an die die schärfere Bestrafung des „Totschlags“ (*meurtre simple*, Art. 221-1 N.C.P.) als *parricide* (Art. 221-4 n°2 N.C.P.) anknüpft, von großen Teilen der Literatur als „gemischter Strafschärfungs- oder -milderungsgrund“ wie ein „persönlicher Strafschärfungs- oder -milderungsgrund“ behandelt, so daß nur der tötende Sohn als *parricide* bestraft wird, während der teilnehmende Nicht-Qualifizierte nur wegen „Totschlags“ (Art. 221-1 N.C.P.) bestraft wird[554]. Damit kommt diese Ansicht in Frankreich zum selben Ergebnis wie das deutsche Strafrecht, sofern es sich um strafverschärfende, -mildernde oder -ausschließende persönliche Merkmale handelt.

---

553 Umgekehrt geht die Literatur davon aus, daß es sich bei den Mordmerkmalen um strafverschärfende Umstände handelt (Sch/Sch/*Eser* Vorbem zu § 211ff. Rdnr. 5; SK-*Horn* § 211 Rdnr. 2; LK[10]-*Jähnke* Vor § 211 Rdnr. 39 mit weiteren Nachweisen; Lackner/*Kühl* Vor § 211 Rdnr. 22; *Tröndle* § 211 Rdnr. 14), so daß § 28 Abs. 2 dStGB anwendbar ist mit der Folge, daß der nichtqualifizierte Teilnehmer aus dem Grundtatbestand des § 212 dStGB zu bestrafen ist. Ebenso bestraft die Ansicht, die in Frankreich die „gemischten Strafschärfungs- oder -milderungsgründe“ den „persönlichen Strafschärfungs- oder -milderungsgründen“ zuordnet, nur den Täter, der den entsprechenden Vorsatz hat, aus dem Tatbestand des „Mordes“ (*assassinat*), für die Teilnehmer gilt der Tatbestand des „Totschlags“ (*meurtre simple*).

554 Die Ansicht, die die „gemischten Strafschärfungs- oder -milderungsgründe“ eher den „objektiven Strafschärfungs- oder -milderungsgründen“ zuordnet, muß auch den Nicht-Qualifizierten als Teilnehmer an der „Tötung eines Verwandten in aufsteigender Linie“ (*parricide*) bestrafen.

cc) Trotz der zu gegensätzlichen Ergebnissen gelangenden Ansichten in beiden Rechtsordnungen und trotz des unterschiedlichen Ansatzes, das Problem einzuordnen, ist im Ergebnis doch festzuhalten, daß in beiden Rechtsordnungen jeder Teilnehmer grundsätzlich nur nach seinen persönlichen Unrechtsmerkmalen zu bestrafen ist, so daß er Merkmale, die nur das subjektive Unrecht des Täters betreffen (in Frankreich: „persönliche Strafschärfungs- oder -milderungsgründe" (*circonstances personelles*); in Deutschland: strafverschärfende, -mildernde oder -ausschließende persönliche Merkmale), nicht übernimmt oder auf andere überträgt. Etwas anderes gilt für Merkmale, die zwar an Eigenschaften des Täters anknüpfen, aber Auswirkungen auf das objektive Unrecht der Tat haben (in Frankreich: „gemischte Strafschärfungs- oder -milderungsgründe" (*circonstances mixtes*) als „objektive Strafschärfungs- oder -milderungsgründe" (*circonstances réelles*); in Deutschland: strafbegründende persönliche Merkmale). Diese sollen übertragen werden und gelten für alle Beteiligten. Tatbezogene Merkmale (Deutschland) oder „objektive Strafschärfungs- oder -milderungsgründe" (*circonstances réelles*) werden auf alle Beteiligten (sofern in Deutschland Vorsatz nachzuweisen ist) angewandt.

2. *Die Strafe der Mittäter*

Bezüglich der Strafbarkeit der einzelnen Mittäter ist festzuhalten, daß diese jeder für sich „eigenes Unrecht" verwirklichen (*criminalité propre)* und bezüglich eventueller straferschwerender Umstände nicht von den anderen Mittätern abhängig sind[555]. Damit werden „persönliche Strafschärfungs- oder -milderungsgründe" (*circonstances personelles)* nicht zugerechnet[556], wohl aber diejenigen, die die Tat als solche betreffen (*circonstances réelles),* sofern diesbezüglich gegenseitiges Wissen vorliegt[557]. Genau wie bei der Strafbarkeit des Teilnehmers stellt sich hier das Problem der „gemischten Strafschärfungs- oder -milderungsgründe" (*circonstances mixtes*), die je nachdem, zu welcher Gruppe von Merkmalen man sie zählt, zugerechnet („objektive") oder nicht zugerechnet werden („persönliche")[558]. Zu erwähnen ist hier

---

[555] H.M.: *Conte/Maistre du Chambon* S. 213 (n° 403); *Roux* S. 358; *Stefani/Levasseur/Bouloc* S. 242 (n° 294).

[556] H.M.: Crim. 28.07.1921 Sirey 1922.I.142; Cour royale Grenoble 12.06.1834 Sirey 1835.II.300; *Chauten* S. 159; *Garraud* Traité dr. pén. III S. 177 (n° 975).

[557] H.M.: Crim. 05.01.1882 Sirey 1884.I.452 und Crim. 23.10.1946 B. Crim. n° 185 (jew. Diebstahl mit Gewalt); 26.01.1954 B. Crim. n° 32 (Diebstahl bei Nacht); Crim. 12.03.1968 B. Crim. n° 83 (Mitführen von Waffen).

[558] Zum Meinungsstand s. oben S. 108ff., Fußnoten 546, 547.

nur noch einmal, daß die Rechtsprechung durch die „Theorie der gegenseitigen Teilnahme" (*théorie de la complicité correspective*[559]) ohnehin anerkennt, daß alle Mittäter gegenseitig Teilnehmer sind, was früher zur unproblematischen Übernahme auch der „gemischten Strafschärfungs- oder -milderungsgründe" führte, unter dem N.C.P. aber nicht mehr ohne Probleme gilt. Grundsätzlich entspricht die Regelung der Strafe der Mittäter im französischen Strafrecht aber derjenigen im deutschen, da auch hier der Mittäter für eigenes täterschaftliches Unrecht haftet[560], so daß er alle persönlichen strafbegründenden Merkmale selbst aufweisen muß, um strafbar zu sein (§ 28 Abs. 1 dStGB gilt nur für Anstifter oder Gehilfen)[561]. Auch persönliche strafverschärfende oder -mildernde Umstände gelten für ihn nur, sofern er sie selbst aufweist (hier gilt § 28 Abs. 2 dStGB)[562]. Wie in Frankreich werden tatbezogene Umstände nur zugerechnet, sofern sich diese im Rahmen des gegenseitigen Tatentschlusses halten[563].

---

[559] S. oben S. 75, Fußnote 368.

[560] Für die h.M.: Sch/Sch/*Cramer* § 25 Rdnr. 81.

[561] Für die h.M.: LK-*Roxin* § 25 Rdnr. 168; Sch/Sch/*Cramer* § 25 Rdnr. 82, 83.

[562] Für die h.M.: Sch/Sch/*Cramer* § 25 Rdnr. 82, 84.

[563] Für die h.M.: LK-*Roxin* § 25 Rdnr. 175; Sch/Sch/*Cramer* § 25 Rdnr. 85; *Tröndle* § 25 Rdnr. 8; *Wessels* Rdnr. 531.

Zweiter Teil: Die strafrechtliche Verantwortung des Unternehmensleiters für deliktisches Verhalten seiner Untergebenen

Art. 121-1 N.C.P. schreibt vor, daß jeder nur „wegen seines eigenen Verhaltens strafrechtlich zur Verantwortung" gezogen werden kann: *nul n'est responsable pénalement que de son propre fait*. Dieses von der Rechtsprechung schon lange gefestigte Prinzip[564] ist damit durch den N.C.P. unumstößlich festgeschrieben worden.

Es stellt sich die Frage, ob eine Verantwortung des Unternehmensleiters für deliktisches Verhalten seiner Arbeitnehmer damit zu vereinbaren ist.

I. Die strafrechtliche Verantwortung wegen positiven Tuns

Wirkt der Unternehmensleiter durch Anweisung auf seine Arbeitnehmer ein, so läßt sich dies unproblematisch nach den allgemeinen Regeln lösen: Ist der Vordermann strafbar oder zumindest nur wegen subjektiver, seine Verantwortung ausschließender Gründe nicht strafbar, so wird der Unternehmensleiter als Anstifter (*complice par provocation*) gemäß Art. 121-7 N.C.P. erfaßt. Eine Täterstrafbarkeit als mittelbarer Täter (*auteur moral*) ist dann nicht möglich, da dem französischen Strafrecht die Konstruktion des Täters hinter dem Täter fremd ist[565]. Allenfalls könnte der Anweisende, sofern er eine dominierende Rolle hat und die Tat sich als im Grunde genommen seine Tat darstellt, als Mittäter (*coauteur*) bestraft werden.

Ist dagegen eine Teilnahmestrafbarkeit nicht möglich, da keine teilnahmefähige Haupttat vorliegt, so kommt eine Strafbarkeit als mittelbarer Täter in Frage.

---

[564] Crim. 16.12.1948 B. crim. n° 291; Crim. 26.02.1956 J.C.P 1956.II.9304 mit Anm. *de Lestang;* Crim. 21.12.1971 B. crim. n° 366.

[565] Zur mittelbaren Täterschaft im französischen Strafrecht s. oben S. 79.

In diesen Konstellationen knüpft die strafrechtliche Verantwortung an das persönliche Verhalten des Unternehmensleiters an, es ergibt sich kein Konflikt mit oben zitiertem Grundsatz.

II. **Die strafrechtliche Verantwortung wegen Unterlassens oder „für fremdes Verhalten"** (la Responsabilité Pénale du Fait d'Autrui)

Schwieriger mit dem Grundsatz der strafrechtlichen Verantwortung nur für eigenes Verhalten zu vereinbaren ist die Situation, in der der Unternehmensleiter untätig bleibt und so Straftaten seiner Arbeitnehmer zuläßt oder ermöglicht. Die Formulierung des Art. 121-1 N.C.P., „eigenes Verhalten" (*propre fait*), scheint zu verlangen, daß eigenes positives Tun vorliegen muß, an das die strafrechtliche Verantwortung anknüpft. Bestärkt wird dieser Eindruck dadurch, daß dem französischen Strafrecht unechte Unterlassungsdelikte fremd sind. Unterlassen ist nur in den vom Gesetz ausdrücklich bestimmten Fällen strafbar[566]. Ist in diesen Fällen also der Unternehmensleiter straflos oder verstößt seine Strafbarkeit gegen Art. 121-1 N.C.P., da sie eine „strafrechtliche Verantwortung für fremdes Verhalten" (*responsabilité pénale du fait d'autrui*) darstellt?

1. Die „indirekte (strafrechtliche?) Verantwortung für fremdes Verhalten"

Das Gesetz schreibt verschiedentlich vor, daß für die gegen jemanden verhängte Geldstrafe ein anderer haftet. So schreibt zum Beispiel Art. 260-1 C. travail vor, daß der Unternehmensleiter „zivilrechtlich" verantwortlich ist (*civilement responsable)* für die gegen seine Direktoren, Geschäftsführer und Beauftragten verhängten Strafen wegen Verstoßes gegen arbeitsrechtliche Bestimmungen. Art. L. 263-2-1[567] schreibt vor, daß das Gericht unter Berücksichtigung der tatsächlichen Umstände und der Arbeitsbedingungen entscheiden kann, dem Unternehmensleiter die Geldstrafen und die Verfahrenskosten für die von einem Untergebenen begangenen fahrlässigen Zuwiderhandlungen gegen Hygiene- oder Sicherheitsvorschriften am Arbeitsplatz (Art. L. 263-2 alinéa 1 C. travail) mit Todes- oder Körperverletzungsfolgen aufzuerlegen.

---

[566] Statt vieler *Stefani/Levasseur/Bouloc* S. 187 (n° 214).

[567] Eingefügt durch Loi n° 76-1106 du 06.12.1976 relative au développement de la prévention des accidents du travail.

Weiteres Beispiel ist Art. L. 21 alinéa 2 C. route, der für im Straßenverkehr begangene Übertretungen durch einen Fahrer, der in einer Funktion als Auftragnehmer unterwegs war, verfügt, daß unter Berücksichtigung der tatsächlichen Situation und der Arbeitsbedingungen des Arbeitnehmers das Gericht die Geldstrafen dem Auftraggeber auferlegen kann[568].

Diese Bestimmungen stellen nur scheinbar eine „strafrechtliche Verantwortung für fremdes Verhalten" dar. Strafrechtlich verurteilt wird der als Täter handelnde Arbeitnehmer, nur seine Schuld wird festgestellt, nur in seinem Führungszeugnis erscheint die Zuwiderhandlung. Demgegenüber ist der Unternehmenschef nur „zivilrechtlich" i.S.v. nicht-strafrechtlich verantwortlich für die Zahlung der Geldstrafe. Dies hat nach französischer Auffassung weniger strafrechtlich repressiven Charakter, sondern soll die Wiedergutmachung des angerichteten Schadens sichern, stellt also gar keinen Fall der strafrechtlichen Verantwortung für fremdes Verhalten dar[569]. So hat auch der Verfassungsgerichtshof die Vereinbarkeit des Art. 263-2 C. travail mit der Verfassung und ihren Prinzipien festgestellt[570].

Die „indirekte strafrechtliche Verantwortung" verstößt also nicht gegen Art. 121-1 N.C.P.

2. *Die „direkte strafrechtliche Verantwortung für (fremdes?) Verhalten"*

Neben den Fällen, in denen der Unternehmensleiter lediglich zur Zahlung einer Geldstrafe für ein von einem anderen begangenes Delikt verurteilt wird, eine - wie gezeigt - nicht-strafrechtliche Verantwortung, erlaubt das französische Strafrecht aber die direkte strafrechtliche Verurteilung des Unternehmensleiters für eine Straftat oder Übertretung, die ein Untergebener begangen hat. Dies ist erstens möglich in den vom Gesetz vorgeschriebenen Fällen und zweitens in von der Rechtsprechung festgelegten Situationen, sofern bestimmte Voraussetzungen vorliegen.

---

[568] Weitere Beispiele bei *Salvage* in: J.-Cl. Art. 121-1 n° 60ff.

[569] H.M.: *Conte/Maistre du Chambon* S. 228 (n° 437 a.E.); *Merle/Vitu* S. 665 (n° 526 a.E.); *Pradel* Dr. pén. gén. S. 496 (n° 442 a.E.); vgl. dazu auch *Tiedemann* GA 1964, 353, 372.

[570] C. const. 02.12.1976 J.O. 07.12.1976. Daraus kann entweder abgeleitet werden, daß die entsprechenden Gesetze nicht gegen den Grundsatz der „persönlichen strafrechtlichen Verantwortung" (*responsabilité pénale personelle*) verstoßen, sondern eben nur das Prinzip der persönlichen Strafe einschränken. Möglich ist aber auch die von *Salvage* in: J.-Cl. Art. 121-1 n° 65 vorgenommene und bedauerte Interpretation, daß das Prinzip der persönlichen strafrechtlichen Verantwortung keinen Verfassungsrang hat.

a) Gesetzliche Spezialregelungen

Wenn auch die Möglichkeit der Strafbarkeit des Unternehmensleiters für deliktische Handlungen seiner Untergebenen nicht allgemein festgeschrieben wurde, so hat der Gesetzgeber dies doch vereinzelt klargestellt. Diese Regelungen sind sehr verschiedener Art und lassen sich schwer in Gruppen zusammenfassen[571]. Dennoch soll versucht werden, die Gesetze nach der Art der Verantwortungszuschreibung an den Unternehmenschef zu ordnen[572]: Zu unterscheiden ist einerseits zwischen den Gesetzen, die „ausdrücklich" *(excplicite)* die Verantwortung des Unternehmensleiters auch für fremdes Verhalten vorschreiben, andererseits denen, die sie „implizit" *(implicite)* miterfassen, indem sie den Unternehmensleiter zwar als möglichen Täter erwähnen, jedoch nicht klarstellen, ob er persönlich gehandelt haben muß oder ob ihm auch Handlungen der Untergebenen zugerechnet werden können, und schließlich denen, die keine Angaben *(tacite)* über die möglichen Täter machen, indem sie allgemein formulieren: „wer", „alle, die" oder „jede natürliche Person", so daß auch der Unternehmensleiter in Frage kommt.

Die gesetzliche Verantwortungszuschreibung kann ausschließlich gestaltet sein, so daß wie bei einem Sonderdelikt nur noch der Unternehmensleiter als Täter in Frage kommt, oder aber sie ist alternativ (gegebenenfalls kumulativ), so daß neben dem Unternehmensleiter auch der handelnde Untergebene als Täter in Frage kommt[573].

aa) „Ausdrückliche Verantwortungszuschreibung" *(Explicite)*

Eine ausdrückliche Verantwortungszuschreibung an den Auftraggeber enthielt die zweite Ordonnance vom 30. Juli 1945 zur Verfolgung und Unterdrückung der Verstöße gegen die Wirtschaftsgesetze (abgeschafft)[574], die in ihrem Art. 56 alinéa 1

---

[571] *Pradel* Dr. pén. gén. S. 497 (n° 443).

[572] Vgl. zu diesem Ansatz *Delmas-Marty* J.C.P. 1985.I.3218 n° 3ff.; *dies.* Dr. pén. affaires I S. 79ff.

[573] Für weitere als die im folgenden erwähnten gesetzlichen Spezialregelungen vgl. *Delmas-Marty* J.C.P. 1985.I.3218 n° 3ff.; *dies.* Dr. pén. affaires I S. 79ff.; *Salvage* in: J.-Cl. Art. 121-1 n° 14ff.

[574] Ord. 45.1483 du 30.06.1945 relative à la poursuite et à la repression des infractions à la législation économique: *Tous ceux qui, chargés à un titre quelconque de la direction ou de l'administration de toute entreprise, établissement, societé ou association, ont, soit contrevenu par un acte personnel, soit en tant que commettant, laissé contrevenir par toute personne relevant de leur autorité ou de leur contrôle aux dispositions de la presente ordonnance.* Vgl. Crim. 27.11.1963 J.C.P. 1964.IV.2; Crim. 14.03.1979 B. crim. n° 108. Die Ordonnance n° 86-1243 vom 01.12.1986 relative à la liberté des prix et de la concurrence hat diese Vorschrift nicht übernommen.

bestimmte, daß die „Führungspersonen" (*dirigeants)*, die persönlich gegen die Vorschriften der beiden Ordonnancen verstoßen oder die als Auftraggeber eine ihrer Autorität oder Kontrolle unterstehende Person dagegen verstoßen lassen, als Täter verantwortlich sein sollten. Diese Verantwortungszuschreibung gehörte zu den ausschließlichen, da die Verantwortung des handelnden Untergebenen mit keinem Wort erwähnt wurde[575].

Als weitere Beispiele für die ausdrückliche Verantwortungszuschreibung an den Unternehmensleiter seien erwähnt:

- aus dem Gesellschaftsrecht: Art. 433-18 N.C.P., der den „Gründer oder Leiter" (*fondateur ou dirigeant)* bestraft, der in einer Werbung für das (zu gründende oder geleitete) Unternehmen Namen von gewissen Personen aus dem öffentlichen Leben „erscheinen läßt" (sei es auf seine Anweisung (*fait figurer)*, sei es, daß er sie, von jemand anderem eingefügt, darin läßt (*laisse figurer)*), um dadurch finanzielle Vorteile zu erhalten. Auch dies ist eine ausschließliche Verantwortungszuschreibung.
- aus der Gesetzgebung zum Schutz der Umwelt: Art. 25 des Gesetzes vom 15.07.1975 zur Abfallvernichtung und -verwertung[576], der denjenigen strafrechtlich erfaßt, der mit der Leitung oder Verwaltung jeglicher Art einer Firma betraut ist und gegen Art. 24 desselben Gesetzes durch einen unter seiner Autorität und Kontrolle Stehenden wissentlich verstoßen läßt. Art. 24 kann durch jedermann verletzt werden. Art. 25 stellt klar, daß auch die Führungspersonen strafrechtlich verantwortlich sein sollen. Also handelt es sich um alternative und - da beide nebeneinander verantwortlich sein können - kumulative Verantwortungszuschreibung.

bb) „Implizite Verantwortungszuschreibung" (*Implicite*)

Hier ist zu erwähnen insbesondere Art. L. 263-2 C. travail, der die Chefs, Leiter und Geschäftsführer eines Unternehmens oder deren Beauftragte als mögliche Täter der Verstöße gegen die Gesetze über Hygiene und Sicherheit am Arbeitsplatz bestimmt[577]. Die Möglichkeit der Verantwortung für fremdes Verhalten wird nicht

---

[575] *Delmas-Marty* J.C.P. 1985.I.3218 n° 5; *dies.* Dr. pén. affaires I S. 80.

[576] Art. 25 de la loi n° 75-633 du 25.07.1975 relative à l'élimination des déchets et à la récuperation des matérieaux.

[577] Art. 263-2 spricht den *chef de l'établissement* an und nicht den *chef de l' entreprise.* Zwar ist im Arbeitsrecht der Unterschied zwischen *établissement* und *entreprise* (*établissement* entspricht sonst dem deutschen Begriff der (öffentlichen) Anstalt, ist aber im allgemeinen Sprachgebrauch

ausdrücklich erwähnt, sie ist nur implizit miterfaßt. Unternehmensleitung und Untergebene kommen beide als Täter in Frage. Ebenso regeln die Täterschaft die Art. R. 261-3 und R. 263-2 und R. 265-1 C. travail.

Ferner fällt unter diese Kategorie Art. R. 244-4 C. séc. soc., wonach sich der Unternehmensleiter für Verstöße gegen die Regelungen dieses Gesetzes vor Gericht zu verantworten hat.

Ebenfalls unter die implizierte Verantwortungszuschreibung fällt Art. 121-5 C. cons., wonach Täter *à titre principal* der irreführenden Werbung der „Werbende" (*annonceur*) ist, für dessen Rechnung sie erfolgt. Darunter fällt wohl meist der Unternehmenschef. Diese Verantwortungszuschreibung ist nach herrschender Meinung nicht ausschließlich, vielmehr kommen neben dem „Werbenden" auch noch andere als Täter in Frage[578].

cc) „Stillschweigende Verantwortungszuschreibung" (*Tacite)*

Hierunter fallen alle Regelungen, die Delikte erfassen, die im Rahmen eines Unternehmens begangen werden können, ohne sich über den Täterkreis zu äußern. Das sind einerseits die allgemeinen strafrechtlichen Regeln, wie zum Beispiel fahrlässige Tötung oder Körperverletzung (Art. 221-6 N.C.P. und Art. 222- 19 N.C.P.), aber auch die Regeln zum Umweltschutz (zum Beispiel Art. 18 und 20 des Gesetzes vom 19.07.1976[579]) oder Regeln, die speziell für Unternehmen und Firmen geschaffen wurden (zum Beispiel die Betrügereien und Fälschungen im Wirtschaftsleben, gegen die sich das Gesetz vom 01.08.1905[580] wendet). Diese Regelungen schweigen einerseits darüber, wer als Täter in Frage kommt, so daß der Unternehmensleiter tauglicher Täter sein kann, andererseits erwähnen sie aber auch nicht die Verantwortung

---

mit *entreprise* gleichzusetzen) wohl bekannt (vgl. nur Art. L. 260-1 C. travail, der den *chef de l'entreprise* erwähnt), jedoch hat die Cour de Cassation entschieden, daß Art. 263-2 C. travail den *chef de l'entreprise* meint (Crim. 22.04.1966 B. crim. n° 125).

[578] Crim. 18.05.1994 B. crim. n° 195; Crim. 27.03.1996 D. 1996.inf.rap.168; Crim. 13.06.1991 D. 1992.430 mit Anm. *Paire;* Circulaire D. 1975.Leg.52, 55; *Chavanne* in: J.-Cl.-ann. V „Publicité fausse" n° 9, 42; *Delmas-Marty* Dr. pén. affaires I S. 82. Zu beachten ist, daß viele zu diesem Ergebnis dadurch gelangen, daß sie zwar die Formulierung „*à titre principal*" als Einschränkung des Täterkreises verstehen, dabei aber den Begriff des „Werbenden" (*annonceur*) weit auslegen (Crim. 22.03.1982 B. crim. n° 82; Crim. 05.05.1977 D. 1977.502 mit Anm. *Pirovano; Delmas-Marty* Dr. pén. affaires II, S. 449).

[579] Loi n° 76-663 du 19.07.1976 relative aux installations classées pour la protection de l'environement.

[580] Loi n° 16179 du 01.08.1905 sur la répression des fraudes dans la vente des marchandises et des falsifications des denrées alimentaires et des produits agricoles.

für fremdes Verhalten. Dies ist der Anknüpfungspunkt für die Rechtsprechung, eine solche zu konstruieren.

In den vom Gesetz geregelten Fällen (ausdrücklich oder implizit) ist der Unternehmensleiter oder ein anderer vorgesetzter Leiter jeglicher Art für Handlungen, die durch ihm unterstehende Personen begangen wurden, verantwortlich, sofern gegen Regeln verstoßen wurde, die gerade an ihn in seiner Position gerichtet sind und deren Einhaltung er zu bewachen hat (Arbeitsgesetze, Umweltschutz, Gesetze zum Schutz der Wirtschaft, Sozialgesetzgebung)[581].

dd) „Durch die Presse begangene Delikte“

Insbesondere für Delikte, die in der Verbreitung oder Veröffentlichung verbotener geistiger Inhalte bestehen, die also besondere Gefährlichkeit erlangen, sofern die Verbreitung oder Veröffentlichung durch die Presse geschieht, existieren Spezialregelungen, die eine Verantwortung der „Direktoren einer Veröffentlichung“, also nicht ausschließlich der Autoren, festschreiben. Diese Regelungen nehmen eine Sonderstellung unter den Gesetzen, die eine strafrechtliche Verantwortung für fremdes Verhalten bestimmen, ein. Einerseits sollen sie sicherstellen, daß es in jedem Fall einen Verantwortlichen gibt und nicht jeder die Verantwortung von sich wegschiebt. Andererseits dienen sie dazu, den Journalisten eine gewisse Freiheit bei der Berichterstattung zu garantieren[582].

So bestimmen Art. 42 des Gesetzes vom 29.07.1881[583] über die Pressefreiheit und Art. 93-3 des Gesetzes vom 29.07.1982[584] über die audiovisuelle Kommunikation, daß Täter der entsprechenden Delikte der „Direktor der Veröffentlichung“ (*directeur de la publication*) ist, also derjenige, der schließlich über die Veröffentlichung eines Beitrages entscheidet. Das besondere an dieser Verantwortungszuschreibung ist die stufenweise geregelte Verantwortung: Gibt es keinen „Direktor der Veröffentlichung“ (meist der Chefredakteur), so kommt der nach der innerbetrieblichen Organisationsform Darunterstehende, zum Beispiel einer der Redakteure oder der Autor des Beitrages selbst, in Frage. Sollte dieser auch nicht greifbar sein, so trifft die Verantwortung den für den Druck Verantwortlichen oder schließlich die Verkäufer und Verteiler der Beiträge[585].

---

[581] Für die h.M.: *Stefani/Levasseur/Bouloc* S. 280 (n°354).
[582] Für die h.M.: *Desportes/Le Gunehec* S. 419 (n° 532).
[583] Vgl. *Guerder* in: J.-Cl.-ann. V „Presse“, Fascicule 10.
[584] Loi n° 82-652 du 29.07.1982 sur la communication audiovisuelle.
[585] Für die h.M.: *Conte/Maistre du Chambon* S. 227 (n°435); Circulaire 14.05.1993 Section VI.

Diese Verantwortungsverteilung galt ursprünglich nur für die im Gesetz von 1881 vorgesehenen Delikte (wie üble Nachrede und Beleidigungen), wurde aber für viele Delikte im N.C.P. übernommen, sofern das Delikt durch „geschriebene Presse" oder „audiovisuelle Medien" verwirklicht wurde. Darunter fallen zum Beispiel Art. 223-13 N.C.P. bis Art. 223-15 N.C.P. (Anstiftung zum Selbstmord), Art. 226-2 N.C.P. (Eingriff in die Privatsphäre eines anderen), Art. 227-18 N.C.P. bis Art. 227-21 N.C.P., Art. 227-23 N.C.P. und 227-28 N.C.P. (Anstiftung Minderjähriger zum Drogenmißbrauch, zum Alkoholmißbrauch, zur Bettelei oder zu Straftaten; Verbreiten pornographischer Bilder Minderjähriger)[586].

Unter die „geschriebene Presse" (*presse écrite*) fallen dabei nur die von Art. 1 des Gesetzes vom 01.08.1986[587] erfaßten Druckwerke: Die Verbreitung von schriftlich niedergelegten Gedanken durch Medien, die sie der Öffentlichkeit zugänglich machen und die in regelmäßigen Abständen erscheinen[588].

Die „audiovisuelle Kommunikation" (*communication audiovisuelle*) umfaßt gemäß Art. 2 des Gesetzes vom 30.09.1986 über die Freiheit der Kommunikation[589] jede Bereitstellung von Nachrichten jeglicher Art für die Öffentlichkeit, sofern sie nicht rein privater Natur sind, durch einen Mechanismus der Telekommunikation[590].

Ebenfalls unter die „geschriebene Presse" fallen die durch Verbreitung strafbarer Inhalte in Büchern begangenen Straftaten. Zwar erscheinen diese nicht regelmäßig, jedoch kann der Zweck dieser Verantwortungszuschreibung, der besonderen Gefährlichkeit der durch Veröffentlichung begangenen Delikte zu begegnen, nur umfassend erreicht werden, wenn auch Bücher erfaßt werden[591].

Durch diese Verantwortungszuschreibung ist der über eine Veröffentlichung Entscheidende dem Unternehmensleiter gleichgestellt. Auch ihn trifft eine strafrechtliche Verantwortung für von seinen Untergebenen begangene Straftaten, da er darüber zu wachen hat, daß in ihm unterstehenden Bereichen keine Delikte begangen werden, die in Zusammenhang mit dem beaufsichtigten Arbeitsbereich stehen (für den Redakteur die Delikte, die die Verbreitung bestimmter geistiger Inhalte verbieten). Allerdings läßt sich die Verantwortung für fremdes Verhalten hier insoweit rechtfertigen, daß der Chefredakteur oder sonstige „Direktoren der Veröffentlichung" tat-

---

586 Weitere Beispiele bei *Desportes/Le Gunehec* S. 420 (n° 532).

587 Loi n° 86-897 du 01.08.1986 portant régime juridique de la presse.

588 Für die h.M.: *Desportes/Le Gunehec* S. 420 (n° 532); *Guerder* in: J.-Cl.-ann. V „Presse", Fascicule 10, n° 31.

589 Loi n° 86-1067 du 30.09.1986 relative à la liberté de communication.

590 Für die h.M.: *Desportes/Le Gunehec* S. 420 (n° 532); *Pelletrier* in: J.-Cl. Art. 226-1-226-3 n° 84.

591 Für die h.M.: *Desportes/Le Gunehec* S. 420 (n° 532).

sächlich die Kompetenz und Aufgabe haben zu entscheiden, welcher Beitrag veröffentlicht wird und welcher nicht. Genau das ist ihre eigentliche Aufgabe innerhalb eines Presseunternehmens. Demgegenüber sieht sich der Unternehmensleiter mit einer Verantwortung konfrontiert, die zusätzlich zu seinen allgemeinen Unternehmensführungsaufgaben kommt: Er muß nicht nur zum Wohle des Unternehmens wirtschaften, sondern auch auf die Einhaltung gesetzlicher Vorschriften achten.

Wichtig ist noch festzuhalten, daß im Bereich der Pressedelikte keine Delegation von Verantwortung zulässig ist. Der Chefredakteur ist in jedem Fall strafrechtlich verantwortlich (außer für den Fall der „Live-Sendungen"[592]), auch wenn er die Auswahl der zu veröffentlichenden Beiträge übertragen hat[593].

b) Die Konstruktion der Rechtsprechung

Neben diesen durch das Gesetz geregelten Fällen der strafrechtlichen Verantwortung eines Arbeitgebers oder Unternehmensleiters für verbotenes Verhalten seiner Arbeitnehmer oder Untergebenen hat die Rechtsprechung unter gewissen Voraussetzungen die Verantwortung derselben für Straftaten ihrer Untergebenen auch ohne gesetzlichen Anhaltspunkt zugelassen. Zwar hat die Rechtsprechung schon früh entschieden, daß im Prinzip niemand für fremdes Verhalten strafrechtlich verantwortlich ist[594]. Die strafrechtliche Verantwortung könne aber ausnahmsweise auch durch das Verhalten eines anderen entstehen, wenn nämlich gesetzliche Bestimmungen einem Vorgesetzten die Verpflichtung auferlegen, auf das Verhalten seiner Untergebenen direkten Einfluß zu nehmen. Dies sei insbesondere der Fall in den Industriezweigen, die besonderen Bestimmungen zum Schutz oder zur Sicherheit der Allgemeinheit unterliegen. In diesen Bereichen treffe die strafrechtliche Verantwortung insbesondere die Firmeninhaber oder -leiter, die die Pflicht haben, die Einhaltung dieser Regeln zu überwachen. Mit dieser oder ähnlicher Formulierung hat die Rechtsprechung in zahlreichen Urteilen die Verantwortung des Unternehmensleiters begründet, obwohl er selbst keinerlei Einfluß auf die verbotenen Handlungen genommen hatte[595].

---

592 Circulaire 14.05.1993 Section VI; *Pelletrier* in: J.-Cl. Art. 226-1 - 226-3 n° 84.

593 Für die h.M.: *Desportes/Le Gunehec* S. 421 (n° 533).

594 Crim. 30.12.1892 Sirey 1894.I.201 mit Anm. *Villey* und Crim. 28.02.1956 J.C.P. 1956.II.9304 mit Anm. *de Lestang.*

595 Crim. 02.03.1938 G.P. 1938.I.813: zuletzt Crim. 15.02.1994 B. crim. n° 69; zahlreiche weitere Nachweise zur Rechtsprechung bei *Salvage* in: J.-Cl. Art. 121-1 n° 15, bei *Stefani/Levasseur/Bouloc* S. 280 (n° 355) und bei *Desportes/Le Gunehec* S. 414 (n° 524); sowie bei *Merle/Vitu* S. 665 (n° 527).

Wegen des „unguten Gefühls“[596], daß eine Strafbarkeit, die auf einer Konstruktion der Rechtsprechung beruht, nicht gesetzlich festgehalten ist, schlugen zwei Vorprojekte für den N.C.P. vor, Regelungen betreffend die Verantwortung des Unternehmensleiters aufzunehmen:

- Art. 30 avant-projet 1978[597]: „Täter ist, wer durch willentliche oder sorgfaltswidrige Unterlassung zuläßt, daß unter seine Autorität gestellte Personen gegen mit Strafandrohung ausgestattete gesetzliche Vorschriften oder Regelungen verstoßen, deren Einhaltung zu sichern er persönlich verpflichtet ist“.

Das Vorprojekt von 1983 erwähnte die Möglichkeit der Delegation von Verantwortung:

- Art. 25-3°[598]: „Täter ist, wer eine unter seine Autorität gestellte Person eine zu bestrafende Handlung begehen läßt, sofern durch die Handlung eine Vorschrift übertreten wird, deren Einhaltung er direkt oder nach Delegation zu überwachen hatte“.

Diese Vorprojekte wurden jedoch nicht in den N.C.P. übernommen. Begründet wurde dies zum einen damit, daß die Rechtsprechung seit Jahrzehnten gefestigt sei, so daß keine Rechtsunsicherheit mehr bestehe[599]. Zum anderen sollte die Regelung einer derartigen Verantwortung nicht im Allgemeinen Teil des Strafgesetzbuches geregelt werden, wo die Bestimmung notwendigerweise sehr oberflächlich gehalten werden müßte, sondern eher in den Besonderen Teilen, zumal innerhalb der vorgeschlagenen Artikel ohnehin auf die speziellen Vorschriften hingewiesen werde, deren Einhaltung der Vorgesetzte bewachen müsse. Dort sei eher Raum für eine solche Regelung[600].

---

[596] *Delmas-Marty* J.C.P. 1985.3218 n° 40.

[597] *...celui qui, par omission volontaire ou incurie, laisse enfreindre par une personne placée sous son autorité les prescriptions légales ou réglementaires pénalement sanctionées dont la charge d'assurer le respect lui est personnellement imposée.*

[598] *...celui qui laisse commettre par une personne placée sous son autorité l'acte incriminé, lorsque l'acte consiste en la violation de prescriptions, qu'il avait, directement ou par délégation, l'obligation légale de faire respecter.*

[599] *Pradel* Dr. pén. gén. S. 508 (n° 453 a.E.).

[600] *Desportes/Le Gunehec* S.415 (n° 525).

c) Die Voraussetzungen der sogenannten „strafrechtlichen Verantwortung des Unternehmensleiters"

Ob die Verantwortung des Unternehmensleiters sich nun aus einer gesetzlichen Spezialregelung ergibt oder von der Rechtsprechung konstruiert wird, sie unterliegt bestimmten Voraussetzungen, die im folgenden näher untersucht werden.

aa) Verantwortung des „Unternehmensleiters" (*chef de l'entreprise*)

Unter den Begriff der *entreprise* fallen alle „Unternehmen", die sich im weitesten Sinne als organisierte Vereinigung mit einem wirtschaftlichen Ziel darstellen. Dabei kann es sich um Unternehmen oder Betriebe aus Industrie, Dienstleistung, Landwirtschaft, Kunsthandwerk oder anderen Bereichen öffentlicher oder privater Natur handeln[601].

Auch der Begriff des „Unternehmensleiters" (*chef de l'entreprise*) wird von der Rechtsprechung denkbar weit ausgelegt. Die Verantwortung trifft denjenigen, der an oberster Stelle in der als Unternehmen organisierten Vereinigung steht, also denjenigen, der die Kompetenz hat zu entscheiden. Das kann der Geschäftsführer oder Vorstand einer GmbH, Aktiengesellschaft oder Kommanditgesellschaft sein, der Vorsitzende eines Vereins oder einfach der Direktor irgendeines Unternehmens. Es kommt nicht auf die wirtschaftsrechtliche Qualifikation der Stellung an, die der „Chef" innehat, entscheidend ist allein die Möglichkeit, durch die mit seiner Position verbundenen Befugnisse auf die Abläufe und Vorgänge im Unternehmen einzuwirken[602]. Dabei kommt es nicht auf die rechtliche Befugnis an, vielmehr genügt die tatsächliche Ausübung der Befugnisse[603]. Diese weite Auslegung ist im folgenden zugrunde gelegt, wenn von „Unternehmensleiter" gesprochen wird.

---

[601] Für die h.M.: *Cartier* in: La responsabilité pénale du fait de l'entreprise, S. 45, 49; *Salvage* in: J.-Cl. Art. 121-1 n° 30.

[602] Für die h.M.: *Salvage* in: J.-Cl. Art. 121-1 n° 31.

[603] H.M.: Crim. 08.01.1971 B. crim. n° 460; Crim. 30.01.1974 B. crim. 113; Crim. 05.08.1978 D. 1979.inf.rap.119; *Delmas-Marty* Dr. pén. affaires I S. 81 (für die ausdrücklich den Unternehmensleiter erfassenden Regelungen); *Salvage* in: J.-Cl. Art. 121-1 n° 32.

bb) „Besonders reglementierte Industrie- und Berufszweige“ (*Industries ou Professions Réglementées*)

Die Verantwortung des Unternehmensleiters wird von der Rechtsprechung nur für Berufe und Industriezweige anerkannt, „die durch besondere Vorschriften zum Schutz verschiedener Allgemeininteressen reglementiert sind, deren Einhaltung die Unternehmensleiter persönlich sicherzustellen haben“[604].

Unter die „geregelten Berufe“ (*professions réglementées*) fallen zunächst alle die Berufszweige, die Spezialregelungen zum Schutz vor von diesen ausgehenden Gefahren unterliegen: zum Beispiel die Gesetze für Apotheker[605], die Gesetze betreffend den Handel mit alkoholischen Getränken[606], die Regelungen, die für die Weichenstellungen an Bahnhöfen gelten[607], die Regelungen betreffend die cinematographische Industrie[608] oder die speziellen Regeln zum Umweltschutz[609].

Die Rechtsprechung hat den Begriff der „geregelten Berufe und Industrien“ aber erweitert um allgemeine Bestimmungen, die für jedes Unternehmen in jedem Berufszweig gelten[610] : die arbeitsrechtlichen Gesetze, wie zum Beispiel über Sicherheit am Arbeitsplatz oder über die Dauer der Arbeitszeit, die Sozialgesetzgebung[611], Regelungen des Wirtschafts- oder Steuerrechts[612] und Regelungen zum Schutz der „Volksgesundheit oder der Volksmoral“[613] oder Regelungen zum Umweltschutz im

---

604 So die Formulierung in Crim. 06.01.1938 und 02.03.1938 G.P. 1938.I.813. Ähnlich formuliert eine Vielzahl von Entscheidungen; vgl. die Nachweise bei *Salvage* in: J.-Cl. Art. 121-1 n° 15.

605 Vgl. Crim. 30.11.1944 D. 1945.161 (Art. 19 du décret du 14.09.1916).

606 Vgl. Trib. Corr. Pont-Audemer 09.07.1958 J.C.P. 1958.II.10760 (Art. 80 - 81 du Code des mésures concernant des débits de boissons et la lutte contre l'alcoolisme).

607 Vgl. Crim. 26.07.1872 D. 1872.I.285 (Art. 19 Loi du 15.07.1845 contenant règlement sur la police de chemins de fer.

608 Vgl. Crim. 06.05.1969 B. crim. n° 154; Crim. 17.10.1967 B. crim. n° 250 mit Anm. *de Lestang* R.S.C. 1968, 325 (Art. 18 und 19 Code de l'industrie cinématographique).

609 Vgl. Crim. 28.02.1956 J.C.P. 1956.II.9304 mit Anm. *de Lestang* (Art. 25 Loi n° 10-985 du 15.04.1829 modifié par la loi n° 49-180 du 09.02.1949 sur la pêche fluvial).

610 Für die h.M.: *Pradel* Dr. pén. gén. S. 499 (n° 444); *Salvage* in: J.-Cl. Art. 121-1 n° 20.

611 Vgl. Crim. 30.11.1950 D. 1951.161 (Art. 173 alinéa 2 C. travail); Crim. 23.11.1950 B. crim. n° 267 (Art. 67, 173, 159 alinéa 2 C. travail) ; Crim. 18.12.1963 B. crim. n° 368 (Art. 159, 173 184 alinéa 2 C. travail); Crim. 19.05.1958 B. crim. n° 404 (Art. 152, 158 C. séc. soc.).

612 Vgl. Crim. 10.07.1963 J.C.P. 1963.IV.119 = B. crim. n° 255; Crim. 06.11.1963 J.C.P. 1963.IV.172 (transports publics); Crim. 28.05.1968 J.C.P. 1968.II.15615; Crim. 20.05.1969 J.C.P. 1970.II.16296 mit Anm. *de Lestang; Merle/Vitu* S. 665 (n° 527).

613 Vgl. Crim. 07.11.1873 B. crim. n° 263 (Art. 4 Loi n° 1712 du 23.01.1973 tendant à reprimer l'ivresse publique et à combattre le progrès de l'alcoolisme); *Pradel* Dr. pén. gén. S. 500 (n° 444).

allgemeinen[614]. Mittlerweile unterliegt jedes Unternehmen gewissen Bestimmungen, so daß, sofern es zu strafbaren Handlungen kommt, die im Zusammenhang mit der Nichtbeachtung dieser Regeln stehen, jeden Unternehmensleiter eine Verantwortung für deliktisches Verhalten seiner Untergebenen treffen kann[615].

cc) „Persönliches Fehlverhalten“ (*faute personelle*) des Unternehmensleiters

Die strafrechtliche Verantwortung des Unternehmensleiters trifft diesen nicht automatisch, sobald eine deliktische Handlung eines Untergebenen vorliegt. In Rechtsprechung und Literatur besteht Einigkeit darüber, daß die Verantwortung zwar an fremdes Verhalten anknüpft, daß der Unternehmensleitung aber persönlich ein „Fehlverhalten“ (*faute*) vorgeworfen werden muß. Dieses Erfordernis stellt das „subjektive Element“ (*élément moral*) der Straftat des Unternehmensleiters dar. Es ist vergleichbar mit dem Schulderfordernis im deutschen Recht. Es darf allerdings nicht damit gleichgesetzt werden, da zum *élément moral* auch die subjektive Einstellung des Täters zur Tat (im Deutschen der subjektive Tatbestand) gehört. Andererseits führen gewisse Situationen, die im deutschen Recht die Strafbarkeit als Entschuldigungsgründe entfallen lassen würden, im französischen Recht erst eine Ebene weiter unten zur „Unverantwortlichkeit“ (*irresponsabilité*) des Täters. Im folgenden wird daher von „Fehlverhalten“ gesprochen. Das Fehlverhalten des Unternehmensleiters besteht darin, daß er entgegen seiner Verpflichtung nicht dafür gesorgt hat, daß die sein Unternehmen betreffenden Regeln beachtet wurden[616]. Dies geschieht entweder dadurch, daß er selbst nicht genügend Aufmerksamkeit hat walten lassen oder aber, wenn er tatsächlich nicht in der Lage war, alle Bereiche seines Unternehmens selbst zu bewachen, dadurch, daß er die Verantwortung für die Aufsicht nicht delegiert hat[617].

Dieses Fehlverhalten wird vermutet. Sobald die Verletzungshandlung des Untergebenen und der Verletzungserfolg vorliegen, wird davon ausgegangen, daß die Unternehmensleitung ihrer Sorgfaltspflicht nicht nachgekommen ist; diesbezüglich ist kein Beweis durch die Anklage erforderlich. Begründet wird dies damit, daß die

---

[614] Vgl. Crim. 03.12.1953 D.1954.419 (Art. 25 Loi du 15.04.1829, s. oben Fußnote 609); Crim. 16.10.1963 B. crim. n° 283; Crim. 27.01.1970 B. crim. n° 250 (Art. 434-1 C. rural a.F.).

[615] Für die h.M.: *Delmas-Marty* J.C.P. 1985.I.3218 n° 12; *dies.* Dr. pén. affaires I S. 83.

[616] H.M.: Crim. 11.07.1963 J.C.P. 1963.II.13391; Crim. 23.10.1990 B. crim. n° 354; *Costes* R.S.C. 1939, 628, 639; *Desportes/Le Gunehec* S. 416 (n° 529); *Légal* R.S.C. 1971, 405, 406 (Anm. zu Crim. 06.05.1969 B. crim. n° 154); *Level* J.C.P. 1960.I.1559 n°4,5; *Monteilhet* J.C.P. 1952.I.1060 n° 3; *Stefani/Levasseur/Bouloc* S. 283 (n° 359); *Salvage* in: J.-Cl. Art. 121-1 n° 34.

[617] H.M.: Crim. 11.03.1993 1er arrêt B. crim. n° 112; *Conte/Maistre du Chambon* S. 228 (n° 112).

„Unternehmensleiter die Pflicht haben, streng und konstant über die Beachtung der Reglementierung zu wachen". Sofern es dann in ihrem Unternehmen zu einem Fehlverhalten kommt, liegt darin automatisch auch ein persönliches Fehlverhalten ihrerseits, da ihre Funktion im Unternehmen und die generelle Aufsicht eine „direkte und ständige Beteiligung an allen Handlungen innerhalb des Unternehmens mit sich bringen"[618].

Die Rechtsprechung ist teilweise sogar davon ausgegangen, daß diese Vermutung unwiderlegbar ist. Obwohl der Unternehmensleiter nachweisen konnte, daß er seiner Kontrollpflicht nachgekommen war, wurde er zur Verantwortung gezogen[619].

Diese von der Literatur stark kritisierte[620] strenge Position hat die Rechtsprechung nunmehr zumindest teilweise wieder aufgegeben[621].

Durch das Gesetz vom 06.12.1976[622] wurde in den Art. 263-2 C. travail eingefügt, daß die Verantwortung auf einer *faute personelle* des Unternehmensleiters beruhen müsse. Dadurch entwickelte sich ein Streit darüber, wie das Fehlverhalten des Unternehmensleiters ausgestaltet sein müsse.

Einige Autoren in der Literatur interpretierten die Einfügung der Notwendigkeit eines persönlichen Fehlverhaltens durch den Gesetzgeber dahingehend, daß die Vermutung des Fehlverhaltens durch die Rechtsprechung nicht zulässig sei, sondern daß diese nunmehr immer nachgewiesen werden müsse[623].

Andere gehen davon aus, daß sich durch das Gesetz von 1976 nichts geändert habe, da Voraussetzung der Verantwortung des Unternehmensleiters schon immer ein eigenes Fehlverhalten seinerseits gewesen sei[624]. Dem ist insofern zuzustimmen,

---

618 H.M.: Crim. 06.05.1969 B. crim. n° 154 mit Anm. *Légal* R.S.C. 1971, 405, 406; Crim. 10.02.1976 B. crim. n° 52; Crim. 15.12.1976 D. 1977.inf.rap.52; Crim. 29.02.1956 B. crim. n° 213; Crim. 19.12.1956 B. crim. n° 859; Crim. 04.11.1964 B. crim. n° 287; Crim. 23.01.1975 D. 1976.375 mit Anm. *Savatier; Pradel* Dr. pén. gén. S. 502 (n° 447); *Stefani/Levasseur/Bouloc* S. 283 (n°359).

619 Crim. 04.11.1964 G.P. 1965.I.80 mit Anm. *Légal* R.S.C. 1965, 650,650; Crim. 15.10.1958 B. crim. n° 627.

620 *Level* J.C.P. 1960.I.1559 n° 9, 14; *Salvaire* R.S.C. 1964, 307, 312, 314.

621 Vgl. die Nachweise unten S. 129, Fußnote 628.

622 Loi n° 76-1106 du 06.12.1976 relative au développement de la prévention des accidents du travail.

623 *Catala/Soyer* J.C.P. 1977.I.2868 n° 44f.; *Decocq* R.S.C. 1977, 360; *Desportes/Le Gunehec* S. 416 (n° 529); weitere Nachweise bei *Merle/Vitu* S. 671 (n° 530), Fußnote 1.

624 *Puech* in: Dix ans du droit de l'entreprise S. 576; *Reinhard* R.S.C. 1978, 257, 276, 282f.; *Saint-Jours* D. 1977.chron.XXV.188.

als die Rechtsprechung schon vor 1976 immer betont hatte, daß Grundlage der Strafbarkeit des Unternehmensleiters eigenes Fehlverhalten gewesen sei[625].

Die Rechtsprechung hat nicht eindeutig Stellung genommen. Zwar wird weiterhin verlangt, daß ein persönliches Fehlverhalten des Unternehmensleiter vorliegen müsse, jedoch wird dieses auch weiterhin daraus abgeleitet, daß ein Fehlverhalten des Untergebenen vorgelegen habe[626]. Insofern hat die Rechtsprechung ihre strenge Haltung nicht aufgegeben[627].

Allerdings hat die Cour de Cassation in einigen Urteilen den Beweis, daß kein Fehlverhalten des Unternehmensleiters vorgelegen habe, zugelassen[628]. Die Anforderungen an diesen Beweis sind sehr streng: So wurde zum Beispiel anerkannt, daß ein Fehlverhalten eines Arbeitnehmers mit zwanzigjähriger Berufserfahrung dem Unternehmensleiter nicht zugerechnet werden könne[629] oder daß der Unternehmensleiter ebensowenig für ein Fehlverhalten verantwortlich sei, wenn der Untergebene sich konkreten Anweisungen widersetze[630].

Die Pflichtverletzung des Unternehmensleiters muß kausal für den eingetretenen Verletzungserfolg gewesen sein. Zwar ist es nicht erforderlich, daß der Unternehmensleiter von der Verletzung der entsprechenden Regel durch den Angestellten wußte. Seine Pflichtverletzung besteht ja gerade darin, daß er (durch sein Unwissen) die Verletzung nicht verhinderte[631]. Kausalität zwischen Pflichtverletzung und Erfolg ist aber in der Hinsicht erforderlich, daß ordnungsgemäße Überwachung des Personals durch den Unternehmensleiter das Delikt überhaupt hätte verhindern können[632]. Ist das nicht der Fall, so kann ihm das Fehlverhalten des Untergebenen nicht zuge-

---

625 Vgl. Crim. 11.06.1963 J.C.P. 1963.II.13391; Crim. 21.01.1957 G.P. 1957.I.165; *Pradel* Dr. pén. gén. S. 508 (n°453).

626 Crim. 02.03.1977 G.P. 1977.I.307; Crim. 18.10.1977 B. crim. n° 305; Crim. 27.02.1978 J.C.P. 1978.II.19005 mit Anm. *Cartier/Godart;* Crim. 04.10.1978 B. crim. n° 257; Crim. 10.07.1980 B. crim. n° 184; Crim. 04.01.1984 B. crim. n° 5; Crim. 23.10.1984 B. crim. n° 316; Crim. 27.01.1987 B. crim. n° 45; weitere Nachweise zur Rechtsprechung bei *Salvage* in: J.-Cl. Art. 121-1 n° 36.

627 Vgl. *Pradel* Dr. pén. gén. S. 508 (n° 453); *Salvage* in: J.-Cl. Art. 121-1 n° 36, 39.

628 Crim. 20.09.1980 B. crim. n° 237; Crim. 03.05.1978 D. 1978.inf.rap.349; Crim. 14.03.1979 J.C.P. 1979.IV.177; Crim. 04.11.1983 D. 1983.256; Crim.14.10.1986 B. crim. n° 288; Crim. 23.10.1990 B. crim. n° 354.

629 Crim. 20.09.1980 B. crim. n° 237.

630 Crim. 14.03.1979 B. crim. n° 109; *Desportes/Le Gunehec* S. 416 (n° 529).

631 Für die h.M.: *Costes* R.S.C. 1939, 628, 635.

632 H.M.: *Cartier* in: La responsabilité pénale du fait de l'entreprise, S. 45, 56; *Costes* R.S.C. 1939, 628, 633f.; *Delmas-Marty* Dr. pén. affaires I. S. 83; *Level* J.C.P. 1960.I.1559 n° 11.

rechnet werden, da für den eingetretenen Erfolg kein Fehlverhalten seinerseits ursächlich war (ihn also am eingetretenen Erfolg keine persönliche Schuld trifft)[633].

Durch das Erfordernis des persönlichen Fehlverhaltens des Unternehmensleiters wird deutlich, daß es sich bei der Konstruktion der „strafrechtlichen Verantwortung des Unternehmensleiters" zwar in gewisser Hinsicht um Zurechnung fremden Verhaltens handelt, jedoch erfolgt die Bestrafung aufgrund eigenen Fehlverhaltens (und damit aus deutscher Sicht wegen eigener Schuld): Der Unternehmensleiter hat die nötige Aufsicht unterlassen und so selbst zur Verletzung der entsprechenden Norm beigetragen. Daran knüpft seine eigene strafrechtliche Verantwortung an. Insofern ist die Formulierung „strafrechtliche Verantwortung für fremdes Verhalten" (*responsabilité pénale pour le fait d'autrui*) ungenau: Der Unternehmensleiter ist für seine eigene Unaufmerksamkeit verantwortlich, für das Unterlassen der nötigen Aufsichtsmaßnahmen. Dies sind persönliche Verhaltensweisen, die durch das Eingreifen oder Unterlassen des zu beaufsichtigenden Untergebenen, der so unmittelbar den Erfolg herbeiführt, strafrechtliche Relevanz erhalten[634].

dd) Anforderungen an das vom Untergebenen begangene Delikt

Voraussetzung für die Verantwortung des Unternehmensleiters ist neben einem ihm persönlich vorzuwerfenden Fehlverhalten, daß ein ihm Untergebener durch sein Verhalten eine der Regeln verletzt hat, deren Einhaltung der Unternehmensleiter zu überwachen hatte. Das Fehlverhalten des Untergebenen kann sowohl ein Unterlassungsdelikt darstellen als auch durch positives Tun bestimmt sein[635]. Im ersten Fall ist leicht einsichtig, daß der Unternehmensleiter, der die Unterlassung des Untergebenen durch sein eigenes Unterlassen nicht verhindert hat, aus dem Unterlassungsdelikt selbst strafbar ist. Für den Fall des positiven Tuns des Untergebenen muß man sich aber fragen, ob nicht dies der Verantwortung des Unternehmensleiters, die ja an ein Unterlassen anknüpft, entgegensteht. Dennoch ist diese Verantwortung allgemein anerkannt, indem der Unternehmensleiter als „moralischer" oder „mittelbarer" Täter (*auteur moral* oder *auteur médiat*) des begangenen Delikts angesehen wird.

---

633 H.M.: Crim. 25.07.1979 B. crim. n° 225; *Delmas-Marty* J.C.P. 1985 3218 n° 27, *dies.* Dr. pén. affaires I. S. 92; *Salvaire* R.S.C. 1964, 307, 314; *Salvage* in: J.-Cl. Art. 121-1 n° 35.

634 H.M.: *Conte/Maistre du Chambon* S. 228 (n° 438); *Costes* R.S.C.1939, 628, 639; *Larguier* S. 88; *Merle/Vitu* S. 640 (n° 498); *Pradel* Dr. pén. gén. S. 511 (n° 454 a.E.).

635 H.M.: *Cartier* in: La responsabilité pénale du fait de l'entreprise, S. 45, 59f.; *Desportes/Le Gunehec* S. 415 (n° 527 a.E.); *Pradel* Dr. pén. gén. S. 501 (n° 446); *Salvage* in: J.-Cl. Art. 121-1 n° 21.

Die verschiedenen Begründungen dazu werden unten bei der Untersuchung, ob den Unternehmensleiter eine Täter- oder eine Teilnehmerverantwortung trifft, näher erläutert[636].

Bezüglich der Anforderungen an das subjektive Element des vom Untergebenen begangenen Delikts sind zunächst unproblematisch zulässig die sogenannten *infractions matérielles*. Diese sind dadurch gekennzeichnet, daß die subjektiven Anforderungen an die Strafbarkeit sehr gering sind bzw. überhaupt nicht existieren: Allein aus der Verletzung der Norm folgt die Strafbarkeit. Ein subjektives Element braucht nicht nachgewiesen zu werden, da es sich bei diesen Delikten um rein disziplinarische Regelungen mit geringer Strafe handelt, die zur Sicherheit wichtiger Allgemeingüter erlassen wurden. Heute gilt dies vor allem für die „Übertretungen" (*contraventions*)[637]. Begeht der Untergebene ein solche Übertretung, so kann der Unternehmensleiter unproblematisch ebenfalls daraus bestraft werden, da auch ihm die Einhaltung dieser Regel oblag und er verantwortlich für die Einhaltung auch durch seine Untergebenen war. Sein persönliches Fehlverhalten braucht in diesem Fall nicht nachgewiesen zu werden.

Anders liegt es bei den „Fahrlässigkeitsdelikten" (*délits d'imprudence*). Diese setzen als subjektives Element eine *négligence* voraus, eine „Sorgfaltspflichtverletzung". Ist dem Untergebenen eine solche vorzuwerfen, so kann der Unternehmensleiter aus demselben Delikt nur bestraft werden, wenn auch er seine Sorgfaltspflicht verletzt hat. Dies ist das oben erläuterte Erfordernis eines Fehlverhaltens des Unternehmensleiters. Dieses besteht bei ihm darin, daß er durch mangelnde Aufsicht oder Einwirkung auf den Untergebenen ebenfalls zur Verwirklichung des Tatbestandes beigetragen hat. Dadurch kann auch er unproblematisch aus dem „Fahrlässigkeitsdelikt" bestraft werden[638].

---

[636] Siehe unten S. 140.

[637] Vgl. dazu *Cartier* in: La responsabilité pénale du fait de l'entreprise, S. 45, 54; *Desportes/Le Gunehec* S. 362 (n° 469), S. 415 (n° 527); *Stefani/Levasseur/Bouloc* S. 228 (n° 277); *Salvage* in: J.-Cl. Art. 121-1 n° 22. Zu erwähnen ist allerdings, daß die Rechtsprechung bei einigen Delikten, die eigentlich mindestens Fahrlässigkeit verlangten (zum Beispiel das Vorlegen falscher Bilanzen gemäß Art. 37-2 des Gesetzes vom 07.03.1925 oder die Wasserverschmutzung gemäß Art. L. 232-2 Code rural), aus Gründen der effizienten Strafverfolgung auf den Nachweis eines subjektiven Elements verzichtet hat (Crim. 30.05.1930, J. Societés 1931, 552 zitiert bei *Cartier* in: La responsabilité pénale du fait de l'entreprise, S. 45, 54 Anm. 39; vgl. die Nachweise bei *Reinhard* n° 178; Wasserverschmutzung: Crim. 28.04.1977 B. crim. n° 148; Crim. 27.07.1970 B. Crim. n° 250; Crim. 19.03.1970 R.S.C. 1970, 387 mit Anm. *Vitu*; weitere Nachweise bei *Salvage* in: J.-Cl. Art. 121-1 n° 25).

[638] H.M.: *Cartier* in: La responsabilité pénale du fait de l'entreprise, S. 45, 55; *Desportes/Le Gunehec* S. 415 (n° 527); *Merle/Vitu* S. 669 (n° 529); *Stefani/Levasseur/Bouloc* S. 281 (n° 357).

Schwierig ist die Situation, wenn der Untergebene ein Delikt begeht, das Vorsatz oder bestimmte „Absichten“ verlangt (*délit intentionnel*). Wie soll der Unternehmensleiter, der regelmäßig keinen Vorsatz oder entsprechende Absichten hat, aus einem solchen Delikt bestraft werden? Entsprechend wird in der Literatur für diese Konstellationen eine Strafbarkeit des Firmeninhabers allgemein verneint, da bei ihm die subjektiven Voraussetzungen der Strafbarkeit nicht vorliegen. Er weist nicht das entsprechende „subjektive Element“ (*élément moral*) auf[639].

Die Rechtsprechung hat allerdings in einigen von der Literatur stark kritisierten Entscheidungen auch in den Fällen, in denen der Untergebene ein *délit intentionnel* begangen hatte, den Unternehmensleiter für strafrechtlich verantwortlich erklärt. Dies gilt insbesondere für das Delikt der Wasserverschmutzung nach Art. L. 232-2 Code rural, das zu dem Zeitpunkt nur vorsätzlich begangen werden konnte[640], bei Verstößen gegen das Gesetz vom 01.08.1905[641] oder bei verschiedenen Delikten aus dem Bereich des Gesellschaftsrechts[642]. Erklärt wurden diese Verurteilungen mit dem Bedürfnis erhöhter Strafeffizienz oder mit der Begründung, daß man wegen der Schwere der Verletzung und dem damit verbundenen Interesse der Allgemeinheit an der Verhinderung solcher Taten die bloße Fahrlässigkeit dem Vorsatz annähern könne bzw. daß aus der bloßen Verletzung der Vorsatz abgeleitet werden könne. Diese Begründungen vermögen jedoch nicht zu überzeugen. In dem Moment, in dem der Unternehmensleiter aus einem Vorsatzdelikt oder einem Delikt mit besonderen Absichten bestraft wird, ohne daß bei ihm diese Absichten nachgewiesen werden, liegt ein Bruch mit dem Prinzip des Art. 121-1 N.C.P. vor: Der Unternehmensleiter

---

639 *Cartier* in: La responsabilité pénale du fait de l'entreprise, S. 45, 56; *Conte/Maistre du Chambon* S. 229 (n° 440); *Desportes/Le Gunehec* S. 415 (n° 527); *Level* J.C.P. 1960.I.1559 n° 12; *Merle/Vitu* S. 669 (n° 529); *Pradel* Dr. pén. gén. S. 501 (n° 446); *Salvage* in: J.-Cl. Art. 121-1 n° 36 a.E.

640 Crim. 05.05.1953 B. Crim. n° 158; Crim. 01.04.1954 B. crim. n° 138; Crim. 06.10.1955 J.C.P. 1956.II.9098; Crim. 28.02.1956 J.C.P 1956.II.9304 mit Anm. *de Lestang*. Später machte die Rechtsprechung aus diesem Delikt ein „materielles Delikt“ (*délit matériel*) (s. oben Fußnote 637), so daß es ohnehin nicht mehr auf den Nachweis eines subjektiven Elementes der Beteiligten ankam.

641 S. oben Fußnote 580; Crim. 11.03.1959 D. 1959.somm.47; Trib. corr. Seine 09.04.1963 J.C.P. 1963.II.13290; Trib. corr. Angers 04.05.1961 J.C.P. 1961.II.12160 mit Anm. *Delpech;* Crim. 21.11.1963 B. crim. n° 330; Crim. 27.07.1964 J.C.P. 1965.II.14027 mit Anm. *Vivez.*

642 Insbesondere Verstöße gegen das Gesetz n° 66-537 vom 24.07.1966 sur les societés commerciales (zum Beispiel Art. 425-2 oder 437-1 Verteilung fiktiver Dividenden); oder der Mißbrauch von Gütern der Gesellschaft gemäß Art. 408 C.P. a.F. = Art. 314-1 - 314-4 N.C.P. sowie die Vorlage falscher Bilanzen gemäß Art. 37-2 Loi du 07.03.1925 etc.: Crim. 16.01.1964 D. 1964.196; *Cartier* in: La responsabilité pénale du fait de l'entreprise, S. 45, 54; *Merle/Vitu* S. 669 (n° 529, Fußnote 4).

wird dann tatsächlich für fremdes Verschulden bestraft, sein „subjektives Element“ (*élément moral*) entspricht nicht den Anforderungen des Gesetzes. Es wird ihm das des Untergebenen zugerechnet. Konsequenter ist eine andere Begründung: Der Unternehmensleiter habe in seiner Funktion eine Garantiepflicht, über die Einhaltung gewisser Regeln zu wachen. Komme er dieser Aufgabe nicht nach, so geschehe das wissentlich. Darin erblickt die Rechtsprechung dann das „subjektive Element“ des Unternehmensleiters. Der Vorsatz wird ersetzt[643]: Der Unternehmensleiter braucht nicht den Vorsatz bezüglich der Deliktsverwirklichung zu haben; sein Vorsatz muß sich auf das Unterlassen der nötigen Kontrolle beziehen. Durch diese Ersetzung des Vorsatzes sind die Entscheidungen formell betrachtet mit dem Art. 121-1 N.C.P. vereinbar: Die Bestrafung aus einem Vorsatzdelikt erfolgt aufgrund eigenen Vorsatzes des Unternehmensleiters[644]. Allerdings ist fraglich, ob eine solche Ersetzung des Vorsatzes zulässig ist oder ob sie nicht gesetzlich festgehalten werden müßte, wie es die beiden Vorprojekte zum N.C.P. von 1978 und 1983 gefordert haben[645].

Da die Entscheidungen jedoch sehr vereinzelt geblieben sind und sich nur auf die genannten Gebiete beschränken, wird dadurch nicht grundsätzlich die Wirkung des Art. 121-1 N.C.P. in Frage gestellt.

Grundsätzlich greift die Verantwortung des Unternehmensleiters für Handlungen seiner Untergebenen also nur, sofern es sich um nicht-vorsätzliche Delikte oder solche, die jedenfalls keine besonderen Absichten oder andere besonderen subjektiven Elemente verlangen, handelt.

ee) Keine wirksame Delegation

Weitere Voraussetzung für eine strafrechtliche Verantwortung des Unternehmensleiters für deliktisches Verhalten seiner Untergebenen ist, daß er die ihm obliegenden Aufgaben nicht an eine andere Person wirksam delegiert hat. Fraglich ist, in welchen Bereichen eine solche Delegation zulässig ist.

Unproblematisch zulässig ist die Delegation der Verantwortung nach herrschender Meinung für die Einhaltung der Regeln, die sich alternativ an den Unternehmensleiter oder andere Personen wenden oder die den Täterkreis gar nicht eingrenzen (sogenannte alternative[646] Verantwortungszuschreibung). Das ist der Fall zum Beispiel bei den Regelungen betreffend die Hygiene und Sicherheit am Arbeitsplatz

---

643 *„Déplacement“: Conte/Maistre du Chambon* S. 229 (n° 440); *Larguier* S. 85.
644 *Conte/Maistre du Chambon* S. 229 (n° 439 a.E.).
645 S. oben S. 124, Fußnote 597f.
646 S. oben S. 118f.

oder bei den Regelungen über die zulässige Dauer der Arbeitszeit[647], ebenso beim Verbot der Wasserverschmutzung[648], bei den Regelungen betreffend die soziale Sicherheit[649] oder bei der Konstellation, daß durch Verletzung einer solchen Regelung ein allgemeiner Tatbestand, wie zum Beispiel der der fahrlässigen Tötung oder Körperverletzung[650] oder eine Regelung betreffend den Straßenverkehr[651], verletzt wird. Eine Sonderstellung nimmt der Fall der irreführenden Werbung (Art. 121-5 C. cons.) ein. Einerseits hat die Rechtsprechung auch hier eine Delegation unproblematisch zugelassen, da kein Gesetz Gegenteiliges feststelle[652]. In einem späteren Urteil bestimmte die Cour dann aber, daß die Delegation nur für den Fall zulässig sei, daß der Unternehmensleiter gezwungen gewesen sei, seine Aufgaben zu delegieren, da er selbst absolut nicht in der Lage war, die Werbekampagnen zu überwachen[653].

Nicht zulässig ist die Delegation nach herrschender Meinung in den Fällen, in denen das Gesetz eine solche Möglichkeit nicht vorsieht, da ausdrücklich die Verantwortung bestimmter Personen, und nur dieser, vorgeschrieben wird (sogenannte exklusive Verantwortungszuschreibung[654]). Das sind die meisten Regelungen aus dem Wirtschaftsrecht, basierend auf den Ordonnanzen von 1945[655], sowie die Regelungen aus dem Gesellschaftsrecht, die auf dem Gesetz vom 24.07.1966[656] beruhen, wie zum Beispiel Art. 484[657] desselben Gesetzes: die Nichtveröffentlichung bestimmter die Gesellschaft betreffender Umstände (Bilanzen, Gewinn- und Verlustrechnungen

[647] Crim. 19.01.1988; B. crim. n° 29 = D. 1990.somm.365 Anm. *G. Roujou de Boubée*; Crim. 15.05.1974 D. 1976.226 (Art. 173 alinéa 2 C. travail).

[648] Crim. 14.02.1973 B. crim. n° 81 (Art. 434-1 C. rural a.F.).

[649] Crim. 13.01.1972 B. crim. n° 23 (Art. L. 151, L. 152 und L. 156 C. séc. soc.).

[650] Crim. 29.10.1968 B. crim. n° 274 = R.S.C. 1969, 404 Anm. *Levasseur* (Art. 319 C.P. a.F.); weitere Beispiele für Vorschriften, die die Delegation von Verantwortung zulassen bei *Salvage* in: J.-Cl. Art. 121-1 n° 50.

[651] Crim. 19.01.1988 B. crim. n° 29; Crim. 20.05.1969 B. crim. n° 179; Crim. 03.01.1964 G.P. 1964.I.313 (Art. 238 C. route).

[652] Crim. 07.12.1981 B. crim. n° 325.

[653] Crim. 02.02.1982 B. crim. n° 36.

[654] S. oben S. 118f.

[655] Crim. 19.12.1977 J.C.P. 1979.II.19227 mit Anm. *Robert;* Crim. 25.06.1979 J.C.P. 1980.II.19476 mit Anm. *Robert*. Zwar sind diese Ordonnancen durch die vom 01.12.1986 abgeschafft worden, aber das Problem bleibt für viele Regelungen aus dem Wirtschaftsstrafrecht.

[656] S. oben Fußnote 642.

[657] Heute ist dieser Artikel abgeschafft durch Art. 53 des Gesetzes vom 01.03.1984 (J.C.P. III.55371).

etc.) im *Bulletin des annonces légales obligatoires*[658] oder die Regelungen des Gesetzes vom 01.08.1905[659].

Durch fünf Urteile vom 11.03.1993[660] betreffend Verstöße gegen Regelungen des Wirtschaftsrechts hat die Cour dann aber umgekehrt festgestellt, daß die Delegation von Verantwortung grundsätzlich in allen Bereichen zulässig ist, „sofern nicht das Gesetz etwas anderes bestimmt"[661]. Diese Urteile machen deutlich, daß nicht nach Bereichen festgelegt werden kann, ob Delegation zulässig ist oder nicht und daß es nicht darauf ankommt, daß das Gesetz die Delegation vorsieht, sondern daß vielmehr allein entscheidend ist, ob das Gesetz eine solche ausschließt[662]. Unklar ist allerdings nach wie vor, ob das Gesetz ausdrücklich die Delegation ausschließen muß oder ob der Ausschluß sich auch implizit ergeben kann[663].

Ist die Delegation zulässig, so unterliegt sie vielen Anforderungen[664]:

- Die Delegation ist nur zulässig in Unternehmen, die wegen der mit ihrer Größe verbundenen dezentralisierten Organisation keine wirksame Überwachung des Unternehmensleiters allein ermöglichen[665].
- Der Delegatar muß aus der Firma des Delegierenden stammen[666].

---

658 Crim. 15.05.1974 D. 1976.226 mit Anm. *Vézian.*

659 S. oben Fußnote 580; Crim. 13.01.1981 B. crim. n° 18, hier wird argumentiert, daß sich das Gesetz nicht über die Delegation äußere, also sei sie unzulässig. Dieselbe Argumentation wurde allerdings im Urteil vom 07.12.1981 geführt, um die Delegation zuzulassen (s. oben Fußnote 652)!

660 B. crim. n° 112 = R.S.C. 1994, 101 Anm. *Bouloc.* Diese Urteile betrafen die Bereiche der unzulässigen Falschwerbung sowie andere Delikte aus dem Bereich des Wirtschaftsrechts: 1er arrêt: Art. 2 und 4 des Gesetzes n° 52-300 vom 12.03.1952 réprimant la contrefaçon des créations des industries saisonniers de l'habillement et de la parure; 2ième arrêt: Verstoß gegen das Gesetz vom 01.08.1905, s. oben Fußnote 580; 3ième arrêt: Verstoß gegen Art. 44ff. des Gesetzes vom 27.12.1973 (irreführende Werbung, heute Art. 121-5 C. cons.); 4ième arrêt: Verstoß gegen Art. 31, 32 und 50 der Ordonnance n° 86-1243 vom 01.12.1986 relative à la liberté des prix et de la concurrence und gegen Art. 26 des Décret n° 86-1309 vom 29.12.1986 fixant les conditions d'application de l'ordonnance du 01.12.1986 und gegen Art. 1 und 4 des Gesetzes n° 63-628 vom 02.07.1963 rectificative pour 1963 portant maintien de la stabilité économique et financière; 5ième arrêt: Verstoß gegen Art. 32 der Ordonnance vom 01.12.1986.

661 Crim. 11.03.1993 B. crim. n° 112, 1er: Delegation ist zulässig, *„hors le cas où la loi en dispose autrement".*

662 *Bayet* G.P. 1993.II.923.

663 *Salvage* in: J.-Cl. Art. 121-1 n° 51.

664 Zu den Voraussetzungen vgl. für die Lit.: *Desportes/Le Gunehec* S. 417 (n° 530); *Merle/Vitu* S. 671 (n° 530); *Pradel* Dr. pén. gén. S. 505 (n° 450); *Stefani/Levasseur/Bouloc* S. 285 (n° 363); zahlreiche Nachweise zur Rechtsprechung bei *Delmas-Marty* Dr. pén. affaires I S. 105 II a).

665 Für die h.M.: Crim. 11.03.1993 B. crim. 112.

666 Für die h.M.: Crim. 06.05.1964 D. 1964.562.

- Der Delegatar muß mit der nötigen Kompetenz und Autorität ausgestattet sein, um die Überwachung der Arbeitnehmer zu gewährleisten[667], was für ihn eine gewisse Selbständigkeit voraussetzt[668] sowie seine Ausstattung mit den nötigen finanziellen Mitteln und der Kompetenz, durch Disziplinarmaßnahmen auf die Arbeitnehmer einzuwirken[669].
- Der Unternehmensleiter darf keine höchstpersönlichen Pflichten delegieren[670].
- Unzulässig ist außerdem die Delegation an mehrere Personen, da dadurch die Einhaltung der Regeln nicht sicher gewährleistet ist, da jeder die Verantwortung weiterschieben könnte[671].
- Der Delegatar muß seine Verantwortung vom Unternehmensleiter selber oder von einem durch diesen seinerseits Delegierten erlangt haben, sofern diesem die Subdelegation gestattet wurde[672].
- Der Unternehmensleiter darf nur Teilbereiche seiner Verantwortung delegieren, da sonst die Wirksamkeit in Frage gestellt würde und sich der Unternehmensleiter so jeglicher Verantwortung entziehen könnte[673]. Die Delegation muß sich eindeutig und präzise auf die zu überwachenden Bereiche beziehen[674]. Kommt es zu einer Regelübertretung außerhalb dieses delegierten Bereiches, so ist der Unternehmensleiter selbst verantwortlich[675].
- Die Delegation muß bereits bestanden haben, als es zur Verletzung der entsprechenden Regel kam[676].
- An die Form der Delegation werden keine strengen Anforderungen gestellt; insbesondere ist keine Schriftform erforderlich[677]. Allerdings muß der angeklagte

---

667 Für die h.M.: Crim. 26.01.1986 B. crim. n° 30; Crim. 17.11.1987 B. crim. n° 416; Crim. 23.02.1988 B. crim. n° 93; Crim. 06.06.1989 B. crim. n° 43.

668 Für die h.M.: Crim. 11.03.1993 B. crim. n° 112.

669 Für die h.M.: Crim. 22.04.1966 B. crim. n° 125; Crim. 21.10.1975 B. crim. n° 222; Crim. 02.03.1977 B. crim. n° 85.

670 Für die h.M.: Crim. 04.01.1983 D. 1984.256 mit Anm. *Seillan;* Crim. 17.07.1990 B. crim. n° 287.

671 Für die h.M.: Crim. 02.10.1979 B. crim. n° 267; Crim. 06.07.1989 B. crim. n° 243.

672 Für die h.M.: Crim. 08.02.1983 B. crim. n° 48; Crim. 14.02.1991 B. crim. n° 79.

673 H.M.: Crim. 28.01.1975 B. crim. n° 32; Crim. 21.10.1975 B. crim. n° 222; Crim. 02.02.1993 D. 1994.somm.155 Anm. *Roujou de Boubée.*

674 Für die h.M.: Crim. 21.10.1975 B. crim. n° 222.

675 Für die h.M.: Crim. 07.11.1994 B. crim. n° 354.

676 Für die h.M.: Crim. 10.07.1980 B. crim. n° 184.

677 H.M.: Crim. 27.10.1976 B. crim. n° 303; Crim. 15.12.1976 J.C.P. 1977.IV.35; Crim. 16.01.1979 D. 1979.inf.rap.260; Crim. 11.03.1994 B. crim. n° 112; Crim. 22.10.1991 G.P. 1992.I.somm.110.

Unternehmensleiter zu seiner Entlastung die Delegation irgendwie beweisen[678], wobei Schriftform hilfreich ist[679].

Hat der Unternehmensleiter seine Verantwortung wirksam delegiert, so ist er nicht mehr strafrechtlich verantwortlich für die von seinen Untergebenen begangenen Handlungen. Statt seiner ist nun derjenige verantwortlich, an den er die Verantwortung delegiert hatte[680]. Trotz Delegation bleibt der Unternehmensleiter verantwortlich, wenn ihm dennoch ein persönliches Fehlverhalten vorzuwerfen ist[681].

ff) Andere die Verantwortung des Unternehmensleiters ausschließende Gründe

Kann der Unternehmensleiter nicht nachweisen, daß er seine Verantwortung delegiert hat oder daß ihn kein persönliches Fehlverhalten trifft, so hat er keine Möglichkeit, seine „Nicht-Verantwortung“ darzulegen. Die Rechtsprechung ist seit jeher sehr streng bezüglich der Verantwortung des Unternehmensleiters und gestattet es ihm nicht, sich durch andere üblicherweise anerkannte Gründe der „Nicht-Verantwortung“, wie zum Beispiel des unwiderstehlichen Zwangs oder der höheren Gewalt für „nicht-verantwortlich“ zu erklären[682]. Bezüglich des Zwangs scheinen einige Entscheidungen diesen als die Verantwortung ausschließenden Umstand zu akzeptieren, jedoch sind die Anforderungen an den Zwang in diesen Entscheidungen so streng, daß dies einer Aberkennung dieses Verantwortungausschlußgrundes gleichkommt[683]. Auch der unvermeidbare Rechts- oder Tatsachenirrtum des Unternehmensleiters wird nicht als Verantwortungsausschluß anerkannt[684]. In der Literatur wird diese

678 Für die h.M.: Crim. 11.03.1993 B. crim. n° 112.

679 Für die h.M.: Crim. 29.06.1979 D. 1979.inf.rap.527; Crim. 10.06.1980 J.C.P. 1980.IV.322.

680 H.M.: Crim. 27.10.1975 B. crim. n° 303; Crim. 15.12.1976 B. crim. n° 369; Crim. 02.03.1977 B. crim. n° 85; Crim. 24.01.1978 B. crim. n° 30; Crim. 23.02.1988 B. crim. n° 93.

681 Für die h.M.: *Delmas-Marty* J.C.P. 1985.I.3218 n° 36; *Desportes/Le Gunehec* S. 419 (n° 531).

682 Crim. 28.02.1956 J.C.P. 1956.II.9304 mit Anm. *de Lestang* = B. crim. n° 205; Crim. 06.10.1955 J.C.P. 1956.9098; Crim. 16.03.1964 B. crim. n° 102; Crim. 22.05.1973 B. crim. n° 230; weitere Beispiele zur Rechtsprechung bei *Reinhard* n° 286ff.; *Cartier* in: La responsabilité pénale du fait de l'entreprise, S. 45, 57; *Légal* R.S.C. 1965, S. 650, 651; *Merle/Vitu* S. 671 (n° 530).

683 Crim. 28.04.1977 J.C.P. 1978.II.18931 mit Anm. *Delmas-Marty* = D. 1978.149 mit Anm. *Rassat; Salvage* in: J.-Cl. Art. 121-1 n° 40.

684 Crim. 19.05.1931 und 29.04.1933 Sirey 1933.I.113; Crim. 14.02.1962 B. crim. n° 93; *Cartier* in: La responsabilité pénale du fait de l'entreprise, S. 45, 57.

Strenge der Rechtsprechung kritisiert, da dies dem Unternehmensleiter eine nicht gerechtfertigte Verantwortung auferlege[685].

d) Die dogmatische Herleitung der Verantwortung des Unternehmensleiters für das Verhalten seiner Untergebenen

Das französische Strafrecht kennt keine unechten Unterlassungsdelikte. In den oben beschriebenen Konstellationen knüpft die Strafbarkeit des Unternehmensleiters jedoch daran an, daß er seine Untergebenen nicht ordnungsgemäß überwacht hat und so eine mit Strafe bedrohte Handlung nicht verhindert hat. Wie wird diese Verantwortung dogmatisch begründet, wenn es eigentlich kein Begehen durch Unterlassen gibt?

aa) Früher haben einige Autoren die Verantwortung des Unternehmensleiters für strafbares Verhalten seiner Untergebenen damit begründet, daß er sich als Unternehmensleiter wissentlich den für diesen Bereich geltenden Regeln unterworfen habe und daß er damit auch das „Risiko für die Einhaltung dieser Regelungen übernommen habe“ (*théorie du risque accepté*)[686]. Andere stellen auf seine Bereicherung ab: Der Unternehmensleiter erhält den Profit, also muß er im Gegenzug auch die (strafrechtlichen) Risiken übernehmen[687]. Auch die Rechtsprechung hat sich dieser Herleitung zum Teil angenähert, indem sie davon sprach, daß der Untergebene den Unternehmensleiter repräsentiere[688] oder daß es einen stillschweigenden Vertrag gebe, in dem der Unternehmensleiter sich verpflichte, über die Einhaltung der Regelungen zu wachen[689].

bb) Diese Herleitung einer strafrechtlichen Verantwortung wegen übernommenen Risikos wird jedoch allgemein abgelehnt, da strafrechtliche Verantwortung nicht an ein übernommenes Risiko anknüpfen könne, sondern nur an persönlich vorwerfbares Fehlverhalten. Daher wird heute die Verantwortung des Unternehmensleiters überwiegend damit begründet, daß ihm „persönlich ein Fehlverhalten“ vorzuwerfen sei (*théorie de la faute personelle*): Er hat die ihm obliegende Aufsicht unterlassen und

---

685 *Cartier* in: La responsabilité pénale du fait de l'entreprise, S. 45, 57; *Merle/Vitu* S. 671 (n° 500); *Salvaire* R.S.C. 1964, 307, 314.

686 *De Lestang* J.C.P. 1956.II.9098; *Roux* S. 359; *ders.* Sirey 1920.I.329.

687 *Téhoval* dr. soc. 1975, 5, 8.

688 Crim. 27.01.1859 Sirey 1859.I.364.

689 Crim. 07.05.1870 Sirey 1870.I.439.

so selbst einen kausalen Beitrag zur Verletzung der entsprechenden Regel geleistet[690]. Seine Strafbarkeit knüpft, wie jede andere Strafbarkeit auch, an ein „materielles" und an ein „subjektives Element" (*élément matériel* und *élément moral*) an: Das wissentliche Unterlassen der Aufsicht stellt das „subjektive Element" (*élément moral*) seiner Straftat dar; dadurch begründet sich die persönliche Vorwerfbarkeit an ihn (*faute*). Das „materielle Element", also die objektive Verletzung einer Norm, liegt in dem Verhalten des Untergebenen. Dieses Verhalten „entleiht" der Unternehmensleiter von seinem Untergebenen, es wird ihm zugerechnet (*emprunt*)[691]. Andere sehen das „materielle Element" der Straftat des Unternehmensleiters in seinem Unterlassen selbst. Es sei nicht möglich, ihm das fremde Verhalten zuzurechnen, schließlich liege eigenes Verhalten (Unterlassen) des Unternehmensleiters vor[692]. Diese Argumentation muß sich vorhalten lassen, daß dadurch ein unechtes Unterlassungsdelikt geschaffen wird, was das französische Strafrecht aber gerade nicht anerkennt[693]. Dagegen verteidigt sich diese Ansicht mit dem Argument, es handele sich nicht um ein herkömmliches Unterlassen, vielmehr sei es ein „Unterlassen im positiven Tun" (*omission dans l'action)*, nämlich ein Unterlassen im gesamten Verhalten als Unternehmensleiter, das gekennzeichnet ist durch Maßnahmen zum Schutz der Einhaltung gewisser Regelungen[694]. Innerhalb dieser Maßnahmen (positives Tun) findet sich dann das vorgeworfene Unterlassen. Diese Argumentation wirkt sehr konstruiert, so daß, da gegen das Argument, daß es im französischen Strafrecht keine unechten Unterlassungsdelikte gebe, kaum etwas vorgebracht werden kann, überwiegend zu Recht davon ausgegangen wird, daß der Unternehmensleiter das „materielle Element" des Untergebenen „entleihe".

cc) Eng mit dieser Herleitung der Verantwortung aus dem persönlichen Fehlverhalten des Firmeninhabers verbunden ist die Ansicht, die die strafrechtliche Verantwortung des Unternehmensleiters mit dem Gedanken begründet, daß diese an die ihm zustehenden „Machtbefugnisse" anknüpfe (*théorie du pouvoir*). Die Strafbarkeit begründet sich nach dieser Ansicht damit, daß dem Unternehmensleiter wegen seiner Macht über seine Untergebenen die Mittel zur Verfügung stehen, auf diese einzu-

690 *Desportes/Le Gunehec* S. 418 (n° 531); *Merle/Vitu* S. 668 (n° 428); *Salvaire* R.S.C. 1964, 307, 313; *Salvage* in: J.-Cl. Art. 121-1 n° 34; *Stefani/Levasseur/Bouloc* S. 287 (n° 365).

691 *Conte/Maistre du Chambon* S. 229 (n° 440); *Delmas-Marty* Dr. pén. affaires I S. 85; *Merle/Vitu* S. 668 (n° 528 a.E.); *Stefani/Levasseur/Bouloc* S. 287 (n° 365 a.E.).

692 *Desportes/Le Gunehec* S. 418 (n° 531).

693 *Delmas-Marty* Dr. pén. affaires I S. 85.

694 *Salvage* in: J.-Cl. Art. 121-1 n° 37; *Pradel/Varinard* S. 427.

wirken. Daraus ergebe sich seine Verpflichtung, Straftaten zu verhindern. Kommt er dieser nicht nach, so soll er selbst aus dem entsprechenden Delikt bestraft werden[695]. Diese Herleitung entspricht fast der Begründung der Strafbarkeit wegen persönlichen Fehlverhaltens: Dies liegt hier nicht in der dem Unternehmensleiter zukommenden Verpflichtung, die Einhaltung der Regelungen zu überwachen, sondern in der Pflicht, die ihm zustehende Macht auch zu gebrauchen, um Fehlverhalten zu verhindern.

Zusammenfassend kann festgestellt werden, daß die Verantwortung des Unternehmensleiters für strafbares Verhalten seiner Untergebenen nicht gegen Art. 121-1 N.C.P. verstößt. Seine Verantwortung knüpft an persönliches Fehlverhalten an, zugerechnet wird lediglich die objektive Tatbestandsverwirklichung durch den Untergebenen (*élément matériel*), nicht aber die Vorwerfbarkeit an sich, die dem deutschen Verschulden entspricht.

Es handelt sich um eine Verantwortung zwar für fremdes Verhalten, aber für eigenes Verschulden.

e) Täter- oder Teilnehmerverantwortung des Unternehmensleiters

Zunächst ist festzuhalten, daß trotz einer Strafbarkeit des Unternehmensleiters oder des Delegators der Untergebene wegen seiner Handlung oder Unterlassung strafbar bleibt[696]. Allerdings sieht die Rechtsprechung von einer Strafbarkeit des Untergebenen oft ab, sei es, weil er „unter Zwang" gehandelt hat (*contrainte),* weil ihm sonst ein Grund der „Nicht-Verantwortung" (*irresponsabilité*) zur Seite steht oder weil sein Fehlverhalten zu gering gegenüber dem des Unternehmensleiters wirkt, als daß es eine eigene Strafbarkeit erfordere[697].

Ist der Untergebene strafbar, so kommt grundsätzlich eine Täter- oder Teilnehmerverantwortung des Unternehmensleiters in Frage.

---

695 *Cartier* in: La responsabilité pénale du fait de l'entreprise, S. 45, 63; *Delmas-Marty* Dr. pén. affaires I S. 86.

696 H.M.: Crim. 27.01.1859 Sirey 1859.I.364 1er; Crim. 15.06. und 28.06.1917 Sirey 1920.I.329; Crim. 23.11.1950 B. crim. n° 267; Crim. 18.06.1956 B. crim. n° 547; Crim. 24.03.1958 B. crim. n° 283; Crim. 16.01.1979 D. 1979.inf.rap.260; Crim. 14.01.1980 D. 1980.inf.rap.459; Crim. 23.10.1984 B. crim. n° 316; *Delmas-Marty* Dr. pén. affaires I S. 99; *Merle/Vitu* S. 668 (n° 529, Fußnote 4); *Pradel* Dr. pén. gén. S. 501 (n° 446); *Salvage* in: J.-Cl. Art. 121-1 n° 26 mit weiteren Nachweisen zur Rechtsprechung; *Stefani/Levasseur/Bouloc* S. 282 (n° 358).

697 Crim. 04.12.1979 D. 1980.inf.rap.312; *Desportes/Le Gunehec* S. 415 (n° 528); *Pradel* Dr. pén. gén. S. 502 (n° 446); *Salvage* in: J.-Cl. Art. 121-1 n° 27 mit weiteren Nachweisen zur Rechtsprechung; *Stefani/Levasseur/Bouloc* S. 282 (n° 358).

Die Teilnehmerverantwortung des Unternehmensleiters scheitert unproblematisch schon daran, daß durch Unterlassen in Frankreich grundsätzlich keine Teilnahme möglich ist[698]. Selbst wenn man - wie oben dargestellt - zu einer Teilnehmerverantwortung aus Unterlassen kommen kann, indem man das Verhalten als „Hilfe oder Unterstützung" (*aide* oder *assistance*) an der Haupttat des Untergebenen auslegt, so ist doch zu beachten, daß die Rechtsprechung mit ihrer wertenden Betrachtungsweise oft zu einer Täterstrafbarkeit auch des eigentlichen Teilnehmers gelangt. Außerdem erfordert die Teilnahme den Vorsatz, sich an einer fremden Tat zu beteiligen (umstritten ist zwar die fahrlässige Teilnahme am Fahrlässigkeitsdelikt, jedoch wird zunehmend von einem Einheitstätersystem bei der Fahrlässigkeit ausgegangen[699]); auch daran fehlt es regelmäßig[700].

Klarzustellen ist noch, daß sich die Täterstellung des Unternehmensleiters unproblematisch als solche begründen läßt, sofern der Untergebene ein vom Gesetz ausdrücklich vorgesehenes Unterlassungsdelikt verletzt. Dann ist der Unternehmensleiter durch sein Unterlassen selbst direkter Täter[701]. Auf die Zurechnung des Verhaltens des Untergebenen kommt es dann nicht an.

Liegt in dem Verhalten des Untergebenen jedoch positives Tun, so gibt es für einen Verletzungserfolg zwei Täter: den Untergebenen, der direkt die mit Strafe bedrohte Handlung vornimmt, und den dahinter stehenden Unternehmensleiter, der über die Konstruktion der „strafrechtlichen Verantwortung des Unternehmensleiters" wegen seines Unterlassens verbunden mit persönlicher Vorwerfbarkeit als Täter bestraft werden soll. Daher wird der Unternehmensleiter in diesen Fällen als „moralischer" oder „mittelbarer" Täter (*auteur moral* oder *auteur médiat*) eingestuft[702]. Zu unterscheiden ist diese Konstruktion jedoch von der Täterschaft des ebenfalls *auteur moral* Genannten, der dem mittelbaren Täter in Deutschland entspricht und der sich eines anderen als Werkzeug bedient, damit dieser eine Straftat begehe. Diese Konstruktion ist in Frankreich nur für den Fall anerkannt, daß der Vordermann nicht strafbar ist und dadurch eine Teilnahmestrafbarkeit ausscheidet, so daß, um Strafbarkeitslücken zu schließen, von Täterschaft in der Form des *auteur moral* ausgegangen wird[703].

---

698 S. oben S. 92ff.

699 S. oben S. 103ff.

700 Vgl. *Cartier* in: La responsabilité pénale du fait de l'entreprise, S. 45, S. 58; *Level* J.C.P. 1960.I.1559 n° 3.

701 Für die h.M.: *Cartier* in: La responsabilité pénale du fait de l'entreprise, S. 45, S. 59.

702 Für die h.M.: *Desportes/Le Gunehec* S. 412 (n° 522); *Salvage* in: J.-Cl. Art. 121-1 n° 53; *Stefani/Levasseur/Bouloc* S. 287 (n° 366).

703 S. dazu oben S. 133ff.

f) Vorsatz- oder Fahrlässigkeitsstrafbarkeit

Damit ist der Unternehmensleiter in den meisten Fällen als Täter zu bestrafen. Zu unterscheiden sind folgende Situationen:

Handelt der Untergebene vorsätzlich, so ist nach allgemeiner Ansicht der Firmeninhaber unproblematisch nur dann als Täter des Vorsatzdeliktes strafbar, wenn er selbst auch vorsätzlich handelt. Handelt der Unternehmensleiter dagegen fahrlässig, so lehnt die überwiegende Literatur eine Strafbarkeit des Firmeninhabers ab, da er nicht die notwendigen subjektiven Voraussetzungen des in Frage stehenden Vorsatzdeliktes erfülle. Die Rechtsprechung erreicht eine Strafbarkeit aus dem Vorsatzdelikt, indem sie eine Art Vorsatzverschiebung vornimmt und auf das wissentliche Unterlassen der Aufsicht des Firmeninhabers abstellt[704].

Handelt der Untergebene dagegen fahrlässig, so kann der Unternehmensleiter als Täter aus dem Fahrlässigkeitsdelikt bestraft werden, wenn auch ihn selbst der Vorwurf der Fahrlässigkeit trifft. Handelt der Unternehmensleiter vorsätzlich, während sein Untergebener fahrlässig handelt, so kann ersterer dennoch nur aus dem Fahrlässigkeitsdelikt bestraft werden, denn er wird aus demselben Delikt bestraft wie der Untergebene. Es gibt in Frankreich kein unechtes Unterlassungsdelikt, aus dem der Unternehmensleiter wie im deutschen Recht wegen seiner Unterlassung selbständig strafbar ist. Im deutschen Strafrecht können die Strafbarkeit des Untergebenen aus dem Fahrlässigkeitsdelikt und die Strafbarkeit des Unternehmensleiters aus dem vorsätzlichen unechten Unterlassungsdelikt nebeneinander bestehen. Der Unternehmensleiter ist aus einem eigenen Delikt nach seinem eigenen Vorsatz strafbar. Im französischen Strafrecht knüpft zwar die Strafbarkeit des Unternehmensleiters an eigene subjektive Elemente an, jedoch ist er auf das „materielle Element" des Untergebenen angewiesen. Solange dieser nur ein Fahrlässigkeitsdelikt begeht, ist der Unternehmensleiter nicht wegen seines weiterreichenden Vorsatzes zu bestrafen, ansonsten käme seine Strafbarkeit der gerade nicht anerkannten Konstruktion des Begehens durch Unterlassen gleich.

---

[704] S. oben S. 133.

DRITTES KAPITEL

LÄNDERBERICHT SPANIEN

Erster Teil: Täterschaft und Teilnahme im allgemeinen

I. Einordnung der Problematik im spanischen Deliktsaufbau

Der spanische Código Penal[705] ist stark am deutschen Strafrecht orientiert. Insbesondere wählt auch das spanische Strafrecht wie das deutsche einen dreistufigen Deliktsaufbau bestehend aus Tatbestandsmäßigkeit (*tipicidad*), Rechtswidrigkeit (*antijurídicidad*) und Schuld (*culpabilidad*). Nach weit verbreiteter Auffassung insbesondere in der Literatur[706] ist die Frage von Täterschaft und Teilnahme dem Tatbestand zuzuordnen. Einige Autoren wollen für die Frage der Täterschaft gar nicht auf deren Regelung in Art. 28 C.P. (bzw. Art. 14 C.P. a.F.) zurückgreifen, sondern gehen davon aus, daß sich die Täterschaft direkt aus den Normen im Besonderen Teil ableiten läßt[707]. Ausgehend von einem restriktiven Täterbegriff ist nach herrschender Meinung Täter, wer den Tatbestand selbst erfüllt[708]. Allerdings ging die Rechtsprechung ähnlich der deutschen[709] wegen ihrer Abgrenzung von Täterschaft und Teil-

---

705 Die im folgenden Teil der Untersuchung mit C.P. bezeichneten Artikel sind solche des Gesetzes „Ley Orgánica 10/1995, de 23 noviembre, del Código Penal" (C.P.); dazu zusammenfassend *Tiedemann* JZ 1996, 647.

706 *Cobo del Rosal/Vives Antón* S. 667; *Mir Puig* S. 358 Rdnr. 3 unter Verweis auf *Jescheck* Tratado II, S. 827 und *Roxin* (2. Auflage) S. 615; Quintero Olivares/*Quintero Olivares* Comentarios S. 298 und 303; Rodríguez Mourullo/Barreiro/*Rodríguez Mourullo* S. 169.

707 *Gimbernat Ordeig* Autor y cómplice S. 219ff., 221; *Quintero Olivares* Delitos especiales S. 76ff.; *Rodríguez Mourullo* ADPCP 1969, 461, 462; Córdoba Roda/Rodríguez Mourullo/*Rodríguez Mourullo* S. 801, 802.

708 *Cobo del Rosal/Vives Antón* S. 667; *Mir Puig* S. 358 Rdnr. 3; Quintero Olivares/*Quintero Olivares* Comentarios S. 298 und 303; Rodríguez Mourullo/Barreiro/*Rodríguez Mourullo* S. 169.

709 Die deutsche Rechtsprechung grenzt mit der sogenannten „animus-Theorie" zwischen Täterschaft und Teilnahme ab: Entscheidendes Kriterium ist allein der Täterwille (ständige Rechtsprechung des RG: RGSt 2, 160, 163; 31, 80, 82; 39, 193, 196; 39, 298, 300; 66, 298, 305; vgl. die weiteren

nahme anhand der Theorie der „vorherigen Übereinstimmung" (*acuerdo previo*)[710] lange Zeit von einer subjektiven Abgrenzung aus und vertrat daher eher einen extensiven Täterbegriff[711].

II. Der Täter: Die Abgrenzung zum Teilnehmer

Nach Art. 28 Abs. 1 C.P. sind Täter zunächst diejenigen, die „die Tat realisieren" (*realizan el hecho*), sei es allein, mit anderen zusammen oder „mittels eines anderen" (*por medio de otro*), dessen sie sich als „Werkzeug" (*instrumento*) bedienen.

Bevor festgestellt werden kann, wer als unmittelbarer Alleintäter angesehen wird, ist es zunächst erforderlich klarzustellen, nach welchen Kriterien im spanischen Strafrecht zwischen Täterschaft und Teilnahme unterschieden wird.

1. Subjektive Abgrenzung

Die Abgrenzung von Täterschaft und Teilnahme anhand des Täterwillens wird in Spanien fast allgemein abgelehnt[712]. Als Argument wird zunächst angeführt, daß sie dem Gesetz widerspreche, das verlangt, daß der Täter die „Tat realisiert" (*realiza el hecho)*, was sich nicht als bloß subjektiver Wille zur Tatverwirklichung auslegen lasse[713]. Außerdem sei der Nachweis des Täterwillens selten zu führen. Ferner führe dies zu einem Gesinnungsstrafrecht, da der bloße Wille über eine Strafbarkeit als Täter oder Teilnehmer entscheide[714]. Der entscheidende Unterschied zwischen der Täter- und der Teilnahmestrafbarkeit ergebe sich nicht aus dem unterschiedlichen

---

Nachweise bei LK-*Roxin* § 25 Rdnr. 14). Der BGH hat diese Auffassung übernommen: BGHSt 2, 169, 170; 4, 20, 21; 4, 41, 42; 6, 226, 228 (jeweils Abstellen auf den Täterwillen); BGHSt NJW 1951, 323, 323; MDR 1953, 400, 401 (jeweils Kriterium der Willensunterordnung); BGHSt 16, 12, 14.

710 S. dazu unten S. 149.

711 Vgl. zur Abgrenzung zwischen Täterschaft und Teilnahme unten S. 146; zur Theorie der „vorherigen Übereinstimmung" (*acuerdo previo*) s. unten S. 149.

712 Für die Rechtsprechung vgl. unten Fußnoten 724 und 729; *Gimbernat Ordeig* Autor y cómplice S. 49ff., *ders.* ADPCP 1966, S.13ff.; *Mir Puig* S. 361 Rdnr. 10; für eine subjektive Abgrenzung nur *Luzón Domingo* Der. Penal del TS II S. 202ff.

713 H.M.: *Cobo del Rosal/Vives Antón* S. 667; *Gimbernat Ordeig* Autor y cómplice S. 50ff.; *Mir Puig* S. 361 Rdnr. 12.

714 So *Barja de Quiroga* S. 24.

Willen bezüglich der Tat, sondern aus der unterschiedlichen Beteiligung an (der Ausführung) der Tathandlung[715].

2. *Objektive Abgrenzung*

Wegen der Nachteile der subjektiven Abgrenzung zwischen Täterschaft und Teilnahme stellt die überwiegende Ansicht in der Literatur auf objektive Kriterien ab, um zwischen Täter und Teilnehmer zu unterscheiden[716]. Zum Teil wird dabei streng formal abgegrenzt: Täter ist nur, wer eine tatbestandsmäßige Handlung vorgenommen hat; alle anderen können nur mit Hilfe der Teilnahmestrafbarkeitsregeln zu einer Strafbarkeit geführt werden[717]. Größter Kritikpunkt an dieser rein formal-objektiven Abgrenzung ist, daß sie die Möglichkeit der mittelbaren Täterschaft, die Art. 28 C.P. ausdrücklich vorsieht, nicht erklären könne[718]. Dem wird von den Vertretern der formal-objektiven Abgrenzungsmethode entgegengehalten, daß sich die Formulierung des Art. 28 C.P., „die Tat realisieren“ (*realizar el hecho*), durchaus weit auslegen lasse in der Hinsicht, daß auch der mittelbare Täter durch sein objektives Verhalten „die Tat realisiere“[719]. Die Schwierigkeit, die mittelbare Täterschaft zu erklären, wird von einigen Autoren letztlich dadurch beseitigt, daß nicht streng auf formale Erfüllung eines Tatbestandsmerkmals abgestellt wird, sondern daß für die Täterschaft objektiv-materielle Kriterien entscheidend sind: Täter ist, wer den wichtigsten Tatbeitrag leistet, wer als Hauptfigur anzusehen ist, so daß die anderen Beteiligten demgegenüber lediglich als sekundär Beteiligte erscheinen[720]. Für diese

---

715 So *Quintero Olivares* Curso S. 475.

716 *Díaz y García Conlledo* S. 407ff.; *Gimbernat Ordeig* Autor y cómplice S. 217ff.; *Mir Puig* S. 362 Rdnr. 14 mit weiteren Nachweisen; Córdoba Roda/Rodríguez Mourullo/*Rodríguez Mourullo* S. 802.

717 *Cobo del Rosal/Vives Antón* S. 675; *Díaz y García Conlledo* S. 411ff.; *Gimbernat Ordeig* Autor y cómplice S. 19ff.; *Quintero Olivares* Delitos especiales S. 74; Vives Antón/*Vives Antón* S. 282.

718 T.S. 21.02.1989 mit Besprechung *verschiedener Autoren* in: PJ n° 27 1992, 189ff.: Kriterium für die Mittäterschaft ist nicht das formale Ausführen einer Handlung des Tatbestandes, sondern die „funktionale Tatherrschaft“ (*condominio funcional del hecho*); *Barja de Quiroga* S. 25; *Quintero Olivares* Curso S. 476.

719 *Cobo del Rosal/Vives Antón* S. 673; ebenso für den Art. 14 C.P. a.F. *Díaz y García Conlledo/ Vicente Remesal* in: *verschiedene Autoren* in: PJ n° 27 1992, 189, 203, 205f., die unter den Wortlaut „direkt an der Ausführung der Tat teilnehmen“ (*tomar parte directa en la ejecución del hecho*) auch die mittelbare Täterschaft fassen wollen.

720 So *Mir Puig* S. 363 unter Verweis auf *Jescheck* Tratado II, S. 893; Quintero Olivares/*Quintero Olivares* Comentarios S. 303f.

Abgrenzung spricht Art. 28 Abs. 2 C.P., der diejenigen Teilnehmer als sogenannte „als Täter angesehene Teilnehmer“ (*considerados autores*) einer Täterstrafbarkeit zuführt, die einen nicht hinwegzudenkenden Kausalbeitrag geleistet haben, und der insoweit auch auf die materielle Wichtigkeit des Tatbeitrages abstellt[721]. Auch diese Abgrenzungsmethode kann aber die mittelbare Täterschaft nicht erklären.

*3. Die Lehre von der „Tatherrschaft“ (*Dominio del Hecho*)*

Um die Schwierigkeiten der objektiven Abgrenzungsmethoden zu überwinden, schließen sich auch in Spanien immer mehr Autoren der Lehre von der Tatherrschaft[722], wie sie auch in Deutschland in der Literatur[723] favorisiert wird, an. Auf dieses Kriterium stellt auch die spanische Rechtsprechung seit einigen Jahren ab[724]. Täter ist danach derjenige, der wissentlich und willentlich den Geschehensablauf in den Händen hält. Die Tatherrschaft ist demnach einerseits subjektiv bestimmt, da der Täter willentlich das Geschehen auf den deliktischen Erfolg hinsteuern muß, und andererseits objektiv, da der Täter jederzeit die objektive Möglichkeit haben muß, das Geschehen zu beeinflussen oder zu unterbrechen. Diese Theorie kann die mittelbare Täterschaft erklären und erleichtert die Zurechnung bei Straftaten, die im Rahmen juristischer Personen begangen werden. Gewichtiges Argument im spanischen Strafrecht gegen diese Abgrenzungsmethode ist allerdings, daß sie die Teilnahme bei Fahrlässigkeitsdelikten nicht erklären kann (da dort gerade nicht ein Geschehen

---

[721] Dazu im einzelnen unten S. 155.

[722] *Barja de Quiroga* S. 28ff., 45; *Bacigalupo* Noción de autor S. 45 (Argentinien); *Cordoba Roda* S. 310; *Cerezo Mir* S. 36; *Gómez Benítez* ADPCP 1984, 103ff.; *ders.* S. 124ff.; Rodríguez Mourullo/Barreiro/*Rodríguez Mourullo* S. 168; *Vazquez Iruzubieta* S. 90; weitere Nachweise bei *Díaz y García Conlledo* S. 561ff. Ähnlich der Theorie von der Tatherrschaft stellt *Mir Puig* (S. 366 Rdnr. 27) darauf ab, ob dem Täter das Geschehen als „seines“ zuzurechnen sei (*teoría de la pertenencia*). Auf diese Weise werde zwischen Täter und Teilnehmer nicht rein ontologisch abgegrenzt, sondern es könne sozial-normativ bewertet werden, ob eine Zurechnung des Geschehens als Täter gerechtfertigt erscheint.

[723] *Herzberg* Täterschaft § 2 II; *Jakobs* 21/32ff.; *Jescheck/Weigend* § 61 V; mit zahlreichen weiteren Nachweisen: LK-*Roxin* § 25 Rdnr. 7, 10, 34; *Wessels* Rdnr. 518.

[724] T.S. 21.12.1988 (Ar 9676); 10.04.1989 (Ar 3082); 08.10.1990 (Ar 7816); 25.04.1991 (Ar 2946); 30.04.1991 (Ar 3005); 21.12.1992 (Ar 10452); 09.02.1993 (Ar 950); 18.10.1993 (Ar 7784); 14.10.1994 (Ar 7912); 20.01.1995 (Ar 26); 30.01.1995 (Ar 267); 02.03.1995 (Ar 1787); 21.12.1995 (Ar 9438); 18.09.1995 (Ar 6637); 30.09.1995 (Ar 6896); 12.07.1995 (Ar 5404); 07.03.1996 (Ar 2012); 25.03.1996 (Ar 2192); 14.05.1996 (Ar 3832); 24.06.1996 (Ar 4728); 12.07.1996 (Ar 6067); zahlreiche weitere Nachweise zur Rechtsprechung des T.S. bei *Barja de Quiroga* S. 32, Fußnote 51.

willentlich auf den Erfolg hingesteuert wird)[725], obwohl diese Möglichkeit allgemein anerkannt ist[726].

*4. Die Lehre von der „vorherigen Übereinstimmung" (*Acuerdo Previo*)*

Die frühere Rechtsprechung hat nicht immer eindeutig zwischen Täter und Teilnehmer abgegrenzt, da sie zum Teil auf objektive[727], zum Teil auf subjektive Unterscheidungskriterien[728] abgestellt hat. Überwiegend unterschied sie allerdings danach, ob zwischen den Beteiligten vorher eine „Übereinstimmung" (*acuerdo previo*) zur Begehung des Deliktes bestanden hat. Bestand eine solche, so waren alle die, die daran teilhatten, als Täter zu bestrafen[729]. Kritisiert wird diese Theorie zunächst mit denselben Argumenten, die gegen die auf den Täterwillen abstellende Theorie vorgebracht werden: Täterschaft könne nicht auf der vorherigen subjektiven Übereinstimmung beruhen; nötig sei objektiv, daß der Täter die Tat „realisiert"[730]. Dazu kommt die Kritik, daß zu unbestimmt sei, wie die vorherige Übereinstimmung ausgestaltet sein müsse (ausdrücklich, stillschweigend, durch Unterlassen?)[731]. In den letzten Jahren hat sich jedoch die Rechtsprechung mehr und mehr der Literaturauffassung angenähert, da sie nunmehr zusätzlich objektive Tatbeiträge verlangt[732] und unter anderem auch, wie schon erwähnt, auf das Kriterium der Tatherrschaft abstellt[733].

Es läßt sich festhalten, daß der (noch) überwiegende Teil der Literatur anhand objektiver Kriterien zwischen Täterschaft und Teilnahme abgrenzt. Immer stärker werden allerdings die Teile der Literatur, die als entscheidendes Kriterium auf die Tatherrschaft abstellen. Dieser Ansicht hat sich auch die Rechtsprechung seit einigen Jahren angeschlossen.

Täter im spanischen Strafrecht ist damit derjenige, der „die Tat" (*el hecho*) gemäß Art. 28 Abs. 1 C.P. „realisiert". Unter diesen Begriff fallen alle diejenigen, die nach

---

725 *Quintero Olivares* Curso S. 478.
726 Dazu im einzelnen unten S. 171.
727 T.S. 18.04.1970 (Ar 1865); 21.01.1976 (Ar 165).
728 Die Entscheidung T.S. 26.01.1984 (Ar 415) erwähnt den „animus auctoris" als Abgrenzungskriterium.
729 T.S. 23.02.1985 (Ar 1529); 31.05.1985 (Ar 1577); 13.05.1986 (Ar 2461).
730 *Cobo del Rosal/Vives Antón* S. 666f.; *Mir Puig* S. 361 Rdnr. 12.
731 *Quintero Olivares* Curso S. 480.
732 T.S. 11.07.1991 (Ar 5807); 11.10.1995 (Ar 7608); 11.10.1995 (Ar 7230).
733 Vgl. die Nachweise oben S. 148, Fußnote 724.

der Lehre von der Tatherrschaft oder nach einer objektiven Abgrenzung den Tatbestand direkt und alleine derart erfüllen, daß ihnen der Erfolg objektiv und subjektiv zugerechnet werden kann[734].

III. Der Mittäter

Gemäß Art. 28 Abs. 2 C.P. sind ferner diejenigen Täter, die „die Tat gemeinsam realisieren" (*realizan el hecho conjuntamente*). Voraussetzung der Mittäterschaft ist zunächst, daß die Täter in gegenseitiger Übereinstimmung (ausdrücklich oder stillschweigend)[735] gemeinsam den Tatbestand erfüllen, wobei sie sich gegenseitig unterstützend den Tatbestand so verwirklichen, daß jedem unabhängig von seinem eigenen Tatbeitrag die Erfüllung des gesamten Tatbestandes und damit der ganze Erfolg zugerechnet werden kann[736]. Früher ging die Rechtsprechung nach ihrer Theorie der „vorherigen Übereinstimmung"[737] davon aus, daß auch derjenige, der nur vor der Tat an der Übereinstimmung teilhatte, Mittäter war, auch wenn er später selbst kein objektives Element des Tatbestandes erfüllte. Heute verlangt sie in Übereinstimmung mit der Literatur, daß Kernelemente des Tatbestandes erfüllt werden müssen bzw. daß alle Mittäter die Tatherrschaft innehaben[738]. Bloß geistige Mitwirkungshandlungen im Vorbereitungsstadium genügen nicht[739]. Dabei ist es nicht unbedingt notwendig, daß die Erfüllung der Tatbestandsmerkmale gleichzeitig oder in räumlicher Nähe geschieht[740]. Der im Wagen Wartende, um den Dieben die Flucht zu ermöglichen, oder der Wachestehende können wegen ihres „essentiellen" Beitrages zur Tatbestandsverwirklichung Mittäter sein[741]. Der Begriff der Tatherrschaft ist

---

[734] H.M.: *Barja de Quiroga* S. 45; *Cobo del Rosal/Vives Antón* S. 661; *Quintero Olivares* Curso S. 479, 481.

[735] H.M.: T.S. 13.12.1979 (Ar 4602); 26.01.1984 (Ar 415); *Barja de Quiroga* S. 64; *Mir Puig* S. 387 Rdnr. 15.

[736] H.M.: T.S. 30.01.1989 (Ar 612); 30.04.1990 (Ar 3384); 22.02.1991 (Ar 1346); 17.06.1991 (Ar 4730); *Barja de Quiroga* S. 70; *Cobo del Rosal/Vives Antón* S. 676; *Mir Puig* S. 384 Rdnr. 2, S. 387 Rdnr. 14.

[737] S. oben S. 149.

[738] H.M.: T.S. 09.10.1987 (Ar 7263); 09.05.1990 (Ar 3885); 08.02.1991 (Ar 915); *Barja de Quiroga* S. 65.

[739] H.M.: T.S. 14.01.1985 (Ar 301); 10.06.1985 (Ar 2984); 14.09.1989 (Ar 7503); für die Literatur: *Barja de Quiroga* S. 66; *Mir Puig* S. 387 Rdnr. 12; *Quintero Olivares* Curso S. 481; Vives Antón/*Vives Antón* S. 284.

[740] Für die h.M.: *Cobo del Rosal/Vives Antón* S. 681.

[741] H.M.: T.S. 20.01.1987 (Ar 440); 11.12.1987 (Ar 9747); 12.02.1988 (Ar 1012); 26.03.1988 (Ar 2107); 21.11.1988 (Ar 9195); 21.02.1989 (Ar 1619) mit Besprechung *verschiedener Autoren* in:

dennoch im spanischen Recht enger als im deutschen Recht, da in Spanien verlangt wird, daß jeder Mittäter (irgendwie und essentiell) an (während) der Ausführung mitwirkt, während im deutschen Strafrecht seit jeher anerkannt ist, daß auch bloß geistige Mitwirkung im Planungsstadium ausreicht[742].

Auch die sukzessive Mittäterschaft ist anerkannt, wenn der Täter später im Einverständnis mit den bereits handelnden anderen Tätern dazu stößt und bei der weiteren Tatausführung mitwirkt[743]. Ihm wird die komplette Tat zugerechnet, sofern er an ihr noch objektiv mitgewirkt hat; vorher abgeschlossene Taten werden ihm nicht zugerechnet[744]. Dies entspricht der neueren Rechtslage im deutschen Recht[745].

Grundsätzlich haftet jeder Mittäter nur soweit, wie sein Tatvorsatz bzw. der gemeinsame Tatentschluß geht. Exzesse eines anderen Mittäters werden nur zugerechnet, solange Eventualvorsatz diesbezüglich auch bei den übrigen bestand[746] und sich nicht aus ihrem Verhalten ergibt, daß sie mit diesem exzessiven Verhalten nicht einverstanden sind[747]. Nicht verabredete Handlungen eines der Mittäter werden aber,

---

PJ n° 27 1992, 189ff. (**krit.** *Díaz y García Conlledo/Vicente Rosal* ebendort S. 203, 210 und *González Cussac/Mira Benavent* ebendort S. 191, 193ff., zustimmend *Baldó Lavilla/Silva Sánchez* ebendort S. 212, 215f. und *Peñarada Ramos/Suárez González* ebendort S. 196, 201f.); 23.02.1989 (Ar 1646), T.S. 20.12.1989 (Ar 9728).

742 RGSt 35, 13,17; 53, 138, 138; 67, 392, 392; 74, 21, 23; BGHSt 11, 268, 271; 16, 12, 14; 37, 289, 291, 293; weitere Nachweise zur Rechtsprechung bei LK-*Roxin* § 25 Rdnr. 179, 180; *Tröndle* § 25 Rdnr. 7; Sch/Sch/*Cramer* § 25 Rdnr. 66; *Jescheck/Weigend* § 63 I 1 a); *Wessels* Rdnr. 528; **a.A.** *Bloy* S. 196ff.; *Herzberg* Täterschaft § 5 II 2a; *ders.* JZ 1991, 856, 859ff.; LK-*Roxin* § 25 Rdnr. 181 mit weiteren Nachweisen, *Roxin* S. 292ff.; *Rudolphi* in: Festschrift für Bockelmann S. 369, 373, die einen Tatbeitrag im Ausführungsstadium fordern.

743 H.M.: T.S. 20.11.1991 (Ar 8337), *Mir Puig* S. 387 Rdnr. 15.

744 H.M.: T.S. 09.10.1992 (Ar 7954); *Barja de Quiroga* S. 64, 76; *Cobo del Rosal/Vives Antón* S. 681.

745 Der BGH hatte ursprünglich die Rechtsprechung, wonach eine Zurechnung von Erschwerungsgründen auf den Gehilfen unabhängig vom Zeitpunkt seines Eingreifens möglich war (RGSt 52, 202; vgl. dazu LK-*Roxin* § 25 Rdnr. 193), auch auf die Mittäterschaft übertragen (BGHSt 2, 344, 346; entgegen der Rechtsprechung des Reichsgerichts (RG JW 1923, 756; 1924, 1436; RGSt 59, 79, 82)). In der neueren Rechtsprechung lehnt der BGH allerdings die Zurechnung bereits verwirklichter Qualifikationen ab, auch wenn der nachträglich hinzutretende Mittäter davon erfährt und diese billigt: BGH bei Dallinger MDR 1969, 533; BGH GA 1977; 144f.; BGH NStZ 1985, 70f. Ebenso die herrschende Ansicht in der Literatur: *Herzberg* Täterschaft 4. Teil S. 153; *Jakobs* 21/60; *Jescheck/Weigend* § 63 II 2, Fußnote 18; LK-*Roxin* § 25 Rdnr. 195f. mit weiteren Nachweisen; *Roxin* S. 289ff.

746 H.M.: T.S. 04.03.1986 (Ar 1107); 25.03.1986 (Ar 1692); 09.05.1986 (Ar 2436); 03.11.1986 (Ar 6237); 02.03.1987 (Ar 1851); 14.12.1988 (Ar 9507); 29.04.1989 (Ar 3572).

747 Für die h.M.: T.S. 09.10.1992 (Ar 7945).

weitergehend als im deutschen Recht[748], zumindest von der Rechtsprechung zugerechnet, solange mit ihnen normalerweise hätte gerechnet werden können und sie sich als adäquate Folge des verabredeten Geschehens darstellen[749].

IV. Der mittelbare Täter

Art. 28 Abs. 1 C.P. stellt in seiner dritten Alternative die Möglichkeit der mittelbaren Täterschaft ausdrücklich klar: Darunter fallen diejenigen Täter, die „die Tat mittels eines anderen, dessen sie sich als Werkzeug bedienen, realisieren" (*quienes realizan el hecho por medio de otro del que se sirven como instrumento*).

Voraussetzung ist, daß sich ein Hintermann eines Werkzeuges zur Tatbestandserfüllung bedient. Wie im deutschen Recht[750] lassen sich dabei folgende Fallgruppen bilden:

1. Der Vordermann handelt nicht tatbestandsmäßig, da der objektive Tatbestand nicht erfüllt ist[751]: Dem Werkzeug fehlt eine die Täterschaft begründende Eigenschaft. So ist zum Beispiel die Sekretärin eines „öffentlichen Beamten" (*funcionario público*), die wichtige dem Beamten anvertraute Unterlagen zerstört, untaugliche Täterin des Art. 413 C.P., der nur für Beamte gilt. Sie kann von dem Beamten als Werkzeug eingesetzt werden, der dann mittelbarer Täter ist. Oder das Verhalten steht nicht unter Strafe, wie zum Beispiel die Selbsttötung, zu der der Vordermann durch eine List veranlaßt wird.
   Ebenso handelt das Werkzeug nicht tatbestandsmäßig, wenn es den subjektiven Tatbestand nicht erfüllt: Ihm fehlt der Vorsatz oder eine sonstige subjektive Eigenschaft, da es der „Willensherrschaft" (*dominio de la voluntad*)[752] des Hintermannes unterliegt und es „blind" den Tatbestand erfüllt[753].

---

748 Im deutschen Recht wird für eine Strafbarkeit des Täters aus der Qualifikation Vorsatz bezüglich aller qualifizierenden Merkmale verlangt: RGSt 11, 118, 119; RGSt 67, 343, 344f.; BGHSt 2, 223, 225; LK-*Roxin* § 26 Rdnr. 89, § 27 Rdnr. 51; *Tröndle* § 26 Rdnr. 16, § 27 Rdnr. 9.

749 T.S. 30.04.1971 (Ar 1995); **a.A.** *Mir Puig* S. 389 Rdnr. 19 und Córdoba Roda/Rodríguez Mourullo/*Rodríguez Mourullo* S. 842ff., die nur vom gemeinsamen Tatentschluß umfaßte Handlungen und Folgen zurechnen.

750 Vgl. die Darstellung bei *Jescheck/Weigend* § 62 II 1-4.

751 Für die h.M.: *Mir Puig* S. 373 Rdnr. 47.

752 So die Formulierung bei *Barja de Quiroga* S. 49.

753 H.M.: *Barja de Quiroga* S. 49; *Cobo del Rosal/Vives Antón* S. 677; *Mir Puig* S. 375 Rdnr. 51ff.; *Quintero Olivares* Curso S. 482.

2. Weitere Fallgruppe der mittelbaren Täterschaft ist, daß das Werkzeug zwar tatbestandsmäßig, aber nicht rechtswidrig handelt[754]. So zum Beispiel, wenn der Hintermann aufgrund einer glaubwürdigen Falschaussage die Polizei zur Festnahme eines Dritten bewegt. Die Polizei ist bezüglich der unrechtmäßigen Festnahme nach Art. 163, 1° C.P. gerechtfertigt gemäß Art. 20, 7° C.P., da sie in Erfüllung ihrer Pflichten handelt; der Hintermann ist diesbezüglich mittelbarer Täter.

3. Umstritten ist die Konstellation, daß das Werkzeug nicht schuldfähig ist (Minderjähriger gemäß Art. 19 C.P.) oder entschuldigt handelt (im Verbotsirrtum gemäß Art. 14, 3° C.P.[755] oder aufgrund unüberwindlicher Angst gemäß Art. 20, 6° C.P.). In diesen Fällen ist Teilnahme des Hintermannes möglich, da diese wegen der limitierten Akzessorietät[756] nur eine tatbestandsmäßige, rechtswidrige Tat voraussetzt, so daß die Hintermänner in diesen Fällen als Anstifter bestraft werden sollen[757]. Allerdings hat die Rechtsprechung mittelbare Täterschaft des hinter einem schuldlos Handelnden angenommen, da die Schuldlosigkeit des Vordermannes für die Herrschaft des Hintermannes ausreichendes Indiz sei. Auch im deutschen Strafrecht wird bei einem schuldlos handelnden Werkzeug davon ausgegangen, daß mittelbare Täterschaft möglich ist; es muß auch hier zur Anstiftung abgegrenzt werden[758].

Uneinigkeit herrscht im spanischen Strafrecht darüber, ob das Werkzeug wissentlich bezüglich seines deliktischen Verhaltens handeln darf. Dies sind die Fälle des absichtslos-dolosen oder des nicht-qualifizierten-dolosen Werkzeuges. Der wohl überwiegende Teil der Literatur verneint hier die Möglichkeit der mittelbaren Täter-

---

754 Für die h.M.: *Mir Puig* S. 376 Rdnr. 65 unter Verweis auf *Jescheck* Tratado II S. 924.

755 Die Behandlung des Verbotsirrtums ist umstritten, allerdings läßt die wohl überwiegende Ansicht in einem solchen Fall die Schuld des Täters entfallen (vgl. die Nachweise bei *Cobo del Rosal/Vives Antón* S. 611).

756 S. dazu unten S. 156.

757 So *Mir Puig* S. 377 Rdnr. 60; Quintero Olivares/*Quintero Olivares* Comentarios S. 305; *ders.* Curso S. 482.

758 H.M.: Sch/Sch/*Cramer* § 25 Rdnr. 30; *Jescheck/Weigend* § 62 II 4; LK-*Roxin* § 25 Rdnr. 119ff.; *Wessels* Rdnr. 538. Dabei wird als Abgrenzungskriterium ebenfalls auf die Tatherrschaft abgestellt. Umstritten ist lediglich, ob es sich um rechtliche oder tatsächliche Tatherrschaft handelt. Rechtliche Tatherrschaft liegt bei einem schuldlos Handelnden stets vor (*Jescheck/Weigend* § 62 II 4), so daß überwiegend darauf abgestellt wird, ob der schuldlos Handelnde „einen eigenen Willen entfalten konnte“ oder zu „eigenem Entschluß fähig war“ (RGSt 61, 265; *Welzel* § 15 II b; *Schmidhäuser* 14/48). Gegen eine solche Differenzierung und stets für mittelbare Täterschaft: LK-*Roxin* § 25 Rdnr. 119.

schaft, da im Falle eines „sehenden" Werkzeuges, das sich seines deliktischen Verhaltens bewußt ist und dem nur bestimmte objektive oder subjektive Voraussetzungen für eine Strafbarkeit fehlen, dieses nicht dem Willen und der Herrschaft des Hintermannes unterworfen sei, was aber Voraussetzung der mittelbaren Täterschaft sei[759]. Es sei nicht verständlich, wieso der Beamte, der einen bösgläubigen Beamten zu einem Amtsdelikt veranlasse, als „Anstifter" (*inductor*) gemäß Art. 28 Abs. 2 a) C.P. zu bestrafen sein solle, während er als mittelbarer Täter behandelt würde, wenn er einen bösgläubigen Nicht-Beamten zu derselben Tat veranlasse.

Die herrschende Lehre in Deutschland hält demgegenüber eine Strafbarkeit des Hintermannes als mittelbarer Täter für möglich und nötig: Erst durch die Eigenschaft des Hintermannes oder dessen Absichten, die dem Werkzeug fehlen, wird strafrechtlich relevantes Verhalten begründet. Um ungerechte Strafbarkeitslücken zu vermeiden, sei hier eine Bestrafung des Hintermannes als mittelbarer Täter nötig[760].

Die Täterschaft hinter dem Täter wird in Spanien wie im deutschen Recht[761] nur in Ausnahmefällen anerkannt. Teile der Literatur lehnen diese Möglichkeit sogar ganz ab, da es sich in diesen Fällen um ein sehendes Werkzeug handele, das nicht der Herrschaft des Hintermannes unterworfen sei, und da ferner eine Bestrafung als Anstifter möglich sei[762]. Andere allerdings erkennen diese Möglichkeit wegen der unter Umständen dennoch vorliegenden Abhängigkeit des Vordermannes von der „Entscheidungsherrschaft" (*dominio de la decisión*)[763] des Hintermannes an[764]. Die

---

759 T.S. 26.01.1888; 30.01.1952 (Ar 27); *Cobo del Rosal/Vives Antón* S. 678 mit weiteren Nachweisen; *Díaz y García Conlledo* S. 618ff.; *Gimbernat Ordeig* Autor y cómplice S. 227, 261f.; *Rodríguez Mourullo* ADPCP 1969, 461, 469ff.; Córdoba Roda/Rodríguez Mourullo/*Rodríguez Mourullo* S. 809; *Quintero Olivares* Delitos especiales S. 90ff., 99; Quintero Olivares/*Quintero Olivares* Comentarios S. 305; *ders.* Curso S. 482; **a.A.** *Mir Puig* S. 374 Rdnr. 49, der wegen seiner sozial-wertenden Betrachtung zur Abgrenzung zwischen Täterschaft und Teilnahme auch in diesen Fällen zu einer Täterschaft des Hintermannes kommen kann, da die *pertenencia del delito*, also die „Zugehörigkeit des Delikts zum Täter", auch bei schuldlos Handelnden vorliegen kann.

760 *Jescheck/Weigend* § 62 II 7 und *Lackner* § 25 Rdnr. 4 begründen die Tatherrschaft des Hintermannes mit normativen Erwägungen. Andere folgern die Täterschaft des Hintermannes aus der Verletzung der ihn treffenden Sonderpflicht aus dem Sonderdelikt (*Bloy* S. 233ff.; *Jakobs* 21/104; *Roxin* S. 360ff.; *ders.* LK § 25 Rdnr. 135; *Schroeder* S. 88).

761 Tatherrschaft kraft organisatorischer Machtapparate: BGHSt 35, 347, 353; 40, 218, 236ff. (in dieser Entscheidung erwägt der BGH die mittelbare Täterschaft „hinter dem Täter" auch für staatliche, unternehmerische oder geschäftsähnliche Organisationsstrukturen und Befehlshierarchien); *Tröndle* § 25 Rdnr. 3; LK-*Roxin* § 25 Rdnr. 128; *Roxin* S. 242ff.; *ders.* JZ 1995, 49; **a.A.** *Jakobs* 21/103 (Annahme von Mittäterschaft oder Anstiftung); *Jescheck/Weigend* § 62 II 8 (Annahme von Mittäterschaft).

762 *Cobo del Rosal/Vives Antón* S. 677, 679; *Gimbernat Ordeig* Autor y cómplice S. 187ff.

763 So die Formulierung von *Barja de Quiroga* S. 56.

Rechtsprechung ging in einigen Entscheidungen ebenfalls von Täterschaft hinter dem Täter aus, da der Hintermann die Entscheidungsherrschaft innegehabt habe und so das Verhalten der Vordermänner beeinflußt habe[765]. Dies hängt damit zusammen, daß auch die Rechtsprechung zur Bestimmung der Täterschaft immer mehr auf das Kriterium der Tatherrschaft abstellt, das sich wertend bestimmen läßt[766].

Ebenso wie die Mittäterschaft beim Fahrlässigkeitsdelikt[767] ist auch die mittelbare Täterschaft anders als in Deutschland[768] beim fahrlässigen Delikt möglich[769].

V. Die Teilnahme

1. Allgemeines

a) Die gesetzliche Regelung

Die Teilnahme ist in den Art. 28 Abs. 2 sowie 29 C.P. geregelt. Dabei wird unterschieden zwischen solchen Teilnehmern, die gemäß Art. 28 Abs. 2 C.P. als „Täter angesehen" werden (*considerados autores*), und den „sonstigen Teilnehmern" (*cómplices*) gemäß Art. 29 C.P. Als Täter „angesehen" werden gemäß Art. 28 Abs. 2 a) C.P. der „Anstifter" (*inductor*) sowie gemäß Art. 28 Abs. 2 b) C.P. diejenigen Teilnehmer, „die durch einen Beitrag an der Ausführung teilgenommen haben, ohne den diese nicht stattgefunden hätte" (*los que cooperan a su ejecución con un acto sin el cual no se habría efectuado*), die sogenannten „notwendigen Gehilfen" (*cooperador necessario*).

---

764 *Barja de Quiroga* S. 56 unter Verweis auf *Schroeder* S. 119 und Sch/Sch/*Cramer* § 25 Rdnr. 13; *Rodríguez/Mourullo* Comentarios I S. 808.

765 Zuletzt T.S. 02.07.1994 (Ar 6416).

766 S. oben S. 148, Fußnote 724.

767 S. dazu unten S. 103.

768 Im deutschen Strafrecht wird bei Fahrlässigkeitsdelikten von einem Einheitstätersystem ausgegangen (H.M.: Sch/Sch/*Cramer* Vorbem § 25 Rdnr. 112f.; *Jescheck/Weigend* § 61 VI; *Lackner* § 25 Rdnr. 13; LK-*Roxin* § 25 Rdnr. 217).

769 H.M.: T.S. 05.06.1957 (Ar 2036); *Cobo del Rosal/Vives Antón* S. 679; Córdoba Roda/Rodríguez Mourullo/*Rodríguez Mourullo* S. 817ff.; *ders.* ADPCP 1969, 461, 477ff., 485; **a.A.** *Barja de Quiroga* S. 59.

Obwohl die in Art. 28 Abs. 2 a) und b) C.P. genannten Personen also eigentlich ihrer Natur nach Teilnehmer sind, werden sie kraft Gesetzes wie Täter behandelt. Als Teilnehmer bestraft werden demnach nur die von Art. 29 C.P. genannten Personen, nämlich die Tatbeteiligten, die nicht von Art. 28 Abs. 1 und 2 C.P. erfaßt werden.

b) Strafgrund der Teilnahme

Der Strafgrund der Teilnahme wird von der herrschenden Meinung ebenso wie in Deutschland[770] darin gesehen, daß der Teilnehmer durch seinen Beitrag das Erfolgsunrecht des Täters (die Rechtsgutsverletzung) unterstützend mitverursache, so daß dieses ihm zumindest teilweise auch zuzurechnen sei („Förderungs- oder Kausalitätstheorie"; *teoría del favorecemiento o de la causación*)[771]. Dabei wird dann teilweise eher auf die selbständigen Unrechtselemente der Teilnahme abgestellt („reine Kausalitätstheorie"; *teoría pura de la causación*[772], die sogar von selbständigem Unrecht der Teilnahme ausgeht, was allerdings dem Prinzip der Akzessorietät widerspricht) oder mehr auf die von der Haupttat übernommenen Unrechtselemente („Theorie der Teilnahme am Erfolgsunrecht"; *teoría de la participación en el ilícito referida al resultado*[773]). Andere sehen den Strafgrund der Teilnahme darin, daß der Teilnehmer mit daran Schuld trage, daß der Täter sich „schuldig" (*culpable*) mache. Durch den Beitrag des Teilnehmers werde der Täter erst zum „Täter" im strafrechtlichen Sinne (*delinquente*)[774]. Da aber Teilnahme wegen der limitierten Akzessorietät möglich ist, ohne daß der Täter überhaupt schuldhaft handelt, wird diese Theorie allgemein abgelehnt[775].

c) Grundsatz der limitierten Akzessorietät

Während in Deutschland der Grundsatz der limitierten Akzessorietät ausdrücklich in den §§ 26, 27 dStGB festgeschrieben ist, da diese eine Beteiligung an „vorsätzlicher, rechtswidriger Tat" verlangen, äußert sich der spanische C.P. nicht ausdrücklich, da

---

770 H.M.: RGSt 5, 227, 228; 15, 315, 316; BGHSt 4, 355, 358; Sch/Sch/*Cramer* Vorbem § 25 Rdnr. 17; *Jescheck/Weigend* § 64 I 2; *Lackner* Vor § 25 Rdnr. 8; *Maurach/Gössel/Zipf* § 50 Rdnr. 57; SK-*Samson* Vor § 26 Rdnr. 10, 14.

771 *Cobo del Rosal/Vives Antón* S. 684; *Mir Puig* S. 391 Rdnr. 27; *Ruiz Antón* CPC 1980, 47, 52f.

772 Vgl. die Nachweise bei *Barja de Quiroga* S.110 und bei *Ruiz Antón* CPC 1980, 47, 53.

773 Vgl. die Nachweise bei *Barja de Quiroga* S. 111.

774 Vgl. die Nachweise bei *Ruiz Anton* CPC 1980, 47, 50 und bei *Barja de Quiroga* S. 107.

775 *Cobo del Rosal/Vives Antón* S. 684; *Mir Puig* S. 391 Rdnr. 28; *Ruiz Antón* CPC 1980, 47, 53.

er nur auf die Beteiligung an der „Ausführung der Tat“ (*ejecucion del hecho*) abstellt.

In der spanischen Literatur und Rechtsprechung herrscht jedoch Einigkeit darüber, daß für die Teilnahme der Grundsatz der limitierten Akzessorietät gelten soll: Die Tat, an der teilgenommen wird, muß tatbestandsmäßig und rechtswidrig sein, nicht dagegen schuldhaft durch den Haupttäter begangen. Begründet wird dies damit, daß eine eventuelle Entschuldigung des Haupttäters nur für diesen wirke, jedoch nicht für die Teilnehmer, während andererseits ein Rechtfertigungsgrund die Tat an sich rechtfertige und damit für alle Beteiligten gelte[776].

2. *Die Anstiftung (*La Inducción*)*

a) Allgemeines

Gemäß Art. 28 Abs. 2 a) C.P. ist Anstifter (*inductor*) derjenige, der einen anderen oder mehrere andere zur Ausführung einer Tat „verleitet“. Danach ist Anstiftung „die subjektiv zurechenbare objektive Verursachung des Tatentschlusses sowie der Verwirklichung einer vorsätzlichen oder fahrlässigen Tat durch einen anderen durch einen psychischen Einfluß auf diesen“[777]. Der Anstifter ist damit der „intellektuelle Täter“ (*autor intelectual*) einer fremden Tat[778].

b) Anstiftungshandlung[779]

aa) Kausalität der Anstiftung für den Tatentschluß

Der Anstifter muß im Angestifteten den Tatentschluß wecken[780]. Daraus folgt, daß - wie im deutschen Recht[781] - die Anstiftung eines bereits zur Tat Entschlossenen

---

[776] *Barja de Quiroga* S. 117f.; *Cobo del Rosal/Vives Antón* S. 683; *Mir Puig* S. 393 Rdnr. 33; *ders.* ADPCP 1973, 319, 326; *Quintero Olivares* Curso S. 486; Quintero Olivares/*Quintero Olivares* Comentarios S. 302f.; **a.A.** *Boldova* S. 144, der die minimale Akzessorietät vertritt.

[777] Für die h.M.: *Mir Puig* S. 397 Rdnr. 44.

[778] So die ständige Formulierung des T.S.: 10.02.1900; 07.06.1906; 15.01.1918; 10.12.1923; 25.02.1974 (Ar 873); 18.10.1975 (Ar 3644); 16.12.1982 (Ar 7711); 29.02.1984 (Ar 1617).

[779] Eine Aufzählung der Voraussetzungen der Anstiftung findet sich in T.S. 05.05.1988 (Ar 3483).

[780] H.M.: T.S. 17.06.1983 (Ar 3550); 08.02.1988 (Ar 911); 14.09.1989 (Ar 6644).

(*omnimodo facturus*) nicht möglich ist[782]. Daher ist auch die Verstärkung des Tatentschlusses eines bereits zur Tat Entschlossenen keine Anstiftung, sondern psychische Beihilfe: Anstiftung und psychische Beihilfe unterscheiden sich danach, ob der Tatentschluß bereits bestand oder nicht[783].

bb) Bezug der Anstiftung

Art. 28 Abs. 2 a) C.P. verlangt, daß die Anstiftung „direkt" (*directa*) ist: Sie muß sich - wie im deutschen Recht auch erforderlich[784] - auf eine bestimmte Tat beziehen, die in ihren wesentlichen Elementen umrissen ist[785]. Ferner muß sie sich an einen bestimmten Täter richten; die Anstiftung eines unbestimmten, nicht individualisierbaren Personenkreises reicht nicht[786]. Auch dies entspricht der Rechtslage in Deutschland[787]. Der an eine unbestimmte Personenzahl gerichtete Aufruf, Straftaten zu begehen, fällt unter den Tatbestand der „Provokation" (*provocación*) gemäß Art. 18 C.P.[788].

cc) Mittel der Anstiftung: geistiger Kontakt zwischen Anstifter und Täter

Der Anstifter muß auf den Angestifteten unmittelbar psychisch einwirken[789]. Dabei kann die Anstiftung durch einen Ratschlag, eine Herausforderung oder Drohung oder durch Vertrag mit Versprechen einer Belohnung begangen werden, solange das Verhalten des Anstifters von ausreichender Intensität ist, um den Tatentschluß des

---

781 Für die h.M.: LK-*Roxin* § 26 Rdnr. 17 mit weiteren Nachweisen.

782 H.M.: *Cobo del Rosal/Vives Antón* S. 686; *Mir Puig* S. 398 Rdnr. 47; *Quintero Olivares* Curso S. 488; Rodríguez Mourullo/Barreiro/*Rodríguez Mourullo* S. 170; *Vazquez Iruzubieta* S. 91.

783 Für die h.M.: *Baldó* ADPCP 1989, 1091, 1103ff., 1105.

784 H.M.: RGSt 1, 110, 110; weitergehend BGHSt 34, 63, 64; Sch/Sch/*Cramer* § 26 Rdnr. 17, § 27 Rdnr. 19; LK-*Roxin* § 26 Rdnr. 52, § 27 Rdnr. 47; *Tröndle* § 27 Rdnr. 8.

785 H.M.: T.S. 22.12.1934 (Ar 2313); *Baldó* ADPCP 1989, 1091, 1094; *Barja de Quiroga* S. 136; *Mir Puig* S. 399 Rdnr. 54; *Quintero Olivares* Curso S. 488; Rodríguez Mourullo/Barreiro/*Rodríguez Mourullo* S. 170.

786 H.M.: T.S. 30.11.1964 (Ar 5652); 25.06.1962 (Ar 2838); *Baldó* ADPCP 1989, 1091, 1094; *Barja de Quiroga* S. 137; *Mir Puig* S. 399 Rdnr. 54; Córdoba Roda/Rodríguez Mourullo/*Rodríguez Mourullo* S. 853.

787 Für die h.M.: *Jescheck/Weigend* § 64 II 2; LK-*Roxin* § 26 Rdnr. 46.

788 Gemäß Art. 18 Abs. 2 C.P. ist die „Provokation" (*provocación*), der ein Tatansatz folgt, kraft Gesetzes als Anstiftung strafbar, obwohl dieser Tatbestand eigentlich wegen der unbestimmten Personenzahl nicht greift.

789 H.M.: T.S. 26.05.1976 (Ar 2423); 15.12.1978 (Ar 4161); *Barja de Quiroga* S. 130; *Mir Puig* S. 399 Rdnr. 50; Córdoba Roda/Rodríguez Mourullo/*Rodríguez Mourullo* S. 846.

Angestifteten zu wecken[790]. Das Schaffen einer Situation, in der sich der Täter dann zur Tat entschließt, erfüllt nicht die Anforderungen der Anstiftung[791]. Auch diesbezüglich decken sich die Anforderungen des deutschen und des spanischen Rechts[792].

dd) Anstiftung durch Unterlassen

Die Möglichkeit der Anstiftung durch Unterlassen wird - wie im deutschen Strafrecht[793] - allgemein abgelehnt, da die erforderliche psychische Einwirkung des Anstifters auf den Anzustiftenden nicht durch Unterlassen verwirklicht werden könne[794].

c) Vorsatz des Anstifters

Der Anstifter muß vorsätzlich handeln. Er muß den Vorsatz haben, einen anderen zu einer Tat zu bestimmen. Wie im deutschen Recht[795] ist ein „doppelter Vorsatz" des Anstifters nötig: Der Wille des Anstifters muß einerseits auf die Anstiftungshandlung und andererseits auf das vom Angestifteten zu begehende Delikt gerichtet sein[796].

Der Vorsatz des Anstifters dient zur Begrenzung seiner Strafbarkeit. Bezüglich der Strafe des Anstifters besteht Einigkeit darüber, daß dieser nur soweit bestraft werden kann, wie seine eigene Schuld geht[797]. Er haftet - wie im deutschen Strafrecht auch[798] - grundsätzlich nur für die Delikte, die er selbst vorhergesehen hat.

---

790 H.M.: T.S. 24.05.1982 (Ar 2706); 25.04.1985 (Ar 2133); 12.04.1986 (Ar 1964); *Mir Puig* S. 399 Rdnr. 52; *Vazquez Iruzubieta* S. 91.

791 H.M.: *Baldó* ADPCP 1989, 1091, 1097; *Barja de Quiroga* S. 131; *Mir Puig* S. 399 Rdnr. 50.

792 Für die h.M.: *Jescheck/Weigend* § 64 II 1 mit weiteren Nachweisen; LK-*Roxin* § 26 Rdnr. 4.

793 H.M.: *Armin Kaufmann* S. 292; *Jescheck/Weigend* § 64 II 6; *Lackner* § 26 Rdnr. 3; Sch/Sch/*Cramer* § 25 Rdnr. 5; LK-*Roxin* § 26 Rdnr. 61ff.; *Roxin* S. 484; *Wessels* Rdnr. 568.

794 H.M.: *Mir Puig* S. 400 Rdnr. 56; *Barja de Quiroga* S. 132 unter Verweis auf *Armin Kaufmann* S. 194ff.

795 Für die h.M.: *Jescheck/Weigend* § 64 II 2; LK-*Roxin* § 26 Rdnr. 64.

796 H.M.: T.S. 09.06.1954 (Ar 1438); 21.12.1968 (Ar 5509); 20.10.1983 (Ar 4773); 05.05.1988 (Ar 3487); *Baldó* ADPCP 1989, 1091, 1115; *Barja de Quiroga* S. 134; *Cobo del Rosal/Vives Antón* S. 684; *Mir Puig* S. 398 Rdnr. 45, S. 401 Rdnr. 61; *Quintero Olivares* Curso S. 489; Quintero Olivares/*Quintero Olivares* Comentarios S. 305; *Vazquez Iruzubieta* S. 91.

797 T.S. 24.06.1987 (Ar 4998); 16.09.1991 (Ar 6390); *Baldó* ADPCP 1989, 1091, 1115; *Cobo del Rosal/Vives Antón* S. 685; *Mir Puig* S. 403 Rdnr. 66; *Quintero Olivares* Curso S. 489; Vives Antón/*Vives Antón* S. 286.

798 H.M.: Sch/Sch/*Cramer* § 26 Rdnr. 22; § 27 Rdnr. 22; *Tröndle* § 26 Rdnr. 16, § 27 Rdnr. 8f.; LK-*Roxin* § 26 Rdnr. 87, § 27 Rdnr. 51.

Sofern ein Exzeß des Täters die Deliktsnatur ändert („qualitativer Exzeß“, *excesso cualitativo o en los fines*), haftet der Anstifter nicht[799]. Die Rechtsprechung stellte bei diesen Exzessen früher allein darauf ab, ob das Verhalten des Täters vorhersehbar war und kausal durch die Anstiftungshandlung verursacht worden war[800]. Diese Einstellung hat sie mittlerweile aufgegeben, so daß sie wie die Literatur davon ausgeht, daß solche Exzesse nicht zuzurechnen sind[801].

Umstritten ist jedoch, inwieweit der Anstifter für qualifizierende Exzesse des Täters haftet, die nicht die Deliktsnatur als solche ändern, sondern lediglich die Ausführungsmethode betreffen („quantitativer Exzeß“, *excesso cuantitativo o en los medios*); zum Beispiel statt eines einfachen Diebstahls wird ein Diebstahl mit Waffen begangen. Nach teilweise vertretener Ansicht in der Literatur sind solche nicht vom Vorsatz des Anstifters umfaßte Exzesse dem Anstifter nicht zuzurechnen[802]. Dies entspricht der Behandlung von Exzessen des Täters im deutschen Recht[803]. Die spanische Rechtsprechung und Teile der spanischen Literatur gehen demgegenüber davon aus, daß solche Exzesse des Täters dem Anstifter dann zuzurechnen sind, wenn sie sich nach der Lebenserfahrung als adäquat kausale Folge der Anstiftungshandlung darstellen[804].

d) Anstiftung zum Versuch und versuchte Anstiftung

Die versuchte Anstiftung ist straflos[805]. Ein dem § 30 dStGB entsprechender Artikel fehlt im Código Penal. Die Anstiftung muß „effektiv“ (*eficaz*) sein; ihr muß wegen der limitierten Akzessorietät eine tatbestandsmäßige, rechtswidrige Tat (mindestens der Versuch der Tat) folgen[806]. Damit ist zwar die Anstiftung zum Versuch strafbar, nicht aber die versuchte Anstiftung[807]. Allerdings kann ein solches Verhalten, sofern

---

[799] H.M.: *Barja de Quiroga* S. 143; Rodríguez Mourullo/Barreiro/*Rodríguez Mourullo* S. 171.

[800] T.S. 22.05.1940 (Ar 500); 19.02.1943 (Ar 186); zum Teil auch heute noch: T.S. 11.06.1992 (Ar 5058); so auch Rodríguez Mourullo/Barreiro/*Rodríguez Mourullo* S. 171.

[801] T.S. 10.11.1994 (Ar 8805); 24.06.1987 (Ar 4998); 16.09.1991 (Ar 6390); 25.01.1993 (Ar 166).

[802] *Baldó* ADPCP 1989, 1091, 1113; *Barja de Quiroga* S. 143; *Mir Puig* S. 403 Rdnr. 66.

[803] H.M.: RGSt 11, 118, 119; RGSt 67, 343, 344f.; BGHSt 2, 223, 225; LK-*Roxin* § 26 Rdnr. 89, § 27 Rdnr. 51; *Tröndle* § 26 Rdnr. 16, § 27 Rdnr. 9.

[804] T.S. 07.02.1986 (Ar 572); 24.06.1987 (Ar 4989); 12.03.1992 (Ar 2442); *Barja de Quiroga* S. 144; Rodríguez Mourullo/Barreiro/*Rodríguez Mourullo* S. 171; *Vazquez Iruzubieta* S. 91; Vives Antón/*Vives Antón* S. 286.

[805] Für die h.M.: *Barja de Quiroga* S. 145; *MirPuig* S. 401 Rdnr. 60.

[806] Zum Versuch der Anstiftung s. unten S. 160.

[807] H.M.: T.S. 09.06.1954 (Ar 1438); 21.12.1968 (Ar 5509); 20.10.1983 (Ar 4773); *Cobo del Rosal/Vives Antón* S. 686; *Quintero Olivares* Curso S. 499; Rodríguez Mourullo/Barreiro/*Rodríguez Mourullo* S. 170; *Vazquez Iruzubieta* S. 91.

es sich um einen allgemeinen Aufruf zur Begehung von Straftaten durch die Medien oder ein anderes Mittel, das den Aufruf für eine Vielzahl von Personen wahrnehmbar macht, handelt, als „Provokation" gemäß Art. 18 C.P. strafbar sein, sofern die erfüllten Tatbestände ausdrücklich die Strafbarkeit dieser vorsehen (Art. 18 Abs. 2 C.P.).

e) Rücktritt von der Anstiftung

Der Rücktritt vom Versuch der Beteiligung ist in Art. 16 Abs. 3 C.P. geregelt. Entsprechend der Regelung des § 24 Abs. 2 dStGB wird für den Rücktritt der Beteiligung gefordert, daß der Teilnehmer seine Tatausführung freiwillig aufgibt und die Vollendung der Haupttat verhindert oder sich um die Verhinderung ernsthaft und endgültig bemüht.

f) Anstiftung zur Anstiftung und zur Beihilfe

Nach herrschender Ansicht ist die Anstiftung zur Anstiftung (Kettenanstiftung) und zur Beihilfe nicht gemäß Art. 28 Abs. 2 a) C.P. strafbar. Die Formulierung in Art. 27 C.P., wonach „strafrechtlich verantwortlich" für „Delikte" (*delitos*) oder „Vergehen" (*faltas*) nur Täter oder Teilnehmer sind, meint mit *delito* und *falta* nur selbständige Unrechtstatbestände aus dem Besonderen Teil des C.P. An den unselbständigen Tatbeständen der Anstiftung und der Teilnahme gemäß Art. 28 Abs. 2 a) und b) und Art. 29 C.P. könne daher nicht teilgenommen werden[808]. Der Anstifter des Anstifters oder des Gehilfen wird als Gehilfe der Haupttat bestraft (Art. 28 Abs. 2 b) oder Art. 29 C.P.[809]). Möglich ist allerdings die mittelbare Anstiftung, das heißt, die Anstiftung des Haupttäters durch Benutzung dazwischen geschalteter Personen. Dies ist dann direkte Anstiftung zur Haupttat[810]. Im deutschen Strafrecht wird die Anstiftung zur Anstiftung demgegenüber nach überwiegender Auffassung als (mittelbare) Anstiftung zur Haupttat bestraft, da § 26 dStGB nur verlangt, daß ein anderer zu „einer mit Strafe bedrohten Handlung" - worunter auch die Anstiftung fällt - bestimmt wird, und dafür die Strafe der Tat, zu der angestiftet

---

808 H.M.: *Mir Puig* S. 391 Rdnr. 27, S. 400 Rdnr. 55; *ders.* ADPCP 1973, 319, 359ff.

809 *Cobo del Rosal/Vives Antón* S. 686; *Gimbernat Ordeig* Autor y cómplice S. 329f.; *Mir Puig* S. 400 Rdnr. 55; Córdoba Roda/Rodríguez Mourullo/*Rodríguez Mourullo* S. 862; Vives Antón/*Vives Antón* S. 286; **a.A.** T.S. 30.11.1964 (Ar 5256) und *Barja de Quiroga* S. 133: Anstiftung zur Anstiftung als Anstiftung zur Haupttat.

810 H.M.: *Barja de Quiroga* S. 133f.; *Mir Puig* S. 400 Rdnr. 55; *Vazquez Iruzubieta* S. 91, der diesen Fall „Kettenanstiftung" nennt.

wurde (also die Strafe der Anstiftung zur Haupttat), androht[811]. Die Anstiftung zur Beihilfe ist demgegenüber Beihilfe zur Haupttat[812].

3. *Die Beihilfe (*La Cooperación*)*

a) Allgemeines

aa) „Notwendiger Gehilfe" (*Cooperador Necessario*)[813] und „sonstiger Teilnehmer" (*Cómplice*) bzw. „nicht notwendiger Gehilfe" (*Cooperador no Necessario*)

Die Gehilfen sind in Art. 28 Abs. 2 b) sowie Art. 29 C.P. erfaßt. Ebenso wie die Anstifter werden gemäß Art. 28 Abs. 2 b) C.P. auch diejenigen Gehilfen als Täter behandelt, die an der Verwirklichung der Tat durch einen Beitrag teilgenommen haben, „ohne den die Tat nicht verwirklicht worden wäre" (*sin el cual no se habría efectuado,* „notwendiger Gehilfe", *cooperador necessario*). „Sonstige Teilnehmer" (*cómplices*) sind gemäß Art. 29 C.P. diejenigen, die nicht durch Art. 28 C.P. erfaßt werden und die an der Verwirklichung der Tat durch vorherige oder gleichzeitige Beiträge teilgenommen haben. Diese werden auch „nicht notwendige Gehilfen" (*cooperadores no necesarios*) genannt.

bb) Die Abgrenzung zwischen „notwendiger" und „nicht notwendiger Beihilfe" (*Cooperación Necessaria* und *Cooperación no Necessaria*)

Bei der Formulierung in Art. 28 Abs. 2 b) C.P. , wonach „notwendiger Gehilfe" derjenige ist, der einen Beitrag leistet, „ohne den die Tat nicht verwirklicht worden wäre", ist nicht klar, ob dies abstrakt zu verstehen ist in dem Sinne, daß grundsätzlich in einer vergleichbaren Situation der Beitrag für die Deliktsverwirklichung un-

---

[811] BGHSt 6, 359, 361; 7, 234, 237; 14, 156, 157; *Lackner* § 26 Rdnr. 8; LK-*Roxin* § 26 Rdnr. 108; *Schwind* MDR 1969, 13; **a.A.**: *Janß* S. 173; *Sippel* S. 82.

[812] H.M.: LK-*Roxin* § 27 Rdnr. 61; *Schwind* MDR 1969, 13, 14f.; *Tröndle* § 27 Rdnr. 10.

[813] Im folgenden wird der *cooperador necessario* „notwendiger Gehilfe" genannt, was nicht zu verwechseln ist mit der „notwendigen Teilnahme" im deutschen Recht bei Delikten, die notwendigerweise die Beteiligung einer anderen Person als der des Täters voraussetzen (zum Beispiel Wucher).

ersetzlich war, oder ob man konkret auf den Einzelfall abstellt, ob der Täter in der konkreten Situation das Delikt dennoch verwirklicht hätte (hätte verwirklichen können)[814]. Die abstrakte Betrachtungsweise führt dazu, daß fast alle Beitragshandlungen nicht notwendig sind, da wohl immer noch eine andere Möglichkeit denkbar ist, wie der Täter (abstrakt-theoretisch) die Tat dennoch hätte verwirklichen können. Umgekehrt führt die konkrete Betrachtungsweise dazu, daß in vielen Fällen die Beitragshandlung notwendig wäre, da der Täter die Tat zumindest anders hätte ausführen müssen[815]. Daher stellen viele Vertreter der konkreten Betrachtungsweise auch nicht auf die Ausführungsart ab, sondern lediglich darauf, ob der Erfolg überhaupt, wenn auch anders, noch hätte realisiert werden können[816]. In der Literatur wird wegen der Schwierigkeiten bei einer rein konkreten oder rein abstrakten Abgrenzung eine Kombination aus beiden Elementen befürwortet: Einerseits komme es auf die konkrete Situation an, in der sich der Täter befindet, andererseits sei es nicht entscheidend, ob er konkret den Erfolg noch „hätte herbeiführen können", sondern vielmehr, ob er - ex ante durch einen objektiven Beobachter betrachtet - den Erfolg noch „herbeigeführt hätte". Dies entspricht dem Gesetzeswortlaut: Art. 28 Abs. 2 b) C.P. lautet: „*lo hubiera efectuado*" und nicht „*hubiera podido efectuarlo*"[817].

Ein zusätzliches Abgrenzungskriterium fordert die Theorie der „knappen Güter" (*bienes escasos*): Liefert der Gehilfe einen Beitrag, der schwer zu erlangen ist, so ist sein Beitrag notwendig[818].

Die Rechtsprechung geht von einer konkreten Betrachtungsweise aus; sie stellt seit jeher auf die konkrete Situation des Täters ab[819]. Zusätzlich verwendet sie Kriterien wie die Gleichwertigkeit aller Bedingungen für den Erfolg (wonach alle Gehilfenhandlungen notwendig wären) kombiniert mit dem Erfordernis der Geschehensherrschaft des Gehilfen oder der Theorie der „knappen Güter"[820]. In neueren Ent-

814 *Mir Puig* S. 404 Rdnr. 70.

815 *Gimbernat Ordeig* Autor y cómplice S. 139f.; Quintero Olivares/*Quintero Olivares* Comentarios S. 307.

816 Vgl. nur Córdoba Roda/Rodríguez Mourullo/*Rodríguez Mourullo* S. 872f.

817 *Cobo del Rosal/Vives Antón* S. 688; *Mir Puig* S. 404 Rdnr. 72, 73; Vives Antón/*Vives Antón* S. 288.

818 *Gimbernat Ordeig* Autor y cómplice S. 203; Rodríguez Mourullo/Barreiro/*Rodríguez Mourullo* S. 172; teilweise ebenso Quintero Olivares/*Quintero Olivares* Comentarios S. 309, der zusätzlich darauf abstellt, ob der Gehilfe das Geschehen wesentlich beherrscht.

819 T.S. 29.12.1969 (Ar 6103); 21.01.1970 (Ar 30); 29.10.1970 (Ar 4348); 20.12.1971 (Ar 5500).

820 T.S. 21.07.1987 (Ar 5600); 02.10.1987 (Ar 6943); 11.12.1987 (Ar 9747); 08.07.1988 (Ar 6520); 28.01.1991 (Ar 404).

scheidungen scheint die Rechtsprechung sich eher der Theorie der „knappen Güter" zugewendet zu haben[821].

b) Beihilfehandlung[822]

aa) Kausalität für den Erfolg

Die Gehilfenhandlung muß nicht *conditio sine qua non* für den Erfolgseintritt gewesen sein, sie muß aber in irgendeiner Weise für den Plan des Täters nützlich gewesen sein, die Tathandlung muß gefördert oder erleichtert worden sein[823]. Während darüber im spanischen Strafrecht weitgehende Einigkeit besteht, ist die Kausalität der Beihilfehandlung im deutschen Recht umstritten: Während die deutsche Rechtsprechung wie die spanische davon ausgeht, daß es reicht, wenn die Gehilfenhandlung die Handlung der Haupttat ermöglicht, verstärkt oder in ihrer Durchführung erleichtert[824], hält die herrschende Meinung in der Literatur mit unterschiedlichen Anforderungen daran fest, daß die Hilfeleistung grundsätzlich kausal sein muß in der Hinsicht, daß sie die Tatbestandsverwirklichung ermöglicht, erleichtert, intensiviert oder absichert[825], da ansonsten nicht zwischen strafloser versuchter Beihilfe und strafbarer Beihilfe unterschieden werden könne. Im Ergebnis wird sich dieser Streit allerdings

---

[821] T.S. 07.12.1994 (Ar 564); 12.07.1995 (Ar 5404) früher: 10.04.1981 (Ar 1646); 04.10.1982 (Ar 5549); 10.02.1987 (Ar 1225).

[822] Zu den einzelnen Voraussetzungen vgl. T.S. 13.11.1992 (Ar 9651).

[823] H.M.: T.S. 09.02.1976 (Ar 371); 13.05.1977 (Ar 2276); 08.02.1984 (Ar 732); 07.06.1990 (Ar 5152); 24.03.1993 Ar 2453); 15.06.1994 (Ar 4960); *Gimbernat Ordeig* Autor y cómplice S. 170ff., 209, 211; *Mir Puig* S. 407 Rdnr. 79; *Quintero Olivares* Curso S. 489, 492; Quintero Olivares/*Quintero Olivares* Comentarios S. 310; Córdoba Roda/Rodríguez Mourullo/*Rodríguez Mourullo* S. 890; *Vazquez Iruzubieta* S. 93; Vives Antón/*Vives Antón* S. 287.

[824] RGSt 58, 113, 115; 67, 191, 193; 71, 176, 178; 73, 52, 54; BGHSt 2, 130, 132; BGH VRS 8, 199, 201; BGH NStZ 1985, 318, 318; BGHZ 63, 124, 124. Auf den Nachweis der Kausalität verzichten außerdem diejenigen, die in der Beihilfe ein abstraktes oder abstrakt-konkretes Gefährdungsdelikt sehen (*Herzberg* GA 1971, 1ff., 7; *Vogler* in: Festschrift für Heinitz S. 295, 304ff). Andere wiederum bejahen Beihilfe bereits dann, wenn der Täter das Risiko der Tatverwirklichung durch den Haupttäter erhöht (*Salamon* S. 155; *Schaffstein* in: Festschrift für Honig S. 169, 174ff.). Ausführlich zum Streitstand LK-*Roxin* § 27 Rdnr. 1ff.

[825] *Bloy* S. 289; Sch/Sch/*Cramer* § 27 Rdnr. 10; *Jakobs* 22/34; *Lackner* § 27 Rdnr. 2; *Maurach/Gössel/Zipf* § 52 Rdnr. 19; *Claß* in: Festschrift für Stock S. 115, 125; *Dreher* MDR 1972, 553, 556; *Jescheck/Weigend* § 64 III 2; SK-*Samson* § 27 Rdnr. 9; *Samson* in: Festschrift für Peters S. 130, 135; *Tröndle* § 27 Rdnr. 2.

selten auswirken, da ein Beitrag, der sich irgendwie auf die Tathandlung auswirkt, meist auch irgendwelche kausalen Auswirkungen auf den Taterfolg haben wird[826].

bb) Zeitpunkt der Beihilfehandlung

Sowohl die „notwendige" als auch die „nicht notwendige Gehilfenschaft" (*cooperación necessaria* bzw. *no necessaria*) müssen vor oder während der Tatausführung stattfinden[827]. Die „notwendige Gehilfenschaft" wird meist vor der Tatausführung stattfinden, da sie sonst häufig die Voraussetzungen der Mittäterschaft erfüllt[828]. Für den „notwendigen Gehilfen" bestimmt Art. 29 C.P. ausdrücklich, daß der Beitrag „vorher oder gleichzeitig" geleistet werden muß. Spätere Teilnahmehandlungen sind nach herrschender Meinung nur strafbar, sofern sie vorher versprochen wurden[829]. Ansonsten erfüllen spätere Unterstützungshandlungen den Tatbestand der „Begünstigung" (Art. 451 C.P.; *encubrimiento*).

Im deutschen Recht ist Beihilfe ebenso wie in Spanien bereits bei Vorbereitungshandlungen möglich[830]. Während in Spanien grundsätzlich davon ausgegangen wird, daß nur bis zur Vollendung Beihilfehandlungen möglich sind, während spätere Hilfeleistungen nur erfaßt werden, sofern sie vorher versprochen wurden oder spezialgesetzlich erfaßt sind, geht das deutsche Verständnis von Hilfeleisten weiter: Nach Ansicht der Rechtsprechung[831] und der herrschenden Lehre[832] endet die rechtliche Möglichkeit der Beihilfe nicht mit dem vollen Eintritt der Rechtsgutsverletzung, sie soll vielmehr noch im Stadium bis zu ihrer materiellen Beendigung, also bis zur endgültigen Sicherung ihres Erfolges, möglich sein. Dies wird allerdings in der neueren Literatur zunehmend abgelehnt, da die Figur der materiellen Beendigung jedenfalls dort, wo sie zu Strafbarkeitserweiterungen führe, nicht mit dem Grundsatz

---

826 *Bockelmann/Volk* S. 197; *Jescheck/Weigend* § 64 III 2; *Samson* S. 55.

827 H.M.: *Mir Puig* S. 406 Rdnr. 78, *Quintero Olivares* Curso S. 492; Quintero Olivares/*Quintero Olivares* Comentarios S. 311.

828 So *Mir Puig* S. 406 Rdnr. 78.

829 Ständige Rechtsprechung seit T.S. 26.05.1888; 10.07.1902; aus neuerer Zeit: T.S. 17.10.1953 (Ar 2393); 08.03.1956 (Ar 767); 28.02.1959 (Ar 2188); 27.04.1971 (Ar 1856); 21.01.1993 (Ar 284); *Mir Puig* S. 407 Rdnr. 78; Córdoba Roda/Rodríguez Mourullo/*Rodríguez Mourullo* S. 891.

830 H.M.: RGSt 8, 267, 268; 4, 95, 95ff.; 28, 287, 287; 51, 136, 141; 58, 113, 114; BGH NJW 1985, 1035, 1035; BGHSt 2, 344, 346; 28, 346, 348; Sch/Sch/*Cramer* § 27 Rdnr. 13; *Lackner* § 27 Rdnr. 3; LK-*Roxin* § 27 Rdnr. 31; *Tröndle* § 27 Rdnr. 2.

831 RGSt 23, 292, 293; 58, 13, 14f.; 71, 193, 194; BGHSt 3, 40, 43f.; 4, 132, 133; 6, 248, 251; BGH VRS 16, 267, 267; OLG Hamm JZ 1961, 94, 95 mit Anm. *Stratenwerth.*

832 *Blei* § 80 I; *Hau* S. 119f.; Sch/Sch/*Cramer* § 27 Rdnr. 17; *Jescheck/Weigend* § 64 III 2; *Lackner* § 27 Rdnr. 3; *Otto* JuS 1982, 557, 565; *Tröndle* § 27 Rdnr. 4; *Wessels* Rdnr. 583.

nullum crimen sine lege zu vereinbaren sei, zumal für den Eintritt der Beendigung keine sicheren Kriterien gegeben werden könnten[833]. Nach dieser Ansicht ist wie in Spanien nach der Vollendung des Tatbestandes keine Teilnahme mehr möglich, und es kann nur noch aus Sonderdelikten wie der Begünstigung (§ 257 dStGB), der Strafvereitelung (§ 258 dStGB) oder der Hehlerei (§ 259 dStGB) bestraft werden.

Die Beihilfehandlung kann auch erst dann beschlossen werden, wenn das Delikt sich bereits in der Ausführungsphase befindet (sukzessive Teilnahme). In diesem Fall haftet der Gehilfe wegen Beihilfe zum gesamten Delikt, sofern sein Vorsatz dieses umfaßt[834]. Beim Dauerdelikt (*delito continuado*) haftet der Gehilfe erst ab dem Moment, an dem er selber teilgenommen hat[835].

Auch im deutschen Recht ist sukzessive Teilnahme möglich; auch hier gilt der Grundsatz, daß der Teilnehmer nur soweit bestraft wird, wie sein Vorsatz reicht[836]. Zu beachten ist, daß im deutschen Strafrecht nach überwiegender Ansicht Teilnahme auch noch in der materiellen Beendigungsphase, also nach der tatbestandlichen Vollendung, möglich ist[837], was in Spanien allgemein abgelehnt wird[838].

cc) Mittel der Beihilfe: physische und psychische Beihilfe

Als Mittel der Beihilfe kommt jedes denkbare Verhalten des Täters in Betracht, das die Kausalitätsanforderungen erfüllt. Das Gesetz spricht nur von einem „Akt" (*acto*), so daß umstritten ist, ob auch die psychische Beihilfe darunter fällt. Die überwiegende Meinung geht jedoch aus kriminalpolitischen Gründen davon aus, daß auch rein psychische Unterstützungshandlungen, die oft stärkeres Gewicht haben als eine materielle Unterstützung, erfaßt werden sollen[839].

---

833 *Herzberg* Täterschaft § 5 III 2; *Jakobs* 22/40; *Maurach/Gössel/Zipf* § 39 Rdnr. 11, 40; *Rudolphi* in: Festschrift für Jescheck Bd. I, S. 559, 576; LK-*Roxin* § 27 Rdnr. 35.

834 Für die h.M.: T.S. 29.03.1993 (Ar 2569); Vives Antón/*Vives Antón* S. 287.

835 Für die h.M.: T.S. 23.09.1993 (Ar 6779); Vives Antón/*Vives Antón* S. 287.

836 S. dazu oben S. 159 und 169.

837 S. dazu oben S. 165, Fußnoten 831 und 832.

838 S. oben S. 165, Fußnote 829.

839 T.S. 07.06.1942 (Ar 803); 02.05.1981 (Ar 2088); 15.07.1983 (Ar 4182); 24.10.1991 (Ar 7358); *Barja de Quiroga* S. 148; *Mir Puig* S. 406 Rdnr. 77; **a.A.** Quintero Olivares/*Quintero Olivares* Comentarios S. 311, der ein objektives Verhalten mit eigenem Unrechtskern verlangt, das nach außen zutage treten müsse.

dd) Beihilfe durch Unterlassen

Die Beihilfe durch Unterlassen wird von der überwiegenden Ansicht zugelassen, wobei insbesondere die Rechtsprechung eine Garantenstellung fordert[840]. Zur Täterschaft wird dabei unproblematisch auf die Abgrenzungskriterien abgestellt, die auch bei der Teilnahme durch positives Tun gelten, wobei insbesondere die Vertreter der Lehre von der Tatherrschaft davon ausgehen, daß der Unterlassende gegenüber dem durch positives Tun Handelnden meist keine Tatherrschaft habe und daher nur Teilnehmer sei[841]. Die Rechtsprechung des TS läßt sowohl Täterschaft[842] als auch (überwiegend[843]) „notwendige Gehilfenschaft" (*cooperación necessaria*)[844] gemäß Art. 28 Abs. 2 b) C.P. und „sonstige Teilnahme" (*complicidad*)[845] gemäß Art. 29 C.P. des Unterlassenden zu. Dabei grenzt sie zwischen Täterschaft in der

---

[840] T.S. 10.02.1982 (Ar 793); 28.10.1983 (Ar 4806); 31.01.1986 (Ar 211) mit Besprechung *Luzón Peña* PJ n° 2 1986, 73ff. und La Ley 1986-3 S. 535; 23.10.1991 (Ar 7352); 19.05.1992 (Ar 4090); 13.11.1992 (Ar 9651); 24.03.1993 (Ar 2505); 26.12.1994 (Ar 10375); zahlreiche Beispiele zur Rechtsprechung bei *Mir Puig* in: Gimbernat Ordeig (Hrsg.) Comisión por omisión S. 253ff. und bei *del Río Fernandéz* in: Gimbernat Ordeig (Hrsg.) Comisión por omisión S. 105ff.; ebenso *Cuerda Riezu* in: Coimbra-Symposium S. 259, 264; Vives Antón/*Vives Antón* S. 287; Rodríguez Mourullo/Barreiro/*Rodríguez Mourullo* S. 173; ähnlich: *Mir Puig* S. 406 Rdnr. 77, der nicht auf eine Garantenstellung abstellt, sondern fordert, daß sich das Unterlassen sozial bewertet als „Akt" (*acto*) i.S.d. Art. 28 Abs. 2 b) und Art. 29 C.P. auslegen läßt; ähnlich *Luzón Peña* PJ n° 2 1986, 73, 87 und La Ley 1986-3, 535, 544, 546: Es komme nicht darauf an, ob der Unterlassende sich in einer Garantenstellung befinde, vielmehr müsse das Unterlassen direkt unter den Tatbestand zu subsumieren sein. Jede andere Konstruktion widerspräche mangels einem dem § 13 dStGB entsprechenden Artikel dem Legalitätsprinzip (daher dürfte diese Ansicht heute wegen der Einführung des Art. 11 C.P. überholt sein). *Cobo del Rosal/Vives Antón* S. 688 verzichten auf das Erfordernis einer Garantenstellung; so auch T.S. 10.12.1982 (Ar 7398). Die Möglichkeit der Teilnahme durch Unterlassen lehnt *Quintero Olivares* (Quintero/Olivares Comentarios S. 311) ab, der aus dem Wort „Akt" (*acto*) das Erfordernis positiven Tuns ableitet. Die folgenden Urteile des T.S. lehnen die Möglichkeit der Teilnahme durch Unterlassen ab und kommen statt dessen nur zu einer Strafbarkeit aus Art. 338 bis C.P. a.F. (Nicht-Verhinderung einer Straftat): T.S. 13.07.1879; 12.12.1929; 19.02.1935 (Ar 396); 10.04.1981 (Ar 1624).

[841] Córdoba Roda/Rodríguez Mourullo/*Rodríguez Mourullo* S. 892ff.; *Mir Puig* S. 317 Rdnr. 73 (der nicht die Tatherrschaft, sondern das von ihm zur Abgrenzung geforderte Kriterium der *pertenencia* verneint); mit Nachweisen zum Streitstand *Luzón Peña* PJ n° 2 1986, 73, 78, Fußnote 15; *ders.* La Ley 1986-3, 535, 547ff.; *Silva Sánchez* CPC 1989, 367, 385ff.

[842] Täterschaft im Sinne des Art. 28 Abs. 1 C.P.: T.S. 23.06.1917; 24.07.1992 (Ar 6706); 21.12.1993 (Ar 6823); 28.01.1994 (Ar 125).

[843] *Cuerda Riezu* in: Coimbra-Symposium S. 265; zahlreiche Nachweise bei *del Río Fernandéz* in: Gimbernat Ordeig (Hrsg.) Comisión por omisión S. 55, 59.

[844] T.S. 31.01.1986 (Ar 211) mit Bespr. *Luzón Peña* La Ley 1986-3 S. 535; 14.07.1993 (Ar 6078); 15.06.1994 (Ar 4960).

[845] T.S. 06.04.1992 (Ar 2859).

Form der „notwendigen Gehilfenschaft“ (*cooperción necessaria*) und Teilnahme in der Form der „nicht notwendigen Gehilfenschaft“ (*complicidad*) mit Hilfe folgender Kriterien ab: Soweit eine Garantenstellung des Unterlassenden vorliegt, kommt es für die Abgrenzung darauf an, inwieweit das Unterlassen objektiv ein wichtiger Kausalbeitrag für den eingetretenen Erfolg war. Ist der Beitrag *conditio sine qua non* für den Erfolg, so liegt „notwendige Gehilfenschaft“ vor. Für die „sonstige Teilnahme“ genügt es, daß der Beitrag „effektiv“ war. Außerdem liefert der Wille des Unterlassenden ein Abgrenzungskriterium je nachdem, ob dieser darauf gerichtet ist, den Erfolg herbeizuführen (dann Täterschaft in der Form der „notwendigen Gehilfenschaft“) oder lediglich darauf, fremdes Verhalten zu unterstützen (dann „sonstige Teilnahme“)[846].

Im deutschen Recht ist die Beihilfe durch Unterlassen grundsätzlich anerkannt, da auch durch Unterlassen die Haupttat gefördert werden könne. Umstritten ist lediglich, wie in diesen Fällen zur Unterlassungstäterschaft abgegrenzt werden kann. Die Rechtsprechung unterscheidet hierbei nach rein subjektiven Kriterien[847]. Der überwiegende Teil der Lehre geht demgegenüber davon aus, daß der untätige Garant immer nur Nebenfigur des Geschehens und daher Gehilfe ist[848]. Andere unterscheiden nach Art der Garantenstellung: Der unterlassende Beschützergarant sei Täter, der unterlassende Überwachungsgarant Teilnehmer[849]. Schließlich wird davon ausgegangen, daß der unterlassende Garant stets Täter sei, da die Unterlassungsdelikte Pflichtdelikte seien, deren Verletzung allein die Täterstrafbarkeit begründe[850].

Damit ist in Deutschland und Spanien die Beihilfe durch Unterlassen grundsätzlich anerkannt, lediglich die Abgrenzung zur Täterschaft ist umstritten.

---

846 T.S. 06.04.1992 (Ar 2859); 13.11.1992 (Ar 9657).

847 BGHSt 2, 150; 13, 162, 166; NStZ 1985, 24, 24; StV 1986, 59, 60 mit Bespr. *Arzt* StV 1986, 337, 338 und *Ranft* JZ 1987, 908, 917; NJW 1992, 1246, 1247.

848 *Gallas* JZ 1952, 371, 372; *ders.* JZ 1960, 686, 687; *Ranft* ZStW 94 (1982), 815, 845ff.; *Jescheck/Weigend* § 64 III 5 mit weiteren Nachweisen.

849 Sch/Sch/*Cramer* Vorbem § 25 Rdnr. 102ff.; *Herzberg* Täterschaft § 6 I, II; *ders.* Unterlassung S. 257ff.

850 LK-*Roxin* § 25 Rdnr. 206ff. und § 27 Rdnr. 43; *Roxin* S. 485.

c) Vorsatz des Gehilfen

Ebenso wie bei der Anstiftung geht die überwiegende Ansicht in Spanien davon aus, daß nur die vorsätzliche Gehilfenhandlung („notwendig" oder nicht) strafbar ist. Fahrlässige Teilnahme ist nicht möglich[851].

Wie auch bei der Anstiftung begrenzt der Vorsatz des Gehilfen seine Strafbarkeit, denn er kann nur nach seiner Schuld bestraft werden[852]. Er haftet nur aus dem Delikt, zu dem er hat Hilfe leisten wollen. Begeht der Täter dann ein anderes, schwereres Delikt („qualitativer Exzeß"; *exceso cualitativo o en los fines*: aus dem Diebstahl wird ein Raub), so wird der Gehilfe nur wegen Teilnahme am Diebstahl bestraft. Auch bezüglich eines Exzesses der Tatmodalitäten („quantitativer Exzeß; *exceso cuantitativo o en los modalidades*) haftet der Gehilfe nur nach seinem Vorsatz. Im Gegensatz zur Anstiftung kann hier für eine Zurechnung trotz Nichtwissens des Gehilfen nicht darauf abgestellt werden, ob der Exzeß des Täters vorhersehbare, kausale Folge der Gehilfenhandlung ist. Beim Wachestehen oder beim Besorgen eines Zweitschlüssels ist es nicht kausal vorhersehbar, daß der Täter einen Diebstahl mit Waffen begeht, so daß hier wie in Deutschland[853] der Gehilfe nur aus dem „Grunddelikt" bestraft wird.

d) Beihilfe zum Versuch und versuchte Beihilfe

Während nach dem Grundsatz der limitierten Akzessorietät die Beihilfe zum Versuch strafbar ist, bleibt die versuchte Beihilfe straflos[854]: Wird die Beihilfehandlung nicht kausal für die Handlung des Täters oder läuft die gewollte Unterstützung leer, weil der Täter gar nicht zur Tat ansetzt, so liegt straflose versuchte Teilnahme vor, da nicht an der „Ausführung der Tat" (*ejecución del hecho*), wie es Art. 28 Abs. 2 b) und Art. 29 C.P. verlangen, teilgenommen wird[855].

---

[851] H.M.: T.S. 15.07.1982 (Ar 4671); 18.11.1977 (Ar 4344); 05.02.1979 (Ar 324); 10.04.1981 (Ar 1646); 11.02.1983 (Ar 750); 06.03.1984 (Ar 1709); *Barja de Quiroga* S. 154; *Cobo del Rosal/ Vives Antón* S. 684f.; *Quintero Olivares* Curso S. 489, 498f.; Quintero Olivares/*Quintero Olivares* Comentarios S. 310; *Vazquez Iruzubieta* S. 93.

[852] H.M.: T.S. 24.06.1987 (Ar 4998); 16.09.1991 (Ar 6390); *Barja de Quiroga* S. 155; *Cobo del Rosal/Vives Antón* S. 685; Vives Antón/*Vives Antón* S. 286.

[853] S. oben S.160, Fußnote 803.

[854] Für die h.M.: *Barja de Quiroga* S. 156; *Mir Puig* S. 408 Rdnr. 83.

[855] H.M.: *Barja de Quiroga* S. 155; *Gimbernat Ordeig* Autor y cómplice S. 166.

Im deutschen Recht ist die versuchte Beihilfe seit der Streichung des § 49a Abs. 3 a.F. dStGB im Jahre 1953, der die versuchte Teilnahme an einem Verbrechen unter Strafe stellte, straflos[856].

e) Rücktritt von der Beihilfe

Gemäß § 16 Abs. 3 C.P. genügt es für den Rücktritt von der Beteiligung, daß der Beteiligte seine Tatausführung freiwillig aufgibt und entweder die Vollendung verhindert oder sich ernsthaft und endgültig um die Verhinderung bemüht. Dies entspricht der Regelung des § 24 Abs. 2 dStGB, der für den Fall, daß die Vollendung nicht verhindert wird, ausreichen läßt, daß die Tat unabhängig vom Tatbeitrag des Gehilfen begangen wurde und daß der Beteiligte sich um die Verhinderung freiwillig und ernsthaft bemüht hat.

f) Die Beihilfe zur Anstiftung und zur Beihilfe

Die Beihilfe zur Anstiftung oder zur Beihilfe wird als Beihilfe zur Haupttat erfaßt[857], da Teilnahme nach herrschender Meinung nur an selbständigen Tatbeständen des Besonderen Teils des C.P. möglich ist[858].

Dies entspricht dem deutschen Recht, wo die Beihilfe zur Beihilfe[859] und die Beihilfe zur Anstiftung[860] als Beihilfe zur Haupttat erfaßt werden, da jede Förderung der Haupttat unter diesen Begriff fällt[861].

---

856 H.M.: Sch/Sch/*Cramer* § 27 Rdnr. 33; *Lackner* § 27 Rdnr. 9; *Tröndle* § 27 Rdnr. 10.

857 H.M.: *Barja de Quiroga* S. 153; *Gimbernat Ordeig* Autor y cómplice S. 330; Quintero Olivares/*Quintero Olivares* Comentarios S. 312.

858 S. oben S. 161.

859 H.M.: RGSt 23, 300, 306; 59, 396, 397; OLGHH JR 1953, 27, 27.

860 H.M.: *Jakobs* 22/30; *Lackner* § 26 Rdnr. 8; LK-*Roxin* § 26 Rdnr. 110; *Tröndle* § 27 Rdnr. 10.

861 H.M.: LK-*Roxin* § 27 Rdnr. 61; *Schwind* MDR 1969, 13, 14f.; *Tröndle* § 27 Rdnr. 10.

VI. Die Beteiligung am Fahrlässigkeitsdelikt

1. Möglichkeit der fahrlässigen Mittäterschaft

Da sich die „Übereinstimmung" (*común acuerdo)* nicht auf den konkreten Taterfolg beziehen muß, sondern ausreichend ist, daß sie sich auf das fahrlässige Verhalten bezieht, wird in Spanien im Gegensatz zum deutschen Strafrecht[862] die fahrlässige Mittäterschaft anerkannt[863].

2. Anstiftung zum Fahrlässigkeitsdelikt

Während Einigkeit darüber besteht, daß fahrlässige Anstiftung nicht möglich ist, ist es umstritten, ob eine Anstiftung zum Fahrlässigkeitsdelikt möglich ist. Denn im Gegensatz zum deutschen Strafgesetzbuch, das in § 26 ausdrücklich die Anstiftung zu einer „vorsätzlichen" Tat verlangt, erfaßt Art. 28 Abs. 2 a) C.P. denjenigen, der „zur Verwirklichung der Tat" (*del hecho*) verleitet. Nach dem Wortlaut ist daher auch die Anstiftung zur Verwirklichung einer fahrlässigen Tat möglich. Der Anstifter muß in diesem Fall nicht den Tatentschluß zur vorsätzlichen Tatbegehung wekken, sondern durch die Anstiftungshandlung lediglich fahrlässiges Verhalten des Angestifteten verursachen, worauf auch sein Vorsatz gerichtet sein muß[864]. Vorsatztat und Fahrlässigkeitstat unterschieden sich nach dieser Ansicht nur im subjektiven Tatbestand; der objektive Tatbestand bestehe in beiden Fällen aus der Verwirklichung der Tat, der Erfolgsverursachung[865]. Daher könne auch bei der Fahrlässigkeit jemand an der Deliktsverwirklichung teilnehmen, ohne als Täter anzusehen zu

---

[862] Sch/Sch/*Cramer* Vorbem § 25 Rdnr. 115; *Herzberg* Täterschaft 5 III 3; *Lackner* § 25 Rdnr. 13; LK-*Roxin* § 25 Rdnr. 221, 222; **a.A.** *Brammsen* JURA 1991, 533, 537; *Otto* JURA 1990, 47, 49.

[863] Für die (noch) h.M.: *Mir Puig* S. 389f.; **a.A.** *Barja de Quiroga* S. 71.

[864] Wohl h.M.: T.S. 21.11.1980, RDCirc 1981, 155; *Mir Puig* S. 394 Rdnr. 37, 38, S. 403 Rdnr. 67; *Cobo del Rosal/Vives Antón* S. 685.

[865] So insbesondere Art. 565 des C.P. a.F., der formulierte, daß der Tatbestand des fahrlässigen Deliktes mit Ausnahme der subjektiven Elemente dem des vorsätzlichen entspreche (*Cuerda Riezu* ADPCP 1992, 491, 503).

sein[866]. Dieser Ansicht ist die Rechtsprechung in einigen Urteilen gefolgt[867]. Ein Teil der Literatur und der Rechtsprechung geht demgegenüber davon aus, daß Anstiftung nur zu Vorsatztaten möglich sei[868]: Voraussetzung jeder Anstiftung sei es, im Täter den Tatentschluß im engen Sinne von Vorsatz zu wecken[869]. Ferner ermöglichten die Fahrlässigkeitsdelikte keine Unterscheidung zwischen Täterschaft und Teilnahme: Jeder Beteiligte verwirkliche sein eigenes Fahrlässigkeitsdelikt[870], was dem Einheitstätersystem bei der Fahrlässigkeit im deutschen Strafrecht entspricht[871].

3. *Beihilfe zum Fahrlässigkeitsdelikt*

Ebenso wie bei der Anstiftung[872] ist nach dem Wortlaut der Art. 28 Abs. 2 b) und 29 C.P., die „Teilnahme an der Tat" (*cooperación al hecho*) verlangen, auch die Hilfeleistung zu einer fahrlässigen Tat möglich. Der Gehilfe muß dabei durch die Gehilfenhandlung fahrlässiges Verhalten des Täters unterstützen, worauf auch sein Vorsatz gerichtet sein muß[873]. Die Argumentation ist dieselbe, die auch für die Begründung der Möglichkeit der Anstiftung zur Fahrlässigkeitstat geführt wird: Vorsatz- und Fahrlässigkeitstat unterschieden sich nur im subjektiven Tatbestand, der objektive Tatbestand bestehe in beiden Fällen in der Verwirklichung der Tat, der Erfolgsverursachung[874]. Daher könne auch bei der Fahrlässigkeit jemand an der Deliktsverwirklichung teilnehmen, ohne als Täter anzusehen zu sein[875]. Auch dieser

---

866 H.M.: *Luzon Peña* ADPCP 1989, 898, 893f.; Córdoba Roda/Rodríguez Mourullo/*Rodríguez Mourullo* S. 815f.; *ders.* ADPCP 1969, 461, 480.

867 T.S. 31.10.1929; 16.11.1979 (Ar 4241); 22.06.1982 (Ar 3573); 27.05.1985 (Ar 2540).

868 *Barja de Quiroga* S. 120f.; *Cuerda Riezu* ADPCP 1992, 491, 508; *Gómez Benítez* ADPCP 1984, 101, 122; *ders.* S. 509, 522, 539; *Quintero Olivares* Curso S. 499.

869 *Barja de Quiroga* S. 135; Quintero Olivares/*Quintero Olivares* Comentarios S. 305.

870 T.S. 26.06.1933 (vgl. zur Rechtsprechung: *Cuerda Riezu* in: Coimbra-Symposium S. 259, 264 unter Verweis auf Córdoba Roda/Rodríguez Mourullo/*Rodríguez Mourullo* S. 815, 817 und *Luzon Peña* DPCirc. S. 83, 90); *Cuerda Riezu* ADPCP 1992, 491, 508; *Gómez Benítez* ADPCP 1984, 101, 122; *ders.* S. 509, 522, 539; *Luzón Peña* DPCirc. S. 93; *Quintero Olivares* Curso S. 499.

871 Sch/Sch/*Cramer* Vorbem § 25 Rdnr. 112f.; *Jescheck/Weigend* § 61 VI; *Lackner* § 25 Rdnr. 13; LK-*Roxin* § 25 Rdnr. 217.

872 S. oben S. 171.

873 H.M.: T.S. 21.11.1980, RDCirc 1981, 155; *Mir Puig* S. 394 Rdnr. 37, 38, S. 403 Rdnr. 67; *Cobo del Rosal/Vives Antón* S. 685.

874 S. oben S.171, Fußnote 865.

875 H.M.: *Luzon Peña* ADPCP 1989, 898, 893f.; Córdoba Roda/Rodríguez Mourullo/*Rodríguez Mourullo* S. 815ff.; *ders.* ADPCP 1969, 461, 480.

Ansicht wird jedoch - entsprechend dem deutschen Recht[876] - entgegengehalten, daß die Fahrlässigkeitsdelikte keine Unterscheidung zwischen Täterschaft und Teilnahme zuließen: Jeder Beteiligte verwirkliche sein eigenes Fahrlässigkeitsdelikt[877].

VII. Die Beteiligung am Sonderdelikt

1. Mittäterschaft und mittelbare Täterschaft beim Sonderdelikt

Da sowohl der Mittäter als auch der mittelbare Täter als Täter im engen Sinne bestraft werden und nicht nur „als Täter angesehen werden" (*considerados autores*), müssen sie alle für einen Tatbestand erforderlichen Umstände und Eigenschaften in ihrer Person erfüllen, ansonsten kommt nur eine Teilnahmestrafbarkeit in Betracht[878]. Auch im deutschen Recht kann Täter eines Sonderdeliktes nur derjenige sein, der die Eigenschaft selber aufweist, Extranei kommen nur als Teilnehmer in Frage[879], wobei dann § 28 Abs. 1 dStGB zu beachten ist.

---

[876] H.M.: Sch/Sch/*Cramer* Vorbem § 25 Rdnr. 112f.; *Jescheck/Weigend* § 61 VI; *Lackner* § 25 Rdnr. 13; LK-*Roxin* § 25 Rdnr. 217.

[877] T.S. 27.06.1933 (vgl. zur Rechtsprechung: *Cuerda Riezu* in: Coimbra-Symposium S. 259, 264 unter Verweis auf Córdoba Roda/Rodríguez Mourullo/*Rodríguez Mourullo* S. 815, 817 und *Luzon Peña* DPCirc. S. 83, 90); *Barja de Quiroga* S. 121; *Cuerda Riezu* ADPCP 1992, 491, 508; *Gómez Benítez* ADPCP 1984, 101, 122; *ders.* S. 509, 522, 539; *Quintero Olivares* Curso S. 499.

[878] H.M.: *Barja de Quiroga* S. 58f.; S. 192 (für den mittelbaren Täter), S. 73, 191 (für den Mittäter); *Cobo del Rosal/Vives Antón* S. 680 (für den mittelbaren Täter), S. 682 (für den Mittäter); *Gimbernat Ordeig* Autor y cómplice S. 229ff.; *Mir Puig* S. 389 Rdnr. 20; *Quintero Olivares* Delitos especiales S. 111; *ders.* Curso S. 496f., der darauf hinweist, daß auch Anstiftung des nicht-qualifizierten Hintermannes ausscheidet, wenn der als Werkzeug benutzte Intraneus nicht tatbestandsmäßig oder rechtswidrig handelt.

[879] H.M.: Beihilfe: RGSt 27, 157, 159; 50, 135, 141; BayObLGSt 1961, 105, 106; Anstiftung: RGSt 63, 313, 318; BGHSt 4, 355, 359; Sch/Sch/*Cramer* § 25 Rdnr. 45ff., § 26 Rdnr. 26; LK-*Roxin* § 26 Rdnr. 101, § 27 Rdnr. 52; *Tröndle* § 26 Rdnr. 12, § 27 Rdnr. 10.

2. *Teilnahme am Sonderdelikt*

Während der Täter des Sonderdeliktes also die erforderlichen Eigenschaften selbst aufweisen muß, ist die Teilnahme des Extraneus am Sonderdelikt möglich[880]. Zu beachten ist allerdings, daß die Rechtsprechung für die Bestimmung der Strafe des teilnehmenden Extraneus Art. 65 Abs. 1 C.P. (Art. 60 C.P. a.F.) analog anwendet: Liegt die Sondereigenschaft des Sonderdeliktes in einer persönlichen Eigenschaft des Täters („moralische Voraussetzungen, besondere Beziehungen zum Opfer oder andere persönliche Gründe"; *disposiciones morales, relaciones particulares con el ofendido o otra causa personal*), so wird die Strafe des diese Eigenschaften nicht aufweisenden Teilnehmers gemildert[881]. Diese Technik entspricht der Regelung des § 28 Abs. 1 dStGB, der Strafmilderung für denjenigen Teilnehmer anordnet, bei dem die strafbegründenden persönlichen Merkmale nicht vorliegen.

VIII. Die Strafe der Beteiligten

Die Strafe der Beteiligten wird in Art. 61ff. C.P. geregelt: Danach gilt die im Tatbestand des Besonderen Teils angeordnete Strafe gemäß Art. 61 C.P. für den Täter des vollendeten Delikts. Art. 62 C.P. bestimmt für die Täter des versuchten Delikts eine Strafmaßreduzierung um ein oder zwei Stufen. Die „sonstigen Teilnehmer" (*cómplices no considerados autores*) schließlich werden gemäß Art. 63 C.P. ebenfalls mit einem verringerten Strafmaß bestraft. Besonders zu erwähnen ist Art. 65 C.P., der - ähnlich dem deutschen § 28 dStGB - die Strafe der Beteiligten für den Fall regelt, daß besondere persönliche oder tatbezogene Umstände die Strafe erschweren oder verringern. Besondere persönliche Umstände sind gemäß Art. 65 Abs. 1 C.P. solche, die an „moralische Voraussetzungen des Täters, dessen besondere Beziehungen zum Opfer oder andere persönliche Gründe" (*la disposición moral del delincuente, sus relaciones particulares con el ofendido o otra causa personal*) anknüpfen. Diese gelten nur für den Täter, bei dem sie vorliegen. Demgegenüber gelten die an die „Ausführungsart der Tat oder die Tatmittel" (*la ejecución material del hecho o los medios empleados para realizarla*) anknüpfenden, also tatbezogenen, Umstände

---

[880] H.M.: T.S. 12.02.1992 (Ar 1157); 24.06.1994 (Ar 5031); *Cobo del Rosal/Vives Antón* S. 685; Vives Antón/*Vives Antón* S. 285.

[881] T.S. 12.02.1992 (Ar 1257); 18.01.1994 ; 24.06.1994 (Ar 5031), vgl. dazu *Barja de Quiroga* S. 194ff.; **krit.**: Vives Antón/*Vives Antón* S. 285.

gemäß Art. 65 Abs. 2 C.P. für alle die Beteiligten, die davon Kenntnis hatten. Art. 65 Abs. 1 C.P. entspricht damit der Regelung des § 28 Abs. 2 dStGB. Entscheidender Unterschied ist aber, daß der C.P. die straferschwerenden oder -mildernden Umstände nicht jeweils im Tatbestand des Besonderen Teils regelt, sondern daß im Allgemeinen Teil in Art. 21 und 22 C.P. die jeweiligen straferschwerenden oder -mildernden Umstände aufgezählt sind, die jeden Tatbestand aus dem Besonderen Teil betreffen können.

Umstritten ist die Behandlung der sogenannten unechten Sonderdelikte, die im Tatbestand noch einen solches Merkmal aufweisen, ohne dadurch aber zum (echten) Sonderdelikt zu werden. Hier wäre es denkbar, den nicht qualifizierten Teilnehmer aus dem entsprechenden Grunddelikt zu bestrafen.

Dies wurde insbesondere von der Rechtsprechung durch eine analoge Anwendung des Art. 65 C.P. (ehemals Art. 60) erreicht, so daß der Intraneus aus der Qualifikation und der Extraneus aus dem Grunddelikt bestraft werden konnte[882]. Diese analoge Anwendung des Art. 65 C.P. wird kritisiert, da dieser eben nur für die in Art. 21 und 22 C.P. aufgezählten Umstände gelte, während für die unechten Sonderdelikte aus Akzessorietätsgründen der Grundsatz gelte, daß Täter und Teilnehmer aus demselben Delikt bestraft werden müssen, zumal eine „Qualifikation" im Besonderen Teil aus dem Grunddelikt ein eigenständiges Delikt mache[883]. Auch die Rechtsprechung hat in einigen Urteilen Täter und Teilnehmer aus demselben Delikt bestraft[884], allerdings erscheinen diese gegenüber der Vielzahl der Urteile, die Art. 65 C.P. analog anwenden, insbesondere auch derer, die Art. 65 C.P. sogar für echte Sonderdelikte anwenden, eher als Ausnahme[885].

---

[882] Wohl h.M.: T.S. 11.03.1887; 07.02.1888; 27.02.1902; 05.10.1953 (Ar 2368); 05.02.1955 (Ar 402); 10.11.1994 (Ar 8805); *Córdoba Roda* Notas I S. 292; *Vazquez Iruzubieta* S. 93; Vives Antón/*Vives Antón* S. 285. Zum selben Ergebnis gelangen *Cobo del Rosal/Vives Antón* S. 686, die allerdings betonen, daß dies keine analoge Anwendung des Art. 65 C.P. sei, sondern lediglich aus materiellen Gerechtigkeitsgrundsätzen erforderlich sei. Im Ergebnis ebenso *Barja de Quiroga* S. 126f.

[883] *García Martín* El actuar en lugar de otro II S. 115 mit weiteren Nachweisen; *Gimbernat Ordeig* Autor y cómplice S. 279ff.; *Mir Puig* S. 395 Rdnr. 39; *Quintero Olivares* Curso S. 495; *ders.* Delitos especiales S. 63ff., 69.

[884] T.S. 18.06.1951 (Ar 1431); 15.10.1969 (Ar 5071); 02.12.1975 (Ar 4632); 31.12.1979 (Ar 4654); 16.07.1985 (Ar 4110).

[885] So *Barja de Quiroga* S. 194.

Zweiter Teil: Die strafrechtliche Verantwortung des Unternehmensleiters für deliktisches Verhalten seiner Untergebenen

I. Die strafrechtliche Verantwortung wegen positiven Tuns

Wie im deutschen Recht besteht für den Fall, daß der Unternehmensleiter auf seine Untergebenen mit einer Anweisung oder einem Ratschlag einwirkt, die oder der dann zu der vom Untergebenen begangenen Straftat führt, die Möglichkeit der Teilnahme des Unternehmensleiters in der Form der Anstiftung oder der „notwendigen" oder „nicht notwendigen Gehilfenschaft" (*cooperación necessario* oder *complicidad*)[886]. Insofern liegt keine Besonderheit gegenüber anderen Konstellationen von Täterschaft und Teilnahme vor. Außerdem kommt, sofern das Werkzeug nicht tatbestandsmäßig (mangels Sonderpflichtenstellung), nicht vorsätzlich oder nicht rechtswidrig handelt - ebenso wie im deutschen Recht - eine Strafbarkeit als mittelbarer Täter in Betracht[887]. Voraussetzung ist nach herrschender Meinung allerdings, daß der Untergebene, der als Werkzeug eingesetzt wird, sich seines deliktischen Verhaltens nicht bewußt ist, da nur für diese Fälle mittelbare Täterschaft möglich ist[888]. Für den Fall eines schuldlos handelnden Untergebenen ist mittelbare Täterschaft zwar denkbar, jedoch wird überwiegend davon ausgegangen, daß dann Anstiftung vorliegt[889]. Schließlich kommt auch eine Strafbarkeit als Täter hinter dem Täter in Betracht, was jedoch nur in Ausnahmefällen anerkannt ist und von der „Entscheidungsherrschaft" (*dominio de la decisión*)[890] des Unternehmensleiters abhängt[891].

---

886 Vgl. *Silva Sánchez* in: Coimbra-Symposium S. 307, 315.

887 Vgl. *Silva Sánchez* in: Coimbra-Symposium S. 307, 315; zur mittelbaren Täterschaft in Spanien s. oben S. 152ff.

888 S. oben S. 153.

889 S. oben S. 153.

890 So die Formulierung von *Barja de Quiroga* S. 56.

Von der überwiegenden Literatur wird diese Möglichkeit wegen des in diesen Fällen „sehenden" Werkzeuges abgelehnt[892]. Auch Mittäterschaft ist denkbar, jedoch muß dafür ein Beitrag des Unternehmensleiters im Ausführungsstadium vorliegen, so daß bei bloßer Anweisung vor der Tat diese Möglichkeit ausscheidet[893]. Damit hängt auch im spanischen Strafrecht die Strafbarkeit des Unternehmensleiters, der durch Anweisungen oder Ratschläge auf das deliktische Verhalten seines Untergebenen einwirkt, von den allgemeinen Regelungen über Täterschaft und Teilnahme ab. Wie im deutschen Recht stellt sich aber die Frage, wie die Fälle zu beurteilen sind, in denen der Unternehmensleiter Straftaten seiner Untergebenen lediglich trotz Kenntnis zuläßt oder aus Unkenntnis nicht verhindert. Zunächst wird untersucht, ob Spezialregelungen für diese Konstellation vorhanden sind, bevor dann der Frage nachgegangen wird, ob eine Verantwortung aus Unterlassen begründet werden kann.

---

[891] Bejahend unter Verweis auf das deutsche Recht: *Silva Sánchez* in: Coimbra-Symposium S. 307, 315; s. oben S. 154.

[892] S. oben S. 153.

[893] S. oben S. 150ff.

II. Die strafrechtliche Verantwortung wegen Unterlassens

1. Gesetzliche Spezialregelungen

a) Die strafrechtliche Verantwortung bei Delikten, die mit Hilfe von „Verbreitungsmedien" begangen werden *(Delitos Cometidos por Medios de Difusión Mecánicos) (Art. 30 C.P.)*[894]

Art. 30 C.P. regelt die strafrechtliche Verantwortung bei Delikten, die durch die Verbreitung strafbarer Inhalte „mittels mechanischer Instrumente oder Träger" (*utilizando medios o soportes de difusión mecánicos*) begangen werden. In seinem Absatz 1 bestimmt er zunächst, daß die „Teilnehmer und diejenigen, die die Delikte persönlich befürwortet oder tatsächlich gefördert haben" (*ni los cómplices ni quienes los hubieren favorecido personal o realmente*) strafrechtlich nicht verantwortlich sein sollen, sondern statt dessen nur die in Abs. 2 genannten Personen.

Früher wurde davon ausgegangen, daß dieser Artikel bzw. sein Vorgänger (Art. 13 und 15 C.P. a.F.) dazu diente, den Kreis der strafbaren Personen um die in Abs. 2 aufgezählten Personen zu erweitern, um sicherzustellen, daß es in jedem Fall eine verantwortliche Person gebe. Nach dieser Auslegung handelte es sich um eine an eine Aufsichtspflichtverletzung anknüpfende verschuldensunabhängige Verantwortung[895]. Heute ist wegen des eindeutigen Wortlautes klar, daß es sich um eine Einschränkung des Täterkreises handelt: Die eigentlich gemäß Art. 28 Abs. 2 b) und Art. 29 C.P. strafbaren Personen sollen gemäß Art. 30 Abs. 1 C.P. nicht strafrecht-

---

[894] Art. 30 C.P. lautet in seinen beiden ersten Absätzen:
1. *En los delitos y faltas que se cometan utilizando medios o soportes de difusión mecánicos no responderán criminalmente ni los cómplices ni quienes los hubieren favorecido personal o realmente.*
2. *Los autores a los que se refiere el artículo 28 responderán de forma escalonada, excluyente y subsidiaria de acuerdo con el siguiente orden:*
1.° Los que realmente hayan redactado el texto o producido el signo de que se trate, y quienes les hayan inducido a realizarlo.
2.° Los directores de la publicación o programa en que se difunda.
3.° Los directores de la empresa editora, emisora o difusora.
4.° Los directores de la empresa grabadora, reproductora o impresora.

[895] Früher h.M.: *Antón Oneca* S. 452f.

lich erfaßt werden. Strafbar sind nur die in Art. 30 Abs. 2 C.P. aufgeführten Personen.

Art. 30 Abs. 2 C.P. schreibt eine stufenweise, subsidiäre und exklusive Verantwortung der dort aufgezählten Personen vor. Erst haften die in der ersten Stufe Genannten. Gibt es einen solchen Verantwortlichen, so ist die Verantwortung der in den nachfolgenden Stufen genannten Personen ausgeschlossen (*excluyente*); nur, wenn auf der vorstehenden Stufe kein Verantwortlicher vorhanden ist, kommt eine „subsidiäre" (*subsidiaria*) Verantwortung der in der darunter stehenden Stufe genannten Personen in Betracht.

Auf der ersten Stufe stehen die „Autoren und Veranlasser des Textes oder Gedankengutes" (Nr. 1.°) (*los que realmente hayan redactado el texto o producido el signo de que se trate, y quienes les hayan inducido a realizarlo*). Stufe 2 erfaßt die „Direktoren der Veröffentlichung oder des Programmes" (*los directores de la publicación o programa en que se difunda*), zum Beispiel die für eine bestimmte Zeitschrift oder Sendung verantwortlichen Redakteure (Nr. 2.°). Die „Direktoren der herausgebenden oder verbreitenden Firma" (*los directores de la empresa editora, emisora o difusora*), zum Beispiel die Direktoren des Verlages, in dem die Zeitung erscheint oder die Direktoren des Fernsehsenders (Nr. 3.°), stehen auf Stufe 3. Auf der letzten Stufe stehen die „Direktoren der vervielfältigenden oder druckenden Unternehmen" (*los directores de la empresa grabadora, reproductora o impresora*), zum Beispiel die Direktoren der Druckerei (Nr. 4.°).

Voraussetzung für eine Haftung dieser Personen ist allerdings, daß diese Täter im Sinne des Art. 28 Abs. 1 oder 28 Abs. 2 a) C.P. sind, daß sie also in ihrer Person alle nach dem Tatbestand erforderlichen Voraussetzungen (insbesondere Vorsatz oder Fahrlässigkeit und Schuld sowie für den Fall des Unterlassens Garantenstellung) erfüllen[896].

Art. 30 gilt zunächst für die klassischen „Pressedelikte", wie Delikte, die gegen die Ehre oder das Persönlichkeitsrecht gerichtet sind, also die im Titel XI des II. Buches aufgezählten „Delikte gegen die Ehre" (*delitos contra el honor*) und die in Titel X, I. Kapitel des II. Buches aufgezählten „Delikte gegen die Privatsphäre, gegen das Recht am eigenen Bild sowie gegen die Unverletzlichkeit der Wohnung" (*delitos contra la intimidad, el derecho a la propria imagen y a la inviolibilidad del domicilio*).

---

896 H.M.: T.S. 25.11.1988 (Ar 9245); 16.05.1989 (Ar 4962); 05.12.1989 (Ar 9427); 12.02.1990 (Ar 1931); *Barja de Quiroga* S. 92ff.; *Cobo del Rosal/Vives Antón* S. 690; Quintero Olivares/ *Quintero Olivares* Comentarios S. 316; Rodríguez Mourullo/Barreiro/*Rodríguez Mourullo* S. 175; Vives Antón/*Vives Antón* S. 290.

Allerdings beschränkt sich die Anwendbarkeit des Art. 30 C.P. nicht auf diese Delikte, die ihren Strafgrund gerade in einer öffentlichen Verbreitung finden. Vielmehr wird der Anwendungsbereich weit ausgelegt, so daß davon auch andere Delikte aus dem Besonderen Teil erfaßt werden, sofern sie im konkreten Fall durch eine Verbreitung bestimmter Inhalte in der Öffentlichkeit durch „mechanische Instrumente oder Träger" (*por medios o soportes de difusión mecánicos*) begangen werden[897]. Dies ist denkbar für Straftaten aus dem Bereich des Urheberrechts oder dem Bereich des Verbraucherschutzes.

Die Mittel der Verbreitung werden dabei ebenfalls denkbar weit ausgelegt: Erfaßt wird alles von der Übermittlung per Kurzschreiber oder Fax bis hin zur Verbreitung von Ton und Bild per Satellit. Entscheidend ist, daß mit Hilfe eines „mechanischen" (elektronischen, elektromagnetischen, digitalen oder analogen) Instrumentes Gedankengut verbreitet wird[898]. Ausgeschlossen ist damit lediglich die zwischenmenschliche schriftliche oder mündliche Verständigung, da diese weder eine „Verbreitung" (*difusión*) darstellt noch „mechanisch" (*mecánico*) erfolgt.

Gemäß Art. 30 Abs. 3 C.P. ist eine Bestrafung der auf der unteren Stufe stehenden Personen dann möglich, wenn auf der vorstehenden Stufe aus welchen Gründen auch immer niemand strafrechtlich verantwortlich ist, sogar für den Fall, daß er im Ausland wohnt oder schlicht nicht erscheint (*rebeldía*). Der Übergang zur nächsten Stufe ist allerdings nicht erlaubt, sofern der auf der vorherigen Stufe Stehende nicht strafbar ist, weil seine strafrechtliche Verantwortung gemäß Art. 130 C.P. (*extinción de la responsabilidad)* erloschen ist.

Der Begriff „Direktor" in den einzelnen Stufen meint nicht den Direktor im handelsrechtlichen Sinn, sondern damit soll unabhängig von der konkreten Organisationsform des Unternehmens derjenige erfaßt werden, der in einer Position in der betrieblichen Organisationsform steht, die ihm die Verantwortung und Pflicht zur Kontrolle des Geschehens auferlegt[899].

b) „Delikte gegen die Rechte der Arbeiter" (*Delitos Contra los Derechos de los Trabajadores*) *(Art. 311 ff. C.P.)*

Eine Reihe von Sonderregelungen für eine Strafbarkeit des Firmen- oder Unternehmensleiters als Arbeitgeber enthalten Art. 311ff. C.P. für Verstöße, die die Rechte

---

[897] H.M.: *Cobo del Rosal/Vives Antón* S. 690; Quintero Olivares/*Quintero Olivares* Comentarios S. 314; Rodríguez Mourullo/Barreiro/*Rodríguez Mourullo* S. 174.

[898] Für die h.M.: Rodríguez Mourullo/Barreiro/*Rodríguez Mourullo* S. 174; *Vazquez Iruzubieta* S. 94.

[899] Für die h.M.: Quintero Olivares/*Quintero Olivares* Comentarios S. 317.

der Arbeiter einschränken[900]. Hierbei handelt es sich nicht um Regelungen, die - wie zum Beispiel für den Fall einer Verantwortung aus Unterlassen der Deliktsverhinderung nach Art. 11 C.P.[901] - eine Verantwortung für fremdes Verhalten (unter engen Voraussetzungen an das eigene Verschulden) zuschreiben. Diese Regelungen wenden sich vielmehr an den „Unternehmer" (*empresario*) als Arbeitgeber und schreiben die Strafbarkeit desselben für bestimmte verbotene Verhaltensformen seinerseits vor. Sie stellen demnach keinen Fall der strafrechtlichen Verantwortung des Unternehmensleiters für deliktisches Verhalten seiner Untergebenen dar. Interessant sind diese Regelungen aber wegen der in Art. 318 C.P. festgelegten vertikalen Verantwortungszuschreibung für den Fall, daß ein Verstoß gegen die in Art. 311 ff. C.P. aufgestellten Regeln einer juristischen Person zuzurechnen ist: Da das spanische Strafrecht keine Strafbarkeit juristischer Personen kennt, gäbe es in diesen Konstellationen keinen strafbaren Täter. Um diese Lücke zu schließen, bestimmt Art. 318 C.P., daß die „Verwalter" *administradores* oder die mit der entsprechenden Aufgabe Beauftragten (*encargados*) verantwortlich sein sollen. Da dies eher zu der Frage der Auswirkung der Delegation von Verantwortung auf die strafrechtliche Zurechnung gehört, wird Art. 318 C.P. dort gesondert untersucht[902].

Die Regelungen zum Schutz der Rechte der Arbeiter betreffen in stichwortartiger Darstellung folgende Bereiche:

- Art. 311: Auferlegung von Arbeitsbedingungen oder Sozialbedingungen, die gegen gesetzliche Bestimmungen, gemeinschaftliche Übereinkünfte oder vertragliche Bestimmungen verstoßen;
- Art. 312: Illegaler Verkehr der Arbeitskraft, Anbieten von betrügerischer Arbeit oder Anstellung von Arbeitnehmern ohne Arbeitserlaubnis;
- Art. 313: Unterstützung der illegalen Einwanderung von Arbeitskräften;
- Art. 314: Diskriminierung am Arbeitsplatz wegen Ideologie, Religion oder Glaube, ethnischer Zugehörigkeit, Geschlecht oder geschlechtlicher Orientierung, Familiensituation, Krankheit oder Minderwertigkeit, Gewerkschaftszugehörigkeit, Verwandtschaft mit anderen Betriebsangehörigen, Sprache;
- Art. 315: Verstoß gegen die gewerkschaftliche Freiheit und das Recht auf Streik[903];

---

[900] Vgl. dazu ausführlich *Muñoz Conde* S. 287ff.; Rodríguez Mourullo/Barreiro/*Lascuraín Sánchez* S. 896ff.; *Serrano Gómez* S. 511ff.

[901] S. dazu unten S. 183.

[902] S. dazu unten S. 199.

[903] Entspricht Art. 177 bis C.P. a.F.

- Art. 316: Verstoß gegen die Vorschriften über die Sicherheit und Hygiene am Arbeitsplatz[904].

Für diese Verstöße enthält Art. 317 einen Straferhöhungsgrund, sollte die Tat durch grobe Fahrlässigkeit begangen werden.

c) Art. 7.3 des Gesetzes 40/79 vom 10. Dezember 1979 über die Devisenkontrolle[905]

Art. 7.3 des Gesetzes 40/79 vom 10. Dezember 1979 über die Devisenkontrolle bestimmt eine Verantwortung derjenigen Personen, „die die Leitung oder Geschäftsführung einer Gesellschaft, eines Unternehmens oder einer Organisation ausüben, oder derjenigen Personen, die für sie handeln, bei Verstößen gegen den Artikel 6 (Devisenvergehen) desselben Gesetzes, sofern sie von den Umständen der Verstöße Kenntnis hatten“[906]. Hier liegt also ein Fall der strafrechtlichen Verantwortung für fremdes Verhalten vor: Die leitenden Personen des Unternehmens haften wegen ihrer Position für Vergehen gegen Devisenvorschriften, sofern sie die die Vergehen begründenden Umstände kannten. Es liegt keine Verantwortung für fremdes Verschulden vor: die Strafe knüpft an die durch fremdes Verhalten (und eigenes Wissen) ermöglichte Straftat an.

In der Lehre wird die Einführung solcher die Verantwortung der Leitungsorgane sicherstellenden Vorschriften empfohlen[907].

---

904 Diese Vorschrift entspricht Art. 348 bis a) C.P. a.F. Für den Bereich der fahrlässigen Verletzung oder Tötung von Arbeitskräften bei Arbeitsunfällen gibt es ausführliche Gesetzgebung, die die Verpflichtungen und Auflagen des Arbeitgebers, für die nötigen Sicherheitsmaßnahmen zu sorgen, festschreiben, so insbesondere die *Ordenanza de Securidad e Higiene en el Trabajo* vom 09.05.1971 (vgl. dazu *Arroyo Zapatero* Manual S. 61ff.).

905 Ley 10. Diciembre 1979, núm. 40/79 (Jefatura del Estado). MONEDA. Régimen juridico de control de cambios (B.O.E. 13. Diciembre 1979 (número 298).

906 Art. 7.3 lautet: *Cuando los actos previstos en el articulo sexto se cometan en el seno de una Sociedad o Empresa serán responsables de los delitos las personas fisicas que efectivamente ejerzan la dirección y gestión de la entidad y aquellas por cuenta de quien obren, siempre que tuvieran conocimiento de los hechos.*

907 Vgl. *Arroyo Zapatero* Delitos contra la Hacienda Pública S. 129ff.; *Paredes Castañón* in: Paredes Castañón/Rodríguez Montañes El caso de la colza S. 176f.; *Nieto Martín* S. 371f.

2. *Die strafrechtliche Verantwortung des Unternehmensleiters für deliktisches Verhalten seiner Untergebenen aus einem Unterlassungsdelikt*

Neben den gesetzlichen Spezialregelungen, die eine strafrechtliche Verantwortung des Unternehmensleiters für deliktisches Verhalten seiner Untergebenen regeln, ist auch im spanischen Strafrecht insbesondere das Unterlassungsdelikt geeignet, den Unternehmensleiter, der ein Verhalten seines Untergebenen nicht verhindert, strafrechtlich zu erfassen[908].

a) Die Unterscheidung zwischen „reinen Unterlassungsdelikten" und den „Unterlassungs-Erfolgsdelikten"

Auch im spanischen Strafrecht wird zwischen zwei Arten von Unterlassungsdelikten unterschieden: Einerseits die vom Besonderen Teil erfaßten sogenannten „reinen Unterlassungsdelikte" (*delitos de omisión propria* oder *pura*) und andererseits die (vor allem durch Art. 11 C.P. erfaßten) „unechten Unterlassungsdelikte" (*delitos de omisión impropia* oder *de comisión por omisión*). Diese werden im folgenden „Unterlassungs-Erfolgsdelikte" genannt.

Allerdings besteht der Unterschied nicht - wie im deutschen Recht - allein in der expliziten Aufzählung strafbaren Unterlassens im Besonderen Teil durch die echten Unterlassungsdelikte, während die unechten Unterlassungsdelikte das Unterlassen durch eine Generalklausel im Allgemeinen Teil (wie im deutschen Strafrecht § 13 dStGB) unter Strafe stellen. Vielmehr liegt der Unterschied darin, daß bei den reinen Unterlassungsdelikten nur das Unterlassen an sich strafbar ist, ohne daß es auf den Eintritt eines bestimmten Erfolges ankommt. So erfaßt zum Beispiel Art. 195 C.P. das reine Unterlassen der Hilfeleistung und Art. 450 C.P. das Unterlassen der Deliktsverhinderung, ohne daß es auf einen besonderen Erfolgseintritt ankommt[909]. Mit dem deutschen Recht stimmt die Terminologie aber insofern überein, als daß auch diese - wie im deutschen Recht die „echten Unterlassungsdelikte" - ausdrücklich im Besonderen Teil geregelt sein müssen, da es für sie keine Generalklausel gibt. Demgegenüber kommt es für die Unterlassungs-Erfolgsdelikte im spanischen Strafrecht nach ganz herrschender Ansicht darauf an, daß durch das Un-

---

[908] *Paredes Castañón* in: Paredes Castañón/Rodríguez Montañes El caso de la colza S. 177ff., S. 185.

[909] H.M.: *Cobo del Rosal/Vives Antón* S. 360; *Mir Puig* S. 299 Rdnr. 13ff.; *Quintero/Olivares* Curso S. 305.

terlassen ein bestimmter Erfolg verursacht wurde[910]. Auch hier entspricht die Rechtslage dem deutschen Recht insoweit, als daß die Generalklausel des Art. 11 C.P. die meisten Fälle dieses Unterlassens erfaßt. Eine Besonderheit besteht gegenüber dem deutschen Recht aber darin, daß diese Unterlassungs-Erfolgsdelikte ausnahmsweise auch explizit im Besonderen Teil geregelt sind: Art. 383, 2° C.P. erfaßt die Schaffung einer Lebensgefahr im Straßenverkehr durch Unterlassen der erforderlichen Sicherheitsvorkehrungen; und Art. 432 C.P. fordert einen Schaden, der dadurch eintritt, daß ein Beamter nicht verhindert, daß ein Dritter öffentliches Vermögen veruntreut.

Letztlich ist dies aber nur ein terminologischer Unterschied, da diese dann nicht mehr „reine Unterlassungsdelikte" (*delitos de omisión pura*), sondern eben „Unterlassungs-Erfolgsdelikte" (*delitos de comisión por omisión*) genannt werden, was aber keine unterschiedliche Behandlung zur Folge hat. Denn die Voraussetzungen „reinen" Unterlassens und der „Unterlassungs-Erfolgsdelikte" sind die gleichen, nur unterliegen letztere noch einigen zusätzlichen Voraussetzungen (insbesondere Garantenstellung und Kausalität), die aber bei den im Besonderen Teil erwähnten Unterlassungs-Erfolgsdelikten ohnehin ausdrücklich im Tatbestand stehen.

Für diese Untersuchung sind beide Arten des Unterlassungsdeliktes interessant, da einerseits der Art. 450 C.P. (reines Unterlassen der Deliktsverhinderung) und andererseits die Generalklausel des Art. 11 C.P. (Unterlassungs-Erfolgsdelikt) eine strafrechtliche Verantwortung des Unternehmensleiters für deliktisches Verhalten seiner Untergebenen begründen können. Im folgenden werden zunächst die reinen Unterlassungsdelikte auf ihre Voraussetzungen hin untersucht, anschließend werden die zusätzlich erforderlichen Voraussetzungen für die „Unterlassungs-Erfolgsdelikte" erörtert.

b) Die „reinen Unterlassungsdelikte" (Delitos de Omisión Pura) (Art. 450 C.P.)

Besonders wichtig für die Untersuchung, ob ein Unternehmensleiter für deliktisches Verhalten seiner Untergebenen haftet, ist Art. 450 C.P.

Dieser stellt das Unterlassen der Verhinderung der Deliktsbegehung durch einen Dritten unter Strafe, sofern „der Unterlassende die Möglichkeit der Verhinderung ohne eigenes oder fremdes Risiko hatte und sofern das begangene Delikt das Leben,

---

[910] *Cobo del Rosal/Vives Antón* S. 361; *Mir Puig* S. 299 Rdnr. 13ff.; *Quintero Olivares* Curso S. 305; Rodríguez Mourullo/Barreiro/*Rodríguez Mourullo* S. 57.

die körperliche Unversehrtheit, die Freiheit oder das sexuelle Selbstbestimmungsrecht beeinträchtigt“[911].

Absatz 2 bestimmt die Strafbarkeit desjenigen, der von der bevorstehenden Begehung eines der in Absatz 1 genannten Delikte Kenntnis erhält und dies nicht zur Anzeige bringt, um die Verhinderung durch die Behörde zu ermöglichen.

Anhand des Art. 450 C.P. sollen im folgenden die Voraussetzungen aller „reinen Unterlassungsdelikte“ aufgezeigt werden[912]:

- Es muß eine tatbestandsmäßige Situation vorliegen. Bei Art. 450 C.P. muß das Leben, die Unversehrtheit, die Gesundheit, die Freiheit oder die sexuelle Freiheit einer anderen Person durch ein drohendes Delikt in Gefahr sein. Der Zeitraum, in dem eingeschritten werden muß, endet mit der Vollendung des Deliktes. Es muß nur vor oder während der Ausführung eingeschritten werden; aus Art. 450 C.P. kann keine Verpflichtung abgeleitet werden, auf der Flucht befindliche Täter zu stellen[913].
- Die gebotene Handlung muß unterlassen worden sein. Art. 450 C.P. erfaßt das Unterlassen der Deliktsverhinderung oder das Melden eines drohenden Deliktes. Da Art. 450 C.P. ein „reines Unterlassungsdelikt“ ist, kommt es nicht darauf an, ob das Delikt schließlich ausgeführt wird. Anknüpfungspunkt für die Strafbarkeit ist allein das Unterlassen der gebotenen Handlung[914].
- Der Unterlassende muß die physisch-reale Möglichkeit der Handlung/Erfolgsverhinderung gehabt haben[915]. Der Wortlaut des Art. 450 C.P., „obwohl er es könnte“ (*pudiendo hacerlo*), ist Ausdruck des Schuldgrundsatzes: Ein Unterlassen kann nur dann vorgeworfen werden, wenn der Unterlassende überhaupt die Möglichkeit hatte, einzugreifen[916]. Dabei muß einerseits auf einen durchschnittlichen Menschen in der konkreten Situation des Täters abgestellt werden; andererseits müssen die persönlichen Fähigkeiten des Täters beachtet

---

911 Art. 450 C.P. lautet: *El que, pudiendo hacerlo con su intervención inmediata sin riesgo proprio o ajeno, no impediere la comisión de un delito que afecte a las personas en su vida, integridad o salud, libertad o libertad sexual, será castigado con la pena de prisón de seis meses a dos años si el delito fuera contra la vida, y de la multa de seis a veinticuatro meses en los demás casos, salvo que al delito no impedido le correspondiera igual o menor pena, en cuyo caso se impondrá la pena inferior en grado a la de aquél.*

912 Vgl. für die h.M. die Aufzählungen bei *Mir Puig* S. 303 Rdnr. 28 und bei *Quintero Olivares* Curso S. 306.

913 Für die h.M.: Quintero Olivares/*Quintero Olivares* Comentarios S. 1939.

914 Für die h.M.: Quintero Olivares/*Quintero Olivares* Comentarios S. 1939; Rodríguez Mourullo/Barreiro/*Cancio Meliá* S. 1186.

915 Für die h.M.: *Mir Puig* S. 317 Rdnr. 76; Rodríguez Mourullo/Barreiro/*Cancio Meliá* S. 1186.

916 Für die h.M.: Quintero Olivares/*Quintero Olivares* Comentarios S. 1938.

werden[917]. Außerdem verlangt Art. 450 ein Eingreifen nur, sofern es ohne eigenes oder fremdes Risiko möglich ist.

- Für das vorsätzliche Unterlassen ist Vorsatz erforderlich, der sich auf die Kenntnis der tatbestandsmäßigen Situation und die Entscheidung, die gebotene Handlung zu unterlassen (für die Unterlassungs- Erfolgsdelikte: im Wissen, daß dies zum Erfolgseintritt führen kann), beziehen muß[918]. Bei Art. 450 bedeutet dies, daß der Unterlassende wissen muß, daß ein Delikt der dort beschriebenen Art droht und daß er durch sein Verhalten dieses verhindern könnte. Außerdem muß er von der sozialen Verpflichtung, helfend einzuschreiten, wissen[919].

Sofern also ein in Art. 450 C.P. genanntes Delikt begangen wird, ist derjenige, der dies nicht verhindert hat, aus Art. 450 C.P. strafbar. Damit existiert also im spanischen Strafrecht ein ausdrücklich geregelter Fall der Nichtverhinderung des deliktischen Verhaltens eines Dritten, so daß nicht die absolute Notwendigkeit besteht, diese Fälle über das Unterlassungs-Erfolgsdelikt zu erfassen, um Strafbarkeitslücken zu schließen.

c) Die „Unterlassungs-Erfolgsdelikte" *(Delitos de Comisión por Omisión) (Art. 11 C.P.)*

Weiterer Anknüpfungspunkt für eine eventuelle strafrechtliche Verantwortlichkeit des Unternehmensleiters für deliktisches Verhalten seiner Untergebenen ist das Begehen durch Unterlassen gemäß Art. 11 C.P.

Art. 11 C.P. lautet:
„Die schweren oder minder schweren Verbrechen, die in der Verursachung eines Erfolges bestehen, werden nur dann als durch Unterlassung begangen angesehen, wenn die Nichtvermeidung desselben bei Verstoß des Täters gegen eine besondere rechtliche Pflicht der Verursachung entspricht. In diesem Sinne wird die Unterlassung der Handlung gleichgestellt:

a) wenn eine spezifische gesetzliche oder vertragliche Handlungspflicht besteht;

---

[917] Für die h.M.: *Mir Puig* S. 303 Rdnr. 29; *Quintero Olivares* Curso S. 306.

[918] Für die h.M.: *Mir Puig* S. 304 Rdnr. 32, S. 319 Rdnr. 82; *Quintero Olivares* Curso S. 306.

[919] Für die h.M.: Quintero Olivares/*Quintero Olivares* Comentarios S. 1938.

b) wenn der Unterlassende durch eine vorhergehende Handlung oder Unterlassung die Möglichkeit eines Risikos für das geschützte Rechtsgut geschaffen hat."[920]

Das Begehen durch Unterlassen ist ähnlich der deutschen Regelung in § 13 dStGB[921] strafbar, sofern den Unterlassenden eine bestimmte Verpflichtung zum Handeln trifft und das Unterlassen sich dem Handeln durch positives Tun gleichstellen läßt.

Der frühere spanische C.P. enthielt keine ausdrückliche Regelung der Strafbarkeit des Begehens durch Unterlassen, allerdings war dies grundsätzlich anerkannt. Voraussetzungen waren ebenso wie heute insbesondere eine Garantenstellung und die Vergleichbarkeit des Unterlassens mit dem im Tatbestand geforderten positiven Tun[922]. Nach herrschender Meinung waren die Garantenstellungen aus Gesetz, Vertrag und Ingerenz anerkannt[923]. Allerdings wurde, da es keine ausdrückliche Regelung gab, wegen der Unsicherheiten, worin eine Garantenstellung bestehe und wann die zu fordernde Vergleichbarkeit vorliege, und wegen des Legalitätsprinzips sehr vorsichtig mit dem Unterlassungsdelikt umgegangen[924]. Insbesondere die Rechtsprechung ging eher von Teilnahme durch Unterlassen als von Täterschaft aus[925].

---

920 Übersetzung von *Suárez Gonzáles* GA 1998, 110, 115; Art. 11 C.P. lautet:
Los delitos o faltas que consistan en la producción de un resultado sólo se entenderán cometidos por omisión cuando la no evitación del mismo, al infringir un especial deber jurídico del autor, equivalga, según el sentido del texto de la Ley, a su causación. A tal efecto se equipará la omisión a la acción:
a) Cuando exista una específica obligación legal o contractual de actuar.
b) Cuando el omitente haya creado una ocasión de riesgo para el bien jurídiquamente protegido mediante una acción u omisión precedente.

921 Vgl. für eine Gegenüberstellung *Suárez Gonzáles* GA 1998, 110, 115.

922 Damals h.M.: T.S. 12.02.1892; 30.01.1945 (Ar 109); 03.06.1969 (Ar 3160); 15.11.1977 (Ar 4336); 21.12.1977 (Ar 4971); 30.09.1978 (Ar 2952); 11.12.1984 (Ar 6265); 25.04.1988 (Ar 2922); 30.06.1988 (Ar 5387); 28.03.1989 (Ar 2746); 18.10.1993 (Ar 7791); 28.01.1994 (Ar 125); zur Rechtsprechung vgl. insbesondere *Mir Puig* in: Gimbernat Ordeig (Hrsg.) Comisión por omisión S. 251, 261; vgl. zur Literatur *Gracia Martín* in: Gimbernat Ordeig (Hrsg.) Comisión por omisión S. 55, 59; *Quintero Olivares* Derecho Penal (1986) S. 364ff.

923 Vgl. nur *Gracia Martín* in: Gimbernat Ordeig (Hrsg.) Comisión por omisión S. 55, 60 mit zahlreichen Nachweisen.

924 Vgl. nur *Gracia Martín* in: Gimbernat Ordeig (Hrsg.) Comisión por omisión S. 55, 57f.; *Quintero Olivares* Derecho Penal (1986) S. 366f.

925 T.S. 10.04.1981 (Ar 1624); 28.10.1983 (Ar 4808); 31.01.1986 (Ar 211) ; 13.12.1988 (Ar 9505); *Luzón Peña* La Ley 1986-3 S. 535ff.; *Mir Puig* S. 301 Rdnr. 21; zahlreiche weitere Nachweise bei *del Río Fernández* in: Gimbernat Ordeig (Hrsg.) Comisión por omisión, S. 105ff.; s. dazu auch oben S. 167ff.

Die Aufnahme des Art. 11 C.P. hat die Streitigkeiten über die Existenz des Begehens durch Unterlassen beendet: Sofern dessen Voraussetzungen vorliegen, ist der Unterlassende aus dem verwirklichten Delikt strabar. Zusätzlich zu den Voraussetzungen, die auch für die reinen Unterlassungsdelikte gelten, gilt für Art. 11 C.P. folgendes:

aa) Voraussetzungen des Art. 11 C.P.

α) Art. 11 C.P. gilt nur für die Delikte, die in der „Herbeiführung eines Erfolges bestehen“ (*consistan en la producción de un resultado*). Der Wortlaut des Art. 11 C.P. wird dabei streng ausgelegt: Erfaßt werden nur die Delikte, die, ohne besondere Anforderungen an die Handlung zu stellen, auf die reine Erfolgsverursachung abstellen[926]. Sobald die Tathandlung gesondert umschrieben wird, zum Beispiel wie in Art. 305 C.P. (Veruntreuung öffentlichen Vermögens), der besondere Arten der Veruntreuung umschreibt, kann die Erfolgsherbeiführung durch Unterlassen nicht über Art. 11 C.P. unter Strafe gestellt werden. Dazu muß dann der Tatbestand selbst ausdrücklich das Unterlassen miterfassen (was bei Art. 305 der Fall ist) oder es muß der Tatbestand so ausgelegt werden, daß die Tathandlung auch durch Unterlassen begangen werden kann, was aber wieder zu Schwierigkeiten wegen des Legalitätsprinzips führt[927].

β) Gemäß Art. 11 C.P. ist das Unterlassen ferner nur dann strafbar, wenn es „der Verursachung im Sinne des Gesetzes entspricht“ (*equivalga, según el texto de la Ley, a su causación*). Dies ist gleichzusetzen mit der Entsprechungsklausel des § 13 dStGB: Das Unterlassen muß sich unter die Handlung des Tatbestandes subsumieren lassen, es muß grammatikalisch möglich sein, daß das Verb des Tatbestandes auch in einem Unterlassen besteht[928].

γ) Erforderlich ist ferner, daß das Unterlassen kausal für den eingetretenen Erfolg ist. Wie im deutschen Strafrecht wird dabei auf eine hypothetische Kausalität abgestellt: Ein Unterlassen ist dann kausal für den eingetretenen Erfolg, wenn die erfor-

---

926 Für die h.M.: *Cobo del Rosal /Vives Antón* S. 363; Quintero Olivares/*Morales Prats* Comentarios S. 88; Vives Antón/*Vives Antón* S. 85.

927 Für die h.M.: *Cobo del Rosal/Vives Antón* S. 363; Vives Antón/*Vives Antón* S. 85.

928 Für die h.M.: *Cobo del Rosal/Vives Antón* S. 364; Quintero Olivares/*Morales Prats* Comentarios S. 88; Vives Antón/*Vives Antón* S. 85f.

derliche Handlung, dächte man sie hinzu, den Erfolg mit an Sicherheit grenzender Wahrscheinlichkeit hätte entfallen lassen[929].

δ) Schließlich ist Voraussetzung für eine Strafbarkeit aus Unterlassen, daß der Täter eine Garantenstellung innehat. Diese beschreibt Art. 11 C.P. in seinen Sätzen 2 a) und b):

- Zunächst kann sich eine solche Garantenstellung aus Gesetz oder Vertrag ergeben (Art. 11 Satz 2 a) C.P.). Dabei ist es nicht erforderlich, daß der Vertrag zivilrechtlich wirksam ist[930]. Allerdings hat die ausdrückliche Erwähnung der Garantenstellungen aus „Vertrag oder Gesetz" zur Folge, daß informelle Garantenstellungen, wie zum Beispiel eine Gefahrengemeinschaft oder die freiwillige Übernahme, nicht erfaßt werden[931].
- Ferner erwähnt Art. 11 Satz 2 b) C.P. die Garantenstellung aus Ingerenz: Garant ist, wer durch vorherige Handlung oder Unterlassen ein Risiko für das geschützte Rechtsgut geschaffen hat. Umstritten ist, ob dieses Vorverhalten vorsätzlich erfolgen muß oder ob auch die fahrlässige Risikoschaffung ausreicht. Überwiegend wird davon ausgegangen, daß nur vorsätzliches Vorverhalten von Art. 11 C.P. erfaßt wird, da fahrlässiges und zufälliges Fehlverhalten erschwerende Umstände für eine Strafbarkeit aus Art. 195 (unterlassene Hilfeleistung) seien. Da Art. 195 Abs. 3 C.P. diese Vorverhaltensformen ausdrücklich erwähnt, sei bei Art. 11 C.P. nur noch Raum für vorsätzliches Vorverhalten[932]. Außerdem erscheine es ungerecht, jemanden, dessen Unterlassungsstrafbarkeit an ein Vorverhalten anknüpfe (nur aus diesem ergibt sich die Garantenstellung), wegen eines vorsätzlichen Deliktes zu bestrafen, obwohl das Vorverhalten nur fahrlässig geschah[933]. Schließlich könne das Erfordernis, daß das Unterlassen der Verursachung entsprechen müsse, nicht erfüllt werden, wenn das Vorverhalten nur fahrlässig geschehen sei[934]. Fahrlässiges Vorverhalten kann demnach nur über Art. 195 C.P. erfaßt werden. Art. 11 C.P. äußert sich ferner nicht darüber, ob das Vorverhalten rechtswidrig geschehen muß. Diesbezüglich gehen die meisten

---

[929] Für die h.M.: *Bacigalupo* Delitos de omisión S. 87ff. unter Verweis auf *Armin Kaufmann* S. 64; *Mir Puig* S. 317 Rdnr. 77ff.; *Quintero Olivares* Curso S. 307.

[930] Für die h.M.: *Mir Puig* S. 311 Rdnr. 52.

[931] Für die h.M.: Quintero Olivares/*Morales Prats* Comentarios S. 91; Rodríguez Mourullo/Barreiro/*Rodríguez Mourullo* S. 58f.; Vives Antón/*Vives Antón* S. 87.

[932] Für die h.M.: *Mir Puig* S. 312 Rdnr. 58f.; Quintero Olivares/*Morales Prats* Comentarios S. 91; Vives Antón/*Vives Antón* S. 88.

[933] Für die h.M.: *Mir Puig* S. 312 Rdnr. 59.

[934] Für die h.M.: *Mir Puig* S. 315 Rdnr. 66.

Autoren davon aus, daß dieses Problem bereits dadurch gelöst wird, daß die Garantenstellung aus Ingerenz an vorsätzliches Vorverhalten anknüpfen muß. Ist jemand gerechtfertigt, weil er sich zum Beispiel in einer Notwehrlage befindet, so kommt es für das Vorverhalten nicht auf sein Verhalten, sondern auf das desjenigen, der die Notwehrlage geschaffen hat, an. Diesen letzteren trifft die Garantenstellung. Befindet sich der Täter in einer rechtfertigenden Situation, die auf höherer Gewalt (Zufall) beruht, so ist diese Situation Anknüpfungspunkt für das Vorverhalten. Dieses verursacht der Täter nicht einmal fahrlässig, so daß ihn auch hier keine Garantenstellung trifft. Wer gerechtfertigt handelt, verletzt keine Sorgfaltspflicht, er handelt also noch nicht einmal fahrlässig; ihm obliegt daher auch keine Garantenstellung. In diesen Situationen liegt jeweils ein anderes „Vorverhalten" (eines anderen oder Zufall) vor, nur daran kann eine Garantenstellung anknüpfen. Demgegenüber handelt derjenige, der absichtlich eine Notwehrlage herbeiführt, vorsätzlich bezüglich des Erfolges; ihm obliegt also eine Garantenstellung aus Ingerenz[935]. Im Ergebnis verlangt auch das spanische Recht also rechtswidriges (pflichtwidriges) Vorverhalten, um eine Garantenstellung aus Ingerenz zu begründen: wer gerechtfertigt handelt, unterliegt keiner Garantenstellung aus Ingerenz, es sei denn, er hat diese Rechtfertigungslage provoziert. Dabei wird zur Begründung der Ingerenz allerdings nicht darauf abgestellt, ob das Vorverhalten rechtswidrig war, sondern darauf, ob es vorsätzlich geschah[936].

Zu beachten ist, daß der Wortlaut des Art. 11 Abs. 2 C.P., wonach die geforderte Vergleichbarkeit insbesondere dann gegeben ist, wenn eine der in a) und b) genannten Garantenstellungen vorliegt, nicht so zu verstehen ist, daß bei Vorliegen der Garantenstellung ex lege auch die Vergleichbarkeit vorliege. Vielmehr ist Art. 11 C.P. nach ganz herrschender Meinung so zu verstehen, daß selbst bei Vorliegen einer Garantenstellung zusätzlich die Vergleichbarkeit mit positivem Tun nachgewiesen werden muß[937].

bb) Garantenstellung des Unternehmensleiters

Weitere Garantenstellungen als die oben beschriebenen erwähnt Art. 11 C.P. nicht. Sofern man davon ausgeht, daß Art. 11 C.P. wegen seines eindeutigen Wortlautes

---

[935] Für die h.M.: *Mir Puig* S. 314 Rdnr. 63.

[936] H.M.: *Cobo del Rosal/Vives Antón* S. 365; *Mir Puig* S. 314 Rdnr. 61ff.; Vives Antón/*Vives Antón* S. 87.

[937] *Mir Puig* S. 306 Rdnr. 36; Quintero Olivares/*Morales Prats* Comentarios S. 90; Vives Antón/*Vives Antón* S. 86.

nur diese Arten von Garantenstellungen festschreiben will[938], kommt also für den Unternehmensleiter, sofern nicht gegen ein Gesetz verstoßen wird, das ihm ausdrücklich die Einhaltung bestimmter Regelungen auferlegt (zum Beispiel die Vorschriften über die Sicherheit am Arbeitsplatz), nur eine Garantenstellung aus Ingerenz in Betracht, da wohl selten ein Vertrag zwischen dem Inhaber des verletzten Rechtsgutes und dem Unternehmensleiter darüber besteht, daß dieser jenes vor Verletzungen durch seine Angestellten zu bewahren habe (man denke an Umweltdelikte oder Betrugs- und Hinterziehungs- oder Konkursdelikte aus dem Wirtschaftsstrafrecht). Auch die Garantenstellung aus Ingerenz wird für den Unternehmensleiter praktisch kaum vorkommen, da dazu vorsätzliches Vorverhalten nötig ist. Selten wird jemand einen Arbeitnehmer in dem Wissen einstellen, daß dieser eine Straftat begehen wird oder in dem Wissen mit einer Aufgabe betreuen, daß dieser ihr nicht gewachsen sein wird und daß es zu Verletzungen fremder Rechtsgüter kommen wird.

Geht man also - wie die überwiegende Ansicht im spanischen Strafrecht - davon aus, daß Art. 11 C.P. die möglichen Garantenstellungen abschließend regelt, so bleibt für eine strafrechtliche Verantwortung des Unternehmensleiters wegen Unterlassens der Deliktsverhinderung nur Art. 450 C.P.

Zu einer Garantenstellung des Unternehmensleiters können dagegen die Autoren kommen, die neben den in Art. 11 C.P. erwähnten Garantenstellungen auch noch weitere zulassen wollen[939]. Allerdings beschäftigen sich diese Autoren nicht ausdrücklich mit dem Problem der Garantenstellung des Unternehmensleiters zur Verhinderung deliktischen Verhaltens seiner Untergebenen.

Insbesondere *Mir Puig* geht unter Verweis auf das deutsche Strafrecht (*Armin Kaufmann*[940]) und die Funktionenlehre[941] davon aus, daß es Beschützer-[942] und Überwachungsgarantenstellungen[943] gebe. Die Beschützergarantenstellungen scheiden als Garantenstellungen für den Unternehmensleiter aus, da diesem wohl selten ein bestimmtes Rechtsgut zum Schutz anvertraut ist. In Betracht kommen also nur die

---

[938] So die überwiegende Ansicht: *Cobo del Rosal/Vives Antón* S. 366; Quintero Olivares/*Morales Prats* Comentarios S. 90; Rodríguez Mourullo/Barreiro/*Rodríguez Mourullo* S. 59; Vives Antón/*Vives Antón* S. 87.

[939] *Mir Puig* S. 306 Rdnr. 36 unter Verweis auf *Bacigalupo* Delitos de omisión S. 143ff.

[940] Vgl. dazu *Armin Kaufmann* S. 283ff.

[941] *Mir Puig* S. 305 Rdnr. 34f. und S. 308 Rdnr. 43ff. unter Verweis auf *Jescheck* Tratado II S. 856.

[942] *Mir Puig* erkennt für diese Gruppe die auch in Deutschland anerkannten Garantenstellungen aus familiärer oder sonstiger Nähebeziehung, aus Gefahrengemeinschaft oder aus freiwilliger Übernahme an (S. 308 Rdnr. 44ff.).

[943] Für diese Gruppe erkennt *Mir Puig* die Garantenstellungen aus Ingerenz sowie aus Überwachung einer Gefahrenquelle oder anderer Personen an (S. 311 Rdnr. 53ff.).

Überwachungsgarantenstellungen: Für den Unternehmensleiter kann danach zunächst die Garantenstellung aus Überwachung einer Gefahrenquelle begründet werden, sofern in seinem Unternehmen mit gefährlichen Maschinen oder Materialien gearbeitet wird[944]. Schwieriger ist die Begründung der Garantenstellung des Unternehmensleiters wegen der Überwachung bestimmter Personen. Denn die dazu im deutschen Strafrecht anerkannten Garantenstellungen beziehen sich auf die Überwachung solcher Personen, die nicht selbst vollverantwortlich entscheiden können (Kinder und Geisteskranke) und daher einer Aufsicht unterliegen[945]. Diese an eine Aufsicht über bestimmte Personen anknüpfende Garantenstellung will *Mir Puig* daher auch nicht ohne weiteres auf jedes hierarchische Verhältnis übertragen. Er lehnt vielmehr eine Garantenstellung selbst im militärischen Bereich oder im öffentlichen Dienst trotz des dort geltenden besonderen Gewaltverhältnisses ab. Für diese Fälle sei nur Art. 450 C.P. einschlägig[946]. Obwohl er den Fall des Unternehmensleiters und Arbeitgebers nicht ausdrücklich erwähnt, ist davon auszugehen, daß er auch für dieses Aufsichtsverhältnis die Überwachungsgarantenstellung des Arbeitgebers ablehnen und eine entsprechende Strafbarkeit entweder aus Art. 450 C.P. oder aber aus Art. 11 C.P. in Verbindung mit einer anderen Garantenstellung herleiten wird.

Ausdrücklich wird die Garantenstellung des Unternehmensleiters untersucht von *Lascuraín*[947] und von *Silva Sanchéz*[948], die sich in ihren Untersuchungen eng an das deutsche Recht halten[949]. Auch *Lascuraín* teilt die Garantenstellungen angelehnt an das deutsche Recht in Beschützer- und Überwachungsgarantenstellungen auf. Er orientiert sich vor allem an *Jakobs*[950]: Jeder habe insbesondere die Gefahrenquellen zu überwachen, die er selbst schaffe (Ingerenz) oder die innerhalb seines eigenen Organisationskreises entstünden[951]. Die Garantenstellung ergebe sich dabei - der

---

[944] *Mir Puig* S. 315 Rdnr. 68.

[945] Vgl. dazu *Jescheck/Weigend* § 59 IV c).

[946] *Mir Puig* S. 316 Rdnr. 71f.

[947] So nur *Lascuraín* in: Madrid-Symposium S. 35ff.; eine spanische Fassung des Beitrags findet sich in den *Jornadas en honor del Profesor Klaus Tiedemann: Hacia un derecho penal económico Europeo* (Madrid 1995), S. 209ff.

[948] *Silva Sánchez* in: Coimbra-Symposium S. 307.

[949] Die enge Orientierung der spanischen Rechtslehre an das deutsche Strafrecht zeigt sich auch darin, daß Werke deutscher Autoren zu diesem Thema einfach ins Spanische übersetzt werden. So ist zum Beispiel die Untersuchung von *Bottke* Haftung aus Nichtverhütung von Straftaten Untergebener in Wirtschaftsunternehmen de lege lata (Berlin 1994) ins Spanische übersetzt erschienen unter dem Titel *Responsabilidad por la no evitación de hechos punibles de subordinados en la empresa económica* in: *Mir Puig/Luzón Peña* (Hrsg.) Responsabilidad penal de las empresas y sus órganos y responsabilidad por el producto (Barcelona 1996), S. 129ff.

[950] *Jakobs* 29/28ff.

[951] *Lascuraín* in: Madrid-Symposium S. 35, 36, 39.

Argumentation von Jakobs folgend - aus der Organisationszuständigkeit[952]. *Lascuraín* kommt damit zu dem Ergebnis, daß jeder Unternehmer darüber zu wachen habe, daß es aus seinem Unternehmen heraus zu keinen Rechtsgüterverletzungen komme, auch wenn diese ihre Ursache in dem Verhalten eines Dritten haben, sofern eben dieser Dritte sich im Organisationskreis des Unternehmensleiters befindet[953]. *Silva Sanchéz* verweist auf den Ansatz von *Schünemann*[954] und bejaht eine Garantenstellung des Unternehmensleiters aufgrund einer realen Ausübung gewisser Funktionen innerhalb des Unternehmens in einer Verantwortungsstellung (Herrschaftsbereich). Innerhalb seines Herrschaftsbereiches muß der Verantwortliche darauf achten, daß von diesem keine Schädigungen ausgehen[955]. Zu einem ähnlichen Ergebnis gelangt *Gracia Martín*, der in seiner Untersuchung, inwieweit das Handeln für eine juristische Person den Organen derselben zugerechnet werden kann, darauf abstellt, wer die „soziale Herrschaft" über das Geschehen hat[956]. Diese ergibt sich aus der Position und der Funktion, die das entsprechende Organ innerhalb des Unternehmens innehat: Es entscheidet nicht allein zum Beispiel der Status des Geschäftsführers, sondern es kommt im Einzelfall darauf an, daß dieser Geschäftsführer mit dem konkreten Aufgabenbereich, in dem sich das Fehlverhalten abspielte, betraut war[957]. Aus demselben Grund haftet auch derjenige aus Unterlassen, der zwar nicht formal, aber faktisch die entsprechende Funktion wahrnimmt[958]. Allerdings beschäftigt sich *Gracia Martín* in seiner Untersuchung zunächst nicht damit, ob die entsprechenden Personen eine Garantenstellung haben und aus Unterlassen haften, sondern er diskutiert die von der Rechtsprechung entschiedenen Fälle[959], in denen die die „soziale Herrschaft" innehabenden Personen selbst handeln, wenn auch für die juristische Person, die sie vertreten. Diese Position der „sozialen Herrschaft" überträgt er dann aber auch auf die Unterlassungsdelikte: Wer die „soziale Herrschaft" innehabe, befinde sich in einer Garantenstellung und hafte daher aus Unterlassen, sofern aus diesem Herrschaftsbereich heraus Straftaten begangen werden[960].

---

952 *Lascuraín* in: Madrid-Symposium S. 35, 38.

953 *Lascuraín* in: Madrid-Symposium S. 35, 40.

954 *Schünemann* Unternehmenskriminalität; *ders.* ADPCP 1988, 537ff.

955 *Silva Sánchez* in: Coimbra-Symposium S. 307, 316.

956 *Gracia Martín* El actuar en lugar de otro II, S. 23ff. mit Nachweisen zur Rechtsprechung, die seiner Ansicht nach auf dieses Kriterium abstellt, ohne es allerdings so zu benennen.

957 *Gracia Martín* El actuar en lugar de otro II, S. 27.

958 *Gracia Martín* El actuar en lugar de otro I, S. 397.

959 Zum Beispiel: T.S. 17.06.1967 (JC 761); 12.02.1970 (JC 169); 22.02.1972 (JC 254); 12.06.1974 (Ar 2868); 02.06.1973 (JC 813); 19.01.1974 (JC 74) alle mit Besprechung bei *Gracia Martín* El actuar en lugar de otro II, S. 23ff.

960 *Gracia Martín* El actuar en lugar de otro II, S. 23ff., 35; *ders.* El actuar en lugar de otro I, 394ff.

Fraglich ist aber, ob *Gracia Martín*, dessen hier zitierte Untersuchung aus dem Jahre 1985 bzw. 1986 stammt, die Begründung einer solchen Garantenstellung auch unter der Geltung des Art. 11 C.P. beibehalten wird, zumal seine Untersuchung sich in erster Linie mit dem Problem des „Handelns für einen anderen" beschäftigt und er die Figur der Garantenstellung nur nebenbei erwähnt, um eine Verantwortung derjenigen, die mangels Sonderpflichtstellung, die ein Delikt verlangt, eigentlich nicht haften, zu begründen. Daraus Schlüsse auf das Unterlassungsdelikt im allgemeinen abzuleiten, ginge wohl zu weit.

Auch bezüglich der Untersuchungen von *Lascuraín* und *Silva Sanchéz* ist die uneingeschränkte Geltung der dort vertretenen Standpunkte heute zweifelhaft, da diese Untersuchungen aus dem Jahre 1992 bzw. 1991[961] stammen und insofern noch nicht Art. 11 C.P. beachten. Außerdem befassen sich beide Autoren zwar generell mit der Garantenstellung des Unternehmensleiters, jedoch beziehen sie sich dabei nicht ausdrücklich auf die Rechtslage in Spanien. Es kann aber davon ausgegangen werden, daß auch *Lascuraín* und *Silva Sanchéz* unter der Geltung des neuen C.P. von der beschriebenen Garantenstellung des Unternehmensleiters ausgehen werden, mit der Einschränkung, daß sie sich nicht durch den engen Wortlaut des Art. 11 daran gehindert sehen.

Zu erwähnen ist noch *Paredes Castañón*, der in einer Untersuchung über die strafrechtliche Produkthaftung eine Strafbarkeit des Unternehmensleiters aus Unterlassen nur dann annehmen will, wenn im konkreten Fall die Überwachung des Produktionsprozesses zu seinen Aufgaben gehörte[962]. Allerdings erörtert er nicht, woraus sich diese Verpflichtung im Einzelfall ableiten läßt. Eine generelle Verpflichtung zur Überwachung des gesamten Produktionsablaufes bejaht er nicht; insofern wird er erst recht keine generelle Überwachungspflicht des Unternehmensleiters dahingehend annehmen, daß dieser ständig jedwedes Verhalten seiner Untergebenen bei der Erfüllung ihrer Aufgaben zu überwachen habe, um deliktisches Verhalten zu verhindern.

Ansonsten wird das Problem der Garantenstellung des Unternehmensleiters zur Verhinderung deliktischen Verhaltens seiner Untergebenen im spanischen Strafrecht nicht diskutiert[963]. Dies hat folgende Gründe:

---

[961] Die Veröffentlichungen erschienen zwar 1994 (Madrid-Symposium) und 1995 (Coimbra-Symposium), die entsprechenden Veranstaltungen fanden jedoch eher statt.

[962] *Paredes Castañón* in: *Paredes Castañón/Rodríguez Montañes* El caso de la colza S. 186.

[963] So auch *Silva Sánchez* in: Coimbra-Symposium S. 307, 318, der diesbezüglich auf *Schünemann* Unternehmenskriminalität verweist.

Zunächst existiert mit Art. 450 C.P. ein reines Unterlassungsdelikt, das gerade die Fälle der Nicht-Verhinderung von Delikten Dritter erfaßt. Viele Strafbarkeitslücken können also ohne Rückgriff auf Art. 11 C.P. geschlossen werden. Aus der Existenz des Art. 450 C.P. kann ferner e contrario geschlossen werden, daß nur für die dort erwähnten Delikte eine Deliktsverhinderungspflicht besteht, während ansonsten eben keine Überwachungspflicht bezüglich des Verhaltens Dritter bestehen soll. Dieser Grundsatz würde durch die Anwendung des Unterlassungsdeliktes umgangen. Außerdem gehen die spanischen Autoren und die Rechtsprechung seit jeher sehr vorsichtig mit dem Unterlassungsdelikt um, da diese Deliktsart bis zur Einführung des Art. 11 durch den C.P. von 1995 nicht ausdrücklich geregelt war und so wegen des *nulla poena sine lege* Grundsatzes und den umstrittenen Voraussetzungen berechtigten Anlaß zu Zweifeln gab[964]. Zwar sind diese Zweifel durch die Aufnahme des Art. 11 in den C.P. zum Teil beseitigt worden; jedoch besteht nun das Problem, daß dessen Wortlaut sehr eng ist, so daß daraus unmittelbar keine Garantenstellung des Unternehmensleiters zur Deliktsverhinderung abgeleitet werden kann. Nur bei weiter Auslegung des Art. 11 kann überhaupt eine Überwachungsgarantenstellung des Unternehmensleiters begründet werden; diese jedoch schwerlich für die Überwachung der Arbeitnehmer als selbständige, strafrechtlich vollverantwortliche Personen.

Zusammenfassend läßt sich damit festhalten, daß eine generelle Garantenstellung des Unternehmensleiters zur Verhinderung deliktischen Verhaltens seiner Untergebenen nur diejenigen Autoren bejahen können, die davon ausgehen, daß Art. 11 C.P. die möglichen Garantenstellungen nicht abschließend regelt. Für diese bieten sich insbesondere die Überwachungsgarantenstellungen an. Unproblematisch kann dabei von einer Garantenstellung ausgegangen werden, sofern es sich um ein Unternehmen handelt, in dem mit gefährlichen Materialien oder Produkten gearbeitet wird. Dagegen wird eine Garantenstellung, die an die Aufsichtspflicht über die Untergebenen anknüpft, wohl eher verneint, so daß für diese Fälle nur Art. 450 C.P. greift. Sofern die Garantenstellung des Unternehmensleiters konkret diskutiert wird, ist der Einfluß des deutschen Strafrechts groß, so daß diesbezüglich zu erwarten ist, daß auch zukünftige Untersuchungen sich daran orientieren werden.

Bisher muß man aber davon ausgehen, daß es im spanischen Strafrecht keine generelle Garantenstellung des Unternehmensleiters zur Verhinderung deliktischen Verhaltens seiner Untergebenen und damit keine Verantwortung aus Unterlassung gibt, es sei denn, es läßt sich eine Garantenstellung aus Ingerenz begründen.

---

[964] Vgl. nur die **Kritik** bei *Mir Puig* S. 301 Rdnr. 20 unter Verweis auf seine Vorauflage (3. Auflage 1990, Reimpresión 1995) S. 327ff.; *Quintero Olivares* Derecho Penal S. 366.

III. Die Auswirkungen der Delegation von Verantwortung auf die Strafbarkeit des Unternehmensleiters

1. *Zulässigkeit der Delegation*

Hier soll noch einmal auf *Lascurain* eingegangen werden, der in starker Anlehnung an das deutsche Strafrecht eine Garantenstellung des Unternehmensleiters zur Verhinderung von Straftaten seiner Untergebenen wegen der Organisationsherrschaft bejaht. Unterstellt, daß er diese Ansicht auch unter der Geltung des Art. 11 C.P. vertreten würde, soll erörtert werden, wie er mit der Möglichkeit der Delegation von Verantwortung umgeht. Auch *Lascurain* erkennt an, daß der Unternehmer ab einer gewissen Unternehmensgröße nicht mehr alle Vorgänge kontrollieren kann. Er geht daher davon aus, daß der Unternehmer mit Übertragung gewisser Aufgaben auch die Garantenstellung mit überträgt[965]. Auch bezüglich der Delegation der Verantwortung ist seine Untersuchung stark am deutschen Recht orientiert: Voraussetzung einer Delegation ist demnach zunächst, daß der Delegatar mit den nötigen Kompetenzen und Mitteln ausgestattet wird, die eine Erfüllung seiner Aufgabe sicherstellen[966]. Außerdem muß der Delegatar nach seinen persönlichen Fähigkeiten und Kenntnissen zur Erfüllung der Aufgabe geeignet sein[967]. Auch bei Übertragung der Aufgaben verbleibt beim Unternehmer eine Garantenpflicht in der Hinsicht, daß er den Delegatar zu beaufsichtigen und im Notfall einzuschreiten hat[968].

2. *„Das Handeln im Namen eines anderen"* (el Actuar en Nombre de Otro) *(Art. 31 C.P.)*

Wichtig für die Frage, inwieweit die Delegation von Verantwortung auch die strafrechtliche Verantwortung verschiebt, ist Art. 31. C.P.:

Art. 31 C.P. entspricht dem § 14 des deutschen Strafgesetzbuches. Er soll die Strafbarkeit desjenigen sicherstellen, der als „Verwalter für eine juristische Person

[965] *Lascurain* in: Madrid-Symposium S. 35, 41.
[966] *Lascurain* in: Madrid-Symposium S. 35, 42.
[967] *Lascurain* in: Madrid-Symposium S. 35, 43.
[968] *Lascurain* in: Madrid-Symposium S. 35, 44.

oder der im Namen oder in gesetzlicher oder freiwilliger Stellvertretung eines anderen handelt" und dabei Straftaten begeht, „die als Voraussetzung bestimmte Bedingungen oder Beziehungen fordern, die nur die natürliche oder juristische Person erfüllt, in deren Namen oder Vertretung er handelt"[969]. Art. 31 verhindert damit die „Wegdelegation" der einer bestimmten Person obliegenden Verantwortung hin zu Personen, die bestimmte Eigenschaften, die für eine Strafbarkeit erforderlich sind, nicht aufweisen und so ohne strafrechtliche Konsequenzen handeln könnten.

Art. 31 C.P. löst damit nicht das auf Beweisschwierigkeiten und der Undurchschaubarkeit der innerbetrieblichen Organisationsstrukturen beruhende Problem der Zurechnung strafbaren Verhaltens an bestimmte Personen innerhalb einer Organisationsform; diese Aufgabe kann nur von Art. 28 C.P. übernommen werden. Art. 31 C.P. schließt nur die Lücken, die dadurch entstehen, daß ein vordergründig Ausführender nicht die Eigenschaften aufweist, die das Sonderdelikt fordert[970]. Vor Einführung des Art. 15 bis C.P. a.F., dem der heutige Art. 31 C.P. entspricht, hatte die Rechtsprechung die Strafbarkeitslücken geschlossen, indem sie Sonderdelikte schlicht wie Allgemeindelikte behandelte und als Täter alle Verantwortungsträger innerhalb des Unternehmens ansah[971].

Liegt eine vom Sonderdelikt geforderte Tätereigenschaft bei der vertretenen oder repräsentierten Person vor, so wird diese dem unmittelbar Handelnden, der die Eigenschaft nicht aufweist, zugerechnet[972]. Durch die Vorschrift des Art. 15 bis C.P.

---

[969] Art. 31 C.P. lautet:
El que actúe como administrador de hecho o de derecho de una persona jurídica, o en nombre o representación legal o voluntaria de otro, responderá personalmente, aunque no concurran en él las condiciones o relaciones que la correspondiente figura de delito o falta requiera para poder sujeto activo del mismo, si tales circunstancias se dan en la entidad o persona en cuyo nombre o representación obre. Für die h.M.: *Garreta Such* S. 348f.; *Gracia Martín* El actuar en lugar de otro I, S. 83f. mit weiteren mit weiteren Nachweisen.

[970] H.M.: T.S. 10.11.1993 (RJ 8387); 13.07.1993 (RJ 6070); *Gracia Martín* in: Madrid-Symposium S. 13, 20; Rodríguez Mourullo/Barreiro/*Rodríguez Mourullo* S. 176; Rodríguez Mourullo/ Barreiro/*Lascuraín Sánchez* 909.

[971] T.S. 04.03.1960 (JC 213); unter Übertragung des Kriteriums auch auf Allgemeindelikte: T.S. 17.07.1967 (JC 761); 17.12.1970 (JC 196); 22.02.1972 (JC 254); 02.12.1972 (JC 1699); 12.06.1974 (JC 2868). Diese Vorgehensweise wurde in der Rechtslehre als dogmatisch wie kriminalpolitisch unhaltbar gerügt (*Gracia Martín* in: Madrid-Symposium S. 13, 20 mit weiteren Nachweisen).

[972] Die herrschende Meinung in Spanien geht davon aus, daß Art. 15 bis C.P. a.F. bzw. Art. 31 C.P. die Idee der „Aufteilung der Elemente des Tatbestandes" (*disociación de los elementos típicos*) zugrunde liegt: Die objektiven Anforderungen des Tatbestandes werden zwischen zwei Personen (dem Handelnden und dem Vertretenen) aufgeteilt. Der Vertretene weist die geforderte Eigenschaft auf, der Handelnde erfüllt die sonstigen Tatbestandselemente. T.S. 10.11.1993 (RJ 8387); 13.07.1993 (RJ 6070); 21.11. 1991 (RJ 9147); 08.07.1991 (RJ 5642); 26.11.1990 (RJ 9139);

a.F. bzw. Art. 31 C.P. wird der Tatbestand der Sonderdelikte erweitert, genauer gesagt, der taugliche Täterkreis vergrößert[973]. Alle anderen Voraussetzungen der Strafbarkeit (besondere Anforderungen an die tatbestandsmäßige Handlung, Vorsatz und bestimmte subjektive Merkmale, Rechtswidrigkeit und Schuld) müssen für den Handelnden gesondert geklärt werden, dabei ist kein Rückgriff auf die vertretene oder repräsentierte Person möglich[974].

Sofern für eine juristische Person gehandelt wird, kann nur der Vertreter oder Repräsentant strafrechtlich zur Verantwortung gezogen werden, da im spanischen Strafrecht der Grundsatz *societas delinquere non potest* gilt[975]. Wird für eine natürliche Person gehandelt, ist unproblematisch neben der Strafbarkeit des Handelnden auch eine Strafbarkeit der vertretenen oder repräsentierten natürlichen Person - sei es als Anstifter oder Teilnehmer oder sogar Mittäter - möglich[976].

Verantwortlich gemäß Art. 31 C.P. sind zunächst die „Verwalter" (*administradores*) einer juristischen Person. Darunter fallen alle diejenigen Personen, die die Aktivitäten der juristischen Person im Innen- und Außenverhältnis dirigieren und die zur Vertretung dieser befugt sind[977]. Die Vertretungsbefugnis richtet sich nach den Vorschriften des Zivilrechts (Art. 1709 bis 1739 C.C.).

Art. 31 erfaßt ausdrücklich nicht nur diejenigen Personen, die rechtliche Verwaltungskompetenzen wahrnehmen, sondern auch die „tatsächlichen Verwalter" (*administradores de hecho*), worunter alle diejenigen fallen, die tatsächlich in einem Unternehmen Aufgaben und Kompetenzen wahrnehmen, die sie faktisch in die Position versetzen, die eigentlich nach dem Gesetz oder der vertraglich vereinbarten Organisationsstruktur ein anderer erfüllt[978]. Der frühere Art. 15 bis C.P. a.F. erfaßte im Gegensatz zu § 14 Abs. 3 dStGB die faktischen Organe und Vertreter nicht aus-

---

24.07.1989 (RJ 6284); *Alonso de Escamilla* S. 12; *Gracia Martín* in: Madrid-Symposium S. 13, 21; *ders.* El actuar en nombre de otro II S. 121ff.

[973] H.M.: *Gracia Martín* El actuar en lugar de otro II, S. 103 unter Verweis auf *Blauth* S. 87 und 151 sowie auf *Octavio de Toledo* ADPCP 1984, 23, 47, 53; *ders.* in: Madrid-Symposium S. 13, 29.

[974] H.M.: T.S. 16.10.1992 (Ar. 8015); 13.07.1993 (Ar 6070); *Alonso de Escamilla* S. 13; *Barja de Quiroga* S. 100; *Garreta Such* S. 350; *Neila Neila* S. 967, 963; Quintero Olivares/*Quintero Olivares* Comentarios S. 320f.; *ders.* Curso S. 505.

[975] Vgl. dazu *Garreta Such* S. 335ff. mit Nachweisen zur Rechtsprechung; zu beachten ist aber Art. 129 C.P., der sogenannte „*consecuencias accesorias*" als „zusätzliche Maßnahmen" gegen die betroffenen Unternehmen ermöglicht; **a.A.** *Zugaldía Espinar* in: Madrid-Symposium S. 327, 329, der davon ausgeht, daß es nur noch eine Frage der Zeit ist, bis juristische Personen strafrechtlich verantwortlich sein können.

[976] Für die h.M.: *Quintero Olivares* Curso S. 503.

[977] Für die h.M.: *Vazquez Iruzubieta* S. 98.

[978] Für die h.M.: Vives Antón/*Vives Antón* S. 292.

drücklich, allerdings wurde bereits damals von Rechtsprechung und Lehre eine Einbeziehung auch dieser Personen befürwortet, um dem kriminalpolitischen Zweck der Schließung von Strafbarkeitslücken zur Geltung zu verhelfen[979].

Außerdem erfaßt Art. 31 C.P. auch diejenigen Personen, die nicht grundsätzlich als „Verwalter" (*administrador*) der juristischen Person handeln, sondern die im konkreten Fall „im Namen oder in Repräsentation" (*en nombre o representación*) einer anderen natürlichen Person handeln; diese Vertretung kann freiwillig oder aufgrund Gesetzes erfolgen. Darunter fallen alle diejenigen, die durch konkludentes Handeln eine Position eingenommen haben, die sich mit der eines „Verwalters" vergleichen läßt[980].

Es kommt auch hier nach überwiegender Ansicht nicht darauf an, ob zivilrechtlich eine wirksame Vertretung vorliegt oder ob der Vertreter im Rahmen seiner Vertretungsbefugnis handelt; für das Strafrecht ist allein entscheidend, daß „als Vertreter und für" die andere Person gehandelt wurde. Aus Opfersicht ist es gerade nötig, daß auch derjenige, der sich vollkommen unberechtigt Vertretungsbefugnisse anmaßt, strafrechtlich erfaßt wird[981].

3. *Die Verantwortung bei einer juristischen Person zuzurechnenden Verstößen gegen die Rechte der Arbeiter (Art. 318 C.P.)*

Eine ähnliche Regelung der vertikalen Verantwortungszuschreibung trifft Art. 318 C.P.[982], der für die ihm vorstehenden Artikel bestimmt, daß, „wenn die in den vorangegangenen Artikeln erfaßten Taten einer juristischen Person zugeschrieben werden, die angedrohte Strafe denjenigen „Verwaltern" (*administradores*) und „Beauftragten" (*encargados*) auferlegt wird, die dafür verantwortlich waren, sowie denjenigen „Verwaltern" und „Beauftragten", die die nötige Kenntnis hatten und die Tat hätten verhindern können und die nicht das Nötige dazu unternommen haben"[983].

---

[979] Damals h.M.: T.S. 04.10.1972 (Ar 3685); 21.11.1991 (Ar 9147); *Gracia Martín* in: Madrid-Symposium S. 13, 25, 26, Fußnote 55; unter Verweis auf *Bruns* GA 1982, 2, 19, 36 und *Schünemann* Unternehmenskriminalität ; *ders.* El actuar en lugar de otro II, S. 230ff.; *ders.* Responsabilidad S. 39; *Neila Neila* S. 957.

[980] Für die h.M.: *Garreta Such* S. 351.

[981] Für die h.M.: *Vazquez Iruzubieta* S. 98; **a.A.** *Barja de Quiroga,* S. 99 der fordert, daß die Repräsentation „juristisch wirksam" (*jurídicamente eficaz*) sein muß.

[982] Vorgänger dieses Artikels ist Art. 499 bis C.P. a.F.

[983] Art. 318 C.P. lautet:

Art. 318 C.P dient, ebenso wie Art. 31 C.P., dazu, Strafbarkeitslücken zu schließen, die dadurch entstehen, daß ein Sonderdelikt eine bestimmte Tätereigenschaft fordert (hier die Eigenschaft des Firmenleiters oder Unternehmers als Arbeitgeber für die Art. 311ff. C.P.[984]) und die Tat einer juristischen Person als Arbeitgeber zugerechnet werden muß, die ja nicht strafbar sein kann. Um zu verhindern, daß die strafrechtliche Verantwortung auf die nicht-strafbare juristische Person „abgeschoben" wird, sollen in diesem Fall der „Verwalter" oder der „Beauftragte" (*encargado*) haften[985].

Art. 318 C.P. geht dem Art. 31 C.P. als lex specialis vor[986].

Aus der Formulierung des Art. 318 C.P., "die nicht das Nötige zur Verhinderung unternommen haben" (*no hubieron adoptado las medias para remediarlo*), wird ersichtlich, daß es sich um eine Unterlassungsverantwortung handelt: Die „Verwalter" oder „Beauftragten" befinden sich in einer Garantenstellung und haften dafür, daß sie die Deliktsverhinderung unterlassen haben, obwohl sie davon wußten und die Möglichkeit zur Verhinderung hatten[987]. Wegen dieser Unterlassungsverantwortung wird allgemein verlangt, daß bei der Auslegung des Art. 318 C.P. der Art. 11 C.P. zu beachten ist[988]. So wird vor allem gefordert, daß das Unterlassen dem Begehen durch positives Tun zumindest vergleichbar sein muß[989], und daß auch das Wissen, das Art. 318 C.P. fordert, den Vorsatzanforderungen des Art. 11 C.P. entsprechen müsse[990].

Während Art. 31 C.P. ausdrücklich die „rechtlichen" und die „tatsächlichen Verwalter" (*administradores de derecho* und *administradores de hecho*) erfaßt, ist nach Art. 318 C.P. der faktisch die Aufgaben der Verwaltung Wahrnehmende nicht ausdrücklich erfaßt. Um jedoch den Anwendungsbereich des Art. 318 C.P. gegenüber

---

Cuando los hechos previstos en los artículos anteriores se atribuyeran a personas jurídicas, se impondrá la pena señalada a los administradores o encargados del servicio que hayan sido responsables de los mismos y a quienes, conociéndolos y pudiendo remediarlo, no hubieren adoptado medidas para ello.

984 S. dazu oben S. 180.

985 Für die h.M: Quintero Olivares/*Valle Muñiz/Villacampa Estiarte* Comentarios S. 1484; Rodríguez Mourullo/Barreiro/*Lascuraín Sánchez* S. 909.

986 Für die h.M.: Vives Antón/*Carbonell Mateu/Gonzáles Cussac* S. 1570; Quintero Olivares/*Valle Muñiz/Villacampa Estiarte* S. 1485.

987 Für die h.M.: Quintero Olivares/*Valle Muñiz/Villacampa Estiarte* Comentarios S. 1485.

988 H.M.: *Muñoz Conde* S. 290; *Vazquez Iruzubieta* S. 474; Vives Antón/*Carbonell Mateu/Gonzáles Cussac* S. 1570; Quintero Olivares/*Valle Muñiz/Villacampa Estiarte* Comentarios S. 1485.

989 Art. 11 C.P. fordert, daß die Nichtverhinderung des Erfolges „der Verursachung entspricht" (*equivalga, según el sentido del texto de la Ley, a su causación*).

990 H.M.: *Vazquez Iruzubieta* S. 474; Vives Antón/*Carbonell Mateu/Gonzáles Cussac* S. 1570; Quintero Olivares/*Valle Muñiz/Villacampa Estiarte* Comentarios S. 1485.

dem des Art. 31 nicht einzuschränken, wird allgemein davon ausgegangen, daß auch Art. 318 C.P. den „tatsächlichen Verwalter“ erfassen soll[991]. Weiterer Unterschied gegenüber Art. 31 C.P ist, daß dort sowohl das Handeln für eine juristische Person erfaßt ist als auch das Handeln für eine natürliche Person. Demgegenüber erfaßt Art. 318 C.P. nur den Fall, daß eine Tat einer juristischen Person zugerechnet wird. Wird für eine natürliche Person gehandelt (den Unternehmens- oder Firmenleiter), so greift Art. 318 C.P. nicht[992].

---

991 H.M.: *Muñoz Conde* S. 290; Quintero Olivares/*Valle Muñiz/Villacampa Estiarte* Comentarios S. 1485; Vives Antón/*Carbonell Mateu/Gonzáles Cussac* S. 1570.

992 Für die h.M.: Quintero Olivares/*Valle Muñiz/Villacampa Estiarte* Comentarios S. 1485.

Viertes Kapitel

Länderbericht Österreich

Erster Teil: Täterschaft und Teilnahme im allgemeinen

I. Das Einheitstätersystem

1. Allgemeines

Das Einheitstätersystem ist gegenüber den bisher beschriebenen Modellen, die bei der Beteiligung mehrerer an einem Delikt zwischen Tätern und Teilnehmern unterscheiden, dadurch gekennzeichnet, daß es eine solche Unterscheidung nicht vornimmt. Jeder, der einen wie auch immer gearteten Beitrag zur Tatausführung leistet, ist als Täter anzusehen. Damit führt das Einheitstätersystem zu einem extensiven Täterbegriff[993]. Einige Autoren bezeichnen diesen Täterbegriff auch als „exklusiv", da die Kategorie der Teilnahme in einem Einheitstätersystem begrifflich ausgeschlossen ist[994]. Da die Beurteilung der Täterschaft daran anknüpft, daß an der Tatausführung teilgenommen wird, ist im Einheitstätersystem die Frage der Täterschaft dem Tatbestand zuzuordnen. So wird § 12 öStGB von der ganz herrschenden Meinung als Interpretationsregel für die Tatbestände des Besonderen Teils angesehen[995]. Das Einheitstätersystem geht davon aus, daß alle an der Tat Beteiligten eigenes Unrecht verwirklichen und daß jeder nur nach seiner eigenen Schuld bestraft wird, was zur Folge hat, daß jeder Beteiligte unabhängig von der rechtlichen Beur-

---

[993] H.M. in Österreich: *Kienapfel* Grundriß AT E2 Rdnr. 8, 25; *Triffterer* AT I S. 387 Rdnr. 14; *ders.* Beteiligungslehre S. 28 ff.; WK-*Fabrizy* § 12 Rdnr. 3, 10.

[994] *Kienapfel* Grundriß AT E2 Rdnr. 8, 25; *Roeder* JBl 1975, 561, 562.

[995] OGH LSK 1976/205; *Mayerhofer/Rieder* § 12 Nr. 1; *Kienapfel* Grundriß AT E2 Rdnr. 4; *Leukauf/Steininger* § 12 Rdnr. 5; WK-*Fabrizy* § 12 Rdnr. 2 mit weiteren Nachweisen.

teilung der Tatbeiträge der anderen Beteiligten bestraft werden kann[996]. Damit verzichtet das Einheitstätersystem grundsätzlich auf jegliche Akzessorietät: Weder hängt die Beteiligung an der Tat davon ab, daß ein anderer vorsätzlich, rechtswidrig oder schuldhaft gehandelt hat (*qualitative Akzessorietät*), noch davon, in welchem Deliktsstadium sich die Tat eines anderen befindet (*quantitative Akzessorietät*)[997]. Insbesondere der Verzicht auf jegliche qualitative Akzessorietät wird von den Vertretern eines Einheitstätersystems als „untrügliches Kennzeichen" für das Vorliegen eines solchen genannt[998]. Da in einem Einheitstätersystem alle Beteiligten als Täter der gleichen Strafandrohung unterworfen werden, wird der Unwert aller Täterformen gleich hoch angesetzt, eine individuelle Bewertung der einzelnen Tatbeiträge erfolgt erst auf der Ebene der Strafzumessung[999].

2. *Das österreichische Einheitstätersystem*

Aus der Formulierung des § 12 öStGB, daß „ *nicht nur der unmittelbare Täter (...) die strafbare Handlung*" begeht, „*sondern auch jeder, der einen anderen dazu bestimmt, sie auszuführen, oder der sonst zu ihrer Ausführung beiträgt*", folgt, daß das österreichische Strafrecht grundsätzlich davon ausgeht, daß alle Tatbeteiligten als Täter anzusehen sind. Wie dieses Einheitstätersystem ausgestaltet ist, soll im folgenden untersucht werden.

---

996 H.M. in Österreich: *Foregger/Kodek* S. 59 Anm. I; *Kienapfel* Grundriß AT E2 Rdnr. 29; *ders.* JBl 1974, 113, 118; *Leukauf/Steininger* §12 Rdnr. 4; *Triffterer* AT I S. 387 Rdnr. 14; WK-*Fabrizy* § 12 Rdnr. 11.

997 H.M. in Österreich: OGH JBl 1994, 627; JBl 1990, 331 mit Leitsatzberichtigung in JBl 1990, 468; für die Literatur statt vieler *Kienapfel* Grundriß AT E2 Rdnr. 29 mit weiteren Nachweisen; *Triffterer* AT I S. 387 Rdnr. 16, *ders.* Beteiligungslehre S. 34f. Allerdings werden im österreichischen Strafrecht von diesem Grundsatz Ausnahmen gemacht. So wird für die Bestimmungstäterschaft teilweise eine vorsätzliche Haupttat gefordert (s. unten S. 207). Außerdem macht § 15 Abs. 2 öStGB eine Ausnahme für die (versuchte) Beitragsstäterschaft (s. dazu unten S. 235).

998 Insbesondere *Kienapfel* Grundriß AT E2 Rdnr. 30 mit weiteren Nachweisen; *ders.* Erscheinungsformen S. 21, 24; *ders.* JBl 1974, 113, 118.

999 H.M.: *Kienapfel* Grundriß AT E2 Rdnr. 34; *Leukauf/Steininger* § 12 Rdnr. 4; *Triffterer* AT I S. 387 Rdnr. 15.

a) Formales System

Grundsätzlich kennt das Einheitstätersystem nur den Begriff des Täters, es gibt keine Teilnehmer. Allerdings kann man verschiedene Varianten eines solchen Systems unterscheiden: In einem formalen Einheitstätersystem gibt es tatsächlich nur den Begriff des Täters; dieser wird einheitlich für alle Tatbeteiligten verwendet[1000].

b) Funktionales System

Dem formalen Einheitstätersystem steht das sogenannte funktionale Einheitstätersystem gegenüber: Es werden zwar alle Beteiligten als Täter erfaßt, die alle einem einheitlichen Strafrahmen unterliegen, jedoch ist anerkannt, daß es unterschiedliche Beteiligungsformen gibt, zwischen denen differenziert werden kann und soll. Nach der herrschenden Meinung in Österreich liegt dem § 12 öStGB ein solches funktionales System zugrunde: Zwar sind alle Beteiligten Täter, jedoch muß zwischen unmittelbarem Täter, Bestimmungstäter und Beitragstäter unterschieden werden[1001]. Auch die Rechtsprechung folgt dieser Ansicht[1002]. Diese Unterscheidung dient der Strafbarkeitsbegrenzung und trägt dem rechtsstaatlichen Bestimmtheitsgebot sowie der traditionellen Tatbestandsauslegung Rechnung[1003]. Die herrschende Meinung stützt sich auf den Wortlaut des § 12, der ausdrücklich die Formen der Bestimmungs- und der Beitragstäterschaft erwähnt. Trotz der begrifflichen Unterscheidung zwischen unmittelbarem Täter, Bestimmungs- und Beitragstäter geht sie aber davon aus, daß die verschiedenen Täterformen rechtlich gleichwertig sind[1004]. Begründet wird diese Auffassung damit, daß der Gesetzgeber bei der Schaffung des § 12 öStGB eine wertende Unterscheidung zwischen Täterschaft und anderen Beteiligungsformen weder für Fahrlässigkeitstaten noch für Vorsatztaten für notwen-

---

1000 Diesen Ansatz vertrat *v. List*, als er anläßlich der 6. Hauptversammlung der Internationalen Kriminalistischen Vereinigung (IKV) in Linz verkündete: „Die ganze Unterscheidung zwischen Täterschaft, Beihilfe und Anstiftung muß entfallen" (vgl. dazu *Kienapfel* Erscheinungsformen S. 26 mit weiteren Nachweisen).

1001 *Kienapfel* AT E2 Rdnr. 42; *ders.* JBl 1974, 113, 121; *Leukauf/Steininger* § 12 Rdnr. 10, 12; *Triffterer* AT I S. 391 Rdnr. 31; S. 393, 42; *ders.* Beteiligungslehre S. 65f.; WK-*Fabrizy* § 12 Rdnr. 13 mit weiteren Nachweisen.

1002 Ausdrücklich die Entscheidung des OGH JBl 1994, 627.

1003 *Kienapfel* Grundriß AT E2 Rdnr. 36.

1004 OGH EvBl 1982/ 98; OGH JBl 1984, 267; zahlreiche Nachweise zur Rechtsprechung bei *Mayerhofer/Rieder* § 12 Nr. 3; *Kienapfel* Grundriß AT E2 41, 41a, 42; *Leukauf/Steininger* § 12 Rdnr. 4, 10, 12; *Triffterer* AT I S. 391 Rdnr. 31, 32 ; *ders.* Beteiligungslehre S. 51ff., 55; WK-*Fabrizy* § 12 Rdnr. 13.

dig hielt[1005]. Außerdem sprächen für eine solche Gleichwertigkeit die beteiligungsspezifischen Strafzumessungsvorschriften (§§ 33 Nr. 3 und 4 sowie §§ 34 Nr. 4 und 6). Denn eine solche Regelung sei nur erforderlich, wenn das Unrecht dieser Beteiligungsformen auf der Tatbestandsebene als gleichwertig angesehen werde[1006]. Ferner könne trotz einer Unterscheidung auf jegliche Akzessorietät verzichtet werden[1007]. Die Formulierung des § 12 öStGB, wonach für die Bestimmungstäterschaft und die Beitragstäterschaft eine „strafbare Handlung" eines anderen gefordert wird, meine den Begriff der „strafbaren Handlung" als Gattungsbegriff: Indem § 12 öStGB auf die Handlung des Bestimmungs- oder Beitragstäters abstelle, wolle er keine besonderen Anforderungen an die Tat des unmittelbaren Täters stellen[1008]. Die Regelung des § 15 Abs. 2 öStGB, der zumindest für die Beteiligungstäterschaft eine quantitative Akzessorietät vorschreibt, sei diesbezüglich eine gezielte Ausnahme[1009]. Prozessual bedeutet die Gleichwertigkeit der verschiedenen Täterformen, daß eine Zuordnung zu einer falschen Täterschaftsform keinen Nachteil für den Angeklagten und damit keinen Nichtigkeitsgrund nach § 281 Abs. 1 öStPO begründet[1010].

c) Reduziertes System

Teilweise wird in der österreichischen Literatur vertreten, daß § 12 öStGB zwar insoweit ein Einheitstätersystem darstelle, als für alle an der Straftat Beteiligten dieselbe Strafdrohung gelte und die Art der Beteiligung nur einen Strafzumessungsgesichtspunkt darstelle. Allerdings seien die verschiedenen Beteiligungsformen nicht rechtlich gleichwertig, sondern ihnen läge ein unterschiedlicher sozialer Sinngehalt bezüglich des Unwerturteils zugrunde, was eine limitierte Akzessorietät erforderlich mache[1011]. Diese Ansicht stützt sich einerseits auf § 15 Abs. 2 öStGB, der keine Aus-

---

1005 EBRV 1971, 78, 79.

1006 S. dazu unten S. 244; *Triffterer* AT I S. 394 Rdnr. 42; *ders.* Beteiligungslehre S. 61f.

1007 H.M.: *Kienapfel* Grundriß AT E2 41, 41a, 42; *Leukauf/Steininger* § 12 Rdnr. 4, 10, 12; *Triffterer* AT I S. 391 Rdnr. 31, 32 ; WK-*Fabrizy* § 12 Rdnr. 13.

1008 H.M.: *Friedrich* RZ 1986, 227, 231; *ders.* in: Festschrift für Triffterer S. 54, 56; *Kienapfel* Grundriß AT E2 Rdnr. 41; *Leukauf/Steiniger* § 12 Rdnr. 4, 13; WK-*Fabrizy* § 12 Rdnr. 38.

1009 Vgl. dazu unten S. 235; h.M.: OGH JBl 1994, 627; JBl 1990, 331 (mit Leitsatzberichtigung in JBl 1990, 468); SSt 59/97; RZ 1986/31, S. 92 und RZ 1978/72, S. 169; *Kienapfel* Grundriß AT E2 41, 41a, 42; *Leukauf/Steininger* § 12 Rdnr. 4, 10, 12; *Triffterer* AT I S. 391 Rdnr. 31, 32 ; WK-*Fabrizy* § 12 Rdnr. 13.

1010 H.M.: OGH LSK 1979/231 = SSt 50/30; LSK 1982/21 = EvBl 1982/98; SSt 53/57; SSt 56/42; weitere Nachweise zur Rechtsprechung bei WK-*Fabrizy* § 12 Rdnr. 102.

1011 *Burgstaller* RZ 1975, 13, 15, 16; *ders.* RZ 1982, 216, 217; *ders.* JBl 1984, 390 (Anmerkung zu OGH JBl 1984, 389); *Fuchs* ÖJZ 1986, 257, 263f.; *ders.* S. 286, 298; *Lewisch* JBl 1989, 294, 303.

nahme darstelle, sondern vielmehr deutlich mache, daß das österreichische Strafrecht nur teilweise einheitstäterschaftliche Elemente aufweise. Außerdem spreche für diese Ansicht § 314 Abs. 1 öStPO, der im Verfahren vor den Geschworenengerichten die Stellung einer Eventualfrage vorschreibt, sofern in der Hauptverhandlung Tatsachen vorgebracht werden, die eine andere als die in der Anklage genannte Täterform nahelegen[1012]. Diesem Argument wird von den Vertretern des funktionalen Systems entgegen gehalten, daß § 314 Abs. 1 öStPO den Besonderheiten des Geschworenengerichtsverfahrens genüge tun solle, ohne daß daraus Schlüsse über das Verhältnis der Täterschaftsformen zueinander gezogen werden dürften[1013]. Nach der Ansicht, die § 12 öStGB als Grundlage für ein reduziertes System interpretiert, sind die Bestimmungs- und die Beitragstäterschaft wegen ihres unterschiedlichen Unwertgehalts hinsichtlich der unmittelbaren Täterschaft limitiert qualitativ akzessorisch. Sie sind nur strafbar, wenn sie sich auf eine vorsätzliche und rechtswidrige Tat des unmittelbaren Täters beziehen[1014]. Dadurch kommt diese Ansicht für gewisse Fallkonstellationen zur Annahme von „verdeckter unmittelbarer Täterschaft". Dies entspricht der mittelbaren Täterschaft im deutschen Strafrecht[1015], da unmittelbarer Täter nicht nur derjenige ist, der selbst die Tathandlung vornimmt, sondern vielmehr auch derjenige in Frage kommt, der die Tatherrschaft innehat und sich eines anderen als Werkzeug bedient[1016].

3. Das Einheitstätersystem im deutschen Ordnungswidrigkeitenrecht

Im Jahre 1968 hat sich der deutsche Gesetzgeber für das Ordnungswidrigkeitenrecht für ein Einheitstätersystem entschieden (§ 9, seit 1975 § 14 OWiG). Im folgenden soll nur kurz auf die wesentlichen Grundstrukturen dieses Einheitstätersystems eingegangen werden, um zu untersuchen, ob dadurch eine der österreichischen Lehre vergleichbare Einheitstäterschaft ins deutsche Recht Einzug gehalten hat. Von An-

---

1012 *Burgstaller* RZ 1975, 13, 14; *ders.* RZ 1982, 216, 217; *ders.* JBl 1984, 390 (Anmerkung zu OGH JBl 1984, 389); *Fuchs* ÖJZ 1986, 257, 263f.; *ders.* S. 286, 298.

1013 H.M.: *Leukauf/Steininger* § 12 Rdnr. 13; *Triffterer* AT I S. 394; *ders.* Beteiligungslehre S. 52; WK-*Fabrizy* § 12 Rdnr. 14.

1014 *Burgstaller* RZ 1975, 13, 15, 16; *ders.* RZ 1982, 216, 217; *ders.* JBl 1984, 390 (Anmerkung zu OHG JBl 1984, 389);*Fuchs* ÖJZ 1986, 257, 263f.;*ders.* S. 286, 298; *Lewisch* JBl 1989, 294, 303.

1015 Vgl. zur mittelbaren Täterschaft im deutschen Recht bei Einsatz eines nicht tatbestandsmäßigen oder vorsatzlos handelnden Werkzeuges *Jescheck/Weigend* § 62 I, II 1. - 3.; LK-*Roxin* § Rdnr. 72ff.

1016 S. dazu unten S. 214.

beginn an war für § 9 bzw. 14 OWiG umstritten, ob dieser für eine Beteiligung eine Akzessorietät voraussetzt oder nicht. Einigkeit herrschte in der deutschen Rechtsprechung und in der Literatur demgegenüber schon immer darüber, daß nur ein vorsätzlich geleisteter Beitrag in Frage komme[1017]. Nur eine am österreichischen Einheitstätersystem orientierte Mindermeinung will jeden, auch den fahrlässigen Beitrag genügen lassen[1018]. Dieser Streit dürfte aber durch die Entscheidung des BGH im Jahre 1983 beigelegt sein, in der der BGH das Erfordernis der vorsätzlichen Mitwirkung nicht in Frage stellte[1019]. Diese Entscheidung des BGH hat darüber hinaus auch die Frage des Akzessorietätserfordernisses im Ordnungswidrigkeitenrecht entschieden: Für eine Beteiligung an einer Ordnungswidrigkeit eines anderen ist es erforderlich, daß die Bezugstat vorsätzlich geschehen ist. Der BGH begründet dies damit, daß es widersprüchlich wäre, die gleiche Art der Mitwirkung nur zu ahnden, wenn an einer Ordnungswidrigkeit teilgenommen werde, nicht dagegen, wenn an einer Straftat teilgenommen werde. Solche Wertungswidersprüche müßten vermieden werden[1020]. Diese Entscheidung hat weitgehende Zustimmung in Rechtsprechung und Literatur gefunden[1021]. Da § 14 OWiG in seinen Absätzen 2 und 3 S. 1 ferner verlangt, daß die Ordnungswidrigkeit, an der teilgenommen wird, rechtswidrig geschehen müsse, nicht aber schuldhaft, gilt dort - wie im Strafrecht - der Grundsatz der limitierten Akzessorietät[1022]. Damit weist das Einheitstätersystem im deutschen Ordnungswidrigkeitenrecht wesentliche Grundzüge des Teilnahmesystems auf. Dessen Anforderungen brechen in versteckter Form immer wieder durch[1023], so daß es mit dem österreichischen Einheitstätersystem, das im Hinblick auf den (grundsätzli-

---

1017 H.M.: OLG Schleswig SchlHa 1976, 45; BayObLG NJW 1977, 2323, 2324; VRS 53, 363, 364; OLG Köln NJW 1979, 826, 827; OLG Koblenz NStZ 1982, 473; *Cramer* NJW 1969, 1929, 1933f.; *Dreher* NJW 1971, 121, 123; KK-OWiG/*Rengier* § 14 Rdnr. 5; *Schumann* S. 15ff.; *Welp* VOR 1972, 299, 312.

1018 Vor allem *Kienapfel* NJW 1970, 1826, 1828f.; NJW 1971, 123f.; *ders.* JuS 1974, 1, 6; *ders.* NJW 1983, 2236f.

1019 BGHSt 31, 309ff. = NJW 1983, 2272.

1020 BGHSt 31, 309, 312.

1021 Nunmehr h.M.: BayObLGSt 1983, 149, 151; KG VRS 66, 154; OLG Köln NStZ 1984, 460, 461; KK-OWiG/*Rengier* § 14 Rdnr. 8; *Rosenkötter* Rdnr. 136, 136b, 138; *Schwacke* S. 52; zustimmend in der Folgezeit auch die Autoren, die vor der Entscheidung des BGH auf das Vorsatzerfordernis hatten verzichten wollen: *Rebmann/Roth/Herrmann* (2. Auflage1988) § 14 Rdnr. 13; *Göhler* (9. Auflage 1990) § 14 Rdnr. 3, 5 b; *ders.* wistra 1983, 244f., ablehnend weiterhin: *Kienapfel* NJW 1983, 2236f.; vgl. zum Streitstand vor der BGH-Entscheidung BGHSt 31, 309, 311.

1022 Für die h.M.: KK-OWiG/*Rengier* § 14 Rdnr. 16.

1023 H.M.: *Bentlage* S. 209ff., 213, 214; *Bloy* S. 152ff. *ders.* in: Festschrift für Schmitt S. 33, 36, 55; *Göhler* § 14 Rdnr. 15; *Kienapfel* NJW 1983, 2236f.; *ders.* Grundriß AT E2 Rdnr. 24; *Rotberg* Rdnr. 11; *Schumann* S. 50ff., 55; *Welp* VOR 1972, 299, 306ff.

chen[1024]) Verzicht auf jegliche Akzessorietät konsequenter durchgeführt wird, nicht viel gemeinsam hat.

II. Der unmittelbare Täter

1. Der unmittelbare Alleintäter: Die Abgrenzung zum Bestimmungs- oder Beitragstäter

Grundsätzlich ist der unmittelbare Alleintäter derjenige, der die im Tatbestand beschriebene Ausführungshandlung vornimmt. Zur Abgrenzung vom Bestimmungs- oder Beitragstäter wird auf verschiedene Kriterien abgestellt:

Die ganz herrschende Meinung stellt ganz auf den Wortlaut des Tatbestandes ab: Unmittelbarer Täter ist jeder, der objektiv eine dem Wortlaut des Tatbestandes entsprechende Ausführungshandlung vornimmt[1025]. Dieses Kriterium ergebe sich unmittelbar aus § 14 Abs. 1 S. 2, 1. Fall öStGB, der die „unmittelbare Ausführung" erwähnt. Unmittelbarer Täter ist auch derjenige, der zur Vornahme der Aufführungshandlung ein technisches Hilfsmittel[1026] verwendet oder *vis absoluta* einsetzt[1027].

Diesen Täterbegriff wollen *Schmoller*[1028], *Triffterer*[1029] und *Moos*[1030] ausweiten für den Fall, daß sich jemand zur Ausführungshandlung eines menschlichen Werkzeuges bedient[1031]. In diesem Fall solle nicht nur das ahnungslose menschliche Werkzeug unmittelbarer Täter sein (oft wird es mangels Vorsatzes und mangels Sorgfaltspflichtverletzung straflos sein[1032]), sondern („verdeckter") unmittelbarer Täter solle vielmehr auch der Hintermann sein, der die Ausführungshandlung nicht selbst vornimmt. Es sei nicht einzusehen, warum der Fall, in dem ein menschliches Werkzeug eingesetzt wird, anders zu beurteilen sein soll als der Fall, in dem ein technisches

---

1024 Einzige Ausnahme ist die quantitative Akzessorietät der Beitragstäterschaft; dazu unten S. 235.

1025 *Foregger/Kodek* § 12 Anm. II; *Kienapfel* Grundriß AT E3 Rdnr. 3, 5; *Leukauf/Steininger* § 12 Rdnr. 17; WK-*Fabrizy* § 12 Rdnr. 18.

1026 Zur mittelbaren Täterschaft durch Einsatz eines menschlichen Werkzeuges s. unten S. 214.

1027 H.M.: *Kienapfel* Grundriß AT E3 Rdnr. 3; *Leukauf/Steininger* § 12 Rdnr. 19; WK-*Fabrizy* § 12 Rdnr. 19.

1028 ÖJZ 1983, 336, 379, 380, 382.

1029 AT S. 396, 51, 52.

1030 WK-*Moos* § 75 Rdnr. 29f.

1031 S. dazu genauer unten S. 214.

1032 *Triffterer* Beteiligungslehre S. 69.

Werkzeug zur Ausführung benutzt wird. Solange ein menschliches Werkzeug benutzt werde, das in objektiv nicht-zurechenbarer Weise handele, liege keine Bestimmungstäterschaft, sondern („verdeckte“) unmittelbare Täterschaft des Hintermannes vor[1033]. Unmittelbarer Täter ist nach dieser Ansicht grundsätzlich zunächst derjenige, der die Ausführungshandlung vornimmt, ferner aber auch derjenige, der in einer Kausalkette als letzter in objektiv zurechenbarer Weise den Erfolg herbeigeführt hat.

Demgegenüber stellen die Vertreter des reduzierten Einheitstätersystems auf das auch im deutschen Strafrecht[1034] verwendete Kriterium der Tatherrschaft ab. Unmittelbarer Täter ist nur derjenige, der die Tatherrschaft innehat; auf die Vornahme einer Ausführungshandlung kommt es nicht an[1035]. Dieses Kriterium ist für die Vertreter des reduzierten Einheitstätersystems genau wie in einem Differenzierungssystem nötig, um für den Fall, daß der unmittelbar Handelnde vorsatzlos oder gerechtfertigt handelt, Strafbarkeitslücken zu vermeiden und den Hintermann als Täter bestrafen zu können[1036].

2. *Der unmittelbare Mittäter*

a) Voraussetzungen der Mittäterschaft; Abgrenzung zur Beitragstäterschaft

Unmittelbarer Mittäter ist wegen des von der herrschenden Meinung vertretenen Wortlautkriteriums nur derjenige, der sich zumindest teilweise an einer dem Wortlaut des Tatbestandes entsprechenden Ausführungshandlung beteiligt. Sofern mehrere Täter bewußt und gewollt zusammenwirken, genügt es, daß jeder nur einen Teil der Ausführungshandlung vornimmt, damit allen die gesamte Tat zugerechnet wer-

---

1033 WK-*Moos* § 75 Rdnr. 29f.; *Triffterer* AT I S. 397 Rdnr. 52; *ders.* Beteiligungslehre S. 64f., 69, 72.

1034 Für die herrschende Literatur: *Herzberg* Täterschaft § 2 II; *Jakobs* 21/32ff.; *Jescheck/Weigend* § 61 V; mit zahlreichen weiteren Nachweisen: LK-*Roxin* § 25 Rdnr. 7, 10, 34; *Wessels* Rdnr. 518; für die Rechtsprechung, die zwar nicht ganz auf eine subjektive Abgrenzung verzichten will, jedoch den Täterwillen immer mehr anhand objektiver Kriterien, wie zum Beispiel der Tatherrschaft bestimmt: BGHSt MDR 1954, 529f.; BGHSt 9, 370, 380; LM Nr. 10 vor § 47; 11, 68; JR 1955, 304, 305; BGHSt 8, 390, 391; 8, 393, 396; MDR 1960, 939, 940; NJW 1966, 1763, 1763, vgl. die Nachweise bei *Tröndle* Vor § 25 Rdnr. 2.

1035 So die vereinzelt gebliebene Entscheidung OGH 11 Os 85/89 vom 08.08.1989 = JUS 1989/6/231; *Burgstaller* RZ 1975, 13, 16f.; *Fuchs* S. 303; *Zipf* ÖJZ 1975, 617, 619.

1036 Zur Figur des „verdeckten unmittelbaren Täters“ s. unten S. 214.

den kann[1037]. Jeder Mittäter haftet allerdings nur soweit, wie sein Vorsatz geht; Exzesse eines anderen Beteiligten werden nicht zugerechnet[1038]. Das ergibt sich aus § 13 öStGB, wonach jeder Beteiligte nur nach seiner Schuld zu bestrafen ist[1039]. Verwirklicht einer der Mittäter eine Erfolgsqualifikation, so haften die übrigen für die eingetretene schwere Folge nur dann, wenn ihnen selbst diesbezüglich Fahrlässigkeit vorzuwerfen ist (§ 7 Abs. 2 öStGB)[1040]. Voraussetzung der Mittäterschaft ist damit nach der heute herrschenden Meinung nicht nur, daß bewußt und gewollt zusammengearbeitet wird, es ist ferner Voraussetzung, daß jeder Mittäter selbst unmittelbarer Täter ist, also eine Ausführungshandlung vornimmt[1041]. Dies hat sich heute auch in der Rechtsprechung durchgesetzt[1042], die früher davon ausging, daß durch das gemeinsame Zusammenwirken auch ein eigentlicher Beitragstäter zum unmittelbaren Mittäter wird[1043]. Mangels einer dem Wortlaut des Tatbestandes entsprechenden Ausführungshandlung kann bloßes Begleiten zum Tatort[1044], bloßes Reichen der Mordwaffe[1045], bloßes Dabeisein bei der Deliktsbegehung durch andere[1046], Anfeuerungsrufe[1047], Mitentkleiden des Opfers bei der Vergewaltigung[1048] und bloßes Wachestehen[1049] allenfalls Beitragstäterschaft i.S.d § 12 3. Fall öStGB, nicht aber unmittelbare Mittäterschaft begründen[1050].

1037 H.M.: *Leukauf/Steininger* § 12 Rdnr. 21; *Triffterer* AT I S. 399 Rdnr. 60, 61; WK-*Fabrizy* § 12 Rdnr. 23, 35, 28.

1038 H.M.: OGH LSK 1976/244; EvBl 1979/146; 12 Os 6/81 vom 12.03.1981; 13 Os 44/84 vom 22.07.1984; *Leukauf/Steininger* § 12 Rdnr. 21.

1039 Im österreichischen Strafrecht wird der Vorsatz (noch) überwiegend zur Schuld gezählt: *Mayerhofer/Rieder* § 13 Anm. 2; WK-*Fabrizy* § 12 Rdnr. 63.

1040 H.M.: *Kienapfel* Grundriß AT E3 Rdnr. 19; *Triffterer* Beteiligungslehre S. 95f.; WK-*Fabrizy* § 12 Rdnr. 32, § 13 Rdnr. 6.

1041 *Kienapfel* Grundriß AT E3 Rdnr. 12; *Leukauf/Steininger* § 12 Rdnr. 21; *Triffterer* AT I S. 399 Rdnr. 60f.; WK-*Fabrizy* § 12 Rdnr. 25, 28.

1042 Zahlreiche Beispiele zur Rechtsprechung bei *Mayerhofer/Rieder* § 12 Nr. 27a; 28, 29, 30, 30a, 31a, 32, 37.

1043 LSK 1975/216 (bloße Anwesenheit am Tatort in der Bereitschaft, jederzeit helfend einzugreifen, als unmittelbare Mittäterschaft); ähnlich OGH RZ 1976/51, S. 79 und OGH RZ 1989/73, S. 197.

1044 OGH JBl 1984, 445; RZ 1989/20, S. 67.

1045 OGH SSt 55/62.

1046 OGH RZ 1992/45, S. 122.

1047 OGH JUS 1986/16/15.

1048 OGH JBl 1994, 627.

1049 OGH JUS 1990/6/511; JUS 1991/6/699.

1050 H.M.: *Kienapfel* Grundriß AT E3 Rdnr. 13; *Leukauf/Steininger* § 12 Rdnr. 22; WK-*Fabrizy* § 12 Rdnr. 28.

Dadurch ist das österreichische Recht, was die Mittäterschaft angeht, zumindest begrifflich enger als das deutsche Strafrecht: Während in Deutschland durch die Konstruktion der Mittäterschaft ein nach dem äußeren Geschehensbild eigentlich als Gehilfe oder Anstifter Beteiligter als Täter behandelt werden kann, sofern er die Tatherrschaft innehat und die übrigen Voraussetzungen der Mittäterschaft vorliegen[1051], kann in Österreich nur derjenige Mittäter sein, der ohnehin schon unmittelbarer Täter ist. Dadurch wird in Österreich nur erreicht, daß alle diejenigen, die sich die Ausführungshandlung teilen, ohne sie komplett selbst zu verwirklichen, durch Zurechnung der Beiträge der anderen unmittelbare Täter sind. Dies ist aber nur eine begriffliche Klarstellung, denn auch ohne die Konstruktion der Mittäterschaft würden alle Beteiligten als Beitragstäter bestraft und wegen der Gleichwertigkeit der Täterformen gleiches Unrecht wie ein unmittelbarer Täter verwirklichen. Ein Beteiligter, der im österreichischen Recht nicht unmittelbarer Mittäter sein kann, da er keine Ausführungshandlung vornimmt, könnte also im deutschen Recht - je nach Tatherrschaft - als Mittäter bestraft werden. Im Ergebnis macht dies jedoch keinen Unterschied: Sowohl der Mittäter im deutschen Recht als auch der Beitragstäter im österreichischen Recht unterliegen der Strafe eines Täters.

b) Zeitraum für die Mittäterschaft, sukzessive Mittäterschaft

Wegen des Erfordernisses, daß jeder Mittäter eine Ausführungshandlung vornehmen muß, kann - im Gegensatz zum deutschen Recht[1052] - durch Handlungen in der Vorbereitungsphase keine Mittäterschaft begründet werden[1053].

Allerdings ist die sukzessive Mittäterschaft möglich. An einer bereits begonnenen Tat kann bis zur Vollendung noch als Mittäter teilgenommen werden, solange die Voraussetzungen - bewußtes und gewolltes Zusammenwirken und Vornahme zumindest eines Teils der Ausführungshandlung - erfüllt sind[1054].

1051 Für die Mittäterschaft genügen nach überwiegender deutscher Auffassung in Literatur und Rechtsprechung auch rein geistige Beiträge im Vorbereitungsstadium: RGSt 35, 13, 17; 53, 138; 67, 392; 74, 21, 23; BGHSt 11, 268, 271; 16, 12, 14; 37, 289, 291, 293; weitere Nachweise zur Rechtsprechung bei LK-*Roxin* § 25 Rdnr. 179, 180; *Tröndle* § 25 Rdnr. 7; Sch/Sch/*Cramer* § 25 Rdnr. 66; *Jescheck/Weigend* § 63 I 1 a); *Wessels* Rdnr. 528; **a.A.** *Bloy* S. 196ff.; *Herzberg* Täterschaft § 5 II 2a; *ders.* JZ 1991, 856, 859ff.; LK-*Roxin* § 25 Rdnr. 181 mit weiteren Nachweisen, *Roxin* S. 292ff.; *Rudolphi* in: Festschrift für Bockelmann S. 369, 373, die einen Tatbeitrag im Ausführungsstadium fordern.

1052 S. die Nachweise oben Fußnote 1051.

1053 Für die h.M.: *Kienapfel* Grundriß AT E3 Rdnr. 8.

1054 H.M.: OGH RZ 1976/104, S. 202; LSK 1981/26; JUS 1995/6/1805; *Kienapfel* Grundriß AT E3 Rdnr. 18; *Leukauf/Steininger* § 12 Rdnr. 25; WK-*Fabrizy* § 12 Rdnr. 29.

Der sukzessive Mittäter haftet für das gesamte vor seinem Eintritt abgeschlossene Geschehen; auch bereits vollendete Qualifikationen werden ihm zur Last gelegt, sofern er davon weiß[1055].

Auch im deutschen Recht ist die sukzessive Mittäterschaft allgemein anerkannt[1056]. Nach der Rechtsprechung des Bundesgerichtshofes werden auch solche Erschwerungsgründe zugerechnet, die bereits vor dem Eingreifen des sukzessiven Mittäters verwirklicht worden sind, sofern dieser davon Kenntnis hat und dies billigt[1057]. Allerdings stellt die Rechtsprechung in neueren Urteilen klar, daß an bereits abgeschlossenen Vorgängen keine Mittäterschaft mehr möglich ist (zum Beispiel sukzessive Mittäterschaft beim Raub auch erst nach Hinzutreten der Gewaltanwendung; jedoch keine Mittäterschaft bezüglich der vorher durch die Gewaltanwendung verwirklichten Körperverletzung)[1058]. Im Schrifttum wird die Möglichkeit der Zurechnung bereits abgeschlossener Qualifikationen abgelehnt, da Mittäterschaft in einem solchen Fall auch arbeitsteiliges Verwirklichen der Qualifikationsmerkmale voraussetze. Der Unterschied zur Beihilfe, bei der die Qualifikation zugerechnet werden könne, bestehe in der Akzessorietät der Beihilfe, die eine Zurechnung fremden Unrechts ermögliche[1059].

3. *Der „verdeckte unmittelbare Täter"*

Der Begriff des „verdeckten unmittelbaren Täters", der der mittelbaren Täterschaft im deutschen Recht entspricht, ist im funktionalen Einheitstätersystem entbehrlich. Denn derjenige, der einen anderen wie auch immer veranlaßt, eine strafbare Handlung zu begehen, haftet als Bestimmungstäter unabhängig davon, welche rechtliche Qualität das Verhalten des „Vordermannes" hat[1060]. Da keine Akzessorietät gefordert

---

[1055] H.M.: OGH LSK 1977/141; LSK 1981/26; *Triffterer* Beteiligungslehre S. 72; **a.A.** *Kienapfel* Grundriß BT II § 129 Rdnr. 54, der eine Mitwirkung an der Qualifikation verlangt.

[1056] H.M.: RGSt 8, 42, 43; BGHSt 2, 344, 345; BGH GA 1969, 214; GA 1986, 229, 230; LK-*Roxin* § 25 Rdnr. 192.

[1057] BGHSt 2, 344, 346 (entgegen der Rechtsprechung des Reichsgerichts (RG JW 1923, 756; 1924, 1436; RGSt 59, 79, 82)) unter Berufung auf die nach ständiger Rechtsprechung (RGSt 52, 202) mögliche Zurechnung von Erschwerungsgründen auch an den Gehilfen, unabhängig davon, wann dieser eingreift. Vgl. dazu LK-*Roxin* § 25 Rdnr. 193.

[1058] BGH bei Dallinger MDR 1969, 533; BGH GA 1977; 144f.; BGH NStZ 1985, 70f.

[1059] *Herzberg* Täterschaft 4. Teil S. 153; *Jakobs* 21/60; *Jescheck/Weigend* § 63 II 2, Fußnote 18; LK-*Roxin* § 25 Rdnr. 195f. mit weiteren Nachweisen; *Roxin* S. 289ff.

[1060] H.M.: *Kienapfel* Grundriß AT E3 Rdnr. 24; *Leukauf/Steininger* § 12 Rdnr. 19; WK-*Fabrizy* § 12 Rdnr. 17, 19, 42.

wird, entstehen nicht - wie im Teilnahmesystem - Strafbarkeitslücken für den Fall, daß der unmittelbar Handelnde nicht vorsätzlich, nicht tatbestandsmäßig oder nicht rechtswidrig handelt. Allerdings verwenden diesen Begriff auch diejenigen Vertreter des funktionalen Einheitstätersystems, die für den Fall, daß der unmittelbar Handelnde nicht objektiv zurechenbar handelt, den Hintermann als „verdeckten unmittelbaren" Täter und nicht als Bestimmungstäter erfassen[1061]. Dagegen benötigen die Vertreter eines reduzierten Einheitstätersystems wegen der limitierten qualitativen Akzessorietät diese Figur, um denjenigen zu erfassen, der sich eines nicht vorsätzlich, nicht tatbestandsmäßig oder nicht rechtswidrig handelnden menschlichen Werkzeuges bedient[1062].

III. Der Bestimmungstäter

1. Allgemeines

Bestimmungstäter i.S.d. § 12, 2. Fall öStGB ist jeder, der einen anderen zur Ausführung einer strafbaren Handlung veranlaßt. Nach einheitstäterschaftlichem Verständnis ist die Bestimmungstäterschaft eine selbständige Täterschaftsform, die der unmittelbaren Täterschaft gleichrangig ist. Im Unterschied zur unmittelbaren Täterschaft setzt sich die Bestimmungstäterschaft aus zwei personenverschiedenen Elementen zusammen: die Bestimmungshandlung durch den Bestimmenden und die Ausführung der Tat durch einen anderen. Die Bestimmungstäterschaft ist auf die Tatausführung faktisch bezogen, da die vollendete Bestimmungstäterschaft von der Vollendung der Haupttat abhängt[1063]. Dies hat allerdings nichts mit der qualitativen Akzessorietät des Teilnahmesystems zu tun.

1061 S. oben S. 210f.; *Schmoller* ÖJZ 1983, 336, 379, 383; *Triffterer* AT I S. 400 Rdnr. 63; *ders.* Beteiligungslehre S. 68f.

1062 *Burgstaller* RZ 1975, 13, 14, 16; *Fuchs* S. 303ff.; *Zipf* ÖJZ 1975, 617, 620.

1063 H.M.: *Kienapfel* Grundriß AT E4 Rdnr. 4, 5; 19; WK-*Fabrizy* § 12 Rdnr. 42.

2. *Keine Akzessorietät*

Die Bestimmungstäterschaft hängt in keiner Weise von der rechtlichen Qualität der Haupttat ab. Insbesondere ist es nicht erforderlich, daß es sich um eine vorsätzliche Haupttat handelt. Nach herrschender Meinung genügt das Hervorrufen eines Handlungsentschlusses beim unmittelbaren Täter, dieser muß nicht vorsätzlich handeln[1064]. Die Formulierung „strafbare Handlung" in § 12 öStGB fordere nichts anderes. Dies zeige auch § 17 öStGB, der unter denselben Begriff sowohl vorsätzliche als auch fahrlässige Handlungen erfaßt[1065]. Auch die Anstiftung zur Fahrlässigkeit ist damit möglich. Die Vertreter des reduzierten Einheitstätersystems verlangen demgegenüber eine vorsätzliche Haupttat[1066].

Im deutschen Recht ist nach dem eindeutigen Gesetzeswortlaut des § 26 dStGB eine vorsätzliche Haupttat erforderlich; eine Anstiftung zur Fahrlässigkeit ist ausgeschlossen. Allerdings ist in einem solchen Fall der Anstiftende selbst Täter des Fahrlässigkeitsdeliktes, da jede Sorgfaltspflichtverletzung nach überwiegender Auffassung in Deutschland bei einem Fahrlässigkeitsdelikt bereits die Täterschaft begründet. Bei Fahrlässigkeitsdelikten wird in Deutschland also von einem Einheitstäterbegriff ausgegangen[1067]. Im Ergebnis ist in beiden Rechtsordnungen der Veranlasser einer fahrlässigen Tat als Täter zu bestrafen, mit dem Unterschied, daß in Österreich zwischen Bestimmungstäter und unmittelbarem Täter unterschieden wird, währen im deutschen Strafrecht alle am Fahrlässigkeitsdelikt Beteiligten „Täter" sind.

Auch auf die Rechtswidrigkeit der Haupttat kommt es nach österreichischer herrschender Meinung in Rechtsprechung und Literatur nicht an[1068]; für die Bestrafung des Bestimmungstäters ist lediglich das Faktum der Tatausführung durch den unmittelbaren Täter von Bedeutung[1069].

[1064] OGH RZ 1978/73, S. 170; RZ 1978/72, S. 169; SSt 50/32; JBl 1990, 331 mit Leitsatzberichtigung JBl 1990, 468; EvBl 1984/93; LSK 1977/201; LSK 1978/89; *Kienapfel* Grundriß AT E4 Rdnr. 23; *Leukauf/Steininger* § 12 Rdnr. 29; *Triffterer* AT I S. 395 Rdnr. 47, S. 403 Rdnr. 73, S. 412 Rdnr. 106; *ders.* Beteiligungslehre S. 56f.; WK-*Fabrizy* § 12 Rdnr. 42.

[1065] *Triffterer* AT I S. 403 Rdnr. 73.

[1066] Vgl. nur *Burgstaller* RZ 1975, 13, 15.

[1067] H.M.: Sch/Sch/*Cramer* Vorbem § 25 Rdnr. 112f.; *Jescheck/Weigend* § 61 VI; *Lackner* § 25 Rdnr. 13; LK-*Roxin* § 25 Rdnr. 217.

[1068] OGH SSt 56/19; weitere Nachweise zur Rechtsprechung bei WK-*Fabrizy* § 12 Rdnr. 17; *Kienapfel* Grundriß AT E4 Rdnr. 27, 25; *Leukauf/Steininger* § 12 Rdnr. 31, § 13 Rdnr. 5; *Triffterer* Beteiligungslehre S. 35; WK-*Fabrizy* § 12 Rdnr. 53. Der OGH hat nur in einer Entscheidung die Rechtswidrigkeit der Haupttat gefordert (JBl 1984, 389 mit Anm. *Burgstaller*).

[1069] Für die h.M.: *Kienapfel* Grundriß AT E4 Rdnr. 19; WK-*Fabrizy* § 12 Rdnr. 42.

Wegen des Verzichts auf eine limitierte Akzessorietät geht die Bestimmungstäterschaft viel weiter als die deutsche Anstiftung, die gemäß § 26 dStGB eine vorsätzliche, rechtswidrige Bezugstat fordert. Die Bestimmungstäterschaft erfaßt zudem nach der herrschenden Auffassung in Österreich insbesondere die Fälle mit, die in Deutschland wegen eines nicht vorsätzlich, nicht tatbestandsmäßig oder nicht rechtswidrig handelnden Vordermannes mittelbare Täterschaft sind[1070].

3. Bestimmungshandlung

a) Kausalität der Bestimmungshandlung

Aus dem Erfordernis der Kausalität der Bestimmungshandlung für den Handlungsentschluß des unmittelbaren Täters folgt, daß derjenige, der bereits zur Tat entschlossen ist (*omnimodo facturus*), nicht mehr zur Tat bestimmt werden kann[1071]. In einem solchen Fall kann aber versuchte Bestimmungstäterschaft oder psychische Beihilfe vorliegen[1072].

Auch im deutschen Recht muß die Anstiftung kausal für den Tatentschluß des Haupttäters sein[1073].

b) Objektive Zurechenbarkeit des Erfolges[1074]

Der Bestimmungserfolg muß dem Bestimmungstäter in der Hinsicht objektiv zurechenbar sein, daß er durch seine Handlung ein rechtlich mißbilligtes Risiko geschaf-

---

1070 Vgl. auch *Kienapfel* Grundriß AT E4 Rdnr. 28.

1071 H.M.: OGH EvBl 1976/287; *Kienapfel* Grundriß AT E4 Rdnr. 16; *Leukauf/Steininger* § 12 Rdnr. 41; *Triffterer* AT I S. 402 Rdnr. 67; WK-*Fabrizy* § 12 Rdnr. 48.

1072 H.M.: *Kienapfel* Grundriß AT E4 Rdnr. 16; *Leukauf/Steininger* § 12 Rdnr. 41; *Triffterer* AT I S. 402 Rdnr. 67; WK-*Fabrizy* § 12 Rdnr. 48; zur versuchten Bestimmungstäterschaft s. unten S. 222; zur psychischen Beitragshandlung s. unten S. 229.

1073 Für die h.M.: LK-*Roxin* § 26 Rdnr. 17 mit weiteren Nachweisen.

1074 Dieses allgemeine Erfordernis der objektiven Zurechenbarkeit ist nicht zu verwechseln mit dem oben (S. 210) bei der Abgrenzung zwischen unmittelbarem Täter und Bestimmungs- bzw. Beitragstäter von *Triffterer, Schmoller* und *Moos* geforderten Erfordernis, daß der unmittelbare Täter der zuletzt zurechenbar Handelnde sein müsse. Dies ist nur ein Abgrenzungskriterium, um in gewissen Fällen den nicht unmittelbar Handelnden als unmittelbaren Täter erfassen zu können. Das hier erörterte Erfordernis der objektiven Zurechenbarkeit wird auch von diesen Autoren zusätzlich für jeden Beteiligten gesondert untersucht.

fen hat, das sich dann im Bestimmungserfolg, also der Tatausführung durch einen anderen, niedergeschlagen hat. Daher begründen die Bestimmung zur Selbstgefährdung und die Bestimmung durch „sozialadäquate Späße" oder neutrale Handlungen keine Bestimmungstäterschaft[1075]. An dieser Stelle hält ein gewisses Akzessorietätserfordernis in das Einheitstätersystem Einzug: Da die Selbstgefährdung rechtlich nicht zu beanstanden (und damit tatbestandslos) ist, ist auch die Bestimmung zu dieser nicht strafrechtlich zu erfassen; sie hängt damit von der rechtlichen Qualität der Bezugstat ab.

c) Bestimmung eines bestimmten oder bestimmbaren Personenkreises

Überwiegend wird - wie im deutschen Recht[1076] - davon ausgegangen, daß sich die Bestimmung an einen bestimmten oder zumindest bestimmbaren Personenkreis richten muß[1077]. Demgegenüber gehen Teile in der Literatur davon aus, daß auch die Aufforderung eines unbestimmten Personenkreises ausreiche, sofern nur die Tat, zu der bestimmt werden solle, ihren wesentlichen Umständen nach feststünde[1078].

d) Mittel der Bestimmung: geistiger Kontakt zwischen Bestimmungs- und unmittelbarem Täter

Als Bestimmungshandlung kommt jedes Verhalten in Betracht, das kausal zum Handlungsentschluß beim unmittelbaren Täter führt[1079]. Dabei muß der Bestimmungstäter in irgendeiner Weise psychisch auf den unmittelbaren Täter einwirken[1080].

Dies entspricht der Rechtslage im deutschen Recht: Erforderlich ist eine psychische Einwirkung auf den Anzustiftenden[1081].

1075 H.M.: *Höpfel* ÖJZ 1982, 314, 317; *Kienapfel* Grundriß AT E4 Rdnr. 6; E5 Rdnr. 12; *Triffterer* AT I S. 403 Rdnr. 72; *ders.* Beteiligungslehre S. 69; WK-*Fabrizy* § 12 Rdnr. 43.

1076 Für die h.M.: *Jescheck/Weigend* § 64 II 2; LK-*Roxin* § 26 Rdnr. 46.

1077 OGH EvBl 1971/157; *Kienapfel* Grundriß AT E4 Rdnr. 12; *Leukauf/Steininger* § 12 Rdnr. 33 a.E.; WK-*Fabrizy* § 12 Rdnr. 46.

1078 *Burgstaller* RZ 1975, 13, 14; *Mayerhofer/Rieder* § 282 Nr. 3.

1079 H.M.: OGH LSK 1979/85; EvBl 1974/301; RZ 1989/71, S. 193; *Kienapfel* Grundriß AT E4 Rdnr. 9; *Leukauf/Steininger* § 12 Rdnr. 30; WK- *Fabrizy* § 12 Rdnr. 44.

1080 H.M.: WK-*Fabrizy* § 12 Rdnr. 41; *Triffterer* AT I S. 402 Rdnr. 70.

1081 Für die h.M.: Vgl. *Jescheck/Weigend* § 64 II 1 mit weiteren Nachweisen; LK-*Roxin* § 26 Rdnr. 4.

e) Bestimmungstäterschaft durch Unterlassen

Umstritten ist im österreichischen Strafrecht, ob die Bestimmung durch Unterlassen möglich ist. Die befürwortenden Autoren verlangen dafür in jedem Fall eine Garantenstellung des Unterlassenden[1082].

Im deutschen Recht wird die Möglichkeit der Anstiftung durch Unterlassen allgemein abgelehnt, da die erforderliche psychische Einwirkung des Anstifters auf den Anzustiftenden nicht durch Unterlassen verwirklicht werden könne[1083].

4. Vorsatz des Bestimmungstäters

a) Allgemeines

Für die vorsätzliche Bestimmungstäterschaft[1084] ist es erforderlich, daß der Bestimmende Vorsatz bezüglich seiner Bestimmungshandlung hat. Ferner muß sich sein Vorsatz auf die Vollendung der Tat, zu der er bestimmen will, richten. Fordert diese Tat besondere subjektive Merkmale, so muß auch der Bestimmungstäter diese erfüllen[1085]. Ansonsten scheidet eine Strafbarkeit als Bestimmungstäter aus. Die ansonsten grundsätzlich mögliche psychische Beitragstäterschaft[1086] scheitert an derselben Voraussetzung[1087]. Damit ist ein Beteiligter, der ein überschießendes subjektives Element nicht aufweist, nicht strafbar.

Hierin liegt ein Unterschied zum deutschen Strafrecht: Zwar muß auch in Deutschland der Anstifter den sogenannten doppelten Vorsatz haben, allerdings ist es nicht nötig, daß er alle subjektiven Anforderungen (zum Beispiel die Zueignungs-

---

1082 Für die Möglichkeit der Bestimmung durch Unterlassen: *Mayerhofer/Rieder* § 12 Anm. 5; *Triffterer* AT I S. 415 Rdnr. 114; *ders.* Beteiligungslehre S. 93ff.; gegen diese Möglichkeit: *Kienapfel* Grundriß AT E4 Rdnr. 15; *ders.* JBl 1974, 113, 180, 184.

1083 H.M.: *Armin Kaufmann* S. 292; *Jescheck/Weigend* § 64 II 6; *Lackner* § 26 Rdnr. 3; Sch/Sch/*Cramer* § 25 Rdnr. 5; LK-*Roxin* § 26 Rdnr. 61ff.; *Roxin* S. 484; *Wessels* Rdnr. 568.

1084 Zur fahrlässigen Bestimmungstäterschaft vgl. unten S. 237.

1085 H.M.: OGH EvBl 1984/163 (Vollendungsvorsatz); OGH SSt 49/64; SSt 53, 23 = EvBl 1982/200; JBl 1990, 331 mit Leitsatzberichtigung JBl 1990, 468 (Vorliegen aller speziellen subjektiven Merkmale auch beim Bestimmungstäter); *Kienapfel* Grundriß AT E4 Rdnr. 40ff.; *Leukauf/Steininger* § 12 Rdnr. 35, 36; *Triffterer* AT I S. 405 Rdnr. 77; WK-*Fabrizy* § 12 Rdnr. 59, 60.

1086 S. dazu unten S. 229.

1087 S. dazu unten S. 233.

absicht bei § 242 dStGB) selbst erfüllt. Es reicht, wenn diese beim Haupttäter vorliegen und der Anstifter davon weiß[1088].

b) Bestimmtheit der Tat des unmittelbaren Täters in ihren wesentlichen Elementen

Der Bestimmende muß die wesentlichen Elemente der Haupttat in seinen Vorsatz aufgenommen haben. Die Tat muß zwar nicht in allen Einzelheiten feststehen, jedoch muß das zu begehende Delikt der Art nach und in groben Umrissen in der Vorstellung des Bestimmenden vorhanden sein. Es ist nicht erforderlich, daß Zeit und Ort der Begehung und alle sonstigen Einzelheiten und Umstände der Deliktsbegehung bis ins Detail feststehen[1089]. Dies entspricht der Rechtslage bei der Anstiftung im deutschen Strafrecht[1090]. Steht die zu begehende Tat nicht einmal ihrer Art nach und in groben Umrissen fest, so kommt eine Strafbarkeit aus § 282 Abs. 1 öStGB (Aufforderung zu mit Strafe bedrohten Handlungen) in Betracht. Das Unterscheidungsmerkmal zwischen Bestimmungstäter und § 282 öStGB liegt in der Vorbestimmtheit der Tat, zu der aufgefordert wird[1091].

c) Verantwortung des Bestimmungstäters für Exzesse des unmittelbaren Täters

Ebenso wie der Mittäter haftet auch der Bestimmungstäter wegen § 13 öStGB nur soweit, wie sein Vorsatz geht[1092]. Für die Bestimmungstäterschaft bedeutet dies, daß der Bestimmende nicht haftet, wenn der unmittelbare Täter den Vorsatz des Bestimmenden quantitativ überschreitet, wenn er also ein „Mehr" begeht, als es der Bestimmungstäter vorhatte (statt des einfachen Diebstahls wird ein Diebstahl mit Waffen begangen). Ebenso begründet der qualitative Exzeß eine vorsatzerhebliche Abweichung, für die der Bestimmende, sofern sie nicht unwesentlich ist, nicht haftet. Unter dem qualitativen Exzeß versteht man den Fall, daß der unmittelbare Täter

---

1088 H.M.: RGSt 56, 171; *Kienapfel* Grundriß AT E4 Rdnr. 32; LK-*Roxin* § 26 Rdnr. 66.

1089 H.M.: OGH SSt 47/30; = EvBl 1977/34; EvBl 1976/287; SSt 47/79; EvBl 1979/230; SSt 48/72 = LSK 1977/349; SSt 54/15 = JBl 1984, 446; *Foregger/Kodeck* § 12 Anm. V; *Kienapfel* Grundriß AT E4 Rdnr. 12, E4 Rdnr. 47; *Leukauf/Steininger* § 12 Rdnr. 33; WK-*Fabrizy* § 12 Rdnr. 51.

1090 H.M.: RGSt 1, 110; weitergehend BGHSt 34, 63, 64; Sch/Sch/*Cramer* § 26 Rdnr. 17, § 27 Rdnr. 19; LK-*Roxin* § 26 Rdnr. 52, § 27 Rdnr. 47; *Tröndle* § 27 Rdnr. 8.

1091 H.M.: EBRV 1971, 426; *Kienapfel* Grundriß AT E4 Rdnr. 12; *Leukauf/Steininger* § 12 Rdnr. 33; WK-*Fabrizy* § 12 Rdnr. 52.

1092 H.M.: *Mayerhofer/Rieder* § 13 Anm. 2; WK-*Fabrizy* § 12 Rdnr. 63.

eine ganz andere Tat begeht als die, zu der der Bestimmungstäter hatte auffordern wollen[1093] (als Beispiel wird hier immer wieder gebracht, daß statt eines Diebstahls eine Vergewaltigung begangen wird; darunter fällt aber wohl auch der näher liegende Fall, daß statt eines Diebstahls ein Raub begangen wird). Unwesentlich ist die Abweichung dann, wenn die Differenz zwischen den Lebenskonkreta und dem vorgestellten Tatablauf keine andere rechtliche Bewertung zu Gunsten des Bestimmungstäters erfordert[1094].

Beim qualitativen Exzeß kommt versuchte Bestimmungstäterschaft bezüglich des angestrebten Deliktes in Betracht, beim quantitativen Exzeß kann der Bestimmungstäter aus dem Grunddelikt bestraft werden[1095].

Wie bei der unmittelbaren Mittäterschaft haftet auch der Bestimmungstäter für eine vom unmittelbaren Täter verwirklichte Erfolgsqualifikation nur dann, wenn auch ihm gemäß § 7 Abs. 2 öStGB Fahrlässigkeit vorgeworfen werden kann[1096].

Auch im deutschen Recht haftet der Anstifter nur soweit, wie sein Vorsatz geht[1097]. Exzesse des Haupttäters werden ihm nicht zugerechnet, unabhängig davon, ob der Täter eine komplett andere Tat begeht (in diesem Fall kommt eine Strafbarkeit aus versuchter Anstiftung zu einem Verbrechen gemäß § 30 dStGB in Betracht) oder nur ein „Mehr“[1098].

d) Möglichkeit der fahrlässigen Bestimmungstäterschaft

Ob die Bestimmungstäterschaft auch fahrlässig möglich ist, ist umstritten: Zum Teil wird davon ausgegangen, daß aus dem Wortlaut „bestimmen“ zu folgern sei, daß die Bestimmungstäterschaft nur vorsätzlich erfolgen könne; „bestimmen“ könne man nicht fahrlässig[1099]. Überwiegend wird jedoch davon ausgegangen, daß § 12, 2. Fall öStGB auch die fahrlässige Bestimmung erfaßt, da eine Beschränkung

---

1093 H.M.: OGH LSK 1995/197; SSt 23/77; RZ 1974/64, S. 103; *Foregger/Kodek* § 12 Anm. V, § 13 Anm. I; *Kienapfel* Grundriß AT E5 Rdnr. 50, 51; *Leukauf/Steininger* § 13 Rdnr. 6, 7; *Triffterer* AT I S. 405 Rdnr. 81; WK-*Fabrizy* § 12 Rdnr. 63, § 13 Rdnr. 5, 6, 8.

1094 H.M.: OGH LSK 1983/91 = SSt 54/15 = JBl 1984,445; WK-*Fabrizy* § 13 Rdnr. 9.

1095 Für die h.M.: *Triffterer* AT I S. 405 Rdnr. 81.

1096 H.M.: OGH JBl 1984, 389 mit Anm. *Burgstaller*; EvBl 1980, 40; SSt 50/7; WK-*Burgstaller* § 86 Rdnr. 10; *Kienapfel* Grundriß AT E4 Rdnr. 51; *Triffterer* Beteiligungslehre S. 95f.; WK-*Fabrizy* § 13, 6.

1097 H.M.: Sch/Sch/*Cramer* § 26 Rdnr. 22; § 27 Rdnr. 22; *Tröndle* § 26 Rdnr. 16, § 27 Rdnr. 8f.; LK-*Roxin* § 26 Rdnr. 87, § 27 Rdnr. 51.

1098 H.M.: RGSt 11, 118, 119; RGSt 67, 343, 344f.; BGHSt 2, 223, 225; LK-*Roxin* § 26 Rdnr. 89, § 27 Rdnr. 51; *Tröndle* § 26 Rdnr. 16, § 27 Rdnr. 9.

1099 *Kienapfel* Grundriß AT E4 Rdnr. 2; *Leukauf/Steininger* § 12 Rdnr. 34.

auf die Fälle der vorsätzlichen Bestimmung nicht ersichtlich sei[1100]. Da vielfach eigene unmittelbare Täterschaft des fahrlässig Bestimmenden vorliegen wird, ist dieser Streit von geringer praktischer Bedeutung.

Da die fahrlässige Bestimmung ein Problem der fahrlässigen Täterschaft darstellt, ist auch für sie wie für jede fahrlässige Täterschaft Voraussetzung, daß der Bestimmende oder Beitragende eine eigene Sorgfaltspflicht verletzt; die bloße Beteiligung an einer fremden Sorgfaltspflichtverletzung genügt nicht[1101].

5. *Bestimmung zum Versuch und versuchte Bestimmungstäterschaft*

a) Versuchte Bestimmungstäterschaft (Bestimmungsversuch)

Gemäß § 15 Abs. 2 öStGB ist der Versuch einer strafbaren Handlung strafbar, sobald der Entschluß, eine Tat auszuführen oder *„zu ihr zu bestimmen"*, durch eine der Ausführung unmittelbar vorangehende Handlung betätigt worden ist. Damit ist nicht nur der Versuch der unmittelbaren Täterschaft strafbar, sondern auch der Versuch, einen anderen zur Tatausführung zu bestimmen. Voraussetzung ist eine „bestimmungsnahe Handlung". Führt der Bestimmungstäter eine solche Handlung aus, so ist er aus dem Versuch des Deliktes, zu dem er hatte bestimmen wollen, zu bestrafen.

Wegen der kriminalpolitisch bedenklichen generellen Ausdehnung der Strafbarkeit auf den Bestimmungsversuch wird in der Literatur überwiegend gefordert, wenigstens den Begriff der „bestimmungsnahen Handlung" enger auszulegen als den Begriff der „ausführungsnahen Handlung" beim Versuch der unmittelbaren Täterschaft[1102]. Diese restriktive Auffassung teilt die Rechtsprechung allerdings nicht. Zwischen der Ausführungs- und der Bestimmungsnähe macht sie keinen Unterschied, für beide ist Nähe in objektiver und subjektiver Hinsicht erforderlich. Objektive Nähe liegt vor, „wenn die Handlung im nahen Vorfeld der Erfolgsverwirklichung liegt, das heißt jenes Ereignisses oder Zustandes, das oder der aus dem Tä-

---

1100 *Friedrich* RZ 1986, 227, 258; *Höpfel* ÖJZ 1982, 314, 316; *Schmoller* ÖJZ 1983, 336, 379, 386f.; *Triffterer* AT I S. 412 Rdnr. 106, 107, 109 mit weiteren Nachweisen; WK-*Fabrizy* § 12 Rdnr. 54, 55.

1101 H.M.: OGH JBl 1984, 48; SSt 52/34; RZ 1981/35, S. 134; RZ 1980/21, S. 111 = JBl 1980, 496; *Kienapfel* Grundriß AT E3 Rdnr. 30; *Leukauf/Steininger* § 12 Rdnr. 53; *Triffterer* AT I S. 413 Rdnr. 110; WK-*Fabrizy* § 12 Rdnr. 57, 96.

1102 *Burgstaller* JBl 1976, 113, 119f.; *Leukauf/Steininger* § 15 Rdnr. 22; *Triffterer* AT I S. 406 Rdnr. 83; *Zipf* RZ 1980, 141, 144; WK-*Fabrizy* § 12 Rdnr. 66.

tigkeitswort des Tatbestandes als Wirkung hervorgeht". Subjektive Nähe liegt vor, „wenn der Täter die entscheidende Hemmstufe vor der Verwirklichung des verpönten Erfolges überwunden hat"[1103].

Beim Bestimmungsversuch wird unterschieden zwischen mißlungener Bestimmung (es wird kein Tatentschluß erzeugt)[1104] und erfolgloser Bestimmung (zwar ist der Tatentschluß geweckt worden, aber es kommt aus anderen Gründen nicht einmal zum Versuch der Tat)[1105].

Die versuchte Bestimmungstäterschaft geht weiter als die im deutschen Recht mögliche Strafbarkeit der versuchten Anstiftung. Diese ist gemäß § 30 dStGB nur strafbar, sofern zu einem Verbrechen angestiftet wird.

b) Bestimmung zum Versuch

Gelingt zwar die Bestimmung und kommt es zum Versuch der Tat durch den unmittelbaren Täter, nicht jedoch zur Vollendung derselben, so ist der Bestimmungstäter wegen Bestimmung zum Versuch (aus dem Versuch des Deliktes) zu bestrafen.

Bestrafung aus dem vollendeten Delikt ist nur möglich, wenn der unmittelbare Täter das Delikt vollendet. Die Bestrafung des Bestimmungstäters hängt also nicht rechtlich von der Tat des unmittelbaren Täters ab, aber doch insoweit faktisch, als daß es sich nach dem unmittelbaren Täter richtet, ob aus versuchter Tat (bei mißlungener und erfolgloser Bestimmung oder bei Steckenbleiben der Haupttat im Versuch) oder Vollendung (bei Vollendung der Haupttat) bestraft werden kann[1106]. Diese faktische Abhängigkeit der Bestimmungstäterschaft vom Stadium der Haupttat ist dennoch keine quantitative Akzessorietät, da auch die versuchte Bestimmung (mißlungen oder erfolglos) strafbar ist.

1103 OGH LSK 1982/22 = EvBl 1982/98; SSt 56/10 (Mitnahme eines Kassibers zum geplanten Ort der Abgabe); SSt 56/55 (Absenden eines Briefes).

1104 H.M.: OGH LSK 1976/245; *Kienapfel* Grundriß AT E6 Rdnr. 12; *Leukauf/Steininger* § 12 Rdnr. 38; *Triffterer* Beteiligungslehre S. 46f.; *ders.* AT S. 406 Rdnr. 86; WK-*Fabrizy* § 12 Rdnr. 69.

1105 H.M.: OGH EvBl 1982/98; *Kienapfel* Grundriß AT E6 Rdnr. 12; *Leukauf/Steininger* § 12 Rdnr. 38; *Triffterer* Beteiligungslehre S. 46f.; *ders.* AT S. 407 Rdnr. 86; WK-*Fabrizy* § 12 Rdnr. 69.

1106 H.M.: OGH EvBl 1985/83 = LSK 1985/21; SSt 56/95 = EvBl 1986/174; *Kienapfel* Grundriß AT E4 Rdnr. 5; *Leukauf/Steininger* § 13 Rdnr. 38, 39; WK-*Fabrizy* § 12 Rdnr. 70.

6. *Rücktritt von der Bestimmungstäterschaft*

Da jeder Beteiligte für eigenes Unrecht und für eigene Schuld haftet, muß der Bestimmungstäter beim Rücktritt selbst die gesetzlichen Voraussetzungen der Straflosigkeit in seiner Person erfüllen. Insbesondere kommt ihm also der Rücktritt des unmittelbaren Täters nicht zu gute[1107]. Der Bestimmungstäter muß zur Erlangung der Straffreiheit entweder die Ausführung der Tat verhindern oder freiwillig den Erfolg abwenden (§ 16 Abs. 1 öStGB) oder - wenn die Ausführung oder der Erfolg ohne sein Zutun unterbleibt - sich in Unkenntnis dessen freiwillig und ernstlich bemühen, die Ausführung zu verhindern oder den Erfolg abzuwenden (§ 16 Abs. 2 öStGB)[1108]. Der Rücktritt des Bestimmungstäters ist möglich bis zur Vollendung der Tat durch den unmittelbaren Täter[1109].

Dies entspricht im wesentlichen der Rechtslage in Deutschland: Der Rücktritt von der Beteiligung richtet sich im deutschen Recht nach § 24 Abs. 2 dStGB: Nach dessen Satz 1 ist es erforderlich, daß der zurücktretende Beteiligte die Vollendung verhindert. Wenn es ohne sein Zutun nicht zur Vollendung kommt, so genügt es, daß er sich freiwillig und ernsthaft darum bemüht hat (§ 24 Abs. 2 Satz 2 dStGB). Allerdings ist das deutsche Recht insoweit rücktrittsfreundlicher als das österreichische Recht, als daß der Rücktritt trotz Vollendung des Deliktes durch die übrigen Beteiligten möglich ist: Kommt es dennoch zur Vollendung, so ist Voraussetzung, daß der Zurücktretende sich ernsthaft und freiwillig um Verhinderung dieser bemüht hat und daß diese unabhängig von seinem früheren Tatbeitrag möglich war (§ 24 Abs. Satz 2 dStGB). Das Rückgängigmachen des eigenen Tatbeitrages genügt also nur, wenn darin das Bemühen liegt, die Vollendung zu verhindern[1110]. Der Rücktritt von der versuchten Anstiftung ist in § 31 Abs. 1 Nr. 1 dStGB geregelt: Hat der Täter noch keinen Tatentschluß gefaßt, genügt bloßes Nichtweiterhandeln; ist er bereits entschlossen, so daß die Gefahr der Tatbegehung besteht, so muß diese abgewendet werden. Auch hier genügt allerdings das ernsthafte und freiwillige Bemühen um die Verhinderung der Tatbegehung, sofern die Tat unabhängig von der Anstiftung begangen wird (§ 31 Abs. 2 dStGB).

1107 H.M.: OGH SSt 56/95; EvBl 1980/6; *Kienapfel* Grundriß AT E6 Rdnr. 27; *Leukauf/Steininger* § 16 Rdnr. 12; WK-*Fabrizy* § 12 Rdnr. 71.

1108 H.M.: OGH EvBl 1995/92; SSt 56/95; EvBl 1980/6; *Kienapfel* Grundriß AT E6 Rdnr. 27.

1109 H.M.: OGH EvBl 1995/92; *Kienapfel* Grundriß AT E6 Rdnr. 28; *Leukauf/Steininger* § 16 Rdnr. 5.

1110 H.M.: BGH NJW 1984, 2169, 2169 mit Anm. *Kühl* JZ 1984, 292, 294 und *Küper* JR 1984, 265, 268; BGHSt 32, 133, 134; *Lackner* § 24 Rdnr. 26; *Tröndle* § 24 Rdnr. 16.

7. *Bestimmung zur Bestimmungs- oder zur Beitragstäterschaft*

a) Bestimmung zur Bestimmungstäterschaft

Die Bestimmung muß nicht unbedingt direkt an den unmittelbaren Täter gerichtet sein. Vielmehr ist nach herrschender Meinung auch die Kettenbestimmung, also die Bestimmung eines anderen zur Bestimmung möglich, da auch die Bestimmungstäterschaft eine „strafbare Handlung" i.S.d. § 12 öStGB, zu der bestimmt werden muß, darstellt. Der Bestimmungstäter braucht dabei weder den unmittelbaren Täter noch die einzelnen Kettenglieder zu kennen, es genügt, daß er das Endziel kennt und will[1111].

Auch in Deutschland ist die Anstiftung zur Anstiftung (Kettenanstiftung) nach überwiegender Auffassung (mittelbare) Anstiftung zur Haupttat, da § 26 dStGB nur verlangt, daß ein anderer zu „einer mit Strafe bedrohten Handlung" - worunter auch die Anstiftung fällt - bestimmt wird und dafür die Strafe der Tat, zu der angestiftet wurde (also die Strafe der Anstiftung zur Haupttat), androht[1112].

Wie im deutschen Recht[1113] ist auch die mittelbare Bestimmungstäterschaft nach herrschender Meinung in Österreich möglich, das heißt die Anstiftung des unmittelbaren Täters durch eine Mittelsperson, die nur die Nachricht des Bestimmungstäters überbringt, ohne selbst Bestimmungstäter zu sein[1114].

b) Bestimmung zur Beitragstäterschaft

Nach dem Wortlaut des § 12 öStGB ist eigentlich auch die Bestimmung zur Beitragstäterschaft möglich, denn auch diese stellt eine „strafbare Handlung" dar. Dies führt allerdings zu kriminalpolitisch unerwünschten Ergebnissen, wenn man bedenkt, daß wegen § 15 Abs. 2 öStGB der Beitragstäter selbst erst dann strafbar ist, wenn der unmittelbare Täter ins Versuchsstadium gelangt ist[1115], da die versuchte

---

[1111] H.M.: OGH SSt 56/10; JUS 1992/6/890; RZ 1989/71, S. 193; *Kienapfel* Grundriß AT E4 Rdnr. 13; *Leukauf/Steininger* § 12 Rdnr. 30; *Triffterer* AT I S. 404 Rdnr. 75; WK-*Fabrizy* § 12 Rdnr. 47.

[1112] BGHSt 6, 359, 361; 7, 234, 237; 14, 156, 157; *Lackner* § 26 Rdnr. 8; LK-*Roxin* § 26 Rdnr. 108; *Schwind* MDR 1969, 13; **a.A.**: *Janß* S. 173; *Sippel* S. 82.

[1113] BGHSt 8, 137, 139 mit Anm. *Gallas*; BGH JR 1956, 225; *Jescheck/Weigend* § 64 II 2. a).

[1114] OGH SSt 47/30 = EvBl 1977/34 = LSK 1976/225; SSt 50/30 = JBl 1979, 662; EvBl 1979/230; *Leukauf/Steininger* § 12 Rdnr. 30; WK-*Fabrizy* § 12 Rdnr. 47.

[1115] S. dazu unten S. 235.

Beitragstäterschaft nicht unter Strafe steht. Derjenige, der jedoch einen Beitragstäter zu bestimmen versucht, wäre bereits vom Zeitpunkt seiner Veranlassungshandlung an wegen versuchter Bestimmungstäterschaft strafbar. Käme es in einem solchen Fall nicht zum Versuch durch den unmittelbaren Täter, so wäre der Beitragstäter straflos, derjenige, der den Beitragstäter jedoch zu seiner Beitragstäterschaft bestimmt hat, wäre wegen versuchter Bestimmungstäterschaft strafbar. Das erscheint unbillig, da doch die Beitragshandlung der Tat näher steht als die Bestimmung zur Beitragshandlung. Daher wird von der überwiegenden Ansicht in Literatur und Rechtsprechung in Österreich angenommen, daß die Bestimmung zu einer Beitragstäterschaft nur als Beitragstäterschaft zu bestrafen sein soll[1116].

Im deutschen Recht wird die Anstiftung zur Beihilfe als Beihilfe zur Haupttat erfaßt, da auch durch die Anstiftung die Haupttat gefördert wird[1117].

IV. Der Beitragstäter

1. Allgemeines

Beitragstäter i.S.d. §12 öStGB ist jeder, der zur Ausführung der strafbaren Handlung „*sonst beiträgt*". Auch die Beitragstäterschaft ist neben der unmittelbaren Täterschaft eine selbständige Täterschaftsform, deren Bestrafung von der des unmittelbaren Täters grundsätzlich unabhängig ist. Im Verhältnis zu den beiden übrigen Täterformen bildet die Beitragstäterschaft eine Generalklausel für alle vorsätzlichen und fahrlässigen Handlungen, die in strafrechtlich relevanter Weise die Ausführung der strafbaren Handlung durch einen anderen fördern und nicht schon von § 12, 1. oder 2. Fall öStGB erfaßt werden[1118].

1116 OGH JBl 1996, 329 mit Anm. *Medigovic* RZ 1995/43, S. 175; *Kienapfel* Grundriß AT E6 Rdnr. 14; *Foregger/Kodek* § 12 Anm. III; *Schmoller* ÖJZ 1983, 336, 379, 384; *Triffterer* AT I S. 404 Rdnr. 75; WK-*Hager/Massauer* § 15 Rdnr. 172ff.

1117 H.M.: RGSt 59, 396, 397; BGHSt 7, 234, 236; *Jakobs* 22/30; LK-*Roxin* § 27 Rdnr. 61; *Schwind* MDR 1969, 13, 14f.; *Tröndle* § 27 Rdnr. 10.

1118 H.M.: *Kienapfel* Grundriß AT E 5 Rdnr. 2; *ders.* JBl 1974, 113, 122; *Leukauf/Steininger* § 12 Rdnr. 44; *Triffterer* AT I S. 408 Rdnr. 89; WK-*Fabrizy* § 12 Rdnr. 72.

2. *Keine qualitative Akzessorietät*

Wie die Bestimmungstäterschaft ist auch die Beitragstäterschaft nach herrschender Meinung in Literatur und Rechtsprechung nicht qualitativ akzessorisch zur Tat des unmittelbaren Täters. Dieser braucht weder rechtswidrig noch vorsätzlich oder schuldhaft zu handeln. Es genügt das bloße Faktum, daß er die strafbare Handlung ausführt[1119]. Nur die Vertreter des reduzierten Einheitstätersystems verlangen für die Beitragstäterschaft eine vorsätzliche und rechtswidrige Tat des unmittelbaren Täters[1120].

Auch die Beitragstäterschaft geht damit weiter als die deutsche Beihilfe gemäß § 27 dStGB, da keine vorsätzliche rechtswidrige Haupttat nötig ist. Es ist auch Beitragstäterschaft an einem fahrlässigen Delikt möglich. Im deutschen Recht ist Beihilfe zum Fahrlässigkeitsdelikt wegen § 27 dStGB, der eine vorsätzliche Haupttat fordert, nicht möglich. Da im deutschen Strafrecht bei fahrlässigen Taten von einem Einheitstäterbegriff ausgegangen wird[1121], liegt in solchen Fällen fahrlässige Täterschaft vor. In beiden Ländern ist die (fahrlässige[1122]) Unterstützung einer fahrlässigen Tat also ein Fall der fahrlässigen Täterschaft, wobei in Österreich, wie bei der Bestimmungstäterschaft zur Fahrlässigkeit, zwischen Beitragstäterschaft und unmittelbarer Täterschaft auch bei Fahrlässigkeitsdelikten differenziert wird, während in Deutschland alle Beteiligten am Fahrlässigkeitsdelikt „Täter“ sind.

In Österreich ist außerdem die Beitragstäterschaft an einer nicht rechtswidrigen Tat des unmittelbaren Täters möglich (sofern der Beitragstäter rechtswidrig handelt, was bei Rechtfertigung des unmittelbaren Täters selten sein dürfte, da die rechtfertigende Situation wohl meist für alle Beteiligten gelten wird). Im deutschen Recht wäre in einem solchen Fall die Beihilfe straflos. Grundsätzlich ist damit auch die Beitragstäterschaft an einer nicht tatbestandsmäßigen Tat (Selbsttötung, Selbstverletzung) möglich, was in Deutschland ebenfalls ausscheidet. Dies wird aber dadurch vermieden, daß auch bei der Beitragstäterschaft der Erfolg objektiv zurechenbar sein

---

1119 OGH LSK 1985/58 = SSt 56/19; JBl 1990, 331 mit Leitsatzberichtigung in JBl 1990, 468; *Kienapfel* Grundriß AT E5 Rdnr. 24; *ders.* JBl 1974, 113, 118, 180, 184; *Leukauf/Steininger* § 12 Rdnr. 50; *Triffterer* AT I S. 412 Rdnr. 106; WK-*Fabrizy* § 12 Rdnr. 85.

1120 *Burgstaller* RZ 1975, 13, 16. Vgl. auch die Nachweise oben S. 207, Fußnote 1014. Vereinzelt geblieben ist die Entscheidung OGH JBl 1984, 389 mit Anm. *Burgstaller*, die rechtswidriges Verhalten des unmittelbaren Täters verlangt.

1121 S. oben S. 216, Fußnote 1067.

1122 Die vorsätzliche Unterstützung einer fahrlässigen Tat ist in Österreich ein Fall der vorsätzlichen Beitragstäterschaft (s. dazu unten S. 243).

muß, da der Beitragstäter nicht weiter haften soll als der unmittelbare Täter, im Falle der Selbstgefährdung also ebenfalls straffrei bleibt[1123].

Allerdings ist die Beitragstäterschaft nach herrschender Meinung in Österreich quantitativ akzessorisch: Da § 15 Abs. 2 öStGB nur den Versuch, einen anderen zu einer strafbaren Handlung zu bestimmen, unter Strafe stellt, ist die versuchte Beitragstäterschaft nicht strafbar[1124]. Es ist für eine Strafbarkeit also erforderlich, daß der Haupttäter mindestens das Versuchsstadium erreicht[1125]. Auch bei der Beitragstäterschaft gilt der Grundsatz der faktischen Bezogenheit: Die Strafe des Beitragstäters richtet sich danach, ob der unmittelbare Täter die Tat vollendet hat oder ob die Tat im Versuch stecken geblieben ist[1126].

Das entspricht dem deutschen Recht: § 30 dStGB stellt nur die versuchte Anstiftung zu einem Verbrechen unter Strafe, die versuchte Beihilfe ist in jedem Fall straflos; für eine Strafbarkeit aus § 27 dStGB muß es mindestens zum Versuch der Haupttat kommen.

3. *Beitragshandlung*

a) Kausalität der Beitragshandlung

Beitragstäter i.S.d. § 12 3. Fall öStGB ist jeder, der sonst zur Ausführung einer „strafbaren Handlung" beiträgt, mithin jeder, der, ohne unmittelbarer Täter oder Bestimmungstäter zu sein, dessen Tatbildverwirklichung ermöglicht, erleichtert, absichert oder sonstwie fördert[1127]. Dabei ist es nicht erforderlich, daß die Beitragshandlung für den Erfolg kausal in dem Sinne ist, daß ohne sie eine Ausführung unmöglich gewesen wäre; es reicht, daß sie sich auf den Tatablauf, also die Handlung, irgendwie, sei es auch sehr gering, ausgewirkt hat[1128]. Eine unnötige oder unwirksame

---

1123 H.M.: s. dazu unten S. 229.

1124 S. dazu unten S. 235.

1125 H.M.: OGH EvBl 1996/114; SSt 56/4; JBl 1984, 389 mit Anmerkung *Burgstaller*; EvBl 1984/157; EvBl 1984/163; LSK 1983/105; SSt 50/2; *Burgstaller* RZ 1975, 13, 16; *Kienapfel* Grundriß AT E5 Rdnr. 24; *Leukauf/Steininger* § 12 Rdnr. 50; WK-*Fabrizy* § 12 Rdnr. 86.

1126 H.M.: *Kienapfel* Grundriß AT E5 Rdnr. 25; *Leukauf/Steininger* § 12 Rdnr. 51; *Triffterer* Beteiligungslehre S. 46; WK-*Fabrizy* § 12 Rdnr. 87.

1127 H.M.: *Kienapfel* Grundriß AT E5 Rdnr. 8; *Leukauf/Steininger* § 12 Rdnr. 44; *Triffterer* AT I S. 408 Rdnr. 89; WK-*Fabrizy* § 12 Rdnr. 77.

1128 H.M.: OGH EvBl 1974/240 = RZ 1974/64, S. 103; LSK 1977/87; EvBl 1978/107 = LSK 1978/69; EvBl 1979/81; SSt 55/85; weitere Nachweise zur Rechtsprechung bei *Mayerho-*

Beitragshandlung wird daher in der Regel keine Strafbarkeit begründen, es sei denn, sie läßt sich als psychische Unterstützungshandlung erfassen[1129].

Dies entspricht der im deutschen Recht von der Rechtsprechung vertretenen Auffassung, daß die Beihilfe sich irgendwie auf die Handlung des Täters ausgewirkt haben müsse, nicht jedoch auf den Erfolg[1130]. Zwar hält die herrschende Meinung in der deutschen Literatur mit unterschiedlichen Anforderungen daran fest, daß die Hilfeleistung grundsätzlich kausal gewesen sein muß in der Hinsicht, daß sie die Tatbestandsverwirklichung ermöglicht, erleichtert, intensiviert oder abgesichert hat[1131], da ansonsten nicht zwischen strafloser versuchter Beihilfe und strafbarer Beihilfe unterschieden werden könne. Im Ergebnis werden die Rechtsprechung in Deutschland und die überwiegende Auffassung in Literatur und Rechtsprechung in Österreich sowie die Literatur in Deutschland oft zu ähnlichen Ergebnissen gelangen, da ein Fördern der Handlung der Haupttat sich in den meisten Fällen auch irgendwie kausal auf die Tatbestandsverwirklichung auswirken wird[1132].

b) Objektive Zurechenbarkeit des Erfolges

Genau wie bei der unmittelbaren Täterschaft und bei der Bestimmungstäterschaft ist es nach herrschender Meinung auch für die Beitragshandlung erforderlich, daß der Erfolg dem Beitragenden zurechenbar ist. Auch der Beitragstäter soll nicht in größerem Umfang für den eingetretenen Erfolg haften als der unmittelbare Täter, weshalb zum Beispiel die Förderung fremder Selbstschädigung oder neutrale, sozialadäquate

---

fer/Rieder § 13 Nr. 78, 87, 88; *Kienapfel* Grundriß AT E5 Rdnr. 11; *Leukauf/Steininger* § 12 Rdnr. 47; *Triffterer* AT I S. 408 Rdnr. 90ff.; WK-*Fabrizy* § 12 Rdnr. 73, 74.

1129 S. dazu unten S. 229; h.M.: OGH EvBl 1972/352; JBl 1971, 146; *Leukauf/Steininger* § 12 Rdnr. 47; WK-*Fabrizy* § 12 Rdnr. 75.

1130 RGSt 58, 113, 115; 67, 191, 193; 71, 176, 178; 73, 52, 54; BGHSt 2, 130, 132; BGH VRS 8, 199, 201; BGH NStZ 1985, 318; BGHZ 63, 124. Auf den Nachweis der Kausalität verzichten außerdem diejenigen, die in der Beihilfe ein abstraktes oder abstrakt-konkretes Gefährdungsdelikt sehen (*Herzberg* GA 1971, 1ff., 7; *Vogler* in: Festschrift für Heinitz S. 295, 304ff). Andere wiederum bejahen Beihilfe bereits dann, wenn der Täter das Risiko der Tatverwirklichung durch den Haupttäter erhöht (*Salamon* S. 155; *Schaffstein* in: Festschrift für Honig S. 169, 174ff.). Ausführlich zum Streitstand LK-*Roxin* § 27 Rdnr. 1ff.

1131 *Bloy* S. 289; Sch/Sch/*Cramer* § 27 Rdnr. 10; *Jakobs* 22/34; *Lackner* § 27 Rdnr. 2; *Maurach/Gössel/Zipf* § 52 Rdnr. 19; *Claß* in: Festschrift für Stock S. 115, 125; *Dreher* MDR 1972, 553, 556; *Jescheck/Weigend* § 64 III 2; SK-*Samson* § 27 Rdnr. 9; *Samson* in: Festschrift für Peters S. 130, 135; *Tröndle* § 27 Rdnr. 2.

1132 *Bockelmann/Volk* S. 197; *Jescheck/Weigend* § 64 III 2; *Samson* S. 55.

Handlungen nicht als Beitragstäterschaft bestraft werden, auch wenn sie für den Erfolg kausal waren[1133].

c) Ort und Zeitpunkt der Beitragshandlung

Für die Beitragstäterschaft ist weder räumliche noch zeitliche Nähe zur Tatausführung erforderlich[1134]. Der Tatbeitrag muß vor oder während der Tatausführung geleistet werden, bereits im Vorbereitungsstadium der Tat ist eine Beitragstäterschaft möglich[1135]. Allerdings ist wegen der quantitativen Akzessorietät der Beitragstäterschaft der Beitragende erst strafbar, wenn der unmittelbare Täter in das Versuchsstadium eintritt[1136]. Nach Vollendung der Tat erlischt die Möglichkeit der Beitragstäterschaft; dann geleistete Hilfe kann als Hehlerei (§ 164 öStGB) oder Begünstigung (§ 299 öStGB) strafbar sein[1137]. Nur bei Dauerdelikten ist die Beitragstäterschaft bis zur tatsächlichen Beendigung möglich[1138].

Auch im deutschen Recht kann die Beihilfe bereits zu Vorbereitungshandlungen geleistet werden[1139]. Allerdings ist im Gegensatz zum österreichischen Recht nach Ansicht der Rechtsprechung[1140] und der herrschenden Lehre[1141] auch nach der Vollendung, also bis zur materiellen Beendigung, eine Beitragshandlung möglich. Dies wird allerdings in der neueren Literatur zunehmend abgelehnt, da die Figur der materiellen Beendigung jedenfalls dort, wo sie zu Strafbarkeitserweiterungen führe, nicht mit dem Grundsatz *nullum crimen sine lege* zu vereinbaren sei, zumal für den

---

1133 H.M.: *Höpfel* ÖJZ 1982, 314, 317; *Kienapfel* Grundriß AT E5 Rdnr. 9 ,12, 13, 14; *ders.* JBl 1974, 113, 180, 187; *Triffterer* AT I S. 410 Rdnr. 95, 96, *ders.* Beteiligungslehre S. 34, 69, 77; *Schmoller* ÖJZ 1983, 336, 379, 385; WK-*Fabrizy* § 12 Rdnr. 76.

1134 H.M.: OGH JUS 1994/6/1518; SSt 54/68; *Kienapfel* Grundriß AT E5 Rdnr. 20.

1135 H.M.: OGH LSK 1996/241; JUS 1993/6/1203; SSt 60/13; SSt 56/4; SSt 51/45; *Kienapfel* Grundriß AT E5 Rdnr. 20; *Leukauf/Steininger* § 12 Rdnr. 48; WK-*Fabrizy* § 12 Rdnr. 84.

1136 S. dazu unten S. 235.

1137 H.M.: OGH SSt 52/64 ; JBl 1982, 385; *Kienapfel* Grundriß AT E5 Rdnr. 22; *Leukauf/Steininger* § 12 Rdnr. 48; WK-*Fabrizy* § 12 Rdnr. 84.

1138 H.M.: OGH EvBl 1976/244; *Kienapfel* Grundriß AT E5 Rdnr. 21; *Triffterer* Beteiligungslehre S. 27.

1139 H.M.: RGSt 8, 267, 268; 4, 95, 95ff.; 28, 287, 287; 51, 136, 141; 58, 113, 114; BGH NJW 1985, 1035, 1035; BGHSt 2, 344, 346; 28, 346, 348; Sch/Sch/*Cramer* § 27 Rdnr. 13; *Lackner* § 27 Rdnr. 3; LK-*Roxin* § 27 Rdnr. 31; *Tröndle* § 27 Rdnr. 2.

1140 RGSt 23, 292, 293; 58, 13, 14f.; 71, 193, 194; BGHSt 3, 40, 43f.; 4, 132, 133; 6, 248, 251; BGH VRS 16, 267, 267; OLG Hamm JZ 1961, 94, 95 mit Anm. *Stratenwerth.*

1141 *Blei* § 80 I; *Hau* S. 119f.; Sch/Sch/*Cramer* § 27 Rdnr. 17; *Jescheck/Weigend* § 64 III 2; *Lackner* § 27 Rdnr. 3; *Otto* JuS 1982, 557, 565; *Tröndle* § 27 Rdnr. 4; *Wessels* Rdnr. 583.

Eintritt der Beendigung keine sicheren Kriterien gegeben werden könnten[1142]. Nach dieser Ansicht ist wie in Österreich nach der Vollendung des Tatbestandes keine Teilnahme mehr möglich und es kann nur noch aus Sonderdelikten wie der Begünstigung (§ 257 dStGB) oder der Strafvereitelung (§ 258 dStGB) oder der Hehlerei (§ 259 dStGB) bestraft werden.

Auch zu einer sich bereits im Ausführungsstadium befindlichen Tat kann ein Beitrag geleistet werden (sukzessive Teilnahme)[1143]. Bereits verwirklichte Qualifikationen werden dem Beitragstäter - ebenso wie dem sukzessiven Mittäter - von der überwiegenden Ansicht dann zugerechnet, wenn er davon wußte[1144].

Auch im deutschen Recht ist sukzessive Teilnahme möglich; auch hier gilt der Grundsatz, daß der Teilnehmer nur soweit bestraft wird, wie sein Vorsatz reicht[1145]. Zu beachten ist, daß im deutschen Strafrecht nach überwiegender Ansicht Teilnahme auch noch in der materiellen Beendigungsphase, also nach der tatbestandlichen Vollendung, möglich ist[1146], was in Österreich allgemein abgelehnt wird[1147].

d) Mittel der Beitragshandlung: psychische und physische Beitragshandlung

Wie im deutschen Recht[1148] kann der Beitrag nicht nur durch Tat, sondern auch durch Rat geleistet werden. Für die psychische Beihilfe kommen jede Art von Belehrungen und Ratschlägen in Betracht, aber auch die bloße Anwesenheit am Tatort kann den Täter moralisch unterstützen. Die Rechtsprechung neigte hier zunächst zu einer weiten Auslegung[1149], wogegen die Literatur eine strenge Prüfung der Kausalität verlangte, um kriminalpolitisch unerwünschte Ausweitungen der Strafbarkeit zu verhindern[1150]. Die neuere Rechtsprechung schränkt die psychische Beitragstäterschaft nun ebenfalls durch strengere Anforderungen an den Nachweis der Kausalität

---

1142 *Herzberg* Täterschaft § 5 III 2; *Jakobs* 22/40; *Maurach/Gössel/Zipf* § 39 Rdnr. 11, 40; *Rudolphi* in: Festschrift für Jescheck Bd. I, S. 559, 576; LK-*Roxin* § 27 Rdnr. 35.

1143 H.M.: OGH LSK 1981/26; LSK 1977/141; *Kienapfel* Grundriß AT E5 Rdnr. 21.

1144 OGH LSK 1977/41, a.A. *Kienapfel* Grundriß BT II § 129 Rdnr. 54, der einen Beitrag zur Qualifikation verlangt.

1145 S. dazu oben S. 214, Fußnote 1056.

1146 S. dazu oben S. 230, Fußnoten 1140 und 1141.

1147 S. dazu oben S. 230, Fußnote 1137.

1148 H.M.: vgl. nur LK-*Roxin* § 27 Rdnr. 10ff., 40ff. mit weiteren Nachweisen.

1149 OGH SSt 54/15 = JBl 1984, 445 (Bloße Anwesenheit in der Bereitschaft, jederzeit einzugreifen); SSt 55/22 vorheriges Versprechen, an einem Einbruch mizuwirken); weitere Nachweise zur Rechtsprechung bei *Kienapfel* Grundriß AT Rdnr. 16, 17.

1150 *Kienapfel* Grundriß AT E5 Rdnr. 17 und 18; *Triffterer* AT I S. 410 Rdnr. 98; WK-*Fabrizy* § 12 Rdnr. 80.

ein, so daß bloßes Begleiten zum Tatort oder Dabeisein bei der Ausführung[1151] oder sogar Anfeuerungsrufe[1152] nicht mehr ohne weiteres genügen, Es müssen konkrete Anhaltspunkte vorliegen, daß in der Beitragshandlung ein Beitrag zur Tatausführung liegt.

e) Beitragstäterschaft durch Unterlassen

Die Beitragstäterschaft kann nach herrschender Meinung in Österreich auch durch Unterlassen geschehen, sofern der Unterlassende eine Garantenstellung innehat[1153].

Die Abgrenzung zwischen den einzelnen Täterschaftsformen richtet sich nach denselben Kriterien, wie sie für die Abgrenzung beim positiven Tun gelten:

Unmittelbarer Täter ist nach der herrschenden Meinung derjenige, der die Tathandlung unmittelbar ausführt[1154]. Für die Beteiligung durch Unterlassen am Unterlassen bedeutet das, daß nur derjenige unmittelbarer Täter durch Unterlassen ist, dessen Handlung ohne andere menschliche Zwischenschritte den Erfolg verhindert hätte[1155]. Die Mutter, die ihr Kind fast verhungern läßt, ist nur dann unmittelbare Täterin, wenn nicht der Arzt den Tod des Kindes durch Unterlassen der gebotenen Anweisungen unmittelbar verursacht. Ansonsten ist der Arzt unmittelbarer Täter der Tötung durch Unterlassen, die Mutter ist wegen der durch den Arzt gesetzten Zwischenursache nur Beitragstäterin[1156].

Wenn dagegen einer der Beteiligten durch positives Tun die Ausführungshandlung vornimmt, während die übrigen sich daran durch Unterlassen beteiligen, wird jener unmittelbarer Täter sein, den unterlassenden Beteiligten kommt nur die Rolle der Bestimmungs- oder Beitragstäter zu.

Dies entspricht der Situation in Deutschland: Grundsätzlich wird die Möglichkeit anerkannt, daß derjenige, der eine Garantenstellung innehat, auch als Teilnehmer bestraft werden kann, da auch durch Unterlassen die Haupttat gefördert werden könne. Umstritten ist lediglich, wie in diesen Fällen zur Unterlassungstäterschaft

---

1151 OGH RZ 1992/45, S. 122; JBl 1988, 55; EvBl 1983/ 108.

1152 OGH JUS 1986/16/15.

1153 H.M.: OGH JBl 1983, 545; JBl 1988, 55; SSt 54/42; SSt 30/130; *Kienapfel* Grundriß AT E5 Rdnr. 23; *ders.* JBl 1974, 113, 180, 187; *Triffterer* AT I S. 415 Rdnr. 114; WK-*Fabrizy* § 12 Rdnr. 81.

1154 S. dazu oben S. 210; *Triffterer* Beteiligungslehre S. 93 mit Beispielen; WK-*Nowakowski* § 2 Rdnr. 35.

1155 *Triffterer* Beteiligungslehre S. 93; WK-*Nowakowski* § 2 Rdnr. 35.

1156 Beispiel von *Triffterer* Beteiligungslehre S. 93.

abgegrenzt werden kann. Die Rechtsprechung unterscheidet hierbei nach rein subjektiven Kriterien[1157]. Der überwiegende Teil der Lehre geht demgegenüber davon aus, daß der untätige Garant immer nur Nebenfigur des Geschehens und daher Gehilfe ist[1158]. Andere unterscheiden nach Art der Garantenstellung: Der unterlassende Beschützergarant sei Täter, der unterlassende Überwachungsgarant sei Teilnehmer[1159]. Schließlich wird davon ausgegangen, daß der unterlassende Garant stets Täter sei, da die Unterlassungsdelikte Pflichtdelikte seien, deren Verletzung allein die Täterstrafbarkeit begründe[1160].

Damit ist auch in Deutschland die Beihilfe durch Unterlassen grundsätzlich anerkannt, lediglich die Abgrenzung zur Täterschaft ist umstritten.

4. *Vorsatz des Beitragstäters*

a) Allgemeines

Für die vorsätzliche Beitragstäterschaft[1161] ist es erforderlich, daß der Beitragende Vorsatz bezüglich seiner Beitragshandlung hat. Ferner muß sich sein Vorsatz auf die Vollendung der Tat, zu der er beitragen will, richten. Fordert diese Tat besondere subjektive Merkmale, so muß auch der Beitragstäter diese erfüllen, ansonsten bleibt er, da alle anderen Täterschaftsformen aus demselben Grund ausscheiden, straflos[1162].

Hier besteht derselbe Unterschied zwischen dem deutschen und dem österreichischen Strafrecht wie bei der Bestimmungstäterschaft: Der Gehilfe im deutschen Recht muß zwar vorsätzlich handeln und die Haupttat in ihren wesentlichen Ele-

---

1157 BGHSt 2, 150; 13, 162, 166; NStZ 1985, 24, 24; StV 1986, 59, 60 mit Bespr. *Arzt* StV 1986, 337, 338 und *Ranft* JZ 1987, 908, 917; NJW 1992, 1246, 1247.

1158 *Gallas* JZ 1952, 371, 372; *ders.* JZ 1960, 686, 687; *Ranft* ZStW 94 (1982), 815, 845ff.; *Jescheck/Weigend* § 64 III 5 mit weiteren Nachweisen.

1159 Sch/Sch/*Cramer* Vorbem § 25 Rdnr. 102ff.; *Herzberg* Täterschaft § 6 I, II; *ders.* Unterlassung S. 257ff.

1160 LK-*Roxin* § 25 Rdnr. 206ff. und § 27 Rdnr. 43; *Roxin* S. 485.

1161 Zur fahrlässigen Beitragsstäterschaft vgl. unten S. 237.

1162 H.M.: OGH EvBl 1984/163; SSt 56/4 (Vollendungsvorsatz); LSK 1977/382; EvBl 1987/37 = RZ 1987/4, S. 18; JBl 1988, 392 (Vorliegen aller speziellen subjektiven Merkmale auch beim Beitragstäter); *Kienapfel* Grundriß AT E5 Rdnr. 33ff.; *Leukauf/Steininger* § 12 Rdnr. 353,54; WK-*Fabrizy* § 12 Rdnr. 92,93.

menten kennen[1163], aber er muß nicht alle besonderen subjektiven Merkmale selbst erfüllen, solange diese beim Haupttäter vorliegen und der Gehilfe davon weiß[1164].

b) Bestimmtheit der Tat des unmittelbaren Täters in ihren wesentlichen Elementen

Der Beitragende muß die wesentlichen Elemente der Haupttat in seinen Vorsatz aufgenommen haben. Die Tat muß zwar nicht in allen Einzelheiten feststehen, jedoch muß das zu begehende Delikt der Art nach und in groben Umrissen in der Vorstellung des Bestimmenden vorhanden sein. Es ist nicht erforderlich, daß Zeit und Ort der Begehung und alle sonstigen Einzelheiten und Umstände der Deliktsbegehung bis ins Detail feststehen[1165].

Auch im deutschen Recht muß der Vorsatz des Gehilfen die Haupttat in ihren wesentlichen Elementen umfassen[1166].

c) Verantwortung des Beitragstäters für Exzesse des unmittelbaren Täters

Für die Verantwortung des Beitragstäters für Exzesse des unmittelbaren Täter gilt das gleiche wie für die Verantwortung des Bestimmungstäters[1167]: Nach herrschender Meinung haftet der Beitragende wegen § 13 öStGB für nicht von seinem Vorsatz umfaßte Exzesse nicht, es sei denn, die Abweichung ist unwesentlich[1168]. Im Unterschied zum Bestimmungstäter haftet der Beitragstäter beim qualitativen Exzeß des unmittelbaren Täters jedoch nicht aus dem Versuch des Deliktes, zu dem er hatte beitragen wollen, da die versuchte Beitragstäterschaft wegen § 15 Abs. 2 öStGB nicht strafbar ist[1169].

1163 S. unten S. 234, Fußnote 1166.

1164 Zur Anstiftung s. oben S. 219; für die h.M.: LK-*Roxin* § 27 Rdnr. 45.

1165 H.M.: OGH JBl 1977, 46 = RZ 1976/75, S. 119; SSt 54/68; EvBl 1982/10; SSt 51/45 = EvBl 1981/132; *Foregger/Kodeck* § 12 Anm. V; *Kienapfel* Grundriß AT E5 Rdnr. 36; *Leukauf/Steininger* § 12 Rdnr. 49; *Triffterer* AT I S. 411 Rdnr. 103; WK-*Fabrizy* § 12 Rdnr. 90.

1166 Für die h.M.: LK-*Roxin* § 27 Rdnr. 47 mit weiteren Nachweisen.

1167 S. dazu oben S. 220.

1168 H.M.: OGH EvBl 1982/10; JBl 1984, 445 = SSt 54/15; SSt 51/45 = EvBl 1981/132; *Foregger/Kodek* § 12 Anm. V a.E., § 13 Anm. I; *Kienapfel* Grundriß AT E5 Rdnr. 38; *Leukauf/Steininger* § 13 Rdnr. 6, 7; *Triffterer* AT I S. 411 Rdnr. 104; WK-*Fabrizy* § 12 Rdnr. 91; § 13 Rdnr. 5.

1169 S. dazu unten S. 235.

Genau wie der Bestimmungstäter haftet der Beitragstäter für eine Erfolgsqualifikation nur dann, wenn auch ihn hinsichtlich der schweren Folge der Fahrlässigkeitsvorwurf gemäß § 7 Abs. 2 öStGB trifft[1170].

Genau wie der Anstifter haftet der Gehilfe im deutschen Recht nur soweit, wie sein Vorsatz geht[1171]; Exzesse des Haupttäters werden ihm nicht zugerechnet.

d) Möglichkeit der fahrlässigen Beitragstäterschaft

Im Gegensatz zur Bestimmungstäterschaft herrscht bei der Beitragstäterschaft Einigkeit darüber, daß ein Beitrag auch fahrlässig geleistet werden kann[1172].

Ebenso wie für die fahrlässige Bestimmungstäterschaft ist auch für die fahrlässige Beitragstäterschaft wie für jede fahrlässige Täterschaft Voraussetzung, daß der Bestimmende oder Beitragende eine eigene Sorgfaltspflicht verletzt; die bloße Beteiligung an einer fremden Sorgfaltspflichtverletzung genügt nicht[1173].

5. Beitrag zum Versuch und versuchte Beitragstäterschaft

a) Strafbarkeit des Beitrags zum Versuch

Für eine Strafbarkeit des Beitragstäters ist Voraussetzung, daß der unmittelbare Täter mindestens in das Versuchsstadium eintritt (quantitative Akzessorietät). Jener ist dann, je nachdem, ob die Haupttat vollendet wird oder nicht, wegen Beitragstäterschaft zum vollendeten Delikt oder zum Versuch strafbar[1174].

1170 H.M.: OGH SSt 50/7; EvBl 1980/40; LSK 1984/56 = EvBl 1984/157 = JBl 1984, 389 mit Anm. *Burgstaller*; WK-*Burgstaller* § 86 Rdnr. 10; WK-*Fabrizy* 13 Rdnr. 6; *Triffterer* Beteiligungslehre S. 95.

1171 S. unten S. 221, Fußnote 1097; h.M.: Sch/Sch/*Cramer* § 27 Rdnr. 22; *Tröndle* § 27 Rdnr. 8f.; LK-*Roxin* § 27 Rdnr. 51.

1172 H.M.: OGH JBl 1980, 496; EvBl 1982/12 = SSt 52/34; *Kienapfel* Grundriß AT E3 Rdnr. 34, E5 Rdnr. 28; *Leukauf/Steininger* § 12 Rdnr. 52; WK-*Fabrizy* § 12 Rdnr. 89, 95 mit weiteren Nachweisen.

1173 H.M.: OGH JBl 1984, 48; SSt 52/34; RZ 1981/35, S. 134; RZ 1980/21, S. 111 = JBl 1980, 496; *Kienapfel* Grundriß AT E3 Rdnr. 30; *Leukauf/Steininger* § 12 Rdnr. 53; *Triffterer* AT I S. 413 Rdnr. 110; WK-*Fabrizy* § 12 Rdnr. 57, 96.

1174 H.M.: *Kienapfel* Grundriß AT E6 Rdnr. 37, 38; WK-*Fabrizy* § 12 Rdnr. 98.

b) Straflosigkeit der versuchten Beihilfe

Da die Legaldefinition des § 15 Abs. 2 öStGB nur den Versuch des unmittelbaren Täters und den des Bestimmungstäters umfaßt, ist der Versuch des Beitragstäters begrifflich ausgeschlossen; die versuchte Beitragstäterschaft ist damit straflos[1175]. Eine solche liegt entweder vor, wenn der Beitrag mißlingt oder erfolglos ist oder wenn der Beitrag zwar geleistet wird, der Haupttäter aber noch nicht einmal ins Versuchsstadium der Tat eintritt.

Auch im deutschen Recht ist die versuchte Beihilfe straflos.

6. *Rücktritt von der Beitragstäterschaft*

Der Beitragstäter kann ebenso wie der Bestimmungstäter[1176] zurücktreten, indem er entweder die Ausführung der Tat verhindert oder freiwillig den Erfolg abwendet (§ 16 Abs. 1 öStGB) oder - wenn die Ausführung oder der Erfolg ohne sein Zutun unterbleibt - sich in Unkenntnis dessen freiwillig und ernstlich bemüht, die Ausführung zu verhindern oder den Erfolg abzuwenden (§ 16 Abs. 2 öStGB)[1177]. Der Rücktritt des Beitragstäters ist möglich bis zur Vollendung der Tat durch den unmittelbaren Täter[1178].

Im deutschen Recht kann der Gehilfe - ebenso wie der Anstifter - unter den Voraussetzungen des § 24 dStGB zurücktreten[1179].

7. *Beitrag zur Bestimmungs- oder zur Beitragstäterschaft*

Sowohl ein Beitrag zur Bestimmungstäterschaft als auch ein Beitrag zur Beitragstäterschaft sind als Beitragstäterschaft zur Haupttat zu bestrafen, da beide Formen diese „*sonst fördern*"[1180].

1175 H.M.: OGH LSK 1996/241; SSt 57/16; *Kienapfel* Grundriß AT E6 Rdnr. 35, 36; *Triffterer* AT I S. 412 Rdnr. 105; WK-*Fabrizy* § 12 Rdnr. 97.

1176 S. dazu oben S. 224.

1177 H.M.: OGH EvBl 1996/97; *Kienapfel* Grundriß AT E6 Rdnr. 44; WK-*Fabrizy* Rdnr. 99.

1178 H.M.: *Kienapfel* Grundriß AT E6 Rdnr. 28; *Leukauf/Steininger* § 16 Rdnr. 12.

1179 S. dazu oben S. 224.

1180 H.M.: *Kienapfel* Grundriß AT E5 Rdnr. 25a, E6 Rdnr. 39; *Triffterer* S. 411 Rdnr. 102; WK-*Fabrizy* § 12 Rdnr. 85.

Im deutschen Recht wird sowohl die Beihilfe zur Beihilfe[1181] als auch die Beihilfe zur Anstiftung[1182] als Beihilfe zur Haupttat erfaßt, da auch darin jeweils ein Fördern der Haupttat liegt.

V. Die Beteiligung am Fahrlässigkeitsdelikt[1183]

Nach heute ganz herrschender Meinung ist § 12 öStGB auch auf fahrlässige Taten anwendbar, so daß grundsätzlich auch bei fahrlässiger Begehung zwischen den verschiedenen Täterschaftsformen unterschieden werden kann[1184]. Darin liegt der Unterschied zum deutschen Recht, wo bei der Fahrlässigkeit von einem Einheitstäterbegriff ausgegangen wird, ohne zwischen verschiedenen Beteiligungsformen zu differenzieren[1185]. Der fahrlässige „Anstifter" und der fahrlässige „Gehilfe" sind, da die Strafbarkeit aus §§ 26 und 27 dStGB vorsätzliches Handeln voraussetzt, jeweils Täter des Fahrlässigkeitsdeliktes.

VI. Die Beteiligung am Sonderdelikt (§ 14 öStGB)

1. Allgemeines

Da im österreichischen Strafrecht jeder nur nach seiner eigenen Schuld und nur nach den bei ihm vorliegenden Merkmalen bestraft werden kann, könnte Täter - gleichgültig in welcher Form - eines Sonderdeliktes, das bestimmte Qualitäten des Täters verlangt, nur der Intraneus sein. Die dadurch entstehenden Lücken schließt § 14 öStGB:

1181 H.M.: RGSt 23, 300, 306; 59, 396, 397; OLGHH JR 1953, 27, 27.

1182 H.M.: *Jakobs* 22/30; *Lackner* § 26 Rdnr. 8; LK-*Roxin* § 26 Rdnr. 110; *Tröndle* § 27 Rdnr. 10.

1183 Zur Bestimmungs- und Beitragstäterschaft zur unvorsätzlichen Tat s. oben S. 216 und S. 227.

1184 OGH EvBl 1982/12 = SSt 52/34 = RZ 1982/6, S. 13; JBl 1980, 496; *Friedrich* RZ 1986, 227, 258; *Höpfel* ÖJZ 1982, 314, 316; *Kienapfel* Grundriß AT E3 Rdnr. 29; *Leukauf/Steininger* § 12 Rdnr. 52; *Schmoller* ÖJZ 1983, 336, 379, 386; *Triffterer* AT I S. 412 Rdnr. 107; *ders.* Beteiligungslehre S. 80f., WK-*Burgstaller* § 6 Rdnr. 117; *ders.* RZ 1975, 29; WK-*Fabrizy* § 12 Rdnr. 54, 94.

1185 S. oben S. 216, Fußnote 1067.

§ 14 öStGB unterscheidet dabei einerseits zwischen besonderen persönlichen Eigenschaften oder Verhältnissen, die das Unrecht der Tat betreffen, und andererseits solchen, die die Schuld betreffen. Für erstere bestimmt er in Abs. 1, daß der Tatbestand auf alle Beteiligten anzuwenden ist, solange auch nur einer die Eigenschaft aufweist oder die Verhältnisse bei einem von ihnen vorliegen. Demgegenüber bestimmt Abs. 2 für die schuldbezogenen Eigenschaften und Verhältnisse, daß der Tatbestand nur auf denjenigen anzuwenden ist, bei dem sie vorliegen.

2. *Unrechts- und schuldbezogene Merkmale*

Zunächst muß daher zwischen Unrechts- und Schuldmerkmalen unterschieden werden. Das Gesetz liefert für die Unterscheidung keinen Anhaltspunkt, so daß für jeden Tatbestand im einzelnen konkret durch Auslegung ermittelt werden muß, ob die Qualifikation zum Unrecht oder zur Schuld gehört[1186]. Als Richtlinie hat sich dabei die Auffassung *Nowakowskis* durchgesetzt: Zum Unrecht gehört, was die Sozialwidrigkeit der Handlung, das Risiko für das geschützte Rechtsgut, die Art und das Ausmaß der Beeinträchtigung geschützter Interessen betrifft; zur Schuld, was die persönliche Verantwortlichkeit des Handelnden, den in der Handlung betätigten Gesinnungsmangel, den Mangel an Verbundenheit mit rechtlich geschützten Werten betrifft[1187].

Danach gehören zum Beispiel zum Unrecht[1188]:

- das Geschlecht des unmittelbaren Täters (§ 209 öStGB);
- Verwandschaftsbeziehungen (§§ 211, 212 öStGB);
- rechtliche Eigenschaften (zum Beispiel Machthaber bei § 153 öStGB, Beamter bei § 302 öStGB, Schuldner bei §§ 156, 159 öStGB);
- das Anvertrautsein in § 133 öStGB

Demnach gilt § 14 Abs. 1 öStGB nur für die Fälle, in denen es keinen entsprechenden Grundtatbestand gibt, aus dem bestraft werden könnte[1189]. In diesen Fällen ist,

---

1186 H.M.: EBRV 1971, 18 = Dokumentation 68; *Kienapfel* Grundriß AT E7 Rdnr. 19, 34ff.; *Leukauf/Steininger* § 14 Rdnr. 20; *Triffterer* AT I S. 415 Rdnr 115; *ders.* Beteiligungslehre S. 84; WK-*Fabrizy* § 14 Rdnr. 2.

1187 H.M.: *Nowakowski* S. 150; darauf nehmen Bezug: *Leukauf/Steininger* § 14 Rdnr. 20; *Triffterer* AT I S. 415 Rdnr. 115; *ders.* Beteiligungslehre S. 84; WK-*Fabrizy* § 14 Rdnr. 2.

1188 Vgl. die Aufzählung bei *Kienapfel* Grundriß AT E7 Rdnr. 20 und bei *Leukauf/Steininger* § 14 Rdnr. 8 sowie bei WK-*Fabrizy* § 14 Rdnr. 10.

1189 „Echte Sonderdelikte“; *Leukauf/Steininger* § 14 Rdnr. 5.

um Strafbarkeitslücken zu verhindern, eine Regelung nötig, um auch extrane Beteiligte zu erfassen. Die Unrechtsmerkmale entsprechen daher den strafbegründenden Merkmalen des § 28 Abs. 1 dStGB.

Selten sind die zur Schuld gehörenden Merkmale im österreichischen Strafgesetzbuch:

- Paradebeispiel ist der Geburtsstress der Mutter in § 79 öStGB bei der Tötung des Kindes während oder unmittelbar nach der Geburt[1190];
- Ferner wird der Totschlag in § 76 öStGB (Tötung in einer allgemein begreiflichen heftigen Gemütsbewegung) als Schuldmerkmal angesehen[1191];
- Nach überwiegender Ansicht gilt auch die gewerbsmäßige Tatbegehung (§ 70 i.V.m. § 130 öStGB) als Schuldmerkmal[1192].

In diesen Fällen gibt es jeweils ein Grunddelikt, aus dem bestraft werden kann. § 14 Abs. 2 öStGB erfaßt daher die Merkmale, die im deutschen Recht nach § 28 Abs. 2 dStGB strafschärfend, -mildernd oder -ausschließend wirken.

3. *Die Regelung des § 14 Abs. 1 öStGB*

§ 14 Abs. 1 S. 1 öStGB bestimmt, daß ein Gesetz, das ein bestimmtes unrechtsbezogenes Merkmal fordert, in dem Moment auf alle Beteiligten anzuwenden ist, in dem auch nur einer von ihnen das Merkmal erfüllt. Alle Beteiligten - ob Intranei oder Extranei - sind dann Täter des Sonderdeliktes. Diese Ausdehnung der Strafbarkeit auch auf den Nicht-Qualifizierten wird dann in § 14 Abs. 1 S. 2 öStGB wieder eingeschränkt für die eigenhändigen Sonderdelikte und die Sonderpflichtdelikte.

1190 H.M.: OGH EvBl 1978/125 = SSt 49/3; *Kienapfel* Grundriß AT E7 Rdnr. 40; *Leukauf/Steininger* § 14 Rdnr. 17; *Triffterer* AT I S. 419 Rdnr. 130; WK-*Fabrizy* § 14 Rdnr. 19.

1191 H.M.: OGH SSt 49/53 = LSK 1979/66; *Leukauf/Steininger* § 14 Rdnr. 17; WK-*Fabrizy* § 14 Rdnr. 19; WK-*Moos* § 76 Rdnr. 57 mit weiteren Nachweisen; **einschränkend**: *Kienapfel* Grundriß AT E7 Rdnr. 40.

1192 H.M.: OGH LSK 1977/359; SSt 48/96 = EvBl 1978/201 = JBl 1979, 156; EvBl 1983/97; *Leukauf/Steininger* § 14 Rdnr. 17; **a.A.** *Kienapfel* Grundriß AT E7 Rdnr. 37 und WK-*Fabrizy* § 14 Rdnr. 20, die davon ausgehen, daß es sich bei der gewerbsmäßigen Begehung um ein subjektives Tatbestandsmerkmal handelt, das den Tatbestand nicht zu einem Sonderdelikt mache. Dieser Streit hat jedoch für das Ergebnis keine Bedeutung, da nach beiden Ansichten nur derjenige wegen der Gewerbsmäßigkeit schärfer zu bestrafen ist, bei dem dieses Merkmal vorliegt.

a) Die eigenhändigen Sonderdelikte (§ 14 Abs. 1 S. 2, 1. Fall öStGB)

Die eigenhändigen Sonderdelikte (§ 14 Abs. 1 S. 2, 1. Fall öStGB) sind dadurch gekennzeichnet, daß der Träger der persönlichen Eigenschaften oder Verhältnisse die Tat unmittelbar ausführen muß. Gerade in der Tatausführung durch den Qualifizierten liegt das Unrecht der Tat. Klassisches Beispiel hierfür ist die Blutschande gemäß § 211 Abs. 1 bis 3 öStGB[1193] oder auch die mehrfache Ehe gemäß § 192 und der Ehebruch gemäß § 194 öStGB[1194]. Für die eigenhändigen Delikte verlangt § 14 Abs. 1 S. 2 öStGB, daß der Intraneus die Tat persönlich als unmittelbarer Täter ausführt, ansonsten bleiben alle Beteiligten straffrei[1195].

b) Die Sonderpflichtdelikte (§ 14 Abs. 2 S. 2, 2. Fall öStGB)

Die Sonderpflichtdelikte (§ 14 Abs. 2 S. 2, 2. Fall öStGB) sind dadurch gekennzeichnet, daß der Qualifizierte in bestimmter Weise, nämlich mit einem deliktsspezifischen Vorsatz an ihnen mitwirkt. Das ist zum Beispiel für die Delikte der Fall, in denen der Tatbestand den Mißbrauch einer Befugnis voraussetzt, wie zum Beispiel bei der Untreue (§ 153 öStGB) und dem Amtsmißbrauch (§ 302 öStGB)[1196]. Für die Sonderpflichtdelikte verlangt § 14 Abs. 1 S. 2, 2. Fall öStGB, daß der Intraneus in der vom Tatbestand geforderten Weise mitwirkt; er muß vorsätzlich die ihm obliegende Sorgfaltspflicht verletzen. Tut er das nicht, so sind alle Beteiligten, auch wenn bei einzelnen der entsprechende Vorsatz vorliegt, straffrei. Nicht erforderlich ist hier hingegen, daß der Intraneus unmittelbarer Täter ist[1197]. Der Vorsatz der Extranei muß sich dabei darauf beziehen, daß der Pflichtige seine Pflicht verletzt, nicht hingegen darauf, daß er seine Pflicht vorsätzlich mißbraucht[1198].

[1193] H.M.: *Kienapfel* Grundriß AT E7 Rdnr. 29; *Leukauf/Steininger* § 14 Rdnr. 10; *Triffterer* AT I S. 417 Rdnr. 122; WK-*Fabrizy* § 14 Rdnr. 13.

[1194] H.M.: *Leukauf/Steininger* § 14 Rdnr. 10 mit weiteren Beispielen; *Triffterer* AT I S. 417 Rdnr. 122.

[1195] H.M.: *Kienapfel* Grundriß AT E7 Rdnr. 29; *Leukauf/Steininger* § 14 Rdnr. 9, 10; *Triffterer* AT I S. 417 Rdnr. 122; WK-*Fabrizy* § 14 Rdnr. 12, 13.

[1196] H.M.: *Kienapfel* Grundriß AT E7 Rdnr. 32, 32a; *Leukauf/Steininger* § 14 Rdnr. 11; *Triffterer* AT I S. 417 Rdnr. 123; WK-*Fabrizy* § 14 Rdnr. 14, 16.

[1197] H.M.: OGH LSK 1986/95 = RZ 1987/4, S. 18; RZ 1988/33, S. 140 = JBl 1988/392; *Kienapfel* Grundriß AT E7 Rdnr. 32; *Leukauf/Steininger* § 14 Rdnr. 11; WK-*Fabrizy* § 14 Rdnr. 14, 17; **abweichend** *Triffterer* AT I S. 417 Rdnr. 123, der auf die objektive Pflichtverletzung abstellt.

[1198] Darüber besteht heute Einigkeit: OGH RZ 1987/4, S. 18; JBl 1990 mit Leitsatzberichtigung JBl 1990, 468; weitere Nachweise bei *Kienapfel* Grundriß BT II § 153 Rdnr. 98, 99; *Schick* ÖJZ 1980, 100, 107; WK-*Fabrizy* § 12 Rdnr. 61.

c) Unmittelbare Täterschaft des Extraneus

Nach § 14 Abs. 1 sind also für den Fall, daß einer der Beteiligten die entsprechende Qualifikation aufweist, alle Beteiligten als Täter des Deliktes zu bestrafen. Umstritten ist dabei, ob auch Extranei als unmittelbare Täter in Frage kommen oder ob diese auf die Beteiligungsformen der Bestimmungs- und Beitragstäterschaft beschränkt bleiben.

Die traditionelle Auffassung geht davon aus, daß § 14 öStGB nur die Bestimmungs- und Beitragstäterschaft der als Extranei Beteiligten sicherstellen will; eine unmittelbare Täterschaft des Extraneus sei nie möglich, auch wenn er die Tat unmittelbar ausführe[1199]. Demgegenüber gehen die neuere Rechtsprechung und der überwiegende Teil der Literatur davon aus, daß sowohl Intranei als auch Extranei als unmittelbare Täter in Betracht kommen, da aus § 14 öStGB keine Einschränkung ersichtlich sei, so daß auch für die Sonderdelikte die Unterscheidung zwischen den Täterschaftsformen nach § 12 öStGB vorgenommen werden könne[1200].

Die Beteiligung am Sonderdelikt ist damit in Österreich auch für den Extraneus als unmittelbarer Täter möglich. Im deutschen Recht kann der Nicht-Qualifizierte nur Teilnehmer des Sonderdeliktes sein, nicht aber Täter, wobei seine Strafe nach § 28 Abs. 1 dStGB zu mildern ist[1201]. Das österreichische Recht geht damit in doppelter Hinsicht weiter: Erstens sind alle Beteiligten wegen des Einheitstätersystems und der Regelung des § 14 öStGB ohnehin Täter. Zweitens kann ein Extraneus sogar unmittelbarer Täter sein und nicht nur Bestimmungs- oder Beitragstäter. Außerdem ist es im deutschen Recht erforderlich, daß der Täter in jedem Fall den kompletten Tatbestand des Sonderdeliktes erfüllt. Erst dann können andere daran teilnehmen. So streng ist das österreichische Strafrecht nur für die eigenhändigen Delikte, für die Sonderpflichtdelikte kann Ausführender auch der Extraneus sein, solange der Qualifizierte die nötige Eigenschaft (den nötigen Vorsatz) „beisteuert".

In jedem Fall ist aber in beiden Ländern die Strafbarkeit auch des teilnehmenden Extraneus am echten Sonderdelikt sichergestellt.

1199 So die frühere Rechtsprechung: OGH SSt 57/57; EvBl 1983/73; RZ 1980/21, S. 111; *Burgstaller* RZ 1975, 13, 15, Fußnote 24 und S. 17, Fußnote 43; *Kienapfel* Grundriß AT E7 Rdnr. 4, 10 mit weiteren Nachweisen.

1200 H.M.: OGH RZ 1988/33, S. 140 = JBl 1988, 392; *Friedrich* RZ 1986, 227, 258; *Leukauf/Steiniger* § 14 Rdnr. 7; *Triffterer* AT I S. 418 Rdnr. 126f.; *ders.* Beteiligungslehre S. 86; WK-*Fabrizy* § 14 Rdnr. 8 mit weiteren Nachweisen.

1201 Beihilfe: RGSt 27, 157, 159; 50, 135, 141; BayObLGSt 1961, 105, 106; Anstiftung: RGSt 63, 313, 318; BGHSt 4, 355, 359; Sch/Sch/*Cramer* § 25 Rdnr. 45-48, § 26 Rdnr. 26; LK-*Roxin* § 26 Rdnr. 101, § 27 Rdnr. 52; *Tröndle* § 26 Rdnr. 12, § 27 Rdnr. 10.

4. *Die Regelung des § 14 Abs. 2 öStGB*

Für die schuldbezogenen Merkmale bestimmt § 14 Abs. 2 öStGB, daß sie nur die Strafe desjenigen beeinflussen, der dieses Merkmal aufweist. Die Regelung schließt an § 13 öStGB an und führt das Schuldprinzip für die Sonderdelikte konsequent durch, obwohl es einer solchen Klarstellung eigentlich nicht bedurft hätte[1202].

Im deutschen Recht übernimmt die Aufgabe der §§ 13, 14 öStGB der § 28 Abs. 2 dStGB. Diese Regelung ist im Teilnahmesystem nötig, da ansonsten wegen der Akzessorietät auch der Beteiligte, der das Merkmal nicht aufweist, aus der verschärften Tat bestraft würde, sofern der Haupttäter dieses aufweist.

VII. Die Strafe der Beteiligten

1. *Allgemeines*

Grundsätzlich gilt im Einheitstätersystem der Grundsatz der autonomen Verantwortlichkeit aller Beteiligten. § 13 öStGB führt daher das in § 4 öStGB verankerte Schuldprinzip konsequent durch, indem er bestimmt, daß jeder nur nach seiner Schuld zu bestrafen ist. Wegen der oben erwähnten rechtlichen Gleichwertigkeit aller Beteiligungsformen und der damit verbundenen Unabhängigkeit jedes Beteiligten von der rechtlichen Bewertung der anderen Beteiligten ist es möglich, daß mehrere an ein und der selben Tat Beteiligte - gleich in welcher Täterschaftsform des § 12 öStGB - verschiedene Delikte verantworten[1203]. Zum Beispiel ist es möglich, daß mehrere Beteiligte an einer Körperverletzung je nach ihrem Vorsatz nach § 87 öStGB (beabsichtigte schwere Körperverletzung) und § 83ff. öStGB (einfache Körperverletzung) haften[1204]. Oder ein Beteiligter verwirklicht den Tatbestand des Mordes (§ 75 öStGB; vorsätzliche Tötung), während der andere nur als Täter einer Körperverletzung mit Todesfolge (§§ 83, 86 öStGB) strafbar ist[1205]. Selbst bei ge-

---

1202 H.M.: *Kienapfel* Grundriß AT E7 Rdnr. 34f.; *Leukauf/Steininger* § 14 Rdnr. 16ff.; *Triffterer* AT I S. 419 Rdnr. 129; WK-*Fabrizy* § 14 Rdnr. 18.

1203 H.M.: *Kienapfel* Grundriß AT E3 Rdnr. 19, 20, 23; *Leukauf/Steininger* § 12 Rdnr. 25, § 13 Rdnr. 2f.; WK-*Fabrizy* § 13 Rdnr. 1, 4.

1204 OGH LSK 1980/151.

1205 OGH LSK 1984/56 = EvBl 1984/157 = JBl 1984, 389 mit Anm. *Burgstaller*.

meinsamer vorsätzlicher Tötung kann ein Beteiligter aus dem Tatbestand des Mordes (§ 75 öStGB) und ein anderer aus dem privilegierten Tatbestand des Totschlags (§ 76 öStGB; Tötung in einer allgemein begreiflichen heftigen Gemütsbewegung) strafbar sein[1206]. Durch diesen Grundsatz der autonomen Verantwortlichkeit aller Beteiligten werden die Probleme vermieden, die im deutschen Strafrecht § 28 dStGB zu lösen versucht, der erstens eine Unterscheidung zwischen strafbegründenden besonderen persönlichen Merkmalen und solchen, die die Strafe nur verschärfen, mildern oder ausschließen, und zweitens eine Bestimmung, welche Merkmale „besondere persönliche" sind, erforderlich macht, was oft zu Kontroversen führt. Im österreichischen Strafrecht ist von vornherein jeder nur aus dem Tatbestand zu bestrafen, dessen (persönliche) Merkmale er erfüllt (eine Einschränkung enthält § 14 öStGB für die Sonderdelikte[1207]).

Jeder Beteiligte wird also zunächst danach beurteilt, ob er selbst vorsätzlich oder fahrlässig gehandelt hat. Liegt Vorsatz vor, so haftet er entweder als unmittelbarer Täter oder als Bestimmungs- oder Beitragstäter aus dem Vorsatzdelikt und dies unabhängig davon, ob die anderen Beteiligten vorsätzlich oder fahrlässig gehandelt haben[1208]. Handelt er dagegen fahrlässig, so haftet er in einer der Täterformen aus dem Fahrlässigkeitsdelikt, dies wiederum unabhängig von der rechtlichen Beurteilung der anderen Beteiligten[1209]. Einzige Ausnahme von der Unabhängigkeit der Strafe des einzelnen von der rechtlichen Beurteilung der anderen Beteiligten ist die faktische Bezogenheit der Bestimmungs- und der Beitragstäterschaft auf die Haupttat: Je nachdem, ob der unmittelbare Täter die Tat vollendet oder im Versuch stekkenbleibt, werden die Bestimmungs- und Beitragstäter aus dem versuchten oder vollendeten Delikt bestraft[1210]. Ferner ist zu beachten, daß die Beitragstäterschaft quantitativ akzessorisch ist[1211]: Der Beitragstäter ist nur strafbar, wenn der unmittelbare Täter in das Versuchsstadium eintritt.

[1206] OGH LSK 1979/66 = SSt 49/53.

[1207] S. dazu oben S. 237.

[1208] H.M.: *Kienapfel* Grundriß AT E3 Rdnr. 32f., E5 Rdnr. 26f.; *Leukauf/Steininger* § 12 Rdnr. 53.

[1209] H.M.: *Kienapfel* Grundriß AT E3 Rdnr. 34; E5 Rdnr. 28; *Leukauf/Steininger* § 12 Rdnr. 53.

[1210] S. dazu oben S. 215, 223, 227.

[1211] S. dazu oben S. 222.

2. *Die Strafzumessungsregelungen in § 33 Ziffer 3 und 4 sowie § 34 Ziffern 4 und 6 öStGB*

§ 33 Ziffer 3 und 4 und § 34 Ziffern 4 und 6 öStGB regeln die Strafzumessung bei der Mitwirkung mehrerer an einer Straftat. Sie sind für die Beurteilung der dogmatischen Fragen auf der Ebene des Tatbestandes nicht von Bedeutung, allerdings bekräftigen sie die Lehre von der funktionalen Einheitstäterschaft: Grundsätzlich werden auf der Tatbestandsebene alle Täterformen als gleichwertig angesehen, alle Beteiligten unterliegen demselben Strafrahmen. Bei der Strafzumessung kann dann allerdings das tatsächliche Gewicht der Beteiligung berücksichtigt werden. Dazu bestimmt § 33 öStGB in Ziffer 3 und 4, daß es erschwerend wirken kann, wenn der Täter einen anderen zur strafbaren Handlung verführt hat (Ziffer 3) oder er der Urheber oder Anstifter einer von mehreren begangenen Tat ist oder er an einer solchen führend beteiligt gewesen ist (Ziffer 4). Demgegenüber wirkt es gemäß § 34 Ziffern 4 und 6 öStGB strafmildernd, wenn der Täter die Tat unter der Einwirkung eines Dritten oder aus Furcht oder Gehorsam verübt hat (Ziffer 4) oder wenn er an einer von mehreren begangenen strafbaren Handlung nur in untergeordneter Weise beteiligt war (Ziffer 6).

Zweiter Teil: Die strafrechtliche Verantwortung des Unternehmensleiters für deliktisches Verhalten seiner Untergebenen

I. Die strafrechtliche Verantwortung wegen positiven Tuns

Im österreichischen Einheitstätersystem läßt sich die Frage der Strafbarkeit des Unternehmensleiters, der durch positives Tun (etwa durch eine entsprechende Anweisung) auf einen Angestellten einwirkt, damit dieser eine Straftat begehe, einfach beantworten: Da nach der herrschenden Meinung unmittelbarer Täter nur derjenige ist, der die Ausführungshandlung unmittelbar ausführt[1212], ist der anweisende Unternehmensleiter meist als Bestimmungstäter anzusehen[1213]. In den Fällen, in denen der Unternehmensleiter keine Anweisung gibt, durch die er den Tatentschluß im Angestellten weckt, sondern auf andere Weise sein Einverständnis mit der bereits geplanten Tat zum Ausdruck bringt, kommt Beitragstäterschaft in der Form der psychischen Unterstützung in Frage. Wegen des Verzichts auf jegliche Akzessorietät ist diese Strafbarkeit des Unternehmers als Bestimmungs- oder Beitragstäter unabhängig davon, ob der Angestellte vorsätzlich, tatbestandsmäßig oder rechtswidrig handelt. Das Problem einer möglichen mittelbaren Täterschaft hinter dem volldeliktisch handelnden Täter, wie sie im deutschen Strafrecht seit neuerer Zeit auch für ein Handeln innerhalb geschäftlicher Organisationen diskutiert wird[1214], stellt sich in Österreich nicht: Jeder, der einen anderen zu einer Tat bestimmt, ist Bestimmungs-

---

1212 S. dazu oben S. 210f.

1213 Den anweisenden Unternehmensleiter erwähnt ausdrücklich *Schick* ÖJZ 1980, 101, 106. Dieser sei nach nunmehr herrschender Meinung auch für den Fall, daß ein gutgläubiger Angestellter beauftragt werde, Bestimmungstäter.

1214 S. dazu oben S. 18.

täter und damit Täter hinter dem Täter unabhängig davon, wie die Bezugstat des Haupttäters strafrechtlich zu erfassen ist[1215].

II. Die strafrechtliche Verantwortung wegen Unterlassens

1. *Gesetzliche Spezialregelungen*

a) Die Regelung des § 286 öStGB (Unterlassen der Verhinderung strafbarer Handlungen)

§ 286 öStGB bestimmt die Strafbarkeit desjenigen, der *„es mit dem Vorsatz, daß eine mit Strafe bedrohte Handlung begangen werde, unterläßt, ihre unmittelbar bevorstehende oder schon begonnene Ausführung zu verhindern“* oder der es *„in den Fällen, in denen eine Benachrichtigung die Verhinderung ermöglicht“*, unterläßt, dies *„der Behörde oder dem Bedrohten mitzuteilen“*. Nach Abs. 2 ist der Unterlassende jedoch nicht strafbar, wenn er die Verhinderung oder die Benachrichtigung nicht leicht und ohne sich oder einen Angehörigen der Gefahr eines beträchtlichen Nachteils auszusetzen, bewirken könnte (Nr. 1) oder wenn er in seiner Eigenschaft als Seelsorger von der mit Strafe bedrohten Handlung Kenntnis erhalten hat (Nr. 2) bzw. er durch die Verhinderung oder Benachrichtigung eine andere rechtlich anerkannte Verschwiegenheitspflicht verletzen würde, deren Verletzung im Verhältnis zu den aus der Nichtverhinderung oder der Nichtbenachrichtigung drohenden Folgen schwerer wiegt (Nr. 3).

Ferner bestimmt § 286 Abs. 1 2. HS öStGB, daß die Straftat mindestens versucht worden sein muß, weshalb nach herrschender Meinung eine Strafbarkeit aus § 286 öStGB ausscheidet, wenn der Versuch wegen Untauglichkeit oder Rücktritts des Täters straffrei ist[1216]. Außerdem muß die begangene Tat mit einer ein Jahr übersteigenden Freiheitsstrafe bedroht sein.

§ 286 öStGB ist ein echtes Unterlassungsdelikt; es normiert eine allgemeine, jedermann treffende Verhinderungspflicht in Bezug auf Vorsatztaten. Die Nichtverhinderung einer Fahrlässigkeitstat ist daher straflos (es sein denn, es kann eine Straf-

---

[1215] S. oben S. 214.

[1216] H.M.: *Leukauf/Steininger* § 286 Rdnr. 3; WK-*Steininger* § 286 Rdnr. 11.

barkeit aus unechtem Unterlassen begründet werden). Als Täter kommt jedermann in Frage, ausgenommen die Täter und die Opfer der zu verhindernden Straftat[1217]. Die nicht verhinderte Tat muß den objektiven und subjektiven Tatbestand eines bestimmten Deliktstypus erfüllen und rechtswidrig, nicht dagegen schuldhaft begangen worden sein[1218].

Weitere Voraussetzung ist, daß dem Unterlassenden die Verhinderung oder die Mitteilung im konkreten Fall physisch-real möglich ist[1219].

„Unmittelbar bevorstehend" ist eine Straftat dann, wenn das Verhalten des Täters unter Berücksichtigung aller Umstände des konkreten Falles aus der Sicht eines außenstehenden Dritten keinen Zweifel daran läßt, daß er seinen Tatplan unverzüglich oder doch innerhalb kürzester Zeit zu realisieren beginnen werde[1220]. Für das unmittelbare Bevorstehen ist es unerheblich, ob dieses Verhalten des Täters noch straflose Vorbereitungshandlung ist. Allerdings ist es für eine Strafbarkeit aus § 286 öStGB nötig, daß die Tat später das Versuchsstadium erreicht[1221]. Ist bereits eine Ausführungshandlung gesetzt worden, so gilt die Tat als „schon begonnen" i.S.d. § 286 öStGB. Die Verhinderungs- und Benachrichtigungspflicht besteht nach herrschender Meinung über den formellen Vollendungszeitpunkt des Deliktes hinaus bis zur materiellen Beendigung[1222].

Der Unterlassende muß den Vorsatz haben, daß eine Vorsatztat begangen werde und die Verhinderung oder die Benachrichtigung vorsätzlich unterlassen. Dabei genügt jeweils bedingter Vorsatz[1223]. Einigkeit besteht darüber, daß keine Begünstigungsabsicht des Unterlassenden vorliegen muß[1224]. Unklar ist in Rechtsprechung und Literatur allerdings, ob der Vorsatz des Unterlassenden ein voluntatives Element aufweisen muß. Diesbezüglich wird zum Teil formuliert, daß der Unterlassende die

---

1217 H.M.: OGH SSt 54/31 = EvBl 1983/176 = LSK 1983/112; *Leukauf/Steininger* § 286 Rdnr. 2; WK-*Steininger* § 286 Rdnr. 3, 4.

1218 H.M.: EBRV 1971, 104f.; OGH EvBl 1976/252 = LSK 1976/96; SSt 47/4; *Foregger/Kodek* § 286 Anm. II; *Leukauf/Steininger* § 286 Rdnr. 6; *Triffterer* AT I S. 42 Rdnr. 14ff.; WK-*Steininger* § 286 Rdnr. 5 mit weiteren Nachweisen.

1219 H.M.: OGH RZ 1989/86, S. 225; *Kienapfel* Grundriß AT Z 28 Rdnr. 5; *Leukauf/Steininger* § 286 Rdnr. 2b; *Triffterer* AT I S. 324f. Rdnr. 9; WK-*Steininger* § 286 Rdnr. 9.

1220 Für die h.M.: *Leukauf/Steininger* § 286 Rdnr. 5; WK-*Steininger* § 286 Rdnr. 7.

1221 Für die h.M.: *Leukauf/Steininger* § 286 Rdnr. 5; WK-*Steininger* § 286 Rdnr. 7.

1222 OGH SSt 30/61; *Leukauf/Steininger* § 286 Rdnr. 5 mit weiteren Nachweisen; *Mayerhofer/Rieder* § 286 Anm. 3; WK-*Steininger* § 286 Rdnr. 6, 7.

1223 H.M.: OGH SSt 54/31 = EvBl 1983/176 = LSK 1983/112; JBl 1984, 98; *Foregger/Kodek* § 286 Anm. I, II; *Leukauf/Steininger* § 286 Rdnr. 9 mit weiteren Nachweisen; *Mayerhofer/Rieder* § 286 Anm. 5; WK-*Steininger* § 286 Rdnr. 13.

1224 H.M.: OGH LSK 1979/43; *Foregger/Kodek* § 286 Anm. II; *Leukauf/Steininger* § 286 Rdnr. 9; *Mayerhofer/Rieder* § 286 Anm. 5; WK-*Steininger* § 286 Rdnr. 13.

Straftat „wollen" müsse[1225], was auf ein voluntatives Element hinweist. Allerdings wird dort gleichzeitig betont, daß für dieses „wollen" der Eventualvorsatz ausreichend ist. Zwar bedeutet die Feststellung, daß Eventualvorsatz ausreichend sei, grundsätzlich keinen Verzicht auf jegliches voluntative Element, jedoch kann sie darauf hinweisen, daß mit dem Begriff „wollen" in diesen Fällen nur das Vorsatzerfordernis im allgemeinen umschrieben wird. Denn an anderer Stelle gehen Rechtsprechung und Literatur ausdrücklich davon aus, daß es ausreiche, wenn der Unterlassende Kenntnis von der bevorstehenden Straftat habe oder deren Verwirklichung ernstlich für möglich halte und ihr gleichgültig gegenüberstehe; ein voluntatives Element wird dabei nicht gefordert[1226].

Der Vorsatz muß sich auch auf das unmittelbare Bevorstehen der Tat oder deren bereits begonnene Ausführung beziehen, nicht aber darauf, daß diese das Versuchsstadium erreicht und daß ihr Strafrahmen eine einjährige Freiheitsstrafe übersteigt, da es sich bei diesen letzten beiden Voraussetzungen nach herrschender Meinung um objektive Bedingungen der Strafbarkeit handelt[1227].

Nach § 286 Abs. 2 Nr. 1 öStGB ist der Unterlassende nicht strafbar, wenn er die gebotene Handlung nicht leicht oder ohne die Gefahr eines beträchtlichen Nachteils für sich oder einen Angehörigen vornehmen kann. Nicht zumutbar ist eine Verhinderung oder Benachrichtigung danach nicht nur, wenn eine Gefahr durch den Haupttäter droht, sondern auch, wenn der Unterlassende sich dadurch selbst in Verdacht bringen würde[1228]. Ob die gebotene Handlung „leicht" vorzunehmen ist, bestimmt sich nach herrschender Meinung nicht nach dem subjektiven Empfinden des Täters, sondern danach, ob er unter den gegebenen Umständen objektiv die leichte Möglichkeit der Tatverhinderung oder Benachrichtigung hatte[1229]. Beträchtlich ist ein Nachteil dann, wenn dieser „bedeutend"[1230] ist oder wenn die Verletzung ins Gewicht fallender Interessen droht[1231].

[1225] OGH LSK 1983/112; WK-*Steininger* § 286 Rdnr. 13; *Mayerhofer/Rieder* § 286 Nr. 1a mit Nachweisen zur Rechtsprechung.

[1226] OGH EvBl 1974/244; *Leukauf/Steininger* § 286 Rdnr. 10; *Mayerhofer/Rieder* § 286 Nr. 5.

[1227] OGH LSK 1980/163; *Bertel/Schwaighofer* § 286 Rdnr. 7, 8; *Foregger/Kodek* § 286 Anm. II; *Leukauf/Steininger* § 286 Rdnr. 4, 10; *Mayerhofer/Rieder* § 286 Anm. 6; WK-*Steininger* § 286 Rdnr. 13.

[1228] Für die h.M.: OGH EvBl 1957/30; *Leukauf/Steininger* § 286 Rdnr. 16.

[1229] EBRV 1971, 431; OGH SSt 47/4 = EvBl 1976/252 = LSK 1979/96; LSK 1986/59; *Foregger/Kodek* § 286 Anm. III; *Leukauf/Steininger* § 286 Rdnr. 16; *Mayerhofer/Rieder* § 286 Anm. 9; WK-*Steininger* § 286 Rdnr. 19.

[1230] *Leukauf/Steininger* § 286 Rdnr. 16; WK-*Steininger* § 286 Rdnr. 20.

[1231] *Mayerhofer/Rieder* § 286 Anm. 10; WK-*Steininger* § 286 Rdnr. 20; *Leukauf/Steininger* § 286 Rdnr. 16.

Die Einordnung der Strafausschließungsgründe in Abs. 2 ist umstritten. Nach herrschender Meinung stellt Nr. 1 einen Entschuldigungsgrund dar[1232], während die unter Nr. 2 und 3 aufgeführten Ausschließungsgründe überwiegend als Rechtfertigungsgründe angesehen werden[1233].

Zu beachten ist bezüglich § 286 öStGB, daß dieser nach herrschender Meinung subsidiär ist gegenüber einer Bestrafung des Unterlassenden aus einem unechten Unterlassungsdelikt. Hat der Täter eine Garantenstellung gemäß § 2 öStGB inne, so ist er als Tatbeteiligter aus dem unechten Unterlassungsdelikt zu bestrafen, nicht aus § 286 öStGB[1234].

In der Regel wird jeder an der Nichtverhinderung oder der Nichtbenachrichtigung durch eigenes Unterlassen teilnehmende Beteiligte als unmittelbarer Täter aus § 286 öStGB zu bestrafen sein, da die entsprechende Pflicht jedermann trifft und die Nichtvornahme der gebotenen Handlung die unmittelbare Ausführungshandlung darstellt[1235]. Auch derjenige, der durch positives Tun einen anderen zur Unterlassung gemäß § 286 öStGB verleitet oder ihn im bereits gefaßten Unterlassungsentschluß bestärkt, ist als unmittelbarer Täter selbst aus § 286 öStGB zu bestrafen, da auch er gleichzeitig die gebotene Verhinderung unterläßt[1236]. In diesen Fällen ist jedoch zu prüfen, ob nicht Täterschaft bezüglich der nicht verhinderten Tat in Frage kommt, was eine Strafbarkeit aus § 286 öStGB ausschlösse[1237].

Da die in § 286 Abs. 2 Nr. 2 und 3 öStGB beschriebenen Strafausschließungsgründe auf einen Unternehmensleiter in der Regel nicht zutreffen, trifft diesen grundsätzlich die Pflicht zur Verhinderung vorsätzlicher Straftaten seiner Untergebenen, sofern dies ihm nach Abs. 2 Nr. 1 zumutbar ist. Strafbar ist er allerdings nur, sofern er selbst den erforderlichen Vorsatz hat (wozu nach wohl überwiegender Ansicht Kenntnis von der bevorstehenden Tat ausreicht[1238]), mangelnde Aufsicht allein reicht also nicht.

1232 OGH LSK 1986/59; *Kienapfel* JBl 1977, 530, 531; *Leukauf/Steininger* § 286 Rdnr. 17; WK-*Steininger* § 286 Rdnr. 18 mit weiteren Nachweisen.

1233 **Nr. 2**: *Foregger/Kodek* § 286 Anm. II; *Leukauf/Steininger* § 286 Rdnr. 19; *Mayerhofer/Rieder* § 286 Anm. 12; WK-*Steininger* § 286 Rdnr. 18; **a.A.**: *Kienapfel* JBl 1977, 530, 533 (Tatbestandsausschließungsgrund); **Nr. 3**: *Foregger/Kodek* § 286 Rdnr. II; *Leukauf/Steininger* § 286 Rdnr. 21; *Kienapfel* JBl 1977, 530, 533; WK-*Steininger* § 286 Rdnr. 18.

1234 H.M.: OGH SSt 29/30; EvBl 1974/106; *Bertel/Schwaighofer* § 286 Rdnr. 14; *Leukauf/Steininger* § 286 Rdnr. 12;WK-*Steininger* § 286 Rdnr. 3, 24.

1235 Für die h.M.: *Triffterer* Beteiligungslehre S. 90; WK-*Steininger* § 286 Rdnr. 16.

1236 Für die h.M.: *Triffterer* Beteiligungslehre S. 91; WK-*Steininger* § 286 Rdnr. 16.

1237 H.M.; s. oben S. 247, Fußnote 1217.

1238 Zum Streitstand s. oben S. 247.

b) Die strafrechtliche Verantwortung des Unternehmensleiters gemäß § 19 öUWG

Nach § 19 öUWG treffen die Strafen, „die auf die in den §§ 4, 10 Abs. 1, 11 Abs. 2, 12 öUWG mit Strafe bedrohten Handlungen gesetzt sind, den Inhaber eines Unternehmens auch dann, wenn er vorsätzlich die im Betrieb seines Unternehmens von einer anderen Person begangenen Handlungen nicht gehindert hat".

„Inhaber des Unternehmens" ist diejenige natürliche oder juristische Person , die das Unternehmen kraft eigenen Rechts im eigenen Namen betreibt[1239]. Der Inhaber des Unternehmens wird meist mit seinem Eigentümer identisch sein, jedoch kommen als Täter ebenfalls Pächter, Fruchtnießer, Prekaristen oder generell alle Personen in Betracht, die das Unternehmen mit Einwilligung des Eigentümers im eigenen Namen betreiben[1240].

Die erwähnten Straftaten (§ 4: wahrheitswidrige Anpreisung, § 10 Abs. 1: Bestechung, § 11 Abs. 2: unbefugte Verwertung oder Mitteilung von Geschäfts- oder Betriebsgeheimnissen zu Wettbewerbszwecken, § 12: unbefugte Verwertung oder Mitteilung von Vorlagen oder Vorschriften technischer Art zu Wettbewerbszwekken) erfordern alle den Vorsatz des Täters[1241], so daß der Unternehmensleiter wie bei § 286 öStGB[1242] nicht für die Unterlassung der Verhinderung einer fahrlässigen Tat verantwortlich sein kann.

Ebenso wie § 286 öStGB[1243] verlangt § 19 Abs. 1 öUWG, daß der Unternehmensleiter die Tat vorsätzlich nicht verhindert.

Weitere Entsprechung zu § 286 öStGB ist, daß die Bezugstat zwar vorsätzlich und rechtswidrig, nicht jedoch schuldhaft begangen worden sein muß, da auch § 19 öUWG nur bestimmt, daß den Unternehmensleiter die Strafe der „Handlung" trifft, nicht jedoch, daß die Strafe „des Haupttäters" auch den Unternehmensleiter trifft, was eine Strafe für den „Haupttäter" voraussetzen würde[1244]. Außerdem spricht dafür die Regelung des § 19 Abs. 3 öUWG: Danach ist der die Straftat begehende Dienstnehmer nicht strafbar, wenn er im Auftrag seines Dienstgebers gehandelt hat

---

[1239] Für die h.M.: OGH ÖBL 1978, 43, ÖBL 1979, 138; *Koppensteiner* S. 287, 299 mit weiteren Nachweisen.

[1240] Für die h.M.: OGH ÖBL 1979, 138; ÖBL 1979, 23; *Koppensteiner* S. 288 mit weiteren Nachweisen.

[1241] Für die h.M.: *Hohenecker/Friedl* S. 102; vgl. auch die Kommentierung zu den einzelnen Vorschriften bei *Wiltschek*.

[1242] S. oben S. 246.

[1243] S. oben S. 247.

[1244] Für die h.M.: *Triffterer* AT I S. 42 Rdnr. 14ff., vgl. auch die Nachweise S. 247, Fußnote 1218.

und ihm wegen seiner wirtschaftlichen Abhängigkeit nicht zugemutet werden konnte, die Vornahme der Handlung abzulehnen. Diese Regelung würde nicht erwünschte Strafbarkeitslücken reißen, wenn jedesmal, wenn der Dienstnehmer wegen Abs. 3 nicht strafbar ist, automatisch auch Abs. 1 nicht mehr zum Tragen käme.

Im Unterschied zu § 286 öStGB[1245] kommt eine Strafbarkeit des Unternehmensleiters auch dann in Betracht, wenn dieser bereits Tatbeteiligter an der „Haupttat" ist[1246].

§ 19 Abs. 2 öUWG regelt den Fall, daß der Inhaber des Unternehmens eine Gesellschaft, eine Genossenschaft, ein Verein oder ein anderes, nicht zu den natürlichen Personen gehöriges Rechtssubjekt ist. Da mangels möglicher Strafbarkeit juristischer Personen im österreichischen Strafrecht[1247] die Regelung des § 19 öUWG leerliefe, soll in diesem Fall Abs. 1 auf die Organe des Unternehmens anzuwenden sein, die sich einer solchen Unterlassung schuldig gemacht haben.

§ 19 öUWG schafft wie § 286 öStGB eine Rechtspflicht zur Verhinderung strafbarer Handlungen. Während § 286 öStGB nur Straftaten erfaßt, deren Strafandrohung ein Jahr übersteigt, erfaßt § 19 öUWG zwar nur die dort aufgezählten Straftaten, jedoch unterliegen diese wesentlich geringeren Strafandrohungen. Bei § 286 öStGB kommt als Täter jedermann in Betracht, während § 19 öUWG nur die Inhaber eines Unternehmens, sowie für den Fall des Abs. 2 dessen Organe erfaßt.

2. *Die strafrechtliche Verantwortung aus einem unechten Unterlassungsdelikt (§ 2 öStGB)*

a) Allgemeines

§ 2 öStGB bestimmt die Strafbarkeit für den Fall unechten Unterlassens:

> „Bedroht das Gesetz die Herbeiführung eines Erfolges mit Strafe, so ist auch strafbar, wer es unterläßt, ihn abzuwenden, obwohl er infolge einer ihn im besonderen treffenden Verpflichtung durch die Rechtsordnung dazu verhalten ist und die Unterlassung der Erfolgsabwendung einer Verwirklichung des gesetzlichen Tatbildes durch ein Tun gleichzuhalten ist."

[1245] S. oben S. 247, Fußnote 1217.

[1246] Für die h.M.: *Wiltschek* § 19 Anm. 1.

[1247] Vgl. dazu *Foregger/Kodek* § 161 Anm. I; *Schünemann* Unternehmenskriminalität S. 181; *Rainer* in: *Triffterer* StGB-Komm. § 161 Rdnr. 1; WK-*Liebscher* § 161 Rdnr. 1.

Eine Strafbarkeit wegen Unterlassens hängt damit im wesentlichen von denselben Voraussetzungen ab, die auch § 13 dStGB fordert: Der Unterlassende muß eine Garantenstellung innehaben und sein Unterlassen muß dem positiven Tun gleichzustellen sein.

Im Unterschied zu § 13 dStGB ist der Anwendungsbereich der Unterlassungsstrafbarkeit durch § 2 öStGB seinem eindeutigen Wortlaut nach auf Erfolgsdelikte beschränkt. Reine Tätigkeitsdelikte können nur dann durch Unterlassen begangen werden, wenn dafür ein echtes Unterlassungsdelikt mit ausdrücklicher Normierung der Möglichkeit der Erfüllung des Tatbestandes durch Unterlassen existiert[1248].

Für eine Verantwortung des Unternehmensleiters, der vorsätzlich oder fahrlässig die Deliktsverwirklichung durch einen ihm Untergebenen nicht verhindert, ist es also zunächst Voraussetzung, daß er eine Garantenstellung zur Verhinderung des eingetretenen Erfolges innehat.

b) Garantenstellung des Unternehmensleiters zur Verhinderung strafbarer Handlungen seiner Untergebenen

Der Unterlassende ist gemäß § 2 öStGB nur strafbar, wenn er „*zufolge einer ihn im besonderen treffenden Verpflichtung durch die Rechtsordnung*“ zur Verhinderung des Erfolgseintrittes verpflichtet ist. Der Gesetzgeber hat bezüglich der Garantenstellung bewußt offengelassen, wer durch diese Formulierung im einzelnen garantenpflichtig sein soll, da er die Abgrenzung und die künftige Entwicklung der Rechtsprechung und der Literatur überlassen wollte[1249]. Wegen dieser allgemeinen Formulierung, die bewußt nicht auf eine „gesetzliche Verpflichtung“ abstellt, wird in Österreich allgemein davon ausgegangen, daß nicht nur ausdrücklich im Gesetz normierte Rechtspflichten in Betracht kommen, sondern daß diese sich auch aus Gesetzes- und Rechtsanalogie ergeben können[1250]. Daher werden in Österreich als Quellen der Garantenstellung neben gesetzlichen Regelungen auch die Fallgruppen der freiwilligen Pflichtenübernahme und der Ingerenz anerkannt[1251].

1248 H.M.: *Fuchs* S. 350; *Leukauf/Steininger* § 2 Rdnr. 8, 10; *Triffterer* AT I S. 326 Rdnr. 16.

1249 EBRV 1971, 60.

1250 EBRV 1971, 60; *Leukauf/Steininger* § 2 Rdnr. 14; *Triffterer* AT I S. 330 Rdnr. 26.

1251 H.M.: *Leukauf/Steininger* § 2 Rdnr. 17; *Triffterer* AT I S. 331 Rdnr. 30; WK-*Nowakowski* § 2 Rdnr. 7; weitergehend *Kienapfel* Grundriß AT Z 30 Rdnr. 6f.

aa) Garantenstellung aus Gesetz

Hierzu zählen insbesondere die allgemeine Beistandspflicht zwischen Eltern und Kindern gemäß § 137 Abs. 2 ABGB sowie die Verpflichtung der Eltern, für das körperliche Wohl und die Gesundheit ihrer minderjährigen Kinder zu sorgen (§ 144, 146 ABGB) oder die Verpflichtung zur gegenseitigen Beistandsleistung der Ehegatten untereinander (§§ 44, 90 ABGB)[1252]. Für die Eltern besteht gegenüber ihren minderjährigen Kindern nicht nur eine Schutzpflicht, sondern nach überwiegender Ansicht auch eine Überwachungspflicht zur Verhinderung strafbaren Verhaltens. Diese Verpflichtung besteht zwischen Ehegatten allerdings nicht[1253].

Eine ausdrückliche Regelung, nach der der Unternehmensleiter deliktisches Verhalten seiner Untergebenen zu verhindern hat, gibt es nicht. Allerdings ist der Unternehmensleiter garantenpflichtig gegenüber seinen Arbeitnehmern durch die zum Schutz der Arbeitnehmer aufgestellten Regelungen über die Sicherheit am Arbeitsplatz[1254]. Diese Garantenstellung verpflichtet allerdings nur zum Schutz der Arbeitnehmer und zum Ergreifen der nötigen Sicherheitsmaßnahmen. Eine Verpflichtung gegenüber Dritten, seine Arbeitnehmer zu beaufsichtigen, kann daraus nicht abgeleitet werden[1255].

bb) Garantenstellung kraft freiwilliger Pflichtenübernahme

Diese Garantenstellung wird sich in der Regel aus einem (auch stillschweigend geschlossenen) Vertrag ergeben. Danach ist garantenpflichtig derjenige, der den Schutz bestimmter Rechtsgüter oder die Überwachung einer Gefahrenquelle übernommen hat[1256]. Nach überwiegender Ansicht genügt dabei die tatsächliche Übernahme der Pflicht; auf die Wirksamkeit eines zugrunde liegenden Vertrages soll es nicht an-

---

1252 Für die h.M.: *Leukauf/Steininger* § 2 Rdnr. 18.

1253 H.M.: SSt 40/19; *Kienapfel* JBl 1975, 13, 19 mit weiteren Nachweisen zur Rechtsprechung; *Triffterer* AT I S. 332 Rdnr. 33; WK-*Nowakowski* § 2 Rdnr. 18.

1254 H.M.: *Kienapfel* JBl 1975, 13, 17; *Leukauf/Steininger* § 2 Rdnr. 20; *Triffterer* AT I S. 332 Rdnr. 34; WK-*Nowakowski* § 2 Rdnr. 19.

1255 OGH SSt 26/44 (Keine Garantenstellung aus dem Vorgesetztenverhältnis); OGH JBl 1962, 46 (Keine Garantenstellung eines Leiters einer Skischule zur Beaufsichtigung eines angestellten Skilehrers, der selbständig eine Skitour organisiert und leitet - wäre der Vertrag mit der Skischule geschlossen worden, so käme eine Garantenstellung aus Vertrag in Frage).

1256 OGH SSt 31/1 (Furt-Fall); SSt 40/19 (Linzer Notzuchts-Fall); SSt 47/77 (Fürsorgepflicht des Arbeitgebers); SSt 57/66 (Fürsorgepflicht der Pflegeeltern); SSt 54/42 (Vermögensfürsorgepflicht des Vertragspartners; 1. AKH-Urteil).

kommen[1257]. In jedem Fall muß der Verpflichtete die Pflicht auch tatsächlich angetreten haben, vorher entsteht die Garantenstellung nicht[1258].

Eine Garantenstellung des Unternehmensleiters zur Verhinderung strafbaren Verhaltens seiner Untergebenen kann sich für diese Gruppe also nur daraus ableiten, daß dieser konkludent oder ausdrücklich den Schutz zum Beispiel des Vermögens des Vertragspartners übernommen hat. Dabei kann es sich auch um eine vertragliche Nebenverpflichtung handeln. So lag der Fall beim sogenannten 1. AKH-Urteil[1259]: Die Geschäftsführung und die Organe einer Firma hatten dafür zu sorgen, daß die Interessen ihres Vertragspartners nicht durch Schmiergeldzahlungen bei Abwicklung des Geschäftes verletzt würden, da sich aus der vertraglichen Rechtsbeziehung eine Vermögensfürsorgepflicht ergab[1260].

cc) Garantenstellung aus Ingerenz

Wegen Unterlassung der Erfolgsverhinderung haftet ferner derjenige, der durch sein vorangegangenes Tun eine Gefahr für den Eintritt gerade dieses Erfolges geschaffen hat. Einigkeit besteht darüber, daß objektiv sorgfaltswidrige Verhaltensweisen, die nicht durch einen Rechtfertigungsgrund gedeckt sind, eine solche Garantenstellung aus Ingerenz begründen[1261]. Uneinigkeit besteht dagegen darüber, ob auch rechtmäßiges Vorverhalten eine Ingerenzverantwortung begründen kann. Die Rechtsprechung und Teile der Literatur gehen davon aus, daß es weder auf die Schuldhaftigkeit noch auf die Rechtswidrigkeit des Vorverhaltens ankomme[1262].

In jedem Fall begründet nur solches Vorverhalten eine Garantenstellung aus Ingerenz, das eine nahe, adäquate Gefahr des Erfolgseintrittes schafft[1263] und das das

---

1257 *Kienapfel* Grundriß AT Z 30 Rdnr. 14; *Leukauf/Steininger* § 2 Rdnr. 21; **differenzierend** nach der Art des Rechtsmangels WK-*Nowakowski* § 2 Rdnr. 22; **a.A.** *Triffterer* AT I S. 334 Rdnr. 38ff., der das Vorliegen einer rechtlichen Verpflichtung verlangt, aus der dann die Garantenstellung abgeleitet werden kann.

1258 H.M.: OGH SSt 57/66; *Kienapfel* Grundriß AT Z 30 Rdnr. 14; *ders.* JBl 1975, 13,20.

1259 OGH SSt 54/42.

1260 Zur Verantwortung der Organe und der Geschäftsführung anstelle der juristischen Person im 1. AKH-Urteil s. unten S. 260.

1261 H.M.: *Kienapfel* Grundriß AT Z 30 Rdnr. 18ff.; *Leukauf/Steininger* § 2 Rdnr. 24ff.; *Triffterer* AT I S. 336 Rdnr. 46; WK-*Nowakowski* § 2 Rdnr. 27.

1262 OGH SSt 31/1; SSt 37/15; SSt 38/31; SSt 40/19; SSt 54/21 = JBl 1983, 494; SSt 47/42 = ZVR 1977/42, S. 54; *Foregger/Kodek* § 2 Anm. II; *Fuchs* S. 361; *Leukauf/Steininger* § 2 Rdnr. 24. Demgegenüber verlangen die Rechtswidrigkeit des Vorverhaltens: *Kienapfel* Grundriß AT Z 30 Rdnr. 21; *Triffterer* AT I S. 338 Rdnr. 53f.; WK-*Nowakowski* § 2 Rdnr. 27.

1263 Heute herrschende Meinung: OGH SSt 54/21 = JBl 1983, 494; *Foregger/Kodek* § 2 Anm. II; *Kienapfel* Grundriß AT Z 30 Rdnr. 20; *ders.* JBl 1975, 13, 80, 81; *Leukauf/Steininger* § 2

Opfer außerdem in die Lage qualifizierter Schutzbedürftigkeit bringt, aus der es sich nicht ohne fremde Hilfe befreien kann[1264].

Für den Unternehmensleiter könnte sich eine Garantenstellung zur Verhinderung deliktischen Verhaltens seiner Untergebenen dadurch ergeben, daß er einen Arbeitnehmer einstellt, bei dem damit zu rechnen ist, daß er mit der ihm betrauten Aufgabe überfordert sein wird, oder der zu verbotenen Handlungen neigen könnte. Abgesehen davon, daß solche Fälle selten das Erfordernis der sozialadäquaten Gefahr erfüllen werden, scheitert eine Garantenstellung hier insbesondere daran, daß nach herrschender Meinung eine Garantenstellung aus Ingerenz nicht dazu verpflichtet, eigenverantwortliches Verhalten Dritter zu verhindern[1265].

dd) Garantenstellung aus enger natürlicher Verbundenheit oder Gefahrengemeinschaft

Neuerdings wird versucht, Garantenstellungen auch aus enger natürlicher Verbundenheit oder aus einer Gefahrengemeinschaft abzuleiten[1266]. Dies wird von der überwiegenden Meinung abgelehnt, da in diesen Fallgruppen keine rechtliche, sondern allenfalls eine moralische Verpflichtung bestehe, was aber für § 2 öStGB nicht ausreiche. Außerdem könne in diesen Fallgruppen meist eine Garantenstellung kraft freiwilliger Pflichtübernahme begründet werden[1267]. Unabhängig davon kann nach diesen Kriterien aber ohnehin keine Garantenstellung des Unternehmensleiters zur

---

Rdnr. 26. WK-*Nowakowski* § 2 Rdnr. 27 verzichtet auf dieses Kriterium, da es zu unscharf sei und außerdem bei Verlangen der Rechtswidrigkeit des Vorverhaltens eine ausreichende Einschränkung gegeben sei.

1264 Heute herrschende Meinung: OGH SSt 37/4; SSt 47/42 = ZVR 1977, 46; SSt 54/21 = JBl 1983, 494; *Foregger/Kodek* § 2 Anm. II; *Kienapfel* Grundriß AT Z 30 Rdnr. 22 (nur für Delikte gegen Leib oder Leben); *ders.* JBl 1975, 13, 80, 83; *Leukauf/Steininger* § 2 Rdnr. 26 (auch für Vermögensdelikte). Auf dieses Erfordernis verzichten *Triffterer* AT I S. 337 Rdnr. 47f. und WK-*Nowakowski* § 2 Rdnr. 27, die davon ausgehen, daß es zu weit ginge, dem Opfer zuzumuten, sich aus dieser Lage selbst befreien zu müssen. Eine Verhinderungspflicht für den Verursacher der gefährlichen Situation sei durchaus angemessen.

1265 OGH SSt 54/21 = JBl 1983, 494; *Foregger/Kodek* § 2 Anm. II; *Kienapfel* Grundriß AT Z 30 Rdnr. 22 a; *ders.* JBl 1975, 13, 80 81; *Leukauf/Steininger* § 2 Rdnr. 27; *Lewisch* ÖJZ 1995, 296, 299; *Steininger* ZVR 1985, 97, 103.

1266 *Kienapfel* Grundriß AT Z 30 Rdnr. 12, 16 (Schutzpflichten auch für Verlobte, Geschwister und Lebensgefährten sowie aus Gefahrengemeinschaft), der allerdings für diese Konstellationen einschränkend auch auf die Garantenstellung der freiwilligen Übernahme als zusätzliches Kriterium abstellt.

1267 OGH SSt 14/20 (Verlobter); SSt 40/19 (ältere Schwester); SSt 31/1 (Lebensgefährtin); *Leukauf/Steininger* § 2 Rdnr. 19, 29; *Triffterer* AT I S. 339 Rdnr. 31, 34, 56; WK-*Nowakowski* § 2 Rdnr. 6, 28.

Verhinderung deliktischen Verhaltens seiner Untergebenen begründet werden, da die Betriebsgemeinschaft keine natürliche Verbundenheit begründet und der Arbeitnehmer und der Unternehmensleiter keine Gefahrengemeinschaft gründen, zumal letztere in erster Linie eine gegenseitige Schutzpflicht und keine Überwachungspflicht in der Gefahrensituation begründen soll.

ee) Die restriktive Handhabung der Garantenstellungen in Österreich

Aus den oben diskutierten Quellen für Garantenstellungen ergibt sich, daß diese in Österreich nach rein formalen Kriterien bestimmt werden. Im Gegensatz zum deutschen Recht, wo die Garantenstellungen zunehmend nicht nach der formalen Pflichtenlehre, sondern nach funktionalen Kriterien in Beschützer- und Obhutsgarantenstellungen eingeteilt werden[1268], hält insbesondere die Rechtsprechung in Österreich an ihrer restriktiven formalen Einteilung und Bestimmung der Garantenstellungen fest[1269]. Auch die Literatur geht sehr zurückhaltend mit der Einteilung der Garantenstellungen nach materiellen Kriterien um. Die Garantenstellungen sollen weiterhin formal begründet und gegliedert werden, jedoch könne zur Bestimmung des näheren Inhalts und insbesondere zur Begrenzung der Garantenpflicht auf die materielle Funktion der Pflicht zurückgegriffen werden. In keinem Fall dürfe eine materielle Betrachtungsweise aber die Pflichten erweitern[1270].

Dies hat für die Herleitung der Garantenstellung des Unternehmensleiters zur Verhinderung deliktischen Verhaltens seiner Untergebenen die Konsequenz, daß zwei der Quellen, nach denen in Deutschland eine solche begründet wird, nicht anerkannt werden. Es handelt sich dabei erstens um die Garantenhaftung für das Handeln Dritter[1271] und zweitens um die mit einer Verkehrssicherungspflicht begründete Herleitung der Garantenstellung aus der Überwachung einer Gefahrenquelle[1272].

1268 Zur Funktionenlehre zuerst *Armin Kaufmann* S. 283ff. Dieser Lehre haben sich heute auch die deutsche Rechtsprechung und überwiegende Lehre angeschlossen (vgl. die Nachweise bei LK-*Jescheck* § 13 Rdnr. 19, Fußnote 27).

1269 OHG EvBl 1961, 494 = JBl 1962, 46; SSt 45/25 = EvBl 1975, 256 = JBl 1975, 552; weitere Nachweise bei *Foregger/Kodek* § 2 Anm. III; *Leukauf/Steininger* § 2 Rdnr. 29; *Triffterer* AT I S. 332, Rdnr. 31, 32.

1270 H.M.: *Fuchs* S. 358; *Leukauf/Steininger* § 2 Rdnr. 30; *Triffterer* AT I S. 332 Rdnr. 32; WK-*Nowakowski* § 2 Rdnr. 6, 7; weitergehend *Kienapfel* Grundriß AT Z 30 Rdnr. 12, der die Garantenstellung aus enger natürlicher Verbundenheit aufgrund materieller Kriterien (die Verbundenheit muß eng sein) herleitet.

1271 S. dazu oben S. 34ff. und S. 38ff.

1272 S. dazu oben S. 34ff. und S. 41f.

Die Garantenhaftung für das Handeln Dritter wird in Österreich von der herrschenden Meinung nur für den oben erwähnten gesetzlich geregelten Fall der Verantwortung der Eltern für ihre minderjährigen Kinder anerkannt, alle anderen Aufsichtsverhältnisse können mangels formeller Grundlage eine Garantenstellung nicht begründen[1273]. Konsequent ist danach die Entscheidung, nach der die Aufsicht über die unmündige Schwester keine Rechtspflicht zur Verhinderung einer strafbaren Handlung (in der Entscheidung: des Beischlafes) darstellt[1274].

Daher kann in Österreich aus dem Vorgesetztenverhältnis erst recht keine Garantenstellung des Unternehmensleiters zur Verhinderung deliktischen Verhaltens seiner Untergebenen hergeleitet werden, zumal die Eigenverantwortlichkeit eines handelnden Dritten ohnehin eine eventuell bestehende Garantenpflicht begrenzt[1275].

Die Garantenstellung aus der Überwachung einer Gefahrenquelle wird ebensowenig anerkannt, solange ihr nicht eine der anerkannten Quellen Gesetz, Vertrag oder Ingerenz zugrunde liegt[1276]. So hat zum Beispiel der OGH entschieden, daß allein die Übernahme von Bauaufträgen[1277] oder das Betreiben eines gefährlichen Unternehmens[1278] oder eines Steinbruches[1279] noch keine Garantenstellung begründet. Um eine Ingerenzhaftung zu begründen, bedürfe es des Verstoßes gegen eine Rechtsvorschrift.

ff) Zusammenfassung

Im Ergebnis läßt sich damit festhalten, daß eine generelle Garantenstellung des Unternehmensleiters zur Verhinderung deliktischen Verhaltens seiner Untergebenen in Österreich nicht begründet werden kann, es sei denn, es kann eine Verpflichtung aus der Trias Gesetz, Vertrag oder Ingerenz hergeleitet werden, was aber, wie oben gezeigt, nur seltene Fälle betrifft. Wegen dieser begrenzten Möglichkeiten, den Unternehmensleiter strafrechtlich zu erfassen, wurde in Österreich bereits in den 70er Jah-

---

1273 S. dazu oben S. 253, Fußnote 1253.

1274 SSt 40/19.

1275 S. oben S. 255, Fußnote 1265.

1276 H.M.: *Foregger/Kodek* § 2 Anm. III; *Kienapfel* Grundriß AT Z 30 Rdnr. 8, 20; WK-*Nowakowski* § 2 Rdnr. 20. Anerkannt wird die Garantenstellung des Unternehmers zur Überwachung von von seinem Betrieb ausgehenden Gefahren nur von *Fuchs* (S. 361), wobei hier zu beachten ist, daß auch er diese Garantenstellung durch eigenverantwortliches Handeln Dritter begrenzt (AT I S. 362).

1277 OGH SSt 31/87; SSt 21/1.

1278 OLG Linz JBl 1990, 463 mit Anmerkung *Kienapfel.*

1279 KH 3268.

ren eine Erweiterung der Garantenpflichten auch auf herrschende Geschäftsführer und leitende Angestellte gefordert[1280]. Bisher hat diese Anregung jedoch keine Resonanz gefunden.

Damit ist in Österreich der Unternehmensleiter, der deliktisches Verhalten seiner Untergebenen nicht verhindert, selten aus einem unechten Unterlassungsdelikt strafbar, es bleiben insoweit nur die Tatbestände des § 286 öStGB und des § 19 öUWG, die aber ihrerseits an enge Voraussetzungen (Beschränkung auf nur bestimmte Vorsatztaten und auf vorsätzliches Unterlassen der Verhinderung) geknüpft sind. In einer Vielzahl der Fälle wird der Unternehmensleiter daher straffrei sein.

Eine Untersuchung der weiteren Voraussetzungen der strafrechtlichen Verantwortung aus unechtem Unterlassen muß daher hier nicht erfolgen; insoweit kann auf die Ausführungen in der gängigen Literatur verwiesen werden[1281].

III. Die Auswirkungen der Delegation von Verantwortung auf die Strafbarkeit des Unternehmensleiters

1. Allgemeines

Da eine allgemeine Garantenstellung des Unternehmensleiters zur Verhinderung strafbaren Verhaltens seiner Untergebenen nicht anerkannt ist, stellt sich in Österreich das Problem der möglichen Delegation dieser strafrechtlichen Verantwortung durch den Unternehmensleiter an zum Beispiel leitende Angestellte nicht in dem Maße, wie dies in Deutschland diskutiert wird. In der gängigen Literatur wird dieses Problem gar nicht angesprochen, da die Problematik der strafrechtlichen Zurechnung innerhalb von Unternehmen nicht über das unechte Unterlassungsdelikt gelöst wird. Dies kann, wie im spanischen Strafrecht, daran liegen, daß es mit § 286 öStGB ein echtes Unterlassungsdelikt gibt, das die Strafbarkeit des Unterlassens der Verhinderung einer mit Strafe bedrohten Handlung erfaßt, wobei auch dieser Tatbestand wegen seiner engen Voraussetzungen nicht alle Fälle erfassen kann. Da in den übrigen Fällen der Unternehmensleiter straffrei ist, wird das Problem der Delegation von Verantwortung im österreichischen Strafrecht kaum diskutiert.

1280 *Schick* ÖJZ 1975, 537, 548; *Schünemann* Unternehmenskriminalität S. 181.

1281 Etwa die Darstellung bei *Kienapfel* Grundriß AT Z 29, 30 oder bei *Leukauf/Steininger* § 2 oder WK-*Nowakowski* § 2.

Es soll aber kurz auf die Fälle eingegangen werden, in denen die Delegation einer aus Vertrag oder Gesetz bestehenden Garantenpflicht eines Unternehmers in Frage stand[1282]:

Zunächst stellte der OGH[1283] fest, daß der Leiter einer Werkstatt verantwortlich ist für die sachgemäße Ausführung der dort ausgeführten Reparaturen. Komme es nach Abschluß der Reparaturarbeiten zu einem Unfall mit dem unsachgemäß reparierten Fahrzeug, so hafte der Werkstattleiter unabhängig davon, ob er mit der Reparatur einen Angestellten beauftragt habe. Ihn treffe in jedem Fall die Pflicht, dessen Arbeiten angemessen zu kontrollieren. Ebenfalls lehnte der OGH in einem weiteren Urteil[1284] die Delegation der strafrechtlichen Verantwortung ab bei einem Baumeister, der zur Ausführung eines Baus einen Baupolier bestellt hatte, der auch für die Einhaltung der Sicherheitsvorschriften zum Schutz der auf dem Bau beschäftigten Arbeiter zu sorgen hatte. Zu dieser Kontrolle und Aufsicht ist nach einer Verordnung des Bundesministeriums für soziale Verwaltung jeder Baumeister verpflichtet. Ist er nicht selbst an der Baustelle anwesend, so muß er laut dieser Verordnung eine Aufsichtsperson, die mit den nötigen Kompetenzen ausgestattet ist, bestellen. Tut er das nicht, so haftet er persönlich für Verletzungen der Arbeiter[1285]. Trotz der Bestellung einer solchen Aufsicht in der Person des Baupoliers war in diesem Fall laut OGH aber der Baumeister persönlich strafrechtlich verantwortlich, da er zumindest die Einhaltung der gesetzlichen Vorschriften selbst überwachen und kontrollieren müsse. Da der Bau nicht ordnungsgemäß abgesichert war und dadurch gegen die Bauarbeiterschutzverordnung verstoßen wurde, war der Baumeister trotz Delegation an den Baupolier strafrechtlich verantwortlich.

Zusammenfassend läßt sich zur Möglichkeit der Delegation der strafrechtlichen Verantwortung durch Delegation von bestimmten Aufgaben an Dritte folgendes festhalten: Für den Fall der Garantenstellung aus freiwilliger Übernahme wurde die Möglichkeit der Delegation der strafrechtlichen Verantwortung ganz abgelehnt. Wer eine Pflichtenstellung übernommen hat, muß diese auch ordnungsgemäß erfüllen. Auch die strafrechtliche Verantwortung, die sich aus einer Garantenstellung aus Gesetz ergibt, kann nicht durch Aufgabenübertragung verschoben werden. Jeder Garantenpflichtige hat (trotz Delegation) auf die Einhaltung der gesetzlichen Vorschriften zu achten. Es ist daher für eine Garantenstellung aus Ingerenz erst Recht davon auszugehen, daß derjenige, der sich wegen gefährdenden Vorverhaltens in

---

1282 Vgl. dazu auch *Kienapfel* JBl 1975, 13, 19 mit weiteren Nachweisen zur Rechtsprechung.

1283 OGH ZVR 1968/107, S. 267.

1284 OGH SSt 21/1.

1285 So lag der OGH SSt 31/87 zugrunde liegende Fall.

einer Pflichtenstellung befindet, sich daraus nicht einfach durch Delegation der Überwachungsverpflichtung bezogen auf von ihm selbst geschaffene Gefahrenquellen befreien kann.

2. *Das sogenannte 1. AKH-Urteil*[1286]

Aus der Rechtsprechung ist hier nur das sogenannte 1. AKH-Urteil zu erwähnen: Dort war eine juristische Person (die sogenannte „ITT-A. GmbH“) als Bauunternehmer durch einen Vertrag verpflichtet, den Bau eines Krankenhauses organisatorisch zu überwachen und die entsprechenden Aufträge zu vergeben. Angestellte dieses Unternehmens vergaben gegen Zahlung von Schmiergeldern Aufträge nur an bestimmte Firmen, so daß nicht das bestbietende Unternehmen den Auftrag bekam, wodurch dem Bauherrn des Krankenhauses (der sogenannten „Allgemeines Krankenhaus Wien Planungs- und Errichtungs-AG“ = AKPE) indirekt geschadet wurde. Aus dem zwischen dem Bauherrn (AKPE) und der bauunternehmerischen Firma (ITT-A. GmbH) geschlossenen Vertrag ergab sich für letztere die vertragliche Nebenverpflichtung, die Vermögensinteressen der AKPE zu wahren. Wegen dieser Garantenstellung hätte eigentlich die ITT-A. GmbH wegen der Nichtverhinderung von Schmiergeldabsprachen strafrechtlich wegen Untreue verantwortlich sein müssen. Da juristische Personen in Österreich strafrechtlich nicht verantwortlich sein können[1287], wurde diese Verantwortung vom OGH ohne weiteres auf die Geschäftsleitung und die leitenden Angestellten übertragen, so daß diese als Beitragstäter durch Unterlassen an der Untreue bestraft wurden[1288].

Die Übertragung der Garantenstellung einer juristischen Person auf deren Organe und die Geschäftsleitung ist seither in Österreich anerkannt[1289].

1286 OGH SSt 54/42 = JBl 1983, 545 mit Anm. *Liebscher* (wegen der komplizierten Verflechtung verschiedener an diesem Fall beteiligter juristischer Personen wird der Sachverhalt hier nur stark abstrahiert dargestellt).

1287 Vgl. dazu *Foregger/Kodek* § 161 Anm. I; *Schünemann* Unternehmenskriminalität S. 181; *Rainer* in: *Triffterer* StGB-Komm. § 161 Rdnr. 1; WK-*Liebscher* § 161 Rdnr. 1.

1288 OGH SSt 54/42, S. 150 = JBl 1983, 545, 552 mit Anm. *Liebscher*.

1289 Für die h.M.: *Kienapfel* Grundriß BT II § 153 Rdnr. 48, 50ff., 53ff., 60ff., 100; *ders.* Grundriß AT Z 30 Rdnr. 5, 14.

3. *Die Stellvertreterhaftung (§ 161 öStGB)*

§ 161 öStGB stellt einen Fall der Stellvertreterhaftung für die Konkursdelikte der §§ 156ff. öStGB (Kridadelikte) dar. Die Kridadelikte sind Sonderdelikte[1290]. Voraussetzung ist, daß der Täter entweder Gläubiger oder Schuldner ist. Personen, die diese Eigenschaft nicht aufweisen, können nicht Täter des entsprechenden Deliktes sein. Zwar regelt § 14 öStGB[1291] die Beteiligung am Sonderdelikt dergestalt, daß es ausreicht, wenn nur einer der Beteiligten die Sondereigenschaft aufweist, jedoch läuft diese Regelung leer, wenn sich eine juristische Person in der Sonderposition befindet oder wenn der Gläubiger oder Schuldner andere Personen mit der Regelung seiner Geschäfte beauftragt hat. Diese Fälle erfaßt § 161 öStGB:

Die Schuldner- oder Gläubigereigenschaft der leitenden Angestellten einer juristischen Person oder Personengemeinschaft ohne Rechtspersönlichkeit (§ 161 Abs. 1 S. 1 öStGB) bzw. der leitenden Angestellten des Schuldners oder Gläubigers (§ 161 Abs. 1 S. 2 öStGB) wird fingiert, so daß diese auch aus den Kridadelikten bestraft werden können. § 161 Abs. 2 öStGB bestimmt eine Haftungserweiterung für leitende Angestellte einer juristischen Person oder einer Personengemeinschaft ohne Rechtspersönlichkeit, denen eine bestimmte Funktion im Insolvenzverfahren übertragen wurde.

Bei § 161 Abs. 1 Satz 2 öStGB ist zu beachten, daß die Fiktion nur greift, sofern der Angestellte ohne Einverständnis mit dem Schuldner oder Gläubiger handelt. Unter Umständen kommt eine Haftung neben diesem in Betracht[1292]. Handelt er mit dessen Einverständnis, so bestimmt sich die Strafbarkeit nach den allgemeinen Regeln über die Beteiligung des Extraneus am Sonderdelikt (§ 14 Abs. 1 öStGB). Meist wird der leitende Angestellte dann Bestimmungs- oder Beitragstäter sein[1293].

Durch die Fiktion des § 161 öStGB werden die leitenden Angestellten ex lege zu Intranei, so daß sie unmittelbare Täter sein können[1294].

1290 H.M.: *Foregger/Kodek* § 161 Anm. I; *Kienapfel* Grundriß BT II § 161 Rdnr. 1; *Leukauf/Steininger* § 161 Rdnr. 1; *Löwisch* BT I S. 253; *Rainer* in: *Triffterer* StGB-Komm. § 161 Rdnr. 1.

1291 S. dazu oben S. 237ff.

1292 H.M.: *Kienapfel* Grundriß BT II § 161 Rdnr. 7 mit weiteren Nachweisen; WK-*Liebscher* § 161 Rdnr. 13.

1293 H.M.: OGH SSt 51/2 = JBl 1980, 496 mit Anm. *Liebscher;* JBl 1987, 798; RZ 1980/21, S. 111; *Kienapfel* Grundriß BT II § 161 Rdnr. 7, 8; *Leukauf/Steininger* § 161 Rdnr. 11; *Rainer* in *Triffterer* StGB-Komm. § 161 Rdnr. 6; WK-*Liebscher* § 161 Rdnr. 14.

1294 H.M.: *Kienapfel* Grundriß BT II § 161 Rdnr. 3a; *Leukauf/Steininger* § 161 Rdnr. 1; *Lewisch* S. 253; *Rainer* in *Triffterer* StGB-Komm. § 161 Rdnr. 4; WK-*Liebscher* § 161 Rdnr. 15.

Für den Begriff des „leitenden Angestellten" verweist § 161 öStGB auf § 309 Abs. 2 öStGB, wonach darunter Angestellte eines Unternehmens zu verstehen sind, auf dessen Geschäftsführung ihnen ein maßgeblicher Einfluß zusteht. Diesen werden Geschäftsführer (§§ 15ff. öGmbHG), Mitglieder des Vorstands (§§70ff. öAktG; §§ 15ff. öGenG) oder Aufsichtsrats (§§ 86ff. öAktG; §§ 24ff. öGenG; §§ 29ff. öGmbHG) und Prokuristen ohne Angestelltenverhältnis gleichgestellt. Bei der Personengemeinschaft ohne Rechtspersönlichkeit fallen darunter die geschäftsführenden Gesellschafter (§§ 114ff. und 164 öHGB).

Dabei ist es unerheblich, ob diese tatsächlich maßgeblichen Einfluß auf die Geschäftsführung haben. Vielmehr genügt die rechtliche Position, die zu ordnungsgemäßem Verhalten zwingt[1295]. Von dieser Verantwortung werden diese Personen auch nicht dadurch entbunden, daß neben ihnen noch ein *de-facto*-Geschäftsführer handelt[1296]. Andererseits ist die rechtliche Position nicht entscheidend für die strafrechtliche Verantwortung. § 161 Abs. 1 öStGB erfaßt auch diejenigen, die *de facto* einen maßgeblichen Einfluß auf die Geschäftsführung des Unternehmens ausüben[1297]. Dies gilt uneingeschränkt, sofern es sich um Angestellte des Unternehmens handelt (§ 309 Abs. 2 Satz 1 öStGB). Freie Mitarbeiter, die *de facto* die Geschäfte führen, werden nur über § 309 Abs. 2 Satz 2 öStGB erfaßt, das heißt, wenn sie eine der dort genannten Organfunktionen übernehmen[1298].

Ob die leitenden Angestellten „maßgeblichen Einfluß" auf die Geschäftsführung ausüben, richtet sich danach, ob sie „unternehmergleiche Funktionen" wahrnehmen[1299].

Zu erwähnen ist noch, daß die leitenden Angestellten einer juristischen Person nicht dadurch straffrei werden, daß sie sich ihr Verhalten durch die Generalver-

---

1295 H.M.: OGH SSt 55/76; 12 Os 122/89 vom 05.04.1990 bei *Mayerhofer/Rieder* § 161 Nr. 4a; *Kienapfel* Grundriß BT II § 161 Rdnr. 4, 10; *Leukauf/Steininger* § 161 Rdnr. 5; WK-*Liebscher* § 161 Rdnr. 10.

1296 OLG Innsbruck 8 Bs 52/92 vom 12.03.1992 bei *Mayerhofer/Rieder* § 161 Nr. 4b.

1297 H.M.: OGH EvBl 1972/327 (Geschäftsführung ohne formellen Bestellungsakt); SSt 55/76 (Handlungsbevollmächtigter); JBl 1987, 798 (freie Mitarbeiter mit Leitungsfunktion); RZ 1995/4, S. 18 (Angestellter ohne Zeichnungsberechtigung, der aber Ein- und Verkauf organisiert, Zahlungen durchführt und Arbeitskräfte aufnimmt); weitere Nachweise zur Rechtsprechung bei *Mayerhofer/Rieder* § 161 Nr. 3ff.; *Foregger/Kodek* § 161 Anm. I; *Kienapfel* Grundriß BT II § 161 Rdnr. 4, 10; *Leukauf/Steininger* § 161 Rdnr. 5; *Rainer* in: *Triffterer* StGB-Komm. § 161 Rdnr. 6, 14; WK-*Liebscher* § 161 Rdnr. 10; **a.A.** *Lewisch* S. 254 und *Zagler* in: *Triffterer* StGB-Komm. § 309 Rdnr. 7.

1298 H.M.: *Foregger/Kodek* § 161 Anm. II; *Leukauf/Steininger* § 161 Rdnr. 6.

1299 H.M.: OGH SSt 55/76; *Kienapfel* Grundriß BT II § 161 Rdnr. 5; *Leukauf/Steininger* § 161 Rdnr. 6, § 309 Rdnr. 5; WK-*Liebscher* § 161 Rdnr. 9, 10.

sammlung absegnen oder vom Aufsichtsrat genehmigen lassen. In diesen Fällen kommt vielmehr neben der Haftung der leitenden Angestellten eine eigene Verantwortung der Gesellschafter oder der Aufsichtsratsmitglieder in Betracht[1300].

Zu erwähnen ist an dieser Stelle nur noch, daß der Tatbestand der Vollstreckungsvereitelung (§ 162 öStGB) von § 161 öStGB nicht erfaßt wird. Um auch die Vollstreckungsvereitelung zugunsten eines Dritten durch einen Nichtschuldner zu erfassen, wurde der Tatbestand des § 163 öStGB[1301] geschaffen, der allerdings nicht nur für den begrenzten Personenkreis des § 161 öStGB gilt, sondern von jedermann begangen werden kann.

4. Die Regelung in § 28 FinStrG

§ 28 Abs. 1 FinStrG bestimmt, daß juristische Personen und abgabepflichtige Vermögensmassen ohne eigene Rechtspersönlichkeit zur ungeteilten Hand (§ 891 ABGB) für Geldstrafen oder Wertersätze haften, die über Mitglieder ihrer Organe wegen eines Finanzvergehens verhängt worden sind, wenn der Bestrafte das Vergehen in Ausübung seiner Organfunktion hinsichtlich der Abgabepflicht, Abgabenabfuhrpflicht oder monopolrechtlichen Verpflichtungen begangen hat. Ebenso haften abgabepflichtige Personenvereinigungen ohne Rechtspersönlichkeit, wenn ein zur Geschäftsführung berufenes Mitglied in Ausübung dieser Befugnis ein Finanzvergehen begangen hat.

Eine ähnliche Regelung trifft § 28 Abs. 3 FinStrG: Eine natürliche Person als „Dienstgeber" haftet für die einem ihrer „Dienstnehmer" auferlegten Geldstrafen und Wertersätze, sofern dieser das Vergehen im Rahmen seiner Obliegenheiten begangen hat. Diese Haftung setzt allerdings im Gegensatz zur Haftung der juristischen Personen nach Abs. 1 das Verschulden des Dienstgebers gemäß § 28 Abs. 4 FinStrG voraus.

§ 28 Abs. 1 und 3 FinStrG bestimmen damit keine persönliche strafrechtliche Verantwortung der juristischen Personen oder Dienstgeber, sondern lediglich eine Haftung dieser für die verhängten Geldstrafen oder Wertersätze.

In § 28 Abs. 2 FinStrG findet sich eine Regelung zur Vertreterhaftung: Sofern die in Abs. 1 genannten strafbaren Handlungen durch einen behördlich oder rechtsgeschäftlich bestellten Vertreter einer der in Abs. 1 genannten natürlichen Personen

---

[1300] H.M.: OGH SSt 38/44; RZ 1962, 160; *Kienapfel* Grundriß BT II § 161 Rdnr. 6; *Leukauf/ Steininger* § 161 Rdnr. 8; WK-*Liebscher* § 161 Rdnr. 4.

[1301] Zu dessen Auslegung im einzelnen vgl. *Leukauf/Steininger* § 163 und WK-*Liebscher* § 163.

begangen werden, haftet der Vertretene für die über den Vertreter verhängte Geldstrafe und den diesem auferlegten Wertersatz nur dann, wenn ihn ein Verschulden im Sinne des Abs. 4 trifft.

Gemäß § 28 Abs. 4 FinStrG liegt ein Verschulden im Sinne der Abs. 2 und 3 vor, wenn der Vertretene oder Dienstgeber

a) sich bei der Auswahl oder Beaufsichtigung des Vertreters oder Dienstnehmers auffallender Sorglosigkeit schuldig gemacht hat, oder
b) vom Finanzvergehen des Vertreters oder Dienstnehmers wußte und es nicht verhinderte, obwohl ihm die Verhinderung zuzumuten war, oder
c) vom Finanzvergehen, dessen Verhinderung ihm zuzumuten gewesen wäre, aus auffallender Sorglosigkeit nicht wußte.

Der Begriff der „auffallenden Sorglosigkeit" richtet sich nach den von der Rechtsprechung zu §§ 1324 und 1331 ABGB, die diese Formulierung ebenfalls verwenden, entwickelten Kriterien[1302]: Darunter fällt demnach eine ungewöhnliche und auffallende Sorgfaltsvernachlässigung (grobe Fahrlässigkeit)[1303].

5. Die Regelung des § 135 KartellG 1993[1304]

Eine weitere gesetzlich ausdrücklich normierte Regelung der strafrechtlichen Vertreterhaftung enthält § 135 KartellG 1993: Wenn eine Handlungs- oder Unterlassungspflicht, deren Nichterfüllung nach dem Kartellgesetz 1993 mit Strafe bedroht ist, eine juristische Person oder eine Personengemeinschaft ohne Rechtspersönlichkeit trifft, so sind diese Strafbestimmungen auch auf die nach dem Gesetz oder nach der Satzung zur Vertretung nach außen berufenen Organe anzuwenden.

Täter der Anknüpfungstat kann danach sein, wer als Vorstandsmitglied oder Abwickler der Aktiengesellschaft und Genossenschaft, als Geschäftsführer der GmbH, als vertretungsberechtigtes Vorstandsmitglied des Vereins oder als vertretungsberechtigter Gesellschafter der Personengesellschaft eine Handlungs- oder Unterlassungspflicht verletzt hat[1305]. Nach herrschender Meinung[1306] setzt eine solche Verantwortung der vertretenden Organe ein Verschulden dieser Organe voraus.

[1302] Für die h.M. *Harbich* § 28 Anm. 4.

[1303] H.M.: OGH JBl 1959, 211, SZ 33/102; SZ 40/55; *Leitner* S. 39; Rummel-ABGB-*Reischauer* § 1324 Rdnr. 3 mit weiteren Nachweisen.

[1304] § 135 KartellG 1988 in der Fassung der Kartellgesetznovelle 1993 (im folgenden KartellG 1993) entspricht dem § 108 KartellG 1972.

[1305] Beispiele bei *Gugerbauer* § 135 Rdnr. 1.

Neben diesen ausdrücklichen Spezialregelungen zur Vertreterhaftung enthält das österreichische Strafrecht keine allgemeine Regelung der Organ- oder Stellvertreterhaftung. Die Einführung einer solchen allgemeinen Regelung ist zwar bereits in den 70er Jahren[1307] gefordert worden und wird auch heute noch für sinnvoll gehalten[1308]; jedoch ist der Gesetzgeber diesem Wunsch bisher nicht nachgekommen.

1306 Für die h.M.: OGH ÖBL 1964, 56; *Gugerbauer* § 135 Rdnr. 1.

1307 *Nowakowski* ÖJZ 1974, 617, 619; *Schick* ÖJZ 1975, 537, 548; *ders.* in: Festschrift für Wilburg S. 221, 243; *Schünemann* Unternehmenskriminalität S. 181. Demgegenüber formulierte *Liebscher* ZStW 88 (1976), 261, 271, daß es wegen § 161 öStGB das im Wirtschaftsstrafrecht viel diskutierte Problem der „Abwälzung von Verantwortung" im Firmenwesen in Österreich nicht gebe. Außerdem ermögliche § 2 öStGB eine Unterlassungsstrafbarkeit. Dabei scheint er außer acht zu lassen, daß § 161 öStGB nur für Kridadelikte gilt, während das Firmenwesen noch zu vielen anderen Straftaten (man denke an Wettbewerbsdelikte, Betrugsdelikte, Umweltdelikte) Gelegenheit gibt, und daß eine Unterlassungsverantwortung nach § 2 öStGB eine Garantenstellung voraussetzt, die für den Firmeninhaber schwer begründet werden kann.

1308 *Kienapfel* Grundriß BT II § 161 Rdnr. 2.

FÜNFTES KAPITEL

LÄNDERBERICHT ENGLAND

Erster Teil: Täterschaft und Teilnahme im allgemeinen

I. Einordnung der Problematik im englischen Deliktsaufbau

Im englischen Strafrecht wird bei der Begehung einer Straftat zwischen „Unrechtstatbestand" (*actus reus*) und „Unrechtsbewußtsein" (*mens rea*) unterschieden. Der „Unrechtstatbestand" (*actus reus*) umfaßt das objektive Geschehen der Tat, also die Tathandlung am entsprechenden Tatobjekt sowie die sonstigen objektiv notwendigen Umstände und Merkmale einschließlich des nötigen Erfolges[1309]. Demgegenüber fallen unter den Begriff des „Unrechtsbewußtseins" (*mens rea*) die subjektiven Anforderungen an die Strafbarkeit: Die englischen Autoren formulieren, daß das „Unrechtsbewußtsein" (*mens rea*) das „mentale Element" der Straftat sei bzw. das „Bewußtsein" (*state of mind*) des Täters umschreibe[1310]. Darunter fallen neben den Vorsatzerfordernissen eines Tatbestandes zum Teil auch Umstände, die in Deutschland die Schuld des Täters betreffen. Neben diesen beiden Hauptelementen der Straftat ist für eine Strafbarkeit des Täters Voraussetzung, daß diesem keine „Verteidigung" in der Form einer sogenannten *defence* zur Seite steht. Darunter fallen die Strafausschließungsgründe, die in Deutschland Rechtfertigungs- oder Entschuldigungsgründe sind. Diesbezüglich besteht in England aber keine Einigkeit darüber, ob diese neben den beiden Elementen des „Unrechtstatbestandes" (*actus reus*) und des „Unrechtsbewußtseins" (*mens rea*) grundsätzlich ein drittes Element darstellen oder ob sie zum „Unrechtstatbestand" (*actus reus*) oder zum „Unrechtsbewußtsein" (*mens rea*) gehören, so daß bei Vorliegen einer „Verteidigung" diese Elemente entfallen[1311].

[1309] H.M.: *Card*/Cross/Jones S. 50, 52; *Clarkson/Keating* S. 91; vgl. auch *Vogel* GA 1998, 127, 140.
[1310] H.M.: *Card*/Cross/Jones S. 50, 61; *Clarkson/Keating* S. 134; *Stephen* S. 94f.
[1311] Mit Nachweisen zu diesen Ansichten *Card*/Cross/Jones S. 61; *Clarkson/Keating* S. 89; vgl. auch *Vogel* GA 1998, 127, 142.

Dieser Streit ist in der Teilnahmelehre allerdings nur für die Akzessorietät von Bedeutung und wird daher dort näher behandelt[1312].

Wegen einer rein objektiven Abgrenzung zwischen Täter und Teilnehmer[1313] gehört die Lehre von Täterschaft und Teilnahme im englischen Strafrecht zum „Unrechtstatbestand" (*actus reus*).

II. Der Täter (The Principal oder Perpetrator): Die Abgrenzung zum Teilnehmer

Da nach dem *Accessories and Abettors Act 1861*[1314] ein Teilnehmer nicht nur im gleichen Verfahren wie ein Täter verurteilt wird, sondern auch dem gleichen Urteil und der gleichen Strafe unterworfen wird wie ein Täter, könnte auf eine Unterscheidung zwischen Täter und Teilnehmer im englischen Strafrecht eigentlich verzichtet werden. In der Praxis wird daher auf den konkreten Nachweis, wer von zwei Beteiligten der Täter und wer der Teilnehmer an einer Straftat gewesen ist, verzichtet, sofern nachgewiesen werden kann, daß beide die Voraussetzungen zumindest der Teilnahme erfüllen[1315]. Kann nicht nachgewiesen werden, daß mindestens die Voraussetzungen der Teilnahme vorliegen, kann nicht etwa aufgrund dieser Alternativfeststellung verurteilt werden[1316].

Auf die Unterscheidung zwischen Täter und Teilnehmer kann jedoch nicht immer verzichtet werden:

- Bei Straftaten, die keinen Nachweis des „Unrechtsbewußtseins" (*mens rea*) des Täters bezüglich des kompletten „Unrechtstatbestandes" (*actus reus*) verlangen (sogenannte Delikte mit „strikter Verantwortung" (*strict liability offences*[1317])), ist es für eine Strafbarkeit des Teilnehmers dennoch nötig, dessen „Unrechtsbewußtsein" (*mens rea*) nachzuweisen.
- Bei Sonderdelikten kann nur derjenige, der die geforderte Eigenschaft aufweist, Täter sein, alle anderen können an seiner Tat nur teilnehmen[1318].

1312 S. unten S. 270.

1313 S. dazu unten S. 269.

1314 Im Wortlaut s. unten S. 275.

1315 H.M.: *R. v. Swindall and Osborne* (1846) 2 Car. & Kir. 230, 175 E.R. 95; C.A.: *Russel and Russel* (1987) 85 Cr.App.R. 388; *Emery* (1993) 14 Cr.App.R. (S) 394; *Ashworth* S. 411.

1316 H.M. seit C.A.: *Lane and Lane* (1986) 82 Cr.App.R. 5.

1317 S. dazu unten S. 302 und S. 315ff.

1318 S. dazu unten S. 306.

- Die „stellvertretende Verantwortung" (*vicarious liability*[1319]), d.h. die Verantwortung einer nicht-beteiligten Person anstelle einer anderen, an der Tat beteiligten Person, ist nur für Taten eines Täters möglich, nicht für die eines Teilnehmers.
- Die versuchte Täterschaft ist strafbar, nicht jedoch der Versuch der Teilnahme[1320].

Die Unterscheidung zwischen Täter (*principal)* und Teilnchmer (*principal in the second degree, accessory* oder *accomplice*) wird im englischen Strafrecht nach rein objektiven Kriterien vorgenommen: Täter ist grundsätzlich nur derjenige, der die Ausführungshandlung des Tatbestandes selbst vornimmt, also derjenige, der die unmittelbarste zum Erfolg führende Ursache setzt[1321].

Dies entspricht der in Deutschland früher vertretenen formal-objektiven Theorie, die jedoch nach moderner Auffassung zugunsten der materiell-objektiven Lehre von der Tatherrschaft aufgegeben wurde[1322].

III. Der Mittäter (Joint Principal)

Nach der objektiven Theorie zur Abgrenzung zwischen Täterschaft und Teilnahme ist auch die Mittäterschaft zweier oder mehrerer Personen möglich, sofern alle die Ausführungshandlung gemeinsam vornehmen[1323]. Dabei ist es nach herrschender Meinung nicht nötig, daß jeder die gesamte Handlung vornimmt, sondern es reicht aus, daß diese zwischen allen aufgeteilt wird. Voraussetzung ist aber, daß jeder an der Ausführungshandlung zumindest zum Teil beteiligt ist und das erforderliche

---

1319 S. dazu unten S. 326ff.

1320 S. dazu unten S. 303.

1321 H.M.: *Ashworth* S. 410; *Clarkson/Keating* S. 512; *Smith*/Hogan Criminal Law S. 128f.; *ders.* Cases S. 195; *Williams* S. 330.

1322 *Herzberg* Täterschaft § 2 II; *Jakobs* 21/32ff.; *Jescheck/Weigend* § 61 V; mit zahlreichen weiteren Nachweisen: LK-*Roxin* § 25 Rdnr. 7, 10, 34; *Wessels* Rdnr. 518; auch die Rechtsprechung in Deutschland nähert sich dieser Theorie immer mehr an, ohne jedoch grundsätzlich auf ihre subjektive Abgrenzungsmethode zu verzichten: BGHSt MDR 1954, 529, 529f.; BGHSt 9, 370, 380; LM Nr. 10 vor § 47; 11, 68; JR 1955, 304, 305; 8, 390, 391; 8, 393, 396; MDR 1960, 939, 940; NJW 1966, 1763, 1763, vgl. die Nachweise bei *Tröndle* Vor § 25 Rdnr. 2.

1323 H.M.: *Macklin and Murphy's* (1838) 2 Lew. C.C. 225, 168 E.R. 1136; *Manley* (1844) 3 L.T.O.S. 22, 1 Cox. C.C. 104, zit. bei *Card*/Cross/Jones S. 551, Fußnote 2 und bei Russel/ *Turner* S. 129; *Ashworth* S. 411; *Card*/Cross/Jones S. 550; *Smith*/Hogan Criminal Law S. 129; *ders.* Cases S. 193; *Williams* S. 330.

„Unrechtsbewußtsein“ (*mens rea*) für die gesamte Tat hat[1324]. Hält einer das Opfer nur fest, während ein anderer dieses ersticht, so ist nur letzterer Täter, denn die Ausführungshandlung des Tötungsdeliktes liegt nicht im Festhalten des Opfers[1325].

Durch das objektive Erfordernis eines tatbestandlichen Beitrages zur Ausführungshandlung ist der Begriff des Mittäters im englischen Strafrecht enger als in Deutschland, da im deutschen Recht auch der ortsabwesende, nur in der Planungsphase Beteiligte als Mittäter bestraft werden kann[1326].

Wenn ein später hinzutretender Mittäter noch an der Ausführungshandlung teilnimmt, ist auch die sukzessive Mittäterschaft nach herrschender Meinung in England möglich. Allerdings ist keine sukzessive Mittäterschaft an bereits abgeschlossenen Vorgängen möglich[1327]: So liegt keine sukzessive Mittäterschaft am Raub vor, wenn die Gewaltanwendung bereits abgeschlossen ist und der danach hinzukommende Beteiligte (auch wenn er von der vorangegangenen Gewaltanwendung erfährt) nur noch an der Wegnahme mitwirkt. Dieser ist dann nur Mittäter des Diebstahls. Anders liegt dieser Fall, wenn die Gewaltanwendung vorher besprochen wurde, da dies dann ein arbeitsteilig ausgeführter Raub ist, was für die Mittäterschaft grundsätzlich ausreicht[1328]. Dies entspricht der neueren Rechtslage in Deutschland[1329].

1324 *Bingley* (1821) R. & R. C.C. 446, 168 E.R. 890; *Kirkwood* (1831) 1 Mood. C.C. 304, 168 E.R. 1281; *Griffith* (1831) 1 Mood. C.C. 306, 168 E.R. 1283; Western Circuit Court: *Shephard* (1839) 9 Car. & P. 121, 173 E.R. 767; Q.B.D.: *Tyler v. Whatmore* (1976) R.T.R. 83; *Ashworth* S. 411; *Smith*/Hogan Criminal Law S. 129; *Williams* S. 330; *K.J.M. Smith* S. 28ff. mit weiteren Nachweisen zur Rechtsprechung.

1325 Beispiel von *Williams* S. 330.

1326 H.M.: RGSt 35, 13,17; 53, 138, 138; 67, 392, 392; 74, 21, 23; BGHSt 11, 268, 271; 16, 12, 14; 37, 289, 291, 293; weitere Nachweise zur Rechtsprechung bei LK-*Roxin* § 25 Rdnr. 179, 180; *Tröndle* § 25 Rdnr. 7; Sch/Sch/*Cramer* § 25 Rdnr. 66; *Jescheck/Weigend* § 63 I 1 a); *Wessels* Rdnr. 528; a.A. *Bloy* S. 196ff.; *Herzberg* Täterschaft § 5 II 2a; *ders.* JZ 1991, 856, 859ff.; LK-*Roxin* § 25 Rdnr. 181 mit weiteren Nachweisen, *Roxin* S. 292ff.; *Rudolphi* in: Festschrift für Bockelmann S. 369, 373, die einen Tatbeitrag im Ausführungsstadium fordern.

1327 H.M.: South African Supreme Court: *S. v. Thomo* (1969) S.A.L.R. 385, zit. bei *Smith*/Hogan Criminal Law S. 134.

1328 Für die h.M.: *K.J.M. Smith* S. 29f., weitere Nachweise oben S. 271, Fußnote 1324.

1329 Der BGH hatte ursprünglich die Rechtsprechung, wonach eine Zurechnung von Erschwerungsgründen auf den Gehilfen unabhängig vom Zeitpunkt seines Eingreifens möglich war (RGSt 52, 202; vgl. dazu LK-*Roxin* § 25 Rdnr. 193), auch auf die Mittäterschaft übertragen (BGHSt 2, 344, 346; entgegen der Rechtsprechung des Reichsgerichts (RG JW 1923, 756; 1924, 1436; RGSt 59, 79, 82)). In der neueren Rechtsprechung lehnt der BGH allerdings die Zurechnung bereits verwirklichter Qualifikationen ab, auch wenn der nachträglich hinzutretende Mittäter davon erfährt und diese billigt: BGH bei Dallinger MDR 1969, 533; BGH GA 1977; 144f.; BGH NStZ 1985, 70f. Ebenso die herrschende Ansicht in der Literatur: *Herzberg* Täterschaft 4. Teil S. 153;

IV. Der mittelbare Täter (Principal Using an Innocent Agent)

Die Konstruktion der mittelbaren Täterschaft stellt eine Ausnahme von der Regel dar, daß nur derjenige Täter ist, der die Ausführungshandlung selbst ausführt. Denn im englischen Strafrecht ist nach herrschender Meinung auch derjenige Täter, der sich eines „Werkzeuges" (*innocent agent)* bedient, das die Tathandlung für ihn vornimmt.

Wie im deutschen Strafrecht[1330] geht man davon aus, daß die Tatausführung durch eine aus bestimmten Gründen nicht verantwortliche Person dem Hintermann als eigene zugerechnet wird. Dabei werden in England vor allem die Fälle des nicht vorsätzlich handelnden Werkzeuges (ohne „Unrechtsbewußtsein"; *mens rea*)[1331] und des nicht rechtswidrig oder schuldhaft handelnden Werkzeuges (ihm steht eine „Verteidigung" (*defence*) zur Seite, da es zum Beispiel geistig gestört ist[1332] oder unter „Bedrohung" (*duress*) handelt[1333]) und des wegen zu jungen Alters nicht strafbaren Werkzeuges[1334] genannt[1335].

Diese drei Kategorien hat auch der von der Law Commission eingereichte *Draft Criminal Code 1989*[1336] übernommen: Wer die tatbestandsmäßige Handlung (1.) durch ein Kind unter 10 Jahren, (2.) durch eine Person, die nicht das nötige „Unrechtsbewußtsein" (*fault* i.S.v. *mens rea*) aufweist, oder (3.) durch eine Person, der eine „Verteidigung" (*defence*) zur Seite steht, herbeiführt, ist als Täter zu bestrafen[1337].

Die Konstruktion der mittelbaren Täterschaft durch den Einsatz eines Werkzeuges (*innocent agent*) wird aber nicht weiter problematisiert; die Autoren beschränken

---

Jakobs 21/60; *Jescheck/Weigend* § 63 II 2, Fußnote 18; LK-*Roxin* § 25 Rdnr. 195f. mit weiteren Nachweisen; *Roxin* S. 289ff.

1330 Vgl. die Darstellung bei *Jescheck/Weigend* § 62 II 1-4.

1331 H.M.: *Anon* (1634) Kel. C.C. 53, 84 E.R. 1079; *R. v. Palmer and Hudson* (1804) 1 B.P.N.R. 96, 127 E.R. 395; *Michael* (1840) 9 Car. & P. 356, 173 E.R. 867; C.C.R.: *Butt* (1884) 15 Cox. C.C. 564, 51 L.T.N.S. 607; C.A.: *Stringer and Banks* (1991) Crim.L.R. 639.

1332 H.M.: seit *Tyler* (1838) 8 Car. & P. 616, 173 E.R. 643.

1333 C.A.: *Bourne* (1952) 36 Cr.App.R. 125: Die Verurteilung wegen mittelbarer Täterschaft scheiterte hier nur daran, daß es sich um ein eigenhändiges Delikt handelte (s. unten S. 273, Fußnote 1345).

1334 H.M.: seit *Manley* (1844) 1 Cox. C.C. 104; *Mazeau* (1840) 9 Car. & P. 676.

1335 Für die h.M.: *Card*/Cross/Jones S. 550; *Clarkson/Keating* S. 513; Russel/*Turner* S. 129; *Smith*/Hogan Criminal Law S. 128; *ders.* Cases S. 195.

1336 *Law Commission: Criminal Code for England and Wales (1989)*, Law. Com. No. 177. Dieser sollte das bisher bestehende Common Law zur größeren Rechtssicherheit kodifizieren. Das Parlament hat diesen Vorschlag jedoch nicht angenommen.

1337 *Cl. 26 (1) (c)Draft Criminal Code 1989* (Law Commission No. 177).

sich auf eine kurze Aufzählung der Fallgruppen. Insbesondere erörtern sie nicht die Abgrenzung zur Teilnahme für den Fall, daß dem Vordermann eine „Verteidigung" zur Seite steht, obwohl hier auch Teilnahme des Hintermannes möglich ist[1338].

Wie im deutschen Recht[1339] besteht Einigkeit darüber, daß bei eigenhändigen Delikten keine mittelbare Täterschaft möglich sein soll[1340]. So wurde zum Beispiel in *Thornton v. Mitchell*[1341] der Fahrer eines Busses, der, von seinem Schaffner geleitet, den Bus wendete und dabei jemanden tödlich verletzte, vom Vorwurf des „unvorsichtigen Fahrens" (zu diesem Zeitpunkt: *careless driving*) freigesprochen, da er gegen keine Sorgfaltsnorm verstoßen habe, weil er sich sorgfaltsgemäß auf seinen Schaffner verlassen habe. Letzterer konnte nicht als Teilnehmer bestraft werden, da der „Unrechtstatbestand" (*actus reus*) des „unvorsichtigen Fahrens" nicht vorlag[1342]. Eine Strafbarkeit des Schaffners als mittelbarer Täter durch Einsatz des Busfahrers als Werkzeug scheiterte daran, daß es für eine Strafbarkeit aus diesem Delikt Voraussetzung ist, daß der Täter „fährt", was der Schaffner aber nicht tat[1343]. Ähnlich lag der Fall in *Millward*[1344]: Der Fahrer eines Wagens wurde mangels „Unrechtsbewußtsein" (*mens rea*) vom Vorwurf des „unsorgfältigen Fahrens" (hier: *reckless driving*) freigesprochen, da ihm nicht erkennbar war, daß sich das Fahrzeug nicht in verkehrstauglichem Zustand befand. Da derjenige, der ihn dazu veranlaßt hatte, über das nötige „Unrechtsbewußtsein" (*mens rea*) verfügte, wäre eine Strafbarkeit als mittelbarer Täter grundsätzlich in Frage gekommen. Das scheiterte aber daran, daß Täter des „unsorgfältigen Fahrens" nur derjenige sein kann, der das Fahrzeug tatsächlich fährt. Daher wurde der Veranlasser als Teilnehmer bestraft. Ebenso wurde in *Bourne*[1345] ein Ehemann, der seine Frau zur Vornahme sexueller Handlungen an einem Hund (*bestiality* als Unterfall der „Unzucht" (*buggery*)[1346]) gezwungen hatte, nur als Teilnehmer bestraft[1347], nicht jedoch als mittelbarer Täter, da er die sexuellen Handlungen nicht selbst vorgenommen hatte.

1338 Zur Akzessorietät s. unten S. 280.

1339 Für die h.M.: LK-*Roxin* § 25 Rdnr. 40 mit weiteren Nachweisen.

1340 Für die Literatur: *Card*/Cross/Jones S. 556; Elliott/Wood's/*Allen* S. 364; *Smith*/Hogan Criminal Law S. 128, 157; *ders.* Cases S. 197; *Williams* S. 369.

1341 K.B.D.: (1940) 1 All E.R. 339.

1342 Zur Akzessorietät s. unten S. 280.

1343 Zustimmend zu der Entscheidung die h.M. in der Literatur: *Card*/Cross/Jones S. 556; Elliott/Wood's/*Allen* S. 364; *Smith*/Hogan Criminal Law S. 157; *Williams* S. 369.

1344 C.A.: (1994) Crim.L.R. 527.

1345 C.A.: (1952) 36 Cr.App.R. 125.

1346 *Sexual Offences Act 1956* (4 & 5 Eliz. 2, c. 66), Sekt. 12 (1).

1347 Zur Problematik der Teilnahme für den Fall, daß dem Täter eine „Verteidigung" (*defence*) zur Seite steht, s. unten S. 281.

Allerdings wurde in *Cogan and Leak*[1348] ein Ehemann, der einen Freund zum Geschlechtsverkehr mit seiner Frau überredete, ohne daß dieser wußte, daß diese nicht einverstanden war, als mittelbarer Täter der Vergewaltigung bestraft. Diese Entscheidung wird in der Literatur überwiegend als falsch angesehen, da der Ehemann zum damaligen Zeitpunkt seine Ehefrau gar nicht i.S.d. Gesetzes vergewaltigen konnte[1349]. Vor allem wird die Konstruktion der Vergewaltigung in mittelbarer Täterschaft abgelehnt, da dies zu dem Ergebnis führte, daß zwar ein Mann eine Vergewaltigung in mittelbarer Täterschaft begehen könnte, nicht jedoch eine Frau, da das Gesetz[1350] ausdrücklich von einem Mann spricht[1351]. Es ist mit der Literatur davon auszugehen, daß die Vergewaltigung fortan als ein eigenhändiges Delikt behandelt werden wird, das keine mittelbare Täterschaft zuläßt, zumal in der Entscheidung, wie ausdrücklich zugegeben wurde, sehr ergebnisorientiert argumentiert wurde, um im konkreten Fall zu einer Verurteilung des Ehemannes zu gelangen[1352]. Außerdem wurde in dieser Entscheidung darauf hingewiesen, daß der Ehemann auch als Teilnehmer an der Vergewaltigung des Täters, dem das „Unrechtsbewußtsein" (*mens rea*) fehlte, hätte bestraft werden können; ein Weg, der in *Bourne* unproblematisch gegangen wurde.

1348 C.A.: (1976) Q.B. 217.

1349 Elliott/Wood's/*Allen* S. 366; *Williams* S. 371.

1350 *Sexual Offences Act 1956*, Sekt. 1.

1351 *Card*/Cross/Jones S. 557; *Clarkson/Keating* S. 532; Elliott/Wood's/*Allen* S. 363; *Smith*/Hogan Criminal Law S. 128, 157; *ders.* Cases S. 198, 200; *Williams* S. 371.

1352 Nach der Feststellung, daß eine Verurteilung auch auf der Basis der Teilnahme Leaks an der Vergewaltigung Cogans zu rechtfertigen gewesen wäre, führt der Richter weiter aus: „Unserer Ansicht nach sollen Verurteilungen sich nicht nach rein technischen Fragen der Anklageformulierung richten. (...) In den Umständen dieses Falles wäre das mehr als abnorm. Es stellte einen Affront gegen die Gerechtigkeit und das Empfinden der Bevölkerung dar". Dem stimmt *Ashworth* (S. 436) zu, der davon ausgeht, daß man sich nicht aus rein sprachlichen Gründen daran gehindert sehen solle, bei eigenhändigen Delikten von mittelbarer Täterschaft auszugehen, solange das Gerechtigkeitsempfinden nichts Gegenteiliges verlange.

V. Die Teilnahme (Secondary Participation)

1. *Allgemeines*

a) Die gesetzliche Regelung: Accessories and Abettors Act 1861[1353]

Nach Sekt. 8 des *Accessories and Abettors Act 1861* gilt für die Strafbarkeit der Teilnehmer folgende Regelung:

> „Wer bei der Begehung eines Deliktes hilft, unterstützt, berät oder zu dieser verleitet, soll in dem selben Verfahren verurteilt und bestraft werden wie der Haupttäter, unabhängig davon, ob es sich um ein Delikt nach dem Common Law oder dem Statute Law handelt“[1354].

Danach gibt es vier verschiedene Formen der Teilnahme, die aber alle gleich behandelt werden, da jeder Teilnehmer dem gleichen Verfahren, dem gleichen Urteil und der gleichen Strafe unterliegt wie der Täter.

b) Strafgrund der Teilnahme

Im englischen Strafrecht wird der Strafgrund der Teilnahme ähnlich der in Deutschland vorherrschenden „Unrechtsteilnahmetheorie“[1355] überwiegend darin gesehen, daß sich der Teilnehmer dem Täter und dessen Unrecht oder Schuld anschließt („Teilnahmetheorie“; *participation theory*)[1356]. Darin liege der Strafgrund der Teil-

---

1353 24 & 25 Victoriae, (c. 94).

1354 In der Fassung, die sie durch Sched. 12 des *Criminal Law Act 1977* (c. 45) erhalten hat, lautet Sekt. 8 des Accessories and Abettors Act: *Whosoever shall aid, abet, counsel or procure the commission of any indictable offence whether the same be an offence at common law or by virtue of any Act passed or to be passed, shall be liable to be tried, indicted, and punished as a principal offender.* Nach Sekt. 44 des *Magistrates' Courts Act 1980* (c. 43) gilt diese Regelung auch für die *summary offences*.

1355 So die herrschende Meinung: RGSt 5, 227, 228; 15, 315, 316; BGHSt 4, 355, 358; Sch/Sch/*Cramer* Vor § 25 Rdnr. 17; *Jescheck/Weigend* § 64 I 2; *Lackner* Vor § 25 Rdnr. 8; *Maurach/Gössel/Zipf* § 50 Rdnr. 57; SK-*Samson* Vor § 26 Rdnr. 10, 14.

1356 *Clarkson/Keating* S. 511; *Kadish* (1985) 73 Cal.L.Rev. 324, 327; *Williams* (1990) Crim.L.R. 4, 6; *Smith*/Hogan Cases S. 194.

nahme, ohne daß es auf eine kausale Förderung des Unrechts ankommen solle (so die sogenannte „Kausalitätstheorie"; *causation theory*[1357]).

c) Unterscheidung zwischen den einzelnen Teilnahmeformen

aa) Vor dem *Criminal Law Act 1967*[1358]

Vor dem Criminal Law Act 1967 wurden die Straftaten in ein ungefähr dem Hoch- und Landesverrat entsprechendes Delikt (*treason*), „schwere Verbrechen" (*felonies*) und „alle übrigen strafbaren Vergehen" (*misdemeanours*) aufgeteilt[1359]. Bei dem Delikt des „Hoch- und Landesverrates" (*treason*) wurde auf eine Unterscheidung zwischen den einzelnen Formen der Teilnahme verzichtet, da dieses Delikt als so schwer angesehen wurde, daß ohnehin jede Beteiligung die Täterstrafe rechtfertigte. Gleiches gilt für die „übrigen strafbaren Vergehen" (*misdemeanours*), die gegenüber den „schweren Verbrechen" (*felonies*) als nicht „verrucht" genug angesehen wurden, als daß eine formelle Unterscheidung zwischen den verschiedenen Teilnahmearten nötig gewesen wäre, so daß auch hier alle Teilnehmer gleich behandelt werden konnten[1360]. Demgegenüber war für die „schweren Verbrechen" (*felonies*) eine Unterscheidung zwischen den verschiedenen Teilnahmeformen nötig, da nach dem damaligen Recht ein „Teilnehmer" (*accessory*) nur verurteilt werden konnte, wenn der Täter ebenfalls verurteilt wurde. Um eine weitgehende Strafbarkeit der Teilnehmer zu sichern, setzten die Richter fest, daß alle Personen, die bei der Begehung der Straftat anwesend waren, als Täter (*principals*) „ersten oder zweiten Grades" behandelt werden sollten[1361], so daß diese trotz fehlender Verurteilung des („Haupt"-)Täters strafbar waren.

Es wurde daher unterschieden zwischen einerseits dem „Täter" (*principal*) und den „Tätern zweiten Grades" (*principals in the second degree*) - auch „Helfer oder Unterstützer" (*aider* oder *abettor*) genannt -, worunter alle am Tatort anwesenden Beteiligten fielen. Daneben gab es die Kategorie der nicht am Tatort anwesenden „Teilnehmer" (*accessories*) - auch „Berater oder Verleitender" (*counselor* oder *procurer*) genannt. Die *accessories* wurden je nach dem Zeitpunkt ihrer Teilnahme-

---

1357 *K.J.M. Smith* S. 6f.

1358 (c. 58).

1359 Vgl. zu dieser Einteilung *Straub* S. 7f.

1360 Für die damals h.M.: Russel/*Turner* S. 157; *Straub* S. 12f. mit weiteren Nachweisen.

1361 Für die damals h.M.: Russel/*Turner* S. 133 mit weiteren Nachweisen zum alten Recht.

handlung in solche „vor der Tat" (*before the fact*) und solche „nach der Tat" (*after the fact*) aufgeteilt[1362].

bb) Nach dem *Criminal Law Act 1967*[1363]

Mit dem *Criminal Law Act 1967* wurde die Unterscheidung zwischen den „schweren Verbrechen" (*felony*) und den „übrigen strafbaren Vergehen" (*misdemeanour*) aufgehoben, so daß auch für die *felonies* die Regeln gelten sollten, die bisher für die *misdemeanours* galten[1364]. Demnach wäre eigentlich eine Unterscheidung zwischen den verschiedenen Teilnahmeformen nicht mehr nötig gewesen. So stellte auch die Law Commission fest, daß die einzelnen Worte des *Accesories and Abettors Act 1861* keine eigenständige Bedeutung hätten und daß sie nicht ihrem genauen Wortlaut nach angewendet werden müßten[1365]. Auch in der Literatur ging man überwiegend davon aus, daß nicht der Wortlaut der einzelnen Begriffe entscheidend sei, sondern daß man deren wahre rechtliche Bedeutung finden solle, ohne zwischen diesen vier Begriffen zu unterscheiden[1366]. Dann entschied allerdings der C.A. in *Attorney-General's Reference (No. 1 of 1975)*[1367], daß die einzelnen Begriffe in Sekt. 8 des *Accessories and Abettors Act 1861* nach Möglichkeit ihrem Wortlaut nach ausgelegt werden sollten, da der Gesetzgeber nicht hätte vier verschiedene Begriffe verwenden müssen, wenn er damit nicht auch verschiedene Phänomene der Beteiligung hätte beschreiben wollen. Diese Auffassung wurde dann von der Literatur übernommen[1368]. In der neueren Rechtsprechung und Literatur findet sich allerdings nunmehr wieder die Auffassung, daß eine strenge Unterscheidung zwischen den vier Begriffen nicht nötig sei, da so mit den Begriffen flexibler umgegangen werden könne. Es

---

1362 Damals h.M.: *Clarkson/Keating* S. 512, Fußnote 12; Russel/*Turner* S. 132ff., 138 (*principals in the second degree*), 150 (*accessories before the fact*), 163 (*accessories after the fact*), *Straub* S. 10 mit weiteren Nachweisen; *Williams* S. 329.

1363 (c. 58).

1364 *Criminal Law Act 1967* (c. 58), Part I *Felony and Misdemeanour* 1.; vgl. dazu C.A.: *Attorney-General's Reference (No. 1 of 1975)* (1975) 2 All E.R. 684.

1365 *Asisting and Encouraging Crime: A Consultation Paper* (Law Commission Consulting Paper No. 131) (1993), para.2.10.

1366 *Foster* S. 121; *J.C. Smith* in: Reshaping the Criminal Law, S. 120, 122ff. mit weiteren Nachweisen.

1367 C.A.: (1975) 2 All E.R. 684.

1368 Elliott/Wood's/*Allen* S. 359; *Smith*/Hogan Criminal Law S. 130; *ders.* Cases S. 203.

reiche oft die Feststellung, daß zumindest eine der vier Teilnahmemodalitäten vorliege, eine genauere Unterscheidung sei dann überflüssig[1369].

d) Die einzelnen Formen der Teilnahme: „Helfen, Unterstützen, Beraten und Verleiten" (aid, abet, counsel und procure)

Wenn auch keine Einigkeit darüber besteht, ob die einzelnen Begriffe, die der *Accessories and Abettors Act 1861* verwendet, eine eigenständige Bedeutung haben sollen, und obwohl sehr häufig alle Begriffe gemeinsam zitiert werden, ohne daß deutlich wird, welche der vier Teilnahmeformen vorliegt, so soll hier doch kurz skizziert werden, welche Merkmale die einzelnen Begriffe voneinander abgrenzen.

Die beiden Begriffe des „Helfens und Unterstützens" (*aid* und *abet*) werden häufig zusammen verwendet, da sie beide Verhaltensweisen beschreiben, die den Täter während der Tat unterstützen. Zum Teil wird vertreten, daß es hier nicht darauf ankommt, ob der Teilnehmer anwesend ist oder nicht[1370]. Überwiegend wird aber gerade die Anwesenheit des Teilnehmers am Tatort als entscheidendes Abgrenzungskriterium gegenüber den anderen beiden Begriffen des „Verleitens" (*procure*) und „Beratens" (*counsel*) genannt[1371]. Der Begriff des „Helfens" (*aiding*) soll dabei vor allem die materielle Unterstützung des Täters durch Materialien oder körperliche Hilfeleistung erfassen, während der Begriff des „Unterstützens" (*abetting*) vor allem die moralische und geistige Unterstützung des Täters umfassen soll[1372].

Diese beiden Begriffe beschreiben also jene Teilnahmeformen, die im deutschen Strafrecht als Beihilfe oder als Mittäterschaft (für den anwesenden Mittäter) erfaßt werden können.

Davon unterscheidet sich nach der Ansicht, daß es für das „Helfen und Unterstützen" (*aiding* und *abetting*) nicht auf die Anwesenheit am Tatort ankommt, der Begriff des „Beratens" (*counselling*) nur dadurch, daß diese Form der moralischen Unterstützung vor der Tat stattfindet[1373]. Aber auch nach der herrschenden Ansicht,

---

1369 Q.B.D.: *A.-G. v. Able* (1984) Q.B. 795; *Clarkson/Keating* S. 513 mit weiteren Nachweisen zur Rechtsprechung; *Smith*/Hogan Criminal Law S. 129f. mit weiteren Nachweisen.

1370 *Card*/Cross/Jones S. 553 mit weiteren Nachweisen zur Rechtsprechung

1371 H.M.: K.B.D.: *Ferguson v. Weaving* (1951) 1 All E.R. 412, (1951) 1 K.B. 814; K.B.D.: *Bowker v. Premier Drug Co. Ltd.* (1928) 1 K.B. 217; *Clarkson/Keating* S. 514; Elliott/Wood's/*Allen* S. 363; *Smith*/Hogan Criminal Law S. 130; *K.J.M. Smith* S. 30ff. mit weiteren Nachweisen.

1372 H.M.: H.L.: *Lynch v. D.P.P. Northern Ireland* (1975) 1 All E.R. 913, 941; Q.B.D.: *National Coal Board v. Gamble* (1959) 1 Q.B. 11, 20, *Ashworth* S. 414; *Card*/Cross/Jones S. 553 mit weiteren Nachweisen zur Rechtsprechung; *Smith*/Hogan Criminal Law S. 129.

1373 *Card*/Cross/Jones S. 552.

die gerade auf die Anwesenheit am Tatort als Unterscheidungskriterium zwischen einerseits „Helfen und Unterstützen" (*aid* und *abet*) und andererseits „Beraten und Verleiten" (*counsel* und *procure*) abstellt, umfaßt der Begriff des „Beratens" (*counselling*) jede Ermutigung vor der Tat[1374].

Damit bezeichnet der Begriff des „Beratens" (*counselling*) die im deutschen Recht als Anstifter (sofern ein Tatentschluß geweckt wird) oder abwesende Gehilfen (sofern Tatentschluß bereits bestand) oder abwesende Mittäter (falls Tatherrschaft vorliegt) eingestuften Tatbeteiligten.

„Verleiten" (*procuring*) ist der allgemeinste unter den vier Begriffen und erfaßt jede Verhaltensweise, die die Tat in irgendeiner Weise hervorruft[1375]. Im Gegensatz zu den anderen drei Beteiligungsformen wird hier davon ausgegangen, daß zwar keinerlei Kontakt zwischen Täter und Teilnehmer bestehen muß, daß dafür aber die Kausalität für die Tat nachgewiesen werden muß[1376].

Dieser Begriff geht viel weiter als die deutsche Anstiftung, da für diese ein geistiger Kontakt zwischen Anstifter und Täter nötig ist, so daß das bloße Schaffen einer zur Tat verleitenden Situation nicht ausreicht[1377].

e) Reformvorschlag der Law Commission

Wegen der Schwierigkeiten, den einzelnen Begriffen des *Accessories and Abettors Act 1861* eine eigenständige, sie voneinander abgrenzende Bedeutung zu geben, hat die Law Commission vorgeschlagen, die Teilnahmeregelung in der Hinsicht zu modifizieren, daß es zur Erfassung der Teilnahme nur noch zwei selbständige Delikte geben soll: Einerseits das „Unterstützen" einer fremden Tat (*assisting crime*) und andererseits die „Ermutigung" (*encouraging crime*) eines anderen zur Begehung einer Tat[1378]. Dieser der deutschen Zweiteilung der Teilnahme in Anstiftung und

---

[1374] H.M.: *Ashworth* S. 421; *Clarkson/Keating* S. 521; Elliott/Wood's/*Allen* S. 363; *Smith*/Hogan Criminal Law S. 130.

[1375] H.M.: C.A.: *Beck* (1985) 1 All E.R. 571, (1985) 1 W.L.R. 22 („die Begehung verursacht" (*causes it to be commited*) oder „die Begehung hervorruft" (*brings its commission about*)); *Attorney-General's Reference (No. 1 of 1975)* (1975) 2 All E.R. 684 (*produce by endeavour*); *Card*/Cross/Jones S. 552; *Clarkson/Keating* S. 526; *Smith*/Hogan Cases S. 204.

[1376] Zum geistigen Kontakt s. unten S. 287; zur Kausalität s. unten S. 285.

[1377] H.M.: vgl. *Jescheck/Weigend* § 64 II 1 mit weiteren Nachweisen; LK-*Roxin* § 26 Rdnr. 4.

[1378] *Asisting and Encouraging Crime: A Consultation Paper* (Law Commission Consulting Paper No. 131) (1993) para. 4.99 und 4163; vgl. dazu die Literaturhinweise bei *Card*/Cross/Jones S. 569, Fußnote 2.

Beihilfe entsprechende Vorschlag hat wegen der Vereinfachung der bisherigen Begriffslage in der Literatur überwiegend Zustimmung gefunden[1379].

2. *Voraussetzungen der Teilnahme*

a) Akzessorietät der Teilnahme

Einigkeit besteht im englischen Strafrecht darüber, daß die Strafbarkeit der Teilnahme von der Haupttat abhängt („derivativ“; *derivative nature*)[1380]. Wie diese Akzessorietät im Einzelnen genau aussieht, ist jedoch weitgehend unklar. Im folgenden soll auf die bisher geklärten Grundsätze eingegangen werden.

aa) Prozessuale Akzessorietät

Einigkeit besteht darüber, daß die Strafbarkeit der Teilnahme nicht von der tatsächlichen Verurteilung des Täters abhängt. Wird dieser nicht gefaßt oder aus Mangel an Beweisen freigesprochen oder aus sonstigen Gründen strafrechtlich nicht verfolgt, so kann der Teilnehmer, sofern klar ist, daß es eine Tat gibt, an der er teilgenommen hat, dennoch verurteilt werden[1381]. Während früher davon ausgegangen wurde, daß die Verurteilung des Täters kein ausreichender Beweis der Haupttat im Verfahren gegen den Teilnehmer sei[1382], ist seit dem *Police and Criminal Evidence Act 1984*[1383] die Verurteilung des Täters ausreichender (aber widerlegbarer) Beweis der Haupttat im Verfahren gegen den Teilnehmer.

1379 *Ashworth* S. 441; *Clarkson/Keating* S. 514, 528f.; Elliott/Wood's/*Allen* S. 369; *Kadish* S. 205ff.; *Williams* (1990) Crim.L.R. 4, 98; *Smith*/Hogan Criminal Law S. 132 mit weiteren Nachweisen (mit der Einschränkung, daß der Begriff des *procuring* in dieser Zweiteilung nicht enthalten sei); ebenso *Card*/Cross/Jones S. 553 (der das bestehende Recht dreiteilt in „Unterstützen, Beraten und Hervorrufen“ (*assisting, encouraging* und *procuring*)).

1380 H.M.: *Ashworth* S. 415; *Clarkson/Keating* S. 511, 529; *K.J.M. Smith* S. 4; Russel/*Turner* S. 128; *Williams* S. 368.

1381 H.M.: Liverpool Crown Court: *Humphreys and Turner* (1965) 3 All E.R. 689; C.A.: *Austin* (1981) 1 All E.R. 374; *Card*/Cross/Jones S. 556; *Clarkson/Keating* S. 529; Elliott/Wood's/*Allen* S. 367; *Smith*/Hogan Criminal Law S. 126, 152 mit weiteren Nachweisen; *ders.* Cases S. 194; *Williams* S. 331.

1382 Früher h.M.: C.A.: *Hassan* (1970) 1 Q.B. 423; *Williams* S. 331.

1383 C. 60, Sekt. 74; vgl. *Smith*/Hogan Cases S. 195.

bb) Materielle Akzessorietät

Unterstellt man einen dreiteiligen Deliktsaufbau im englischen Strafrecht, so stellen sich bezüglich der materiellen Akzessorietät drei Fragen:

Kann an einer Tat teilgenommen werden, wenn der „Unrechtstatbestand" (*actus reus*) fehlt (α); kann an einer Tat teilgenommen werden, die der Täter ohne das erforderliche „Unrechtsbewußtsein" (*mens rea*) ausgeführt hat (β) und schließlich, kann an einer Tat teilgenommen werden, die zwar die Voraussetzungen des „Unrechtstatbestandes" (*actus reus*) und des „Unrechtsbewußtseins" (*mens rea*) erfüllt, bei der aber dem Täter eine „Verteidigung" (*defence*) zur Seite steht (γ)?

α) Dieser Fall ist der unproblematischste: Sofern der Haupttat der „Unrechtstatbestand" (*actus reus*) fehlt, gibt es keine Tat, an der teilgenommen werden könnte. Sowohl der Haupttäter als auch der Teilnehmer müssen freigesprochen werden[1384]. So lag der Fall in *Thornton v. Mitchell*[1385]. Der Busfahrer hatte sich beim Wenden des Busses zu Recht auf die Anweisungen seines Schaffners verlassen. Ihm konnte nicht der Vorwurf des „unvorsichtigen Fahrens" (*careless driving*) gemacht werden, da er die nötige Sorgfalt beachtet hatte. Niemand war unsorgfältig gefahren, also konnte auch niemand an dieser Tat teilnehmen[1386]. Ähnlich lag der Fall in *Morris v. Tolman*[1387]: D war angeklagt worden, den Eigentümer eines Fahrzeuges bei der Nutzung dieses Fahrzeuges zu Zwecken, für die das Fahrzeug nicht zugelassen war, unterstützt zu haben. Das entsprechende Statut im *Roads Act 1920* war so formuliert, daß diese Tat nur durch den Inhaber der Fahrerlaubnis für dieses Fahrzeug begangen werden konnte. Da nicht der Eigentümer, sondern D das Fahrzeug genutzt hatte, gab es keinen „Unrechtstatbestand" (*actus reus*), an dem D hätte teilnehmen können[1388].

Dies entspricht der Situation im deutschen Recht: Wenn der objektive Tatbestand der Haupttat nicht erfüllt ist, ist wegen des Grundsatzes der limitierten Akzessorietät keine Teilnahme möglich.

1384 H.M.: zur Rechtsprechung vgl. unten Fußnoten 1385 und 1387; *Clarkson/Keating* S. 530; Elliott/
Wood's/*Allen* S. 364; *Smith*/Hogan Criminal Law S. 157f.; *ders.* Cases S. 200.

1385 K.B.D.: (1940) 1 All E.R. 339; zum Sachverhalt s. oben S. 273.; ebenso C.A.: *Loukes* (1996) Crim.L.R. 341.

1386 Eine Täterstrafbarkeit scheiterte jeweils daran, daß es sich um eigenhändige Delikte handelte, die das tatsächliche Fahren des Fahrzeuges voraussetzten.

1387 K.B.D.: (1923) 1 K.B. 166.

1388 Eine Täterstrafe schied aus, da im englischen Recht die Täterschaft des Nicht-Qualifizierten am Sonderdelikt nicht möglich ist (s. unten S. 306).

β) Weitgehende Einigkeit besteht auch darüber, daß, sofern der „Unrechtstatbestand“ (*actus reus*) der Tat gegeben ist, eine Teilnahme unabhängig davon möglich ist, ob der Täter das nötige „Unrechtsbewußtsein“ (*mens rea*) aufweist. Dies sind die Fälle, in denen meist mittelbare Täterschaft des Teilnehmers vorliegt, da er ein Werkzeug einsetzt, das sich der Konsequenzen seines Handelns nicht bewußt ist. Ist aber mittelbare Täterschaft nicht möglich, da es sich um ein eigenhändiges Delikt handelt, so kann der Hintermann als Teilnehmer erfaßt werden[1389]. So wurde in *Millward*[1390] derjenige, der die Fahrt mit dem verkehrsuntüchtigen Traktor veranlaßt hatte, als Teilnehmer an dieser Tat verurteilt, da er zwar das nötige „Unrechtsbewußtsein“ (*mens rea*) hatte aber nicht selbst gefahren war. Der Fahrer selbst war freigesprochen worden, weil ihm der Zustand des Traktors nicht erkennbar war. In der Entscheidung *Cogan and Leak*[1391] wurde der Veranlasser der Vergewaltigung als Täter derselben durch Einsatz eines „Werkzeuges“ (*innocent agent*) (seines Freundes, der nicht wußte, daß die betreffende Frau nicht einverstanden war) verurteilt. In einer Zusatzbegründung stellte das Gericht aber auch hier klar, daß eine Verurteilung als Teilnehmer möglich gewesen wäre; ein Weg, der in der Literatur als der bessere angesehen wird[1392].

Die zu diesem Problemkreis ergangenen Fälle befaßten sich alle mit Teilnahmehandlungen, die unter den Begriff des „Verleitens“ (*procuring*) fielen, jedoch wird allgemein davon ausgegangen, daß dieser Grundsatz auch für die anderen Teilnahmeformen gilt[1393]. Im deutschen Recht ist es dagegen erforderlich, daß auch der subjektive Tatbestand der Haupttat erfüllt ist; die §§ 26, 27 dStGB sprechen von der Teilnahme an einer „vorsätzlichen“ Tat eines anderen.

γ) Der Fall, daß dem Täter eine „Verteidigung“ (*defence*) zur Seite steht, ist wegen der Uneinigkeit, die im englischen Strafrecht über die Einordnung der „Verteidigungen“ (*defences*) besteht (entweder als zum „Unrechtstatbestand“ (*actus reus*) oder zum „Unrechtsbewußtsein“ (*mens rea*) gehörig oder aber als drittes unabhängiges Element neben diesen beiden), nicht endgültig geklärt.

Entschieden hat der C.A. bisher nur, daß, sofern dem Täter die „Verteidigung“ (*defence*) der „Handlung unter Bedrohung“ (*duress*) zur Seite steht, eine Teilnahme

---

1389 H.M.: *Smith*/Hogan Cases S. 200; *Williams* S. 369; a.A.: *Ashworth* S. 434, der sich durch den Sprachgebrauch nicht daran gehindert sieht, auch bei eigenhändigen Delikten von mittelbarer Täterschaft auszugehen.

1390 C.A.: (1994) Crim.L.R. 527, zum Sachverhalt s. oben S. 273.

1391 C.A.: (1976) Q.B. 217; zum Sachverhalt s. oben S. 274.

1392 S. oben S. 274, Fußnote 1351.

1393 Für die h.M.: *Card*/Cross/Jones S. 557; *Smith*/Hogan Criminal Law S. 157.

des Bedrohenden an der Tat möglich ist. In *Bourne*[1394] wurde der Ehemann, der seine Frau unter Bedrohung ihres Lebens oder ihrer körperlichen Unversehrtheit zur Vornahme geschlechtlicher Handlungen an einem Hund gezwungen hatte, als Teilnehmer an diesem Delikt verurteilt, obwohl seine Frau, da sie unter „Bedrohung" (*duress*) gehandelt hatte, freigesprochen wurde[1395]. Auch in diesen Fällen ist oft eine mittelbare Täterschaft möglich[1396].

In der Literatur wird aus der Argumentation in *Bourne* gefolgert, daß die Fälle, in denen dem Täter eine „Verteidigung" (*defence*) zur Seite steht, danach zu lösen sind, ob die in Frage stehende „Verteidigung" (*defence*) eine „Entschuldigung" (*excuse*) oder eine „Rechtfertigung" (*justification*) darstellt[1397]. Eine „Entschuldigung" bezieht sich dabei nur auf den Täter; die Tat selbst bleibt Unrecht, an dem Dritte teilnehmen können. Liegt dagegen eine „Rechtfertigung" vor, so ist die Tat an sich gerechtfertigt, es bleibt kein teilnahmefähiges Unrecht mehr[1398].

Dies entspricht der Akzessorietät im deutschen Recht: Ist die Haupttat gerechtfertigt, kommt keine Teilnahme in Frage[1399].

Dieser Ansatz löst zwar theoretisch das Problem der Akzessorietät für den Fall, daß eine „Verteidigung" (*defence*) beim Haupttäter vorliegt, leidet jedoch daran, daß im englischen Strafrecht keine Einigkeit darüber besteht, welche „Verteidigungen" (*defences*) als „Entschuldigung" aufzufassen sind und welche als „Rechtfertigung"[1400]. Überwiegend werden die *defences* der „Notwehr" (*self-defence*), des „rechtfertigenden Notstandes wegen Verhütung schlimmeren Übels" (*necessity*), des „Handelns unter Befehl einer öffentlichen Autorität" (*public authority*), des „Züchtigungsrechtes der Eltern" (*discipline*) und des „Einverständnisses des Opfers" (*consent*) als „Rechtfertigung" aufgefaßt[1401]. Demgegenüber umfaßt der Begriff der „Ent-

1394 C.A.: (1952) 36 Cr.App.R. 125, zum Sachverhalt s. oben S. 273.

1395 Eine Täterschaft *Bournes* scheiterte daran, daß es sich um ein eigenhändiges Delikt handelt.

1396 S. oben S. 272f.

1397 Zur Aufteilung der „Verteidigungen" (*defences*) in „Entschuldigungen" (*excuses*) und „Rechtfertigungen" (*justifications*): *Clarkson/Keating* S. 271ff., 273, 276 mit weiteren Nachweisen; *Fletcher* S. 759ff.; *Robinson* (1982) Col.L.R. 199, 213, 221, 229; *Smith*/Hogan Criminal Law S. 193 mit weiteren Nachweisen; *A.T.H. Smith* in: Reshaping the Criminal Law S. 95, 97ff.; Williams (1982) Crim.L.R. 732, 735.

1398 *Clarkson/Keating* S. 533; *Fletcher* S. 759; Russel/*Turner* S. 137ff.; *Taylor* (1983) Crim.L.R. 656, 657f.

1399 §§ 26, 27 dStGB verlangen eine „rechtswidrige" Haupttat.

1400 *K.J.M. Smith* S. 133f., der statt dessen vorschlägt, diese Fälle über eine Ausweitung der Lehre von der mittelbaren Täterschaft oder über einen kausalen Ansatz zu lösen in dem Sinne, daß die Verantwortung an kausal verursachte Erfolge anknüpft.

1401 *Ashworth* S. 132ff.; *Clarkson/Keating* S. 273ff. mit weiteren Nachweisen; ähnlich auch *Card*/Cross/Jones S. 525.

schuldigung" die *defences* der „Geistesstörung" (*insanity*), des „Automatismus" (*automatism*), des „schuldunfähigen Alters" (*lack of age*), des „Irrtums" (*mistake*), der „Bedrohung" (*duress*), der „Herausforderung" (*provocation*), der „verminderten Verantwortung" (*diminished responsibility*), des „Rauschzustandes" (*intoxication*) und des „entschuldigenden Notstandes bei Gleichwertigkeit zwischen eingetretenem und verhinderten Übel" (*necessity*)[1402].

In der Rechtsprechung ist zu der Aufteilung der „Verteidigungen" (*defences*) in „Rechtfertigung" und „Entschuldigung" und die daraus folgenden Konsequenzen für die Akzessorietät aber noch nicht eindeutig Stellung genommen worden.

b) Teilnahmehandlung (Actus Reus)

aa) Umgehung der Teilnahmevorschriften durch die weite Formulierung der Tatbestände?

In vielen Statuten des englischen Strafrechts wird das „Verursachen" eines bestimmten Erfolges unter Strafe gestellt[1403]. Durch diese Formulierung würde bei solchen Delikten die bloße Teilnahme immer dann zur Täterschaft, wenn sie sich auch kausal auf den Erfolg ausgewirkt hat. In einer vereinzelten Entscheidung[1404] hat der C.A. diesbezüglich festgestellt, daß, sofern ein Statut die Worte „Benutzen, Verursachen oder Ermöglichen" (*using, causing or permitting*) verwende, kein Raum mehr für eine Teilnahme sei, da jeder Beteiligte bereits unter diese Formulierung falle und damit Täter sei. Dieses Urteil ist aber nicht zur allgemeinen Regel geworden. Vielmehr wird davon ausgegangen, daß trotz weiter Formulierungen der Tatbestände eine Teilnahme möglich ist, solange diese Möglichkeit nicht ausdrücklich ausgeschlossen ist[1405]. Die Bestimmung des Täters soll sich allgemein nach der objektiven Theorie richten: Nur derjenige, der die Tathandlung unmittelbar (oder durch einen *innocent agent*) ausführt, soll Täter sein[1406].

[1402] *Ashworth* S. 201ff.; *Clarkson/Keating* S. 276 ff. mit weiteren Nachweisen; ähnlich auch *Card*/Cross/Jones S. 532ff.

[1403] Zum Beispiel Sekt. 18 des *Offences against the Persons Act 1861* (24 & 25 Vivtoriae, c. 100): „Wer die schwere Verletzung eines anderen mit der Absicht verursacht, eine solche hervorzurufen, ..." (*Whosoever shall cause any grievous bodily harm to any person ... with intent... to do some grievous bodily harm to any person...*).

[1404] Q.B.D.: *Carmichael & Sons (Worcester) Ltd. v. Cottle* (1971) R.T.R. 11, 14.

[1405] H.M.: *Card*/Cross/Jones S. 551; *Smith*/Hogan Criminal Law S. 132f.; *ders.* Cases S. 196.

[1406] S. oben S. 269.

Um dies klarzustellen, enthält der *Draft Criminal Code 1989*[1407] in seiner Klausel 17 die Bestimmung, daß derjenige, der den Erfolg eines Deliktes durch „Verleiten Unterstützen oder Ermutigen" (*procuring, assisting or encouraging*) herbeiführt (also durch die im *Accessories and Abettors Act 1861* beschriebenen Teilnahmehandlungen), diesen Erfolg nicht als Täter „verursacht", es sei denn, es handele sich um einen Fall der mittelbaren Täterschaft oder das Delikt selbst bestehe aus der „Veranlassung, Unterstützung oder Ermutigung" eines anderen zur Tat.

Damit ist klar, daß ein Teilnehmer nicht als Täter erfaßt wird, auch wenn sein Verhalten unter den weiten Wortlaut eines Statutes paßt, da Worte wie zum Beispiel „verursachen" nur den nach der objektiven Theorie zu bestimmenden unmittelbaren Täter erfassen. Auch wenn tatsächlich davon gesprochen werden kann, daß der Teilnehmer den Erfolg „verursacht" hat, so gilt dies nicht für die rechtliche Behandlung der Teilnehmer[1408].

bb) Kausalität der Teilnahmehandlung für den Erfolg

Nach der herrschenden Meinung ist es für die Teilnahme in der Form des „Helfens, Unterstützens oder Beratens" (*aiding, abetting* oder *counselling*) nicht nötig, daß sich diese auf den konkreten Erfolg der Tat auswirkt[1409]. Jedoch reicht, wie nach der Ansicht der Rechtsprechung in Deutschland auch[1410], nicht jedes Verhalten zur Teilnahme aus, erforderlich ist vielmehr, daß es sich auf das Verhalten des Täters irgendwie ausgewirkt hat[1411].

1407 Law Commission No. 177.

1408 H.M.: *Card*/Cross/Jones S. 551; *Smith*/Hogan Criminal Law S. 132f.; *ders.* Cases S. 196.

1409 H.M.: C.A.: *Attorney-General's Reference (No. 1 of 1975)* (1975) 2 All E.R. 684; *Calhaem* (1985) 2 All E.R. 266, (1985) Q.B. 808; *Ashworth* S. 414; *Clarkson/Keating* S. 521; Elliott/Wood's/*Allen* S. 362; *Smith*/Hogan Criminal Law S. 131f.; *ders.* Cases S. 204; *Williams* S. 339.

1410 RGSt 58, 113, 115; 67, 191, 193; 71, 176, 178; 73, 52, 54; BGHSt 2, 130, 132; BGH VRS 8, 199, 201; BGH NStZ 1985, 318, 318; BGHZ 63, 124, 124. In der deutschen Literatur wird demgegenüber verlangt, daß die Teilnahmehandlung die Tatbestandsverwirklichung ermöglicht, erleichtert, intensiviert oder absichert (*Bloy* S. 289; Sch/Sch/*Cramer* § 27 Rdnr. 10; *Jakobs* 22/34; *Lackner* § 27 Rdnr. 2; *Maurach/Gössel/Zipf* § 52 Rdnr. 19; *Claß* in: Festschrift für Stock S. 115, 125; *Dreher* MDR 1972, 553, 556; *Jescheck/Weigend* § 64 III 2; SK-*Samson* § 27 Rdnr. 9; *Samson* in: Festschrift für Peters S. 130, 135;*Tröndle* § 27 Rdnr. 2). Ausführlich zum Streitstand LK-*Roxin* § 27 Rdnr. 1ff.

1411 H.M.: C.A.: *Calhaem* (1985) 2 All E.R. 266; (1985) Q.B. 808 (für *counselling*: *„within the scope of advice or authority"*); *Clarkson/Keating* S. 521; *Ashworth* S. 422; *Smith*/Hogan Criminal Law S. 131; *ders.* Cases S. 211; *J.C. Smith* in: Reshaping the Criminal Law, S. 120, 134.

Für den Fall, daß die Teilnahme ausschließlich die Form des „Verleitens" (*procuring*) erfüllt, wird davon ausgegangen, daß Kausalität für den Erfolg vorliegen muß, da hier der Verzicht auf das Kausalitätserfordernis zu uferlosen Ausweitungen der Teilnahmestrafbarkeit führen würde[1412].

cc) Zeitpunkt der Teilnahmehandlung

Aus der oben erläuterten Abgrenzung der verschiedenen Teilnahmeformen ergibt sich, daß Teilnahme, wie im deutschen Recht[1413], sowohl vor als auch während der Haupttat möglich ist. Nach der Vollendung des Tatbestandes ist allerdings für Teilnahme kein Raum mehr[1414], und es bleibt nur noch eine Strafbarkeit aus dem Statut der „Strafvereitelung" (*assisting offenders*[1415]) oder der „Strafvereitelung durch Geheimhaltung bestimmter Informationen, die zur Überführung oder Verurteilung des Angeklagten hilfreich sein könnten, gegen ein Entgelt" (*concealing*[1416]).

Demgegenüber geht das deutsche Verständnis von „Hilfeleisten" weiter: Nach Ansicht der Rechtsprechung[1417] und der herrschenden Lehre[1418] endet die rechtliche Möglichkeit der Beihilfe nicht mit dem vollen Eintritt der Rechtsgüterverletzung, sie soll vielmehr noch bis zu ihrer materiellen Beendigung, also bis zur endgültigen Sicherung ihres Erfolges, möglich sein. Dies wird allerdings in der neueren Literatur zunehmend abgelehnt, da die Figur der materiellen Beendigung jedenfalls dort, wo sie zu Strafbarkeitserweiterungen führe, nicht mit dem Grundsatz *nullum crimen sine lege* zu vereinbaren sei, zumal für den Eintritt der Beendigung keine sicheren Kriterien gegeben werden könnten[1419]. Nach dieser Ansicht ist wie in England nach der Vollendung des Tatbestandes keine Teilnahme mehr möglich und es kann nur noch

---

1412 H.M.: C.A.: *Attorney-General's Reference (No. 1 of 1975)* (1975) 2 All E.R. 684; *Reed* (1982) Crim.L.R. 819; *Ashworth* S. 422; *Beynon* (1987) Crim.L.R. 539ff.; *Clarkson/Keating* S. 527; Elliott/Wood's/*Allen* S. 360; *Smith*/Hogan Criminal Law S. 130; *ders.* Cases S. 204; *K.J.M. Smith* (1986) Crim.L.R. 663, 668.

1413 H.M.: RGSt 8, 267, 268; 4, 95, 95ff.; 28, 287, 287; 51, 136, 141; 58, 113, 114; BGH NJW 1985, 1035, 1035; BGHSt 2, 344, 346; 28, 346, 348; Sch/Sch/*Cramer* § 27 Rdnr. 13; *Lackner* § 27 Rdnr. 3; LK-*Roxin* § 27 Rdnr. 31; *Tröndle* § 27 Rdnr. 2.

1414 H.M.: *Card*/Cross/Jones S. 553; *Smith*/Hogan Criminal Law S. 134; *Williams* S. 336.

1415 Sekt. 4 (1) Criminal Law Act 1967 (c. 58); vgl. dazu *Card*/Cross/Jones S. 363.

1416 Sekt. 5 (1) Criminal Law Act 1967 (c. 58); vgl. dazu *Card*/Cross/Jones S. 365.

1417 RGSt 23, 292, 293; 58, 13, 14f.; 71, 193, 194; BGHSt 3, 40, 43f.; 4, 132, 133; 6, 248, 251; BGH VRS 16, 267, 267; OLG Hamm JZ 1961, 94, 95 mit Anm. *Stratenwerth*.

1418 *Blei* § 80 I; *Hau* S. 119f.; Sch/Sch/*Cramer* § 27 Rdnr. 17; *Jescheck/Weigend* § 64 III 2; *Lackner* § 27 Rdnr. 3; *Otto* JuS 1982, 557, 565; *Tröndle* § 27 Rdnr. 4; *Wessels* Rdnr. 583.

1419 *Herzberg* Täterschaft § 5 III 2; *Jakobs* 22/40; *Maurach/Gössel/Zipf* § 39 Rdnr. 11, 40; *Rudolphi* in: Festschrift für Jescheck Bd. I, S. 559, 576; LK-*Roxin* § 27 Rdnr. 35.

aus Delikten wie der Begünstigung (§ 257 dStGB), der Strafvereitelung (§ 258 dStGB) oder der Hehlerei (§ 259 dStGB) bestraft werden.

dd) Mittel der Teilnahme

α) Geistiger Kontakt zwischen Täter und Teilnehmer

Nach herrschender Meinung ist für die Teilnahme in der Form des „Helfens, Unterstützens oder Beratens" (*aiding, abetting* oder *counselling*) davon auszugehen, daß zwischen den Beteiligten eine Übereinstimmung besteht, da kaum ein Fall vorstellbar sei, in denen sich eine Förderung auf die Tat auswirke, ohne daß eine solche Übereinstimmung bestehe. Ausdrücklich verlangt wird diese Übereinstimmung allerdings nicht. Einigkeit besteht aber darüber, daß die Teilnahme in der Form des „Verleitens" (*procuring*) eine solche Übereinstimmung gerade nicht erfordert[1420].

Im deutschen Recht wird für die Anstiftung eine psychische Einwirkung auf den Täter verlangt. Demgegenüber kann die Beihilfe nach herrschender Meinung auch erfolgen, ohne daß der Täter dieses bemerkt[1421].

β) Möglichkeit der psychischen Unterstützung

Grundsätzlich besteht Einigkeit darüber, daß die Unterstützungshandlung auch rein psychisch, also durch einen Rat oder sonstige Ermutigung erfolgen kann. Gerade diese Teilnahmeform umfaßt der Begriff des *abetting*. Umstritten ist allerdings, ob die bloße Anwesenheit des Täters als strafbare psychische Unterstützungshandlung angesehen werden kann. In *Coney* wurde zunächst entschieden, daß aus der bloßen Anwesenheit alleine noch nicht gefolgert werden dürfe, daß strafbare Teilnahme vorliege[1422]. Bereits in diesem Urteil wurde aber deutlich, daß es durchaus Situationen geben könne, in denen trotz bloßer Anwesenheit ohne aktive Ermutigung des

---

1420 H.M.: C.A.: *Attorney-General's Reference (No. 1 of 1975)* (1975) 2 All E.R. 684; *Ashworth* S. 422; *Clarkson/Keating* S. 526; Elliott/Wood's/*Allen* S. 359; *Smith*/Hogan Criminal Law 132; *ders.* Cases S. 203; *J.C. Smith* in: Reshaping the Criminal Law S. 120, 134; **a.A.** *Williams* S. 338, der davon ausgeht, daß die ersten drei Teilnahmeformen gerade ohne Kontakt zwischen den Beteiligten erfüllt werden könnten, während seiner Ansicht nach für „Verleiten" (*procuring*) ein Kontakt nötig ist.

1421 H.M.: vgl. dazu im einzelnen LK-*Roxin* § 27 Rdnr. 9ff., 47.

1422 H.M.: Q.B.D.: *Coney* (1882) 8 Q.B. 534; *Card*/Cross/Jones S. 554; *Smith*/Hogan Criminal Law S. 135; *ders.* Cases S. 223.

Täters strafbare Teilnahme vorliege. In jedem Fall reicht nach herrschender Meinung die bloße Anwesenheit als „Unterstützung" i.S.d. *abetting* aus, wenn die Anwesenheit des Teilnehmers vorher zugesichert worden ist[1423]. Kann eine solche vorherige Absprache nicht nachgewiesen werden, so kann bloße Anwesenheit dennoch als strafbare Teilnahme erfaßt werden, wenn feststeht, daß der Täter erstens tatsächlich durch die bloße Anwesenheit des Teilnehmers ermutigt wurde und zweitens der Teilnehmer den Täter auch unterstützen wollte, also vorsätzlich nicht nur bezüglich seiner Anwesenheit sondern gerade auch bezüglich der dadurch erfolgenden Unterstützung des Täters handelte[1424].

Diese Fälle werden im deutschen Recht als sogenannte „psychische Beihilfe" erfaßt[1425].

ee) Bestimmtheit des zur Straftat ermutigten Personenkreises

Die Teilnahme in der Form der „Ermutigung oder Beratung" (*encouragement* oder *counselling*) muß sich, wie die Anstiftung in Deutschland[1426], an eine bestimmte Person oder doch zumindest an einen bestimmbaren Personenkreis richten[1427]. Ein an die Öffentlichkeit gerichteter Aufruf, Straftaten zu begehen, kann demgegenüber den Tatbestand der „Aufforderung zur Begehung einer Straftat" (*incitement*) erfüllen[1428].

ff) Teilnahme durch Unterlassen

Die Teilnahmehandlung kann auch in einem Unterlassen bestehen, sofern den Teilnehmer eine Pflicht trifft, verhindernd einzuschreiten. Ähnlich dem deutschen Recht

---

1423 Q.B.D.: *C. v. Hume* (1979) Crim.L.R. 328; *Smith*/Hogan Criminal Law S. 135; *Williams* S. 346.

1424 H.M.: K.B.D.: *Willcox v. Jeffery* (1951) 1 All E.R. 464; C.A.: *Allan* (1965) 1 Q.B. 130, 135, 138; C.-M. A.C.: *R. v. Clarkson and Carrol* (1971) 55 Cr.App.R. 445, (1971) 3 All E.R. 344; C.A.: *Tait* (1993) Crim.L.R. 538; *Ashworth* S. 417; *Clarkson/Keating* S. 515; *Smith*/Hogan Criminal Law S. 134; *ders.* Cases S. 230; Williams S. 346.

1425 H.M.: vgl. nur LK-*Roxin* § 27 Rdnr. 10ff., 40ff. mit weiteren mit weiteren Nachweisen.

1426 Für die h.M.: *Jescheck/Weigend* § 64 II 2; LK-*Roxin* § 26 Rdnr. 46.

1427 Für die h.M.: *Williams* S. 335.

1428 S. dazu unten S. 308.

für die Anstiftung[1429] wird allerdings für die Teilnahme in der Form des „Verleitens" (*procuring*) die Möglichkeit der Teilnahme durch Unterlassen abgelehnt[1430].

α) Die sogenannte „Kontrollrechtsdoktrin" (*Right of Control Doctrine*)

Die erste Entscheidung bezüglich der Pflicht zum Einschreiten betraf die strafrechtliche Verantwortung eines Fahrzeugeigentümers: Verhindert der Fahrzeugeigentümer nicht, daß sein Wagen in gefährlicher Fahrweise benutzt wird, so ist er als Teilnehmer durch Unterlassen strafbar, sofern er die subjektiven Voraussetzungen der Teilnahme erfüllt[1431]. Die Unterlassungsverantwortung knüpft hier an die aus der Eigentümerstellung erwachsende Autoritätsstellung an, die dem Eigentümer die Pflicht auferlegt, diese Autoritätsstellung zu gebrauchen, um Mißbrauch seines Fahrzeugs als Gefahrenquelle zu verhindern.

Aus dieser Entscheidung wurde in folgenden Entscheidungen der Grundsatz entwickelt, daß eine Teilnahme durch Unterlassen dann vorliegt, wenn der Unterlassende ein „Kontrollrecht" (*right of control*) über eine andere Person oder einen Gegenstand hat[1432]. Ein solches wurde angenommen für einen Wirt, der nicht verhinderte, daß seine Gäste nach der Sperrstunde noch alkoholische Getränke konsumierten[1433] oder für den Fahrlehrer, der die gefährliche Fahrweise seines Schülers nicht unterbunden hat[1434]. Kann dieses Kontrollrecht nicht nachgewiesen werden, so liegt trotz Wissens von der Straftat keine Teilnahme durch Unterlassen vor[1435].

Woraus sich dieses Kontrollrecht ergibt, bleibt unklar, jedoch wird in der Literatur davon ausgegangen, daß für die Teilnahme durch Unterlassen die selben Grundsätze gelten sollen wie für eine Täterverantwortung aus Unterlassen[1436]: Danach ist ein Begehen durch Unterlassen grundsätzlich dann möglich, wenn den Täter eine Pflicht zum Einschreiten trifft. Diese Pflicht kann sich, wie die Garantenstellungen

---

1429 H.M.: *Armin Kaufmann* S. 292; *Jescheck/Weigend* § 64 II 6; *Lackner* § 26 Rdnr. 3; Sch/Sch/*Cramer* § 25 Rdnr. 5; LK-*Roxin* § 26 Rdnr. 61ff.; *Roxin* S. 484; *Wessels* Rdnr. 568.

1430 Der Fall, daß nur wegen Teilnahme in der Form des „Verleitens" (*procuring*) angeklagt wird, ist allerdings sehr selten, da meist nicht zwischen den verschiedenen Teilnahmeformen unterschieden wird (s. oben S. 276). Sollte allerdings nur *procuring* vorliegen, so ist die Teilnahme durch Unterlassen wohl ausgeschlossen (*Card*/Cross/Jones S. 555).

1431 K.B.D.: *Du Cross v. Lambourne* (1907) 1 K.B. 40

1432 H.M.: *Ashworth* S. 418; *Card*/Cross/Jones S. 555; *Clarkson/Keating* S. 516; *Smith*/Hogan Criminal Law S. 136; *ders.* Cases S. 227; *Williams* S. 347.

1433 Q.B.D.: *Tuck v. Robson* (1970) 1 All E.R. 1171.

1434 K.B.D.: *Rubie v. Faulkner* (1940) 1 K.B. 571.

1435 C.A.: *Bland* (1988) Crim.L.R. 41.

1436 Für die h.M.: *Ashworth* S. 418; *Card*/Cross/Jones S. 555.

im deutschen Recht[1437], aus Vertrag, Gesetz, Nähebeziehung, freiwilliger Übernahme und Ingerenz ergeben[1438].

Sofern diese allgemeinen Garantenstellungen zu einer Kontrollstellung (i.S. einer im deutschen Strafrecht als Überwachungsgarantenstellung bezeichneten Position) führen, ist also nach der Kontrollrechtsdoktrin auch die Teilnahme durch Unterlassen strafbar.

β) Anwendung der für die Unterlassungsdelikte geltenden Grundsätze

Da die Grundsätze der allgemeinen Unterlassungsstrafbarkeit aber für die Teilnahme durch Unterlassen insgesamt gelten sollen[1439], kann die Teilnahme durch Unterlassen auch dann strafbar sein, wenn keine Kontrollstellung vorliegt, sondern eine der deutschen Beschützergarantenstellung entsprechende Pflichtenstellung vorliegt. So trifft einen Vater die Pflicht zu verhindern, daß seinen Kindern Verletzungen zugefügt werden, unabhängig davon, ob er gegenüber dem Täter ein Kontrollrecht innehat oder nicht[1440].

Eine Pflicht zum Einschreiten ergibt sich daher nicht nur in den Fällen, in denen ein Kontrollrecht (i.S. einer Überwachungsgarantenstellung im deutschen Sinn) besteht, sondern auch in den Fällen, in denen den Unterlassenden eine Beschützergarantenstellung (im deutschen Sinn) trifft.

Dies entspricht der Situation in Deutschland: Grundsätzlich wird hier die Möglichkeit anerkannt, daß derjenige, der eine Garantenstellung innehat, auch als Gehilfe bestraft werden kann, da auch durch Unterlassen die Haupttat gefördert werden könne. Umstritten ist lediglich, wie in diesen Fällen zur Unterlassungstäterschaft abgegrenzt werden kann. Die Rechtsprechung unterscheidet hierbei nach rein subjektiven Kriterien[1441]. Der überwiegende Teil der Lehre geht demgegenüber davon aus, daß der untätige Garant immer nur Nebenfigur des Geschehens und daher Ge-

---

[1437] Vgl. dazu LK-*Jescheck* § 13 Rdnr. 19ff. mit weiteren Nachweisen; oder Sch/Sch/*Stree* § 13 Rdnr. 8ff., 17, 26 mit weiteren Nachweisen.

[1438] Vgl. dazu *Ashworth* S. 107ff.; *Card*/Cross/Jones S. 54ff. mit weiteren Nachweisen zur Rechtsprechung; *Smith*/Hogan Criminal Law S. 47ff., 51 mit weiteren Nachweisen zur Rechtsprechung

[1439] S. oben Seite 289, Fußnote 1436.

[1440] H.M.: Supreme Court: *Russel* (1933) V.L.R. 59; C.A.: *Gibson and Gibson* (1984) 80 Cr.App.R. 24.

[1441] BGHSt 2, 150; 13, 162, 166; NStZ 1985, 24, 24; StV 1986, 59, 60 mit Bespr. *Arzt* StV 1986, 337, 338 und *Ranft* JZ 1987, 908, 917; NJW 1992, 1246, 1247.

hilfe ist[1442]. Andere unterscheiden nach Art der Garantenstellung: Der unterlassende Beschützergarant sei Täter, der unterlassende Überwachungsgarant sei Teilnehmer[1443]. Schließlich wird davon ausgegangen, daß der unterlassende Garant stets Täter sei, da die Unterlassungsdelikte Pflichtdelikte seien, deren Verletzung allein die Täterstrafbarkeit begründe[1444].

Damit ist sowohl in England als auch in Deutschland die Teilnahme durch Unterlassen grundsätzlich anerkannt, lediglich die Abgrenzung zur Täterschaft ist umstritten.

γ) Der Ansatz der Law Commission

Den oben beschriebenen Ansatz zur Strafbarkeit der Teilnahme durch Unterlassen hat die Law Commission in Klausel 27 (3) des *Draft Criminal Code 1989*[1445] niedergelegt: Die Unterstützung oder Ermutigung kann auch durch Unterlassen der Ausübung von Autorität oder durch Nichterfüllung einer gegenüber dem Täter bestehenden Kontrollpflicht zur Verhinderung der Straftat geschehen.

c) Teilnahmevorsatz (Mens Rea)

aa) Exkurs: Die verschiedenen Formen des „Unrechtsbewußtseins“ (*mens rea*)

Bevor auf das für die Teilnahme erforderliche „Unrechtsbewußtsein“ (*mens rea*) eingegangen werden kann, muß kurz skizziert werden, welche Formen des „Unrechtsbewußtseins“ (*mens rea*) im englischen Strafrecht anerkannt sind und wodurch sich diese unterscheiden, da sich diese nicht ohne weiteres mit den deutschen Begriffen des direkten Vorsatzes, des Eventualvorsatzes und der bewußten oder unbewußten Fahrlässigkeit decken.

1442 *Gallas* JZ 1952, 371, 372; *ders.* JZ 1960, 686, 687; *Ranft* ZStW 94 (1982), 815, 845ff.; *Jescheck/Weigend* § 64 III 5 mit weiteren Nachweisen.

1443 Sch/Sch/*Cramer* Vorbem § 25 Rdnr. 102ff.; *Herzberg* Täterschaft § 6 I, II; *ders.* Unterlassung S. 257ff.

1444 LK-*Roxin* § 25 Rdnr. 206ff. und § 27 Rdnr. 43; *Roxin* S. 485.

1445 Law Commission No. 177.

α) „Absicht" (*Intention*)

Die stärkste Form des Vorsatzes ist die sogenannte „Absicht" (*intention*). Seit der Entscheidung in *R. v. Moloney*[1446] steht fest, daß der Begriff der *intention* nur die „Absicht" des Täters umfaßt, also nur den sogenannten *dolus directus* 1. Grades. Das House of Lords stellte in dieser Entscheidung klar, daß Wissen und Vorhersehbarkeit nicht mit dieser Absicht identisch seien. Allerdings könne, sofern Wissen und Vorhersehbarkeit nachgewiesen werden könnten, aus dieser Vorhersehbarkeit „abgeleitet" (*inference*) werden, daß der Täter auch die nötige „Absicht" (*intention*) hatte[1447]. Diese Entscheidung wurde in *R. v. Hancock and Shankland*[1448] bestätigt: Sofern nachgewiesen werden kann, daß der Täter einen Erfolg oder einen Umstand vorausgesehen hat, kann daraus abgeleitet werden, daß er diesen Erfolg oder Umstand beabsichtigt i.S.v. *intention* hat. Welchen Grad der Wahrscheinlichkeit diese Vorhersehbarkeit erfüllen muß, klärte der C.A. in der Entscheidung *R. v. Walker and Hyles*[1449]: der Täter muß den Erfolg als „so gut wie sicher" (*virtually certain*) voraussehen. Die Wahrscheinlichkeit des Erfolgseintrittes muß „sehr hoch" (*very high degree of possibility*) sein.

Unter den Begriff der *intention* fällt damit zunächst nur die „Absicht" des Täters. Es kann allerdings aus so gut wie sicherem Wissen und einer sehr hohen Wahrscheinlichkeit abgeleitet werden, daß der Täter die nötige *intention* hatte[1450], so daß auch der *dolus directus* 2. Grades davon erfaßt wird.

β) „Sorgfaltslosigkeit" (*Recklessness*)[1451]

Der Begriff der „Sorgfaltslosigkeit" (*recklessness*) ist aufgeteilt in eine „bewußte" (*advertant* oder nach dem entsprechenden Urteil sogenannte *Cunningham-type*) und eine „unbewußte" (*inadvertant* oder nach dem entsprechenden Urteil sogenannte *Caldwell/Lawrence-type*) Form.

Nach *Cunningham*[1452] umfaßte der Begriff der „Sorgfaltslosigkeit" (*recklessness*) die bewußte Inkaufnahme eines nicht gerechtfertigten Risikos hinsichtlich eines Er-

---

1446 H.L.: (1985) A.C. 905.
1447 So schon in H.L.: *Reg. v. Hyam* (1975) A.C. 55.
1448 H.L.: (1986) A.C. 455.
1449 C.A.: (1990) 90 Cr.App.R. 226.
1450 Statt vieler für die h.M.: *Clarkson/Keating* S. 135ff., 141, 142, 143, 153 mit weiteren Nachweisen.
1451 Vgl. dazu aus deutscher Sicht *Arzt* in: Gedächtnisschrift für Schröder, S. 119ff.; *Vogel* GA 1998, 127, 141.

folges oder des Bestehens gewisser Umstände. Ein Täter handelte danach „sorgfaltslos, wenn er erkennt, daß ein Risiko eines Schadens besteht, und dennoch weiterhandelt"[1453]. Die im deutschen Strafrecht bekannte Unterscheidung zwischen Eventualvorsatz und bewußter Fahrlässigkeit wurde an dieser Stelle nicht getroffen. Dieses Urteil stellte zunächst nur klar, daß der Täter sich des eingegangenen Risikos bewußt sein müsse. In der Entscheidung *R. v. Stephenson* wurde formuliert, daß der Täter trotz Erkennens des Risikos weiterhandeln müsse, weil „es ihm egal sei, ob das Risiko sich verwirkliche". Demnach fiele die im deutschen Recht sogenannte bewußte Fahrlässigkeit, bei der der Täter auf das Ausbleiben des Erfolges vertraut, nicht unter den Begriff der *recklessness*. Allerdings diente die Formulierung im zitierten Urteil nicht der dem deutschen Leser vertrauten Unterscheidung zwischen Eventualvorsatz und bewußter Fahrlässigkeit; diese Unterscheidung ist dem englischen Strafrecht fremd. Es ging dort vielmehr um die nochmalige Verdeutlichung, daß *recklessness* die bewußte Inkaufnahme eines Risikos umfasse. Die Motive für das Weiterhandeln sollten dabei keine Rolle spielen. Entsprechend wurde in späteren Urteilen unter bezug auf die *Cunningham*-Entscheidung davon ausgegangen, daß es unerheblich sei, ob der Täter weiterhandele, weil ihm der Schadenseintritt egal sei oder ob „er sich darauf verlasse, daß Glück den Schadenseintritt verhindern werde"[1454]. Die herrschende Literatur geht ebenfalls davon aus, daß auch der Täter, der auf das Ausbleiben der Schadensverwirklichung vertraue, „sorgfaltslos" im Sinne von *reckless* handele[1455].

Damit fällt unter den Begriff der „Sorgfaltslosigkeit" zunächst jedes bewußte Eingehen eines Risikos, sei es in der Form des im deutschen Strafrecht sogenannten Eventualvorsatzes oder in der Form der bewußten Fahrlässigkeit.

Diese Auffassung war bis zu der Entscheidung in *Caldwell*[1456] die herrschende Auffassung[1457]. In dieser Entscheidung und in einer zweiten, am selben Tag ergangenen Entscheidung[1458] stellte das House of Lords klar, daß auch derjenige Täter „sorgfaltslos" i.S.v. *reckless* handele, der ein ungerechtfertigtes Risiko bezüglich eines Erfolges oder eines Umstandes eingehe und „sich darüber gar keine Gedanken ge-

---

1452 C.A.: (1957) 2 Q.B. 396; ebenso *R. v. Stephenson* (1979) 1 Q.B. 695.

1453 C.A. *R. v. Stephenson* (1979) 1 Q.B. 695: „*A man is reckless, when he carries out the deliberate act appreciating that there is a risk that damage to property may result from his act*".

1454 H.L.: *R. v. Caldwell* (1982) A.C. 341: „*...trusted that good luck would prevent its happening*".

1455 Für die h.M.: *Card*/Cross/Jones S. 71; *Clarkson/Keating* S. 160, 162.

1456 H.L.: (1982) A.C. 341.

1457 Statt vieler vgl. *Card*/Cross/Jones S. 70ff.; *Clarkson/Keating* S. 158ff. mit weiteren Nachweisen.

1458 H.L.: *R. v. Lawrence* (1982) A.C. 510; ebenso *R. v. Reid* (1992) 95 Cr.App.R. 393.

macht habe"[1459]. Es sei nicht einzusehen, wieso der Täter, der sich gar keine Gedanken gemacht habe, besser zu behandeln sei als derjenige, der das Risiko zwar erkenne, es aber nicht ernst nehme oder auf dessen Nichtverwirklichung vertraue. Erstens sei keine dieser „Bewußtseinsformen weniger vorwerfbar als die andere"[1460] und zweitens sei die Unterscheidung dem Richter in der Praxis kaum möglich, da selbst der Täter oft nicht sagen könne, ob er sich über das Risiko überhaupt Gedanken gemacht habe oder nicht. Außerdem umfasse der Begriff der *recklessness* im allgemeinen Sprachgebrauch gerade auch einen Mangel an Sorgfalt und Gedanken über die Konsequenzen des eigenen Verhaltens.

Seither umfaßt also der Begriff der „Sorgfaltslosigkeit" (*recklessness*) im englischen Strafrecht sowohl das bewußte als auch das unbewußte Eingehen eines nicht gerechtfertigten und offensichtlichen (dem objektiven Beobachter erkennbaren[1461]) Risikos[1462].

Damit fallen unter diesen Begriff neben dem im deutschen Strafrecht sogenannten Eventualvorsatz auch die bewußte und die unbewußte Fahrlässigkeit.

Allerdings besteht Einigkeit darüber, daß nicht für alle Delikte, die auch durch „Sorgfaltslosigkeit" (*recklessness*) zu begehen sind, die *Caldwell-type recklessness* ausreicht; diese ist vielmehr nur in Ausnahmefällen anerkannt[1463].

γ) „Nachlässigkeit" (*Negligence*)

Als dritte Form des „Unrechtsbewußtseins" (*mens rea*) ist in England die sogenannte „Nachlässigkeit" (*negligence*) von Bedeutung. Diese fällt eigentlich nicht direkt unter das „Unrechtsbewußtsein" (*mens rea*), da die „Nachlässigkeit" (*negligence*) rein objektiv dadurch gekennzeichnet ist, daß der Täter nicht die gebotene Sorgfalt hat walten lassen. Insofern hat der Begriff der „Nachlässigkeit" (*negligence*) keinerlei

---

1459 H.L.: *Caldwell* (1982) A.C. 341:„*he did not even trouble to give his mind to the question whether there was any risk of damaging the property*".

1460 H.L.: *Caldwell* (1982) A.C. 341: „*Neither state of mind seems to be less blameworthy than the other*".

1461 H.M.: H.L.: *R. v. Lawrence* (1982) A.C. 510; D.C.: *Elliott v. C. (A Minor)* (1983) 77 Cr.App.R. 103; H.L.: *Miller* (1983) 2 A.C. 161, (1983) 1 All E.R. 978; C.A.: *Madigan* (1982) 75 Cr.App.R. 145, (1982) Crim.L.R. 692; *Card*/Cross/Jones S. 76; *Clarkson/Keating* S. 172ff. mit weiteren Nachweisen.

1462 Für die Literatur vgl. *Ashworth* S. 179ff.; *Card*/Cross/Jones S. 73; *Clarkson/Keating* S. 161ff.

1463 Es ginge hier zu weit, die Delikte aufzuzählen, in denen die „unbewußte Sorgfaltslosigkeit" (*inadvertant* oder *Caldwell-type recklessness*) als ausreichend erachtet wird; vgl. dazu *Ashworth* S. 183; *Card*/Cross/Jones S. 77ff. und *Clarkson/Keating* S. 180ff.

Bezug zum „Unrechtsbewußtsein“ (*mens rea*) des Täters[1464]. Dennoch gehört die „Nachlässigkeit“ (*negligence*) zur im Rahmen des „Unrechtsbewußtseins“ (*mens rea*) untersuchten Unrechtsstufe, die sich aus der Einstellung des Täters zur Tat oder mangels Einstellung seitens des Täters aus der Schwere des Sorgfaltsverstoßes ergibt. Die „Nachlässigkeit“ (*negligence*) ist im englischen Recht eine kaum beachtete Form des Unrechtsverstoßes, da nur sehr wenige Delikte überhaupt diese „Schuldform“ ausreichen lassen[1465].

Eine Person handelt „nachlässig“ i.S.v. *negligent*, wenn sie die objektiv gebotene Sorgfalt, die eine vernünftige Person hätte walten lassen, mißachtet[1466]. Nach dieser Definition unterscheidet sich die „Nachlässigkeit“ (*negligence*) nicht von der „Sorgfaltslosigkeit“ (*recklessness*), da der Täter dort auch jeweils bewußt oder unbewußt entgegen einer Sorgfaltsnorm handelt. Allerdings geht der Begriff der „Nachlässigkeit“ (*negligence*) weiter. Hat der Täter nämlich in der konkreten Situation an ein Risiko gedacht, ist dann aber anschließend zu dem Ergebnis gelangt, daß ein solches nicht vorliege, so ist kein Raum mehr für die „unbewußte Sorgfaltslosigkeit“ (*inadvertant* oder *Caldwell-type recklessness*): Der Täter hat ein Risiko immerhin bedacht. Für die „bewußte Sorgfaltslosigkeit“ (*advertant* oder *Cunningham-type recklessness*) ist dagegen kein Raum, da der Täter - wie er glaubt - kein Risiko in Kauf nimmt[1467]. Die „Nachlässigkeit“ (*negligence*) knüpft dagegen rein objektiv an das Mißachten einer Sorgfaltsnorm an, es ist keinerlei Bezug zur Einstellung des Täters nötig[1468].

bb) „Absicht“ (*Intention*) bezüglich der Teilnahmehandlung

Der Teilnehmer muß seine Teilnahmehandlung vorsätzlich vornehmen, er muß „absichtlich“ (i.S.v. *intention*) „helfen, unterstützen, ermutigen“ oder „verleiten“. Es gibt nach herrschender Meinung keine „sorglfaltslose“ (*reckless*) Teilnahme[1469].

[1464] So ausdrücklich *Card*/Cross/Jones S. 85, der daher der Begriffswahl der Law commission im *Draft Criminal Code 1989* (Law Commission No. 177) zustimmt, die statt von *mens rea* vom *fault element* spricht.

[1465] Vgl. die Beispiele bei *Card*/Cross/Jones S. 84 und bei *Clarkson/Keating* S. 189.

[1466] H.M.: Law Commission Working Paper No. 31, S. 57; *Clarkson/Keating* S. 188 mit weiteren Nachweisen; *Card*/Cross/Jones S. 74, 84 mit weiteren Nachweisen.

[1467] Für die h.M.: *Card*/Cross/Jones S. 85; *Clarkson/Keating* S. 178.

[1468] Für die h.M.: *Clarkson/Keating* S. 178.

[1469] Q.B.D.: *Benford v. Simms* (1898) 2 Q.B. 641; *Callow v. Tillstone* (1900) 83 L.T.N.S. 411; *Blakely, Sutton* (1991) Crim.L.R. 763; Card/Cross/Jones S. 558; *Clarkson/Keating* S. 527; *Smith*/Hogan Criminal Law S. 137f.; *ders.* Cases S. 226.

Dies entspricht den Anforderungen der §§ 26, 27 dStGB, die eine vorsätzliche Teilnahmehandlung verlangen, wobei allerdings weiter als im englischen Recht der sogenannte Eventualvorsatz ausreicht[1470].

cc) „Sorgfaltslosigkeit" (*Recklessness*) bezüglich der Haupttat

Der Teilnehmer muß um die die Haupttat beschreibenden Umstände wissen. Wie im deutschen Recht[1471] ist es dabei nicht erforderlich, daß der Teilnehmer absichtlich bezüglich der Haupttat handelt; diese kann ihm sogar höchst unerwünscht sein. Entscheidend sind nicht die Motive des Teilnehmers; es genügt das bloße Wissen um die Umstände[1472]. So wurde zum Beispiel entschieden, daß ein Kohleverkäufer, der wußte, daß einer seiner Kunden mit der von ihm gekauften Kohle seinen Lastwagen über das zulässige Gesamtgewicht hinaus belädt und damit fortfährt, wegen der Teilnahme an diesem Delikt bestraft. Die Teilnahmestrafe knüpfte hier an das bloße Wissen an, daß der Wagen überladen war. Durch das Ausstellen eines Scheins über die mitgenommene Menge (dieser Schein diente nur als Verkaufsbeleg) habe der Verkäufer den Käufer unterstützt[1473]. Diesem Grundsatz scheint die Entscheidung in *Gillick*[1474] zu widersprechen: Ein Arzt hatte einer Minderjährigen Verhütungsmittel verschrieben, um diese vor ungewollter Empfängnis zu schützen. Im Zivilverfahren wurde festgestellt, daß in diesem Verhalten keine strafbare Teilnahme liege, da dem Arzt der darauf sicher folgende Geschlechtsverkehr des minderjährigen Mädchens höchst unerwünscht war und da er nur gehandelt habe, um Schlimmeres (eine Schwangerschaft des sehr jungen Mädchens) zu verhindern. Die Begründung dieser Entscheidung wird aber in der Literatur als für das Strafrecht nicht entscheidend angesehen. Es wird allgemein davon ausgegangen, daß der Arzt strafrechtlich im Ergebnis zwar nicht wegen Teilnahme strafbar sei, dies aber nicht mangels „Absicht"

1470 H.M.: RGSt 72, 26, 29; BGHSt 2, 279, 281; *Jescheck/Weigend* § 64 II 2.b), III 2.d) mit weiteren Nachweisen; LK-*Roxin* § 26 Rdnr. 65; § 27 Rdnr. 46 mit weiteren Nachweisen.

1471 H.M.: vgl. LK-*Roxin* § 27 Rdnr. 46 mit weiteren Nachweisen.

1472 H.M.: H.L.: *Cock v. Stockwell* (1915) 84 L.J.K.B. 2187; K.B.D.: *Caffetera v. Willson* (1936) 3 All E.R. 149; Q.B.D.: *National Coal Board v. Gamble* (1959) 1 Q.B. 11; H.L.: *Lynch v. DPP for Northern Ireland* (1975) 1 All E.R. 913; *Ashworth* S. 424f.; *Card*/Cross/Jones S. 559; *Clarkson/Keating* S. 522; Elliott/Wood's/*Allen* S. 373; *K.J.M. Smith* S. 141ff.; *Smith*/Hogan Criminal Law S. 138; *ders.* Cases S. 221, 225; *Williams* S. 341.

1473 Q.B.D.: *National Coal Board v. Gamble* (1959) 1 Q.B. 11.

1474 H.L.: *Gillick v. West Norfolk and Wisbech Health Authority* (1986) 1 A.C. 112.

(*intention*) bezüglich der Haupttat, sondern aufgrund einer „Verteidigung" (*defence*)[1475].

Das Wissen um die Umstände der Haupttat umfaßt nicht nur das sichere Wissen, aus dem die „Absicht" (*intention*) abgeleitet werden kann, sondern auch die „bewußte Sorgfaltslosigkeit" (*advertant* oder *Cunningham-type recklessness*)[1476]. Es genügt also, daß der Teilnehmer sich mit dem Risiko, daß gewisse Umstände gegeben sein könnten, abgefunden hat und dennoch seine Teilnahmehandlung erbracht hat. Sofern allerdings der Teilnehmer nur wegen „Verleitens" (*procuring*) angeklagt ist, muß seine „Absicht" (*intention*) bezüglich der Haupttat nachgewiesen werden[1477].

Der Teilnehmer muß nicht wissen, daß das Verhalten des Täters überhaupt eine Straftat darstellt, bloße „bewußte Sorgfaltslosigkeit" (*advertant* oder *Cunningham-type recklessness*) bezüglich der die Haupttat beschreibenden Umstände reicht[1478].

An dieser Stelle soll noch kurz ergänzt werden, daß aus dem Wissen um die Umstände einer Straftat nicht immer die Teilnahmestrafbarkeit folgt. Wenn nämlich der Teilnehmer nur eine rechtliche Pflicht erfüllt, so wird diese Pflichterfüllung nicht zur strafbaren Teilnahmehandlung, auch wenn der Täter weiß, daß zum Beispiel die von ihm an den Eigentümer zurückgegebene Waffe für einen Mord benutzt werden wird[1479]. Dies entspricht der im deutschen Recht anerkannten objektiven Zurechnung des Erfolges, wird im englischen Recht allerdings beim „Unrechtsbewußtsein" (*mens rea*) behandelt, und soll daher an dieser Stelle kurz erwähnt werden. Einige Autoren wollen sogar weitergehen und eine Teilnehmerverantwortung für „sozialadäquate Alltagsgeschäfte" (*ordinary business*) ausschließen[1480].

1475 H.M.: *Ashworth* S. 424; *Card*/Cross/Jones S. 559; *Clarkson/Keating* S. 522; *Smith*/Hogan Criminal Law S. 138.

1476 H.M.: Q.B.D.: *Carter v.Richardson* (1974) R.T.R. 314; *Blakely and Sutton v. DPP* (1991) R.T.R. 405; C.A.: *Rook* (1993) 97 Cr.App.R. 327; H.L.: *Lynch v. DPP for Northern Ireland* (1975) 1 All E.R. 913; *Ashworth* S. 423; *Card*/Cross/Jones S. 560; *Clarkson/Keating* S. 527; Elliott/Wood's/*Allen* S. 369; *K.J.M. Smith* S. 141ff.; *Smith*/Hogan Criminal Law S. 225; *ders.* Cases S. 206f.; *Williams* S. 359; vgl. auch: *Assisting and Encouraging Crime: A Consultation Paper* (Law Commission Consulting Paper No. 131) (1993), para.2.10.

1477 H.M.: K.B.D.: *Fergusson v. Weuving* (1951) 1 K.B. 814, 819; C.A.: *Attorney-General's Reference (No. 1 of 1975)* (1975) 2 All E.R. 684; Q.B.D.: *Blakely and Sutton v. DPP* (1991) R.T.R. 405; *Ashworth* S. 424; *Clarkson/Keating* S. 528; Elliott/Wood's/*Allen* S. 359, 361; *Smith*/Hogan Criminal Law S. 133; *ders.* Cases S. 206ff.; *Williams* S. 335.

1478 H.M.: K.B.D.: *Johnson v. Youden* (1950) 1 All E.R. 300; *Smith*/Hogan Criminal Law S. 140 mit weiteren Nachweisen; *ders.* Cases S. 218.

1479 H.M.: C.A.: *Lomas* (1913) 110 L.T.N.S. 239; *Bullock* (1955) 1 All E.R. 15; Q.B.D.: *National Coal Board v. Gamble* (1959) 1 Q.B. 11; *Ashworth* S. 420; *Card*/Cross/Jones S. 553; Elliott/Wood's/*Allen* S. 373; *Smith*/Hogan Criminal Law S. 139; *ders.* Cases S. 221; *Williams* S. 344.

1480 *Ashworth* S. 420; *Williams* S. 341, 343.

dd) Verantwortung des Teilnehmers für Exzesse des Täters

In der Entscheidung *Johnson v. Youden*[1481] hat der C.A. zunächst festgestellt, daß es nicht erforderlich sei, daß der Teilnehmer alle Einzelheiten der Tat kenne, er müsse vielmehr nur die „wesentlichen Umstände“ (*essential matters*) derselben kennen. Diese Auffassung ist nun in zwei weiteren Entscheidungen konkretisiert worden:

α) „Unrechtsbewußtsein“ (*Mens Rea*) bezüglich der „Deliktsart“ (*Certain Type of Offence*)

In *Bainbridge*[1482] wurde entschieden, daß es für das „Unrechtsbewußtsein“ (*mens rea*) des Teilnehmers ausreichend sei, daß er wisse (i.S.v. „bewußter Sorgfaltslosigkeit“ (*advertant* oder *Cunningham-type recklessness*)), welche „Deliktsart“ begangen werden sollte. Ort, Zeit und nähere Umstände seien unwichtig. Der Teilnehmer hatte den Tätern Schneidewerkzeug zur Verfügung gestellt, von dem er wußte, daß es zu einem Einbruch benutzt werden würde. Es war daher nicht erforderlich, daß er wußte, ob der Einbruch in ein Privathaus, eine Bank oder ein sonstiges öffentlichen Gebäude erfolgen sollte. Es wurde allerdings einschränkend klargestellt, daß das bloße Wissen, daß „irgendeine Straftat“ (*some crime*) begangen werden sollte, nicht genüge; erforderlich sei, daß der Teilnehmer wisse, um welchen Deliktstypus es sich handele.

Auch im deutschen Recht ist es nicht erforderlich, daß Zeit und Ort der Begehung und alle sonstigen Umstände und Einzelheiten der Deliktsbegehung bis ins Detail feststehen[1483].

β) Verantwortung nach der „Vorstellung“ des Teilnehmers (*Within the Contemplation*)

Wegen der Schwierigkeiten, die mit der Formulierung in *Bainbridge* zusammenhängen, da nicht immer eindeutig ist, welche Delikte zum selben Typus gehören, wurde das Konzept in *Maxwell*[1484] erweitert: Der Teilnehmer ist nunmehr nach herrschender

---

[1481] K.B.D.: (1950) 1 All E.R. 300.

[1482] C.A.: (1960) 1 Q.B. 129.

[1483] H.M.: RGSt 1, 110; weitergehend BGHSt 34, 63, 64; Sch/Sch/*Cramer* § 26 Rdnr. 17, § 27 Rdnr. 19; LK-*Roxin* § 26 Rdnr. 52, § 27 Rdnr. 47; *Tröndle* § 27 Rdnr. 8; Beihilfe: LK-*Roxin* mit weiteren Nachweisen.

[1484] H.L.: *DPP for Northern Ireland v. Maxwell* (1978) 3 All E.R. 1140.

Meinung für alle die Umstände und Konsequenzen verantwortlich, die er sich „vorgestellt“ hat. Erst wenn der Täter ein davon nicht umfaßtes Delikt begeht, soll der Teilnehmer nicht mehr verantwortlich sein[1485]. In *Maxwell* hatte der Teilnehmer Terroristen zum Tatort gefahren in dem Wissen, daß diese explosives Material bei sich hatten. Es war daher unerheblich, wozu genau die Täter dieses einsetzten, da der Teilnehmer in seine Vorstellung aufgenommen hatte, daß der Einsatz dieses Materials sowohl zu Sach- als auch zu Personenschaden führen würde.

Dies entspricht der Rechtslage im deutschen Recht sowohl für die Anstiftung als auch für die Beihilfe: Die Teilnehmer sind grundsätzlich nur soweit verantwortlich, wie ihr Vorsatz ging[1486], unabhängig davon, ob der Täter eine komplett andere Tat begeht (in diesem Fall kommt eine Strafbarkeit aus versuchter Beteiligung an einem Verbrechen gemäß § 30 dStGB in Betracht) oder nur ein „Mehr“[1487].

γ) Verantwortung für Abweichungen von der „Vorstellung“ (*Contemplation*) bezüglich der Konsequenzen der Tat

αα) Unbeabsichtigte Abweichung des Täters

Weicht der Täter unbeabsichtigt von der geplanten Tat und ihren Konsequenzen und damit von der Vorstellung des Teilnehmers ab, so ist diese Abweichung unerheblich, solange sich der Täter innerhalb des „gemeinsamen Vorhabens“ (*common purpose*) hatte bewegen wollen. Die sogenannte „Doktrin der Unrechtsübertragung“ (*doctrine of transferred malice*[1488]), nach der die *aberratio ictus* oder der *error in objecto vel persona* unwesentlich sind, solange das „Unrechtsbewußtsein“ (*mens rea*) des Täters dem Delikt entspricht, das (am falschen Objekt) tatsächlich verwirklicht wird, ist auch für Teilnehmer anwendbar[1489]. Zum einen gilt dies für den Fall, daß der Täter das Opfer verwechselt oder versehentlich ein anderes Opfer verletzt. Dies gilt zum anderen aber auch für die Fälle, in denen der Täter versehentlich größeren Schaden als beabsichtigt anrichtet. Solche Abweichungen sind unerheblich, da der Täter

---

1485 *Ashworth* S. 427; *Card*/Cross/Jones S. 561; Elliott/Wood's/*Allen* S. 378; *Clarkson/Keating* S. 525; *Smith*/Hogan Criminal Law S. 143; *ders.* Cases S. 215; *Williams* S. 351.

1486 H.M.: Sch/Sch/*Cramer* § 26 Rdnr. 22; § 27 Rdnr. 22; *Tröndle* § 26 Rdnr. 16, § 27 Rdnr. 8f.; LK-*Roxin* § 26 Rdnr. 87, § 27 Rdnr. 51.

1487 H.M.: RGSt 11, 118, 119; RGSt 67, 343, 344f.; BGHSt 2, 223, 225; LK-*Roxin* § 26 Rdnr. 89, § 27 Rdnr. 51; *Tröndle* § 26 Rdnr. 16, § 27 Rdnr. 9.

1488 Vgl. dazu *Ashworth* S. 198ff.; *Smith*/Hogan Criminal Law S. 77ff.

1489 H.M.: *Ashworth* S. 429; *Smith*/Hogan Criminal Law S. 142, 145.

grundsätzlich innerhalb des Tatplanes bleibt, lediglich die Konsequenzen weichen von der gemeinsamen Vorstellung ab[1490].

ββ) Beabsichtigte Abweichung des Täters

Weicht dagegen der Täter bewußt oder beabsichtigt von der geplanten Tat ab, indem er zum Beispiel wissentlich ein zusätzliches oder anderes Opfer verletzt oder einen zusätzlichen oder anderen Gegenstand als den geplanten zerstört, so wird diese Abweichung dem Teilnehmer nicht zugerechnet, da der eigene Entschluß des Täters den Zurechnungszusammenhang unterbricht[1491]. Der bekannteste Fall ist *Saunders v. Archer*[1492]: D2 hatte D1 ein Gift besorgt, in dem Wissen, daß dieser damit seine Frau umbringen wollte. D1 spritzte dieses in einen Apfel, den er seiner Frau zum essen gab. Nach einigen Bissen gab diese jedoch den Apfel an ihre Tochter weiter. D1, der dies sah, schritt nicht verhindernd ein, so daß das Kind an Vergiftung starb. In dieser Entscheidung wurde D2 der Tod des Kindes nicht zugerechnet, da dieser nur aufgrund des Entschlusses von D1, den Tod des Kindes hinzunehmen und nicht einzuschreiten, herbeigeführt wurde. Diese Linie wurde von der Law Commission im *Draft Criminal Code 1989* übernommen: Zwar ist der Teilnehmer verantwortlich, wenn die Tat an einem unerwarteten Opfer oder Tatobjekt vorgenommen wird; dies jedoch nicht, wenn der Täter „bewußt" (*deliberately*) vom ursprünglichen Opfer oder Tatobjekt abweicht[1493].

γγ) Zurechnung bewußter Abweichungen innerhalb einer „gemeinsamen unrechtmäßigen Unternehmung" (*Common Unlawful Enterprise*)

Der Grundsatz, daß eine Zurechnung vom Plan abweichender Konsequenzen nicht stattfindet, wenn der Täter bewußt abweicht, gilt jedoch nicht im Rahmen einer sogenannten „gemeinsamen unrechtmäßigen Unternehmung" (*common unlawful enterprise*). Haben sich mehrere zusammengeschlossen, gemeinsam ein bestimmtes

---

1490 H.M.: C.A.: *Calhaem* (1985) 2 All E.R. 266, 269, 272; *Creamer* (1966) 1 Q.B. 72; North Eastern Circuit Court: *Buck and Buck* (1960) 44 Cr.App.R. 213; *Ashworth* S. 429; *Card*/Cross/Jones S. 562; *Smith*/Hogan Criminal Law S. 142, 145; *ders.* Cases S. 211.

1491 H.M.: C.A.: *Saunders v. Archer* (1573) 2 Plowd. 473, 75 E.R. 706 (Warwick Assizes); Preston Crown Court: *Dunningham and Graham* (1985) zit. bei *Smith*/Hogan Criminal Law S. 145; Supreme Court of South Africa: *S. v. Robinson* (1968) 1 S.A.L.R. 666; *Leahy* (1985) Crim.L.R. 99; *Ashworth* S. 429; *Card*/Cross/Jones S. 561; *Clarkson*/*Keating* S. 539ff.; Russel/*Turner* S. 161; *Smith*/Hogan Criminal Law S. 145f.; *ders.* Cases S. 217.

1492 *Saunders v. Archer* (1573) 2 Plowd. 473, 75 E.R. 706.

1493 Law Commission No. 177; Clause 27 (5).

Delikt zu begehen, so haften alle Anwesenden für Abweichungen eines der Beteiligten, solange sich diese Abweichung noch dergestalt innerhalb der „gemeinsamen unrechtmäßigen Unternehmung" (*common unlawful enterprise*) bewegt, daß sie noch von der „Erlaubnis" (*authorisation*) der übrigen gedeckt ist bzw. daß sie von den übrigen als „ernst zu nehmende Möglichkeit" (*real risk*) vorhergesehen wurde[1494]. Haben sie trotz Erkennens dieser Möglichkeit an dem Vorhaben teilgenommen, so ist eine Zurechnung gerechtfertigt. Solange allerdings nicht nachgewiesen werden kann, daß die übrigen Beteiligten diese Möglichkeit der Abweichung durch einen von ihnen ernstlich in Erwägung gezogen haben, muß davon ausgegangen werden, daß die „gemeinsame unrechtmäßige Unternehmung" (*common unlawful enterprise*) diese Abweichung nicht abdeckte, so daß eine Zurechnung nicht stattfindet[1495].

Diese Auffassung wird in der Literatur zunehmend kritisiert[1496]: Diese Konstruktion führe dazu, daß der Teilnehmer eines Mordes, sofern er diesen im Rahmen einer „gemeinsamen unrechtmäßigen Unternehmung" (*common unlawful enterprise*) vorhergesehen hat, allein wegen dieser Inkaufnahme des Risikos der Mordbegehung durch einen anderen Beteiligten als Mörder bestraft werde, während es für den Mörder selbst nötig sei, dessen Tötungs- oder Verletzungs"absicht" (i.S.v. *intention*) nachzuweisen[1497].

Besser sei es daher, alle Formen der Abweichungen und Exzesse über den Vorsatz des Teilnehmers zu lösen: Es soll weder darauf ankommen, ob der Täter bewußt oder unbewußt abweicht, noch darauf, ob eine „gemeinsame unrechtmäßige Unternehmung" (*common unlawful enterprise*) vorgelegen hat, in der der Teilnehmer eine bestimmte Konsequenz als ernst zu nehmende Möglichkeit vorhergesehen hat. Jeder soll grundsätzlich nur aus den Delikten und für die Konsequenzen haften, die er selbst vorhergesehen und in Kauf genommen oder beabsichtigt hat[1498].

1494 H.M.: Privy Council: *Chan Wing-Siu* (1985) 1 A.C. 168; C.A.: *Reg. v. Slack* (1989) Q.B. 775, 781; *Hyde* (1991) 1 Q.B. 134; Privy Council: *Hui Chi Ming* (1992) 1 A.C. 34, 50f.

1495 H.M.: H.L.: *Davies v. DPP* (1954) A.C. 378; C.A.: *Andersdon and Morris* (1966) 2 Q.B. 110, 118; *Mahmood* (1994) Crim.L.R. 368.

1496 *Card*/Cross/Jones S. 560, 564; *Clarkson/Keating* S. 517, 520; *Smith*/Hogan Criminal Law S. 150; *ders.* Cases S. 240.

1497 In *Smith* ((1988) Crim.L.R. 616) hat der C.A. entsprechend dieser Kritik festgestellt, daß es für den Teilnehmer am Mord nötig sei, auch dessen „Absicht" (*intention*) bezüglich des Todes- oder Verletzungserfolges nachzuweisen. Diese Entscheidung wurde allerdings in nachfolgenden Entscheidungen mißachtet und stellt daher nicht die momentane Rechtslage dar (vgl. *Card*/Cross/Jones S. 560, Fußnote 2).

1498 *Ashworth* S. 429f.; *Card*/Cross/Jones S. 564; *Clarkson/Keating* S. 517, 520, 541; *Smith*/Hogan Criminal Law S. 146.

Dies entspricht der Zurechnung von Exzessen des Täters an den Beteiligten im deutschen Recht[1499].

3. *Teilnahme an Delikten der „Sorgfaltslosigkeit"* (Recklessness) *und an Delikten der „Nachlässigkeit"* (Negligence)

Es ist nicht nötig, daß es sich bei der Haupttat des Täters um eine Tat handelt, die nur mit „Absicht" (*intention*) begangen werden kann. Da die meisten Delikte ohnehin auch „sorgfaltslos" (*reckless*) begangen werden können, ist allgemein anerkannt, daß auch an diesen eine Teilnahme möglich ist, solange nur der Teilnehmer seinerseits die nötigen subjektiven Anforderungen erfüllt[1500]. Aber auch an Delikten, für die nur „Nachlässigkeit" (*negligence*) erforderlich ist, kann teilgenommen werden[1501].

Damit geht das englische Recht weiter als das deutsche Recht, da gemäß §§ 26, 27 dStGB nur eine Teilnahme an „vorsätzlicher" Tat möglich ist. Bei der Fahrlässigkeit wird demgegenüber von einem Einheitstätersystem ausgegangen: Jeder Beteiligte am Fahrlässigkeitsdelikt ist selbst Täter der Fahrlässigkeit[1502].

4. *Teilnahme an sogenannten Delikten mit „strikter Verantwortung" (*Strict Liability Offences*)*

Die sogenannten Delikte mit „strikter Verantwortung" (*strict liability offences*) sind dadurch gekennzeichnet, daß der Täter strafbar ist, ohne daß er das „Unrechtsbewußtsein" (*mens rea*) bezüglich des gesamten Geschehens aufweist[1503]. Diese „strikte" Verantwortung gilt allerdings nur für den Täter. Der Teilnehmer an einem solchen Delikt muß über das für einen Teilnehmer nötige „Unrechtsbewußtsein" (*mens*

[1499] S. oben S. 299, Fußnoten 1486 und 1487.

[1500] H.M.: vgl. nur *Swindall and Osborne* (1846) 2 Car. & Kir. 230, 175 E.R. 95; C.A.: *Turner* (1991) Crim.L.R. 57; C.A.: *Millward* (1994) Crim.L.R. 527; *Jefferson* (1994) 1 All E.R. 270; *Ashworth* S. 423; *Card*/Cross/Jones S. 551; *Williams* S. 359.

[1501] H.M.: vgl. nur Q.B.D.: *Carter v. Richardson* (1974) R.T.R. 314, (1974) Crim.L.R. 190; *Ashworth* S. 423; *Card*/Cross/Jones S. 551; *Williams* S. 359.

[1502] H.M.: Sch/Sch/*Cramer* Vorbem § 25 Rdnr. 112f.; *Jescheck/Weigend* § 61 VI; *Lackner* § 25 Rdnr. 13; LK-*Roxin* § 25 Rdnr. 217.

[1503] Zu den *strict liability offences* unten S. 315ff.

rea) verfügen, er muß also seine Teilnahmehandlung „absichtlich" (i.S.v. *intention*) erbringen und dabei mindestens „bewußt sorgfaltslos" (*advertant* oder *Cunningham-type reckless*) die die Haupttat beschreibenden Umstände für möglich halten[1504].

*5. Teilnahme an den sogenannten „unvollständigen" Delikten (*Inchoate Offences*)*

Unter den sogenannten „unvollständigen" Delikten (*inchoate offences*) versteht man die Delikte, bei denen eine Beteiligung strafbar ist, obwohl es nicht zur Vollendung des beabsichtigten Deliktes gekommen ist. Darunter fallen die Strafbarkeit des Versuchs, der „Aufforderung zur Begehung einer Straftat" (*incitement*[1505]) und der „Verabredung zur Begehung einer Straftat" (*conspiracy*[1506]). An all diesen Delikten ist eine Teilnahme unstreitig möglich[1507]. Auch im deutschen Recht ist die Teilnahme am Versuch unstreitig möglich[1508].

6. Straflosigkeit der versuchten Teilnahme

Die versuchte Teilnahme ist gemäß Sekt. 1 (4) *Criminal Attempts Act 1981*[1509] nicht strafbar. Allerdings kann ein Versuch der Teilnahme die Voraussetzungen der „Aufforderung zur Begehung einer Straftat" (*incitement*[1510]) oder der „Verabredung zur

---

1504 H.M.: Q.B.D.: *Callow v. Tillstone* (1900) 83 L.T.N.S. 411; D.C.: K.B.D.: *Thomas v. Lindop* (1950) 1 All E.R: 966; *Johnson v. Youden* (1950) 1 K.B. 544; (1950) 1 All E.R. 300; anders die Entscheidung K.B.D.: *Carter v. Mace* (1949) 2 All E.R. 714, die allerdings in *Davies, Turner & Co. Ltd. V. Brodie* (Q.B.D.: (1954) 3 All E.R. 283) ausdrücklich als Ausnahme bezeichnet wurde; für die Lit.: *Ashworth* S. 423; *Card*/Cross/Jones S. 561; *Clarkson/Keating* S. 512, Fußnote 13; *Smith*/Hogan Criminal Law S. 141; *Williams* S. 359f.

1505 S. dazu unten S. 308.

1506 S. dazu unten S. 310.

1507 H.M.: C.A.: *Hapgood and Wyatt* (1870) 1 C.C.R. 221; *Dunnington* (1984) Q.B. 472, (1984) All E.R. 676 (Versuch); *Card*/Cross/Jones S. 551; *J.C. Smith* in: Crime, Proof and Punishment S. 21; *Smith*/Hogan Criminal Law S. 151; *ders.* Cases S. 193.

1508 Für die h.M.: LK-*Roxin* § 26 Rdnr. 45 mit weiteren Nachweisen, § 27 Rdnr. 51.

1509 (c. 47).

1510 S. dazu unten S. 308.

Begehung einer Straftat" (*conspiracy*[1511]) erfüllen. Im deutschen Recht ist die versuchte Teilnahme nur unter den Voraussetzungen des § 30 dStGB möglich[1512].

7. *Rücktritt von der Teilnahme*

Hat der Teilnehmer seine Teilnahmehandlung schon erbracht, so kann er von seiner Beteiligung noch strafbefreiend zurücktreten. Die Anforderungen an die Rücktrittshandlung richten sich im Einzelfall nach der Art der Teilnahmehandlung, die erbracht wurde.

Sofern Teilnahme in der Form der „Ermutigung" (*encouraging* oder *counselling*) vor der Tat vorliegt, kann der Teilnehmer Straffreiheit erlangen, indem er den übrigen Beteiligten eindeutig und rechtzeitig mitteilt, daß er sich nunmehr an der Tat nicht mehr beteiligen wolle und daß er aus dem gemeinsamen Plan aussteige[1513]. In diesem Fall ist also nicht, wie im deutschen Recht nach § 24 Abs. 2 dStGB die Verhinderung der Vollendung oder das freiwillige und ernsthafte Bemühen um die Verhinderung der Vollendung nötig. Der Rücktritt von der versuchten Anstiftung ist im deutschen Recht in § 31 Abs. 1 Nr. 1 dStGB geregelt: Hat der Täter noch keinen Tatentschluß gefaßt, genügt bloßes Nichtweiterhandeln; ist er bereits entschlossen, so daß Gefahr der Tatbegehung besteht, so muß diese abgewendet werden. Auch hier genügt allerdings das ernsthafte und freiwillige Bemühen um die Verhinderung der Tatvollendung, sofern die Tat unabhängig von der Anstiftung begangen wird (§ 31 Abs. 2 dStGB). Auch im für diese Fälle rücktrittsfreundlicheren englischen Recht genügt es allerdings nicht, einfach nicht am Tatort zu erscheinen oder diesen ohne ein Wort zu verlassen[1514].

Hat der Teilnehmer allerdings das Tatmittel besorgt (*aiding*), so genügt die bloße Mitteilung nicht mehr. Je nach den Umständen ist es erforderlich, daß der Zurücktretende aktive Maßnahmen ergreift, um seinen Tatbeitrag rückgängig zu machen

---

1511 S. dazu unten S. 310.

1512 S. dazu unten S. 308f.

1513 H.M.: C.A.: *Saunders and Archer* (1573) 2 Plowd. 473, 75 E.R. 760; *Fletcher* (1962) Crim.L.R. 551; *Grundy* (1977) Crim.L.R. 543; *Ashworth* S. 436; *Card*/Cross/Jones S. 566f.; *Clarkson/Keating* S. 535; Elliott/Wood's/*Allen* S. 388; *Smith*/Hogan Criminal Law S. 158f.; *ders.* Cases S. 241; *Williams* S. 363.

1514 H.M.: C.A.: *Whitehouse* (1941) 1 W.W.R. 112; *Rook* (1993) 97 Cr.App.R. 327; *Clarkson/Keating* S. 535; *Smith*/Hogan Criminal Law S. 158f.; *ders.* Cases S. 241.

und sich ernsthaft bemüht, die Tat zu verhindern[1515]. Damit nähert sich das englische Recht den strengeren Anforderungen des § 24 Abs. 2 dStGB für einen strafbefreienden Rücktritt an.

Der Rücktritt muß, wie im deutschen Recht auch, freiwillig erfolgen. Kann der Täter zum Beispiel nur wegen seiner Verhaftung vor der Tat nicht mehr daran teilnehmen, so führt das nicht zu einem strafbefreienden Rücktritt[1516].

Die Law Commission erkennt die Möglichkeit des Rücktritts von der Beteiligung ausdrücklich an. Für den Fall der „Unterstützung" einer Straftat (*assisting*), ist es erforderlich, daß der Zurücktretende alle „vernünftigen" (*reasonable*) Schritte unternimmt, um die Tat zu verhindern[1517]. Bei der Teilnahme durch „Ermutigung" zu einer Straftat (*encouraging*) reicht es dagegen aus, entweder Schritte zur Verhinderung zu unternehmen oder aber die Ermutigung zu widerrufen[1518].

8. Teilnahme an der Teilnahme

Die Teilnahme an der Teilnahme wird als indirekte Teilnahme an der Haupttat erfaßt, da wegen der geringen Kausalitätsanforderungen jede Unterstützung eines anderen Teilnehmers auch irgendwie die Haupttat unterstützt[1519]. Deutlich wird dies auch daran, daß die Teilnahme an der „Aufforderung zur Begehung einer Straftat" (*incitement*[1520]) unproblematisch möglich ist[1521]. Da diese zur Teilnahme wird, sobald die Tat, zu der aufgefordert wurde, ausgeführt wird[1522], wird dann auch die Teilnahme an der „Aufforderung zur Begehung einer Straftat" (*incitement*) zur Teilnahme an der Haupttat.

[1515] H.M.: C.A.: *Becerra* (1976) 62 Cr.App.R. 212; *Baker* (1994) Crim.L.R. 444; *Ashworth* S. 436; *Card*/Cross/Jones S. 566f.; *Clarkson/Keating* S. 535; Elliott/Wood's/*Allen* S. 388; *Smith*/Hogan Criminal Law S. 158f.; *ders.* Cases S. 241; *Williams* S. 363.

[1516] H.M.: *Johnson and Jones* (1841) Car. & M. 218, 174 E.R. 479; *Card*/Cross/Jones S. 566f.; *Smith*/Hogan Criminal Law S. 159f.

[1517] *Asisting and Encouraging Crime: A Consultation Paper* (Law Commission Consulting Paper No. 131) (1993), para 4136.

[1518] *Asisting and Encouraging Crime: A Consultation Paper* (Law Commission Consulting Paper No. 131) (1993), para 4169.

[1519] *Macdaniel* (1755) Fost. 122, 168 E.R. 60; dies wird im englischen Recht wohl als so selbstverständlich angesehen, daß überhaupt nur *Williams* (S. 335) die Teilnahme an der Teilnahme anspricht.

[1520] S. dazu unten S. 308.

[1521] S. oben S. 303.

[1522] S. unten S. 309, Fußnote 1549.

In Deutschland ist die Teilnahme an der Beihilfe sowohl als Anstiftung zur Beihilfe[1523] als auch als Beihilfe zur Beihilfe[1524] möglich. Beide Varianten sind als Beihilfe zur Haupttat zu bestrafen, da die Beihilfe jede Förderung der Haupttat umfaßt[1525]. Ebenso wird die Beihilfe zur Anstiftung als Beihilfe zur Haupttat erfaßt, da kein Tatentschluß erregt wird, sondern mittelbar die Haupttat gefördert wird[1526]. Die Anstiftung zur Anstiftung wird nach überwiegender Auffassung als (mittelbare) Anstiftung zur Haupttat bestraft, da § 26 dStGB nur verlangt, daß ein anderer zu „einer mit Strafe bedrohten Handlung" - worunter auch die Anstiftung fällt - bestimmt wird und dafür die Strafe der Tat, zu der angestiftet wurde (also die Strafe der Anstiftung zur Haupttat), androht[1527]. Damit ist die Teilnahme an der Teilnahme in Deutschland und in England in allen Varianten als Teilnahme an der Haupttat strafbar.

VI. Die Beteiligung am Sonderdelikt

Die Täterschaft des Extraneus am Sonderdelikt ist nach herrschender Meinung, wie in *Morris v. Tolman*[1528] deutlich wurde, ausgeschlossen[1529]: Nur der Inhaber der Fahrerlaubnis für das Auto hätte das Delikt der unzulässigen Nutzung begehen können. Da dieser aber an der Tat nicht beteiligt war, konnte keiner bestraft werden, da es keinen „Unrechtstatbestand" (*actus reus*) gab.

Allerdings ist nach herrschender Meinung die Teilnahme des Extraneus am Sonderdelikt möglich. Eine Frau kann also als Teilnehmerin an einer Vergewaltigung bestraft werden[1530] (die Vergewaltigung ist nach Sekt. 1 des *Sexual Offences Act 1956*[1531] ein Sonderdelikt, daß nur von Männern begangen werden kann).

1523 H.M.: RGSt 59, 396, 397; BGHSt 7, 234, 236; *Jakobs* 22/30.

1524 H.M.: RGSt 23, 300, 306; 59, 396, 397; OLGHH JR 1953, 27, 27.

1525 H.M.: LK-*Roxin* § 27 Rdnr. 61; *Schwind* MDR 1969, 13, 14f.; *Tröndle* § 27 Rdnr. 10.

1526 H.M.: *Jakobs* 22/30; *Lackner* § 26 Rdnr. 8; LK-*Roxin* § 26 Rdnr. 110; *Tröndle* § 27 Rdnr. 10.

1527 H.M.: BGHSt 6, 359, 361; 7, 234, 237; 14, 156, 157; *Lackner* § 26 Rdnr. 8; LK-*Roxin* § 26 Rdnr. 108; *Schwind* MDR 1969, 13; **a.A.**: *Janß* S. 173; *Sippel* S. 82.

1528 K.B.D.: (1923) 1 K.B. 166; zum Sachverhalt s. oben S. 281.

1529 *Card*/Cross/Jones S. 558; Russel/*Turner* S. 133; *Smith*/Hogan Criminal Law S. 157; *ders.* Cases S. 199; *Williams* S. 333.

1530 H.M.: *Ram v. Ram* (1893) 17 Cox. C.C. 609; *Card*/Cross/Jones S. 558; *Smith*/Hogan Cases S. 199; Russel/*Turner* S. 133; *Williams* S. 333.

1531 4 & 5 Eliz. 2, (c. 66).

Auch im deutschen Recht kann Täter eines Sonderdeliktes nur derjenige sein, der die Eigenschaft selber aufweist, Extranei kommen nur als Teilnehmer in Frage[1532], wobei dann § 28 Abs. 1 dStGB zu beachten ist.

VII. Die Strafe der Beteiligten

Nach Sekt. 8 des *Accessories and Abettors Act 1861* unterliegen alle Beteiligten an einer Straftat demselben Strafmaß. Bis zur Entscheidung in *Howe*[1533] wurde darüber hinaus aber davon ausgegangen, daß alle Beteiligten auch aus demselben Delikt bestraft werden müßten[1534]. Es war danach nicht möglich, einen abwesende Teilnehmer aus einem geringeren oder schwereren Delikt als den Täter zu bestrafen. War der Täter des „Mordes" (*murder*) angeklagt, da er über die nötige „Absicht" (*intention*) verfügte, so konnte der Teilnehmer nicht wegen „Totschlags" (*manslaughter*) bestraft werden, wenn ihm das nötige „Unrechtsbewußtsein" (*mens rea*) fehlte. Entweder konnte über die Konstruktion der „gemeinsamen unrechtmäßigen Unternehmung" (*common unlawful enterprise*[1535]) auch der (anwesende) Teilnehmer wegen „Mordes" bestraft werden, wenn ihm nachgewiesen werden konnte, daß er die Möglichkeit, daß der Täter den entsprechenden Vorsatz haben könnte, vorhergesehen hat. Konnte ihm dies nicht nachgewiesen werden, so mußte er mangels Vorsatzes frei gesprochen werden[1536].

Dies wurde mit der Entscheidung in *Howe* geändert: Fehlt dem Teilnehmer oder dem Täter eine bestimmte qualifizierende oder privilegierende Eigenschaft, so wird jeder nach den bei ihm vorliegenden Eigenschaften bzw. nach seinem Vorsatz bestraft. Nunmehr kann einer der Beteiligten aus dem Tatbestand des „Mordes" (*murder*) bestraft werden, während die übrigen nur wegen „Totschlags" (*manslaughter*) verurteilt werden[1537]. Dies entspricht der Regelung des § 28 Abs. 2 dStGB: Jeder

---

1532 H.M.: RGSt 27, 157, 159; 50, 135, 141; BayObLGSt 1961, 105, 106; Anstiftung: RGSt 63, 313, 318; BGHSt 4, 355, 359; Sch/Sch/*Cramer* § 25 Rdnr. 45-48, § 26 Rdnr. 26; LK-*Roxin* § 26 Rdnr. 101, § 27 Rdnr. 52; *Tröndle* § 26 Rdnr. 12, § 27 Rdnr. 10.

1533 H.L.: *Howe* (1987) 1 A.C. 417.

1534 Damals h.M.: C.A.: *Richards* (1974) Q.B. 776; *Ashworth* S. 432; *Clarkson/Keating* S. 534; Elliott/Wood's/*Allen* S. 363, Russel/*Turner* S. 128; *Smith*/Hogan Criminal Law S. 154; *ders.* Cases S. 327.

1535 S. oben S. 300.

1536 C.A.: *Anderson and Morris* (1966) 2 Q.B. 110; Q.B.D.: *Lovesey and Peterson* (1970) 1 Q.B. 352.

1537 Heute h.M.: C.A.: *Steward and Schofield* (1995) 1 Cr.App.R. 441; *Burke* (1988) Crim.L.R. 839 (in dieser Entscheidung wurde dieser Grundsatz bestätigt, allerdings scheiterte eine Verurteilung wird nur nach den besonderen persönlichen Merkmalen bestraft, die bei ihm vorliegen. Handelt es sich um ein tatbezogenes Merkmal, so kann der Teilnehmer nur dann wegen dieser Verschärfung bestraft werden, wenn er dieses in seinen Vorsatz aufgenommen hatte[1538].

VIII. „Aufforderung" (Incitement) und „Verabredung" (Conspiracy) „zur Begehung einer Straftat"

Die Delikte der „Aufforderung" (*incitement*) und „Verabredung" *(conspiracy)* „zur Begehung einer Straftat" sind sogenannte „unvollständige Delikte" (*inchoate offences*), das heißt Delikte, für deren Vollendung es nicht auf den Eintritt des Erfolges ankommt. Da *incitement* und *conspiracy* selbständige Delikte sind, gehören sie eigentlich nicht zum Bereich von Täterschaft und Teilnahme. Da diese Delikte aber die Fälle erfassen, die im deutschen Recht unter die versuchte Beteiligung gemäß § 30 dStGB fallen, soll ihr Inhalt hier kurz dargestellt werden.

*1. „Aufforderung zur Begehung einer Straftat" (*Incitement)[1539]

Das Delikt der „Aufforderung zur Begehung einer Straftat" (*incitement*) umfaßt die Fälle der versuchten Anstiftung zu einem Delikt. Sobald der Täter jemand anderem sein Gesuch (sei es durch ausdrückliche oder stillschweigende Aufforderung, Drohung oder Überredung[1540]), daß dieser eine bestimmte Tat begehen solle, mitgeteilt hat, ist das Delikt vollendet, ohne daß es erforderlich wäre, daß dieser zu der Tat ansetzt oder das Gesuch auch nur annimmt[1541]. Kommt die Aufforderung nicht beim

---

wegen Mordes daran, daß sich die tödliche Kugel versehentlich löste); *Ashworth* S. 432; *Card*/Cross/Jones S. 564; *Clarkson/Keating* S. 534; Elliott/Wood's/*Allen* S. 363, 368; *Smith*/Hogan Criminal Law; *ders.* Cases S. 327; ebenso die Law Commission: *Asisting and Encouraging Crime: A Consultation Paper* (Law Commission Consulting Paper No. 131) (1993), para.2.38.

1538 S. oben S. 299, Fußnoten 1486 und 1487.

1539 Vgl. dazu insgesamt die Darstellungen bei *Card*/Cross/Jones S. 485ff.; *Clarkson/Keating* S. 502ff.; *Smith*/Hogan Criminal Law S. 273ff.; *ders.* Cases S. 331ff. Im *Draft Criminal Code 1989* (Law Commission No. 177) ist das *incitement* in den Klauseln 47 und 50 erfaßt.

1540 H.M.: C.A.: *Fitzmaurice* (1983) 1 All E.R. 189, 192; *R.R.B. v. Applin* (1973) 1 Q.B. 815, 825; *Evans* (1986) Crim.L.R. 470; *Clarkson/Keating* S. 504; *Smith*/Hogan Criminal Law S. 273.

Anzustiftenden an, so ist dies als Versuch des *incitement* strafbar[1542]. Dies entspricht der versuchten Anstiftung gemäß § 30 Abs. 1 dStGB. Das Delikt des *incitement* geht allerdings weiter, da es nicht auf die versuchte Anstiftung zu einem Verbrechen beschränkt ist, sondern für alle Delikte (mit Ausnahme der „Verabredung zur Begehung eines Deliktes" (*conspiracy*) und des „Versuchs" (*attempt*)[1543]) gilt[1544]. Außerdem kann das *incitement* auch durch einen an die Öffentlichkeit gerichteten Aufruf erfüllt werden[1545], was für die Anstiftung im deutschen Recht[1546] nicht ausreicht.

Während in Deutschland gemäß § 30 Abs. 1 dStGB nicht nur der Versuch, zur Begehung eines Verbrechens als Täter anzustiften, sondern auch der Versuch, jemanden zur Anstiftung zu bestimmen, strafbar ist, ist im englischen Recht die „Aufforderung zur Teilnahme an einer Straftat" grundsätzlich nicht strafbar[1547]. Allerdings ist die „Aufforderung zur Aufforderung zur Begehung einer Straftat" (*incitement to incite*) strafbar[1548], so daß im Ergebnis wie im deutschen Recht derjenige, der einen anderen dazu anstiftet, seinerseits jemanden anzustiften, strafbar ist, nicht aber derjenige, der einen anderen zu bestimmen versucht, sich in sonstiger Weise als Teilnehmer an einer anderen Tat zu beteiligen.

Wird die Tat, zu der „aufgefordert" werden sollte, ausgeführt, so wird der „Auffordernde" (*inciter*) zum Teilnehmer an dieser Tat[1549].

1541 H.M.: *Higgins* (1801) 2 East. 5, 102 E.R. 269; *Card*/Cross/Jones S. 485; *Clarkson/Keating* S. 504; *Smith*/Hogan Criminal Law S. 273.

1542 H.M.: C.C.R.: *Ransford* (1874) 31 L.T.N.S. 488; Q.B.D.: *Chelmsford Justices, ex p. Amos* (1973) Crim. L.R. 437; *Card*/Cross/Jones S. 486, Fußnote 2, S. 512; *Clarkson/Keating* S. 504.

1543 Nach dem *Criminal Law Act 1977* (c. 45), Sekt. 5 (7) ist der Versuch, jemanden zur *conspiracy* anzustiften, nicht strafbar.

1544 Für die h.M.: *Card*/Cross/Jones S. 485; *Smith*/Hogan Criminal Law S. 275.

1545 H.M.: Q.B.D.: *Most* (1881) 7 Q.B. 244; *Invita Plastics v. Clare* (1976) R.T.R. 251; *Card*/Cross/Jones S. 486; *Clarkson/Keating* S. 504.

1546 Für die h.M.: *Jescheck/Weigend* § 64 II 2. mit weiteren Nachweisen.

1547 H.M.: Lincoln Crown Court: *Bodin and Bodin* (1979) Crim.L.R. 176; C.A.: *Sirat* (1986) 83 Cr.App.R. 41; *Card*/Cross/Jones S. 485, Fußnote 2; *Smith*/Hogan Criminal Law S. 276.

1548 Für die h.M.: *Card/Cross/Jones* S. 285, Fußnote 2; *Smith*/Hogan Criminal Law S. 276.

1549 Für die h.M.: *Clarkson/Keating* S. 504; *Smith*/Hogan S. 275.

*2. „Verabredung zur Begehung einer Straftat" (*Conspiracy*)*[1550]

Das Delikt der „Verabredung zur Begehung einer Straftat" (*conspiracy*) erfaßt die Fälle der Verabredung zu einer Straftat. Allerdings geht die *conspiracy* viel weiter als die im deutschen Recht von § 30 Abs. 2 dStGB erfaßten Fälle, da dort nur die Verabredung zu einem Verbrechen erfaßt wird. Neben der im Common Law anerkannten *conspiracy* gibt es seit dem *Criminal Law Act 1977*[1551] auch die sogenannte *statutory conspiracy*. Während letztere nur Verabredungen zu Straftaten unter Strafe stellt, ging die *conspiracy* nach dem Common Law weiter. Erfaßt wurden auch Verabredungen zu Verhaltensweisen, die unterhalb der Strafbarkeitsgrenze blieben: „Verabredung zur Begehung zivilrechtlich unerlaubter Handlungen" (*tort*), zu „betrügerischem Verhalten" (*defraud*) oder zur „Erregung öffentlichen Ärgernisses" (*corrupt public morals* or *outrage public decency*)[1552]. Der *Criminal Law Act* 1977 schaffte die bis dahin im Common Law bestehende *conspiracy* mit Ausnahme der *conspiracy* zu „betrügerischem Verhalten" und zur „Erregung öffentlichen Ärgernisses" ab"[1553]. Sofern diese Verhaltensweisen gleichzeitig ein strafbares Verhalten darstellen, sind beide Formen der *conspiracy* anwendbar[1554].

Die *conspiracy* ist ebenso wie das *incitement* ein sogenanntes „unvollständiges Delikt" (*inchoate offence*), das heißt, sobald die beteiligten Personen sich einig geworden sind, eine bestimmte Tat zu begehen, ist das Delikt vollendet, es ist kein Rücktritt der Beteiligten mehr möglich[1555]. Im Gegensatz zum *incitement* ist der Versuch der *conspiracy* nicht strafbar, es muß, genau wie bei § 30 Abs. 2 dStGB tatsächlich zu einer Einigung kommen[1556]. Ebenso wie beim *incitement* ist die *conspiracy* zur Teilnahme nicht strafbar, die Verabredenden müssen das Delikt als Täter begehen wollen[1557]. Allerdings ist die *conspiracy* zur *conspiracy* (ein wohl praktisch

---

1550 Vgl. dazu die Darstellung bei *Card*/Cross/Jones S. 489ff.; *Clarkson/Keating* S. 486ff.; *Smith*/Hogan Criminal Law S. 277ff.; *ders.* Cases S. 340ff. Im *Draft Criminal Code 1989* (Law Commission No. 177) ist das *incitement* in den Klauseln 48 und 51 erfaßt.

1551 (c. 45), Part I, Sekt. 1 bis 5, geändert durch den *Criminal Attempts Act 1981* (c. 47), Part I Sekt. 5.

1552 H.M.: *Card*/Cross/Jones S. 489; *Clarkson/Keating* S. 491; *Smith*/Hogan Criminal Law S. 278, jeweils mit Nachweisen zur Rechtsprechung.

1553 Sekt. 5 (1) bis (3).

1554 *Criminal Justice Act 1987* (c. 38), Sekt. 12.

1555 H.M.: C.A.: *Walker* (1962) Crim.L.R. 458; H.L.: *Mulcahy v. R.* (1868) 3 H.L. 306, 317; *Card*/Cross/Jones S. 490; *Clarkson/Keating* S. 495, 501; *Smith*/Hogan S. 303.

1556 *Criminal Law Act 1977* (c. 45), Part I, Sekt. 5 (7).

1557 H.M.: C.A.: *Hollinshead* (1985) 1 All E.R. 850, 858; *Card*/Cross/Jones S. 493; *Smith*/Hogan Criminal Law S. 150, 288.

nicht vorkommender Fall) und die *conspiracy* zum *incitement* strafbar[1558], so daß auch hier im Ergebnis wie bei § 30 Abs. 2 dStGB die Verabredung, die Straftat zu begehen oder zu ihr anzustiften, erfaßt wird.

Wird die verabredete Tat ausgeführt, so kann daneben auch die *conspiracy* strafrechtlich verfolgt werden, allerdings wird darauf oft verzichtet, um den Prozeß nicht zu verkomplizieren[1559].

1558 H.M.: C.A.: *Hollinshead* (1985) 1 All E.R. 850, 857f.; *Card*/Cross/Jones S. 486, Fußnote 2 sowie S. 493.

1559 H.M.: H.L.: *Verrier v. D.P.P.* (1967) 2 A.C. 195, 223f., (1966) 3 All E.R. 568, 575; *Card*/Cross/Jones S. 504.

Zweiter Teil: Die strafrechtliche Verantwortung des Unternehmensleiters für deliktisches Verhalten seiner Untergebenen

I. Die strafrechtliche Verantwortung wegen positiven Tuns

Wirkt der Unternehmensleiter durch eine Anweisung auf seine Untergebenen ein oder ermutigt oder unterstützt er sie bei der Begehung einer Straftat, so kann er nach den allgemeinen Regeln unproblematisch als Teilnehmer gemäß Sekt. 8 des *Accessories and Abettors Act 1861*[1560] bestraft werden[1561]. Ist der Untergebene aus bestimmten Gründen nicht für sein Tun verantwortlich, da er zum Beispiel nicht das nötige „Unrechtsbewußtsein" (*mens rea*) hat oder da ihm eine „Verteidigung" (*defence*) zur Seite steht, so kommt eine Strafbarkeit des Unternehmensleiters als mittelbarer Täter (*principal using an innocent agent*) in Frage[1562].

II. Die strafrechtliche Verantwortung wegen Unterlassens

1. Gesetzliche Spezialregelungen

Einige Statuten des englischen Rechts schreiben die Verantwortung des Unternehmensleiters oder Vorgesetzten für bestimmte Bereiche explizit vor, sofern ihr Verhalten (eine Nachlässigkeit) die Begehung eines Deliktes ermöglicht hat. Dies ist vor allem der Fall für Verstöße, die einer juristischen Person zuzurechnen sind:

1560 S. dazu oben S. 275.

1561 Vgl. dazu *Spencer* R.S.C. 1997, 289, 293.

1562 S. dazu oben S. 272.

„Für den Fall, daß ein Verstoß gegen ein Gesetz durch eine juristische Person begangen wurde, sollen diejenigen

a) Direktoren, Manager, Sekretäre oder ähnliche Angestellte der juristischen Person, oder jede Person, die tatsächlich in einer entsprechenden Stellung handelt, oder

b) die Kontrollpersonen der juristischen Person

ebenso wie die juristische Person verantwortlich sein und ebenso angeklagt und verurteilt werden, sofern sie mit dem Verstoß einverstanden waren, diesen bewußt übersehen haben oder der Verstoß auf einer Nachlässigkeit ihrerseits beruhte."[1563]

Für Verstöße gegen Vorschriften dieser Gesetze haftet also nicht nur die juristische Person, sondern neben dieser auch (a) die „Direktoren und Manager sowie andere diesen gleichgestellte Personen" (*director, manager or other similar officer*) sowie (b) „Kontrollpersonen der juristischen Person" (*controller of the body corporate*), sofern diese mit dem Verstoß „einverstanden waren" (*consent*), diesen „bewußt übersehen haben" (*connivance*) oder ihnen diesbezüglich „Nachlässigkeit vorgeworfen werden kann" (*attributable to any neglect*).

Unter den Begriff des „Direktors" (*directors*) oder Managers (*managers*) fallen diejenigen, die eine herrschende Rolle bei der Verwaltung des Unternehmens einnehmen im Gegensatz zu jemandem, der nur untergeordnete Organisationsaufgaben

---

1563 *Where an offence under this Act which has been committed by a body corporate is proved to have been committed with the consent or connivance of, or to be attributable to any neglect on the part of,*

a) any director, manager, secretary or other similar officer of the body corporate, or any person who was purporting to act in that capacity; or

b) a controller of the body corporate,

he, as well as the body corporate, shall be guilty of that offence and liable to be proceeded against and punished accordingly.

So formulieren zum Beispiel: Part I Sekt. 202 des Financial Services Act 1986 (c. 60); Part I Sekt. 20 des Trades Description Act 1968 (c. 29); Sekt. 18 des Theft Act 1968 (c. 60); Part IV Sekt. 94 des Food Act 1984 (c. 30); Part XVII Sekt. 432 des Insolvency Act 1986 (c. 45); Part V Sekt. 40 des Consumer Protection Act 1987 (c. 43); Part VII Sekt. 103 des Children Act 1989 (c. 41); Part III Sekt. 36 des Food Safety Act 1990 (c. 16); Part VII Sekt. 52 des Clean Air Act 1993 (c. 11); Part III Sekt. 147 des Railways Act 1993 (c. 43); Sched. 2 para 6 des Sunday Trading Act 1994 (c. 20); vgl. dazu insgesamt Card/Cross/Jones S. 582f. und S. 570, Fußnote 1 mit weiteren Beispielen; Spencer R.S.C. 1997, 289, 293; Smith/Hogan Cases S. 260; Williams S. 374.

erfüllt[1564]. Neben diesen rechtlich mit bestimmten Kompetenzen ausgestatteten Personen haften aber auch solche, die nur „tatsächlich" eine gehobene Organisationsaufgabe wahrnehmen (*any person purpoting to act in that capacity*).

Ein Verstoß wird mit dem „Einverständnis" (*consent*) der dort genannten Personen begangen, wenn diese davon wußten und damit einverstanden waren[1565]. Der Begriff der *connivance* umfaßt dagegen die Situation, daß die Direktoren oder Manager oder die anderen genannten Personen zwar nichts von dem Verstoß gewußt haben, daß sie aber bewußt die Augen bezüglich des Verstoßes geschlossen haben (*wilful blindness*)[1566].

In der Entscheidung *Lewin v. Bland*[1567] wurde die Verantwortung der in diesen Statuten aufgezählten Personen insoweit eingeschränkt, als daß „Nachlässigkeit" (*negligence*) nur dann vorliege, wenn der Direktor oder Manager oder eine ähnliche Person die Pflicht verletzt habe, die Person, die den Verstoß begeht, zu beaufsichtigen. Eine solche Aufsichtspflicht bestehe aber gegenüber erfahrenen Angestellten, von denen kein Verstoß zu erwarten sei, grundsätzlich nicht, solange nicht besondere Umstände eintreten würden, die eine Beaufsichtigung erforderlich machten[1568].

2. *Die strafrechtliche Verantwortung aus einem unechten Unterlassungsdelikt*

Auch im englischen Strafrecht ist das Begehen durch Unterlassen grundsätzlich anerkannt. Wie im deutschen Strafrecht kommt eine solche Verantwortung des Unterlassenden aber nur in Betracht, wenn diesen eine der Garantenstellung im deutschen Recht entsprechende Handlungspflicht trifft[1569]. Dies ist Voraussetzung sowohl für die Täterschaft als auch für die Teilnahme durch Unterlassen[1570]. Danach kommt eine strafrechtliche Verantwortung des Unternehmensleiters für deliktisches Verhalten seiner Untergebenen dann in Frage, wenn dieser grundsätzlich eine „Garantenstellung" zur Verhinderung eben diesen Verhaltens innehat. Eine solche Verantwortung

1564 H.M.: C.A.: *Boal* (1992) Q.B. 591, (1992) 3 All E.R. 177; *Card*/Cross/Jones S. 582.

1565 H.M.: Q.B.D.: *Huckerby v. Elliott/Wood's/Allen* (1970) 1 All E.R. 189; *Card*/Cross/Jones S. 582.

1566 H.M.: Q.B.D.: *Somerset v. Hart* (1884) 12 Q.B. 360; *Card*/Cross/Jones S. 582.

1567 Q.B.D.: (1985) R.T.R. 171.

1568 Ebenso *Card*/Cross/Jones S. 583.

1569 H.M.: vgl. dazu *Ashworth* S. 107ff.; *Card*/Cross/Jones S. 54ff. mit weiteren Nachweisen zur Rechtsprechung; *Smith*/Hogan Criminal Law S. 47ff., 51 mit weiteren Nachweisen zur Rechtsprechung. Zu den „Garantenstellungen" im englischen Recht s. oben S. 290, 1438.

1570 S. dazu oben S. 288ff.

des Unternehmensleiters aus unechtem Unterlassen wird im englischen Strafrecht aber allgemein abgelehnt: Den Unternehmensleiter als Arbeitgeber trifft keine grundsätzliche Verpflichtung zur Verhinderung strafbaren Verhaltens seiner Angestellten[1571].

Zu erwähnen ist hier die Verpflichtung des Arbeitgebers zum Schutz seiner Angestellten: Sekt. 2 (1) des *Health and Safety at Work Act 1974*[1572] schreibt die strafrechtliche Verantwortung des Arbeitgebers für den Fall fest, daß aufgrund der Verletzung seiner Pflicht, für die Gesundheit und Sicherheit der Angestellten zu sorgen, einer seiner Angestellten zu Schaden kommt[1573]. Dies stellt aber nur eine „Beschützergarantenstellung" zum Schutz der Angestellten dar, daraus kann keine allgemeine, gegenüber Dritten bestehende Verpflichtung zur Verhinderung deliktischen Verhaltens der Untergebenen abgeleitet werden.

Hat der Unternehmensleiter keine sich aus den allgemeinen Regeln ergebende „Garantenstellung" inne, so ist er nicht wegen eines unechten Unterlassungsdeliktes verantwortlich.

3. *Die strafrechtliche Verantwortung des Unternehmensleiters im Rahmen der Delikte mit „strikter Verantwortung" (*Strict Liability Offences)

a) Allgemeines

aa) Wesen und Bedeutung der Delikte mit „strikter Verantwortung"

Die sogenannten Delikte mit „strikter Verantwortung" (*strict liability offences*) sind dadurch gekennzeichnet, daß es für eine Strafbarkeit nicht erforderlich ist, daß das „Unrechtsbewußtsein" (*mens rea*) des Täters bezogen auf den kompletten „Unrechtstatbestand" (*actus reus*) nachgewiesen wird[1574]. Es reicht, daß dieser vorliegt; ob der Täter vom Vorliegen bestimmter Umstände gewußt hat, ist für dessen Strafbarkeit

---

1571 H.M.: *Huggins* (1730) 1 Barn. K.B. 358, 396, 94 E.R. 241, 267; K.B.D.: *Mousell Bros. v. London and North Western Ry.* (1917) 2 K.B. 836, 845; *Card*/Cross/Jones S. 570; Elliott/ Wood's/*Allen* S. 398; *Smith*/Hogan Criminal Law S. 175.

1572 (c. 37), Part I.

1573 Vgl. dazu *Clarkson/Keating* S. 116, 234ff. mit weiteren Nachweisen.

1574 H.M.: vgl. dazu im Ganzen *Card*/Cross/Jones S. 112ff.; *Clarkson/Keating* S. 197ff.; *Smith*/ Hogan Criminal Law S. 101ff.

ohne Bedeutung. Einer der ersten und wichtigsten Fälle, in denen die sogenannte „strikte Verantwortung" angewendet wurde, ist der Fall *Prince*[1575]. Der Täter hatte ein unverheiratetes Mädchen unter 16 Jahren aus der Obhut ihres Vaters genommen, was Sekt. 55 des *Offences against the Person Act 1861*[1576] widersprach. Zwar hatte der Täter gewußt, daß das Mädchen unter der Obhut ihres Vaters stand, jedoch nahm er fälschlicherweise an, daß sie bereits 18 Jahre alt sei. Er wurde dennoch verurteilt, da das Gericht davon ausging, daß Vorsatz bezüglich des Alters des Mädchens nicht erforderlich sei. Begründet wurde die Konstruktion dieser „strikten Verantwortung" damit, daß ein Nachweis des Wissens bezüglich des Alters des Mädchens das entsprechende Gesetz sinnlos mache, da es sonst nie zur Anwendung kommen könnte. Dies wird von der herrschenden Meinung nach wie vor als Hauptargument für die sehr umstrittene Konstruktion der „strikten Verantwortung"[1577] angeführt: Ohne den Verzicht auf den Nachweis des „Unrechtsbewußtseins" (*mens rea*) würden viele Gesetze leerlaufen, da eben dieser Nachweis nicht zu führen sei[1578]. Daher sei es aus Gründen der Strafeffizienz und damit unter Präventionsgedanken aus Gründen des Rechtsgüterschutzes im öffentlichen Interesse erforderlich, in bestimmten strafrechtlich geschützten Bereichen auf den Nachweis des „Unrechtsbewußtseins" (*mens rea*) beim Täter zu verzichten[1579]. Dies gelte zum Beispiel für Delikte, die die Gesundheit der Allgemeinheit gefährdeten[1580], oder aber innerhalb von Unternehmen, wo der Nachweis des „Unrechtsbewußtseins" (*mens rea*) besonders schwer zu führen sei[1581].

Die Bezeichnung der Verantwortung als „strikt" (*strict)* läßt vermuten, daß diese greife, sobald der „Unrechtsakt" (*actus reus*) einer Straftat erfüllt ist. Dies ist aber nicht uneingeschränkt richtig, da dem Täter nach ganz herrschender Meinung die

---

1575 (1875) 2 C.C.R. 154.

1576 (24 & 25 Vict. c. 100), abgeschafft durch Sekt. 51, Sched. 4 des *Sexual Offences Act 1956* (4 & 5 Eliz. 2, c. 69), nun Sekt. 20 des *Sexual Offences Act 1956* (4 & 5 Eliz. 2, c. 69).

1577 Zur Kritik dieser Konstruktion vgl. *Clarkson/Keating* S. 198ff. mit weiteren Nachweisen; Elliott/Wood's/*Allen* S. 204ff.; *Kenny* S. 93; *Smith*/Hogan Criminal Law S. 117ff.

1578 *Prince* (1875) 2 C.C.R. 154; *Woodrow* (1846) 15 M. & W. 404, 153 E.R. 907; *Card*/Cross/Jones S. 112; *Smith*/Hogan Criminal Law S. 103; *ders.* Cases S. 159.

1579 H.M.: *Clarkson/Keating* S. 198; *Card*/Cross/Jones S. 112, 124; *Smith*/Hogan Criminal Law S. 104; *Wootton* S. 45f.

1580 Vgl. zum Beispiel: C.A.: *Hobbs v. Winchester Corpn* (1910) 2 K.B. 471; Q.B.D.: *Cundy v. Le Cocq* (1884) 13 Q.B. 207; dazu unten S. 320ff.

1581 H.M.: H.L.: *Sweet v. Parsley* (1970) A.C. 132; *Clarkson/Keating* S. 199; *Smith*/Hogan Criminal Law S. 103.

„Verteidigungen" (*defences*) erhalten bleiben[1582]. Die Verantwortung ist also nicht „absolut", sondern nur „strikt".

Besondere Bedeutung bei den Delikten mit „strikter Verantwortung" erhält die sogenannte „Verteidigung der gebotenen Sorgfalt" (*due-diligence-* oder *no-neglicence-defence*). Danach entfällt die „strikte Verantwortung", wenn der Täter nachweisen kann, daß ihn kein Sorgfaltsverstoß trifft. Eine solche „Verteidigung" ist allerdings nach herrschender Meinung nicht allgemein für alle Delikte mit „strikter Verantwortung" anerkannt; es ist vielmehr erforderlich, daß das Statut selbst diese „Verteidigung" ausdrücklich erwähnt[1583]. Dies ist zum Beispiel der Fall für den *Food Safety Act 1990*[1584]: Dieser besteht aus einer Vielzahl von Delikten mit „strikter Verantwortung". Um diese scharfe Verantwortungszuschreibung zu mildern, schreibt Sekt. 21 (1) desselben Gesetzes[1585] vor, daß dem Angeklagten die Verteidigung der „gebotenen Sorgfalt" (*due diligence*) zur Seite stehe, so daß seine strafrechtliche Verantwortung entfällt, wenn er nachweisen kann, daß ihm kein Sorgfaltsverstoß vorzuwerfen ist.

In der Literatur wird vorgeschlagen, diese „Verteidigung der gebotenen Sorgfalt" für sämtliche Delikte mit „strikter Verantwortung" zuzulassen, um die strikte Verantwortungszuschreibung, die nichtsahnende Personen treffen kann, etwas abzumildern[1586].

bb) Bedeutung der „strikten Verantwortung" für die strafrechtliche Verantwortung des Unternehmensleiters

Durch die Konstruktion der „strikten Verantwortung" ist es möglich, jemanden wegen einer Straftat zu bestrafen, ohne daß er davon wußte. Allerdings ermöglicht diese Konstruktion nur einen Verzicht auf das „Unrechtsbewußtsein" (*mens rea*)

1582 H.M.: Q.B.D.: *Hill v. Baxter* (1958) 1 Q.B. 277, (1958) 1 All E.R. 193; C.A.: *Budd* (1962) Crim.L.R. 49; Q.B.D.: *Watmore v. Jenkins* (1962) 2 Q.B. 572, (1962) 2 All E.R. 868; *Blackstone* A4.3; *Brett* S. 113f.; *Card*/Cross/Jones S. 124; *Smith*/Hogan Criminal Law S. 117; **differenzierend** *Clarkson/Keating* S. 211, der vorschlägt, die „Rechtfertigungsgründe" (*justifications*) zuzulassen, nicht jedoch die „Entschuldigungen" (*excuses*).

1583 *Ashworth* S. 159; *Blackstone* A4.3; *Card*/Cross/Jones S. 125; *Clarkson/Keating* S. 211; *Smith*/Hogan Criminal Law S. 122.

1584 (c. 16).

1585 Part II, Sekt. 21 abgedruckt bei *Clarkson/Keating* S. 211.

1586 Dieser Weg wird im australischen Strafrecht gegangen (sogenanntes *halfway house*); *Card*/Cross/Jones S. 126; *Clarkson/Keating* S. 216; *Smith*/Hogan Criminal Law S. 121. Ebenso die **abweichende** Meinung der Richter *Reid* und *Pearce* in *Sweet v. Parseley* ((1970) A.C. 150, 158).

bezüglich bestimmter Umstände, auf den „Unrechtstatbestand“ (*actus reus*) kann nicht verzichtet werden. Eine Strafbarkeit aus einem Delikt mit „strikter Verantwortung“ ist nur möglich, wenn der Täter selbst den „Unrechtstatbestand“ (*actus reus*) vornimmt. Für die Verantwortung des Unternehmensleiters, der deliktisches Verhalten seiner Untergebenen nicht verhindert, bedeutet dies, daß ihn nur dann die strafrechtliche Verantwortung aus einem Delikt mit „strikter Verantwortung“ trifft, wenn der „Unrechtstatbestand“ (*actus reus*) aus einem Unterlassen im Sinne einer Pflichtverletzung (zum Beispiel des Unterlassens der nötigen Aufsicht) besteht[1587]. Die folgende nähere Untersuchung, wodurch die Delikte mit „strikter Verantwortung“ gekennzeichnet sind, ist daher beschränkt auf die Fälle, in denen der „Unrechtstatbestand“ (*actus reus*) durch ein Unterlassen des Unternehmensleiters erfüllt werden kann. Besteht diese Möglichkeit nicht, so kommt eine Strafbarkeit des Unternehmensleiters über die Konstruktion der „strikten Verantwortung“ nur dann in Betracht, wenn gleichzeitig die Voraussetzungen des unechten Unterlassungsdeliktes (insbesondere eine „Garantenstellung“) vorliegen.

Die Verantwortung des Unternehmensleiters ist in diesen Fällen eine persönliche, die an seine Pflichtverletzung oder sein Unterlassen anknüpft. Anders die Konstellation der sogenannten „stellvertretenden Verantwortung“ (*vicarious liability*), bei der der Unternehmensleiter anstelle einer anderen Person, die „Unrechtstatbestand“ (*actus reus*) und „Unrechtsbewußtsein“ (*mens rea*) erfüllt hat, verantwortlich ist[1588].

b) Die „strikte Verantwortung“ im Common Law

Im Common Law ist die Konstruktion der „strikten Verantwortung“ anerkannt für die Bereiche der „Veröffentlichung strafbarer Verleumdungen“ (*criminal and blasphemous libelling*)[1589], der „Störung (Gefährdung) der öffentlichen Sicherheit und Ordnung“ (*public nuisance*[1590])[1591] und der „Erregung öffentlichen Ärgernisses“ (*outraging public decency*)[1592].

1587 H.M.: Q.B.D.: *Hodge v. Higgins* (1980) 2 Lloyd's Rep. 589; *Card*/Cross/Jones S. 570; *Smith*/Hogan Criminal Law S. 174.

1588 S. dazu unten S. 326.

1589 H.M.: H.L.: *R. v. Lemon* (1979) A.C. 617; *Blackstone* A4.1; *Card*/Cross/Jones S. 113; *Clarkson/Keating* S. 203; *Smith*/Hogan Criminal Law S. 102. Diese Regel ist durch den *Criminal Libel Act 1843* (6 & 7 Vict. c. 96) dahingehend geändert worden, daß der Herausgeber nicht strafrechtlich verantwortlich ist, wenn er die entsprechende Veröffentlichung nicht gestattet hatte und wenn er ohne Sorgfaltsverstoß seinerseits davon nichts wußte.

1590 Unter das Delikt der „Störung der öffentlichen Sicherheit und Ordnung“ (*public nuisance*) fallen alle ungesetzlichen Verhaltensweisen und Pflichtverletzungen, die die Öffentlichkeit bei der

So ist der Herausgeber einer Zeitung strafrechtlich verantwortlich für die Veröffentlichung blasphemischer Inhalte[1593]. Hier knüpft die „strikte Verantwortung" an eigenes positives Tun des Vorgesetzten an, der die Zeitung veröffentlicht; es liegt keine strafrechtliche Verantwortung für Unterlassen vor. Für den Bereich der „Störung der öffentlichen Sicherheit und Ordnung" (*public nuisance*) wurde entschieden, daß der Unternehmensleiter für Störungen, die ein Angestellter auf dem Gelände des Unternehmens oder auf einer „öffentlichen Hauptstraße" (*public highway*) verursacht, verantwortlich ist[1594]. Hier kommt zu der „strikten Verantwortung" des Unternehmensleiters noch die „stellvertretende Verantwortung" (*vicarious liability*) desselben hinzu, da dieser für fremdes Verhalten und nicht aus eigenem Unterlassen haftet; die Verwirklichung des „Unrechtstatbestandes" (*actus reus*) durch den Angestellten wird ihm zugerechnet[1595]. Gleiches gilt für die „Erregung öffentlichen Ärgernisses": Eine Verantwortung des Arbeitgebers könnte nur begründet werden, wenn der „Unrechtstatbestand" (*actus reus*), den der Angestellte erfüllt, ihm nach den Regeln der „stellvertretenden Verantwortung" (*vicarious liability*) zugerechnet werden könnte[1596].

Die im Common Law anerkannten Delikte mit „strikter Verantwortung" führen also nicht zu einer Strafbarkeit des Unternehmensleiters wegen Unterlassens der Verhinderung strafbaren Verhaltens seiner Untergebenen. Die Verantwortung knüpft entweder an eigenes positives Tun an, oder aber das Tun des Untergebenen wird über die Konstruktion der „stellvertretenden Verantwortung" (*vicarious liability*) zugerechnet.

Ausübung „ihrer ihr durch die Königin zugestandenen Rechte" behindern (vgl. dazu *Card*/Cross/Jones S. 113 mit weiteren Nachweisen).

1591 H.M.: Q.B.D.: *Stephens* (1866) 1 Q.B. 702; *Blackstone* A4.1; *Card*/Cross/Jones S. 113f.; *Smith*/Hogan Criminal Law S. 102.

1592 H.M.: C.A.: *Gibson* (1991) 1 All E.R. 439; *Card*/Cross/Jones S. 113f.; *Smith*/Hogan Criminal Law S. 102.

1593 H.L.: *R. v. Lemon* (1979) A.C. 617.

1594 Q.B.D.: *Stephens* (1866) 1 Q.B. 702.

1595 Auf die gleichzeitige Anwendung der Konstruktionen der „strikten" und der „stellvertretenden Verantwortung" weisen *Smith*/Hogan Criminal Law S. 102, 175 und Cases S. 245 sowie *Card*/Cross/Jones S. 113 ausdrücklich hin. Zur Common Law Konstruktion der „stellvertretenden Verantwortung" s. unten S. 326.

1596 Für diesen Bereich erscheint die „stellvertretende Verantwortung" abwegig, s. unten S. 327.

c) Die „strikte Verantwortung" im Statute Law

Neben den im Common Law anerkannten Delikten mit „strikter Verantwortung" ist allgemein anerkannt, daß auch im Statute Law Gesetze geschaffen wurden, die auf den Nachweis des vollständigen „Unrechtsbewußtseins" (*mens rea*) verzichten. Dabei wird nach herrschender Ansicht allerdings davon ausgegangen, daß grundsätzlich jedes Delikt den Nachweis des „Unrechtsbewußtseins" (*mens rea*) verlange. Nur ausnahmsweise könne die Interpretation eines Statuts ergeben, daß auf den Nachweis des „Unrechtsbewußtseins" (*mens rea*) verzichtet werden könne[1597]. Ob dies der Fall ist, ergibt sich einerseits aus dem Kontext, den das entsprechende Gesetz regelt (also dessen Regelungsgehalt) und andererseits aus dem Wortlaut desselben.

aa) Interpretation nach dem Regelungsgehalt des Gesetzes

Für bestimmte Delikte wird von Rechtsprechung und Lehre die „strikte Verantwortung" anerkannt, da für die geregelten Bereiche ein besonderer Rechtsgüterschutz erforderlich sei:

Dies ist der Fall vor allem für Gesetze, die sich an solche Personen wenden, die sich in einer Position befinden, in der sie das Zusammenleben in der sozialen Gemeinschaft besonders gefährden können und die daher in einer besonderer Pflichtenstellung stehen („Gesetze zur Regulierung des Zusammenlebens der Gemeinschaft"; *social regulation*)[1598]: Der Inhaber einer Gaststätte muß Drogenmißbrauch verhindern und dafür sorgen, daß Alkohol nur entsprechend den dafür geltenden Regelungen verkauft wird[1599]. Der Bauunternehmer ist dafür verantwortlich, daß seine Baustellen ordentlich abgesichert sind und keine Gefahrenquelle für andere Menschen darstellen[1600]. Diese Gesetze haben sehr häufig den Schutz „öffentlicher Interessen"

[1597] H.M.: Q.B.D.: *Sherras v. de Rutzen* (1895) 1 Q.B. 918, 921; H.L.: *Sweet v. Parsley* (1970) A.C. 132; Privy Council: *Gammon v. Attorney General of Hong Kong* (1985) 1 A.C. 1; *Blackstone* A4.2; *Card*/Cross/Jones S. 115; *Clarkson/Keating* S. 207; Elliott/Wood's/*Allen* S. 184; *Smith*/ Hogan S. 105.

[1598] H.M.: *Card*/Cross/Jones S. 116; *Blackstone* A4.1; *Clarkson/Keating* S. 208; Elliott/Wood's/ *Allen* S. 192; *Smith*/Hogan Criminal Law S. 109f.; *ders.* Cases S. 139.

[1599] H.L.: *Sweet v. Parsley* (1970) A.C. 132 (Sekt. 5 des *Dangerous Drugs Act 1965* (c. 65)); Q.B.D.: *Sherras v. de Rutzen* (1895) 1 Q.B. 918, 921 (Sekt. 16 des *Licensing Act 1872* (35 & 36 Vict. c. 94)).

[1600] Privy Council: *Gammon v. Attorney General of Hong Kong* (1985) 1 A.C. 1 (Sekt. 40 (2A), (2B) der *Buildings Ordinance* (Laws of Hong Kong 1981 rev. c. 123)).

(*public welfare*) zum Ziel[1601], wie zum Beispiel die Regelungen zum Schutz der Umwelt, über den Verkauf von Lebensmitteln oder den genehmigungsbedürftigen Verkauf bestimmter Produkte, die Regelungen über unzulässige Werbung, zum Schutz des Wettbewerbs und der freien Wirtschaft oder die Regelungen des Straßenverkehrs[1602]. Eingeschränkt wird die "strikte Verantwortung" für diese Fälle durch das Erfordernis, daß der soziale Zweck, den das Gesetz verfolgt, durch diese Konstruktion zumindest teilweise gefördert werden muß. Ansonsten ist sie unzulässig[1603]. Allgemeine strafrechtliche Regelungen, die dem Schutz von Individualrechtsgütern dienen, fallen aus dem Anwendungsbereich der „strikten Verantwortung" heraus. So kann für den allgemeinen Betrugstatbestand nicht auf den Nachweis des „Unrechtsbewußtseins" (*mens rea*) verzichtet werden. Denkbar wäre diese Konstruktion aber für spezielle Betrugsdelikte, sofern sie, wie der Subventionsbetrug oder der Kreditbetrug, auch den Schutz des Wirtschaftsverkehrs bezwecken. Diesbezüglich gibt es allerdings keine Entscheidungen. Selbst wenn auch für diese Bereiche die Konstruktion der „strikten Verantwortung" anerkannt werden sollte, so stellte sich jedoch auch hier das Problem, daß der Unternehmensleiter wegen Unterlassens der Verhinderung betrügerischer Handlungen seiner Angestellten nur dann verantwortlich sein könnte, wenn die Verwirklichung des entsprechenden Betrugstatbestandes durch Unterlassen möglich wäre. Das wiederum wäre nur möglich, wenn ihn nach den allgemeinen Regeln für das unechte Unterlassen eine „Garantenstellung" zur Verhinderung gerade dieses Verhaltens träfe, da ja eine allgemeine „Garantenstellung" für den Unternehmensleiter nicht anerkannt ist[1604].

Ein weiterer Hinweis darauf, daß es sich bei einem Delikt um ein Delikt mit „strikter Verantwortung" handelt, kann sich daraus ergeben, daß die Verstöße von der Allgemeinbevölkerung nicht als Strafrecht im eigentlichen Sinne beurteilt werden, sondern das Unwerturteil derart ausfällt, daß es sich nur um „quasi-kriminelles" Verhalten handele[1605].

1601 H.M.: C.A.: *St. Margaret's Trust Ltd.* (1958) 2 All E.R. 289 (Schutz vor Inflation: Art. 1 der *Hire-Purchase and Credit Sale Agreements (Control) Order 1956*); *Blackstone* A4.2; *Card*/Cross/Jones S. 121; Elliott/Wood's/*Allen* S. 192; *Smith*/Hogan Criminal Law S. 111.

1602 Vgl. die Aufzählung bei *Card*/Cross/Jones S. 114; *Smith*/Hogan Criminal Law S. 110.

1603 H.M.: K.B.D.: *Reynolds v. G.H. Austin & Sons Ltd.* (1951) 2 K.B. 135; Q.B.D.: *Pharmaceutical Society of Great Britain v. Storkwain Ltd.* (1985) 3 All E.R. 4; H.L.: (1986) 2 All E.R. 635, 640; Privy Council: *Lim Chin Aik v. R.* (1963) A.C. 160; *Blackstone* A4.2; *Card*/Cross/Jones S. 116, 123; Elliott/Wood's/*Allen* S. 200; *Smith*/Hogan Criminal Law S. 110 mit weiteren Nachweisen; *ders.* Cases S. 139.

1604 S. dazu oben S. 314.

1605 H.M.: H.L.: *Sweet v. Parsley* (1970) A.C. 132 (Gestatten des Drogenmißbrauchs in seinen Räumlichkeiten: Sekt. 5 des *Dangerous Drugs Act 1965* (c. 65)); Q.B.D.: *Sherras v. de Rutzen*

Schließlich kann die Strafe, die das Gesetz androht, Hinweis dafür sein, daß es sich um ein Delikt mit „strikter Verantwortung“ handelt: Wird nur eine verhältnismäßig geringe Strafe oder eine Geldstrafe angedroht, so ist die Vermutung, daß der Nachweis des „Unrechtsbewußtseins“ (*mens rea*) bezüglich des gesamten Unrechtstatbestandes nicht erforderlich ist, eher gerechtfertigt[1606]. Allerdings ist die Strafandrohung des Gesetzes oder die Einstufung des verbotenen Verhaltens als „quasikriminell“ nicht notwendige Voraussetzung für die Annahme eines Deliktes mit „strikter Verantwortung“, da auch für schwerere Vergehen wie Drogenmißbrauch[1607] oder unerlaubten Waffenbesitz[1608] auf den Nachweis des „Unrechtsbewußtseins“ (*mens rea*) verzichtet wurde[1609].

bb) Interpretation nach dem Wortlaut des Gesetzes

Neben dem Kontext der Vorschrift gibt vor allem deren Wortlaut darüber Ausschluß, ob das Delikt als eines mit „strikter Verantwortung“ gehandhabt werden soll[1610]. Aus der Formulierung des Gesetzes kann sich zum Beispiel ergeben, daß auf den Nachweis des „Unrechtsbewußtseins“ (*mens rea*) des Täters gerade nicht verzichtet werden soll. Dies ist zum Beispiel der Fall, wenn die Vorschrift verlangt, daß der Verstoß „wissentlich“ (*knowingly*) begangen wird. Hier ist kein Raum für die Konstruktion der “strikten Verantwortung“[1611]. Uneinigkeit besteht demgegenüber

---

(1895) 1 Q.B. 918, 921 (Verkauf von Alkohol an einen Polizisten im Dienst: Sekt. 16 des *Licensing Act 1872* (35 & 36 Vict. c. 94)); H.L.: *Alphacell Ltd. v. Woodward* (1972) A.C. 824 (Gewässerverschmutzung: Sekt. 2 (1) *Rivers (Prevention of Pollution) Act 1951* (14 &15 Geo. 6, c. 64)); *Ashworth* S. 163; *Brett* S. 114ff.; *Blackstone* A4.1; *Card*/Cross/Jones S. 120; *Clarkson/Keating* S. 208f.; *Smith*/Hogan Criminal Law S. 109; *ders.* Cases S. 164.

1606 H.M.: H.L.: *Sweet v. Parsley* (1970) A.C. 132 (Geldstrafe, s. oben Fußnote 1605); *Alphacell Ltd. v. Woodward* (1972) A.C. 824 (Geldstrafe, s. oben Fußnote 1605); C.A.: *Pekoo* (1981) 3 All E.R. 84 (Geldstrafe oder Freiheitsstrafe bis zu 2 Jahren; Beeinträchtigung des Wohlbefindens und des Friedens von rechtmäßigen Bewohnern eines Gebäudes, um diese daraus zu vertreiben: Sekt. 1 (3) (a) des *Protection from Eviction Act 1977* (c. 43)); *Ashworth* S. 163; *Blackstone* A4.2; *Card*/Cross/Jones S. 122.

1607 H.L.: *Warner v. Metropolitan Police Comr.* (1969) 2 A.C. 256.

1608 C.A.: *Howells* (1977) Q.B. 614; *Hussain* (1981) 2 All E.R. 287; *Bradish* (1990) 1 Q.B. 981.

1609 H.M.: *Ashworth* S. 166, Fußnote 58 mit weiteren Nachweisen zur Rechtsprechung; *Card*/Cross/Jones S. 122 mit weiteren Nachweisen zur Rechtsprechung; *Clarkson/Keating* S. 209; *Smith*/Hogan Criminal Law S. 116.

1610 Vgl. dazu insgesamt: *Card*/Cross/Jones S. 117 mit weiteren Nachweisen zur Rechtsprechung; *Clarkson/Keating* S. 205; *Smith*/Hogan Criminal Law S. 106ff.

1611 H.M.: K.B.D.: *Roper v. Taylor's Central Garage (Exeter) Ltd.* (1951) 2 T.L.R. 284, 288; *Blackstone* A4.2; *Clarkson/Keating* S. 205; *Smith*/Hogan S. 107 mit weiteren Nachweisen zur Rechtsprechung über die Formulierung, daß der Verstoß „willentlich" (*wilfully*) begangen werden müsse. Während zum Teil davon ausgegangen wird, daß eine solche Formulierung verlange, daß der Täter das nötige „Unrechtsbewußtsein" (*mens rea*) bezüglich aller Merkmale des „Unrechtstatbestandes" (*actus reus*) haben müsse[1612], hat die Rechtsprechung in vielen Fällen entschieden, daß der Begriff „willentlich" (*wilfully*) sich nur auf das willentliche Handeln beziehe, ohne daß das „Unrechtsbewußtsein" (*mens rea*) bezüglich aller objektiven Merkmale des „Unrechtstatbestandes" (*actus reus*) nachgewiesen werden müsse[1613]. Teilweise wird die Formulierung der Vorschrift mit anderen Vorschriften desselben Gesetzes verglichen. Wenn andere Vorschriften ausdrücklich das Erfordernis des „Unrechtsbewußtseins" (*mens rea*) ansprechen, so kann für eine Vorschrift, in der ein solches Erfordernis nicht angesprochen wird, davon ausgegangen werden, daß der Gesetzgeber hier auf den Nachweis des „Unrechtsbewußtseins" (*mens rea*) verzichten wollte[1614].

cc) Strafbarkeit des Unternehmensleiters aus einem Delikt mit „strikter Verantwortung" des Statute Law

Um den Unternehmensleiter für die Nichtverhinderung deliktischen Verhaltens seiner Untergebenen strafrechtlich zu erfassen, reicht alleine die Konstruktion der „strikten Verantwortung" jedoch nicht unbedingt aus: Wie oben bereits erläutert, ist es vielmehr außerdem erforderlich, daß der „Unrechtstatbestand" (*actus reus*) des entsprechenden Deliktes durch das Unterlassen des Unternehmensleiters erfüllt werden kann. Sofern den Unternehmensleiter im konkreten Fall keine der anerkannten „Garantenstellungen" trifft, so daß sich seine Verantwortung aus dem unechten Unterlassungsdelikt ergibt, entscheidet über die Möglichkeit des Begehens durch Unterlassen der Wortlaut der Vorschrift. Zu untersuchen ist, ob also bereits der Wortlaut ein Begehen durch Unterlassen miterfaßt.

Ist das nicht der Fall, muß über die Konstruktion der „stellvertretenden Verantwortung" die Erfüllung des „Unrechtstatbestandes" (*actus reus*) durch den Untergebenen dem Unternehmensleiter zugerechnet werden[1615].

1612 Q.B.D.: *Willmott v. Attack* (1977) Q.B. 498; H.L.: *Sheppard* (1981) A.C. 394; *Smith*/Hogan Criminal Law S. 107.

1613 K.B.D.: *Hudson v. MacRae* (1863) 4 B. & S. 585, 122 E.R. 579; K.B.D.: *Cotterill v. Penn* (1936) 1 K.B. 53; Q.B.D.: *Maidstone Borough Council v. Mortimer* (1980) 3 All E.R. 552.

1614 H.M.: Q.B.D.: *Sherras v. de Rutzen* (1895) 1 Q.B. 918, 921; *Pharmaceutical Society of Great Britain v. Storkwain Ltd.* (1985) 3 All E.R. 4, H.L.: (1986) 2 All E.R. 635, 640; *Smith*/Hogan Criminal Law S. 108; krit. allerdings: H.L.: *Sweet v. Parsley* (1970) A.C. 132.

1615 S. dazu unten S. 326.

α) „Erlauben oder Ermöglichen" (*Permitting* oder *Suffering*)

Sofern ein Delikt zum Beispiel das „Erlauben oder Ermöglichen" (*permitting oder suffering*) eines verbotenen Verhaltens eines anderen unter Strafe stellt, wird allgemein davon ausgegangen, daß diese beiden Begriffe gerade auch das Unterlassen der Verhinderung erfassen[1616]. Bezüglich dieser Delikte wird allerdings überwiegend davon ausgegangen, daß das „Erlauben und Ermöglichen" ein mentales Element erfordere[1617], so daß kein Raum für die Anwendung der Konstruktion der „strikten Verantwortung" sei. Der Unternehmensleiter kann hier also nur dann strafrechtlich verantwortlich sein, wenn er vom Verstoß des Angestellten wußte. Allerdings hat die Rechtsprechung von diesem Grundsatz Ausnahmen gemacht: Ein Unternehmensleiter wurde zum Beispiel dafür bestraft, daß einer seiner Angestellten einen unzulässigen Viehtransport gefahren hatte, ohne daß ersterer wissen konnte, daß die Tiere bei dem Transport unnötig leiden würden, woran die Strafbarkeit für den Tiertransport anknüpfte[1618]. Ebenso war ein Unternehmensleiter strafrechtlich verantwortlich, dessen Arbeitnehmer ohne den erforderlichen Führerschein mit Fahrzeugen des Unternehmens fuhr[1619], oder der Fahrzeugbesitzer, dessen Auftragnehmer das Fahrzeug nach Beendigung des Reparaturauftrages ohne die erforderliche Versicherung zurückfuhr[1620].

β) „Verursachen" (*Causing*)

Bezüglich des Begriffes des „Verursachens" (*causing*) eines deliktischen Erfolges wird überwiegend davon ausgegangen, daß hier zwar Raum für die „strikte Verantwortung" ist , daß aber irgendein positiver Akt erforderlich ist[1621], so daß bloßes

---

1616 Für die h.M.: *Card*/Cross/Jones S. 117.

1617 H.M.: Q.B.D.: *Gray's Haulage Co Ltd. v. Arnold* (1966) 1 All E.R. 896; *James and Son Ltd. v. Smee* (1955) 1 Q.B. 78; *Fransman v. Sexton* (1965) Crim.L.R. 556; H.L.: *Sweet v. Parsley* (1970) A.C. 132; C.A.: *Souter* (1971) 2 All E.R. 1151; Q.B.D.: *Knowles Transport Ltd. v. Russel* (1975) R.T.R. 87; C.A.: *Thomas and Thomson* (1976) 63 Cr.App.R. 65, Q.B.D.: *Robinson v. D.P.P.* (1991) R.T.R. 315; *Card*/Cross/Jones S. 117; *Blackstone* A4.2; *Smith*/Hogan Criminal Law S. 106; *Williams* S. 938, 937.

1618 Q.B.D.: *R. v. Cheshire County Trading Standarts Dept., ex p. Alan Helliwell & Sons (Bolton) Ltd.* (1991) Crim.L.R. 210.

1619 Q.B.D.: *Ferrymaster Ltd. v. Adams* (1980) R.T.R. 139; *Baugh v. Crago* (1975) R.T.R. 453.

1620 K.B.D.: *Lyons v. May* (1948) 2 All E.R. 1062.

1621 H.M.: H.L.: *Alphacell Ltd. v. Woodward* (1972) A.C. 824; *Card*/Cross/Jones S. 118, 121; *Clarkson/Keating* S. 198.

Unterlassen der Verhinderung für die Strafbarkeit des Unternehmensleiters nicht ausreicht.

γ) „Verwenden" (*Using*)

Wie für den Begriff des „Verursachens" muß für den Begriff des „Verwendens" (*using*) davon ausgegangen werden, daß ein positives Tun nötig ist, an das die „strikte Verantwortung" anknüpfen kann[1622], so daß auch hier kein Raum für eine Strafbarkeit des Unternehmensleiters wegen des Unterlassens der Verhinderung deliktischen Verhaltens seiner Untergebenen ist.

d) Zusammenfassung

Damit sind die Möglichkeiten der Strafbarkeit des Unternehmensleiters wegen des Unterlassens der Verhinderung deliktischen Verhaltens seiner Untergebenen aus den Delikten mit „strikter Verantwortung" sehr begrenzt. Erstens ist diese Konstruktion nur bei bestimmten Delikten möglich. Zweitens kann der „Unrechtstatbestand" (*actus reus)* der entsprechenden Delikte (sowohl der Delikte mit „strikter Verantwortung" des Common Law als auch der des Statute Law) selten durch Unterlassen erfüllt werden. Eine allgemeine „Garantenstellung" des Unternehmensleiters ist nicht anerkannt, so daß auch über das unechte Unterlassungsdelikt in Verbindung mit der „strikten Verantwortung" keine Strafbarkeit des Unternehmensleiters erreicht werden kann. Dies ist nur möglich, wenn den Unternehmensleiter im konkreten Fall eine sich aus den allgemeinen Regeln für das unechte Unterlassungsdelikt ergebende „Garantenstellung" trifft[1623]. Um sonst eine Strafbarkeit sicherzustellen, muß zusätzlich auf die Konstruktion der sogenannten „stellvertretenden Verantwortung" (*vicarious liability*), die eine Zurechnung fremden Verhaltens ermöglicht, zurückgegriffen werden. Diese wird im folgenden näher untersucht.

[1622] So die überwiegende Ansicht: Q.B.D.: *James & Son Ltd. v. Smee* (1955) 1 Q.B. 78; *Smith/* Hogan Criminal Law S. 106.

[1623] Zu den „Garantenstellungen" im englischen Recht s. oben S. 290, 1438.

4. *Die strafrechtliche Verantwortung des Unternehmensleiters durch die Konstruktion der sogenannten „stellvertretenden Verantwortung" (*Vicarious Liability*)*

a) Allgemeines

Die Konstruktion der sogenannten „stellvertretenden Verantwortung" (*vicarious liability*) ermöglicht die strafrechtliche Verantwortung des Arbeitgebers für das Verhalten seiner Angestellten. Im Gegensatz zu den Delikten mit „strikter Verantwortung" geht es hier nicht um einen Verzicht auf den Nachweis des „Unrechtsbewußtseins" (*mens rea*), sondern es wird vielmehr der durch den Angestellten begangene „Unrechtstatbestand" (*actus reus*) dem Arbeitgeber zugerechnet[1624]. Im Gegensatz zur „strikten Verantwortung" knüpft die Verantwortung hier nicht an eine eigene Pflichtverletzung an, die den „Unrechtstatbestand" (*actus reus*) eines Deliktes darstellt, sondern bezieht sich auf den durch einen anderen verwirklichten „Unrechtstatbestand" (*actus reus*). Entwickelt wurde diese „stellvertretende Verantwortung" für das Recht der „unerlaubten Handlungen" (*law of torts*) im Zivilrecht, um eine möglichst umfassende Schadensregulierung für den Geschädigten zu erreichen[1625]. Im englischen Strafrecht existiert eine solche stellvertretende Verantwortung grundsätzlich nicht. Jeder soll nur für sein eigenes Verhalten verantwortlich sein[1626]. Die „stellvertretende Verantwortung" ist daher nur als Ausnahme anerkannt.

b) Die „stellvertretende Verantwortung" im Common Law

Im Common Law haftet der Arbeitgeber für die von seinem Arbeitnehmer begangenen Straftaten in den bereits oben genannten Bereichen der „Veröffentlichung strafbarer Verleumdungen" (*criminal libelling*)[1627] sowie der „Störung (Gefährdung) der

---

1624 Vgl. dazu insgesamt *Smith*/Hogan Criminal Law S. 174, *ders.* Cases S. 245.

1625 Vgl. nur die Entscheidung H.L.: *Lloyd v. Grace, Smith & Co.* (1912) A.C. 716.

1626 H.M.: *Huggins* (1730) 1 Barn K.B. 358, 396, 94 E.R. 241, 267; C.A.: *Mousel Bros. v. London and North Western Ry.* (1917) 2 K.B. 836, 845; *Ashworth* S. 113; Elliott/Wood's/*Allen* S. 398f.; *Smith*/Hogan Criminal Law S. 174; *ders.* Cases S. 245.

1627 H.M.: H.L.: *R. v. Lemon* (1979) A.C. 617; *Card*/Cross/Jones S. 113, 570; *Clarkson/Keating* S. 203; *Smith*/Hogan Criminal Law S. 102, 175; *ders.* Cases S. 245.

öffentlichen Sicherheit und Ordnung" (*public nuisance*)[1628]. Beide stellen gleichzeitig Delikte mit „strikter Verantwortung" dar[1629], so daß der Unternehmensleiter (als Arbeitgeber) für Straftaten seiner Angestellten in diesen Bereichen sogar ohne sein Wissen strafrechtlich verantwortlich ist[1630].

c) Die „stellvertretende Verantwortung" im Statute Law

Im Statute Law gibt es zwei Fallgruppen, in denen die „stellvertretende Verantwortung" als Ausnahme von der Regel der strafrechtlichen Verantwortung nur für eigenes Verhalten anerkannt ist. Einerseits wird sie anerkannt für Statutes, deren Wortlaut es ermöglicht, auch den Arbeitgeber für die Handlung des Arbeitnehmers verantwortlich zu machen, andererseits für die Situationen, in denen der Arbeitgeber eine ihn treffende Verpflichtung an einen seiner Angestellten delegiert hat.

aa) Konstruktion der „stellvertretenden Verantwortung" über den Wortlaut des verletzten Statutes (*In-Law-Principle)*

Sofern ein Statute zum Beispiel das „Verkaufen, Benutzen oder Besitzen" (*sell, use, beeing in possession*) bestimmter Gegenstände oder Produkte unter Strafe stellt, soll der Arbeitgeber für einen Verstoß verantwortlich sein, auch wenn im Einzelfall ein Angestellter „verkauft, benutzt oder besessen" hat. Begründet wird dies damit, daß zivilrechtlich betrachtet der Angestellte für seinen Arbeitgeber handelt. Rein rechtlich gesprochen hat also der Arbeitgeber genauso „verkauft, benutzt oder besessen", da der Angestellte nur als „Vertreter" verkauft bzw. als „Besitzdiener" besitzt. Daher könne der durch den Angestellten vorgenommene „Unrechtstatbestand" (*actus reus*) als solcher des Arbeitgebers behandelt werden[1631]. So „verkauft" (*sell*) der Arbeitge-

---

1628 H.M.: Q.B.D.: *Stephens* (1866) 1 Q.B. 702; *Card*/Cross/Jones S. 113f.; *Smith*/Hogan Criminal Law S. 102.

1629 S. oben S. 318.

1630 Die „strikte Verantwortung" für die Veröffentlichung strafbarer Verleumdungen ist durch den *Criminal Libel Act 1843* (6 & 7 Vict. c. 96) dahingehend geändert worden, daß der Herausgeber nicht verantwortlich ist, wenn er die entsprechende Veröffentlichung nicht gestattet hatte und wenn er ohne Sorgfaltsverstoß seinerseits davon nichts wußte.

1631 H.M.: *Ashworth* S. 113; *Card*/Cross/Jones S. 571f.; Elliott/Wood's/*Allen* S. 399; *Smith*/Hogan Criminal Law S. 179f.; *ders.* Cases S. 246; *Spencer* R.S.C. 1997, 289, 293; *Williams* S. 958.

ber die durch seinen Angestellten verkauften Produkte[1632], ebenso wie der Geschäftsinhaber die in seinen Geschäftsräumen durch seine Angestellten ausgestellten Produkte „anbietet“ (*exposing for sale*)[1633]. Oder der Arbeitgeber „nutzt“ (*use*) ein durch seinen Angestellten gefahrenes Fahrzeug in nicht verkehrssicherem Zustand[1634] oder er „unterhält“ (*keep*) einen Lastwagen, der für nicht von der vorliegenden Nutzungserlaubnis umfaßte Zwecke genutzt wird[1635]. Der Eigentümer eines Theaters „präsentiert“ (*presents*) die in einer Vorstellung geäußerten Inhalte[1636].

Allgemeine Strafvorschriften wie die der Tötung, des Diebstahls oder des Betruges fallen daher aus dem Anwendungsbereich dieser Konstruktion heraus.

Die Verantwortung des Arbeitgebers kann in diesen Fällen nicht dadurch ausgeschlossen werden, daß dieser auf das Verbot eines bestimmten Verhaltens hingewiesen hatte oder ausdrücklich gegenteilige Anweisungen gegeben hatte[1637].

Nach herrschender Meinung kann über die Konstruktion der „stellvertretenden Verantwortung“ in diesen Fällen nur die Erfüllung des „Unrechtstatbestandes“ (*actus reus*) durch den Angestellten zugerechnet werden, das „Unrechtsbewußtsein“ (*mens rea*) muß der stellvertretend haftende Arbeitgeber grundsätzlich selbst aufweisen[1638]. Aus diesem Grund stellen die meisten Fälle, in denen es zu einer Strafbarkeit aus stellvertretender Verantwortung kommt, solche dar, in denen gleichzeitig ein Vergehen vorliegt, für das die „strikte Verantwortung“ gilt, so daß das „Unrechtsbewußtsein“ (*mens rea*) des Arbeitgebers nicht nachgewiesen zu werden braucht.

1632 Q.B.D.: *Coppen v. Moore* (No. 2) (1898) 2 Q.B. 306 (Verkauf von Schinken unter falscher Herkunftsbezeichnung); *Anderton v. Rodgers* (1981) Crim.L.R. 404 (Verkauf von alkoholischen Getränken ohne Genehmigung).

1633 Q.B.D.: *Winter v. Hinckley and District Co-Operativ Society Ltd.* (1959) 1 All E.R. 403 (Anbieten von mit zu geringer Menge befüllten Kohlsäcken).

1634 Q.B.D.: *Green v. Burnett* (1955) 1 Q.B. 78; *Mickleborough v. BRS Contracts Ltd.* (1977) R.T.R. 389; *John Henshall (Quarries) Ltd. v. Harvey* (1965) 2 Q.B. 233; **krit.** zur „stellvertretenden Verantwortung“ für diesen Fall: *Smith*/Hogan Criminal Law S. 181.

1635 K.B.D.: *Strutt v. Clift* (1911) 1 K.B. 1.

1636 K.B.D.: *Grade v. D.P.P.* (1942) 2 All E.R. 118.

1637 H.M.: Q.B.D.: *Coppen v. Moore (No. 2)* (1898) 2 Q.B. 306; *Anderton v. Rodgers* (1981) Crim.L.R. 404; *Ashworth* S. 113; *Smith*/Hogan Criminal Law S. 180, *ders.* Cases S. 246.

1638 H.L.: *Vane v. Yiannopoullos* (1965) A.C. 486; C.A.: *Winson* (1969) 1 Q.B. 371, 378; Q.B.D.: *Coupe v. Guyett* (1973) 2 All E.R. 1058; *Card*/Cross/Jones S. 572 mit weiteren Nachweisen zur Rechtsprechung; *Smith*/Hogan Cases S. 245f.; *Spencer* R.S.C. 289, 293; *Williams* S. 966; vgl. auch Sekt. 29 des *Draft Criminal Code 1989* (s. unten S. 333).

bb) Konstruktion der „stellvertretenden Verantwortung" über das „Delegationsprinzip" (*Delegation Principle*)

Nach dem Delegationsprinzip haftet der Unternehmensleiter für den Fall, daß er bestimmte Aufgabenbereiche an einen Angestellten delegiert hat, für Pflichtverletzungen, die dieser in Ausübung seiner delegierten Aufgaben begeht. Wie durch die Stellvertreterhaftung im deutschen Recht sollen dadurch die Strafbarkeitslücken geschlossen werden, die sich daraus ergeben, daß bestimmte Delikte sich nur an einen qualifizierten Personenkreis wenden[1639].

Das Delegationsprinzip gilt daher nur für Sonderdelikte, die sich zum Beispiel an den „Inhaber einer Lizenz" (*licensee*), den „Eigentümer" (*owner*) oder „Inhaber" (*keeper*) bestimmter Räumlichkeiten oder Sachen richten[1640].

Auch hier ist daher für die meisten allgemeinen Regelungen des Strafrechts, die sich an jedermann wenden, kein Raum.

Während die Stellvertreterhaftung nach § 14 dStGB die strafrechtliche Verantwortung des nicht qualifizierten Vertreters sicherstellt, wird über das Delegationsprinzip im englischen Strafrecht erreicht, daß der qualifizierte Delegator (der Vertretene), der das Delikt nicht selbst begeht, strafrechtlich „stellvertretend" haftet. Die Deliktsbegehung durch den Delegatar wird ihm zugerechnet[1641].

Damit führt die Delegation von Verantwortung im englischen Strafrecht im Gegensatz zum deutschen, französischen und spanischen Strafrecht zu umgekehrten Konsequenzen: Während im englischen Strafrecht die Strafbarkeit des Delegierenden erreicht wird, dient die Delegation von Verantwortung im deutschen, französischen und spanischen Strafrecht dazu, daß derjenige, der sich in einer bestimmten Pflichtenstellung befindet, diese Pflichten und die damit verbundene strafrechtliche Verantwortung unter bestimmten Voraussetzungen auf einen anderen übertragen kann[1642]. Eine solche Möglichkeit wird im englischen Strafrecht nicht diskutiert.

1639 H.M.: Q.B.D.: *Coppen v. Moore (No. 2)* (1898) 2 Q.B. 306; K.B.D.: *Allen v. Whitehead* (1930) 1 K.B. 211; H.L.: *Vane v. Yiannopoullos* (1965) A.C. 486; *Card*/Cross/Jones S. 574; *Smith*/Hogan Criminal Law S. 176.

1640 H.M.: *Ashworth* S. 113; *Card*/Cross/Jones S. 572; *Smith*/Hogan Cases S. 246; *Pace* (1982) Crim.L.R. 627, 628.

1641 H.M.: *Ashworth* S. 113; Smith/Hogan Criminal Law S. 176; *ders.* Cases S. 247; *Spencer* R.S.C. 1997, 289, 293.

1642 Für das deutsche Recht s. oben S. 54ff.; für das französische Recht s. oben S. 133ff.; für das spanische Recht s. oben S. 195ff.

So wurde in *Allan v. Whitehead*[1643] der Inhaber einer Bar verurteilt, entgegen Sekt. 44 des *Metropolitan Police Act 1839*[1644] Prostituierten den Aufenthalt in den Räumlichkeiten der Bar gestattet zu haben. In diesem Fall hatte der Inhaber die Leitung derselben an einen Angestellten delegiert, er selber besuchte die Bar nur ein oder zwei Mal pro Woche. Die entsprechende Vorschrift stellte ein Sonderdelikt dar, das nur durch den Inhaber der Bar begangen werden konnte. Da der Angestellte daher nicht Täter sein konnte, wäre ohne die Konstruktion der „stellvertretenden Verantwortung" niemand strafrechtlich zu erfassen gewesen. Durch die Zurechnung der Erfüllung des „Unrechtstatbestandes" (*actus reus*) und des „Unrechtsbewußtseins" (*mens rea*) des Angestellten an den Inhaber der Bar wurde dessen Strafbarkeit erreicht.

Das Delegationsprinzip geht damit weiter als das Wortlautprinzip, da nicht nur die Erfüllung des „Unrechtstatbestandes" (*actus reus*), sondern auch das „Unrechtsbewußtsein" (*mens rea*) des Angestellten zugerechnet werden können[1645]. Sofern ein Delikt mit „strikter Verantwortung" vorliegt, genügt meist die Konstruktion der „stellvertretenden Verantwortung" über das Wortlautprinzip, um zu einer Strafbarkeit des Arbeitgebers zu gelangen; nur wenn die verletzte Vorschrift den Nachweis des „Unrechtsbewußtseins" (*mens rea*) verlangt, muß auf das Delegationsprinzip zurückgegriffen werden[1646].

Für den Fall, daß der Delegatar seinerseits eine Subdelegation vornimmt, bleibt der ursprüngliche Delegator dennoch strafrechtlich verantwortlich für Delikte des Subdelegatars[1647].

Für die stellvertretende Verantwortung des Delegators ist es Voraussetzung, daß die Delegation umfassend ist. Es genügt nicht die bloß teilweise Übertragung einzelner Aufgabenteile, vielmehr muß ein ganzer Aufgabenbereich so delegiert werden, daß der Delegatar die Organisationsleitung und Verantwortung für den übertragenen

---

1643 K.B.D.: (1930) K.B. 211.

1644 (2 & 3 Vict. c. 71).

1645 H.M.: K.B.D.: *Allen v. Whitehead* (1930) 1 K.B. 211; ebenso zwar nicht für das Verhältnis Arbeitgeber/Arbeitnehmer sondern für das Verhältnis zweier gleichgestellter Angestellter: *Linnett v. Metropolitan Police Comr.* (1946) K.B. 290; *Card*/Cross/Jones S. 572; *Smith*/Hogan Criminal Law S. 177; *ders.* Cases S. 247f.; vgl. auch Sekt. 29 des *Draft Criminal Code 1989* (s. unten S. 333).

1646 H.M.: C.A.: *Winson* (1969) 1 Q.B. 371, 382; *Card*/Cross/Jones S. 573; *Smith*/Hogan Criminal Law S. 179; *ders.* Cases S. 252; *Pace* (1982) Crim.L.R. 627, 628f.

1647 H.M.: Q.B.D.: *Crabtree v. Hole* (1879) 43 J.P. 799; *Sopp v. Long* (1970) 1 Q.B. 518; *Smith*/Hogan Criminal Law S. 177.

Bereich komplett übernimmt[1648]. So wurde in *Vane v. Yiannopoullos* entschieden, daß keine ausreichende Delegation vorliege, wenn der Inhaber eines Restaurants zwar eine Kellnerin mit der Bewirtung der Gäste beauftrage, er selber anwesend bleibe und in einer anderen Etage arbeite. Es liege dann keine komplette Delegation der „leitenden Funktionen und Verantwortung" (*complete delegation of the licensee's managerial functions and responsibilities*) des Inhabers vor. Auf der anderen Seite ist es nicht zwingend nötig, daß der Delegator die Räumlichkeiten verläßt oder daß er die gesamte Leitung des Betriebes delegiert, solange nur der Delegatar die Leitungsfunktion und Verantwortung für den delegierten Bereich komplett übernimmt[1649].

Wie bei der Konstruktion der „stellvertretenden Verantwortung" über den Wortlaut kann sich der Delegator nicht dadurch der strafrechtlichen Verantwortung entziehen, daß er auf das verbotene Verhalten hinweist oder gegenteilige Anweisungen gibt[1650]. Verstößt derjenige, an den die Aufgabe delegiert wurde, in Erfüllung dieser gegen gewisse Vorschriften, die sich gerade an den Delegator wenden, so haftet dieser unabhängig davon, ob er dem Delegatar das verbotene Verhalten ausdrücklich untersagt hat.

cc) Grenzen der „stellvertretenden Verantwortung"

α) Keine Verantwortung des Delegators für außerhalb des Angestelltenverhältnisses begangene Verstöße

Nach herrschender Meinung haftet der Arbeitgeber für Verstöße seiner Angestellten nur, solange diese dabei in Ausübung ihrer sich aus dem Angestelltenverhältnis ergebenden Aufgaben handeln. Mit anderen Worten: Gehaftet wird nur für fehlerhafte Ausführung einer an sich erlaubten Tätigkeit, nicht aber für Verhaltensweisen, die gar nicht zum Aufgabenbereich gehören[1651]. So war in *Coppen v. Moore*[1652] der Ar-

---

1648 H.M.: H.L.: *Vane v. Yiannopoullos* (1965) A.C. 486; K.B.D.: *Allchorn c. Hopkins* (1905) 69 J.P. 355; *Blackstone* A4.4; *Card*/Cross/Jones S. 573; *Smith*/Hogan Criminal Law S. 178; *ders.* Cases S. 249.

1649 H.M.: K.B.D.: *Adams v. Camfoni* (1929) 1 K.B. 95; K.B.D.: *Barker v. Levinson* (1951) 1 K.B. 342; Q.B.D.: *Howker* v. *Robinson* (1973) Q.B. 178; *Card*/Cross/Jones S. 573; **krit.** *Smith*/Hogan Criminal Law, der davon ausgeht, daß keine komplette Delegation vorliegt, solange der Delegator noch anwesend ist.

1650 H.M.: K.B.D.: *Allen v. Whitehead* (1930) K.B. 211; *Blackstone* A4.4; *Card*/Cross/Jones S. 572; *Smith*/Hogan Criminal Law S. 176f.; *ders.* Cases S. 247f.

1651 H.M.: *Card*/Cross/Jones S. 573; *Smith*/Hogan Criminal Law S. 180, Fußnote 4; *ders.* Cases S. 246.

beitgeber verantwortlich für den Verkauf von falsch ausgezeichnetem Schinken durch einen Verkaufsangestellten. In *Adams v. Camfoni*[1653] hingegen wurde der Arbeitgeber vom Vorwurf des Verkaufs von alkoholischen Getränken nach der Sperrstunde freigesprochen, da der Verkauf durch einen nicht zu Verkaufszwecken angestellten Botenjungen ausgeführt wurde.

β) Keine „stellvertretende Verantwortung" für Teilnahme oder Versuch des Angestellten

Nach ganz herrschender Meinung ist die „stellvertretende Verantwortung" nicht zulässig, wenn der Angestellte nur an einer fremden Tat teilnimmt oder eine Tat nur versucht[1654].

γ) Möglichkeit der „Verteidigung der gebotenen Sorgfalt" (*Due-Diligence-Defence*)

Wie bei der Konstruktion der „strikten Verantwortung" stellt sich für die „stellvertretende Verantwortung" die Frage, ob der Arbeitgeber auch dann haften soll, wenn er nachweislich alle erforderliche Sorgfalt eingehalten hat. Auch hier wird die allgemeine Möglichkeit einer solchen „Verteidigung" von der Rechtsprechung abgelehnt. Diese Verteidigungsmöglichkeit besteht also nur, wenn das Statut sie ausdrücklich vorsieht[1655].

dd) Die strafrechtliche Verantwortung des Untergebenen neben dem Unternehmensleiter

Die stellvertretende Verantwortung des Arbeitgebers für ein strafbares Verhalten seines Angestellten schließt dessen strafrechtliche Verantwortung nicht aus. Sofern

---

1652 Q.B.D.: (1898) 2 Q.B. 306.

1653 K.B.D.: (1929) 1 K.B. 95; ebenso Q.B.D.: *Sommerset v. Hart* (1884) 12 Q.B. 360: Ein Angestellter ließ unerlaubte Glücksspiele in der Bar geschehen. Diesem Angestellten war keinerlei Kontrollaufgabe übertragen worden, so daß mangels Delegation der Inhaber der Bar für die Glücksspiele nicht verantwortlich war.

1654 K.B.D.: *Fergusson v. Weaving* (1951) 1 K.B. 814 (Teilnahme); Q.B.D.: *Gardner v. Akeroyd* (1952) 2 Q.B. 743 (Versuch); *Card*/Cross/Jones S. 574; Elliott/Wood's/*Allen* S. 403; *Smith*/Hogan Criminal Law S. 182; *Williams* S. 967.

1655 Vgl. zum Beispiel Part IV Sekt. 34 des *Weights and Measures Act 1985* (c. 47) und Sekt. 24 des *Trade Descriptions Act 1968* (c. 29). Für die h.M.: *Card*/Cross/Jones S. 574; vgl. außerdem die Nachweise oben S. 317, Fußnote 1583.

es sich bei dem verwirklichten Delikt um ein von jedermann begehbares Delikt handelt, können beide als Täter bestraft werden[1656]. Handelt es sich dagegen um ein Sonderdelikt, so kann der nicht-qualifizierte Angestellte nur als Teilnehmer bestraft werden[1657]. Wird dagegen ein Delikt mit „strikter Verantwortung" begangen, so muß er dennoch das nötige „Unrechtsbewußtsein" aufweisen, auch wenn auf diesen Nachweis für den stellvertretend als Täter verantwortlichen Arbeitgeber verzichtet wird[1658].

ee) Die Regelung der „stellvertretenden Verantwortung" im *Draft Criminal Code 1989*[1659]

Sekt. 29 des *Draft Criminal Code 1989* regelt die „stellvertretende Verantwortung" entsprechend den oben zitierten Grundsätzen:

> „Einzelne Elemente einer Straftat, sofern sie keine Elemente des „Unrechtsbewußtseins" (*fault* (i.S.v. *mens rea*)) Elemente sind, können einem anderen als dem tatsächlich Handelnden zugerechnet werden, wenn
>
> a) das Gesetz diese Zurechnung ausdrücklich vorsieht,
> b) der Handelnde innerhalb des sich aus seinem Angestelltenverhältnisses ergebenden Aufgabenbereiches handelt und das Delikt so formuliert ist, daß es sich auf beide Personen anwenden läßt.
>
> Ein Element des „Unrechtsbewußtseins" (*fault*) kann demgegenüber grundsätzlich nur zugerechnet werden, wenn das Delikt dies ausdrücklich vorsieht. Diese Regelung gilt allerdings nicht für das vor dem *Draft Criminal Code* 1989 entwickelte Delegationsprinzip[1660], wonach dem Delegator sowohl der „Unrechtstatbestand" (*actus reus*) als auch das „Unrechtsbewußtsein" (*mens rea*) des Angestellten zugerechnet werden können."

1656 H.M.: Q.B.D.: *Green v. Barnett* (1955) 1 Q.B. 78; *Card*/Cross/Jones S. 574; *Smith*/Hogan Criminal Law S. 181 mit weiteren Nachweisen zur Rechtsprechung; *Williams* S. 960.

1657 H.M.: K.B.D.: *Griffith v. Studebakers Ltd.* (1924) 1 K.B. 102; Q.B.D.: *Ross v. Moss* (1965) 2 Q.B. 396; zur Teilnahme am Sonderdelikt s. oben S. 306ff.

1658 Zur Teilnahme an den Delikten mit „strikter Verantwortung" s. oben S. 302.

1659 Law Commission No. 177; vgl. dazu Elliott/Wood's/*Allen* S. 404.

1660 S. dazu oben S. 328.

SECHSTES KAPITEL

Zusammenfassende Vergleichsbetrachtung

Bevor zum Abschluß dieser Untersuchung ein Modellvorschlag über die Regelungen von Täterschaft und Teilnahme im europäischen Strafrecht gemacht wird, sollen in diesem Kapitel die Ergebnisse der einzelnen Länderberichte zusammengefaßt dargestellt werden. Die Gliederung dieses Schlußberichtes richtet sich nach der bereits in den Länderberichten vorgenommenen Einteilung. Auf Querverweise kann weitgehend verzichtet werden, da die untersuchten Fragestellungen anhand der Überschrift leicht in den Länderberichten aufgefunden werden können.

Zunächst werden die Ergebnisse der Untersuchung zu den Regelungen von Täterschaft und Teilnahme im allgemeinen dargestellt. Im zweiten Teil dieses Schlußvergleichs folgt die Darstellung der strafrechtlichen Verantwortung des Unternehmensleiters für deliktisches Verhalten seiner Untergebenen.

Erster Teil: Täterschaft und Teilnahme im allgemeinen

I. Einordnung der Problematik im Deliktsaufbau

Die Frage, wo im Deliktsaufbau die Problematik von Täterschaft und Teilnahme einzuordnen ist, richtet sich in erster Linie nach der Abgrenzung zwischen diesen Beteiligungsformen[1661]. Da in Österreich und England von einer objektiven Abgrenzung zwischen Täterschaft und Teilname ausgegangen wird, ist diese Frage dem objektiven Unrechtstatbestand zugeordnet. Bereits dort entscheidet sich, welche Beteiligungsform vorliegt. Auch im deutschen Recht gehört die Problematik von Täterschaft und Teilnahme nach moderner Auffassung wegen der Vermischung objektiver und subjektiver Abgrenzungskriterien zum Tatbestand. Entsprechend wird auch in Spanien mit zunehmender Anerkennung der Lehre von der Tatherrschaft die Frage der Beteiligung bereits im Tatbestand gelöst. Lediglich in Frankreich werden grundsätzlich zunächst alle die Straftat konstituierenden (objektiven und subjektiven) Elemente untersucht, bevor auf einer weiteren Stufe im Deliktsaufbau die Frage der Beteiligungsform geklärt wird. Wenn jedoch die Zurechnung der Tatbeiträge anderer im Wege der Mit- oder der mittelbaren Täterschaft nötig ist, kann dieser Aufbau nicht konsequent durchgehalten werden, so daß in derartigen Fällen auch im französischen Strafrecht die Frage nach der Täterschaft vorgezogen wird.

II. Einheits- oder Differenzierungsmodell

Von den Vertretern des österreichischen Einheitstätersystems wird als Kritik gegen das Beteiligungssystem der anderen europäischen Staaten (insbesondere gegen die deutsche Strafrechtsdogmatik) vor allem vorgebracht, daß durch die Unterscheidung zwischen Tätern und Teilnehmern eine komplizierte dogmatische Diskussion ent-

---

1661 S. dazu unten S. 343.

standen sei, die in keinem Verhältnis zu den dadurch erzielten Ergebnissen stehe[1662]. Der hohe begriffliche Aufwand des Teilnahmesystems werde im Einheitstätersystem vermieden. Dieses sei wegen der grundsätzlichen Gleichbehandlung aller Beteiligten als Täter sehr viel praktikabler und leichter anzuwenden. Auf der Ebene der Strafzumessung könne dann die vom Teilnahmesystem geforderte Individualisierung unproblematisch erreicht werden. Durch die komplizierte Dogmatik des Teilnahmesystems werde der Blick für das eigentliche Ziel jeder Strafregelung - eine möglichst individuelle Beurteilung der Beteiligten nach ihrem Unrecht und ihrer Schuld - versperrt; die starren Regelungen der Strafbemessung verhinderten eine solche individuelle Beurteilung eher[1663]. Die Unpraktikabilität des Teilnahmesystems zeige sich ferner darin, daß aus Strafbarkeitserwägungen oft systemimmanente Schranken durchbrochen werden müßten. Insbesondere in berühmten Fällen des deutschen Rechts wie dem *Badewannen-Fall*[1664] und dem *Stachynskij-Urteil*[1665] habe man Gerechtigkeitserwägungen nur dadurch Rechnung tragen können, daß durch die ganzheitliche Anwendung der extrem subjektiven Theorie zur Abgrenzung zwischen Tätern und Teilnehmern die obersten Prinzipien des akzessorischen Teilnahmesystems „gesprengt und außer Kraft gesetzt“ wurden[1666], um eigentliche Teilnehmer als Täter bestrafen zu können. Die Figur der mittelbaren Täterschaft und die Figur des Täters hinter dem Täter, wie sie nicht nur in Deutschland anerkannt sind, seien der Sache nach einheitstäterschaftliche Figuren; ferner zeige die Anwendung des Einheitstätersystems für Fahrlässigkeitsdelikte, daß das Teilnahmesystem nicht konsequent durchzuführen sei[1667].

Diese Argumente überzeugen indes nicht:

1. Insbesondere das Argument, daß das Teilnahmesystem zu komplizierten Abgrenzungen führe, kann an das funktionale Einheitstätersystem zurückgegeben werden. Für eine individuelle Beurteilung der einzelnen Beteiligten ist es nicht nur aus Gerechtigkeitsgründen, sondern insbesondere aus Gründen der Rechtssicherheit erforderlich, zwischen verschiedenen Täterformen zu unterscheiden, was die Vertreter des funktionalen Systems gerade als Argument für ihren Ansatz vor-

[1662] H.M. in Österreich: *Kienapfel* Grundriß AT E2 Rdnr. 18; *ders.* Einheitstäter S. 26, 29; *Platzgummer* JBl 1971, 236, 244; *Roeder* JBl 1975, 561, 562; *Triffterer* AT I S. 386 Rdnr. 13.

[1663] *Kienapfel* Grundriß AT E2 Rdnr. 19, 35; *ders.* Einheitstäter S. 31; *ders.* JuS 1974, 1, 3; *Platzgummer* JBl 1971, 236, 244.

[1664] RGSt 1974, 84.

[1665] BGHSt 18, 87.

[1666] *Kienapfel* Grundriß AT E2 Rdnr. 20.

[1667] *Kienapfel* Grundriß AT E2 Rdnr. 23.

bringen[1668]. Damit ist aber auch das Einheitstätersystem zur Verhinderung von richterlicher Willkür gezwungen, Abgrenzungskriterien zu schaffen, so daß nicht unbedingt von größerer Einfachheit und Durchschaubarkeit gesprochen werden kann[1669]. Im Gegensatz zu den differenzierenden Teilnahmesystemen werden die Kriterien der Unterscheidung in keiner Weise im Gesetz geregelt. Dadurch, daß sich das Gesetz darauf beschränkt festzustellen, daß es verschiedene Täterformen gibt (und für diese Täterformen - zum Beispiel in § 15 Abs. 2 öStGB für die Versuchsstrafbarkeit[1670] - verschiedene Regelungen betreffend die Strafbarkeit trifft), wird die Festsetzung der Voraussetzungen der Strafbarkeit allein dem Richter zugewiesen[1671]. Zudem ist zum Beispiel im von österreichischer Seite oft kritisierten deutschen Teilnahmesystem nach jahrelangen Kontroversen für die Abgrenzung eine relativ gefestigte Einigkeit zugunsten der Lehre von der Tatherrschaft entstanden[1672]. Auch in Frankreich und Spanien nähert man sich diesem wertenden Ansatz zur Unterscheidung zwischen Täterschaft und Teilnahme immer stärker an[1673]. Verzichtet man - wie das formale Einheitstätersystem - auf eine Unterscheidung zwischen den verschiedenen Beteiligten, so muß spätestens auf der Ebene der Strafzumessung eine Abgrenzung zwischen den verschiedenen Beteiligten vorgenommen werden.

2. Sowohl das formale als auch das funktionale Einheitstätersystem, die jede kausale Verursachung des Erfolges zur Täterschaft genügen lassen, führen zu Strafbarkeitserweiterungen im Bereich der Versuchsstrafbarkeit[1674]. Diese Folge umgeht das österreichische Strafrecht mit der Regelung des § 15 Abs. 2, der die versuchte Beitragstäterschaft nur unter Strafe stellt, sofern die Bezugstat das Versuchsstadium erreicht[1675]. Weiter führt das Einheitstätersystem zu Strafbarkeitserweiterungen im Bereich der Beteiligung an fremder Selbstschädigung[1676]. Diese Strafbarkeitserweiterung wird in Österreich dadurch umgangen, daß der Bestimmungs- oder Beitragstäter nicht in größerem Umfang für den eingetretenen Erfolg haften soll als der unmittelbare Täter[1677]. Überwiegend wird angeführt, daß es

---

1668 Vgl. nur *Kienapfel* Grundriß AT E2 Rdnr. 36.

1669 *Bloy* in: Festschrift für Schmitt S. 33, 44; *Maurach/Gössel/Zipf* § 47 Rdnr. 13; LK-*Roxin* Vor § 25 Rdnr. 8.

1670 S. dazu oben S. 235; vgl. dazu *Tiedemann* in: Festschrift für Nishihara S. 496, 501.

1671 *Maurach/Gössel/Zipf* § 47 Rdnr. 13; *Roxin* S. 451.

1672 LK-*Roxin* Vor § 25 Rdnr. 8.

1673 Vgl. für Frankreich S. 71ff.; für Spanien S. 148.

1674 H.M.: *Jakobs* 21/6; *Maurach/Gössel/Zipf* § 47 Rdnr. 11; LK-*Roxin* Vor § 25 Rdnr. 7.

1675 S. dazu oben S. 235.

1676 H.M.: *Jakobs* 21/6; *Maurach/Gössel/Zipf* § 47 Rdnr. 14.

1677 Für die h.M.: *Kienapfel* Grundriß AT E5 Rdnr. 12ff.; *Triffterer* Beteiligungslehre S. 69, 77; WK-*Fabrizy* § 12 Rdnr. 43, 76; s. dazu auch oben S. 217, 229.

auch im Bereich der Sonderdelikte zu Strafbarkeitserweiterungen komme, da jeder, gleichgültig ob Intraneus oder Extraneus, als Täter strafbar sei[1678]. Die Strafbarkeitserweiterung bezüglich der Sonderdelikte trifft allerdings unserer Ansicht nach nicht zu: Vielmehr stellt dies, wie Jakobs[1679] zu Recht feststellt, eine Einschränkung der Strafbarkeit dar. Nur derjenige, der die Eigenschaft aufweist, kann Täter sein. Dann erklärt sich auch die Regelung des § 14 öStGB, der bestimmt, daß es für die Strafbarkeit aller Beteiligten genügt, wenn einer von ihnen die Eigenschaft aufweist[1680].

3. Ferner wird der Einheitstäterlösung zu Recht vorgeworfen, daß sie mit den rechtsstaatlichen Grundlagen eines Tatbestandssystems nicht vereinbar sei[1681]. Denn die Tatbestandsmäßigkeit beruht nicht nur auf der Herbeiführung einer Rechtsgutsverletzung, vielmehr beschreibt das Gesetz bei den meisten Delikten bestimmte Angriffsarten. Auf diese soll sich die Strafbarkeit beschränken. Stellt man nun alle wie auch immer gearteten Beiträge gleich, so werden die vom Tatbestand gezogenen Grenzen der Strafbarkeit aufgehoben. Für alle Beteiligten gilt dann ein gleicher - um alle Beteiligten erfassen zu können, hoch angesetzter - Strafrahmen. Die Auswahl der gerechten Strafe obliegt allein dem Richter, was die gesetzliche Bestimmtheit der Rechtsfolgen erheblich einschränkt[1682].
4. Wenn im Ergebnis auch das Einheitstätersystem anerkennt, daß zwischen verschiedenen Beteiligten je nach ihrem Unrecht und ihrer Schuld unterschieden werden muß, damit bei der Strafzumessung die gewünschte Individualisierung erfolgen kann, so fragt sich doch, wie dies mit der im österreichischen Strafrecht immer wieder betonten rechtlichen (Unrechts-)Gleichwertigkeit aller Beiträge zu vereinbaren ist[1683]:

   Die (Unrechts-)Gleichwertigkeit der Beteiligungsformen bezieht sich erklärtermaßen nicht auf die Strafe. Es unterliegen zwar alle der gleichen Strafandrohung, jedoch wird die Strafe für jeden Beteiligten gesondert festgesetzt. Auch auf den Erfolgsunwert kann sie sich aber nicht beziehen, da ja auch im Versuchsbereich Bestimmungs- und (eingeschränkt) Beitragstäterschaft möglich ist[1684]. Damit kann die Gleichwertigkeit des Unrechts sich nur noch auf das Handlungsunrecht beziehen. Daß gerade dies aber nicht der Fall ist, zeigt die Regelung des

---

1678 *Jescheck/Weigend* § 61 II 1.; *Maurach/Gössel/Zipf* § 47 Rdnr. 14.
1679 *Jakobs* 21/6.
1680 S. dazu oben S. 237ff.
1681 *Jakobs* 21/6; *Jescheck/Weigend* § 61 II 1.; LK-*Roxin* Vor § 25 Rdnr. 6.
1682 *Jakobs* 21/6; LK-*Roxin* Vor § 25 Rdnr. 6.
1683 Vgl. die Nachweise oben S. 206, Fußnote 1004.
1684 S. dazu oben S. 222, 235.

§ 15 Abs. 2 öStGB: Das Handlungsunrecht der Bestimmungstäterschaft führt zur Strafbarkeit, die versuchte Bestimmungstäterschaft ist strafbar. Demgegenüber wiegt das Handlungsunrecht der Beitragstäterschaft so gering, daß die versuchte Beitragstäterschaft nicht strafbar sein soll, die Bezugstat muß mindestens das Versuchsstadium erreichen[1685]. Hier zeigt sich, daß die Formulierung des „gleichwertigen Unrechts" aller Beteiligten so nicht stimmt; vielmehr wird durchaus unterschiedliches Unrecht verwirklicht, welches dann vom österreichischen Strafgesetzbuch auch verschieden erfaßt wird[1686]. Durch die Regelung des § 15 Abs. 2 öStGB hält also das Grundprinzip des Teilnahmesystems - die Akzessorietät - Einzug in das österreichische Einheitstätersystem[1687]. Damit ist auch die pauschale Aussage, daß auch am Fahrlässigkeitsdelikt die Beteiligung möglich sei, nicht richtig. Denn die Beteiligung in der Form der Beitragstäterschaft ist eben nur strafbar, sofern es mindestens zum Versuch der Bezugstat gekommen ist, ein solcher setzt aber zumindest den Vorsatz zur Tatbegehung voraus. Auch für diesen Fall hat sich also ein (qualitatives) Akzessorietätserfordernis in das österreichische Einheitstätersystem eingeschlichen[1688]. Kommt es dagegen zur „Vollendung", tritt der Erfolg ein, so reicht für eine Beitragstäterschaft auch die fahrlässige Bezugstat. Diese Unregelmäßigkeit fällt den Vertretern des österreichischen Einheitstätersystems nicht auf. Ferner wird die Einsicht, daß die Beteiligung auch im Einheitstätersystem aufeinander bezogenes Handlungsunrecht verschiedener Personen voraussetzt, dadurch deutlich, daß auch die Vertreter des Einheitstätersystems für eine Strafbarkeit des Bestimmungs- oder des Beitragstäters davon ausgehen, daß der Erfolg objektiv zurechenbar[1689] sein muß[1690]. Durch die Bestimmungs- oder Beitragshandlung muß das Risiko der Tatverwirklichung durch den unmittelbaren Täter erhöht worden sein. „Sozialadäquate Späße" scheiden daher zum Beispiel als Bestimmungshandlung aus. Da der Bestimmungs- und der Beitragstäter nicht in größerem Umfang als der unmittelbare Täter für die Tat haften sollen, hängen auch insofern die Bestimmungs- und Beitragstäterschaft von der Bezugstat ab.

1685 S. dazu oben S. 235.

1686 *Bloy* in: Festschrift für Schmitt S. 33, 46ff.

1687 *Bloy* in: Festschrift für Schmitt S. 33, 45; *Fuchs* ÖJZ 1986, 257, 263, 265; *Lewisch* JBl 1989, 294, 296.

1688 *Bloy* in: Festschrift für Schmitt S. 33, 45; *Fuchs* ÖJZ 1986, 257, 263, 265; *Lewisch* JBl 1989, 294, 296.

1689 Für die h.M.: *Kienapfel* Grundriß AT E5 Rdnr. 12ff.; *Triffterer* AT I S. 403 Rdnr. 72, S. 409 Rdnr. 95; WK-*Fabrizy* § 12 Rdnr. 43, 76; s. dazu auch oben S. 217, 229.

1690 *Bloy* in: Festschrift für Schmitt S. 33, 51.

Insgesamt verdient daher das dualistische Modell den Vorzug: Das Einheitstätersystem kann die Prämisse, daß alle Beteiligten gleiches Unrecht verwirklichen, nicht konsequent verfolgen. Bei der Beteiligung mehrerer an einem Delikt ist es gerade in der heutigen Zeit, in der die organisierte Kriminalität im Leben der Gesellschaft eine immer größere Bedeutung erlangt, zur gerechten Kriminalitätsbekämpfung notwendig, daß zwischen verschiedenen Unrechtsformen unterschieden werden kann. Der personale Unrechtsbegriff des dualistischen Modells ist eher in der Lage, die Beteiligungsformen als „personale Beziehungsformen"[1691] mit unterschiedlichem Unrechtsgehalt zu erfassen und entsprechend zu bestrafen[1692].

Auch Art. 2 Abs. 1 der Konvention zum Schutz der finanziellen Interessen der Europäischen Gemeinschaft von 1995[1693] sowie Art. 12 des *Corpus Juris*[1694] differenzieren zwischen Tätern, Anstiftern und Gehilfen[1695].

Im folgenden zusammenfassenden Vergleich können die bei der Untersuchung des österreichischen Einheitstätersystems gewonnenen Erkenntnisse aber trotz dieser grundsätzlichen Entscheidung für ein Differenzierungssystem verwertet werden. Denn das von der in Österreich herrschenden Meinung als funktionales System ausgelegte Einheitstätersystem unterscheidet zumindest begrifflich zwischen den verschiedenen Teilnahmeformen. Mit Ausnahme des Verzichts auf (fast) jegliche Akzessorietät ergeben sich dort dieselben Fragestellungen wie für die untersuchten Differenzierungsmodelle, so daß auch die österreichischen Ansätze im Schlußvergleich berücksichtigt und in einen Modellvorschlag aufgenommen werden können.

1691 *Bloy* in: Festschrift für Schmitt S. 33, 55.

1692 Auch *Tiedemann* fordert, für eine gemeineuropäische Regelung am Differenzierungsmodell festzuhalten (in: Festschrift für Nishihara S. 496, 501).

1693 ABl. EG Nr. C 316/48 vom 27.11.1995.

1694 Abgedruckt in *Delmas-Marty* (Hrsg.) Corpus Juris introducing penal provisions for the purpose of the financial interests of the European Union (1997); französischer Text auch bei *Tiedemann* Die Europäisierung des Strafrechts in: Kreuzer, Karl/Scheuing, Dieter H./Sieber, Ulrich (Hrsg.) Die Europäisierung der mitgliedstaatlichen Rechtsordnungen in der Europäischen Union, S. 133, 149ff.

1695 Zur Tradition des Differenzierungsmodells in Europa vgl. *Tiedemann* in: Festschrift für Nishihara S. 496, 499.

III. Der Täter: Die Abgrenzung zum Teilnehmer

Ausgehend von einem restriktiven Täterbegriff ist Täter in den untersuchten Rechtsordnungen grundsätzlich zunächst nur derjenige, der die Elemente des Tatbestandes unmittelbar selbst erfüllt, also derjenige, dessen Verhalten sich unmittelbar unter den Tatbestand subsumieren läßt. Die gesetzlichen Teilnahmeregelungen weiten den Kreis der strafbaren Personen aus. Eine Sonderstellung hat hier das spanische Recht: Zwar wird auch dort in der Hinsicht von einem restriktiven Täterbegriff ausgegangen, als daß nicht jeder an der Tat irgendwie Beteiligte als Täter anzusehen ist. Art. 28 C.P. geht mit seiner Täterbestimmung jedoch weiter als die entsprechenden Regelungen der übrigen Rechtsordnungen, da er neben demjenigen, der die Tat ausführt, auch denjenigen als Täter ansieht, der einen anderen zur Tatbegehung bestimmt oder der an der Tat durch einen Beitrag teilnimmt, ohne den sie nicht hätte verwirklicht werden können.

Für die Abgrenzung zum Teilnehmer gibt es drei grundlegende Ansätze: Es kann erstens nach rein objektiven Kriterien nur derjenige als Täter eingestuft werden, der die Tathandlung tatsächlich ausführt. Diesen Weg ging die ältere französische Rechtsprechung im Einklang mit der Literatur. Auch in Österreich und England wird nach der jeweils herrschenden Ansicht in Literatur und Rechtsprechung nach streng objektiven Gesichtspunkten abgegrenzt. Die zweite Abgrenzungsmethode geht nach rein subjektiven Gesichtspunkten davon aus, daß Täter derjenige ist, der mit Täterwillen handelt und der die Tat als „seine" will. Diesen Ansatz vertritt die deutsche Rechtsprechung in modifizierter Form bis heute. Schließlich gibt es eine vermittelnde Lösung, die objektive und subjektive Kriterien nebeneinander bestehen und die materielle Intensität der Tatbeteiligung entscheiden läßt. Dies ist die Lehre von der Tatherrschaft, wie sie in Deutschland die Literatur befürwortet und der sich auch die deutsche Rechtsprechung, von einem subjektiven Ansatz ausgehend, annähert. Auch die französische Rechtsprechung und Teile der französischen Literatur grenzen nicht mehr streng objektiv ab, sondern lassen wertende Gesichtspunkte in die Abgrenzung einfließen. In Spanien grenzte die Literatur zwar lange Zeit anhand objektiver Kriterien ab, während die Rechtsprechung entgegengesetzt einen subjektiven Ansatz vertrat, jedoch nähern sich beide heute zunehmend der Lehre von der Tatherrschaft an.

Insgesamt ist dieser dritte, normativ wertende und dadurch flexible Ansatz zur Abgrenzung zwischen Täterschaft und Teilnahme für die heutige Zeit mit den vielfältigen Erscheinungsformen der internationalen und organisierten Kriminalität am besten geeignet, konsequent zu Lösungen zu gelangen, die die Tatbeteiligung in der

Realität widerspiegeln. Entscheidendes Argument ist vor allem, daß dieser Ansatz die mittelbare Täterschaft, die in den akzessorischen Beteiligungsmodellen unbedingt nötig ist, um Strafbarkeitslücken zu verhindern, ohne Probleme erklären kann.

Durch einen normativen Täterbegriff können die vielfältigen Fragestellungen der Problematik von Täterschaft und Teilnahme konsequent und ohne komplizierte Ausnahmeregelungen gelöst werden[1696].

IV. Der Mittäter

Die Mittäterschaft dient der Zurechnung von durch andere Beteiligte verwirklichten Tatbeiträgen, so daß jeder Beteiligte wegen des gesamten Deliktes bestraft werden kann[1697]. Voraussetzung für die Zurechnung fremden Verhaltens ist dabei, daß die Beteiligten aufgrund eines gemeinsamen Tatplanes, mindestens in gegenseitigem Einverständnis, arbeitsteilig die Tat ausführen.

Die Mittäterschaft ist in allen untersuchten Rechtsordnungen anerkannt. Die von einer objektiven Abgrenzung zwischen Täter und Teilnehmer ausgehenden Rechtsordnungen Österreichs und Englands verlangen dabei grundsätzlich, daß alle Mittäter objektiv die gesamte Tathandlung vornehmen. Auch in diesen Ländern wird aber eine Zurechnung der Tatbeiträge anderer ermöglicht, sofern bewußt und gewollt zusammengearbeitet wird. Gefordert wird allerdings, daß der Mittäter mindestens einen Teil der Ausführungshandlung vornimmt, so daß der ortsabwesende, nur in der Planungsphase Beteiligte nicht Mittäter sein kann. Demgegenüber kann in den Rechtsordnungen von Deutschland und Frankreich, die von wertenden Abgrenzungskriterien wie der Lehre von der Tatherrschaft ausgehen, auch dem ortsabwesenden Beteiligten die komplette Tatausführung zugerechnet werden, sofern alle die Tatherrschaft innehaben. In Spanien genügen trotz fortschreitender Anerkennung der Lehre von der Tatherrschaft geistige Mitwirkungshandlungen im Vorbereitungsstadium nicht.

Gerade bei der Mittäterschaft zeigen sich die Vorteile der Lehre von der Tatherrschaft. In der heutigen Zeit ist die arbeitsteilige Deliktsausführung die Regel. Die Strukturen der Kriminalität werden immer komplexer; man denke nur an die organisierte Kriminalität, die Möglichkeiten der Straftatbegehung im Internet oder die

---

1696 Vgl. dazu Sch/Sch/*Cramer* Vorbem § 25ff. Rdnr. 3,4; zustimmend *Tiedemann* in: Festschrift für Lenckner S. 411, 431; ausführlich dazu auch *Bottke* Täterschaft und Gestaltungsherrschaft (1992), S. 35ff.

1697 *Tiedemann* (Festschrift für Lenckner S. 411,431; ebenso ZStW 110 (1998), 497, 510) bezeichnet die Möglichkeit der Zurechnung fremder Tatbeiträge zutreffend als „europäisches Gemeingut".

Straftaten in der Wirtschaft (sogenannte *white-collar-crimes*). Gerade hier ist es nötig, nach der materiellen Intensität der Tatbeiträge zwischen Täterschaft und Teilnahme zu unterscheiden, um auch die planenden Hintermänner zu erfassen und die Beteiligten einer gerechten Strafe zuzuführen. Durch die Lehre von der Tatherrschaft wird es ermöglicht, auch den „Schreibtischtätern" die Deliktsverwirklichung durch von ihnen eingeschaltete und kontrollierte Tatausführende zuzurechnen. Auch der ortsabwesende Täter sollte, sofern er die Tat mit den anderen Beteiligten geplant hat und ebenso Tatherrschaft innehat, Mittäter sein können.

Die sukzessive Mittäterschaft ist in allen untersuchten Rechtsordnungen anerkannt. Lediglich bezüglich der Zurechnung von vor dem Hinzukommen des sukzessiven Mittäters bereits verwirklichten Qualifikationen besteht Uneinigkeit. Während in Deutschland nach neuerer Ansicht sowie in England und Spanien davon ausgegangen wird, daß eine Zurechnung bereits abgeschlossener Vorgänge nicht möglich ist, da nur solche Tatbeiträge zugerechnet werden können, auf die sich die Tatherrschaft des Mittäters bezog, haftet der Mittäter nach österreichischem Recht für das gesamte vor seinem Eintritt abgeschlossene Geschehen, sofern er davon wußte.

Während in Deutschland wegen der Forderung eines gemeinsamen Tatplanes die fahrlässige Mittäterschaft abgelehnt wird, stellt die herrschende Meinung in Frankreich und Spanien weniger strenge Anforderungen. Da dort gegenseitiges Wissen und Einverständnis ausreicht, ist auch die fahrlässige Mittäterschaft anerkannt. Die geistige Übereinstimmung kann sich demnach auch auf das fahrlässige Verhalten beziehen, es ist nicht erforderlich, daß sie sich auf einen geplanten Taterfolg bezieht. Im Ergebnis ist die Frage, ob fahrlässige Mittäterschaft möglich ist, allerdings ohne Bedeutung, da sich bezüglich der Beteiligung am Fahrlässigkeitsdelikt ohnehin zunehmend die Auffassung durchsetzt, daß dort von einem Einheitstätersystem auszugehen ist[1698]. Jeder, der eine Sorgfaltspflicht verletzt, ist Täter der Fahrlässigkeit. Ob man dabei von Neben- oder Mittäterschaft ausgeht, ist ein rein begriffliches Problem, da es auf die Zurechnung von Tatbeiträgen anderer über die Regeln der Mittäterschaft bei der Fahrlässigkeit nicht ankommt.

V. Der mittelbare Täter

In akzessorischen Teilnahmesystemen, in denen die Teilnahmestrafbarkeit davon abhängt, daß eine teilnahmefähige Haupttat vorliegt, ist die mittelbare Täterschaft zur Verhinderung von Strafbarkeitslücken notwendig, um den Hintermann, der sich ei-

---

[1698] S. dazu S. 360.

nes Werkzeuges zur Tatausführung bedient, das dabei aber mangels Vorsatzes oder Sonderpflichtstellung keine tatbestandsmäßige Handlung begeht oder das nicht rechtswidrig handelt, strafrechtlich zu erfassen. Die Schließung dieser Strafbarkeitslücken wird durch eine abrupte Durchbrechung des Akzessorietätsgedankens erkauft[1699].

Im deutschen und spanischen Strafrecht ist die Figur der mittelbaren Täterschaft ausdrücklich in das Gesetz aufgenommen worden, jedoch ohne deren Voraussetzungen näher zu bestimmen (§ 25 dStGB: „durch einen anderen"; Art. 28 C.P.: „mittels eines anderen, dessen er sich als Werkzeug bedient" (*por medio de otro del que se sirve como instrumento*)). Im englischen und französischen Strafrecht ist die mittelbare Täterschaft zwar im Gesetz nicht ausdrücklich erwähnt, jedoch allgemein anerkannt.

Voraussetzung ist grundsätzlich, daß der Vordermann der Herrschaft (Willens-, Wissens- oder Entscheidungsherrschaft genannt) des Hintermannes unterworfen ist. Weist der Vordermann bestimmte Defekte auf, die seine Strafbarkeit entfallen lassen, so kann dem Hintermann die Tatausführung des Vordermannes als eigene zugerechnet werden.

Einigkeit besteht darüber, daß mittelbare Täterschaft dann möglich ist, wenn der Vordermann nicht tatbestandsmäßig (mangels Vorsatzes oder Sonderpflichtstellung) oder (objektiv) nicht rechtswidrig handelt.

Während man im deutschen und englischen Recht ebenso wie in der spanischen Rechtsprechung aber weitergehend davon ausgeht, daß auch dann mittelbare Täterschaft des Hintermannes möglich ist, wenn der Vordermann (subjektiv) schuldlos handelt, wird in Frankreich und in der spanischen Literatur für diesen Fall die Möglichkeit der mittelbaren Täterschaft abgelehnt. Denn in diesem Fall sei Teilnahme möglich, so daß keine Strafbarkeitslücke bestehe und daher die Akzessorietät nicht durchbrochen werden sollte.

Wie schon bei der Mittäterschaft sprechen hier kriminalpolitische Erwägungen dafür, denjenigen, der die Tatherrschaft innehat, auch als Täter zu bestrafen. Sofern dies der Fall ist, sollte also, wie überwiegend anerkannt, auch dann, wenn der Vordermann schuldlos handelt, mittelbare Täterschaft des Hintermannes möglich sein.

Fraglich ist aber, ob dies auch für den Fall gelten soll, daß der Vordermann selbst volldeliktisch handelt, ob also eine mittelbare Täterschaft hinter dem Täter möglich ist. Diese Möglichkeit wird von Rechtsprechung und Literatur in Deutschland und

---

[1699] So zutreffend *Tiedemann* in: Festschrift für Lenckner S. 411, 432; *ders.* ZStW 110 (1998), 497, 510; *ders.* in: Festschrift für Nishihara S. 496, 502f.

von der spanischen Rechtsprechung für seltene Ausnahmesituationen anerkannt. In Deutschland wird dies seit einem neueren Urteil des BGH[1700] nicht nur für vom Recht losgelöste Machtapparate, sondern auch für hierarchische Organisationsstrukturen, wie zum Beispiel innerhalb eines Unternehmens, diskutiert. Die Argumentation für die Möglichkeit der Täterschaft hinter dem Täter ist im wesentlichen ebenfalls von Tatherrschaftsgesichtspunkten geprägt. Trotz eigener Strafbarkeit sei der Vordermann unter Umständen der Herrschaft des Hintermannes derart unterworfen, daß sich die Tat als das Werk des Hintermannes darstelle. In den übrigen Rechtsordnungen wird diese Möglichkeit abgelehnt, da die Eigenverantwortlichkeit des Vordermannes den Zurechnungszusammenhang unterbreche und der Hintermann in diesen Fällen keine die Täterschaft begründende Herrschaft über das Werkzeug habe. Vielmehr liege in diesen Fällen Anstiftung vor, die gerade das Veranlassen der Tatausführung durch einen anderen erfasse.

Unabhängig davon, ob man die umstrittene Konstruktion der Täterschaft hinter dem Täter als nötig und zulässig erachtet, wird die gesetzliche Festschreibung einer solchen in den übrigen Ländern, die zum Teil nicht einmal die Lehre von der Tatherrschaft anerkennen oder aber bereits bei schuldlos handelndem Werkzeug die Möglichkeit der mittelbaren Täterschaft ablehnen, nicht akzeptiert werden. Praktische Konsequenzen hat dies wegen der in diesen Fällen möglichen Strafbarkeit des Hintermannes als Mittäter oder Anstifter ohnehin nicht, da der Anstifter in allen untersuchten Rechtsordnungen demselben Strafmaß unterliegt wie ein Täter. Im folgenden Modellvorschlag wird daher diese Möglichkeit ausgespart.

Insgesamt läßt sich trotz der französischen Skepsis gegenüber einer Anerkennung der mittelbaren Täterschaft festhalten, daß eine solche Konstruktion in allen untersuchten Rechtsordnungen anerkannt ist. Sie sollte daher in einer europäischen Regelung ausdrücklich benannt werden. Da die Konstruktion der mittelbaren Täterschaft aber wie erwähnt mit dem allgemeinen Grundsatz der Akzessorietät bricht, sollte sie in einer europäischen Regelung als Ausnahmevorschrift nicht nur als mögliche Täterschaftsform erwähnt werden; vielmehr sollten die Voraussetzungen und Fallgruppen aus Gründen der Rechtssicherheit ausdrücklich klargestellt werden[1701].

1700 BGHSt 40, 218ff.; s. oben S. 18.

1701 Vgl. auch *Tiedemann* in: Festschrift für Nishihara S. 496, 501, 502f.

VI. Die Teilnahme

1. Die verschiedenen Teilnahmeformen

Grundsätzlich kennen alle untersuchten Rechtsordnungen die Beteiligung durch Veranlassen eines anderen zur Tatausführung und die Beteiligung durch Unterstützen eines anderen bei dessen Tatausführung.

In Deutschland und Österreich wird dabei bereits im Gesetz eine Zweiteilung vorgenommen zwischen der Anstiftung und der Beihilfe bzw. der Bestimmungs- und der Beitragstäterschaft. Auch in Spanien trennt das Gesetz zwischen Teilnehmern, die „als Täter angesehen werden" (*considerados autores*), und „sonstigen Teilnehmern". In die erstere Gruppe fallen der Anstifter (*inductor*) und die „notwendigen Gehilfen" (*cooperadores necessarios*), in die zweite Gruppe alle „sonstigen Teilnehmer" (*cómplices* oder *cooperadores no necessarios*). Im französischen und englischen Strafrecht wird zwar auch begrifflich zwischen verschiedenen Beteiligungsformen unterschieden, jedoch wird dort keine Zweiteilung im Gesetz vorgenommen. Die der Anstiftung und der Beihilfe entsprechenden Tatbeteiligungen werden dort in einer Gruppe als Teilnahme zusammen erfaßt. Der Anstiftung entsprechen dabei im französischen Strafrecht der Begriff der *complicité par provocation* und im englischen Strafrecht die Begriffe des *counselling* und *procuring*. Der Beihilfe entspricht im französischen Strafrecht die *complicité par aide ou assistance*. Im englischen Recht ist Gehilfe derjenige, der den Täter durch *aiding* oder *abetting* oder ebenfalls *counselling* unterstützt.

Die Dreiteilung in Täter, Anstifter und Gehilfen haben auch das Übereinkommen von 1995 zum Schutz der finanziellen Interessen der Europäischen Gemeinschaft[1702] sowie das *Corpus Juris* von 1997[1703] übernommen. Das *Corpus Juris* gibt dabei erstmals eine Definition dieser drei Beteiligungsformen:

Täter ist, wer die tatbestandsmäßige Handlung ausführt oder als Mittäter an der Tatbegehung mitwirkt; *Anstifter* ist, wer durch Geschenk, Versprechen, Drohung, Befehl oder Mißbrauch der Amts- oder Befehlsgewalt eine Straftat hervorruft oder

---

1702 ABl. EG Nr. C 316/48 vom 27.11.1995.

1703 Abgedruckt in *Delmas-Marty* (Hrsg.) Corpus Juris introducing penal provisions for the purpose of the financial interests of the European Union (1997); französischer Text auch bei *Tiedemann* Die Europäisierung des Strafrechts in: Kreuzer, Karl/Scheuing, Dieter H./Sieber, Ulrich (Hrsg.) Die Europäisierung der mitgliedstaatlichen Rechtsordnungen in der Europäischen Union, S. 133, 149ff.

zu ihrer Durchführung Anweisung gibt; *Gehilfe* ist, wer wissentlich durch Hilfeleistung die Vorbereitung oder die Durchführung der Straftat erleichtert[1704].

Zu erwähnen ist bezüglich dieser Regelung, daß sie, eng an das französische Recht angelehnt, mit der Aufzählung der einzelnen Formen der Anstiftung die mittelbare Täterschaft nicht ausdrücklich als Täterform erfaßt. Diese ist vielmehr in den erwähnten Anstiftungsformen mitenthalten. Dies entspricht der französischen Tradition, die die mittelbare Täterschaft nur in Ausnahmefällen anerkennt, sie aber nicht gesetzlich regelt.

Im folgenden wird der Einfachheit halber nur noch von Anstiftung oder Beihilfe gesprochen. Sofern nichts Gegenteiliges ausdrücklich festgestellt wird, sind damit die entsprechenden Beteiligungsformen in den jeweiligen Ländern gemeint.

In einer europäischen Regelung sollte auf eine weitere Unterdifferenzierung der Beihilfe verzichtet werden, da dies zu in der Praxis schwer nachvollziehbaren theoretischen Unterscheidungen führt[1705].

2. *Strafgrund der Teilnahme*

In den akzessorischen Differenzierungssystemen besteht grundsätzlich Einigkeit darüber, daß der Strafgrund der Teilnahme in der Beteiligung an fremdem Unrecht liegt. Das Unrecht der Beteiligung hängt vom Unrecht der Haupttat ab. Dabei wird für das Unrecht des Teilnehmers in verschiedenen Modifizierungen mehr auf das vom Haupttäter übernommene Unrecht abgestellt, oder es werden mehr die selbständigen Unrechtselemente der Teilnahme betont. Demgegenüber kennt das österreichische Einheitstätersystem keine Übernahme von Unrechtselementen. Jeder Beteiligte wird wegen des von ihm verwirklichten Unrechts unabhängig von der rechtlichen Beurteilung der übrigen Beteiligten als Täter erfaßt.

3. *Abhängigkeit der Teilnahme von der Haupttat (Akzessorietät)*

Im Gegensatz zum österreichischen Einheitstätersystem, das auf (fast) jegliche Abhängigkeit der Bestimmungs- und Beitragstäterschaft von der Haupttat verzichtet, besteht in den untersuchten Differenzierungssystemen Einigkeit darüber, daß die

---

1704 Deutsche Übersetzung des *Corpus Juris* in: *Delmas-Marty* (Hrsg.) Corpus Juris der strafrechtlichen Regelungen zum Schutz der finanziellen Interessen der Europäischen Union (1998); eine ähnliche Übersetzung findet sich bei *Tiedemann* in: Festschrift für Nishihara S. 496, 500.

1705 Vgl. auch *Tiedemann* in: Festschrift für Nishihara S. 496, 499.

Strafbarkeit der Teilnahme von der Haupttat abhängt[1706]. Diese Abhängigkeit ist jedoch in keinem der Länder absolut; vielmehr unterliegt die strafbare Teilnahme der limitierten Akzessorietät. Das bedeutet, daß die Haupttat zwar an sich strafbares Verhalten darstellen muß, daß es aber nicht erforderlich ist, daß der Haupttäter auch tatsächlich strafbar ist. Daher ist Teilnahme dann möglich, wenn objektiv eine rechtswidrige Haupttat vorliegt, der Täter selbst aber wegen an seine Person anknüpfender, nur ihn treffender Strafausschließungsgründe nicht strafbar ist. Darunter fallen die Entschuldigungsgründe des deutschen und spanischen Rechts und die „subjektiven Gründe der Nicht-Verantwortlichkeit“ des französischen Rechts. Ist dagegen die Tat an sich nicht strafbar, da das Verhalten des Täters nicht rechtlich mißbilligt ist, wie zum Beispiel die Selbsttötung, oder da das Verhalten des Täters objektiv gerechtfertigt ist (wegen eines Rechtfertigungsgrundes im deutschen und spanischen Recht oder wegen eines „objektiven Grundes der Nicht-Verantwortlichkeit“ im französischen Recht), so liegt keine teilnahmefähige Haupttat vor. Auch der Teilnehmer bleibt in diesen Fällen straflos. Im englischen Strafrecht ist der Umfang der Akzessorietät noch nicht abschließend geklärt. Allerdings geht die Entwicklung in der Literatur dahin, die *defences* in Entschuldigungen und Rechtfertigungen einzuteilen und bei Vorliegen einer Entschuldigung Teilnahme zuzulassen, bei Vorliegen einer Rechtfertigung dagegen nicht.

Grundsätzlich ist daher Voraussetzung für die strafbare Teilnahme, daß der objektive Unrechtstatbestand erfüllt ist. Es muß objektiv rechtlich mißbilligtes Verhalten des Haupttäters vorliegen, nicht dagegen schuldhaftes Handeln. Eine solche Regelung ist gegenüber der Einheitstäterlösung enger, da diese auf jegliche Abhängigkeit der Beteiligten voneinander verzichtet. Die durch diese Akzessorietät entstehenden Strafbarkeitslücken können aber durch die Konstruktion der mittelbaren Täterschaft oder eigenständige, eine Täterstrafe vorschreibende Sondertatbestände geschlossen werden[1707]. Auf die Möglichkeit der Teilnahme am Fahrlässigkeitsdelikt wird unten eingegangen[1708].

[1706] Vgl. auch *Tiedemann* in: Festschrift für Nishihara S. 496, 502.
[1707] Vgl. auch *Tiedemann* in: Festschrift für Nishihara S. 496, 502.
[1708] S. S. 360.

4. *Objektive Anforderungen an die Teilnahmehandlung*

a) Kausalität der Teilnahmehandlung

Bezüglich der Kausalität der Anstiftung besteht in allen untersuchten Ländern Einigkeit, daß die Bestimmungshandlung kausal für den Tatentschluß des Angestifteten sein muß. Aus diesem Grund ist die Anstiftung desjenigen, der bereits zur Tat entschlossen ist (*omnimodo facturus*), nicht möglich. In diesen Fällen kommt aber, sofern die Rechtsordnungen dies anerkennen, versuchte Anstiftung[1709] oder psychische Beihilfe[1710] in Betracht.

An die Kausalität der Beihilfehandlung werden in den untersuchten Rechtsordnungen sehr geringe Anforderungen gestellt. Zunächst besteht Einigkeit darüber, daß die Beihilfehandlung nicht *conditio sine qua non* für den eingetretenen Erfolg sein muß. Es reicht vielmehr nach der überwiegenden Ansicht aus, daß die Handlung des Täters durch die Beihilfe irgendwie gefördert, erleichtert oder unterstützt wurde. Dies kann auch durch überflüssige Beihilfehandlungen geschehen, da dadurch der Täter zumindest psychisch unterstützt wird. Demgegenüber verlangt die deutsche Literatur, daß sich die Beihilfe nicht nur auf die Handlung des Täters irgendwie kausal ausgewirkt haben muß, sondern daß sie den Taterfolg ermöglicht, erleichtert oder intensiviert hat. Diese Voraussetzung wird allerdings bei den meisten Beihilfehandlungen, die sich auf die Handlung des Täters auswirken, gegeben sein, so daß dieser Streit geringe praktische Bedeutung hat.

b) Ort und Zeitpunkt der Teilnahmehandlung

In den untersuchten Rechtsordnungen ist es für Anstiftung und Beihilfe unerheblich, ob diese am Ort des Geschehens erfolgen oder nicht. Lediglich im englischen Strafrecht wird die räumliche Nähe zur Tatausführung als Abgrenzungskriterium zwischen den Teilnahmeformen des *aiding* und *abetting* und denen des *counselling* und *procuring* genannt. Für die beiden letztgenannten sei keine Anwesenheit am Tatort erforderlich.

Während die Anstiftung notwendigerweise vor der Tat erfolgt, besteht Uneinigkeit über den möglichen Zeitraum für die Beihilfehandlung.
Es besteht Übereinstimmung, daß die Hilfeleistung auch vor der Tat erfolgen kann.

1709 S. dazu unten S. 356.
1710 S. dazu unten S. 352.

Der letztmögliche Zeitpunkt für die Beihilfehandlung ist umstritten: In den Rechtsordnungen Frankreichs, Spaniens, Österreichs und Englands ist die Beihilfe nur bis zur Vollendung des Tatbestandes möglich. Von diesem Grundsatz machen das spanische und das französische Recht eine Ausnahme für vorher versprochene Hilfeleistungen. Diese können auch nach Vollendung der tatbestandlichen Ausführungshandlung erbracht werden. Ansonsten ist nur eine Strafbarkeit aus den Spezialdelikten der entsprechenden Strafgesetzbücher möglich, die - wie zum Beispiel die Begünstigung oder die Strafvereitelung - die Unterstützung des Täters nach der Tat erfassen. Demgegenüber ist nach der herrschenden Ansicht in Rechtsprechung und Lehre in Deutschland Beihilfe auch nach der tatbestandlichen Vollendung bis zur materiellen Beendigung, also der endgültigen Sicherung des Erfolges, möglich. Diese Ansicht wird aber in der neueren Literatur zunehmend kritisiert.

c) Mittel der Teilnahmehandlung

Als Mittel der Anstiftung kommt grundsätzlich jedes Verhalten in Betracht, das den Tatentschluß der Täters irgendwie hervorruft. Der französische N.C.P. zählt die Formen der Anstiftung beispielhaft auf: Auf den Täter kann durch Geschenk, Versprechen, Drohung, Befehl oder Autoritäts- oder Machtmißbrauch eingewirkt werden. In den übrigen Ländern werden die Mittel der Anstiftung nicht aufgezählt. Es reicht nach überwiegender Ansicht jede psychische Einwirkung des Anstifters auf den Täter. Erforderlich ist ein geistiger Kontakt zwischen Anstifter und Täter. Das Schaffen einer zur Tat verleitenden Situation genügt nicht. Lediglich im englischen Strafrecht wird dies durch den weit gefaßten Begriff des *procuring* erfaßt.

Aus den weiten Formulierungen der Regelungen über die Beihilfe ergibt sich, daß als Mittel der Beihilfe jedes Verhalten in Betracht kommt, das die Tat des Täters irgendwie unterstützt, solange es die Kausalitätsanforderungen erfüllt.

§ 27 dStGB erfaßt jedes „*Hilfeleisten*“; Art. 121-7 N.C.P. spricht allgemein von „*aide ou assistance*“, ebenso wie Sekt. 8 des Accessories and Abettors Act von „*aiding, abetting* und *counselling*“ spricht und Art. 28 C.P. schlicht die „*cooperación*“ erfaßt. § 12 öStGB schließlich stellt als Beitragstäter denjenigen unter Strafe, der zur Tatausführung „*sonst beiträgt*“.

Einigkeit besteht darüber, daß die Beihilfe dabei sowohl durch physische Beiträge als auch durch Ratschläge, Ermutigungen und sonstige psychische Unterstützungshandlungen erfolgen kann.

d) Sonstige Voraussetzungen der Teilnahme

Insbesondere die Anstiftung unterliegt einigen besonderen Anforderungen, die hier kurz aufgezählt werden sollen:

Zum einen wird gefordert, daß sich die Anstiftung an eine bestimmte Person oder mindestens an einen bestimmbaren Personenkreis richten muß. Die öffentliche Aufforderung, Straftaten zu begehen, ist nur strafbar, sofern dies spezialgesetzlich geregelt ist. Lediglich die österreichische Literatur geht zum Teil davon aus, daß auch eine unbestimmbare Personenzahl angestiftet werden kann.

Ferner muß die Anstiftung auf eine bestimmte, in ihren wesentlichen Elementen umrissene Haupttat gerichtet sein, das heißt, es darf nicht nur Haß geschürt oder allgemein zur Rache aufgefordert werden[1711].

e) Teilnahme durch Unterlassen

Ob die Teilnahme durch Unterlassen möglich ist, ist in allen untersuchten Rechtsordnungen umstritten. Bei der Anstiftung wird überwiegend davon ausgegangen, daß die erforderliche Einwirkung auf den Anzustiftenden durch Unterlassen nicht verwirklicht werden könne. Lediglich Teile der österreichischen Literatur gehen davon aus, daß die Bestimmung zwar durch Unterlassen geschehen könne, daß dafür aber eine Garantenstellung des Bestimmenden nötig sei.

Für die Beihilfe wird überwiegend davon ausgegangen, daß diese auch durch Unterlassen möglich ist. Die Rechtsordnungen Deutschlands, Spaniens, Österreichs und Englands, die das Begehen durch Unterlassen bei Vorliegen einer Garantenstellung anerkennen, fordern für die Beihilfe durch Unterlassen ebenfalls, daß der Gehilfe eine Garantenstellung innehat. Im französischen Recht, dem das Begehen durch Unterlassen fremd ist, wird die Möglichkeit der Teilnahme durch Unterlassen über die Wortbedeutung begründet: Die Begriffe *aide* und *assistance* umfaßten auch das Unterlassen. Darin wird dann meist eine moralische Unterstützung des Täters gesehen. Kann eine solche nicht begründet werden, so ist die Teilnahme durch Unterlassen entsprechend den übrigen Rechtsordnungen dann strafbar, wenn der unterlassende Gehilfe sich in einer Position befindet, die ihm eine Abwendungspflicht auferlegt. Die genaueren Anforderungen an diese „Garantenstellung" sind allerdings nicht eindeutig festgelegt.

Die Abgrenzung zur Täterschaft durch Unterlassen wird in den untersuchten Rechtsordnungen in allen oben genannten[1712] Varianten vorgenommen: In England

---

1711 Zu den Anforderungen an den Vorsatz des Anstifters vgl. unten S. 354.

1712 S. oben S. 343.

wird nach den allgemeinen Regeln danach abgegrenzt, wer objektiv die Ausführungshandlung vornimmt. Dem Unterlassenden bleibt danach neben demjenigen, der den Tatbestand durch positives Tun verwirklicht, nur die Rolle des Teilnehmers. Die deutsche Rechtsprechung grenzt nach rein subjektiven Kriterien ab. Demgegenüber geht der überwiegende Teil der deutschen Literatur im Einklang mit der überwiegenden spanischen Rechtsprechung und Literatur davon aus, daß der unterlassende Gehilfe immer nur Teilnehmer sein könne, nie unmittelbarer Täter. In Spanien ist dann allerdings die Abgrenzung zwischen der „notwendigen" und der „sonstigen" Teilnahme umstritten. Lediglich in Frankreich und Österreich stellt sich das Problem der Abgrenzung nicht: In Frankreich ist die Täterschaft durch Unterlassen ausgeschlossen, da das unechte Unterlassungsdelikt nicht anerkannt ist, so daß nur Teilnahme in Frage kommt. In Österreich ist der unterlassende Gehilfe wegen des Einheitstätersystems ohnehin Beitragstäter. Zum unmittelbaren Täter wird dann nach den allgemeinen Regeln abgegrenzt: Unmittelbarer Täter ist derjenige, der die Ausführungshandlung vornimmt.

5. *Subjektive Anforderungen an die Teilnahme*

a) Vorsatzerfordernis

Einigkeit besteht in den untersuchten Rechtsordnungen darüber, daß die fahrlässige Teilnahme nicht strafbar ist. Der Teilnehmende muß seine Anstiftungs- oder Gehilfenhandlung vorsätzlich erbringen.

Ferner muß der Teilnehmer die Haupttat in seinen Vorsatz aufgenommen haben. Dabei ist es nicht erforderlich, daß die Haupttat in allen ihren Einzelheiten feststeht, der Vorsatz des Teilnehmers muß aber die wesentlichen Elemente der Tat umfassen. Dabei reicht jeweils die dem Eventualvorsatz entsprechende Vorsatzform. Stellt die Haupttat besondere Anforderungen an die innere Tatseite des Täters, so genügt es mit Ausnahme des österreichischen Strafrechts, daß der Haupttäter diese aufweist, der Teilnehmer muß nur wissen, daß der Täter die subjektiven Anforderungen erfüllt.

b) Verantwortung des Teilnehmers für Exzesse des Täters

Problematisch ist der Fall, daß der Täter eine von der Vorstellung des Teilnehmers abweichende Tat begeht.

Unterschieden werden kann dabei zwischen dem qualitativen und dem quantitativen Exzeß. Der quantitative Exzeß ist dadurch gekennzeichnet, daß der Täter grundsätzlich die Tat begeht, die auch der Teilnehmer in seinen Vorsatz aufgenommen hatte, und dabei lediglich eine andere Ausführungsart wählt. Zum Beispiel wird statt eines einfachen Diebstahls ein Diebstahl mit Waffen oder mit mehreren Beteiligten begangen. Dieser Exzeß verändert also die Deliktsnatur als solche nicht.

Demgegenüber ist der qualitative Exzeß dadurch gekennzeichnet, daß der Täter eine ganz andere Tat begeht als vom Teilnehmer vorhergesehen. Statt eines Diebstahls wird ein Mord, eine Vergewaltigung oder ein Raub begangen. Die Deliktsnatur der Tat wird verändert.

In Frankreich und Spanien wird bezüglich des qualitativen Exzesses davon ausgegangen, daß dem Teilnehmer das verwirklichte Delikt nicht zugerechnet werden kann, da es nicht von seinem Vorsatz umfaßt war. Da die versuchte Teilnahme (weder die Anstiftung noch die Beihilfe) in beiden Rechtsordnungen straflos ist[1713], ist der Beteiligte in einem solchen Fall nicht strafbar. Beim quantitativen Exzeß ist in diesen Ländern für den Fall der Anstiftung eine Zurechnung des über den Vorsatz des Teilnehmers hinausgehenden Merkmals aber dann möglich, wenn sich der Exzeß im Rahmen des nach der Lebenserfahrung adäquat zu Erwartenden hielt, wenn ein solcher Exzeß also für den objektiven Beobachter vorhersehbar gewesen wäre. Der Teilnehmer wird also aus dem tatsächlich verwirklichten Delikt inklusive der qualifizierenden Merkmale bestraft.

Eine solche Unterscheidung wird im deutschen, österreichischen und englischen Strafrecht nicht gemacht. Hier gilt allgemein, daß der Teilnehmer nur soweit haftet, wie sein Vorsatz ging[1714]. Tatbezogene Exzesse jeglicher Art werden nicht zugerechnet. Lediglich unwesentliche Abweichungen sind unerheblich.

Beim qualitativen Exzeß kann in diesen Ländern wegen versuchter Anstiftung zum vom Teilnehmer geplanten Delikt bestraft werden[1715]. Eine Strafbarkeit wegen versuchter Beihilfe ist nicht anerkannt. Beim quantitativen Exzeß wird der Teilnehmer aus dem entsprechenden Grunddelikt bestraft.

Diese Lösung ist verglichen mit der französischen und spanischen die konsequentere. Denn sofern bei der Zurechnung tatbezogener Merkmale auf die objektive Vorhersehbarkeit abgestellt wird, werden dem Täter unabhängig von seinem Vorsatz

---

1713 Zur Strafbarkeit der versuchten Teilnahme siehe unten S. 356.

1714 Zwar ermöglicht im englischen Strafrecht die Konstruktion der sogenannten *common unlawful enterprise* auch Zurechnungen nicht vom Vorsatz des Teilnehmers umfaßter Merkmale, jedoch wird diese Konstruktion zunehmend kritisiert, so daß sie hier vernachlässigt werden kann.

1715 Zur Strafbarkeit der versuchten Teilnahme s. unten S. 356.

Merkmale zugerechnet, deren mögliche Verwirklichung er lediglich fahrlässig nicht erkannt hat. Dies widerspricht aber dem in allen Rechtsordnungen anerkannten Grundsatz, daß keine fahrlässige Teilnahme möglich ist. Nach herrschender Ansicht in allen Rechtsordnungen müssen auch die Elemente der Haupttat vom Vorsatz des Täters (mindestens Eventualvorsatz) umfaßt sein. Dem widerspräche die Zurechnung fahrlässig nicht erkannter qualifizierender Merkmale.

Für den deutschen Leser sei an dieser Stelle klargestellt, daß die hier behandelten Exzesse nur die sogenannten tatbezogenen Merkmale umfassen. Denn der Vorsatz des Teilnehmers wirkt sich nur bei tatbezogenen Merkmalen auf dessen Strafbarkeit aus. Die komplizierte Regelung der §§ 28, 29 dStGB muß daher hier nicht einbezogen werden. Dies erfolgt unten bei der Untersuchung der Auswirkungen von täterbezogenen (persönlichen) Merkmalen auf die Strafbarkeit der Beteiligten[1716].

6. *Teilnahme am Versuch und versuchte Teilnahme*

Wegen der Abhängigkeit der Teilnahme von der Haupttat ist es grundsätzlich erforderlich, daß diese auch ausgeführt wird. Allerdings ist keine Vollendung der Haupttat nötig, es reicht, wenn der Haupttäter ins strafbare Versuchsstadium eintritt. Sowohl die Anstiftung als auch die Beihilfe zum Versuch sind in allen Rechtsordnungen strafbar.

Die versuchte Anstiftung ist nach deutschem Recht gemäß § 30 dStGB nur dann strafbar, wenn zu einem Verbrechen angestiftet wurde, also zu einer Tat, deren Versuch ebenfalls strafbar ist. Die Regelungen des österreichischen und englischen Strafrechts gehen weiter, da die versuchte Bestimmungstäterschaft gemäß § 15 Abs. 2 öStGB und das *incitement* (ein Sondertatbestand des englischen Rechts zur Erfassung der versuchten Anstiftung) nicht auf versuchsstrafbare Delikte beschränkt sind. Im spanischen und französischen Recht ist die versuchte Anstiftung nicht strafbar.

Unserer Ansicht nach sollte die versuchte Anstiftung strafbar sein. Der Anstifter wird wie ein Täter bestraft; er wird im spanischen Recht sogar als Täter betrachtet. Daran wird deutlich, daß das Unrecht der Anstiftung nicht als weniger strafwürdig als das Täterunrecht erachtet wird; es ist diesem vielmehr gleichzusetzen. Allerdings gehen Regelungen, die die Anstiftung zu jedem Delikt strafbar stellen, zu weit. Der Strafgrund der versuchten Anstiftung liegt darin, daß bei bestimmten Delikten bereits die Vorbereitung zu diesen als besonders gefährlich erachtet wird. Das sind die

---

1716 S. unten S. 362.

Delikte, bei denen auch der Versuch strafbar ist. Delikte, deren Versuch nicht strafbar ist, werden als nicht schwerwiegend genug angesehen, als daß bereits der Versuch strafbar sein müßte, da für deren Strafwürdigkeit der Erfolgsunwert entscheidend ist. Dem widerspräche es, die versuchte Anstiftung, die noch weiter vom Erfolg entfernt ist als die mißlungene oder nicht beendete Ausführungshandlung, unter Strafe zu stellen. Damit würde der Anstifter strenger behandelt als der Haupttäter. Dem steht aber der Grundgedanke der Abhängigkeit der Teilnahme von der Haupttat entgegen. Nach überwiegender Ansicht nimmt der Teilnehmer am Unrecht des Täters teil. Es wäre daher widersprüchlich, wenn das Verhaltensunrecht des Täters keine Strafbarkeit rechtfertigt, wohl aber das des Teilnehmers. Daher sollte die versuchte Anstiftung nur dann strafbar sein, wenn sie sich auf eine Haupttat bezieht, deren Versuch strafbar ist[1717].

Die versuchte Beihilfe ist in keiner der untersuchten Rechtsordnungen strafbar. Wird die Beihilfehandlung nicht kausal für die Handlung des Täters oder schlägt sie fehl, so liegt kein strafbarer Teilnahmeversuch vor.

7. *Rücktritt von der Teilnahme*

Ähnlich der Regelung des Rücktritts vom Versuch der Beteiligung im deutschen § 24 Abs. 2 dStGB ist auch in Österreich für den strafbefreienden Rücktritt gemäß § 16 öStGB erforderlich, daß der Täter die Vollendung der Tat verhindert. Wird die Tat ohne sein Zutun nicht vollendet, so genügt das ernsthafte und freiwillige Bemühen um die Verhinderung. Im rücktrittsfreundlicheren deutschen und spanischen Recht ist weitergehend trotz Tatvollendung durch die übrigen Beteiligten ein Rücktritt möglich, wenn die Vollendung unabhängig vom Beitrag des Zurücktretenden geschieht und dieser sich freiwillig und ernsthaft um die Verhinderung bemüht hat. Ähnlich wird im französischen Recht für den Rücktritt gefordert, daß der Täter alles versuchen müsse, damit die Tat nicht zur Ausführung gelange. Dazu sei es erforderlich, daß er die Folgen seines Tatbeitrages komplett beseitige. Nur, wenn die Tat nachweislich gänzlich ohne seinen Beitrag ausgeführt werde, sei er strafbefreiend zurückgetreten. Da die Anforderungen an die komplette Beseitigung des eigenen Tatbeitrages im französischen Strafrecht sehr streng sind, wird dort entsprechend dem österreichischen Recht allgemein formuliert, daß dies eigentlich nur durch Verhinderung der Vollendung zu erreichen sei.

1717 Vgl. auch *Tiedemann* in: Festschrift für Nishihara S. 496, 504, der eine solche Regelung als einer „gemeineuropäischen Tendenz entsprechend" erwähnt.

Im englischen Recht wird für den Rücktritt unterschieden zwischen einerseits der Anstiftung oder der Ermutigung (*encouraging* oder *counselling*) vor der Tat und andererseits den materiellen Tatbeiträgen zum Beispiel durch Besorgen der Tatwaffe, eines Zweitschlüssels oder ähnlichem (*aiding*). Derjenige, der den Täter nur vor der Tat ermutigt hat, kann durch eindeutige Mitteilung, daß er sich nunmehr von der Tat distanziere, zurücktreten. Demgegenüber ist für denjenigen Beteiligten, dessen Unterstützungshandlung in materiellen Tatbeiträgen bestand, erforderlich, daß er seinen Tatbeitrag rückgängig macht und sich ernsthaft bemüht, die Vollendung zu verhindern. Dies nähert sich den strengeren Anforderungen in den übrigen Rechtsordnungen an.

Unserer Ansicht nach ist die Unterscheidung zwischen den Teilnahmeformen für den Rücktritt im englischen Recht nicht gerechtfertigt. Es ist nicht einsichtig, warum derjenige, der nur psychisch auf den Täter eingewirkt hat, weniger strengen Anforderungen an den Rücktritt unterliegen soll als derjenige, der materielle Hilfeleistungen erbracht hat. Denn oft ist gerade die psychische Einwirkung sehr viel stärkerer Natur und damit für das Opfer gefährlicher als die möglicherweise leicht auch anders zu beschaffende materielle Hilfe. Gerade für den Fall des Anstifters, der das deliktische Geschehen überhaupt erst in Gang setzt, sollte es, nachdem der Tatentschluß geweckt wurde, nicht durch bloßes Distanzieren von der Tatbegehung möglich sein, Straffreiheit zu erlangen. Denn hat der Anstifter erst einmal den selbständigen Tatentschluß im Täter geweckt, so wird es diesem gleichgültig sein, ob der Anstifter ihm später mitteilt, daß er nun doch mit der Tatbegehung nicht einverstanden sei. Der Täter hätte ohnehin ohne weitere Unterstützung des Anstifters gehandelt.

Daher erscheint uns der Ansatz in den übrigen Rechtsordnungen, die nicht für verschiedene Arten der Beteiligung verschiedene Anforderungen an den Rücktritt stellen, zu gerechteren Lösungen zu führen. Der Rücktritt sollte für alle Arten der Beteiligung dergestalt gelöst werden, daß für die Straffreiheit grundsätzlich die Verhinderung der Vollendung nötig ist. Kommt es ohne Zutun des Zurücktretenden nicht zur Vollendung, so soll das ernsthafte und freiwillige Bemühen um die Verhinderung genügen. Kommt es zur Vollendung des Deliktes durch die übrigen Beteiligten, so sollte der Rücktritt nur dann strafbefreiend wirken, wenn die Vollendung unabhängig vom Tatbeitrag des Zurücktretenden geschah und wenn dieser sich freiwillig und ernsthaft um die Verhinderung bemüht hat.

Lediglich für den Fall, daß die versuchte Anstiftung strafbar ist[1718], sollte entsprechend der Regelung des § 31 Abs. 1 Nr. 1 dStGB, sofern noch kein Tatentschluß

[1718] Das ist in Deutschland, Österreich und England der Fall, s. oben S. 356.

geweckt wurde, das bloße Aufgeben der Bestimmung genügen. Gibt der Anstiftende auf, bevor überhaupt ein Tatentschluß geweckt wurde, kann die spätere Tat ohnehin nur unabhängig vom Beitrag des Anstifters ausgeführt werden und Verhinderungsbemühungen des Anstifters würden, da zunächst gar keine Tatgefahr besteht, ebenfalls leerlaufen.

8. *Teilnahme an der Teilnahme*

Die Teilnahme an der Teilnahme läßt sich aufteilen in die Anstiftung zur Anstiftung, die Anstiftung zur Beihilfe, die Beihilfe zur Beihilfe und die Beihilfe zur Anstiftung.

Im französischen, spanischen und englischen Recht ist die Teilnahme an der Teilnahme grundsätzlich nur dann strafbar, wenn sich das Verhalten als Beihilfe zur Haupttat in der Form der *aide* oder *assistance* bzw. der *cooperación* oder des *aiding, abetting* oder *counselling* auslegen läßt. Denn Voraussetzung für die Teilnahme ist dort eine selbständige Haupttat, die die Teilnahme aber nicht darstellt. Grundsätzlich kann an der Teilnahme also nicht teilgenommen werden[1719]; lediglich die indirekte Unterstützung der Haupttat ist strafbar. Das ist aber wegen der geringen Anforderungen an die Kausalität der Teilnahme für die Handlung des Täters für alle Formen der Teilnahme an der Teilnahme denkbar.

Demgegenüber wird in Österreich und Deutschland davon ausgegangen, daß auch an den Delikten der Teilnahme eine Teilnahme möglich ist. Die Anstiftung zur Anstiftung ist als (mittelbare) Anstiftung zur Haupttat strafbar. Die Anstiftung zur Beihilfe wird als Beihilfe zur Haupttat erfaßt. Die Beihilfe zur Anstiftung und die Beihilfe zur Beihilfe werden ebenfalls als Beihilfe zur Haupttat erfaßt.

Mit Ausnahme der Anstiftung zur Anstiftung, die in Deutschland und Österreich als Anstiftung zur Haupttat erfaßt werden, wird die Teilnahme an der Teilnahme in allen Rechtsordnungen als Beihilfe zur Haupttat erfaßt.

[1719] Eine „Ausnahme" macht hier das englische Recht für das Delikt des *incitement*, an dem Teilnahme unproblematisch möglich ist. Streng genommen ist dies eigentlich keine Ausnahme, da das *incitement* kein Teilnahmetatbestand, sondern selbständiges Delikt ist.

VII. Die Beteiligung am Fahrlässigkeitsdelikt

In Deutschland wird davon ausgegangen, daß bei der Fahrlässigkeit weder Mittäterschaft noch Teilnahme möglich ist, da sich die Vorsatzanforderungen an diese Beteiligungsformen mit der Fahrlässigkeit nicht vereinbaren lassen. Statt dessen wird für die Fahrlässigkeit von einem Einheitstätersystem ausgegangen: Jeder, der irgendwie an einer Fahrlässigkeitstat beteiligt ist, verletzt eine Sorgfaltspflicht und erfüllt damit die Voraussetzungen der Fahrlässigkeit. Alle Beteiligten sind Nebentäter. Demgegenüber wird in Frankreich, Spanien und England davon ausgegangen, daß sowohl Mittäterschaft als auch (vorsätzliche) Teilnahme am Fahrlässigkeitsdelikt möglich ist. Der für diese Beteiligungsformen verlangte Vorsatz beziehe sich auf das fahrlässige Verhalten, nicht auf den eingetretenen Erfolg. Allerdings wird auch in Frankreich und Spanien von Rechtsprechung und Literatur für die Anstiftung und die Beihilfe zur Fahrlässigkeitstat zunehmend davon ausgegangen, daß darin die erforderliche Sorgfaltspflichtverletzung liege, so daß jeder Beteiligte Täter der fahrlässigen Tat ist. Dabei wird dann wegen der geringen Voraussetzungen an das subjektive Element Mittäterschaft angenommen.

Im österreichischen Recht ist wegen des Einheitstätersystems ohnehin jeder Beteiligte an der Fahrlässigkeitstat als Täter anzusehen. Allerdings wird hier nicht entsprechend der Tendenz in den Differenzierungssystemen davon ausgegangen, daß jeder Beteiligte wegen Verletzung einer Sorgfaltspflicht unmittelbarer Täter ist. Nach herrschender Meinung ist vielmehr auch bei Fahrlässigkeitsdelikten eine Unterscheidung zwischen den verschiedenen Täterschaftsformen möglich.

Durch die Annahme von Einheitstäterschaft bei Fahrlässigkeitsdelikten werden die Lücken geschlossen, die sonst durch die Forderung nach einer vorsätzlichen Haupttat für die Teilnahme entstünden[1720].

VIII. Die Beteiligung am Sonderdelikt

Sofern ein Delikt durch besondere Anforderungen an die Person des Täters begründet ist, kommen in den untersuchten Differenzierungssystemen nur diejenigen als Täter (in der Form des Allein-, Mit- oder mittelbaren Täters) in Frage, die die geforderte Eigenschaft aufweisen (Intranei). Allerdings ist allgemein anerkannt, daß der Extraneus an einem Sonderdelikt als Anstifter oder Gehilfe teilnehmen kann. In

[1720] Vgl. auch *Tiedemann* in: Festschrift für Nishihara S. 496, 502.

Deutschland und Spanien wird dabei gemäß § 28 Abs. 1 dStGB bzw. Art. 65 Abs. 1 C.P. analog für die Strafe des Extraneus eine Strafmilderung vorgeschrieben.

Dadurch entstehen zwar Strafbarkeitslücken für den Fall, daß der Intraneus keine teilnahmefähige Haupttat begeht. Diese sind aber hinzunehmen, da der teilnehmende Extraneus nicht sonderpflichtig ist und insofern nur vom Unrecht des Intraneus abgeleitetes Unrecht verwirklichen kann. Liegt solches Unrecht nicht vor, so soll auch der Teilnehmer straflos bleiben[1721]. Dies gilt nur für die sogenannten „echten Sonderdelikte", bei denen es kein durch jedermann begehbares entsprechendes Allgemeindelikt gibt, dessen Strafe bei Begehung durch besonders qualifizierte Personen verschärft, gemildert oder ausgeschlossen wird (sogenannte „unechte Sonderdelikte"). Entscheidendes Kriterium für das Vorliegen eines „echten Sonderdeliktes" ist, daß die Sondereigenschaft des Täters die Strafe begründet und nicht lediglich schärft, mildert oder ausschließt[1722]. Nur dann liegt ein selbständiges Delikt vor, und nur dann gelten die Regelungen über die Teilnahme am Sonderdelikt.

Eine Sonderstellung bezüglich der Beteiligung am Sonderdelikt nimmt das österreichische Einheitstätersystem ein. Auch hier ist gemäß § 14 Abs. 1 öStGB die Beteiligung des Extraneus am Sonderdelikt möglich. Wegen des Einheitstätersystems sind der zum Sonderdelikt bestimmende oder beitragende Extraneus ebenso Täter wie der an der Tat beteiligte Intraneus[1723]. Dabei wird in der neueren Rechtsprechung und Literatur sogar davon ausgegangen, daß auch der Extraneus nicht nur als Bestimmungs- oder Beitragstäter, sondern auch als unmittelbarer Täter in Frage kommt. Hierin liegt eine entscheidende Erweiterung gegenüber den untersuchten Differenzierungssystemen, die für die extranen Beteiligten davon ausgehen, daß lediglich Teilnahme möglich ist.

IX. Die Strafe der Beteiligten

1. Allgemeines

In Frankreich, Österreich und England unterliegen alle Beteiligten dem Strafmaß des Täters. Lediglich in Deutschland und Spanien wird für die Gehilfen bzw. „sonstigen Teilnehmer" eine Strafmaßreduzierung angeordnet.

1721 *Tiedemann* in: Festschrift für Nishihara S. 496, 503.

1722 Auf diese Unterscheidung wird unten genauer eingegangen, s. S. 362.

1723 Für die Sonderpflichtdelikte ist es nach § 14 Abs. 1 S. 2 2. Fall öStGB noch nicht einmal erforderlich, daß der Intraneus die Tat ausführt, also unmittelbarer Täter ist. Dies ist nur für die eigenhändigen Delikte nach § 14 Abs. 1 S. 2 1. Fall öStGB nötig. Ansonsten reicht es, wenn einer der Beteiligten Intraneus ist und seine Eigenschaft „beisteuert".

Unserer Ansicht nach ist eine solche Strafmilderung für die Gehilfen interessengerecht. Im Gegensatz zum Anstifter setzt der Gehilfe nicht das Geschehen in Gang, er unterstützt lediglich den von einem anderen gefaßten Plan. Meist beschränkt sich die Beihilfe auf untergeordnete Hilfeleistungen, auch das Interesse am Taterfolg wird beim Gehilfen häufig geringer sein. Daher sollte für den Gehilfen zumindest fakultativ eine solche Strafmilderung vorgesehen werden. Um eine flexible Beurteilung im Einzelfall zu ermöglichen, sollte jedoch keine zwingende Milderung vorgeschrieben werden. Auf diese Weise können unbillige doppelte Strafmilderungen für den Fall, daß zusätzlich ein anderer Milderungsgrund eingreift, verhindert werden.

2. *Die Auswirkungen besonderer Merkmale auf die Strafe der einzelnen Beteiligten*

Die Frage, wie sich besondere persönliche Umstände, die an die Person eines der Beteiligten anknüpfen und die Strafe verschärfen, mildern, ausschließen oder begründen, auf die Strafe der Beteiligten auswirken, gehört zu den umstrittensten Problemen in den untersuchten Rechtsordnungen. Die verschiedenen Lösungen sind wegen unterschiedlicher Ansätze und Begrifflichkeiten schwer zu vergleichen. Hinzu kommt, daß die Problematik der besonderen Merkmale an verschiedenen Stellen im Deliktsaufbau untersucht wird. Trotz dieser Unterschiede kommen jedoch alle Rechtsordnungen zu ähnlichen Ergebnissen.

Im folgenden soll auf eine Wiederholung der einzelnen Ansätze verzichtet werden, statt dessen soll versucht werden, einen schematischen Lösungsansatz vorzustellen, der für alle untersuchten Rechtsordnungen übernommen werden kann. Im wesentlichen wird dabei nichts Neues entwickelt; es soll lediglich das begriffliche Durcheinander sortiert und ein einheitliches, verständliches Lösungsschema vorgestellt werden.

Grundsätzlich besteht in allen Rechtsordnungen Einigkeit darüber, daß jeder Teilnehmer nur entsprechend seiner persönlichen Schuld unabhängig von der Schuld der anderen bestraft werden soll[1724]. Dieser fundamentale Grundsatz des Schuldprinzips sollte gleich zu Anfang eines Regelungsmodelles über die Beteiligung mehrerer an einer Straftat klargestellt werden.

Liegt bei einem anderen Beteiligten ein dessen persönliches Unrecht vergrößerndes oder verringerndes Merkmal vor, so soll es nur für diesen gelten. Alle anderen

[1724] Vgl. auch *Tiedemann* in: Festschrift für Nishihara S. 496, 505, 509.

Beteiligten können aus dem Grundtatbestand bestraft werden.

Zunächst kann daher festgehalten werden: Persönliche Merkmale, also solche, die an besondere Eigenschaften des Beteiligten anknüpfen (zum Beispiel dessen innere Einstellung zur Tat, dessen Beziehungen zum Opfer oder dessen besondere berufliche oder soziale Stellung), betreffen das persönliche Unrecht des Beteiligten und sollen grundsätzlich nur für denjenigen gelten, bei dem sie vorliegen. Etwas anderes gilt für die im Rahmen des Vorsatzes besprochenen tatbezogenen Merkmale (zum Beispiel betreffend die Art der Ausführung, die Tatwaffe, die Anzahl der Beteiligten oder den Tatort). Diese betreffen das objektive Unrecht der Tat und sollen nur für denjenigen gelten, der sie in seinen Vorsatz aufgenommen hat.

Eine solche Regelung ist jedoch nur dann unproblematisch, wenn die persönlichen Merkmale dazu führen, daß die Strafe eines Grunddeliktes verschärft, gemildert oder ausgeschlossen wird. Dann ist ohne weiteres eine Bestrafung der übrigen Beteiligten aus dem Grunddelikt möglich, während den Qualifizierten die Strafe aus dem besonderen Tatbestand trifft (sogenanntes *„unechtes Sonderdelikt“*).

Etwas anderes gilt, wenn die besondere persönliche Eigenschaft die Strafe begründet. Dann liegt ein sogenanntes *„echtes Sonderdelikt“* vor, und es kann Täter nur sein, wer die Eigenschaft erfüllt; alle anderen können nur Teilnehmer sein. Auch dies ist unproblematisch verständlich, solange es kein dem Sonderdelikt entsprechendes Grunddelikt gibt.

Zum Teil wird in den Rechtsordnungen allerdings auch für den Fall, daß ein von jedermann begehbares Allgemeindelikt existiert, davon ausgegangen, daß ein an persönliche Eigenschaften anknüpfender Sondertatbestand nicht bloße Strafschärfung sei, sondern durch die Eigenschaft eine selbständige Qualifikation, also ein „echtes Sonderdelikt“, begründet werde. Dies hätte in Anwendung der für die Sonderdelikte geltenden Grundsätze zur Folge, daß auch die nicht-qualifizierten Beteiligten aus dem Sonderdelikt bestraft werden müßten. Als Beispiel seien hier die persönlichen Mordmerkmale des § 211 dStGB oder die Verwandteneigenschaft beim *parricide* (Tötung eines Verwandten in aufsteigender Linie) in Frankreich genannt. Hier gehen die deutsche Rechtsprechung und Teile der französischen Literatur davon aus, daß das persönliche Merkmal die Strafe begründet, so daß ein selbständiges Delikt mit eigenem Unrechtsgehalt entsteht. Dadurch ist für die nicht-qualifizierten Beteiligten kein Rückgriff auf das entsprechende Allgemeindelikt möglich. Es liegt ein „echtes Sonderdelikt“ vor, so daß die hierfür geltenden Grundsätze angewendet werden müssen: Täter ist der Qualifizierte, alle anderen nehmen an diesem Delikt teil.

3. *Zusammenfassung*

Zusammenfassend schlagen wir folgende Regelungen betreffend die Strafe der Beteiligten vor:

a) Gleich zu Anfang des Modellvorschlages über die Beteiligung an einer Straftat sollte klargestellt werden, daß jeder Beteiligte nur nach seiner Schuld unabhängig von der Schuld der anderen bestraft wird.

b) Sofern einer der Beteiligten bei der Ausführung der Tat bestimmte Merkmale verwirklicht, die die Strafe für die Tat schärfen, mildern oder ausschließen oder die die Strafe für eine andere Tat begründen, gelten folgende Grundsätze:

aa) Es muß grundsätzlich zwischen tatbezogenen und täterbezogenen Merkmalen unterschieden werden.

bb) Tatbezogene Merkmale beziehen sich auf das Unrecht der Tat und gelten nur für denjenigen Beteiligten, der diese in seinen Vorsatz aufgenommen hat.

cc) Täterbezogene Merkmale beziehen sich auf das Unrecht des Täters. Liegt ein täterbezogenes Merkmal vor, so muß danach unterschieden werden, ob dieses die Strafe begründet oder sie lediglich verschärft, mildert oder ausschließt. Die Unterscheidung richtet sich grundsätzlich danach, ob ein Grunddelikt existiert (dann Strafschärfung, -milderung oder -ausschluß) oder ob das Delikt selbständig, ohne Bezug zu einem entsprechende Allgemeindelikt, für bestimmte Personen eine Strafbarkeit anordnet (dann Strafbegründung).

Auf die Einordnung von täterbezogenen Merkmalen als strafbegründend, obwohl ein entsprechendes Allgemeindelikt existiert, sollte verzichtet werden. Ist dies erwünscht, sollte im Sondertatbestand ausdrücklich klargestellt werden, daß es sich um eine selbständige Qualifikation handelt, für die die Regelungen über die Beteiligung am Sonderdelikt gelten sollen.

dd) Ist das täterbezogene Merkmal strafbegründend, so liegt ein sogenanntes „echtes Sonderdelikt“ vor. Es gelten die Regelungen betreffend die Beteiligung am Sonderdelikt.

ee) Wirkt das täterbezogene Merkmal dagegen strafschärfend, -mildernd oder -ausschließend, so liegt ein sogenanntes „unechtes Sonderdelikt“ vor. Das Merkmal gilt nur für denjenigen Beteiligten, bei dem es vorliegt. Alle anderen Beteiligten können aus dem entsprechenden Grunddelikt bestraft werden.

Zweiter Teil: Die strafrechtliche Verantwortung des Unternehmensleiters[1725] für deliktisches Verhalten seiner Untergebenen

I. Die strafrechtliche Verantwortung wegen positiven Tuns

Der Fall, daß der Unternehmensleiter durch positives Tun auf seine Angestellten einwirkt, damit diese eine Straftat begehen, läßt sich in allen Rechtsordnungen unproblematisch über die allgemeinen Regelungen, die für die Beteiligung an einer Straftat gelten, lösen. Je nach Situation kann mittelbare oder Mittäterschaft vorliegen, ebenso kommen aber die Teilnahmeformen der Anstiftung und der Beihilfe in Betracht. An dieser Stelle wird die in Deutschland und Spanien diskutierte Möglichkeit der Täterschaft hinter dem Täter innerhalb eines Unternehmens relevant.

II. Die strafrechtliche Verantwortung wegen Unterlassens

1. Gesetzliche Spezialregelungen

In allen untersuchten Rechtsordnungen existieren vereinzelte Spezialregelungen, die eine Strafbarkeit des Unternehmensleiters oder sonstiger Personen mit Leitungsbefugnissen für den Fall sicherstellen, daß es innerhalb des Unternehmens zu einer Straftat gekommen ist, die die angesprochene Aufsichtsperson hätte verhindern müssen.

[1725] Zur Bedeutung dieses Begriffs in dieser Untersuchung s. oben S. 11

Solche Regelungen existieren vor allem im Bereich des Presserechts, für den Fall des unlauteren Wettbewerbs (meist unrichtige Werbung) oder vereinzelt auf dem Gebiet des Wirtschafts- oder Umweltstrafrechts. Sinn dieser Vorschriften ist neben der gesetzlichen Normierung einer Aufsichtspflicht von leitenden Personen über die ihnen unterstehenden Angestellten vor allem, die Strafbarkeit der verantwortlichen Personen zu sichern, obwohl die Straftat eigentlich der juristischen Person zuzurechnen ist. Da die Rechtsordnungen Deutschlands, Österreichs und Spaniens eine Strafbarkeit von juristischen Personen nicht kennen, entstünden für eine Vielzahl von aus einem Unternehmen heraus begangenen Straftaten Strafbarkeitslücken, da der unmittelbar Ausführende für und in Vertretung der juristischen Person handelt, so daß zum Beispiel die juristische Person unrichtig wirbt oder zu Unrecht Steuern nicht zahlt oder Subventionen beantragt.

Gemeinsam ist allen diesen Vorschriften, daß sie eine Art Aufsichtspflicht für die betreffenden Personen normieren. Kommen die genannten Personen ihrer Aufsichtspflicht nicht nach, so knüpft ihr Verschulden ausschließlich an diese Pflichtverletzung an. Gehaftet wird nur für eigenes Verschulden.

Als vorwerfbares Verhalten wird dabei teilweise die Pflichtverletzung selbst angesehen, so daß der Pflichtige aus dem Spezialgesetz bestraft wird. Überwiegend wird aber das deliktische Verhalten des Untergebenen dem Unterlassenden zugerechnet, so daß der Unternehmensleiter (zum Teil neben dem Untergebenen) selbst Täter des vom Untergebenen verwirklichten Deliktes ist.

Zu erwähnen sind an dieser Stelle die Regelungen des Art. 450 spanischer C.P. und des § 286 öStGB, die allgemein das Unterlassen der Verhinderung einer mit Strafe bedrohten Handlung unter Strafe stellen.

Den Unternehmensinhaber, der eine mit Strafe oder Geldbuße bedrohte Handlung nicht verhindert, erfaßt ausdrücklich § 130 deutsches OWiG, der die Aufsichtspflichtverletzung als Ordnungswidrigkeit mit Geldbuße belegt.

2. *Die strafrechtliche Verantwortung aus einem (unechten) Unterlassungsdelikt*

a) Die Rechtslage in Deutschland, Spanien, Österreich und England

In den Rechtsordnungen Deutschlands, Spaniens, Österreichs und Englands, die das Begehen durch Unterlassen im Wege eines unechten Unterlassungsdeliktes unter Strafe stellen, kommt eine Strafbarkeit des Unternehmensleiters entsprechend diesen

Regelungen in Betracht. Voraussetzung für eine solche Unterlassungsverantwortung ist vor allem das Vorliegen einer Garantenstellung.

aa) Die Verantwortung des Unternehmensleiters aus den anerkannten Garantenstellungen

Sofern den Unternehmensleiter dabei eine der anerkannten Garantenstellungen trifft, ist dessen Unterlassungsstrafbarkeit bei Vorliegen der übrigen Voraussetzungen des Unterlassungsdeliktes unproblematisch gegeben. Anerkannt sind in den untersuchten Ländern die Garantenstellungen aus Gesetz, Vertrag und Ingerenz[1726]. Weitergehend kennen das deutsche[1727] und englische Recht[1728] noch die Garantenstellungen aus enger natürlicher Verbundenheit, der Gefahrengemeinschaft und der freiwilligen Übernahme.

Unabhängig davon, welche dieser Garantenstellungen in den einzelnen Rechtsordnungen anerkannt sind, wird es im Einzelfall eher selten sein, daß sich der Unternehmensleiter in einer solchen Pflichtenstellung befindet: Die spezialgesetzlichen Vorschriften sind oben untersucht worden; ein Vertrag zwischen dem Geschädigten und dem Unternehmensleiter in der Hinsicht, daß dieser jenen vor Schädigungen durch seine Angestellten schützen werde, wird selten existieren; ebenso wird der Unternehmensleiter einen solchen Schutz nicht freiwillig übernehmen. Auch die Garantenstellung aus Ingerenz wird nur ausnahmsweise vorliegen, da eine solche voraussetzte, daß der Unternehmensleiter wissentlich einen zu Straftaten neigenden oder mit seiner Aufgabe überforderten Arbeitnehmer eingestellt hätte. Noch abwegiger sind die Garantenstellungen aus Nähebeziehung oder Gefahrengemeinschaft.

bb) Die Verantwortung des Unternehmensleiters aus einer allgemeinen Garantenstellung zur Verhinderung deliktischen Verhaltens seiner Untergebenen

Um eine umfassende Verantwortung des Unternehmensleiters für deliktisches Verhalten seiner Angestellten zu erreichen, müßte also eine allgemeine Garantenstellung des Unternehmensleiters zur Verhinderung deliktischen Verhaltens seiner Untergebenen begründet werden.

[1726] Zum deutschen Recht s. oben S. 31ff.; zum spanischen Recht s. oben S. 188ff.; zum österreichischen Recht s. oben S. 252ff.; zum englischen Recht s. oben S. 290, Fußnote 1438

[1727] S. dazu oben S. 31.

[1728] S. dazu oben S. 290, Fußnote 1438.

Die Untersuchung der verschiedenen Rechtsordnungen hat ergeben, daß eine solche Garantenstellung sich mit den bestehenden Mitteln des Strafrechts meist nicht begründen läßt. In Österreich und England wird wegen einer sonst formalen Begründung der Garantenstellung eine solche allgemeine Garantenstellung kategorisch abgelehnt. In Spanien gilt grundsätzlich dasselbe, wobei hier einige wenige Autoren seit neuester Zeit, wohl unter dem Einfluß des deutschen Rechts, eine solche Garantenstellung zulassen wollen. Lediglich in Deutschland vermag die überwiegende Ansicht eine solche Garantenstellung zu begründen.

Damit kann in Spanien und Österreich eine Strafbarkeit des Unternehmensleiters nur an die oben erwähnten Spezialregelungen (insbesondere Art. 450 C.P. und § 286 öStGB) anknüpfen. In England kommen zusätzlich die Konstruktion der „stellvertretenden" (*vicarious*) und der „strikten Verantwortung" (*strict liability*) in Frage, die für bestimmte Bereiche eine Verantwortung für fremdes Verhalten oder sogar fremdes Verschulden ermöglichen[1729]. Jedoch sind diese Konstruktionen wie gezeigt wurde nur sehr eingeschränkt zulässig und zudem für den in Frage stehenden Bereich der Unterlassungsverantwortung nur in Ausnahmefällen möglich. Im übrigen sind gemäß Art. 6 Abs. 2 EMRK materiell-rechtliche Schuldvermutungen nur in Ausnahmefällen zulässig. In jedem Fall müssen sie widerlegbar sein[1730].

b) Die Rechtslage in Frankreich

Die eindeutigste und umfassendste Strafbarkeit des Unternehmensleiters für deliktisches Verhalten seiner Untergebenen ermöglicht das französische Strafrecht mit der Konstruktion der „strafrechtlichen Verantwortung des Unternehmensleiters" (*la responsabilité pénal du chef de l'entreprise*). Hier wird dem Unternehmensleiter, der deliktisches Verhalten nicht verhindert, die Deliktsverwirklichung seiner Untergebenen zugerechnet. Die Verantwortung knüpft an ein persönliches Verschulden des Unternehmensleiters an und gilt nur für Verletzung von Bestimmungen, die sich unter anderem auch an Unternehmen richten, um vor von diesen ausgehenden Gefahren für die Allgemeinheit zu schützen, wie zum Beispiel die Vorschriften zum Umweltschutz oder die Regelungen des Wirtschafts- und Steuerstrafrechts[1731]. Dies entspricht der im deutschen Recht von der überwiegenden Ansicht geforderten Betriebsbezogenheit der Pflichtverletzung des Untergebenen.

1729 Vgl. auch *Tiedemann* in: Festschrift für Nishihara S. 496, 505.

1730 Vgl. auch *Tiedemann* in: Festschrift für Nishihara S. 496, 505. Vgl. die Urteile des EGMR vom 07.10.1988 (Salabiaku), Série A Nr. 141-A und vom 25.09.1992 (Pham Hoang), Série A Nr. 243.

1731 Vgl. auch *Tiedemann* in: Festschrift für Nishihara S. 496, 505.

c) Die Regelung des Corpus Juris

Art. 13 des *Corpus Juris* beschreibt die Verantwortlichkeit des Leiters eines Unternehmens folgendermaßen[1732]:

> „Wird eine Straftat nach Art. 1 bis 8 zugunsten eines Unternehmens von einer weisungsabhängigen Person begangen, so sind auch die Unternehmensleiter oder jede andere Person, der die Entscheidungs- und Kontrollgewalt im Unternehmen obliegt, strafrechtlich verantwortlich, wenn sie in Kenntnis der Umstände Anweisungen geben, Straftaten geschehen lassen oder notwendige Kontrollen unterlassen haben."

3. Die Auswirkungen der Delegation von Verantwortung auf die Strafbarkeit des Unternehmensleiters

Dort, wo eine Garantenstellung des Unternehmensleiters zur Verhinderung deliktischen Verhaltens seiner Untergebenen angenommen wird, wird davon ausgegangen, daß dieser seine Pflichtenstellung auf andere übertragen kann[1733]. Damit wird der einleitend angesprochenen Situation Rechnung getragen, daß in einem modernen Wirtschaftsunternehmen der Inhaber oder Leiter nicht ständig alle Vorgänge in allen Bereichen überwachen kann. Er ist vielmehr darauf angewiesen, leitende Angestellte mit der Organisation von Teilbereichen innerhalb des Unternehmens zu beauftragen. Liegt eine wirksame Delegation vor, so ist der Delegatar für den ihm übertragenen Aufgabenbereich strafrechtlich verantwortlich. Dann haftet er für von ihm unterstehenden Personen begangene Verstöße. Die Delegation von Verantwortung führt dazu, daß die strafrechtliche Verantwortung im Unternehmen sich nach der Organisationsstruktur desselben richtet. Dort, wo die Entscheidungs- und Organisationskompetenz für bestimmte Bereiche ausgeübt wird, liegt auch die strafrechtliche Verantwortung. Zu diesen an die verschiedenen Organisationsbereiche anknüpfenden Verantwortungsbereichen tritt die strafrechtliche Überwachungs- und Kontrollverantwortung der diesen Bereichen übergeordneten Personen.

Für eine wirksame Delegation ist es erforderlich, daß sie sich auf eindeutig bestimmte Bereiche bezieht. Ferner muß der Delegatar über die nötigen Mittel, Fähig-

---

[1732] Deutsche Übersetzung des *Corpus Juris* in: *Delmas-Marty* (Hrsg.) Corpus Juris der strafrechtlichen Regelungen zum Schutz der finanziellen Interessen der Europäischen Union (1998); eine ähnliche Übersetzung findet sich bei *Tiedemann* in: Festschrift für Nishihara S. 496, 508.

[1733] Vgl. auch *Tiedemann* in: Festschrift für Nishihara S. 496, 507.

keiten und Kompetenzen verfügen, die ihm übertragene Aufgabe sachgemäß erfüllen zu können. Trotz wirksamer Delegation verbleibt allerdings beim Delegator eine Auswahl-, Überwachungs- und Organisationspflicht. Er wird also nicht gänzlich von der Verantwortung frei, sondern muß seine leitenden Angestellten fortlaufend überwachen und dafür sorgen, daß diese ihre Aufgabe ordnungsgemäß erfüllen (können). Damit wird also durch die Möglichkeit der Delegation von Verantwortung der Kreis der strafbaren Personen nicht eingeschränkt, sondern vielmehr erweitert.

Einigkeit besteht darüber, daß für die Verantwortung des Unternehmensleiters bzw. der von diesem beauftragten Delegatare nicht die rechtliche Position ausschlaggebend ist. Die strafrechtliche Verantwortung trifft vielmehr denjenigen, der tatsächlich mit Wissen oder Duldung der für die Pflichtenverteilung zuständigen Personen die Entscheidungskompetenz für den in Frage stehenden Bereich an sich gezogen hat und so tatsächlich in die Pflichtenstellung des rechtlichen Positionsinhabers eingerückt ist[1734].

Diesen Regelungen entspricht der Vorschlag in Art. 13 Abs. 2 des *Corpus Juris*[1735]:

> „Die Delegation der Befugnisse und der strafrechtlichen Verantwortlichkeit ist nur zulässig, wenn es sich um eine inhaltlich beschränkte, eindeutig bestimmte und spezielle Übertragung handelt, die der notwendigen Unternehmensorganisation entspricht, und wenn der Beauftragte tatsächlich in der Lage ist, die ihm übertragenen Funktionen zu erfüllen. Diese Delegation schließt nicht die generelle strafrechtliche Verantwortlichkeit für die Kontrolle, die Aufsicht und die Auswahl der Mitarbeiter aus und betrifft nicht die dem Leiter eines Unternehmens vorbehaltenen Aufgabenbereiche, wie die allgemeine Organisation von Arbeitsabläufen im Unternehmen."

In Österreich[1736] wird die Möglichkeit der Delegation von Verantwortung grundsätzlich abgelehnt. Wer eine Garantenstellung innehat, kann sich dieser nicht durch Übertragung der Aufgabe an Dritte entledigen.

Im englischen Recht wird die Delegation von Verantwortung in einem anderen Zusammenhang erörtert. Dort wird über das sogenannte Delegationsprinzip ein Fall

---

[1734] Für das deutsche Recht s. oben S. 57; für das französische Recht s. oben S. 125, Fußnote 602ff.

[1735] Deutsche Übersetzung des *Corpus Juris* in: *Delmas-Marty* (Hrsg.) Corpus Juris der strafrechtlichen Regelungen zum Schutz der finanziellen Interessen der Europäischen Union (1998); eine ähnliche Übersetzung findet sich bei *Tiedemann* in: Festschrift für Nishihara S. 496, 508.

[1736] Eine Ausnahme gilt für die seit dem 1. AKH-Urteil anerkannte Übertragung von Garantenstellungen, die eine juristische Person treffen, auf deren Organe und die Geschäftsleitung.

der „stellvertretenden Verantwortung“ (*vicarious liability*) begründet. Dort dient die Delegation von Aufgabenbereichen allerdings nicht der Entlastung des Delegators. Es wird vielmehr für den Fall der Sonderdelikte die Strafbarkeit des qualifizierten Delegators begründet, indem das Verhalten des nicht-qualifizierten Delegatars dem Delegator zugerechnet wird.

4. Die Stellvertreterhaftung

Die sogenannte Stellvertreterhaftung dient dazu, Strafbarkeitslücken für den Fall zu schließen, daß der taugliche Täter eines Sonderdeliktes die Erfüllung von Aufgaben an einen Dritten (Vertreter) überträgt, der die erforderlichen Eigenschaften nicht aufweist und daher nicht als Täter des Sonderdeliktes in Frage kommt. Ohne eine solche Regelung würden für den Fall, daß der Beauftragte in Erfüllung der Aufgaben gegen eine solche Sonderregelung verstoßen würde, Strafbarkeitslücken entstehen, da der Qualifizierte, der zwar theoretisch als Täter des Sonderdeliktes in Frage kommt, nicht gehandelt hat und da der nicht-qualifizierte Vertreter nicht Täter des Sonderdeliktes sein kann. Da es somit keine teilnahmefähige Haupttat gibt, scheidet auch eine Teilnahme des Vertretenen aus. Durch die Regelung der Stellvertreterhaftung wird die Strafbarkeit des nicht-qualifizierten Vertreters sichergestellt. Die Sondereigenschaft wird bei ihm fingiert.

Während in Deutschland und Spanien mit § 14 dStGB und Art. 31 C.P. eine allgemeine Stellvertreterhaftung für alle Sonderdelikte existiert, wird eine solche in Österreich nur für bestimmte Delikte ausdrücklich vorgesehen. Im englischen Strafrecht wird durch die sogenannte „stellvertretende Verantwortung“ zwar auch der Zweck verfolgt, für den Fall von Sonderdelikten Strafbarkeitslücken zu schließen, die dadurch entstehen, daß Aufgaben an nicht-qualifizierte Personen übertragen werden. Jedoch wird hier nicht eine Strafbarkeit des Vertreters durch Zurechnung des qualifizierenden Merkmals an diesen begründet, sondern dem qualifizierten Vertretenen wird das Verhalten des Vertreters zugerechnet.

Wie bei der Delegation von Verantwortung kommt es bei der Stellvertreterhaftung nicht auf die Wirksamkeit der Stellvertretung oder des Bestellungsaktes an. Auch hier entscheidet die geduldete faktische Wahrnehmung der Aufgaben oder Funktionen.[1737].

[1737] Vgl. auch *Tiedemann* in: Festschrift für Nishihara S. 496, 503.

Die Stellvertreterhaftung führt wie die Anerkennung der Delegation von Verantwortung zu einer Strafbarkeitserweiterung, da neben den Vertretern auch die Vertretenen strafrechtlich verantwortlich sind, sofern bei ihnen die Voraussetzungen der Strafbarkeit erfüllt sind.

5. *Täterschaft oder Teilnahme des Unternehmensleiters bzw. des Delegatars*

Bejaht man eine mögliche Strafbarkeit des Unternehmensleiters bzw. der von diesen beauftragten Delegatare wegen des Unterlassens der Verhinderung deliktischen Verhaltens ihrer Untergebenen, so stellt sich die Frage, ob dies zu einer Täter- oder Teilnehmerverantwortung führt.

In Frankreich begründet die Sonderkonstruktion unproblematisch Täterschaft, da die Teilnahme durch Unterlassen nur möglich ist, wenn sie sich als *aide* oder *assistance* zur Haupttat auslegen läßt. In den hier zu entscheidenden Fällen wird eine Teilnahmestrafbarkeit meist daran scheitern, daß bei dem die Verhinderung (fahrlässig) unterlassenden Unternehmensleiter kein Vorsatz besteht, sich an einer fremden Tat zu beteiligen.

In Österreich und Spanien wird die strafrechtliche Verantwortung des Unternehmensleiters aus dem unechten Unterlassungsdelikt allgemein abgelehnt. Dort kommt daher nur eine Täterstrafbarkeit aus § 286 öStGB bzw. Art. 450 C.P. wegen Unterlassens der Verhinderung einer mit Strafe bedrohten Handlung in Betracht. Auch in England wird über die Konstruktion der „strikten" und der „stellvertretenden Verantwortung" (*strict* und *vicarious liability*) jeweils die Täterstrafbarkeit begründet.

Lediglich in Deutschland (nach überwiegender Ansicht) und Spanien (nach neuester Ansicht in Teilen der Literatur), wo eine allgemeine strafrechtliche Verantwortung des Unternehmensleiters aus dem unechten Unterlassungsdelikt für möglich gehalten wird, stellt sich die Frage, ob darin Täterschaft oder Teilnahme durch Unterlassen liegt[1738].

Auf die Abgrenzung zwischen Täterschaft und Teilnahme durch Unterlassen ist oben bereits eingegangen worden[1739]. Hier sei daher nur kurz wiederholt, daß zu dieser Fragestellung sämtliche für die Abgrenzung von Täterschaft und Teilnahme allgemein geltenden Ansätze vertreten werden. Eine Regelung über die strafrechtli-

---

[1738] Für den Fall, daß die strafrechtliche Verantwortung an eine der auch in den übrigen Rechtsordnungen anerkannten Garantenstellungen anknüpft, stellt sich die Frage natürlich auch dort.

[1739] S. dazu oben S. 353f.

che Verantwortung des Unternehmensleiters sollte daher diese Frage explizit mitbeantworten.

6. *Vorsatz- oder Fahrlässigkeitsstrafbarkeit des Unternehmensleiters bzw. des Delegatars*

Sofern die strafrechtliche Verantwortung des Unternehmensleiters bzw. dessen Delegatars an das unechte Unterlassungsdelikt anknüpft, richtet sich dessen Vorsatz- oder Fahrlässigkeitsstrafbarkeit allein nach seiner inneren Einstellung zur Tat. Es ist für diese Beurteilung unerheblich, ob der Untergebene vorsätzlich oder fahrlässig handelt. Ebenso eindeutig ist diese Frage zu klären für den Fall, daß die Strafbarkeit an ein Spezialgesetz anknüpft. Sofern dies auch die Fahrlässigkeit unter Strafe stellt, kann auch hier der Unternehmensleiter unabhängig von der Vorsatzform des die Tat unmittelbar ausführenden Untergebenen entweder wegen vorsätzlicher oder fahrlässiger Begehung bestraft werden. Stellt das Spezialgesetz nur die vorsätzliche Begehung unter Strafe, so ist der Unternehmensleiter nur dann strafbar, wenn er vorsätzlich das Delikt des Untergebenen nicht verhindert.

Etwas anderes gilt jedoch für die Konstruktion der „strafrechtlichen Verantwortung des Unternehmensleiters“ in Frankreich. Hier wird dem Unternehmensleiter die Deliktsverwirklichung durch den Untergebenen zugerechnet. Eine Vorsatzstrafbarkeit des Unternehmensleiters kommt daher nur in Frage, wenn der Untergebene seinerseits ein Vorsatzdelikt begangen hat. Für diese Konstellation ist allerdings nach überwiegender Ansicht in der Literatur eigener Vorsatz des Unternehmensleiters bezüglich des verwirklichten Deliktes erforderlich. Lediglich die Rechtsprechung geht davon aus, daß es ausreicht, wenn dieser die nötige Aufsicht wissentlich unterläßt. Verwirklicht der Untergebene dagegen ein Fahrlässigkeitsdelikt, so kann der Unternehmensleiter, selbst wenn er selbst Vorsatz bezüglich des verwirklichten Deliktes hat, nur aus dem Fahrlässigkeitsdelikt bestraft werden. Da das unechte Unterlassungsdelikt nicht anerkannt ist, kann der Unternehmensleiter nur über eine Zurechnung des „materiellen Elementes“ der Tat des Untergebenen bestraft werden. Stellt dieses ein Fahrlässigkeitsdelikt dar, so beschränkt sich eine mögliche Strafbarkeit des Unternehmensleiters darauf.

7. *Zusammenfassung*

Grundsätzlich ist in allen Rechtsordnungen in bestimmten Bereichen eine strafrechtliche Verantwortung des Unternehmensleiters für deliktisches Verhalten seiner Untergebenen begründbar. Von einer einheitlichen, umfassenden Lösung sind diese Ansätze aber weit entfernt.

Um eine solche zu gewährleisten, müssen die bestehenden Rechtsordnungen um eine Regelung, die speziell die Verantwortung des Unternehmensleiters klarstellt, ergänzt werden. Daß ein kriminalpolitisches Bedürfnis nach der Strafbarkeit des Unternehmensleiters besteht, zeigen die - zwar umstrittenen, aber in gefestigtem Richterrecht anerkannten - Konstruktionen der strafrechtlichen Verantwortlichkeit dieser Personen über das unechte Unterlassungsdelikt oder die Sonderkonstruktionen im französischen und englischen Strafrecht[1740].

Eine solche Regelung sollte allerdings nicht an das unechte Unterlassungsdelikt anknüpfen, da dessen Voraussetzungen in den nationalen Rechtsordnungen zu verschieden sind, um eine einheitliche Lösung zu gewährleisten. Statt dessen sollte eine solche Regelung im Zusammenhang mit den Vorschriften über die Beteiligung an der Straftat festgeschrieben werden und dort eine Verantwortung des Unternehmensleiters (zusätzlich sollten auch andere Personen mit Leitungsbefugnissen erwähnt werden) vorsehen. Da es sich dennoch um eine an ein Unterlassen anknüpfende Verantwortung handelt, sollte klargestellt werden, daß diese nur eingreift, wenn die sonstigen Voraussetzungen des strafbaren Unterlassens (insbesondere Möglichkeit und Zumutbarkeit der Verhinderung) erfüllt sind. Bezüglich der Kausalität des Unterlassens sollte, um eine effektive Strafverfolgung zu sichern, die bloße Risikoerhöhung ausreichend sein[1741]. Außerdem sollte die Möglichkeit der Delegation von Verantwortung sowie deren Voraussetzungen ausdrücklich mitgeregelt werden.

Die Stellvertreterhaftung sollte bei den Vorschriften über die Beteiligung am Sonderdelikt geregelt werden.

1740 *Tiedemann* ZStW 110 (1998), 497, 510; *ders.* in: Festschrift für Nishihara S. 496, 506.

1741 Vgl. auch *Tiedemann* in: Festschrift für Nishihara S. 496, 506.

SIEBTES KAPITEL

MODELLVORSCHLAG FÜR EINE EUROPÄISCHE REGELUNG

Auf der Grundlage dieser Zusammenfassung der Ergebnisse der Untersuchungen der einzelnen Rechtsordnungen soll nun ein Modellvorschlag zur Regelung von Täterschaft und Teilnahme bzw. zur strafrechtlichen Verantwortung des Unternehmensleiters vorgestellt werden. Soweit sich die einzelnen Vorschriften nicht aus dem im vorstehenden Kapitel Gesagten ergeben, werden diese kurz begründet.

Unser Regelungsmodell ist zurückzuführen auf einen Vorschlag *Tiedemanns* in der Festschrift für Nishihara[1742], den dieser in Anknüpfung an das Übereinkommen von 1995 und in Weiterführung des *Corpus Juris* von 1997 gemacht hat. Dieser Vorschlag dient als Grundlage unseres Modells; er wird durch die im Rahmen dieser Untersuchung gewonnenen Ergebnisse und Überlegungen ergänzt und aus Gründen der Übersichtlichkeit zum Teil systematisch neu gegliedert.

Der Modellvorschlag wird im Anschluß an die deutsche Fassung in französischer, spanischer und englischer Sprache dargestellt.

[1742] S. 496, 509ff.

Erster Teil: Deutsch

Regelungen über die Beteiligung an einer Straftat

Erster Abschnitt
Allgemeines

Art. a Selbständige Strafbarkeit der Beteiligung/Keine Verantwortung für fremdes Verschulden

Sind an der Straftat mehrere beteiligt, so wird jeder Beteiligte ohne Rücksicht auf die Schuld der anderen nach seiner Schuld bestraft.

Entsprechend dem Vorschlag *Tiedemanns* wird diese an § 29 dStGB, Art. 121-1 französischer N.C.P. sowie § 13 öStGB angelehnte Vorschrift wegen der Bedeutung des Schuldprinzips im Strafrecht den übrigen Regelungen über die Beteiligung an der Straftat vorangestellt.

Art. b Die Beteiligten an der Straftat

An der Straftat beteiligt sind der Täter, der Anstifter und der Gehilfe.

Im Regelungsvorschlag *Tiedemanns* findet sich an dieser Stelle zusätzlich die Regelung über den Rücktritt von der Beteiligung. Wir schlagen vor, eine solche Regelung an späterer Stelle vorzunehmen (s. Art. i) und hier zunächst die einzelnen Beteiligungsformen näher zu bestimmen.

Zweiter Abschnitt
Täterschaft

Art. c Alleintäterschaft

Täter ist, wer die Tat durch eigenes Verhalten allein begeht.

Im Vorschlag *Tiedemanns* werden in § c Abs. 1 alle Täterformen aufgezählt. In Abs. 2 wird die Mittäterschaft erläutert, in Abs. 3 folgt eine Regelung über die Beteiligung am Sonderdelikt und die Stellvertreterhaftung. Die Voraussetzungen der mittelbaren Täterschaft werden erst in § d festgeschrieben. In § e folgt dann eine Regelung über die „Verantwortlichkeit für fremdes Verhalten".

Unserer Ansicht nach ist es übersichtlicher, jeder der Täterformen einen eigenen Paragraphen bzw. Artikel zu widmen. Es leuchtet nicht ein, die Mittäterschaft in einem Absatz des Paragraphen bzw. Artikels über die Täterschaft zu regeln, während die mittelbare Täterschaft und die „Verantwortlichkeit für fremdes Verhalten" gesondert geregelt werden. Alle diese Figuren stellen von der Alleintäterschaft verschiedene Täterformen dar, die über Zurechnung des Verhaltens anderer wegen des Vorliegens bestimmter Zurechnungskriterien eine Strafbarkeit begründen. Daher sollen alle in einem gesonderten Artikel geregelt werden. Alternativ könnten alle Täterfiguren in je einem Absatz dieses Art. c geregelt werden. Der Art. c wäre dann allerdings sehr lang und daher für den Rechtsanwender mühsam zu durchschauen.

Die Regelung über die Beteiligung am Sonderdelikt sollte schließlich aus Gründen der Übersichtlichkeit und der leichteren Auffindbarkeit gesondert geregelt werden (s. Art. k).

Art. d Mittäterschaft

Täter ist auch, wer die Tat arbeitsteilig zusammen mit einem oder mehreren anderen Tätern aufgrund eines gemeinsamen Tatentschlusses begeht.

Diese Regelung stellt entsprechend dem Vorschlag *Tiedemanns* klar, daß bei der Mittäterschaft wegen des gemeinsamen Tatentschlusses die Zurechnung der Tatbeiträge anderer möglich ist. Die Strafbarkeit knüpft neben dem eigenen Verhalten an das zugerechnete Verhalten der übrigen Mittäter an. Zugerechnet werden kann allerdings nur objektives Verhalten, nicht zurechenbar sind dagegen subjektive Merkmale oder das Verschulden.

Wir haben den Vorschlag *Tiedemanns* der Vollständigkeit halber lediglich dahingehend ergänzt, daß Mittäterschaft nicht nur dann vorliegt, wenn „mit einem anderen" zusammengearbeitet wird, sondern auch für den Fall, daß mehr als zwei Personen zusammenarbeiten. *Tiedemann* stellt in seiner Begründung außerdem klar, daß die Mittäterschaft eine Beteiligung an der Tatausführung voraussetzt. Unserer Ansicht nach liegt der Vorteil der Formulierung des Art. d „wer die Tat mit anderen begeht" gerade darin, daß so auch eine Beteiligung im Vorbereitungsstadium erfaßt werden kann, was mit zunehmender Anerkennung der Lehre von der Tatherrschaft nur konsequent ist. Der Ausdruck „Tatausführung" deutet auf eine engere Auslegung hin.

Art. e Mittelbare Täterschaft

Täter ist auch, wer sich zur Begehung einer Straftat eines anderen derart als Instrument bedient, daß er dessen Verhalten vorsätzlich veranlaßt und dabei in Ausnutzung des Umstandes handelt, daß der andere für die Tat infolge eines Irrtums, mangelnder Täterqualität oder eines nur in seiner Person gegebenen Rechtfertigungs-, Schuldausschließungs-, oder Schuldmilderungsgrundes für die Tat nicht oder nicht voll verantwortlich ist.

Bezüglich der mittelbaren Täterschaft stellt *Tiedemann* klar, daß durch die Festschreibung der mittelbaren Täterschaft mit der Kennzeichnung des Tatmittlers als „Instrument" (Werkzeug!) ein Ausdruck des Art. 28 Abs. 1 spanischer C.P. sowie der französischen Rechtsprechung und Lehre aufgegriffen wird. Dadurch wird die mißverständliche Nähe der Tatbegehung „durch einen anderen" (so die Formulierung des § 25 dStGB für die mittelbare Täterschaft) zur Anstiftung vermieden.

Den Vorschlag *Tiedemanns* haben wir um die Fallgruppe der mittelbaren Täterschaft durch Einsatz eines nicht-qualifizierten Werkzeuges ergänzt.

Bei der mittelbaren Täterschaft wird wie bei der Mittäterschaft dem Täter das Verhalten eines anderen zugerechnet. Hier wird die gesamte objektive Tatbestandserfüllung durch den Tatmittler zugerechnet. Zurechnungskriterium ist die Herrschaft des Hintermannes über das Instrument.

Art. f Organisationelle[1743] Täterschaft

(1) Als Täter bestraft wird auch, wer rechtlich dafür einzustehen hat, daß ein anderer keine rechtswidrige Tat begeht, wenn er von der Tat des anderen Kenntnis hatte, ihre Begehung hätte verhindern oder wesentlich erschweren können, ihm dies zumutbar gewesen wäre und in seiner Person die übrigen Voraussetzungen der Strafbarkeit vorliegen.

(2) Eine Einstandspflicht gemäß Absatz 1 besteht insbesondere für:

a) Mitglieder einer Regierung, Amtsträger und Soldaten für Taten, die von Weisungsabhängigen, Untergebenen oder Befehlsempfängern begangen werden;

b) Inhaber oder Leiter eines Betriebes oder Unternehmens sowie Personen mit Entscheidungs- oder Kontrollbefugnissen in einem Betrieb oder Unternehmen für Taten, die von Untergebenen begangen werden.

(3) Die Delegation von Verantwortung befreit den Delegator von Strafbarkeit, wenn sich die Delegation auf bestimmte Teilbereiche der Tätigkeit bezieht und sichergestellt ist, daß die Delegatare die ihnen übertragenen Aufgaben und Befugnisse tatsächlich wahrnehmen können. Die Verantwortlichkeit des Delegators für die Auswahl, Aufsicht und Kontrolle des Personals sowie die allgemeine Verantwortung für die Organisation bleiben unberührt.

(4) Verantwortlich gemäß Absatz 1 ist auch, wer ohne gemäß Absatz 2 oder 3 verantwortlich zu sein, die entsprechende Position aufgrund tatsächlicher Aufgabenwahrnehmung mit Duldung der für die Aufgabenverteilung zuständigen Entscheidungsträger innehat.

[1743] Die im deutschen Sprachgebrauch unübliche Adjektivbildung lehnt sich an eine Wortschöpfung des Bundesverfassungsgerichtes im sogenannten „Volkszählungsurteil“ vom 15.12.1983 (BVerfGE 65, 1) an, das dort den Begriff der „informationellen Selbstbestimmung“ eingeführt hat. Die gewählte Bezeichnung bietet sich auch deshalb an, weil französisch (*organisationnel*), spanisch (*organizacional*) und englisch (*organizational*) nahezu identische Adjektive gebildet werden können. Daher erscheint der Begriff in besonderer Weise geeignet, zu einem – angesichts der bestehenden internationalen Wirtschafts- und Unternehmensverflechtungen besonders wichtigen - einheitlichen (Un-)Rechtsbewußtsein beizutragen.

Dieser Artikel wird im Vorschlag *Tiedemanns* „Verantwortlichkeit für fremdes Verhalten" genannt. Diese Bezeichnung enthält eine gewisse begriffliche Unschärfe. Denn auch die an anderer Stelle behandelte Mittäterschaft und die mittelbare Täterschaft gelangen durch Zurechnung der Tatbeiträge anderer Personen zu einer Strafbarkeit. Dadurch führen diese Figuren zumindest zu einer Verantwortlichkeit auch für fremdes Verhalten (neben der an das eigene Verhalten anknüpfenden Verantwortlichkeit). Wir schlagen deshalb die Bezeichnung „organisationelle" Täterschaft vor. Durch diesen Begriff wird verdeutlicht, daß Anknüpfungspunkt für die Täterstrafbarkeit der von diesem Artikel erfaßten Personen die (Entscheidungs- oder Kontroll-)Verantwortung für einen Organisationsbereich ist.

Absätze 1 bis 3 sind dem Vorschlag *Tiedemanns* entnommen. Wir haben lediglich ergänzend die für das Begehen durch Unterlassen in allen Ländern geforderte Zumutbarkeit des Eingreifens ausdrücklich hinzugefügt.

Das Erfordernis der Duldung der für die Aufgabenverteilung zuständigen Entscheidungsträger in Abs. 4 dient der ausdrücklichen Klarstellung, daß einseitige Usurpation durch die faktischen Organe etc. nicht ausreichend ist.

Art. f ist eine Zurechnungsnorm, durch die die Täterstrafbarkeit der einstandspflichtigen Personen aus dem vom Untergebenen begangenen Delikt begründet wird. Eine Strafbarkeit wegen Teilnahme des Einstandspflichtigen an diesen Delikten scheidet daher aus.

Die Konkurrenzen zwischen dem durch Verhaltenszurechnung verwirklichten Delikt und den (gegebenenfalls spezialgesetzlich geregelten) Unterlassungsdelikten richten sich nach den für diese Delikte geltenden allgemeinen Grundsätzen.

Dritter Abschnitt
Teilnahme

Art. g Anstiftung und Beihilfe

(1) Anstifter ist, wer einen anderen vorsätzlich zur Begehung einer vorsätzlichen und rechtswidrigen Tat bestimmt, ohne Mittäter (Art. d), mittelbarer Täter (Art. e) oder organisationeller Täter (Art. f) zu sein. Der Anstifter wird wie ein Täter bestraft.

(2) Gehilfe ist, wer einem anderen vorsätzlich durch einen untergeordneten Tatbeitrag Hilfe zu einer vorsätzlichen und rechtswidrigen Tat leistet, ohne Mittäter (Art. d) oder organisationeller Täter (Art. f) zu sein. Die Strafe des Gehilfen kann gemildert werden.

(3) Die Anstiftung zur Beihilfe sowie die Beihilfe zur Anstiftung oder zur Beihilfe sind als Beihilfe zur Haupttat zu bestrafen. Die Anstiftung zur Anstiftung ist als mittelbare Anstiftung zur Haupttat zu bestrafen.

Tiedemann beschränkt in seinem Vorschlag den Kreis der Anstifter auf die Personen, die nicht mittelbarer Täter oder für fremdes Verhalten verantwortlich sind. Abgrenzungsschwierigkeiten können sich wegen der Anerkennung der Lehre von der Tatherrschaft aber auch zur Mittäterschaft ergeben, wenn der Mittäter durch einen geistigen Beitrag im Vorbereitungsstadium an der Tat beteiligt ist. Daher sollte klargestellt werden, daß auch für den Fall der Mittäterschaft die Anstiftung ausscheidet.

Anstelle der von *Tiedemann* vorgeschlagenen obligatorischen Strafmilderung für den Gehilfen schlagen wir in Abs. 2 zur besseren Berücksichtigung des Einzelfalles eine fakultative Strafmilderung für den Gehilfen vor.

Abs. 3 dient lediglich der gesetzlichen Klarstellung.

Im Vorschlag *Tiedemanns* wird in Abs. 3 dieses Artikels die Behandlung auf das Unrecht bezogener besonderer persönlicher Merkmale geregelt. Eine solche Regelung schlagen wir aus Gründen der Übersichtlichkeit erst an späterer Stelle in einem gesonderten Artikel zusammen mit der Behandlung von tatbezogenen Merkmalen vor (s. Art. l).

In Abs. 4 und 5 des Paragraphen über Anstiftung und Beihilfe regelt der Vorschlag *Tiedemanns* die Strafbarkeit der versuchten Anstiftung bzw. Beihilfe. Eine solche Regelung sollte unserer Ansicht nach - ebenfalls aus Gründen der Übersichtlichkeit - an späterer Stelle in einem gesonderten Artikel im Zusammenhang mit der Regelung des Rücktritts von der Beteiligung erfolgen (s. Art. h und i). Das hat den Vorteil, daß ein solcher Artikel später in einem Regelungswerk, das den gesamten Allgemeinen Teil umfaßt, zusammen mit der Regelung betreffend den Rücktritt von der Beteiligung ausgegliedert und zu den Regelungen betreffend den Versuch gefügt werden kann.

Art. h Teilnahme am Versuch und versuchte Teilnahme

(1) Die Teilnahme am Versuch ist strafbar.

(2) Versuchte Anstiftung ist strafbar, wenn der Versuch der Straftat, zu der angestiftet werden sollte, strafbar ist.

(3) Versuchte Beihilfe ist straflos.

Abs. 1 dient der gesetzlichen Klarstellung. Absätze 2 und 3 sind wörtlich § f Abs. 4 und 5 des Vorschlags *Tiedemanns* entnommen.

Vierter Abschnitt
Sonstige Bestimmungen über die Beteiligung an einer Straftat

Art. i Rücktritt von der Beteiligung

Beteiligte, die freiwillig verhindern, daß die Straftat vollendet wird, sind straflos. Unterbleibt die Tat ohne Zutun des Beteiligten oder wird sie unabhängig von seinem früheren Verhalten begangen, so genügt zu seiner Straflosigkeit sein freiwilliges und ernsthaftes Bemühen, die Tat zu verhindern.

Diese Regelung entspricht wörtlich dem § b Abs. 2 des Vorschlags von *Tiedemann*.

Art. j Verabredung einer Tat

Verabreden mehrere, als Beteiligte eine Tat zu begehen, und wird die Tat nicht zumindest von einem der Beteiligten versucht, so ist die Verabredung nur bei ausdrücklicher gesetzlicher Anordnung strafbar.

Auch dieser Artikel entspricht wörtlich dem Regelungsmodell *Tiedemanns*. Dadurch wird klargestellt, daß Vorschriften zur Straftatverabredung wie § 30 dStGB, die französische *association de malfaiteurs* (Art. 450-1 N.C.P.), die spanische *conspiración* (Art. 17 Abs. 1 C.P.), die §§ 277ff. öStGB oder die englische *conspiracy* weitergelten.

Art. k Beteiligung am Sonderdelikt/Stellvertreterhaftung

(1) Begründen besondere persönliche Eigenschaften, Verhältnisse oder Umstände des Täters (täterbezogene Merkmale) die Strafbarkeit, so kann Täter nur derjenige sein, bei dem diese besonderen Merkmale vorliegen. Andere Beteiligte können an dieser Tat als Anstifter oder Gehilfen teilnehmen, sofern sie Vorsatz auch bezüglich der beim Täter vorliegenden besonderen persönlichen Merkmale haben.

(2) Vertretungsberechtigte Organe einer juristischen Person oder einer Personengesellschaft sowie Unternehmensinhaber oder Personen mit Entscheidungs- oder Kontrollbefugnissen in einem Unternehmen können als Täter auch dann bestraft werden, wenn die besonderen persönlichen Merkmale nur bei der juristischen Person, der Personengesellschaft oder dem Unternehmen vorliegen und die Organe, Leiter oder Entscheidungs- oder Kontrollpersonen die Ausübung der Funktion tatsächlich übernommen haben.

(3) Absatz 2 gilt auch für Vertreter einer natürlichen Person.

(4) Für die Verantwortung des Stellvertreters gemäß den Absätzen 2 und 3 gilt Art. f Absatz 4 entsprechend.

Im Vorschlag *Tiedemanns* werden die Beteiligung am Sonderdelikt und die Stellvertreterhaftung in § c Abs. 3 geregelt. Diese Regelung haben wir für diesen Artikel übernommen. Ergänzend haben wir in Abs. 1 klargestellt, daß Extranei an der Tat des Intraneus teilnehmen können.

In Abs. 3 haben wir die Anwendbarkeit der Stellvertreterhaftung für den Fall der Vertretung einer natürlichen Person erweitert.

Schließlich wird in Abs. 4 klargestellt, daß die Stellvertreterhaftung auch für den Fall der faktischen Vertretung gelten soll.

Art. l Auswirkungen besonderer Merkmale auf die Strafe der Beteiligten

(1) Tatbezogene Merkmale sind Eigenschaften, Verhältnisse oder Umstände, die sich auf das Unrecht der Tat beziehen.
Täterbezogene Merkmale sind Eigenschaften, Verhältnisse oder Umstände, die sich auf die Person des Täters beziehen.

(2) Werden bei der Ausführung der Tat tatbezogene Merkmale (Absatz 1, Satz 1) verwirklicht, sind diese nur bei demjenigen Beteiligten zu berücksichtigen, der sie in seinen Vorsatz aufgenommen hat.

(3) Werden bei der Ausführung der Tat täterbezogene Merkmale (Absatz 1, Satz 2) verwirklicht, die die Strafbarkeit begründen, so gelten die Regelungen über die Beteiligung am Sonderdelikt (Art. k). Täterbezogene Merkmale, die die Strafe schärfen, mildern oder ausschließen, sind nur bei demjenigen Beteiligten zu berücksichtigen, bei dem sie vorliegen.

Tatbezogene Merkmale betreffen die objektive Ausführung der Tat, also zum Beispiel das Tatmittel, den Tatort oder die Anzahl der Beteiligten. Auf die Einordnung besonderer persönlicher Merkmale als tatbezogen sollte verzichtet werden. Persönliche Merkmale kennzeichnen grundsätzlich das Unrecht des Täters und sollten daher immer als täterbezogen eingestuft werden. Haben sie zusätzlich Auswirkung auf das objektive Unrecht der gesamten Tat, so sollten sie ausdrücklich als strafbegründend gekennzeichnet werden, so daß die Regelungen betreffend die Beteiligung am Sonderdelikt gelten (s. oben Art. k) und alle Beteiligten aus dem entsprechenden Sondertatbestand bestraft werden können.

Art. m Beteiligung am Fahrlässigkeitsdelikt

Wird die Tat fahrlässig begangen, so ist jeder Beteiligte, der zur Verwirklichung des Erfolges beiträgt, als Täter anzusehen, sofern die Voraussetzungen der Strafbarkeit im übrigen vorliegen.

Diese Regelung bestimmt die Anwendbarkeit des Einheitstätersystems für Fahrlässigkeitstaten. Sie schließt die Lücken, die durch das Erfordernis einer vorsätzlichen Haupttat für die Teilnahme entstehen. Die Anwendung des Einheitstätersystems für Fahrlässigkeitstaten setzt sich in den untersuchten Rechtsordnungen zunehmend durch. Wer an einer fahrlässigen Tat in einer der Anstiftung oder der Beihilfe entsprechenden Form teilnimmt, verstößt dadurch in der Regel bereits selbst gegen eine Sorgfaltsnorm und handelt daher fahrlässig.

In einer Regelung, die den gesamten Allgemeinen Teil umfaßt, kann dieser Artikel in Zusammenhang mit der Regelung der Fahrlässigkeitsdelikte gestellt werden.

Zweiter Teil: Französisch

Dispositions concernant la participation de plusieurs personnes à l'infraction

Section première
Dispositions générales

Art. a Pénalité autonome des participants/Pas de responsabilité pénale pour la faute d'autrui

Lorsque plusieurs personnes participent à l'infraction pénale, chacune ne sera punie que de sa propre faute sans regard à la faute des autres participants.

Art. b Les participants à l'infraction

Sont participants à l'infraction l'auteur, l'instigateur et le complice.

Section deuxième
Auteur

Art. c Auteur matériel

Est auteur, celui qui commet l'infraction seul et de son propre fait.

Art. d Coauteur matériel

Est également auteur, celui qui, en vertu d'une entente commune, commet l'infraction en collusion avec un ou plusieurs autres auteurs.

Art. e Auteur moral

Est également auteur, celui qui, pour la commission d'une infraction, utilise un tiers comme instrument, de sorte qu'il provoque sciemment sa conduite. Est instrument toute personne dont la responsabilité pénale est exclue ou atténuée pour cause d'erreur, de défaut d'une qualité spéciale de l'auteur ou pour cause d'un fait justificatif, d'exemption ou d'atténuation de la faute ne s'appliquant qu'à sa personne.

Art. f Auteur organisationnel[1744]

(1) Sera également puni comme auteur, celui qui répond juridiquement de ce qu'un tiers n'a pas commis un acte illicite, alors qu'il en a eu connaissance, alors qu'il aurait pu empêcher ou rendre considérablement plus difficile la commission de cet acte, lorsque ceci est exigible, et alors qu'il remplit les autres exigences de la répression.

(2) Sont notamment responsables au sens de l'alinéa 1:

a) Les membres d'un gouvernement, les fonctionnaires et les soldats, pour les infractions commises par des subordonnés, des exécutants ou des personnes soumises à leur autorité;

b) les chefs d'entreprise ou toute autre personne ayant le pouvoir de décision ou de contrôle au sein d'une entreprise, pour les infractions commises par des subordonnés.

(3) La délégation de pouvoirs exclut la responsabilité du délégant lorsqu'elle est partielle et lorsque les délégataires sont réellement en situation et ont les compétences pour remplir les fonctions déléguées. Cette délégation ne libère pas le délégant de sa responsabilité de choix, de surveillance et de contrôle du personnel, ni de sa responsabilité générale de l'organisation.

(4) Est également responsable au sens de l'alinéa 1, celui qui, sans être responsable conformément aux alinéas 2 ou 3, se trouve dans une position similaire parce qu'il exerce de fait ces fonctions avec l'accord des personnes ayant le pouvoir de décision pour la répartition des fonctions.

[1744] Vgl. zu diesem Begriff oben S. 380, Fußnote 1743.

Section troisième
Participation

Art. g Instigation et complicité

(1) Est instigateur, celui qui sciemment provoque un tiers à la commission d'un acte intentionnel et illicite sans être coauteur (art. d), auteur moral (art. e) ou auteur organisationnel (art. f). L'instigateur sera puni comme auteur.

(2) Est complice, celui qui, par une contribution subalterne, aide sciemment un tiers à commettre un acte intentionnel et illicite sans être coauteur (art. d) ou auteur organisationnel (art. f). La peine du complice peut être atténuée.

(3) L'instigation à la complicité et la complicité d'instigation ou de complicité seront punies comme complicité de l'infraction principale. L'instigation à l'instigation sera punie comme instigation indirecte à l'infraction principale.

Art. h Participation à la tentative et participation tentée

(1) La participation à la tentative est punissable.

(2) L'instigation tentée est punissable lorsque la tentative de l'infraction qui aurait du être provoquée est punissable.

(3) La complicité tentée n'est pas punissable.

Section quatrième
Autres dispositions concernant la participation

Art. i Désistement de la participation

Ne sont pas pénalement responsables les participants qui empêchent la consommation de l'infraction. Lorsque l'infraction n'a pas lieu quel que soit le comportement du participant ou lorsqu'elle est commise indépendamment du comportement antérieur du participant, l'effort volontaire et sérieux suffit pour qu'il ne soit pas punissable.

Art. j Entente sur la commission d'une infraction

Lorsque plusieurs personnes s'entendent pour participer à une infraction et lorsque la commission n'est pas tentée par au moins l'une d'entre elles, l'entente n'est punissable que dans les cas prévus par la loi.

Art. k Participation aux infractions exigeant des qualités spéciales de l'auteur (infractions spéciales)/Responsabilité du représentant

(1) Lorsque des qualités, conditions ou circonstances spéciales et personnelles à l'auteur (circonstances spéciales relatives à l'auteur) justifient la répression de l'infraction, n'est auteur que la personne présentant ces circonstances spéciales. Tout autre participant peut être puni comme instigateur ou complice, lorsqu'il a eu connaissance de ces circonstances spéciales et personnelles à l'auteur.

(2) Les organes représentants d'une personne morale ou d'une société de personnes ainsi que les chefs d'entreprise ou les personnes ayant le pouvoir de décision ou de contrôle au sein d'une entreprise peuvent être punis comme auteurs bien que seule la personne morale, la société ou l'entreprise présente les circonstances spéciales et personnelles, lorsque les organes, chefs ou personnes de décision ou de contrôle exercent de fait les fonctions.

(3) L'alinéa 2 s'applique également aux représentants d'une personne physique.

(4) Pour ce qui est de la responsabilité du représentant au sens des alinéas 2 et 3, l'art. f alinéa 4 s'applique.

Art. l Effets des circonstances spéciales sur la peine des participants

(1) Sont circonstances spéciales relatives à l'infraction, les qualités, conditions ou circonstances qui se refèrent au caractère injuste de l'infraction.

Sont circonstances spéciales relatives à l'auteur, les qualités, conditions ou circonstances qui se refèrent à la personne de l'auteur.

(2) Lorsqu'en commettant l'infraction des circonstances spéciales relatives à l'infraction (alinéa 1, phrase 1) sont réunies, celles-ci ne seront prises en considération que pour le participant qui en a eu connaissance.

(3) Lorsque en commettant l'infraction un ou plusieurs participants présentent des circonstances spéciales relatives à l'auteur (alinéa 1, phrase 2) qui justifient la répression, les dispositions concernant la participation aux infractions spéciales (art. k) s'appliquent. Les circonstances spéciales relatives à l'auteur qui aggravent, atténuent ou excluent la peine ne seront prises en considération que pour le participant qui les présente.

Art. M Participation aux infractions d'imprudence

En cas d'infraction d'imprudence chaque participant qui contribue à la réalisation du résultat sera considéré auteur lorsqu'il remplit les autres exigences de la répression.

Dritter Teil: Spanisch

Disposiciones relativas a la participación

Sección primera
Disposiciones generales

Art. a Punibilidad individual por la participación/Ausencia de responsabilidad por la culpabilidad de otro

En caso de intervención de diferentes sujetos en la infracción penal, cada partícipe será castigado según su culpabilidad, sin consideración a la culpabilidad de los demás partícipes.

Art. b Los partícipes

Son partícipes el autor, el inductor y el cómplice.

Sección segunda
Autoría

Art. c Autoría inmediata

Es autor quien realiza el hecho con su propia conducta y por sí solo.

Art. d Coautoría

Es igualmente autor quien realiza el hecho conjuntamente con otro u otros autores, con quienes se reparte la realización en virtud de un acuerdo.

Art. e Autoría mediata

Es igualmente autor quien, para cometer una infracción, se sirve de otro como instrumento, induciéndolo dolosamente a actuar. Se entiende por instrumento el sujeto cuya responsabilidad está excluida o atenuada a causa de un error, de la ausencia de las cualidades requeridas para ser autor o de una causa de justificación, de exclusión o de atenuación de la culpabilidad que concurre sólo en su persona.

Art. f Autoría organizacional[1745]

(1) Es igualmente autor quien debe responder jurídicamente por los hechos antijurídicos de otro, si tuvo conocimiento del hecho, si pudo evitarlo o dificultarlo esencialmente, cuando esto le haya sido exigible y haya reunido las demás condiciones de punibilidad.

(2) Responden especialmente en el sentido del párrafo 1:

a) Los miembros de un gobierno, los funcionarios o soldados, por las infracciones cometidas por personas sometidas a su autoridad o a sus órdenes, o por subordinados;

b) los titulares o gerentes de una empresa u otros sujetos competentes para la decisión o el control en una empresa, por las infracciones cometidas por sus subordinados.

(3) La delegación de poderes sólo exime el delegante de la responsabilidad penal, cuando ésta está referida a ámbitos específicos de la actividad y cuando los delegados están realmente en condiciones de cumplir las funciones y competencias delegadas. Esta delegación no excluye ni la reponsabilidad del delegante por la selección, la vigilancia y el control del personal, ni la responsabilidad general por la organización.

[1745] Vgl. zu diesem Begriff oben S. 380, Fußnote 1743.

(4) Responde igualmente en los terminos del párrafo 1 quien, sin ser responsable según los párrafos 2 ó 3, asume de hecho las funciones señaladas en dichos párrafos, con la tolerancia de las personas con poder de decisión responsables de la distribución de funciones.

Sección tercera
Participación

Art. g Inducción y complicidad

(1) Es inductor quien induce dolosamente a otro a cometer un hecho doloso y antijurídico, sin ser coautor (art. d), autor mediato (art. e) o autor organizacional (art. f). El inductor será castigado con la pena fijada por la Ley para el autor.

(2) Es cómplice quien dolosamente ayuda a otro en la realización de un hecho doloso y antijurídico con una contribución subalterna, sin ser coautor (art. d) o autor organizacional (art. f). Al cómplice se le puede imponer una pena inferior a la pena fijada por la Ley para el autor.

(3) La inducción a la complicidad y la complicidad en la inducción o en la complicidad serán castigadas como complicidad en la infracción principal. La inducción a la inducción es inducción mediata a la infracción principal.

Art. h Participación en la tentativa y tentativa de participación

(1) La participación en la tentativa es punible.

(2) La tentativa de inducción es punible cuando la tentativa de la infracción a la que se quería inducir es punible.

(3) La tentativa de complicidad no es punible.

Sección cuarta
Otras disposiciones relativas a la participación

Art. i Desistimiento de la participación

No son punibles los partícipes que evitan voluntariamente la consumación de la infracción. Si la infracción deja de producirse aun sin la conducta del partícipe o independientemente de su conducta anterior, éste no es punible cuando intenta seria y voluntariamente impedir la consumación.

Art. j Conspiración

Cuando varios sujetos conspiran para cometer una infracción como partícipes y la infracción no es tentada por ninguno de ellos, esta conspiración sólo se castigará en los casos especialmente previstos en la Ley.

Art. k Participación en los delitos especiales/Responsabilidad del representante

(1) Cuando la punibilidad de una infracción supone cualidades, condiciones o circunstancias especiales y personales del autor (circunstancias especiales referidas al autor), sólo puede ser autor aquél en quien concurren estas circunstancias especiales. Otros partícipes pueden ser inductores o cómplices cuando conocen la concurrencia de estas circunstancias especiales y personales del autor.

(2) Los órganos representantes de una persona jurídica o sociedad de personas así como los titulares de una empresa u otros sujetos que tengan competencias de decisión o de control en una empresa pueden ser castigados como autores aunque las circunstancias especiales y personales sólo concurran en la persona jurídica, la sociedad o la empresa, cuando los órganos, gerentes o sujetos de decisión o de control en efecto hayan ejercido dichas competencias.

(3) El párrafo 2 se aplica igualmente a los representantes de una persona física.

(4) La responsabilidad del representante según los párrafos 2 y 3 se rige, en lo pertinente, por el art. f párrafo 4.

Art. l **Efectos de las circunstancias especiales sobre la pena de los partícipes**

(1) Son circunstancias especiales referidas al hecho las cualidades, condiciones y circunstancias que se refieren al injusto de la infracción.
Son circunstancias especiales referidas al autor las cualidades, condiciones y circunstancias que se refieren a la persona del autor.

(2) Cuando en la comisión de la infracción concurren circunstancias especiales referidas al hecho (párrafo 1, frase 1) éstas serán consideradas sólo para el partícipe que estaba en conocimiento de dichas circunstancias.

(3) Cuando en la comisión de la infracción concurren circunstancias especiales referidas al autor (párrafo 1, frase 2) que fundan la punibilidad, se aplican las disposiciones relativas a la participación en los delitos especiales (art. k). Circunstancias especiales referidas al autor que agravan, atenúan o excluyen la pena serán consideradas sólo para el partícipe en quien concurren.

Art. m **Participación en las infracciones imprudentes**

En las infracciones imprudentes, cada partícipe que contribuye a la realización del resultado será considerado autor cuando cumpla con las demás condiciones de punibilidad.

Vierter Teil: Englisch

Regulations concerning the participation in an offence

Section one
General regulations

Art. a Independent punishability of the participants/No liability for the fault of another person

In case of participation of more than one person in the offence each shall be punished according to his own fault without respect to the fault of the other participants.

Art. b Participants in the offence

Participants in the offence are the principal, the inciter and the aider.

Section two
Principal

Art. c Principal

Whosoever commits the offence alone and by his own conduct shall be a principal.

Art. d Joint principal

Whosoever commits the offence jointly, in collaboration with one or more other principals based on a common understanding shall also be a principal.

Art. e Indirect principal

Whosoever uses another person as an instrument for the commission of the offence by knowingly inducing him to his conduct and by taking advantage of his not or not being fully liable for the offence due to error, lack of a quality required for being a principal or due to a personal justification or a personal exemption or mitigation of fault shall also be a principal.

Art. f Organizational principal[1746]

(1) Whosoever is legally responsible for the unjustified acts of another person shall be punished as a principal, if he knew of the offence, if he could have hindered or rendered essentially more difficult its commission, if this could have been expected and if he fulfills the other requirements of punishability.

(2) Paragraph 1 applies especially to:

a) Members of a government, functionaries or soldiers, for offences committed by persons subject to directions or orders or by subordinates;

b) owners or managers of an enterprise as well as persons having the power of decision or control in the enterprise, for offences committed by subordinates.

(3) The delegation of powers exempts the delegator from liability if it is partial and if the actual performance of the delegated functions and competences by the delegates is secured. The delegation does not exempt the

---

1746 Vgl. zu diesem Begriff oben S. 380, Fußnote 1743.

delegator from responsibility for the selection, supervision and control of personnel nor from general responsibility for the organization.

(4) Whosoever, without being liable pursuant to paragraph 2 or 3, holds the corresponding position due to actual performance of the functions with tolerance of the persons responsible for the distribution of the functions shall also be liable pursuant to paragraph 1.

Section three

Participation

Art. g Incitement and aiding

(1) Whosoever knowingly incites another person to the commission of an unjustified act requiring intention or knowledge without being a joint principal (art. d), mediate principal (art. e) or organizational principal (art. f) shall be an inciter. The inciter shall be punished like a principal.

(2) Whosoever by a subordinate contribution knowingly aids another person in the commission of an unjustified act requiring intention or knowledge without being a joint principal (art. d) or organizational principal (art. f) shall be an aider. The punishment of the aider can be mitigated.

(3) The incitement to aid as well as the aiding to incite or to aid shall be punished as aiding in the principal offence. The incitement to incite shall be punished as indirect incitement to the principal offence.

Art. h Participation in an attempt and attempted participation

(1) Participation in an attempt shall be punishable.

(2) The attempt to incite shall be punishable if the attempt of the offence that should have been incited is punishable.

(3) Attempted aiding is not punishable.

Section four

Further regulations concerning the participation in an offence

Art. i Withdrawal from participation

Participants who voluntarily hinder the consumation of the offence shall not be punishable. If the offence does not take place even independently of the withdrawal of the participant or if it is commited independently of his former conduct, his voluntary and serious endeavour to hinder the offence shall be sufficient to exempt him from punishment.

Art. j Conspiracy

If several persons agree on the commission of an offence as participants and if the offence is not attempted by at least one of them, the agreement shall only be punishable if the law explicitly orders so.

Art. k Participation in offences requiring special qualities for being a principal (special offences)/Liability of the representative

(1) If special and personal qualities, conditions or circumstances (special principal-related circumstances) are constituent for punishability, only a person showing these special circumstances may be a principal. Further participants may be inciters or aiders of the offence, if they have knowledge of the special and personal circumstances of the principal.

(2) Representative organs of a body corporate or a personal company as well as owners of an enterprise or persons having the power of decision or control in the enterprise may be punished as principals although only the body corporate, the personal company or the enterprise shows the special and personal circumstances, if the organs, managers or persons of decision or control have in fact undertaken the performance of the functions.

(3) Paragraph 2 also applies to representatives of a natural person.

(4) Concerning the liability of the representative pursuant to paragraphs 2 and 3, art. f paragraph 4 applies accordingly.

Art. l Effects of special circumstances on the punishment of the participants

(1) Special offence-related circumstances are qualities, conditions or circumstances related to the injustice of the offence.
Special principal-related circumstances are qualities, conditions or circumstances related to the person of the principal.

(2) If special offence-related circumstances (paragraph 1, cl.1) are realized in the commission of the offence, they shall only be considered for the participants who have knowledge of them.

(3) If special principal-related circumstances (paragraph 1, cl. 2) that are constituent for the punishability are realized in the commission of the offence, the regulations concerning participation in special offences (art. k) shall be applied. Special principal-related circumstances that aggravate, mitigate or exempt the punishment shall only be considered for the participant showing them.

Art. m Participation in reckless offences

If an offence is committed recklessly, each participant contributing to the realization of the result shall be considered a principal if he fulfills the other requirements of punishability.

VERZEICHNIS DER LITERATUR

Allen, Michael J.: Elliott and Wood's Cases and Materials on Criminal Law, 7. Auflage, London 1997, zit.: Elliott/Wood's/*Allen*.

Allix, Dominique: Essay sur la coaction, Paris 1976.

Alonso de Escamilla, Avelina: Responsabilidad penal de directivos y órganos de empresas y sociedades, Madrid 1996.

Ambs, Friedrich (Hrsg.): Erbs/Kohlhaas, Strafrechtliche Nebengesetze, 5. Auflage, 1.-128. Lieferung, München Stand: Juni 1998, zit.: Erbs/Kohlhaas/*Bearbeiter*.

Angevin, Henri/**Chavanne**, Albert: Juris Classeur Pénal, Nouveau Code, Paris Stand: 1996, zit.: *Bearbeiter* in: J.-Cl. Art., Juris Classeur Pénal,

Annexes, Tome V, Paris Stand: 1997, zit.: *Bearbeiter* in: J.-Cl.-ann. V „[Stichwort]".

Antón Onega, José: Derecho Penal, I Parte general, Madrid 1949.

Arroyo Zapatero, Luis: Delitos contra la hacienda pública en materia de subvenciones, Madrid 1987, zit.: *Arroyo Zapatero* Delitos contra la hacienda pública.

Ders.: Manual de derecho penal del trabajo, Barcelona 1988, zit.: *Arroyo Zapatero* Manual.

Arzt, Gunther: Leichtfertigkeit und Recklessness, in: Gedächtnisschrift für Horst Schröder, S. 119, München 1978.

Ashworth, Andrew: Principles of Criminal Law, 2. Auflage, Oxford 1995.

Ayaldalot, Maurice/**Arpailange**, Pierre/**Mayaud**, Yves: Encyclopédie Dalloz, Répertoire de droit pénal et de procédure pénale, Tome II, Paris Stand: März 1997, zit.: *Bearbeiter* in: Encycl. Dalloz Dr. pén. II „[Stichwort]".

Bacigalupo, Enrique: Delitos de omisión impropios, 2. Auflage, Bogotá 1983, zit.: *Bacigalupo* Delitos de omisión.

Ders.: La noción de autor en el Código Penal, Buenos Aires 1965, zit.: *Bacigalupo* Noción de autor.

Baldo Lavilla, Francisco: Algunos aspectos conceptuales de la inducción (A proposito de la STS de 24 de junio de 1987), ADPCP 1989, 1091.

Barja de Quiroga, Jakobo López: Autoría y participación, Madrid 1996.

Bayet, Dominique: La responsabilité pénale du chef de l'entreprise à l'issue des arrêts de plénière de la chambre criminelle, G.P. 1993.II.923.

Bentlage, Hubert: Der Motorsport im Straßenverkehrs- und Ordnungswidrigkeitenrecht, Bochum 1981.

Bertauld, A. (o.w.Angaben)[1747]: Cours de Code pénal et Leçons de Législation Criminelle, Explication théorique et pratique, 4. Auflage, Paris 1873.

[1747] Mit (o.w.Angaben) gekennzeichnete Namen führen im Original nicht den kompletten Vornamen des Autors auf.

Bertel, Christian, **Schwaighofer**, Klaus: Österreichisches Strafrecht, Besonderer Teil II (§§ 169 - 321 StGB), 2. Auflage, Wien, New York 1994.

Blauth, Peter: Handeln für einen anderen" nach geltendem und kommenden Strafrecht, Heidelberg 1968.

Beynon, Helen: Causation, Omission and Complicity, (1987) Crim.L.R. 539.

Blei, Hermann: Strafrecht Allgemeiner Teil, 18. Auflage, München 1983.

Bloy, René: Die Beteiligungsform als Zurechnungstypus im Strafrecht, Berlin 1985.

Ders.: Neuere Entwicklungstendenzen der Einheitstäterlehre in Deutschland und Österreich, in: Festschrift für Rudolf Schmitt, S. 33, Tübingen 1992.

Bockelmann, Paul/**Volk**, Klaus: Strafrecht Allgemeiner Teil, 4. Auflage, München 1987.

Boldova Pasamar, Miguel Angel: La comunicabilidad de las circunstancias y la participación delictiva, Madrid 1995.

Bottke, Wilfried: Haftung aus Nichtverhütung von Straftaten Untergebener in Wirtschaftsunternehmen de lege lata, Berlin 1994.

Ders.: Empfiehlt es sich, die strafrechtliche Verantwortlichkeit für Wirtschaftsstraftaten zu verstärken? wistra 1991, 81.

Boujong, Karlheinz: Karlsruher Kommentar zum Ordnungswidrigkeitenrecht, München 1989, zit.: KK-OWiG/*Bearbeiter*.

Brammsen, Joerg: Kausalitäts- und Tatherrschaftsfragen bei Produktfehlern, JURA 1991, 533.

Ders.: Strafrechtliche Rückrufpflichten bei fehlerhaften Produkten? GA 1993, 97.

Brett, Peter: An Inquiry into Criminal Guilt, London 1963.

Bruns, Hans-Jürgen: Faktische Betrachtungsweise und Organhaftung, JZ 1958, 461.

Ders.: Grundprobleme der strafrechtlichen Organ- und Vertreterhaftung (§ 14 StGB, § 9 OWiG), GA 1982, 1.

Ders.: Die Organeigenschaft des Täters als Strafhinderungsgrund beim Handeln zugunsten der Körperschaft, DJ 1934, 1589.

Ders.: Über die Organ- und Vertreterhaftung im Strafrecht, JZ 1954, 12.

Burgstaller, Manfred: Zur Täterschaftsregelung im neuen StGB, RZ 1975, 13 und RZ 1975, 29.

Ders.: Vollendung oder Ende der Einheitstäterschaft, RZ 1982, 216.

Ders.: Der Versuch nach § 15 StGB, JBl 1976, 113.

Busch, Ralf: Unternehmen und Umweltstrafrecht, Osnabrück 1997.

Card, Peter: Card, Cross and Jones, Criminal Law, 13. Auflage, London, Dublin, Edinburgh 1995, zit.: *Card*/Cross/Jones.

Catala, Nicole/**Soyer**, Jean-Claude: La loi du 6 déc. 1976 relative au développement de la prévention des accidents du travail, J.C.P. 1977.I.2868.

Cerezo Mir, José: Estudios sobre la moderna reforma penal española, Madrid 1993.

Chauten, Louis: Étude sur la complicité, Diss. Montpellier 1900.

Clarkson, C.M.V./**Keating**, H.M. (o.w.Angaben): Criminal Law, Text and Materials, London 1994.

Claß, Wilhelm: Die Kausalität der Beihilfe, in: Festschrift für Ulrich Stock, S. 115, Würzburg 1966.

Cobo del Rosal, Manuel/**Vives Antón**, Tomas: Derecho penal, Parte general, 4. Auflage, Valencia 1996.

Conte, Philippe/ **Maistre du Chambon**, Patrick : Droit Pénal général, 2. Auflage, Paris 1996.

Cordoba Roda, Juan: Notas de derecho penal español a Maurach, Tratado de derecho penal, Madrid 1962.

Ders./Rodríguez Mourullo, Gonzálo: Comentarios al Código Penal, Tomo I, Barcelona, Caracas 1972, Reimpresión 1976, zit.: Cordoba Roda/Rodríguez Mourullo/*Bearbeiter*.

Cornils, Karin: Harmonisierungsbedarf zur grenzüberschreitenden Tatbeteiligung, in: Eser, Albin/Huber, Barbara/Cornils, Karin (Hrsg.) Einzelverantwortung und Mitverantwortung im Strafrecht, S. 319, Freiburg 1998.

Costes, Maurice: De quelques considérations sur la responsabilité pénale dite „du fait d'autrui", R.S.C. 1939, 328.

Cramer, Peter: Die Beteiligung an einer Zuwiderhandlung nach § 9 OWiG, NJW 1969, 1929.

Cuche, Paul: Précis de droit criminel, Paris 1939.

Cuerda Riezu, Antonio: Estructura de la autoría en los delitos dolosos, imprudentes y de omisión en Derecho Penal español, ADPCP 1992, 491.

Ders.: Struktur der Täterschaft bei Begehung und Unterlassung im spanischen Strafrecht, in: Schünemann, Bernd/Figueiredo Diaz, Jorge (Hrsg.) Bausteine des europäischen Strafrechts, Coimbra-Symposium für Claus Roxin, S. 295, Köln, Berlin, Bonn, München 1995, zit.: *Cuerda Riezu* in: Coimbra-Symposium.

Czepluch, Anna-Katharina: Täterschaft und Teilnahme im französischen Strafrecht, Berlin 1993.

Dannecker, Gerhard: Die Entwicklung des Strafrechts unter dem Einfluß des Gemeinschaftsrechts, JURA 1998, 79.

Ders.: Strafrecht in der Europäischen Gemeinschaft, JZ 1996, 869.

Decoq, André: Inaction, abstention et complicité par aide ou assistance, J.C.P. 1983.I.3124.

Ders. : Responsabilité pénale du chef de l'entreprise, R.S.C. 1977, 359, B.: Chronique Législative, I. Droit pénal général.

Delmas-Marty, Mireille (Hrsg.): Corpus Juris introducing penal provisions for the purpose of the financial interests of the European Union, Paris 1997.

Dies.: Droit pénal des affaires, Tome I und II, 3. Auflage, Paris 1990, zit.: *Delmas-Marty* Dr. pén. affaires I oder II.

Dies.: Le droit pénal, l'individu et l'entreprise: culpabilité „du fait d'autrui" ou du „décideur"? J.C.P. 1985.I.3218.

Desguerrois, Emile: Etude sur la complicité, Diss. Montpellier 1887.

Desportes, Frédéric/**Le Gunehec**, Francis: Le nouveau droit pénal, Tome I, Droit pénal général, 2. Auflage, Paris 1996.

Díaz y García Conlledo, Miguel: La autoría en derecho penal español, Barcelona 1991.

De Doelder, Hans/ **Tiedemann**, Klaus (Hrsg.): La Criminalisation du comportement collectif, XIV° Congrès international du droit pénal comparé, Den Haag, London, Boston 1996.

Dreher, Eduard: Der Einheitstäter im Ordnungswidrigkeitenrecht, NJW 1971, 121.

Ders.: Kausalität der Beihilfe, MDR 1972, 553.

Eidam, Gerd: Straftäter Unternehmen, München 1997, zit.: *Eidam* Straftäter Unternehmen.

Ders. : Unternehmen und Strafe, Vorsorge- und Krisenmanagement, Köln, Berlin, Bonn, München 1993, zit.: *Eidam* Unternehmen und Strafe.

Ensthaler, Jürgen (Hrsg.): Gemeinschaftskommentar zum Handelsgesetzbuch, 5.Auflage, Neuwied, Kriftel, Berlin 1997, zit.: GK-HGB/*Bearbeiter*.

Fikentscher, Wolfgang: Schuldrecht, 8. Auflage, Berlin, New York 1992.

Fillion, Bernard: La responsabilité pénale de l'instigateur, Diss. Paris 1979.

Fletcher, George P.: Rethinking Criminal Law, Boston 1978.

Foregger, Egmont/**Kodek**, Gerhard: Strafgesetzbuch, Kurzkommentar, 6. Auflage, Wien 1997.

Foregger, Egmont/ **Nowakowski**, Friedrich (Hrsg.): Wiener Kommentar zum Strafgesetzbuch, 2. Lieferung (§§ 6 - 7), Wien 1979,
10. Lieferung (§§ 146 - 168), Wien 1981,
10 a. Lieferung, Ergänzungsheft zur 10. Lieferung (§§ 146 - 168), Wien 1990,
13. Lieferung (§ 2), Wien 1982,
21. Lieferung (§§ 83 - 87), Wien 1984,
22. Lieferung (§§ 75 - 79), Wien 1984,
32. Lieferung (Nachbemerkung zu § 302; §§ 303 - 305), Wien 1988,
33. Lieferung (§§ 274 - 286), Wien 1988,
39. Lieferung (§§ 12 - 14), Wien 1992,
40. Lieferung (§§ 15 - 17), Wien 1994,
jeweils zit.: WK-*Bearbeiter*.

Foster, Michael: Crown Law, Oxford 1762.

Fournier, Stephanie: Le Nouveau Code pénal et le droit de la complicité, R.S.C. 1995, 475.

Friedrich, Wilhelm: Strafbare Beteiligung - akzessorische oder originäre Täterschaft? in: Festschrift für Otto Triffterer, S. 43, Wien New York 1996.

Ders.: Triffterers Beteiligungslehre - eine vermittelnde Lösung?, RZ 1986, 227 und RZ 1986, 258.

Fuchs, Helmut: Österreichisches Strafrecht, Allgemeiner Teil I, 2. Auflage, Wien 1997.

Ders.: Probleme des Deliktsversuchs, ÖJZ 1986, 257.

Gallas, Wilhelm: Strafbares Unterlassen im Fall einer Selbsttötung, JZ 1960, 686.

Ders.: Täterschaft und Teilnahme, in: Materialien zur Strafrechtsreform, Bd. I, S. 121, 1954, (= Beiträge zur Verbrechenslehre, S. 78, Berlin 1968, zit.: *Gallas* Beiträge).

Garraud, René: Précis de droit criminel, 15. Auflage, Paris 1934, zit.: *Garraud* Précis dr. crim.

Ders. : Traité théorique et pratique du droit pénal français, Tome 3, 3. Auflage, Paris 1916, zit.: *Garraud* Traité dr. pén. III.

Garreta Such, José María: La responsabilidad civil, fiscal y penal de los administradores de las sociedades, 4. Auflage, Madrid 1997.

Geppert, Klaus: Zur Problematik des § 50 II StGB im Rahmen der Teilnahme am unechten Unterlassungsdelikt, ZStW 82 (1970), 40.

Gimbernat Ordeig, Enrique: Autor y cómplice en Derecho Penal, Madrid 1966, zit.: *Gimbernat Ordeig* Autor y cómplice.

Ders.: Crítica a la doctrina jurisprudencial del „acuerdo previo", ADPCP 1966, 13.

Ders. (Hrsg.): La comisión por omisión, Madrid 1994, zit.: *Autor* in: Gimbernat Ordeig (Hrsg.) Comisión por omisión.

Göhler, Erich: Die „Beteiligung“ an einer unvorsätzlich begangenen Ordnungswidrigkeit, wistra 1983, 242.

Ders.: Gesetz über Ordnungswidrigkeiten, 11. Auflage, München 1995.

Ders.: Soll eine Garantenpflicht für führende Organe von Wirtschaftsunternehmen zur Verhinderung von Straftaten ihrer Untergebenen, subsidiär ein Tatbestand der Aufsichtspflichtverletzung eingeführt werden? Läßt die strafrechtliche Vertreterhaftung des geltenden Rechts ungerechtfertigte Strafbarkeitslücken entstehen? Anmerkungen zu dem Rechtsgutachten von Herrn Prof. Dr. Schünemann (Anlage 3), in: BMJ (Hrsg.) Tagungsberichte der Sachverständigenkommission zur Bekämpfung der Wirtschaftskriminalität, Bd. XIV, Anlage 6, Bonn 1978, zit.: *Göhler* Tagungsberichte Bd. XIV.

Ders.: Zur strafrechtlichen Verantwortlichkeit des Betriebsinhabers für die in seinem Unternehmen begangenen Zuwiderhandlungen, in: Festschrift für Eduard Dreher, S. 611, Berlin 1977.

Gómez Benítez, José Manuel: El dominio del hecho en la autoría: validez y limites, ADPCP 1984, 103.

Ders.: Teoría jurídica del delito, Derecho penal, Parte general. Madrid 1984.

Gracia Martín, Luis: El actuar en lugar de otro en Derecho penal,
Tomo I, Teoría General, Zaragoza 1985, zit.: *Gracia Martín* El actuar en lugar de otro I,
Tomo II, Estudio especifico del art. 15 bis del Código Penal Español, Zaragoza 1986, zit.: *Gracia Martín* El actuar en lugar de otro II.

Ders.: Responsabilidad de directivos, órganos y representantes de una persona jurídica por delitos especiales, Barcelona 1986, zit.: *Gracia Martín* Responsabilidad.

Ders.: Die Strafbarkeit von Handlungen und Unterlassungen im Unternehmen nach spanischem und deutschem Recht, in: Schünemann, Bernd/Suárez González, Carlos (Hrsg.) Bausteine des europäischen Wirtschaftsstrafrechts, Madrid-Symposium für Klaus Tiedemann, S.13, Köln, Berlin, Bonn, München 1994, zit.: *Gracia Martín* in: Madrid-Symposium.

Gröblinghoff, Stefan: Die Verpflichtung des deutschen Strafgesetzgebers zum Schutz der Interessen der Europäischen Gemeinschaften, Heidelberg 1996.

Gropp, Walter: Die Mitglieder des nationalen Verteidigungsrates als „Mittelbare Mit-Täter hinter den Tätern“? - BGHSt 40, 218, JuS 1996, 13.

Grub, Maximilian: Die insolvenzstrafrechtliche Verantwortlichkeit der Gesellschafter von Personenhandelsgesellschaften, Pfaffenweiler 1995.

Grünwald, Gerald: Zu den besonderen persönlichen Merkmalen (§ 28 StGB), in: Gedächtnisschrift für Armin Kaufmann, S. 555, Köln, Berlin, Bonn 1989.

Günther, Hans-Ludwig: Strafrechtswidrigkeit und Strafunrechtsausschluß, Köln 1983.

Gugerbauer, Norbert: Kommentar zum Kartellgesetz, 2. Auflage, Wien, New York 1994.

Harbich, Heribert: Finanzstrafgesetz (FinStrG), 5. Auflage, Wien 1997.

Hardwig, Werner: Vorsatz bei den Unterlassungsdelikten, ZStW 74 (1962), 27.

Hart, Herbert L. A./**Honoré**, Tony: Causation in the Law, 2. Auflage Oxford 1985.

Harro, Otto: Das Corpus Juris der strafrechtlichen Regelungen zum Schutz der finanziellen Interessen der Europäischen Union, JURA 2000, 98.

Hau, Helmut: Die Beendigung der Straftat und ihre rechtlichen Wirkungen, Berlin 1974.

Heine, Günter: Die strafrechtliche Verantwortlichkeit von Unternehmen, Baden-Baden 1995.

Heizer, Anne: Punitive Sanktionen im Europäischen Gemeinschaftsrecht, Heidelberg 1996.

Herzberg, Rolf-Dietrich: Der agent provocateur und die „besonderen persönlichen Merkmale“ (§ 28 StGB), JuS 1983, 737.

Ders. : Anstiftung und Beihilfe als Straftatbestände, GA 1971, 1.

Ders. : Mittäterschaft durch Mitvorbereitung einer actio communis in causa? JZ 1991, 856.

Ders.: Die Problematik der „besonderen persönlichen Merkmale“ im Strafrecht, ZStW 88 (1976), 68.

Ders.: Täterschaft und Teilnahme, München 1977, zit.: *Herzberg* Täterschaft.

Ders.: Die Unterlassung im Strafrecht und das Garantenprinzip, Berlin 1972, zit.: *Herzberg* Unterlassung.

Ders.: Die Verantwortung für Arbeitsschutz und Unfallverhütung im Betrieb, Köln, Berlin, Bonn, München 1984, zit.: *Herzberg* Verantwortung für Arbeitsschutz.

Hsü, Yü-hsiu: Garantenstellung des Betriebsinhabers zur Verhinderung deliktischer Handlungen seiner Angestellten, Pfaffenweiler 1986.

Höpfel, Frank: Einige Fragen der subjektiven Tatseite bei Beteiligung mehrerer, ÖJZ 1982, 314.

Hohenecker, Franz/**Friedl**, Gerhard: Wettbewerbsrecht, Graz, Köln 1959.

Hugueney, Louis: Complicité d'avortement convertie en provocation délit distint, R.S.C. 1954, 372, A.: Chronique de Jurisprudence, III. Crimes et délits contre les personnes.

Ders. : Note bibliographique: F.-C. Schroeder, Der Täter hinter dem Täter (l'auteur derrière l'auteur), R.S.C. 1966, 211.

Immenga, Ulrich/ **Westmäcker**, Ernst-Joachim: GWG - Gesetz gegen Wettbewerbsbeschränkungen, 2. Auflage, München 1992, zit.: *Bearbeiter* in: Immenga/Westmäcker.

Iruzubieta, Carlos Vazquez: Nuevo Código Penal comentado, Madrid 1996.

Jähnke, Burkhard/ **Laufhütte**, Heinrich Wilhelm/ **Odersky**, Walter (Hrsg.): StGB Leipziger Großkommentar,
3. Lieferung (§§ 32, 33), 11. Auflage, Berlin, New York, 1993,
8. Lieferung,(§§ 25-27), 11. Auflage, Berlin, New York, 1993,
9. Lieferung (§§ 13-14), 11. Auflage, Berlin, New York, 1993,
10. Lieferung (§§ 34-35), 11. Auflage, Berlin, New York, 1994,
14. Lieferung (§§ 15 - 18), 11. Auflage, Berlin, New York, 1994,
16. Lieferung (§§ 28 - Vor 32), 11. Auflage, Berlin, New York, 1994,
21. Lieferung (§§ 283 - 283d), 11. Auflage, Berlin, New York, 1996,
24. Lieferung (§§ 264 - 265b), 11. Auflage, Berlin, New York, 1997,
25. Lieferung (§§ 311c - 314; 324 - 335a), 11. Auflage, Berlin, New York, 1997,
27. Lieferung (§§ 263a; 266; 266a, b; 284 - 287), 11. Auflage, Berlin, New York, 1998,
jeweils zit.: LK-*Bearbeiter*.

Jakobs, Günther: Strafrecht, Allgemeiner Teil, 2. Auflage, Berlin, New York 1991.

Janß, Eberhard: Die Kettenteilnahme, Diss. Bonn 1988.

Jescheck, Hans-Heinrich: Tratado de Derecho penal, traducción y adiciones de Mir Puig y Muñoz Conde, Vol. I und II, Barcelona 1981, zit.: *Jescheck* Tratado I oder II.

Ders./Ruß, Wolfgang/ **Willms**, Günther (Hrsg.): StGB Leipziger Großkommentar, 5. Band (§§ 185 - 262), 10. Auflage, Berlin, New York 1989, zit.: LK[10]-*Bearbeiter*.

Ders./ Weigend, Thomas: Lehrbuch des Strafrechts, Allgemeiner Teil, 5. Auflage, Berlin 1996.

Kadish, Sanford: Blame and Punishment: Essays in the Criminal Law, New York, London 1987.
Ders.: Complicity, Cause and Blame: A Study in the Interpretation of Doctrine (1985) 73 Cal.L.Rev. 323.
Kaufmann, Armin: Die Dogmatik der Unterlassungsdelikte, Göttingen 1959.
Kelker, Brigitte: Der Nötigungsnotstand, Berlin 1993.
Kenny, Antony J. P.: Freewill and Responsability, London 1978.
Kienapfel, Diethelm: „Beteiligung" und „Teilnahme" (zum Verhältnis vom OWiG zum StGB), NJW 1970, 1826.
Ders. : Dogmatische Probleme der Unzumutbarkeit, JBl 1977, 530.
Ders.: Der Einheitstäter im Strafrecht, Frankfurt a.M. 1971, zit.: *Kienapfel* Einheitstäter.
Ders.: Die Einheitstäterregelung der §§ 12 ff. und 32ff. StGB, JBl 1974, 113 und JBl 1974, 180.
Ders.: Zur Einheitstäterschaft im Ordnungswidrigkeitenrecht, NJW 1983, 2236.
Ders.: Erscheinungsformen der Einheitstäterschaft, in: Müller-Dietz, Heinz (Hrsg.) Strafrechtsdogmatik und Kriminalpolitik, S. 21, Köln, Berlin, Bonn, München 1971, zit.: *Kienapfel* Erscheinungsformen.
Ders.: Die Garantenpflichten (§ 2 StGB) - System, Voraussetzungen und Grenzen, JBl 1975, 13 und JBl 1975, 80.
Ders. : Grundriß des österreichischen Strafrechts,
Allgemeiner Teil, 6. Auflage, Wien 1996, zit.: *Kienapfel* Grundriß AT,
Besonderer Teil II, 2. Auflage, Wien 1988, zit.: *Kienapfel* Grundriß BT II.
Ders. : Das Prinzip der Einheitstäterschaft, JuS 1974, 1.
Koppensteiner, Hans-Georg: Wettbewerbsrecht, Band 2: Unlauterer Wettbewerb, 2. Auflage, Wien 1987.
Krekeler, Wilhelm/ **Tiedemann**, Klaus/ **Ulsenheimer**, Klaus/ **Weinmann**, Günther: Handwörterbuch des Wirtschafts- und Steuerstrafrechts, Heidelberg Stand: Mai 1990, zit.: *Bearbeiter* in: HWiStR, Art. [Stichwort].
Küper, Wilfried: Darf sich der Staat erpressen lassen? Heidelberg 1986.
Ders.: Zur Problematik des Rücktritts von der Verbrechensverabredung, JR 1984, 265.
Kuhlen, Lothar: Strafhaftung bei unterlassenem Rückruf gesundheitsgefährdender Produkte - zugleich Anmerkung zum Urteil d. BGH v. 06.07.1990 - 2StR 549/89, NStZ 90, 566.
Lackner, Karl: Strafgesetzbuch mit Erläuterungen, 22. Auflage, München 1997.
Lampe, Ernst-Joachim: In welcher Weise soll der neben den zivil- und verwaltungsrechtlichen Maßnahmen erforderliche strafrechtliche Schutz (i.w.S.) gegen irreführende Werbung ausgestaltet werden? in: BMJ (Hrsg.) Tagungsberichte der Sachverständigenkommission zur Bekämpfung der Wirtschaftskriminalität, Bd. IX, Anlage 6, Bonn 1976, zit.: *Lampe* Tagungsberichte Bd. IX.
Landscheidt, Christoph: Zur Problematik der Garantenpflichten aus verantwortlicher Stellung in bestimmten Räumlichkeiten, Berlin, 1985.
Lange, Richard: Terrorismus kein Notstandsfall? Zur Anwendung des § 34 im öffentlichen Recht, NJW 1978, 784.
Larguier, Jean: Droit pénal général, 15. Auflage, Paris 1995.

Ders.: Complicité non punissable en cas de changement de victime, R.S.C. 1979,75, A.: Chronique de Jurisprudence, I. Droit pénal général.

Ders.: La complicité par agissements non indispensables à la commission du fait principal, R.S.C. 1984, 489, A.: Chronique de Jurisprudence, I. Droit pénal général.

Ders.: Homicide et blessures commis en groupe: crime impossible et présomption de participation ou de causalité, R.S.C.1973, 879, A.: Chronique de Jurisprudence, I. Droit pénal général.

Ders.: La notion d' auteur moral, R.S.C. 1976, 409, A.: Chronique de Jurisprudence, I. Droit pénal général.

Ders.: La notion de complicité, R.S.C. 1974, 879, A.: Chronique de Jurisprudence, I. Droit pénal général.

Lascuraín Sánchez, Juan Antonio: Grund und Grenzen der Garantenpflicht des Unternehmers, in: Schünemann, Bernd/Suárez González, Carlos (Hrsg.) Bausteine des europäischen Wirtschaftsstrafrechts, Madrid-Symposium für Klaus Tiedemann, S. 35, Köln, Berlin, Bonn, München 1994, zit.: *Lascuraín Sánchez* in: Madrid-Symposium.

= Fundamento y limites del deber de garantía del empresario, in: Hacia un derecho penal económico Europeo, Jornadas en honor del Profesor Klaus Tiedemann, S. 209, Madrid 1995.

Lazerges, Christine: Réflexions sur le Nouveau Code pénal, Paris 1995.

Légal, Alfred: La complicité par abstention, R.S.C. 1972, 375, A.: Chronique de Jurisprudence, I. Droit pénal général

Ders.: La complicité par assistance et les actes postérieurs à l'infraction, R.S.C. 1964, 134, A.: Chronique de Jurisprudence, I. Droit pénal général.

Ders.: Complicité par assistance dans les actes préparatoires, R.S.C. 1956, 99, A.: Chronique de Jurisprudence, I. Droit pénal général.

Ders.: La complicité des délits d'imprudence, R.S.C. 1957, 370, A.: Chronique de Jurisprudence, I. Droit pénal général.

Ders.: La complicité en matière de délit d'imprudence, R.S.C. 1956, 531, A.: Chronique de Jurisprudence, I. Droit pénal général.

Ders.: Les conditions de la responsabilité pénale du fait d'autrui, R.S.C. 1971, 405, A.: Chronique de Jurisprudence, I. Droit pénal général.

Ders. : Conséquences de l'amnistie pour le complice ou le receleur, R.S.C. 1954, 760, A.: Chronique de Jurisprudence, I. Droit pénal général.

Ders.: La distinction entre coauteur et complice, R.S.C. 1957, 131, A.: Chronique de Jurisprudence, I. Droit pénal général.

Ders.: La responsabilité du fait d'autrui dans les entreprises réglementées, R.S.C. 1965, 650, A.: Chronique de Jurisprudence, I. Droit pénal général.

Ders.: Responsabilité solidaire en cas de violences collectives des conséquences dommagables dont l'auteur n'a pas pu être identifié, R.S.C. 1963, 103, A.: Chronique de Jurisprudence, I. Droit pénal général.

Leiter, Roman: Grundzüge des österreichischen Finanzstrafrechts, Wien, New York 1996.

Leukauf, Otto/ **Steininger**, Herbert: Kommentar zum Strafgesetzbuch, 3. Auflage, Eisenstadt 1992.

Levasseur, Georges: Droit Pénal général complémentaire, Paris 1960.

Ders./Chavanne, Albert/ **Montreuil**, Jean: Droit pénal général et procédure pénale, 11. Auflage, Paris 1994.

Level, P. (o.w.Angaben): La faute involontaire de l' employeur et sa responsabilité pénale à la suite d'agissements commis par son personnel, J.C.P. 1960.I.1559.

Lewisch, Peter: Mitverschulden im Fahrlässigkeitsstrafrecht, ÖJZ 1995, 296.

Ders.: Probleme der Einheitstäterschaft, JBl 1989, 294.

Ders.: Strafrecht, Besonderer Teil I, Wien 1997.

Liebscher, Viktor: Die Wirtschaftsdelikte im österreichischen Strafrecht, ZStW 88 (1976), 261.

Luzón Peña, Domigo Manuel: Derecho Penal de la circulación (Estudios de la jurisprudencia del Tribunal Supremo), Barcelona 1985, zit.: *Luzón Peña* DPCirc.

Ders.: Derecho penal del Tribunal Supremo, Parte general, Tomo II, Barcelona 1964, zit.: *Luzón Peña* Der. Penal del TS II.

Ders.: Participación por omisión y omisión de impedir delitos, La Ley 1986-3 S. 535.

Ders.: La „determinación objectiva del hecho". Observaciones sobre la autoría en delitos dolosos e imprudentes de resultado, ADPCP 1989, 889.

Ders.: La participación por omisión en la jurisprudencia reciente del TS, PJ 1986 n° 2, 73.

Maschke, Günter: Der Tatbestand der Aufsichtspflichtverletzung in Betrieben und Unternehmen, Berlin, Baden-Baden 1997.

Maurach, Reinhardt/ **Gössel**, Karl-Heinz/**Zipf**, Heinz: Strafrecht, Allgemeiner Teil, Teilband II, 7. Auflage, Heidelberg 1989.

Mayerhofer, Ch./**Rieder**, S. (o.w.Angaben): Das österreichische Strafrecht, 1. Teil, Strafgesetzbuch, 4. Auflage, Wien 1994, zit.: *Mayerhofer* Nr. (=Entscheidungssammlung) oder Anm. (=Kommentierung).

Merle, Roger/**Vitu**, André: Traité de droit criminel, Tome I, Problèmes généraux de la science criminelle; Droit pénal général, 6. Auflage, Paris 1984.

Mir Puig, Santiago: Derecho Penal, Parte general, 3. Auflage, Barcelona 1990, Reimpresión 1995.

Ders.: Derecho Penal, Parte general, 4. Auflage, Barcelona 1996.

Ders.: Los terminos „delito" y „falta" en el Código Penal, ADPCP 1973, 319.

Ders./Luzón Peña, Diego-Manuel: Responsabilidad penal de las empresas y sus órganos y responsabilidad por el producto, Barcelona 1996.

Montag, Hans-Dieter: Die Anwendung der Strafvorschriften des GmbH-Rechts auf faktische Geschäftsführer, Berlin 1994.

Monteilhet, Paul: La responsabilité de l'employeur du fait de ses proposés, J.C.P. 1952.I.1060.

Müller-Gugenberger, Christian (Hrsg.): Wirtschaftsstrafrecht, 2. Auflage, München 1992, zit.: *Bearbeiter* in: Müller-Gugenberger.

Muñoz Conde, Francisco: Derecho Penal, Parte especial, 11. Auflage, Valencia 1996.

Murphy, Peter (Hrsg.): Blackstone's Criminal Practice, 7. Auflage London 1997, zit.: *Blackstone*.

Neila Neila, José Maria: La responsabilidad de los administradores en las sociedades de capital (Mercantil, Civil, Penal, Administrativos), Madrid 1995.

Neudecker, Gabriele: Die strafrechtliche Verantwortlichkeit der Mitglieder von Kollegialorganen, Frankfurt 1995.

Nieto Martín, Adán: Fraudes Comunitarios, Barcelona 1996.

Noll, Peter: Welche strafrechtlichen Mittel empfehlen sich für eine wirksamere Bekämpfung der Wirtschaftskriminalität? Referat, in: Sitzungsbericht M zum 49. Deutschen Juristentag, S. M 20, München 1972, zit.: *Noll* Sitzungsbericht M zum 49. DJT.

Nowakowski, Friedrich: Ein Gang durch die Probleme der Kriminalwissenschaften - Besprechung der Festschrift für Ernst Heinitz zum 70. Geburtstag, ÖJZ 1974, 617.

Ders.: Die Sonderdelikte, beurteilt nach ihrer Begehbarkeit durch Extranei, in: Zum neuen Strafrecht, Bd. II, Österreichische Richterwoche 1974, S. 150.

Octavio de Toledo y Ubieto, Emilio: Las actuaciones en nombre de otro, ADPCP 1984, 23.

Ortolan, J. (o.w.Angaben): Éléments de droit pénal, Tome I, Pénalité, Jurisdiction, Procédure, 5. Auflage, Paris 1886.

Otto, Harro: Anstiftung und Beihilfe, JuS 1982, 565.

Ders.: Mittäterschaft beim Fahrlässigkeitsdelikt, JURA 1990, 47.

Ders.: Täterschaft, Mittäterschaft, mittelbare Täterschaft, JURA 1987, 246.

Pace, P. J. (o.w.Angaben): Delegation: A Doctrine in search of a Definition, (1982) Crim.L.R. 627.

Paredes Castañón, José Manuel/ **Rodríguez Montañes**, Teresa (Hrsg.): El caso de la colza: responsabilidad penal por productos adulterados, Valencia 1995, zit.: *Bearbeiter* in: Paredes Castañón/Rodríguez Montañes (Hrsg.) El caso de la colza.

Platzgummer, Winfried: Die „Allgemeinen Bestimmungen" des Strafgesetzentwurfes im Licht der neueren Strafrechtsdogmatik, JBl 1971, 236.

Poseck, Roman: Die strafrechtliche Haftung der Mitglieder des Aufsichtsrats einer Aktiengesellschaft, Baden-Baden 1997.

Pradel, Jean: Droit pénal général, 11. Auflage, Paris 1996, zit.: *Pradel* Dr. pén. gén.

Ders.: Le Nouveau Code pénal, 2. Auflage, Paris 1995, zit.: *Pradel* Nouveau C.P.

Ders./Varinard, André: Les grands arrêts du droit criminel, 3. Auflage Paris 1992.

Puech, Marc: Commentaire de l'article L. 263-2 du code du travail, in: Dix ans du droit de l'entreprise, S. 576, Paris 1978.

Quintero Olivares, Gonzales: Comentarios al Nuevo Código Penal, Pamplona 1996, zit.: Quintero/Olivares/*Bearbeiter* Comentarios.

Ders.: Curso de Derecho Penal, Parte general, Barcelona 1996, zit.: *Quintero Olivares* Curso.

Ders.: Los delitos especiales y la teoría de la participación en el Derecho Penal Español, Barcelona 1974, zit.: *Quintero Olivares* Delitos especiales.

Ders.: Derecho Penal, Parte general, Barcelona 1986, zit. *Quintero Olivares* Derecho Penal.

Ranft, Otfried: Garantiepflichtwidriges Unterlassen der Deliktsverhinderung - Ein Beitrag zur Abgrenzung von Täterschaft und Teilnahme, ZStW 94 (1982), 815.

Ders. : Rechtsprechungsbericht zu den Unterlassungsdelikten, Teil 1, JZ 1987, 859.

Ransiek, Andreas: Unternehmensstrafrecht, Heidelberg 1996.

Rebmann, Kurt/**Roth**, Werner/ **Herrmann**, Siegfried: Gesetz über Ordnungswidrigkeiten, Kommentar, 2. Auflage, 1.-7. Lieferung, Stuttgart, Berlin, Köln Stand: März 1996.

Reinhard, Yves: L'acte du salarié et la responsabilité pénale du chef de l'entreprise, Lyon 1974.

Ders.: La loi du 6. Décembre 1976 et la responsabilité des infractions aux règles relatives à l'hygiène et à la sécurité du travail, R.S.C. 1978, 257.

Rimmelspacher, Bruno: Strafrechtliche Organ-, Vertreter- und Verwaltungshaftung, erörtert am Beispiel der Vollstreckungsvereitelung, JZ 67, 472.

Robert, Jaques-Henri: L'histoire des éléments de l'infraction, R.S.C. 1977, 269ff.

Robinson, Paul H.: Criminal Law Defences: A Systematic Analysis, (1982) 82 Col.L.R. 199.

Rodríguez Mourullo, Gonzálo: El autor mediato en Derecho penal español, ADPCP 1969, 461.

Ders./Barreiro, Agustín Jorge (Hrsg.): Comentarios al Código Penal, Madrid 1997, zit.: Rodríguez Mourullo/Barreiro/ *Bearbeiter*.

Roeder, Hermann: Der Unbegriff des „extranen" Täters und der „eigenhändigen" Delikte (zu § 14 StGB), JBl 1975, 561.

Rogall, Klaus: Dogmatische und kriminalpolitische Probleme der Aufsichtspflichtverletzung in Unternehmen (§ 130 OWiG), ZStW 98 (1986), 573.

Rosenkötter, Günter: Das Recht der Ordnungswidrigkeiten, 4. Auflage Stuttgart, München, Hannover, Berlin, Weimar, Dresden 1995.

Roux, J.-A. (o.w.Angaben): Cours de droit criminel français, Tome I, 2. Auflage, Paris 1927.

Roxin, Klaus: Die notstandsähnliche Lage - ein Strafunrechtsausschließungsgrund? in: Festschrift für Oehler, S. 181, Köln 1985.

Ders.: Straftaten im Rahmen organisatorischer Machtapparate, GA 1963, 193ff.

Ders.: Täterschaft und Tatherrschaft, 6. Auflage, Berlin, New York 1994.

Rudolphi, Hans-Joachim: Strafrechtliche Verantwortlichkeit der Bediensteten von Betrieben für Gewässerverunreinigungen und ihre Begrenzung durch den Einleitungsbescheid, in: Festschrift für Lackner, S. 863, Berlin, New York, 1987.

Ders. (Gesamtredaktion): Systematischer Kommentar zum StGB, Bd. I, AT (§§ 1-79b), 6. Auflage, 22. Lieferung, Neuwied, Kriftel, Berlin, Stand: Sept. 1993.

Ders. : Zur Tatbestandsbezogenheit des Tatherrschaftsbegriffs bei der Mittäterschaft, in: Festschrift für Paul Bockelmann, S. 369, München 1979.

Ders.: Die zeitlichen Grenzen der sukzessiven Beihilfe, in: Festschrift für Hans-Heinrich Jescheck, S. 559, Berlin 1985.

Ruiz Antón, Luis Felipe: El fundamento material de la pena en la participación, CPC 1980, 47.

Saint-Jours, Yves: Prévention et responsabilité en matière d'accidents du travail (commentaire de la loi du 6. déc. 1976), D. 1977.chron.XXV.

Rummel, Peter (Hrsg.): Kommentar zum Allgemeinen Bürgerlichen Gesetzbuch, 2. Band (§§ 1090 - 1502 ABGB, Nebengesetze), Wien 1984.

Salvage, Philippe: Le lien de causalité en matière de complicité, R.S.C. 1981, 25.

Salvaire, Jean: Réflexions sur la responsabilité pénale du fait d'autrui, R.S.C. 1964, 307.

Samson, Erich: Die Kausalität der Beihilfe, in: Festschrift für Carl Peters, S. 121, Tübingen 1974.

Ders.: Hypothetische Kausalverläufe im Strafrecht: Zugleich ein Beitrag zur Kausalität der Beihilfe, Bonn 1972.

Schaffstein, Friedrich: Die Risikoerhöhung als objektives Zurechnungsprinzip im Strafrecht insbesondere bei der Beihilfe, in: Festschrift für Richard M. Honig, S. 169, Göttingen 1970.

Schick, Peter: Der allgemeine Teil des StGB und das Wirtschaftsstrafrecht, ÖJZ 1980, 100.

Ders.: Ausgewählte Probleme des Wirtschaftsstrafrechts im Lichte des neuen Strafgesetzbuches, in: Festschrift für Walter Wilburg, S. 221, Graz 1975.

Ders.: Kriminalpolitische Erwägungen zum Wirtschaftsstrafrecht in Österreich, ÖJZ 1975, 537.

Schild, Wolfgang: Täterschaft als Tatherrschaft, Berlin 1994.

Schmidhäuser, Eberhard: Strafrecht Allgemeiner Teil, 2. Auflage, Tübingen 1975.

Schmidt-Salzer, Joachim: Entscheidungssammlung Produkthaftung, Strafrechtliche Entscheidungen, Bd. IV, München 1982.

Ders.: Strafrechtliche Produktverantwortung - Das Lederspray-Urteil des BGH, NJW 90, 2966.

Schmitt, Rudolf: Strafrechtliche Maßnahmen gegen Verbände, Mainz 1958.

Ders.: Die strafrechtliche Organ- und Vertreterhaftung, JZ 67, 698.

Schmoller, Kurt: Grundstrukturen der Beteiligung mehrerer an einer Straftat - die objektive Zurechnung fremden Verhaltens, ÖJZ 1983, 337 und ÖJZ 1983, 379.

Schönke, Adolf/**Schröder**, Horst: StGB Kommentar, 25. Auflage 1997, zit.: Sch/Sch/*Bearbeiter*.

Scholz, Franz (Hrsg.): Kommentar zum GmbHG, Bd. II (§§ 45 - 85), 8. Auflage, Köln 1995, zit.: Scholz/*Bearbeiter* GmbHG.

Schroeder, Friedrich-Christian: Der Sprung des Täters hinter dem Täter aus der Theorie in die Praxis, JR 1995, 177.

Ders.: Der Täter hinter dem Täter, Berlin 1965.

Schünemann, Bernd: Die Bedeutung der „Besonderen persönlichen Merkmale“ für die strafrechtliche Teilnehmer- und Vertreterhaftung, JURA 1980, 354.

Ders.: Besondere persönliche Verhältnisse und Vertreterhaftung im Strafrecht, ZSchR 1978, 131.

Ders.: Die deutschsprachige Strafrechtswissenschaft nach der Strafrechtsreform im Spiegel des Leipziger Kommentars und des Wiener Kommentars,
1. Teil: Tatbestands- und Unrechtslehre, GA 1985, 341,
2. Teil: Schuld und Kriminalpolitik, GA 1986, 293.

Ders.: Grund und Grenzen der unechten Unterlassungsdelikte, Göttingen 1971, zit.: *Schünemann* Unterlassungsdelikte.

Ders.: Strafrechtliche und kriminalpolitische Grundfragen der Unternehmenskriminalität, wistra 1982, 41.
= Cuestiónes básicas de dogmática jurídico-penal y de política criminal acerca de la criminalidad de empresa, ADPCP 1988, 537.

Ders.: Die Unterlassungsdelikte und die strafrechtliche Verantwortlichkeit für Unterlassungen, ZStW 96 (1984), 287.

Ders.: Unternehmenskriminalität und Strafrecht, Köln, Berlin, Bonn, München 1979, zit.: *Schünemann* Unternehmenskriminalität.

Schumann, Heribert: Zum Einheitstätersystem des § 14 OWiG, Berlin 1979.

Schwacke, Peter: Recht der Ordnungswidrigkeiten, 2. Auflage, Köln, Stuttgart, Berlin, Hannover, Kiel, Mainz, München 1988.

Schwind, Hans-Dieter: Grundfälle der Kettenteilnahme, MDR 1969, 13.

Serrano Gómez, Alfonso: Derecho Penal, Parte especial, 2. Auflage, Madrid 1997.

Sieber, Ulrich: Die Abgrenzung von Tun und Unterlassen bei der „passiven“ Gesprächsteilnahme, JZ 1983, 431.

Ders.: Memorandum für ein Europäisches Strafgesetzbuch, JZ 1997, 369.

Ders.: Auf dem Weg zu einem europäischen Strafrecht - Einführung zum Corpus Juris der strafrechtlichen Regelungen zum Schutz der finanziellen Interessen der Europäischen Union, in: Delmas-Marty, Mireille (Hrsg.) Corpus Juris der strafrechtlichen Regelungen zum Schutz der finanziellen Interessen der Europäischen Union, München 1998.

Silva Sánchez, Jesús-Maria: Aspectos de la comisión por omisión: Fundamento y formas de intervención. El ejemplo del funcionario penitenciario, CPC 1989, 385.

Ders.: Die strafrechtliche Haftung des Unternehmens und der Unternehmensorgane, in: Schünemann, Bernd/Figueiredo Diaz, Jorge (Hrsg.) Bausteine des europäischen Strafrechts, Coimbra-Symposium für Claus Roxin, S. 307, Köln, Berlin, Bonn, München 1995, zit.: *Silva Sánchez* in: Coimbra-Symposium.

Silz, M. (o.w.Angaben): Auteur intellectuel et auteur moral, R.I.D.P. 1936, 140.

Sippel, Kurt: Zur Strafbarkeit der „Kettenanstiftung", Marburg 1989.

Smith A. T. H. (o.w.Angaben): On Actus Reus and Mens Rea, in: Glazebrook, P.R. (Hrsg.) Reshaping the Criminal Law, Essays in Honour of Glanville Williams, S. 95, London 1978.

Smith, John/**Hogan**, Brian: Criminal Law, 8. Auflage von Smith, John, London, Dublin, Edinburgh 1996, zit.: *Smith/Hogan* Criminal Law.

Dies.: Criminal Law: Cases and Materials, 6. Auflage von Smith, John, London, Dublin, Edinburgh 1996, zit.: *Smith/Hogan* Cases.

Smith, J. C. (o.w.Angaben): Aid, Abet, Counsel or Procure, in: Glazebrook, P. R. (Hrsg.) Reshaping the Criminal Law, Essays in Honour of Glanville Williams, S. 120, London 1978.

Ders.: Secondary Participation and Inchoate Offences, in: Trapper, C.F.H. (Hrsg.) Crime, Proof and Punishment, Essays in Memory of Sir Rupert Cross, London 1981.

Smith, Keith John Michael: Complicity and Causation, (1986) Crim.L.R. 663.

Ders.: A Modern Treatise on the Law of Criminal Complicity, Oxford 1991.

Sowoda, Christoph: Täterschaft und Teilnahme beim Unterlassungsdelikt, JURA 1986, 399.

Spencer, John R. : La responsabilité pénale dans l'entreprise en Angleterre, R.S.C. 1997, 289.

Steininger, Herbert: „Freiwillige Selbstgefährdung" als Haftungsbegrenzung im Strafrecht, ZVR 1985, 103.

Stefani, Gaston/**Levasseur**, Georges/**Bouloc**, Bernard: Droit pénal général, 16. Auflage, Paris 1997.

Stephen, James Fitzjames: A History of the Criminal Law of England, Vol. II, London (1883).

Suárez Gonzáles, Carlos: Rechtsvergleichende Bemerkungen zum Allgemeinen Teil des neuen spanischen Strafgesetzbuches, GA 1998, 111.

Taylor, R.D. (o.w.Angaben): Complicity and Excuses, (1983) Crim. L.R. 656.

Téhoval, (o.w.Angaben): La responsabilité pénale des employeurs et des directeurs en cas d'accidents du travail, dr.soc. 1975, 5.

Terral, Jean: De la complicité des crimes et délits non-intentionnels, Diss. Toulouse 1905.

Thibierge, Jaques: La notion de complicité (étude critique), Diss. Paris 1898.

Tiedemann, Klaus: Der Allgemeine Teil des europäischen supranationalen Strafrechts, in: Festschrift für Hans-Heinrich Jescheck, 2. Hb, S. 1411, Berlin 1985.

Ders.: Der Allgemeine Teil des Strafrechts im Lichte der europäischen Rechtsvergleichung, in: Festschrift für Theodor Lenckner, S. 411, München 1998.

Ders.: Das deutsche Wirtschaftsstrafrecht im Rahmen der Europäischen Union, in: Festschrift für Koichi Miyazawa, S. 673, Baden-Baden 1995.

Ders.: Pour un espace juridique commun après Amsterdam, AGON 1997, n° 17, 12.

Ders.: Europäisches Gemeinschaftsrecht und Strafrecht, NJW 1993, 23.

Ders.: Die Europäisierung des Strafrechts, in: Kreuzer, Karl/Scheuing, Dieter H./Sieber, Ulrich (Hrsg.) Die Europäisierung der mitgliedstaatlichen Rechtsordnungen in der Europäischen Union, S. 133, Baden-Baden 1997.

Ders. : Examensklausur Strafrecht, JURA 1982, 371.

Ders. : Gleichheit und Sozialstaatlichkeit im Recht, GA 1964, 353.

Ders.: Grunderfordernisse des Allgemeinen Teils für ein europäisches Sanktionenrecht, ZStW 110 (1998), 497.

Ders.: Kartellrechtsverstöße und Strafrecht, Köln, Berlin, Bonn, München 1976, zit.: *Tiedemann* Kartellrechtsverstöße.

Ders.: Lehren von der Straftat im Allgemeinen Teil der Europäischen Rechtssysteme - Überlegungen zur Strafrechtsangleichung in Europa, GA 1998, 107.

Ders.: Literaturbericht: Nebenstrafrecht einschließlich Ordnungswidrigkeitenrecht, ZStW 83 (1971), 792.

Ders. : Das neue Strafgesetzbuch Spaniens und die europäische Kodifikationsidee, JZ 1996, 647.

Ders.: Die Regelung von Täterschaft und Teilnahme im europäischen Strafrecht, in: Festschrift für Nishihara, S. 496, Baden-Baden 1998.

Ders.: Réflexions sur la base juridique du Corpus Juris, AGON 1999, N° 23, 7.

Ders.: Sollen einzelne Kartellrechtsverstöße - einschließlich typisierungsfähiger Fälle aus dem Bereich der Mißbrauchsaufsicht - unter Strafdrohung gestellt werden? in: BMJ (Hrsg.) Tagungsberichte der Sachverständigenkommission zur Bekämpfung der Wirtschaftskriminalität, Bd. X, Anlage 1, Bonn, 1976, zit.: *Tiedemann* Tagungsberichte Bd. X.

Ders. : Strafbarkeit von juristischen Personen? - Eine rechtsvergleichende Bestandsaufnahme mit Ausblicken für das deutsche Recht, in: Freiburger Begegnung - Dialog mit Richtern des Bundesgerichtshofes, Heidelberg 1996.

Ders.: Die strafrechtliche Vertreter- und Unternehmenshaftung, NJW 1986, 1842.

Ders.: Wirtschaftsstrafrecht - Einführung und Übersicht, JuS 1989, 689.

Ders. : Wirtschaftsstrafrecht und Wirtschaftskriminalität, Bd. I, Allgemeiner Teil, Hamburg 1976, zit.: *Tiedemann* Wirtschaftsstrafrecht I.

Ders.: Zum Stand der Irrtumslehre insbesondere im Wirtschafts- und Nebenstrafrecht in: Festschrift für Friedrich Geerds, S. 95, Lübeck 1995.

Ders.: Untreue bei Interessenkonflikten, in: Festschrift für Herbert Tröndle, S. 319, Berlin, New York 1989.

Ders.: Welche strafrechtlichen Mittel empfehlen sich für eine wirksamere Bekämpfung der Wirtschaftskriminalität? Gutachten C zum 49. Deutschen Juristentag, München 1972, zit.: *Tiedemann* Gutachten C zum 49. DJT.

Ders./Vogel, Joachim: Der praktische Fall - Parfum im Supermarkt, JuS 1988, 295.

Thiemann, Werner: Aufsichtspflichtverletzung in Betrieben und Unternehmen, Bochum 1976.

Triffterer, Otto: Die österreichische Beteiligungslehre, Wien 1983, zit.: *Triffterer* Beteiligungslehre.

Ders.: Österreichisches Strafrecht, Allgemeiner Teil I, 2. Auflage, Wien, New York 1994, zit.: *Triffterer* AT I.

Ders. (Hrsg.): StGB-Kommentar, System und Praxis, Band I und II, 4. Lieferung, Wien Stand: Mai 1996.

Tsolka, Olga: Der allgemeine Teil des europäischen supranationalen Strafrechts i.w.S., Frankfurt, Berlin, Bern, New York, Paris, Wien 1995.

Turner, J. W. Cecil: Russel on Crime, Volume I, 12. Auflage, London 1964, zit.: Russel/*Turner*.

Ulmer, Peter: Die deliktische Haftung aus der Übernahme von Handlungspflichten, JZ 69, 163.

Vazquez Iruzubieta, Carlos: Nuevo Código Penal Comentado, Madrid 1996.

Verschiedene Autoren: Autoría o participación en determinados supuestos de „vigilancia" (Comentarios a la STS de 21 de febrero de 1989), PJ 1992 n° 27, 189, zit.: *Autor* in: PJ 1992 n° 27, 189.

Vitu, André: Délits douaniers; interêt à la fraude et complicité; confiscation, R.S.C. 1972, 385, A.: Chronique de Jurisprudence, I. Droit pénal général.

Ders.: La notion de complicité, R.S.C. 1990, 325, A.: Chronique de Jurisprudence, I. Droit pénal général.

Vives Antón, Tomás S. : Comentarios al Código Penal de 1995, Valencia 1996, zit: Vives Antón/*Bearbeiter*.

Vogel, Joachim: Elemente der Straftat: Bemerkungen zur französischen Straftatlehre und zur Straftatlehre des common law, GA 1998, 126.

Ders.: Wege zu europäisch-einheitlichen Regelungen im Allgemeinen Teil des Strafrechts, JZ 1995, 331.

Vogler, Theo: Die Bedeutung des § 28 StGB für die Teilnahme am Unterlassungsdelikt, in: Festschrift für Richard Lange, S. 265, Berlin, New York 1976.

Ders. Zur Frage der Ursächlichkeit der Beihilfe für die Haupttat, in: Festschrift für Ernst Heinitz, S. 295, Berlin 1972.

Vouin, Robert/**Léauté**, Jaques: Droit pénal et procédure pénale, 3. Auflage Paris 1969.

Wassermann, Rudof (Hrsg.): Kommentar zum Strafgesetzbuch, Reihe Alternativkommentare, Bd. I (§§ 1-21), Neuwied 1990, zit.: AK-*Bearbeiter*.

Weigend, Thomas: Spricht Europa mit zwei Zungen, StV 2001, Beilage Europäisches Strafrecht 2000, S. 63.

Welp, Jürgen: Der Einheitstäter im Ordnungswidrigkeitenrecht, VOR 1972, 299.

Welzel, Hans: Das deutsche Strafrecht, 11. Auflage, Berlin 1969.

Wessels, Johannes: Strafrecht Allgemeiner Teil, 26. Auflage Heidelberg 1996.

Wiesener, Axel: Die strafrechtliche Verantwortlichkeit von Stellvertretern und Organen, Frankfurt 1971.

Williams, Glanville: Complicity. Purpose and the Draft Code, (1990) Crim.L.R. 4.

Ders.: Textbook of Criminal Law, London 1983.

Ders.: The Theory of Excuses, (1982) Crim.L.R. 732.

Wiltscheck, Lothar (Hrsg.)/ **Schönherr**, Fritz: Gesetz gegen den unlauteren Wettbewerb, 6. Auflage, Wien 1994.

Wootton, Barbara: Crime and the Criminal Law, 2. Auflage, London 1981.

Zugaldía Espinar, José Miguel: Erneut zur Frage der Strafbarkeit juristischer Personen, in: Schünemann, Bernd/Suárez González, Carlos (Hrsg.) Bausteine des europäischen Wirtschaftsstrafrechts, Madrid-Symposium für Klaus Tiedemann, S.327, Köln, Berlin, Bonn, München 1994, zit.: *Zugaldía Espinar* in: Madrid-Symposium.

Zipf, Heinz: Die mittelbare Täterschaft und ihre Einordnung in § 12 StGB, ÖJZ 1975, 616.

Ders.: Probleme der versuchten Bestimmung zu einer Straftat, RZ 1980, 141.

Studien zum Wirtschaftsstrafrecht

Penzlin, Dietmar
Strafrechtliche Auswirkungen der Insolvenzordnung
Band 11, 2000, 270 S., br., ISBN 978-3-8255-0292-8, 40,80 € / 72,– sFr

Berger, Sebastian
Der Schutz öffentlichen Vermögens durch § 263 StGB. Zur Anwendbarkeit des § 263 StGB und zum Vorliegen eines Vermögensschadens bei Angriffen auf inländisches öffentliches Vermögen sowie auf Vermögen der Europäischen Gemeinschaften
Band 12, 2000, 334 S., br., ISBN 978-3-8255-0307-9, 40,39 € / 72,– sFr

Martens, Jürgen
Subventionskriminalität zum Nachteil der Europäischen Gemeinschaften
Eine Untersuchung zu Straftaten nach § 264 StGB als einer Form von Unregelmäßigkeiten bei Ausgaben aus Gemeinschaftsmitteln
Band 13, 2001, 340 S., br., ISBN 978-3-8255-0319-2, 30,58 € / 54,– sFr

Papakiriakou, Theodoros
Das griechische Verwaltungsrecht in Kartellsachen.
Zugleich ein Beitrag zur Lehre vom Verwaltungs- und Unternehmensstrafrecht
Band 15, 2002, 380 S., br., ISBN 978-3-8255-0339-0, 38,80 € / 63,20 sFr

Ludwig, Martin
Betrug und betrugsähnliche Delike im spanischen und deutschen Strafrecht
Band 16, 2002, ca. 600 S., br., ISBN 978-3-8255-0352-9, 45,90 € / 75,50 sFr

Papakiriakou, Theodoros
Das europäischen Unternehmensstrafrecht in Kartellsachen.
Beitrag zur materiellrechtlichen Ausgestaltung eines rechtsstaatlichen und effektiven Verwaltungs- bzw. Unternehmensstrafrechts am Beispiel ausgewählter Grundprobleme des europäischen Kartellbußgeldrechts
Band 17, 2002, 380 S., br., ISBN 978-3-8255-0359-8, 38,20 € / 63,– sFr

Peter M. Röhm
Zur Abhängigkeit des Insolvenzstrafrechts von der Insolvenzordnung
Band 18, 2002, 388 Seiten, br., ISBN 978-3-8255-0373-4, € 31,70 / sFr 52,30

Maiazza, Robert
Das Opportunitätsprinzip im Bußgeldverfahren unter besonderer Berücksichtigung des Kartellordnungswidrigkeitsrechts
Band 20, 2003, ca. 200 S., br., ISBN 978-3-8255-0394-9, ca. 28,– € / 47,– sFr

Klein, Kerstin
Das Verhältnis von Eingehungs- und Erfüllungsbetrug
Band 19, 2003, ca. 250 S., br., ISBN 978-3-8255-0390-1, ca. 29,– € / 48,80 sFr

CENTAURUS VERLAG

FSC
www.fsc.org
MIX
Papier | Fördert
gute Waldnutzung
FSC® C083411

Kolibri 360 GmbH
Ferdinand-Jühlke-Straße 7
99095 Erfurt, Deutschland
produktsicherheit@kolibri360.de